이패스 **외환전문역 Ⅱ종**

3주 완성

Since 2003 필수체크문제+모의고사

2025~2026년 시험 대비

- 2025년 기본서 개정사항 반영 완료
- 핵심개념 및 출제예상문제 + Final 체크 문제 +실전모의고사 2회

국제규칙
한글번역
해설수록

문제풀이 강의
30%
할인쿠폰

박성현, 안준호, 이패스코리아 금융연구소 공편저

epasskorea

 외환전문역 II종 |머|리|말|

외환전문역 II종 시험은 기출문제가 공개되지 않는다는 점으로 인해, 예상문제와 기출문제간의 문제 유형 및 난이도 등의 차이가 존재했습니다. 이러한 부분으로 인해 시험을 준비하는 수험생 입장에서는 예상문제를 충분히 다루더라도 실제 시험에서 불합격하는 경우가 있어 어려움을 겪기도 하였습니다.

이패스코리아 외환전문역 II종 교재는 이러한 괴리감을 줄이기 위하여 최신 출제 경향에 맞게 문제를 개발하려고 노력하였습니다. 해당 문제집만으로도 시험을 대비할 수 있도록 만들었으며, "시험 보기 전에 반드시 풀어봐야 할 문제"를 통하여 학습시간을 줄이고, 합격 확률을 높일 수 있도록 하였습니다.

또한, 외환전문역 II종은 과목별로 점수 비중이 다르기 때문에 학습하는 시간과 방식을 다르게 하여 학습하는 것이 필요하며, 구체적으로 과목별 전략을 세우고 기초로 학습하는 것이 효율적입니다.

공통적으로 신용장 거래에서 많은 문제가 출제되기 때문에 UCP600을 자주 살펴봐야 하며 신용장의 양식을 기초로 하여 조항별로 UCP600과 ISBP821을 같이 살펴보는 것이 필요합니다.

특히, 본 교재 2과목 국제무역규칙의 경우 UCP600의 주요 내용에 대하여 자세하게 한글로 해설을 넣어 영문시험을 용이하게 대비할 수 있게 하였고, 그 밖의 국제무역규칙(ISP98, URR725, ISBP821 등)의 주요내용을 한글로 해설하여 학습이 용이하도록 하였습니다. 또한 ISBP821은 UCP600의 비교를 통하여 방대한 양을 줄이고, 두 규칙의 차이점을 비교하면서 내용을 줄여 나갈 수 있도록 하였습니다.

시험을 치르기 전 본 교재의 최종 모의고사를 통하여 자신을 점검한다면 실제 시험에서 좋은 결과를 얻을 수 있을 것 입니다.

저자 박성현, 안준호

|출|제|경|향|분|석| 외환전문역 II종

● 제1과목 수출입실무

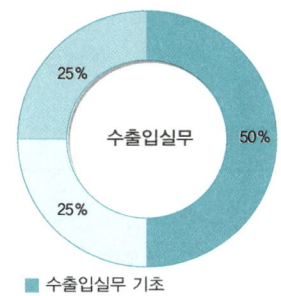

출제포인트

총 35문항이 출제되기 때문에 외환전문역 II종에서 가장 중요한 과목입니다. 수출입거래 전반에 대한 무역실무 기초의 이해와 은행의 신용장 개설등 수입실무 미 무역대금의 서류심사, 매입등 수출실무와 관련된 내용을 정확히 알아야 합니다.

● 제2과목 국제무역규칙

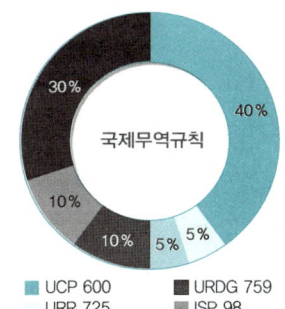

출제포인트

총 25문항이 출제되며, 국제무역규칙 각 조문의 설명과 이해가 필요한 과목이며, 모든 문제의 지문과 보기가 영어로 출제됩니다.

● 제3과목 외환관련여신

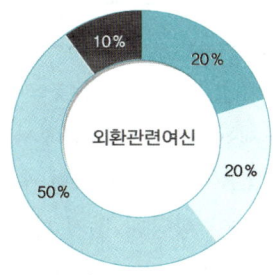

출제포인트

총20문항이 출제되며 출제비율이 낮은 과목입니다. 무역금융제도 및 무역금융 제반 업무처리 절차 이해가 필요한 과목이며 세부과목 중에서는 외화지급보증의 출제비율이 높습니다.

좀 더 자세한 내용 및 수험정보 등은 당사 홈페이지(www.epasskorea.com) 참조

외환전문역Ⅱ종은 과목별로 점수 비중이 다르기 때문에 학습하는 시간과 방식을 다르게 하여 학습하는 것이 필요하며, 구체적으로 다음과 같은 전략을 기초로 학습하는 것이 효율적입니다.

● 제1과목 수출입실무(35문제, 50점)

제1과목에서는 우선 수출입실무 단계별로 기본 개념을 이해한 다음, 관련 규정을 확인하면서 정리하는 것이 좋습니다. 신용장 거래에서 많은 문제가 출제되기 때문에 UCP600을 자주 살펴봐야 하며, 최근에는 사례형의 문제도 출제되고 있으므로, 신용장의 양식을 기초로 하여 조항별로 UCP600과 ISBP821을 같이 살펴보는 것이 필요합니다.

● 제2과목 국제무역규칙(25문제, 30점)

제2과목에서는 제1과목의 내용을 기초로 하되, 모든 지문이 영문으로 출제됩니다. 그렇기 때문에 관련 내용을 한글로 이해하더라도 영문으로 된 규정을 같이 살피면서 눈에 익혀두는 것이 중요합니다. 특히, UCP600과 ISBP821에서 많은 문제가 출제되는 만큼 해당 규칙을 중점적으로 학습하는 것이 좋으며, URDG758과 ISP98도 3~4문제가 출제되기 때문에 중요한 부분을 위주로 학습을 하는 것이 좋습니다. 상대적으로 URR725와 URC522에서 출제되는 비율이 낮기 때문에 모든 내용을 살펴보기 보다는 시험에 출제된 지문을 위주로 학습을 하는 것이 효율적입니다.

● 제3과목 외환관련여신(20문제, 20점)

제3과목에서는 배점이 낮고 내용이 많기 때문에 선택과 집중이 필요합니다. 주로 '무역금융'에서 출제가 되고, '외화지급보증'에서도 3~5문제가 출제됩니다. 두 부분에서 약 80%가 출제되기 때문에, 해당 부분을 위주로 학습하는 것이 효율적인 방법이 될 수 있습니다. 특히 '외환회계'는 2문제 정도가 출제되는데, 학습 분량이 상당히 많기 때문에 중요한 부분을 위주로 학습하는 것이 효율적입니다.

좀 더 자세한 내용 및 수험정보 등은 당사 홈페이지(www.epasskorea.com) 참조

|3|주|학|습|플|랜| 외환전문역 II종

1일	2일	3일	4일	5일
1과목 수출입 거래 개요 ~ 국제매매계약	1과목 대금 결제방식 ~ 무역관리제도	1과목 신용장(수출)	1과목 Incoterms 2020	1과목 신용장(수입)
6일	7일	8일	9일	10일
1과목 추심 및 보증신용장	1과목 신용장의 통지 ~ 수출실적	2과목 UCP 600	2과목 UCP 600	2과목 UCP 600
11일	12일	13일	14일	15일
2과목 ISBP 821	2과목 URR 725	2과목 URC 522	2과목 URC 522	2과목 URDG 758
16일	17일	18일	19일	20일
2과목 ISP 98	3과목 무역금융	3과목 내국신용장	3과목 무역금융 기타사항	3과목 무역어음제도
21일	22일	23일		
3과목 외화대출	3과목 외화지급보증	3과목 외환회계		

외환전문역 II종 |이|책|의|구|성|과|특|징|

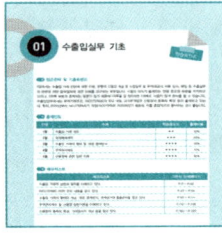

● **STEP 1 | 학습포인트**

① 각 과목의 단원별로 기출트렌드 및 출제빈도를 알려줍니다.
② 기본서와 연계된 체크리스트를 기재함에 따라 주요 핵심내용을 빠르게 익힐 수 있습니다.
③ 핵심을 짚어주는 학습포인트에 따라 공부하면 수험준비시간을 줄일 수 있습니다.

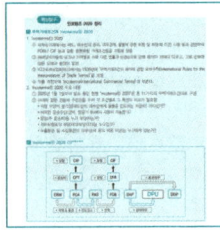

● **STEP 2 | INCOTERMS 2020 및 최신 국제무역규칙 적용**

① INCOTERMS 2020 수록 및 응용 문제를 난이도별 구성하였습니다.
② 최신 국제무역규칙을 핵심문제에 적용함으로서 시험에 대비할 수 있도록 하였습니다.

● **STEP 3 | 핵심문제 정리**

① 기본개념을 바탕으로 한 기초문제를 수록하였습니다.
② 출제자의 출제포인트를 자세히 기재하여 문제풀이 및 핵심요약까지 가능하도록 설계되었습니다.

● **STEP 4 | 출제예상 문제**

① 기출문제와 비슷한 유형과 난이도의 문제를 집중적으로 출제하였습니다.
② 각 문제별로 난이도 표시를 해주어 수준별 학습이 가능하도록 구성하였습니다.

● **STEP 5 | 최종실전모의고사**

① 실전 시험에 대비할 수 있도록 출제가능성이 높은 문제들로 구성하였습니다.
② 실제 시험과 동일한 문항수를 배치함으로써 시험 전 실전감각을 기를 수 있습니다.
③ 모의고사를 통해 최종 점검을 해본 후 미진한 과목 또는 단원에 대해서는 마무리 체크해보시기 바랍니다.

|자|격|시|험|안|내| 외환전문역 II종

● **외환전문역 Ⅰ, Ⅱ종**

1. 국가공인 외환전문역 Ⅰ종 : 금융기관의 외환업무 중 외국환 법규 및 외환거래실무를 이해하고 고객의 외화 자산에 노출되는 각종 외환리스크를 최소화시키는 등 주로 개인 외환과 관련된 직무를 담당
2. 국가공인 외환전문역 Ⅱ종 : 금융기관의 외환업무 중 수출입업무 및 이와 관련된 국제무역 규칙을 이해하고 외환과 관련된 여신업무를 수행하는 등 주로 기업 외환과 관련된 직무를 담당

● **외환전문역 전망**

보통 외환전문역의 경우 실제 현업에 있는 종사자들이 필요에 의해 취득을 하는 경우가 많다. 대부분 은행쪽의 외환딜러들이나 무역회사들에서 업종에 특성에 맞춰 필요한 경우가 대부분이라고 볼 수 있다. 외환 전문역 1종의 경우 외환업무를 보는 금융권 실무 담당자나 본점에 있는 외환부서 직원들에게 필요하며, 특히 외환부서를 목표로 하는 경우 반드시 취득해야 할 자격증이다. 외환부서를 목표로 한 경우 세부적인 공부가 필요하며, 고득점을 위해서 공부를 하는 것이 바람직 할 것이다. 외환 딜링 쪽을 생각하는 경우에도 1종의 취득을 권한다. 외환전문역 2종의 경우 기업체의 외환 실무자 뿐만 아니라, 은행에서 주로 무역 파트 그리고 외환업무를 하는 기업을 상대로 하는 직무에 있는 직원들에게 필요한 자격증으로 무역실무와 신용장 개설에 관한 중요한 내용들을 숙지하게 되어 반드시 필요한 자격증이라고 할 수 있다. 기존의 개인의 예대마진을 주마진으로 해 오던 금융권의 수익 체계가 바뀌고 있다. 금융권이 살아남기 위한 방향으로 비이자마진 폭을 늘리려고 노력하고 있고 그 분야에서 중요한 부분 중에 하나가 외환손익이다. 그리고 우리나라는 기본적으로 무역을 하지 않으면 살아남을 수 없기 때문에 외환전문역의 업무 분야는 늘어날 수 밖에 없을 것이다. 금융권 취업을 준비하는 취업준비생의 경우도 이러한 트랜드를 숙지하고 자격증을 취득한다면 향후 외환전문가로서의 필요한 자질을 보여줄 수 있어, 취업에도 도움이 될 수 있을 것이다.

● **외환전문역 업무 및 혜택**

- 취업 및 진출분야
  - 금융권 외환딜러
  - 은행 외환사업부 등의 전문분야
  - 외환 수출입 관련부서
  - 외환회계 관련 부서
  - 기업점포 수출입업무 담당자
- 승진 및 경력개발
  - 본점 외환사업부 관련 부서
  - 본점 외환딜링부서
  - 본점 외환회계 취급 부서

외환전문역 II종 | 자 | 격 | 시 | 험 | 안 | 내 |

● 2025년 시험일정

회차	시험일	시험시간	원서접수	시험지역	합격자발표일
52	03.22(토)	I종 (10:00~12:00) II종 (13:00~15:00)	02.11(화) ~ 02.18(화)	서울, 대전, 대구, 광주, 부산, 창원, 제주	04.04(금)
53	07.05(토)		05.27(화) ~ 06.03(화)		07.18(금)
54	11.22(토)		10.14(화) ~ 10.21(화)		12.05(금)

● 시험구성 및 배점

	시험과목	배점	시험시간
제I종	외환관리실무	50	120분 (10:00~12:00)
	외국환거래실무	30	
	환리스크 관리	20	
	계	100점	
제II종	수출입실무	50	120분 (13:00~15:00)
	국제무역규칙	30	
	외환관련여신	20	
	계	100점	

※ 국제무역규칙 과목은 문제(지문과 보기)가 모두 영어로 출제됨

● 응시자격 및 합격자 결정

구분	내용
접수처	한국금융연수원 (https://www.kbi.or.kr) / 02-3700-1500
응시자격	제한 없음
응시료	55,000원
문제형식	객관식 4지 선다형
시험시간	120분
합격기준	각 과목별 40점 이상 득점자 중 전과목 60점 이상 득점한 자
비고	외환전문역 I종, 외환전문역 II종은 별개의 자격으로 각각의 자격증을 따로 발급하며, I종 또는 II종만 따로 응시하거나 함께 응시할 수 있습니다.

| 차 | 례 | 외환전문역 II종

1 과목 수출입업무

제1장) 수출입실무 기초   15

- 핵심정리 문제 / 16
- 출제예상 문제 / 55

제2장) 수입실무   73

- 핵심정리 문제 / 74
- 출제예상 문제 / 93

제3장) 수출실무   101

- 핵심정리 문제 / 102
- 출제예상 문제 / 126

외환전문역 II종 | 차 | 례 |

2과목 신용장통일규칙과 국제무역규칙

- 핵심정리 문제 / 140
- 출제예상 문제 / 158

3과목 외환관련여신

제1장 무역금융   229

- 핵심정리 문제 / 230
- 출제예상 문제 / 250

제2장 외화대출   267

- 핵심정리 문제 / 268
- 출제예상 문제 / 276

contents

제3장 외화지급보증 285

- 핵심정리 문제 / 286
- 출제예상 문제 / 305

제4장 외환회계 321

- 핵심정리 문제 / 322
- 출제예상 문제 / 334

Appendix 부 록

- 핵심문제 Article 핵심탐구 / 341
- 국제규칙 해설 / 427
- 제1회 실전모의고사 / 538
- 제2회 실전모의고사 / 567
- 제1회 정답 및 해설 / 595
- 제2회 정답 및 해설 / 600

제1과목

수출입업무

제1장 수출입실무 기초
제2장 수입실무
제3장 수출실무

수출입실무 기초

▶ 접근전략 및 기출트렌드

1장에서는 수출입 거래 전반에 대한 이해, 은행의 신용장 개설 등 수입실무 및 무역대금의 서류 심사, 매입 등 수출실무와 관련된 제반 업무절차에 대한 이해를 요구하는 부분입니다. 시험의 50%가 출제되는 만큼 중요한 부분을 차지하고 있으나, 2과목 부분과 중복되는 부분이 많기 때문에 1과목을 잘 정리하면 2과목도 어렵지 않게 준비를 할 수 있습니다. 수출입업무에서는 무역거래조건, INCOTERMS의 주요 내용, 대외무역법과 신용장의 종류와 특성 등이 출제되고 있는데, 특히, 2020년부터 INCOTERMS가 개정(INCOTERMS 2020)되었기 때문에, 이를 중점적으로 준비하는 것이 좋습니다.

▶ 출제빈도

단원	주제	학습중요도	출제비율
1절	수출입 거래 개요	★★	10%
2절	국제매매계약	★★★	20%
3절	수출입 거래의 형태 및 대금 결제방식	★★★★	30%
4절	무역관리제도	★★★★	10%
5절	신용장에 관한 일반 이론	★★★★	30%

▶ 체크리스트

체크리스트	기본서 상세페이지
수출입 거래의 성립과 절차를 이해하고 있다.	P.2 ~ P.42
INCOTERMS 2020 주요 내용을 알고 있다.	P.43 ~ P.59
수출입 거래의 형태와 개념, 대금 결제방식, 국제상거래 통용규칙을 알고 있다.	P.60 ~ P.111
무역관리제도 및 신용장 일반이론을 이해하고 있다.	P.112 ~ P.159
신용장의 종류와 특성, 거래당사자 개념 등을 알고 있다.	P.160 ~ P.225

2025 외환전문역 II종 3주 완성 문제집

수출입업무 제1과목

제1장

수출입실무 기초

핵심정리 문제

 다음은 무역거래의 정의에 대한 설명이다. 가장 바르지 못한 것은?

① 무역의 3대 법규에는 대외무역법, 외국환거래법, 상법이 있다.
② 물품이란 눈에 보이는 유형물, 유체물 등을 말한다.
③ 대외무역법 시행령에서 정하는 특정의 용역으로는 경영 상담업, 법무 관련 서비스업 등이 있다.
④ 대외무역법상 무역의 대상에는 전자적 형태의 무체물이 포함된다.

출제포인트
무역의 3대 법규에는 대외무역법, 외국환거래법, 관세법이 있다.

정답 ❶

 다음이 설명하는 내용 중 올바르지 않은 것은?

① 대외무역법은 대외 무역을 진흥하는 목적이 있다.
② 대외무역법은 공정한 거래 질서를 확립하여 국제 수지의 균형과 통상의 확대를 도모하고자 한다.
③ 대외무역법의 궁극적인 목적은 국민 경제를 발전시키는 데 이바지함이다.
④ 대외무역법은 국내에서의 물품 이동을 통제하기 위해 제정된 법이다.

출제포인트
국제적인 물품의 이동을 통제하기 위함이다.

정답 ❹

대외무역법상의 무역의 대상(객체)에 해당하지 않는 것은?

① 부호·문자·음성·음향·이미지·영상 등을 디지털 방식으로 제작하거나 처리한 자료 또는 정보 등으로서 산업통상자원부장관이 정하여 고시하는 전자적 형태의 무체물
② 지식기반용역 등 수출유망산업으로서 산업통상자원부장관이 정하여 고시하는 업종의 사업을 영위하는 자가 제공하는 용역
③ 국내의 법령에 따라 보호되는 특허권·실용신안권·디자인권 등의 양도, 전용실시권의 설정 또는 통상실시권의 허락
④ 「외국환거래법」에서 정하는 지급수단

출제포인트
대외무역법상의 무역이란, 물품, 용역 등을 수출입하는 것이며, 물품이란 다음의 것을 제외한 동산을 말한다.
가. 「외국환거래법」에서 정하는 지급수단
나. 「외국환거래법」에서 정하는 증권
다. 「외국환거래법」에서 정하는 채권을 화체(化體)한 서류

정답 ❹

 다음 수출에 대한 설명이다. 가장 바르지 못한 것은?

① 대외무역법상 수출이라 함은 매매·교환·임대차·사용대차·증여 등을 원인으로 국내에서 외국으로 물품이 이동하는 것을 말한다.
② 거주자가 거주자에게 전자적 형태의 무체물을 전송하는 것은 수출에 포함된다.
③ 우리나라의 선박으로 외국에서 채취한 광물 또는 포획한 수산물을 외국에 매도하는 것은 수출에 포함된다.
④ 외국환거래법에 따른 거주자가 비거주자에게 특정의 용역을 제공하는 것은 수출에 포함된다.

출제포인트
외국환거래법에 따른 거주자가 비거주자에게 전송해야 수출이다.

정답 ❷

05 다음은 우리나라의 대외무역법령에서 규정하고 있는 용어에 대한 설명이다. 잘못된 것은?

① "수출"이란 매매·교환·임대차·사용대차·증여 등을 원인으로 국내에서 외국으로 물품이 이동하는 것이다.
② "무역거래자"란 수출 또는 수입을 하는 자, 외국의 수입자 또는 수출자에게서 위임을 받은 자 및 수출과 수입을 위임하는 자 등 물품 등의 수출행위와 수입행위의 전부 또는 일부를 위임하거나 행하는 자를 말한다.
③ "외화획득용 제품"이란 수입한 후 생산과정을 거친 상태로 외화획득에 제공되는 물품을 말한다.
④ "수입실적"이란 산업통상자원부장관이 정하여 고시하는 기준에 해당하는 수입통관액 및 지급액을 말한다.

> **출제포인트**
> "외화획득용 제품"이라 함은 수입한 후 생산과정을 거치지 아니하는 상태로 외화획득에 제공되는 물품을 말한다. 관광호텔에서 사용하는 식기류, 수입소고기, 와인 등이 해당한다.(대외무역법 시행령 제2조)
>
> 정답 ❸

 06 다음 중 수출입과 관련된 정부의 행정 절차에 해당하지 않는 것은 무엇인가?

① 수출입공고 ② 청약과 승낙
③ 전략물자 수출입고시 ④ 통합공고

> **출제포인트**
> 청약과 승낙은 매매계약 체결 전에 구매자와 판매자 간의 거래에 의해서 만들어 지는 것이다.
>
> 정답 ❷

다음 중 특정거래형태로서 산업통상자원부장관에게 인정을 받아야 하는 대상이 아닌 것은?

① 대외무역법에 의한 수출 또는 수입의 제한을 회피할 우려가 있는 거래
② 산업 보호에 지장을 초래할 우려가 있는 거래
③ 국내에서 외국으로 물품 등의 이동이 있고, 대금의 지급이 국내에서 이루어지는 거래로서 대금 결제 상황의 확인이 곤란하다고 인정되는 거래
④ 대금 결제 없이 물품 등의 이동만 이루어지는 거래

출제포인트
국내에서 외국으로 → 외국에서 외국으로

정답 ❸

 다음 중 대외무역법에 관한 내용 중 잘못된 것은?

① 물품 등의 수출입과 이에 따른 대금을 받거나 지급하는 것은 허가를 받고 이루어져야 한다.
② 무역거래자는 대외신용도 확보 등 자유무역질서를 유지하기 위하여 자기 책임으로 그 거래를 성실히 이행하여야 한다.
③ 물품의 수출 또는 수입승인의 유효기간은 1년을 원칙으로 한다.
④ 수출입승인은 특별한 경우에 1년 이내 또는 20년의 범위 내에서 유효기간을 단축 또는 초과하여 설정할 수 있다.

출제포인트
물품 등의 수출입과 이에 따른 대금을 받거나 지급하는 것은 자유롭게 이루어진다.

정답 ❶

09 다음은 우리나라의 대외무역법령에서 규정하고 있는 외화획득과 관련된 설명이다. ( )안의 이행기간이 모두 올바르게 기재된 것은?

> a. 외화획득용 원료·기재를 수입한 자가 직접 외화획득의 이행을 하는 경우 : 수입통관일 또는 공급일부터 ( )년
> b. 다른 사람으로부터 외화획득용 원료·기재 또는 그 원료·기재로 제조된 물품 등을 양수한 자가 외화획득의 이행을 하는 경우 : 양수일부터 ( )년
> c. 외화획득을 위한 물품 등을 생산하거나 비축하는 데에 ( )년 이상의 기간이 걸리는 경우 : 생산하거나 비축하는 데에 걸리는 기간에 상당하는 기간
> d. 수출이 완료된 기계류의 하자 및 유지 보수를 위한 외화획득용 원료·기재인 경우 : 하자 및 유지 보수 완료일부터 ( )년

① 2, 1, 2, 2
② 2, 2, 2, 1
③ 1, 2, 2, 1
④ 2, 1, 1, 2

출제포인트
대외무역법 시행령 제27조

정답 ❶

10 무역관리제도에 대한 설명이다. 가장 바르지 못한 것은?

① 무역관리제도라 함은, 국제수지의 균형과 통상의 확대 등 일련의 정책적인 필요에 의하여 국가가 수출입거래를 통제, 지원하는 제도이다.
② 대외무역법의 규정은 현재 Positive List System을 채택하고 있다.
③ 물품의 이동과 관련된 통관절차 및 관세 등의 부과에 대하여는 관세법을 적용한다.
④ 무역관리의 3대 법규에는 대외무역법, 관세법, 외국환거래법이 있다.

출제포인트
현재 대외무역법은 Negative List System을 채택하고 있다.

정답 ❷

대외무역법 이외의 다른 법령에서 물품의 수출입 요건 및 절차를 정하여 산업통상자원부장관이 공고하는 물품별 수출·수입요령을 무엇이라고 하는가?

① 통합공고
② 관세법에 의한 통관 제한
③ 전략물자 수출입고시에 의한 수출허가
④ 수출입공고

출제포인트
개별 법령에서 정하고 있는 수출입요령을 통합하여 공고하는 '통합공고'에 대한 설명이다.

정답 ①

다음에 설명 중 가장 옳지 않은 것은 어느 것인가?

① 통합공고란 국제협약의 이행, 천연(생물)자원 보호, 과당경쟁 방지, 국제수지의 균형 및 거래질서 확립 등 산업통상자원부장관이 고시한 규정을 말한다.
② 국제평화 및 안전유지, 국가안보 등을 위하여 그 통제가 필요하다고 인정되어 산업통상자원부장관이 별도로 지정하는 물품 등(물질, 시설, 장비, 부품, 소프트웨어 및 기술을 포함)을 말하며, 수출허가서(개별수출허가, 일반포괄수출허가, 특정포괄수출허가, 중개허가서, 상황허가서, 경유·환적허가서 또는 수입목적확인서 등을 발급받아야 한다.
③ 관세법에 의한 통관제한 항목으로는 헌법질서를 문란하게 하거나 공공의 안녕질서 또는 풍속을 해치는 서적, 간행물, 도화, 영화, 비디오물, 조각물 기타 이에 준하는 물품, 정부의 기밀을 누설하거나 첩보활동에 사용되는 물품, 화폐, 채권 기타 유가증권의 위조품, 변조품 또는 모조품 등, 지식재산권(상표권, 저작권, 저작인접권, 특허권, 디자인권, 품종보호권, 지리적표시권 등)을 침해하는 물품 등이 있다.
④ 대금결제가 수반되지 아니하고 물품 등의 이동만 이루어지는 거래는 대외무역법령에 의한 특정거래형태의 수출입인정거래에 해당한다.

출제포인트
통합공고란 개별 법령에서 정하는 수출입 요령을 산업통상자원부장관이 통합하여 고시하는 것이며, ①은 수출입공고에 대한 설명에 해당된다.

정답 ①

국내에서 통관되지 아니한 수출 물품 등을 외국으로 인도하거나 제공하고 그 대금은 국내에서 수령하는 방식의 거래를 무엇이라고 하는가?

① 연계무역
② 외국인도수출
③ 위탁판매수출
④ 수탁가공무역

출제포인트
물품은 외국에서 인도되고, 물품의 대금은 국내에서 수령하는 방식인 '외국인도수출'에 대한 설명이다.

정답 ❷

 다음중 수출입 거래의 형태에 대한 설명으로 가장 옳지 않은 것은 어느 것인가?

① 수출입 거래의 형태에는 국내에서 외국으로 물품을 수출하고 그 대금을 외국에서 국내로 회수하는 방법과 외국에서 국내로 물품을 수입하고 그 대금을 국내에서 외국으로 지급하는 방법이 있다.
② '대외무역법 시행령'에 의하여 별도로 관리되는 거래의 유형에는 대외무역법에 규정된 수출입 제한을 면탈할 우려가 있거나 산업보호에 지장을 초래할 우려가 있는 거래, 외국에서 외국으로 물품 등의 이동이 있고 그 대금의 지급 또는 수령이 국내에서 이루어지는 거래로서 대금 결제상황의 확인이 곤란하다고 인정되는 거래, 대금 결제가 수반되지 아니하고 물품 등의 이동만 이루어지는 거래 등을 규정하고 있다.
③ 연계무역이란 국내에서 통관되지 아니한 수출 물품 등을 외국으로 인도하거나 제공하고 그 대금은 국내에서 수령하는 방식의 거래를 말한다.
④ 외국인도수출은 해외 산업현장(해외건설 등)에서 사용한 기자재 등을 국내로 반입하지 않고 동 물품을 곧바로 해외에서 매각하고자 하는 경우, 원양어로에 의한 수산물을 해외에서 매각하는 경우, 항해 또는 어로작업 중인 선박을 현지에서 매각하고자 하는 경우 등에 주로 이용된다.

출제포인트
연계무역 → 외국인도수출
"연계무역"이란 물물교환(Barter Trade), 구상무역(Compensation trade), 대응구매(Counter purchase), 제품환매(Buy Back) 등의 형태에 의하여 수출·수입이 연계되어 이루어지는 수출입을 말한다.
(대외무역관리규정 제2조)

정답 ❸

임대계약(사용대차 포함)에 의하여 물품 등을 수출한 후, 일정 기간 후에 다시 수입(회수)하거나 임대계약기간의 만료 전 또는 만료 후에 당해 물품 등의 소유권을 이전하는 방식의 거래를 무엇이라고 하는가?

① 연계무역
② 수탁판매수입
③ 임대수출
④ 무환수출입

출제포인트
임대수출의 정의
(대외무역관리규정 제2조)

정답 ❸

 일방의 상계금액이 미화 5천불 이하인 경우, 외국환거래규정에 의한 적절한 신고 관리는?

① 신고예외
② 외국환은행장 신고
③ 한국은행총재 신고
④ 기획재정부장관 신고

출제포인트
일방의 금액(분할하여 지급등을 하는 경우에는 각각의 지급등의 금액을 합산한 금액을 말한다)이 미화 5천불 이하인 채권 또는 채무를 상계하고자 하는 경우에는 신고를 요하지 아니한다.

정답 ❶

다음 중 외국환거래규정에 의한 지급 등의 방법 신고에 대한 설명으로 가장 옳지 않은 것은 어느 것인가?

① 거주자가 미화 1만불을 초과하는 금액을 제3자와 지급등을 하려는 경우에는 한국은행총재에게 신고하여야 한다.
② 외국환은행을 통하지 아니하는 지급 등은 원칙적으로 한국은행총재에게 신고 후 거래하여야 한다.
③ 거주자가 대외거래를 함에 있어서 비거주자에 대한 채권 또는 채무를 비거주자에 대한 채무 또는 채권으로 상계를 하고자 하는 경우에는 외국환은행의 장에게 신고하거나, 상계처리 후 1개월 이내에 외국환은행의 장에게 사후 보고를 하여야 한다.
④ 본·지사 간의 수출거래로서 계약 건당 미화 5만불을 초과하는 수출대금을 물품의 선적 전에 수령하고자 하는 경우에는 외국환은행의 장에게 신고하여야 한다.

출제포인트
④는 기획재정부장관이 정하는 기간을 초과하여 수령하는 것으로서 한국은행총재에게 신고하여야 한다.

정답 ④

 다음 중 임대차 계약과 관련하여 외국환거래규정에서 정하고 있는 필요 이행 절차에 대한 설명으로 가장 옳지 않은 것은 어느 것인가?

① 거주자가 외국부동산 취득신고 수리를 받아 취득한 외국에 있는 부동산을 비거주자에게 취득신고 수리 시 인정된 범위 내에서 외국통화 표시 임대를 하는 경우에는 신고를 요하지 아니한다.
② 거주자와 비거주자 간에 계약 건당 미화 3천만불 이하인 경우로서 부동산 이외의 물품임대차 계약(소유권 이전하는 경우 포함)을 체결하는 경우에는 기획재정부장관에게 신고하여야 한다.
③ 소유권 이전의 경우를 제외하고 국내의 외항운송업자와 비거주자 간의 선박이나 항공기를 임대차기간이 1년 이상인 조건으로 외국통화 표시 임대차 계약을 체결하는 경우에는 외국환은행의 장에게 신고하여야 한다.
④ 거주자가 비거주자로부터 부동산 이외의 물품을 무상으로 임차하는 경우에는 신고를 요하지 아니한다.

출제포인트

②의 경우 외국환은행의 장에게 신고하여야 한다.

정답 ❷

  국제매매계약의 성격이 아닌 것은?

① 낙성계약 ② 편무계약
③ 유상계약 ④ 불요식계약

출제포인트

계약 당사자 쌍방이 계약상의 의무를 지는 쌍무계약의 성격을 지닌다.

정답 ❷

  우리나라 무역관리 제도에 대한 설명으로 옳은 것은?

① 수출입 물품의 관리는 관세법의 규정에 따라 수출입공고, 통합공고 등을 통해 구체적으로 이루어지고 있다.
② 우리나라의 대외무역관리 제도는 수출입 행위에 대한 무역관리와 그 대금의 결제 행위에 관한 외환관리가 서로 분리되어 이원적으로 관리되고 있다.
③ 우리나라는 효율적이고 체계적인 무역관리를 위하여 산업통상자원부가 독점적으로 관리하는 체재를 가지고 있다.
④ 무역관리의 방법은 직접통제와 간접통제로 구분할 수 있으며, 우리나라는 간접통제 방식을 통하여 대외무역을 관리하고 있다.

출제포인트

① 수출입 물품의 관리는 대외무역법의 규정에 따라 수출입공고, 통합공고 등을 통해 구체적으로 이루어지고 있다.
③ 우리나라는 주무관청에서 독점적으로 관리하는 체계가 아니라 관계 행정기관의 장 등에게 권한을 위임하는 등 위탁관리방식으로 관리하는 체재를 가지고 있다.
④ 무역관리의 방법은 직접통제와 간접통제로 구분할 수 있으며, 우리나라는 직접통제와 간접통제를 혼용하여 대외무역을 관리하고 있다.

정답 ❷

21 국제물품매매계약의 성립에 관한 다음 설명 중 옳지 않은 것은?

① 청약에 대한 변경사항을 포함하고 있는 승낙을 의도한 의사표시는 그것이 승낙의 취지를 담고 있더라도 승낙이 아닌 청약에 대한 거절로 취급된다.
② 수출업자로부터 받은 유효기간이 포함되어 있는 offer sheet상의 비고(remarks)란에 "subject to our final confirmation"과 같은 취지의 문장이 포함되어 있는 경우, 수입업자는 자신의 승낙에 의해 계약이 성립될 것이라 확신하는 것은 현명하지 못하다.
③ 국제물품매매계약에 관한 UN협약에 따르면 피청약자의 승낙은 청약자에게 도달한 때에 효력이 발생한다.
④ 수출업자가 단순히 판매하고자 하는 물품의 견적을 위해 수입상에게 송부한 proforma invoice(견적송장)은 통상적으로 수입상에 대한 유효한 청약이 된다.

출제포인트
단순한 견적을 위해 발행된(확정적인 청약의 내용이 아닌) 견적송장은 청약의 유인(intend to offer)에 해당한다.

정답 ❹

22 수출입 계약 관련 문서로서 매매계약의 증빙서류로 보기 가장 어려운 것은?

① Sales Contract, Purchase Contract(물품매매계약서)
② Offer Sheet(물품매도확약서)
③ Commercial Invoice(상업송장)
④ Proforma Invoice(견적송장)

출제포인트
상업송장은 계약 체결 이후에 작성되는 대금청구 서류로서, 계약 관련 문서에 해당하지 아니한다.

정답 ❸

다음 중 무역 체결의 절차 중 계약서의 작성에 대한 설명으로 가장 옳지 않은 것은 어느 것인가?

① 개별계약은 거래가 성립될 때마다 매매당사자가 거래조건을 건건이 합의하여 계약서를 작성하는 경우를 말한다.
② 동일한 거래상대방과 계속적으로 거래가 이루어지는 경우에 채택하는 방법은 포괄계약(master contract)이다.
③ 일반거래조건협정서에는 품질조건(견본매매), 수량조건(최소주문수량), 가격조건(적용되는 Incoterms 조건과 적용통화 등), 할인(현금할인, 대량주문할인 등), 청약 및 승낙의 방법 등이 기재 등이 기재되어 있다.
④ 일반거래 조건협정서의 경우 상세한 사항은 일반거래조건을 기준으로 하여 매도인과 매수인이 실제 건수마다 합의하며, 일반거래조건과 당사자 간의 개별합의가 상충될 경우 일반거래조건이 우선 적용된다.

출제포인트
일반거래조건과 당사자 간의 개별합의가 상충될 경우 개별합의가 우선 적용된다.

정답 ❹

 Incoterms® 2020에서 적재비용과 양하비용을 모두 매도인이 부담하는 규칙에 해당하는 것은?

① EXW ② DAP
③ DDP ④ DPU

출제포인트
① EXW : 매수인이 적재비용과 양하비용을 부담하는 규칙
② DAP, DDP : 매도인이 적재비용을 부담하고, 매수인이 양하비용을 부담하는 규칙

정답 ❹

다음은 무역 계약의 주요 협상조건 중 품질조건과 수량조건에 대한 설명이다. 옳지 않게 기술된 것을 고르시오.

① 1 english ton은 long ton이라고도 불리며, 약 1,016kg에 해당한다.
② 여성용 의류 등 견본(sample)을 이용하여 거래를 협상하는 품목의 경우에는 품질 불량에 대한 클레임에 대비하여 Keep sample을 보관할 필요가 있다.
③ 사료용 옥수수나 석탄과 같은 살화물(Bulk cargo)을 신용장을 결제수단으로 하여 거래하는 경우에는 신용장의 수량 앞에 'about' 등의 기재가 없다면 과부족은 용인되지 않는다.
④ 수산물류 등 GMQ(Good Merchantable Quality)조건으로 거래되는 물품의 경우, 수입국에 도착된 물품을 COTECNA와 같은 검사기관의 검사증명서(inspection certificate)를 통해 수입국에서의 품질을 기초로 클레임을 제기하면 된다.

출제포인트
신용장 조건하에서는 'about', 'approximately'와 같은 표현이 사용되지 않더라도 수량에 대한 5%의 과부족이 허용된다.

정답 ③

 기계, 선박 등 정밀도를 요구하는 상품의 경우에는 청사진(Blue Print), 도해목록(Illustrated Catalogue), 설계도 등으로 품질을 결정하는 방법은?

① 상표매매(Sales by Trade Mark or Brand)
② 견본매매(Sales by Sample or Pattern)
③ 명세서매매(Sales by Specification)
④ 검사매매(Sales by inspection)

출제포인트
명세서매매(Sales by Specification)라고 한다.

정답 ③

목재, 냉동어류 등 외관상 품질 확인이 어려운 물품을 수입할 때 판매 품질의 적합성을 담보하기 위하여 사용되는 품질 결정 조건은 무엇인가?

① 판매적격품질조건(Good Merchantable Quality)
② 평균중등품질조건(Fair Average Quality)
③ 선적품질조건(Shipped Quality Term)
④ 보통품질조건(Usual Standard Quality)

출제포인트
양륙지에 약륙된 물품이 판매하기에 적합할 경우 계약에 일치한 것으로 보는 판매적격품질조건에 대한 설명이다.

정답 ①

 M/T(Metric Ton, French Ton, Kilo Ton, Tonne)은 몇 kg인가?

① 약 1,016kg
② 약 907kg
③ 1,000kg
④ 약 1,083kg

출제포인트
L/T(Long Ton, English Ton, Gross Ton) = 2,240 lbs(1,016 kg)
M/T(Metric Ton, French Ton, Kilo Ton, Tonne) = 2,204 lbs(1,000 kg)
S/T(Short Ton, American Ton, Net Ton) = 2,000 lbs(907.2 kg)

정답 ③

29 다음 중 수량단위에 대한 설명으로 가장 옳지 않은 것은 어느 것인가?

① CBM(Cubic Meter m³)은 미터법에 의한 부피의 단위(1CBM = 가로1m × 세로1m × 높이1m)를 말한다.
② 12 Dozen은 144 Pieces를 말하며, 1 gross는 12 dozen을 말한다.
③ TEU는 twenty feet equivalent unit이다.
④ 포장한 그대로의 중량을 대금 계산 시의 기준으로 삼는 조건으로서 포장용기 등이 일정한 면화 및 소맥 등의 상품에 주로 활용되는 중량 측정의 방법을 '순중량조건(Net Weight Term)'이라고 한다.

> **출제포인트**
> '총중량조건(Gross Weight Term)'에 대한 설명이다.
> '순중량 조건(Net Weight Term)'은 포장물의 중량을 공제한 순수 중량을 대금 계산의 기준으로 삼는 조건으로 비누, 화장품 등 소매판매 시와 같이 포장된 채로 판매되는 상품에 주로 이용이 된다.
>
> 정답 ④

 30 계량의 기준시기 중 양륙수량조건(Landed Quantity Terms)에 대한 설명으로 바르지 못한 것은?

① 매수인은 운송 중에 발생한 수량 부족에 대해서는 책임을 진다.
② 계약물품의 수량이 목적지에 도착한 시점을 기준으로 일치할 것을 조건으로 한다.
③ 상품의 성질상 기후, 습도, 온도 또는 자연적 소모에 의하여 선적 또는 양륙 중에 중량상의 차이가 생길 우려가 있을 때 사용한다.
④ 산적화물(Bulky Cargo)의 경우 일반적으로 별도의 약정이 없더라도 과부족 용인 제도가 인정된다.

> **출제포인트**
> 매도인은 운송 중에 발생한 수량부족에 대해서는 책임을 진다.
>
> 정답 ①

 약정된 상품을 수회에 걸쳐 나누어 선적하는 방법을 무엇이라고 하는가?

① 분할선적
② 환적
③ 할부선적
④ 재선적

출제포인트
분할선적이라고 한다.

정답 ❶

 다음 중 선적방법 및 선적조건(shipment)에 대한 설명으로 가장 옳지 않은 것은 어느 것인가?

① 선적조건(shipment)이란 선적의 시기와 방법, 운송수단 및 운송서류의 종류(해상, 항공, 육상, 복합), 선적지 및 도착지, 수하인(Consignee) 및 착화 통지처(Notify Party), 화인(shipping Mark), 운송회사의 지정 여부 등에 관한 제조건을 말한다.
② 환적이란 선적된 상품을 운송 도중에 하나의 운송수단에서 양하(unloading)하여 다른 선박이나 다른 운송수단에 재적재(reloading)하는 것을 말하는 것으로 신용장에서 환적을 허용하는 경우에 환적이 가능하다.
③ 신용장 거래 시 환적을 금지하더라도 전체의 해상운송 구간이 하나의 동일한 선하증권에 의해 커버되면서 관련 화물이 컨테이너, 트레일러, 래쉬바지(LASH barge : 바지선)에 의해 선적되는 경우에는 환적이 가능한 것으로 해석한다.
④ '할부선적'에 관한 약정이 있는 경우에는 지정된 기간 내에 지정된 물량을 선적하여야 하며, 선적 환경에 따라 서로 다른 회차 분을 묶어서 선적하거나 전체를 일괄하여 선적이 가능하다.

출제포인트
'할부선적'에 관한 약정이 있는 경우에는 반드시 지정된 기간 내에 지정된 물량을 선적하여야 하며, 서로 다른 회차 분을 묶어서 선적하거나 전체를 일괄하여 선적할 수 없다.

정답 ❹

보험조건에 대한 설명이다. 바르지 못한 것은?

① 운송 중인 상품은 육상, 해상, 항공을 불문하고 각종의 위험을 만나 상품에 손해가 발생할 가능성이 있다.
② 보험가입 당사자와 부보대상 위험(부보범위)에 대한 약정을 가장 우선적으로 생각해야 한다.
③ CIF와 CIP 그룹의 조건에서는 수출상이 부보하여야 한다.
④ 보험계약자와 피보험자는 항상 같아야 한다.

> **출제포인트**
> 보험계약자와 피보험자가 같을 수도 있고, 다를 수도 있다.
>
> 정답 ④

 다음의 보험서류 관련 면책비율에 대한 설명으로 틀린 것은?

① 면책비율은 Non-Deductible Franchise와 Deductible Franchise로 구분된다.
② 신용장에서 특별히 금지하지 않는 한 면책비율 조항이 기재된 보험 서류라도 수리가 가능하다.
③ Deductible Franchise는 면책비율을 초과하여 발생한 손해에 대해 면책비율을 공제하고 그 초과부분에 대해서만 보상하는 조건이다.
④ 신용장에서 IOP(Irrespective of Percentage) 조항을 명시하고 있는 경우에는 면책비율이 표시된 보험서류를 수리할 수 있다.

> **출제포인트**
> WAIOP : 면책비율을 적용하지 않고 화물의 파손된 부분을 모두 보상한다.
> WA(분손 담보조건)의 면책비율
> ① WA3% franchise : 화물의 파손이 3% 이상인 경우 공제없이 손해액을 보상한다.
> ② WA3% deductible(excess) Franchise : 화물의 파손이 3%인 경우 3%를 공제한 후 초과된 %만큼 보상한다.
> ③ WAIOP : 면책비율을 적용하지 않고 화물의 파손된 부분을 모두 보상한다.
>
> 정답 ④

Open Policy에 근거하여 매 건별로 발행하는 보험서류를 다음 중 무엇이라고 하는가?

① Hull Insurance
② Open Cover
③ Insurance Policy
④ Insurance Certificate

출제포인트
Insurance Certificate(보험증명서)라고 한다.

정답 ④

 선박이 폭풍우를 만나 침몰될 위협에 놓였을 때 그 위험을 피하기 위해 화물의 일부를 선상 밖으로 투하하는 경우 발생하는 물적 손해를 무엇이라고 하는가?

① 간접손해 ② 단독해손
③ 공동해손 ④ 현실전손

출제포인트
공동해손이라고 한다.

정답 ③

37 다음은 무역계약의 기본조건 중 보험조건에 관한 설명이다. 잘못된 것은?

① CIF, CIP를 제외한 다른 조건일 경우 수출상, 수입상 양 당사자 모두 보험가입의 의무가 있는 것은 아니다. 그러나 보험에 가입한다면 주된 운송 구간에 대한 운송책임이 있는 일방이 보험에 가입하게 된다.
② 신약관 ICC(A)와 구약관 ICC(ALL RISK)는 포괄책임주의이고 신약관 ICC(B), (C) 및 구약관 ICC(WA), ICC(FPA)는 열거책임주의이다.
③ ICC(B) 조건에서는 지진, 화산의 분화 및 낙뢰에 의한 피보험목적물의 멸실 또는 손상에 대해서는 담보하지 않고 있다.
④ 보험가입 시 보험금액은 보험가액의 110%를 부보하는 것이 일반적이며 보험금액은 Amount Insured 라고 한다.

출제포인트
ICC(B)에서는 투하, 갑판유실 등에 대하여 담보하고, ICC(C)에서는 갑판유실은 담보하지 않는다.

정답 ❸

 38 다음 중 인코텀즈 2020에서 매도인의 최소 부보의무를 규정하고 있는 규칙으로 적절한 것은?

① CIF
② CIP
③ CIF, CIP
④ DPU

출제포인트
인코텀즈 2020에서 CIF는 매도인의 최소 부보의무를, CIP는 매도인의 최대 부보의무를 규정하고 있다.

정답 ❶

ICC(C)에서 담보(보상)하지 않는 손해는 어느 것인가?

① 공동해손
② 전손
③ 좌초, 침몰, 화재, 충돌로 인한 단독해손
④ 악천후로 인한 해수침손

출제포인트

악천후로 인한 해수침손은 보상하지 않는다.

신·구 협회적하약관의 담보위험 비교정리

보상하는 손해	A/R	ICC(A)	WA	ICC(B)	FPA	ICC(C)
1. 전손	○	○	○	○	○	○
2. 공동해손	○	○	○	○	○	○
3. 구조료	○	○	○	○	○	○
4. 특별비용	○	○	○	○	○	○
5. 손해방지비용	○	○	○	○	○	○
6. 좌초, 침몰, 화재, 충돌로 인한 단독해손	○	○	○	○	○	○
7. 피난항에서의 하역 중의 손해	○	○	○	○	○	○
8. 하역작업 중 매포장 단위장 전손	○	○	○	○	○	×
9. 투하	○	○	○	○	×	○
10. 갑판유실	○	○	○	○	×	×
11. 악천후로 인한 해수침손	○	○	○	○	×	×
12. 기타의 분손	○	○	×	×	×	×

정답 ❹

 선지급 방식 중 대금 결제를 위한 복잡한 절차가 필요 없는 가장 단순한 방식은 어느 것인가?

① 추심
② 송금
③ 신용장
④ 환어음

출제포인트

송금방식을 제외한 나머지는 모두 서류의 일치 여부를 확인하여 대금 결제가 이루어지며, 관련 법규에 따른 절차를 이행하여야 한다.

정답 ❷

다음 중 수출입대금의 결제방식 중 하나인 송금방식을 나타내는 용어로 거리가 먼 것은?

① Advance Remittance
② T/T in Advanced
③ Documents against Acceptance
④ CWO(Cash With Order)

출제포인트
③은 송금방식이 아닌 추심방식이다.

정답 ③

 송금결제방식과 동 방식의 위험관리방안에 관한 설명으로 잘못된 것은?

① 해외로부터 'CWO' 방식으로 수입계약을 체결한 우리나라의 수입업자는 선수금 송금 전에 해외수출업자에게 "선수금 환급보증(A/P Bond)"을 발행하여 줄 것을 요구하여 이를 받아두는 것이 위험관리 방안이 될 수 있다.
② CAD방식으로 수입을 희망하는 우리나라의 수입업자는 '선적전검사(Preshipment Inspection)'를 하는 것이 위험관리 방안이 될 수 있다.
③ O/A Nego는 신용장이나 선하증권 등에 의해 담보되지 않는 순수한 외상수출채권을 매입하는 거래이다.
④ O/A는 수출업체가 수출품 선적을 완료하고 그 물품이 수입국가에 도착함과 동시에 채권이 발생하는 거래를 의미한다.

출제포인트
수출품 선적 시 채권의 효력이 발생한다.

정답 ④

Incoterms® 2020에 대한 설명으로 틀린 것은?

① 'Incoterms® 2020'은 2020년 1월 1일부터 발효 중이다.
② 총 14가지의 무역거래조건으로 구성되어 있다.
③ 기존의 DAT 규칙이 삭제되고 DPU 규칙이 신설되었다.
④ '무역거래조건의 해석에 관한 국제규칙(International Rules for the Interpretation of Trade Terms)을 약칭하여 'Incoterms(International COMMERCIAL Terms)'라 부른다.

출제포인트
총 11가지의 무역거래조건으로 구성되어 있다.

정답 ❷

 다음은 인코텀즈(INCOTERMS) 2020의 거래조건에 대한 설명이다. 그 내용이 옳은 것을 고르시오.

① EXW규칙과 DDP규칙에서 수출통관 의무 부담자는 모두 매도인이다.
② CFR규칙에서 매도인은 수입항구까지의 화물운송에 관련된 비용을 부담하므로 항구에 정박 중인 본선 내에 화물을 선적한 이후 도착항에 선박이 도착되지 않으면 이에 대해 책임져야 한다.
③ 매도인이 물품을 철도를 이용한 후 선박을 이용하여 국제운송 하고자 하는 경우에는 CIP보다는 CIF를 이용하는 것이 현명하다.
④ DPU규칙으로 수출할 때, 매도인은 수입항구에서 발생되는 물품 하역비용을 부담해야 한다.

출제포인트
지정목적지에서 물품을 양하하여 인도하는 DPU 규칙이므로 양하비용을 매도인이 부담한다.

정답 ❹

45 인코텀즈(INCOTERMS) 2020의 거래규칙에 대한 다음 연결 중 옳지 않은 것을 고르시오.

① FOB, CFR, CIF 규칙 모두 위험의 분기점이 동일하다.
② EXW, DDP - 수출입업자 중 어느 한쪽이 수출입 통관업무를 모두 담당하는 규칙
③ DPU, DAP, FAS, CIF - 물품 납품장소로 항구를 약정하는 규칙
④ CIF, CFR - 서류에 의한 상징적 인도라는 특징을 갖는 규칙

출제포인트
DPU(Delived at Place Unloaded (… named place of destination)
DAP(Delivered At Place (… named place of destination)

정답 ❸

46 다음은 인코텀즈(INCOTERMS) 2020의 거래조건에 대한 설명이다. 그 내용이 옳지 않은 것을 고르시오.

① FCL cargo를 CIF조건으로 수출하고자 하는 경우, 수출업자는 수출단가 계산 시 수출항구에서 발생되는 CFS Charge를 고려하지 않아도 된다.
② FAS규칙에서 선박이 부두에 접안해 있지 않고 해상에 있는 경우에도 물품인도 의무는 통상적인 선측인 부두에 인도하는 것에서 종결된다.
③ DDP조건으로 수입하고자 하는 경우, 최종목적지에 도착된 화물을 수입업자 자신이 운송수단으로부터 양하해서 인도받아야 한다.
④ FCA조건으로 수출하고자 하는 경우, 수출업자는 매수인이 지정한 운송인에게 물품을 인도한다.

출제포인트
선측이라 함은 협의적으로는 부두에 접안에 있는 선박을 기준으로 하나, 본선 적재를 목적으로 한 barge선 이용 등의 경우에도 활용될 수 있다.

정답 ❷

47 인코텀즈(INCOTERMS) 2020에 대한 다음 연결 중 옳지 않은 것은?

① CIF, CIP - 보험계약 체결의 의무부담자가 존재함
② EXW - 운송계약, 수출입 통관 및 보험계약 체결의 의무부담자가 없음

③ CIF, FOB - 수출항구에서 수출업자의 물품 인도의무가 완료되는 조건
④ CPT, CIP - 수출업자의 물품 인도의무 이행지가 선적지인 조건

출제포인트

인코텀즈의 어떠한 규칙도 수출입 통관의무와 그 의무부담자가 없는 경우는 없다.

정답 ❷

핵심탐구 인코텀즈 2020 정리

⊞ 무역거래조건과 Incoterms® 2020
1. Incoterms® 2020
   ① 국제상거래에서는 매도, 매수인의 권리, 의무관계, 물품에 관한 위험 및 비용의 이전 시점 등과 관련하여 FOB나 CIF 등과 같은 정형화된 거래조건들을 사용해 왔음
   ② 매매당사자들의 국가나 지역별로 서로 다른 법률과 상관습으로 인해 해석이 저마다 다르고, 그로 인하여 많은 오해와 분쟁이 발생
   ③ ICC(국제상업회의소)에서는 1936년에 '무역거래조건의 해석에 관한 국제규칙(International Rules for the Interpretation of Trade Terms)'을 제정
   ④ 이를 약칭하여 'Incoterms(International Commercial Terms)'라 부른다.
2. Incoterms® 2020 주요 내용
   ① 2020년 1월 1일부터 발효 중인 현행 'Incoterms® 2020'은 총 11가지의 무역거래조건으로 구성
   ② 아래와 같은 점들에 주안점을 두어 각 조건별로 그 특성의 비교가 필요함
   • 위험 부담의 분기점(매도인이 매수인에게 물품을 인도하는 지점)이 어디인가?
   • 어떠한 운송수단(선박, 항공기 등)에서 사용이 가능한가?
   • 운임(주 운송비)은 누가 부담하는가?
   • 적하보험료의 부담자(부보당사자)는 누구인가?
   • 수출통관 및 수입통관의 의무(관세 등의 비용 부담)는 누구에게 있는가?

⊞ Incoterms® 2020 (1)★★★★★

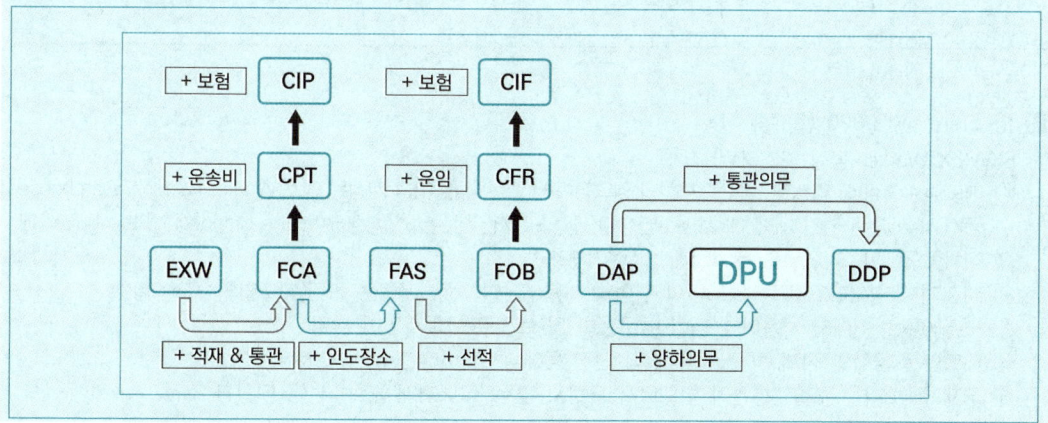

● 공통특징

적용기준 (운송수단)	이 규칙은 선택된 운송방식을 가리지 않고 사용할 수 있으며 둘 이상의 운송방식이 채택된 경우에도 사용할 수 있다.		이 규칙은 오직 해상운송이나 내수로운송의 경우에만 사용되어야 한다.
지점의 명확화	당사자는 합의된 인도장소를 가급적 정확하게 특정하는 것이 바람직하다(FOB 제외). CFR&CIF가 제외되지 않은 이유는 매도인이 물품의 본선적재를 하지만 목적항까지 비용을 부담하기 때문이 이를 명확하게 하여야 하기 때문이다.		
통관 및 보험의무	① 매도인은 해당되는 경우 수출통관의 의무를 진다. 매도인은 수입통관의 의무가 없다(EXW, DDP 제외한 전체 공통). ② 매도인은 수출통관의 협조의무를 진다(EXW). ③ 매도인은 수출입통관의무를 진다(DDP). ④ 매도인은 매수인의 위험에 대하여 보험부보의 의무를 가진다(CIF&CIP).		
C, D규칙의 양하비용	① 매도인이 목적지에서 부담한 양하비용은, 당사자 간의 합의가 없다면 이를 매수인에게 구상할 수 없다(DPU 제외). ② 지정목적지의 지정터미널에서 양하된 상태로 매수인의 처분하에 두는 것을 인도로 본다(DPU).		
C규칙 인도의무	① 매도인은 물품 도착이 아닌 운송인에게 물품을 교부하는 때 인도의무를 이행한 것으로 본다. ② 위험과 비용이 상이한 장소에서 이전되기 때문에 두 가지의 분기점을 가진다.		

모든 운송	E그룹	EXW	① 매도인은 물품 적재의무가 없다. ② 매도인이 물품을 적재하는 경우 매수인의 위험과 비용으로 한다. ③ 매도인이 물품을 적재하기에 매수인보다 나은 지위에 있는 경우, 매도인이 자신의 위험과 비용으로 물품 적재의무를 부담하는 FCA가 보다 적절하다.
	F그룹	FCA	
	C그룹	CPT	
		CIP	
	D그룹	DAP	① 매도인이 물품 양하의 위험과 비용을 부담하기를 원하는 경우 DPU ② 수입통관 비용을 매도인이 부담하기를 원하는 경우 DDP
		DPU	① 수입통관비용을 매도인이 부담하기를 원하는 경우 DDP
		DDP	② 수입통관비용을 매수인이 부담하기를 원하는 경우 DAP
해상 운송	F그룹	FAS	컨테이너에 적재되는 물품의 인도장소는 터미널이 되는 것이 전형적이기 때문에 FAS 또는 FOB보다는 FCA가, CFR보다는 CPT, CIF보다는 CIP규칙이 적합하다. ※ 물품을 지정된 장소에서 인도하거나 그렇게 인도된 물품을 조달하여야 한다.
		FOB	
	C그룹	CFR	
		CIF	

🎫 Incoterms® 2020 (2) ★★★★★

1. **EXW(EX Works, 공장인도 조건)**
   ① 매도인(수출상)이 약정된 물품을 자신의 영업장 구내 또는 적출지의 지정된 장소(Works, Factory, Warehouse 등)에서 지정된 기간 내에 매수인(수입상)이 임의로 처분할 수 있는 상태(at the disposal of the buyer)에 적치함으로써 그 의무를 완수하게 되는 거래조건
   ② 11가지 무역거래조건 중 매도인의 위험과 비용부담이 가장 가벼운 조건(매도인의 최소의무)
   ③ 모든 운송방식에서 사용이 가능하며 운송비 및 보험료는 매수인이 부담
   ④ 매도인은 물품의 적재, 통관, 운송인의 선정 등에 관한 어떠한 책임도 지지 않는다.
   ⑤ 국제거래보다는 수출입통관이 별도로 필요하지 않은 '국내거래'에 보다 더 적합한 조건

⑥ 국제거래의 경우로서 매수인이 직·간접적으로 수출통관 절차를 이행할 수 없을 때에는 사용 불가
⑦ '국제거래(Inrternational Trade)'에 대하여는 EXW 규칙 대신에 FCA 규칙을 사용하는 것을 권장
⑧ 당사자들은 지정장소 내의 지점을 가급적 명확하게 명시하는 것이 바람직하다.

2. FCA(Free Carrier, 운송인인도 조건)
   ① 수출통관 절차를 마친 후 적출지의 지정된 장소에서 매수인이 지정한 운송인(또는 다른 당사자)에게 물품을 인도함으로써 그 의무를 완수하게 되는 조건
   ② "운송인인도"는 매도인이 물품을 자신의 영업구내 또는 기타 지정장소에서 매수인이 지정한 운송인이나 제3자에게 인도하는 것을 의미
   ③ 매도인이 영업구내에서 물품을 인도하고자 하는 경우에 당사자들은 그 영업장의 주소를 지정인도장소로 명시하여야 한다.
   ④ 다른 어떤 장소에서 물품을 인도하고자 하는 경우에 당사자들은 그러한 다른 인도장소를 명시해야 함
   ⑤ 복합운송을 포함하여 모든 운송방식에 사용할 수 있음
   ⑥ 운송비 및 보험료는 매수인이 부담한다.
   ⑦ 물품의 수출통관은 매도인이 하여야 한다. 그러나 매도인은 물품을 수입통관하거나 수입관세를 부담하거나 수입통관절차를 수행할 의무가 없다.

3. FAS(Free Alongside Ship, 선측인도 조건)
   ① 매도인이 물품의 수출통관 절차를 마친 후 지정된 선적항에서 매수인이 지명한 선박(본선)의 선측(Alongside Ship)에 물품을 인도함으로써 그 의무를 완수하게 되는 거래조건
   ② 오직 해상운송이나 내수로운송의 경우에만 사용되어야 한다.
   ③ 선측이라 함은 본선의 크레인 등 하역도구가 도달(작업)할 수 있는 거리의 장소
   ④ 당사자들은 지정선적항 내의 적재지점을 가급적 명확하게 명시하는 것이 바람직하다.
   ⑤ 운송비 및 보험료는 매수인이 부담한다(원목, 원면, 곡물 등 대량의 Bulk 화물에 주로 이용).
   ⑥ 물품이 컨테이너에 적재되는 경우에는 매도인이 물품을 선측이 아니라 터미널에서 운송인에게 교부하는 것이 전형적이다. 이러한 경우에 FAS 규칙은 부적절하며 FCA 규칙이 사용되어야 한다.
   ⑦ FAS에서 매도인은 해당되는 경우에 물품의 수출통관을 하여야 한다.

Incoterms® 2020 (3)

4. FOB(Free On Board, 본선인도 조건)
   ① 매도인이 물품의 수출통관 절차를 마친 후 지정된 선적항에서 매수인이 지명한 선박의 본선(On board the vessel)에 물품을 인도함으로써 그 의무를 완수하게 되는 거래조건
   ② 모든 위험과 비용부담의 분기점은 물품이 본선에 적재(On board the vessel)되는 시점
   ③ FOB, CFR, CIF 조건과 관련한 위험 부담의 분기점(Incoterms 2000 Vs, 2010) '화물이 본선에 적재된 때(When the goods are on board the vessel at the named port of shipment)'로 규정
   ④ 해상운송 또는 내수로운송 시에만 가능
   ⑤ 운송비 및 보험료는 매수인이 부담
   ⑥ 물품이 컨테이너에 적입되어 운송되는 경우에 매도인은 대개 본선의 선상(on board the vessel)이 아닌 컨테이너 터미널(CY, CFS)에서 운송인에게 화물을 인도하게 되는데 이와 같은 경우에는 FOB 규칙이 아닌 FCA 규칙을 사용하여야 함
   ⑦ FOB에서 매도인은 해당되는 경우에 물품의 수출통관을 하여야 한다. 그러나 매도인은 물품을 수입통관하거나 수입관세를 부담하거나 수입통관 절차를 수행할 의무가 없다.

5. CFR(Cost and Freight), 운송포함인도 조건)
   ① 오직 해상운송이나 내수로운송의 경우에만 사용되어야 한다.
   ② "운임포함인도"는 매도인이 물품을 본선에 적재하여 인도하거나 이미 그렇게 인도된 물품을 조달하는 것을 의미한다.

③ 물품의 멸실 또는 손상의 위험은 물품이 본선에 적재되는 때에 이전한다.
④ 매도인은 물품을 지정목적항까지 운송하는 데 필요한 계약을 체결하고 그에 따른 비용과 운임을 부담하여야 한다.
⑤ 계약에서 항상 목적항을 명시하면서도 선적항은 명시하지 않지만 위험은 선적항에서 매수인에게 이전한다.
⑥ 운송비는 매도인이 부담하고 보험료는 매수인이 부담한다.
⑦ 물품을 수입통관하거나 수입관세를 부담하거나 수입통관 절차를 수행할 의무가 없다.
⑧ 물품이 컨테이너에 적입되어 운송되는 경우에 매도인은 대개 본선의 선상(on board the vessel)이 아닌 컨테이너 터미널(CY, CFS)에서 운송인에게 화물을 인도하게 되는데 이와 같은 경우에는 CFR 규칙이 아닌 CPT 규칙을 사용하여야 함

6. CIF(Cost, Insurance and Freight, 운임·보험료포함 인도 조건)
① 지정된 목적항까지 물품을 운반하는 데 필요한 운송비와 보험료는 매도인이 부담
② 선적항에서 본선에 적재(on board the vessel)되는 시점부터 물품에 대한 모든 위험과 추가적인 비용부담이 매수인에게 이전되는 거래조건
③ 보험계약 체결과 관련하여 매도인은 매매계약가격의 110% 이상에 대하여 단지 최소한의 담보조건(Clauses(C) of the Institute Cargo Clauses(LMA/IUA)으로 한다.
④ 이 규칙은 오직 해상운송이나 내수로운송의 경우에만 사용되어야 한다.
⑤ 대부분의 내용은 CFR과 동일하다.

Incoterms® 2020 (4)

7. CPT(Carriage Paid To, 운송비지급인도 조건)
① 선택된 운송방식을 가리지 않고 사용될 수 있으며 둘 이상의 운송방식이 채택된 경우에도 사용될 수 있다.
② 매도인이 합의된 장소(당사자 간에 이러한 장소의 합의가 있는 경우)에서 물품을 자신이 지정한 운송인이나 제3자에게 인도하고 매도인이 물품을 지정목적지까지 운송하는 데 필요한 계약을 체결하고 그 운송비용을 부담하여야 하는 것
③ 매도인은 물품이 목적지에 도착한 때가 아니라 운송인에게 물품을 교부하는 때에 자신의 인도의무를 이행한 것으로 본다.
④ CPT에서 매도인은 해당되는 경우에 물품의 수출통관을 하여야 한다. 그러나 매도인은 물품을 수입통관하거나 수입관세를 부담하거나 수입통관 절차를 수행할 의무가 없다.

8. CIP(Carriage and Insurance paid to, 운송비·보험료지급인도 조건
① 선택된 운송방식을 가리지 않고 사용될 수 있으며 둘 이상의 운송방식이 채택된 경우에도 사용될 수 있다.
② 기본 개념은 CPT와 동일. CPT에서 다음과 같이 보험 부보의무가 추가된 것이 CIP이다.
③ 보험계약 체결과 관련하여 매도인은 매매계약가격의 110% 이상에 대하여 최대한의 담보조건(Clauses(A) of the Institute Cargo Clauses(LMA/IUA)으로 한다.
④ 지정된 목적지까지 물품을 운반하는 데 필요한 운송비와 보험료는 매도인이 부담하되 물품이 적출지의 지정된 장소에서 지정된 운송인(또는 다른 당사자)에게 인도되는 시점부터 물품에 대한 모든 위험과 추가적인 비용부담이 매수인에게 이전되는 거래조건

9. DAP(Delivered At Place, 목적지인도 조건)
① 운송방식을 가리지 않고 사용될 수 있으며 둘 이상의 운송방식이 채택된 경우에도 사용될 수 있다.
② 매도인이 본인의 책임하에 목적지까지 물품을 운반하여 수입통관하지 아니한 상태로 운송수단으로부터 양하(Unloading)하지 않은 채, 매수인이 임의로 처분할 수 있는 상태(at the buyer)에 둠으로써 그 의무를 완수하게 되는 거래조건
③ 매도인이 자신의 운송계약에 따라 목적지에서 양하에 관한 비용을 지출한 경우에 당사자 간에 달리 합의되지 않았다면 매도인은 이를 매수인에게 구상할 수 없다.
④ DAP에서 매도인은 해당되는 경우에 물품의 수출통관을 하여야 한다.
⑤ 당사자 간에 매도인이 물품을 수입통관하고 수입관세를 부담하여 수입통관 절차를 수행하도록 원하는 때에는 DDP가 사용되어야 한다.

Incoterms® 2020 (5)

10. DPU(Delivered at Place Unloaded, 도착지양하인도 조건)
    ① 운송방식을 가리지 않고 사용될 수 있으며 둘 이상의 운송방식이 채택된 경우에도 사용될 수 있다.
    ② 매도인은 물품을 지정목적지에서 가져가서 물품을 양하하는 데 수반되는 모든 위험을 부담한다.
    ③ DPU에서 매도인은 해당되는 경우에 물품의 수출통관을 하여야 한다.
    ④ 당사자 간에 매도인이 물품을 수입통관하고 수입관세를 부담하여 수입통관 절차를 수행하도록 원하는 때에는 DDP가 사용되어야 한다.
11. DDP(Delivered Duty Paid, 관세지급인도 조건)
    ① 운송방식을 가리지 않고 사용될 수 있으며 둘 이상의 운송방식이 채택된 경우에도 사용될 수 있다.
    ② 11가지 무역거래조건 중 매도인의 위험과 비용부담이 가장 무거운 조건(매도인의 최대의무)
    ③ 매도인은 물품을 지정목적지까지 가져가는 데 수반되는 모든 위험을 부담한다.
    ④ 매도인이 물품의 수출입통관 절차를 수행하고 수입관세를 부담한다.
    ⑤ 매도인은 물품의 수입통관 절차를 매수인에게 맡기고자 하는 경우에는 DAP나 DPU를 사용하여야 한다.
12. 매도인(수출상)의 위험부담이 도착지(수입지)에서 종료되는 조건
    DAP, DPU, DDP

Incoterms® 2020 (5)

1. 무역거래조건의 표시 방법
    ① EX Works : EXW + 적출지의 지정장소(Seller's Premises, Works, Factory, Warehouse 등)
    ② Free Carrier : FCA + 적출지의 지정장소(Seller's Warehouse, CY, CFS, Road·Air Cargo Terminal 등)
    ③ Free Alongside Ship : FAS + 지정선적항(Port)
    ④ Free On Board : FOB + 지정선적항(Port)
    ⑤ Cost and FReight : CFR + 지정목적항(Port)
    ⑥ Cost and Insurance and Freight : CIF + 지정목적항(Port)
    ⑦ Carriage Paid To : CPT + 지정목적지(Port, Airport, Station, Cargo Terminal 등)
    ⑧ Carriage and Insurance Paid to : CIP + 지정목적지(Port, Airport, Station, Cargo, Terminal 등)
    ⑨ Delivered At Place : DAP + 지정목적지(Port, Airport, Station, Cargo Terminal, Warehouse 등)
    ⑩ Delivered at Place Unloaded : DPU + 지정목적지(Port, Airport, Station, Cargo Terminal, Warehouse 등)
    ⑪ Delivered Duty Paid : DDP + 지정목적지(Cargo Terminal, Warehouse 등)
2. 무역거래조건의 표시 : 조건의 명칭 + 지명 + Incoterms® 2020
    ① 적출자의 지명이 표기되어야 하는 무역거래조건 : EXW, FCA, FAS, FOB
    ② 도착지의 지명이 표기되어야 하는 무역거래조건 : CFR, CPT, CIF, CIP, DAP, DPU, DDP
        ㉠ BT(Berth Term, Liner Term) : 하역비용(적재비용과 양하비용)을 모두 선주가 부담하는 조건이다.
        ㉡ FI(Free In) : 적재비용은 화주가 부담하고 양하비용은 선주가 부담하는 조건이다.
        ㉢ FO(Free Out) : 적재비용은 선주가 양하비용은 화주가 부담하는 조건이다.
        ㉣ FIO(Free In & Out) : 하역비용(적재비용과 양하비용)을 모두 화주가 부담하는 조건이다.
3. 'Free'의 의미는 선주의 입장에서 비용이 면제된다는 뜻으로서 결국은 하역비용을 화주가 별도로 부담하여야 한다는 의미이며, 'In'은 선적할 때를 의미하고, 'Out'은 양륙할 때를 의미한다.
4. Incoterms® 2020하에서 적재비용(Loading Cost)과 양하비용(Unloading Cost)의 배분
    ① EXW, FCA, FAS : 적재비용과 양하비용을 모두 매수인이 부담하여야 한다. 단, FCA는 지정 인도장소가 매도인의 영업장 구내인 경우에는 적재비용을 매도인이 부담하여야 한다.
    ② DPU : 적재비용과 양하비용을 모두 매도인이 부담하여야 한다.
    ③ FOB : 적재비용은 매도인이 부담하고 양하비용은 매수인이 부담하는 것이 원칙이다.

④ CFR, CPT, CIF, CIP, DAP, DDP : 적재비용은 매도인이 부담하고 양하비용은 매수인이 부담하는 것이 원칙이다. 다만 양하비용의 경우에 매수인은 매도인으로 하여금 이를 운송비용에 포함하여 상품가격에 반영하도록 함으로써 매도인이 이를 지급하도록 할 수 있다. 그러나 만일 매도인이 매수인과의 합의 없이 자신이 체결한 운송계약에 따라 양하비용을 지불한 경우에 매도인은 매수인으로부터 그러한 비용을 회수할 권리가 없다.

  수출과 수입이 상호 연계되어 이루어지는 방식의 무역거래로서, 물물교환(Barter Trade), 구상무역(Compensation Trade), 대응구매(Counter Purchase), 제품환매(Buy Back) 등에 이용되는 방식을 무엇이라고 하는가?

① 연계무역
② BWT방식 수출입
③ 위탁판매수출
④ 외국인도수출

출제포인트
수출과 수입이 연계(연결)되어 거래가 이루어지는 '연계무역'에 대한 설명이다.

정답 ❶

  다음 중 '특정거래형태의 수출입'에 대한 설명으로 가장 옳지 않은 것은 어느 것인가?

① Back-to-Back L/C에 의한 방식이란 수출물품의 조달을 위하여 Master L/C를 견질로 별도의 수입신용장을 개설하는 방법을 말한다.
② 중계무역 거래 시 대외무역관리규정상의 수출실적인 경우에는 가득액(수출금액 - 수입금액)을 수출실적 인정금액으로 하며, 무역금융 융자대상 수출실적으로는 인정하지 않는다.
③ 가공임을 지급하는 조건으로 가공할 원료의 전부 또는 일부를 거래 상대방에게 유·무상으로 수출하거나 외국에서 조달·공급하여 이를 가공하도록 한 후, 가공물품을 다시 국내로 수입하거나 외국으로 인도하는 방식을 위탁가공무역 거래라고 한다.
④ 가득액을 영수하기 위하여, 원자재의 전부 또는 일부를 거래상대방의 위탁에 의하여 수입하여 이를 가공한 후, 위탁자 또는 그가 지정하는 자에게 당해 가공물품 등을 수출하는 방식의 거래를 중계무역이라고 한다.

출제포인트
④는 수탁가공무역에 해당하는 설명이다.

정답 ④

50 다음 중 중계무역에 대한 설명으로 가장 옳지 않은 것은 어느 것인가?

① 수출할 것을 목적으로 물품 등을 수입하여, 이를 보세구역 또는 자유무역지역 등 이외의 국내로 반입하지 않고, 가공하지 않은 원형 그대로 다시 수출하는 방식의 거래를 말한다.
② 우리나라를 경유하지 않은 채 곧바로 제3국으로 인도되는 경우는 물론, 물품의 인수·인도가 모두 해외의 동일국 내에서 발생하는 경우에도 중계무역으로 인정한다.
③ 중계무역은 중계차액을 남길 목적으로 가격이 저렴한 외국의 물품을 수입하여 수출하고자 하거나 수출상품에 대한 국내 공급능력의 한계(인건비 상승으로 인한 채산성 악화 등)를 극복하고 지속적으로 해외시장을 관리하고자 하는 경우 등에 활용된다.
④ 중계무역에서 수출입 쌍방 모두에게 서로의 신분을 노출시키지 않을 목적으로 중계국에서 B/L을 변경하여 재발급한 것을 Third Party B/L이라고 부른다.

출제포인트
④는 'Third Party B/L'이 아닌 'Switch B/L'에 대한 설명에 해당된다.

정답 ④

51 무역거래의 결제방법 중 사후지급(송금)과 가장 거리가 먼 것은?

① European D/P ② COD
③ CAD   ④ Advance Remittance

출제포인트
사전 : Advanced Remittance, Advanced Payment, CWO(Cash With Order), T/T in advance
사후 : COD(Cash on Delivery), CAD(Cash against Document), European D/P, OA

정답 ④

다음 중 결제 방법에 대한 설명 중 가장 옳지 않은 것은 어느 것인가?

① 사전송금은 수출상이 수입상으로부터 수출대금 전액을 미리 송금받은 후에 물품을 선적하는 방식으로 수출상의 입장에서는 매우 안전하며, Advance Remittance, Advance Payment, CWO(Cash With Order), T/T in Advanced 등으로 불린다.
② 사후송금 방식은 수입상이 수출상으로부터 수입물품 또는 선적서류를 수령한 후에 대금을 지급하는 방식을 말하며, 수입상의 입장에서는 상품의 인수와 관련한 불안이 제거되는데, COD, CAD, European D/P, O/A와 같은 동시결제의 형태를 취하기도 한다.
③ 수출상이 물품을 선적한 후 수출지에 소재하는 수입상의 지사나 대리인 등에게 선적 서류를 제시하는 방식으로 선적서류의 인도와 동시에 대금이 결제되는 '동시결제방식'이라고 볼 수 있는 결제 방식을 COD 방식이라고 한다.
④ European D/P란 수출상이 물품을 선적한 후에 수입상 거래은행으로 당해 선적서류를 송부한 후 수입상은 본인의 거래은행을 통하여 선적서류를 수령함과 동시에 결제대금을 송금하는 형태의 거래로, 환어음 발행에 따른 불필요한 인지세 부담을 제거하고자 유럽지역에서 주로 사용되고 있는 방법이다.

출제포인트
COD → CAD(Cash Against Documents)

정답 ③

 환어음의 인수(Acceptance)를 조건으로 선적서류(Documents)를 인도하는 형태의 '기한부' 거래로서 선적서류 인도 시 수입상은 인수의 의사만 표시하고 실제의 대금지급은 일정 기간 후에 발생하게 되는 추심결제 방법은?

① CAD(Cash Against Documents) ② D/A
③ D/P USANCE   ④ D/P at sight

출제포인트
환어음 인수 후 지정된 만기 때 대금을 결제하는 방식인 D/A를 말한다.

정답 ②

지시된 제 조건과 일치하는 서류가 제시되는 한 개설은행이 수입상과는 독립적으로 그 대금의 결제를 보장하여 주는 조건부 지급확약서를 무엇이라고 하는가?

① L/C(Letter of Credit)
② CWO(Cash With Order)
③ CAD(Cash Against Documents)
④ D/P(Documents against Payment)

출제포인트
일치하는 제시를 조건으로 대금 지급을 확약하는 신용장에 대한 설명이다.

정답 ❶

 다음 중 국제팩터링 거래에 대한 설명으로 가장 옳지 않은 것은 어느 것인가?

① 국제팩터링(International Factoring)이란 국제팩터링기구에 가입한 회원(팩터)의 신용을 바탕으로 이루어지는 무신용장방식의 거래로서 팩터링회사(Factor)가 수출상과 수입상의 사이에서 제공하는 신용조사 및 신용위험의 인수(신용승인 : 지급보증)를 말한다.
② 수출상은 무신용장 방식의 거래임에도 불구하고 신용거래에 따른 위험을 부담하지 않고 안전하게 거래할 수 있다.
③ 신용승인이라 함은 수입상이 자금부족, 파산 등의 재무상 이유로 수입채무를 이행하지 못하는 경우에 수입팩터가 그 대금을 대신하여 지급할 것임을 약속하는 일종의 보증을 말한다.
④ 수출상은 신용장 방식과 똑같이 서류 작성에 주의를 기울여야 하며, 서류가 일치하지 않을 경우 팩터에게 거절될 수 있다.

출제포인트
수출상은 신용장 방식과는 달리 서류 작성에 대한 과도한 부담 없이 간편하게 실무를 처리할 수 있다.

정답 ❹

다음 중 포페이팅 거래에 대한 설명으로 가장 옳지 않은 것은 어느 것인가?

① 포페이팅 거래라 함은 수출거래에 따른 중장기 매출채권(환어음, 약속어음)을 '소구권을 행사하는 조건(With Recourse)'으로 '고정이자율'에 의해 할인 매입하는 금융기법을 지칭한다.
② 가장 일반적인 형태의 포페이팅 거래 방식으로 수출기업이 포페이터와 포페이팅 거래약정을 체결한 뒤 당해 포페이터에게 직접 서류를 제시하는 방식을 Direct Forfaiting이라고 한다.
③ 포페이터는 대게 제3자가 발행하는 화환신용장, 보증신용장, 청구보증, 은행지급보증, 수출보험 등을 담보로 활용하거나 어음에 추가하는 Aval을 담보로 활용한다.
④ 포페이팅 거래의 할인대상은 통상 1~10년의 중장기 어음이며, 고정금리로 할인이 이루어진다.

> **출제포인트**
> 포페이팅(Forfaiting)은 소구권을 행사하지 않는 조건으로 채권(환어음, 약속어음 등)을 매입한다.
>
> 정답 ❶

 제시된 서류상의 정보(Data)가 비록 신용장과 엄밀하게 일치하지는 않는다 하더라도, 그것이 신용장상의 정보(Data)와 충돌(Conflict)하지 않는다면 이는 신용장의 조건에 일치하는 것으로 보아야 한다는 신용장의 원칙을 무엇이라고 하는가?

① 엄밀일치의 원칙
② 서류거래의 원칙
③ 상당일치의 원칙
④ 취소불능의 원칙

> **출제포인트**
> 상당일치의 원칙이라고 한다.
>
> 정답 ❸

신용장 거래에서 서류 심사기준에 대한 다음 설명 중 틀린 것은?

① 은행은 서류에 대하여 문면상 일치하는 제시 여부를 단지 서류만에 의해서 심사한다.
② 선하증권의 수하인(consignee)은 개설은행 지시식으로 기재되어 있고, 원산지증명서상 수하인은 개설의뢰인으로 기재된 것은 서류 상호 간 불일치로 간주되지 않는다.
③ 신용장에서 원산지증명서를 요구한 경우 서류 내용이 원산지를 증명하고 있지 않다고 하더라도 서류 제목이 원산지증명서임을 명백히 표시하고 있다면 수리된다.
④ 오자나 오타가 단어나 문장의 의미에 영향을 미치지 않는다면 서류를 하자 있는 서류로 만들지 않는다.

출제포인트

UCP 600 14조
f. 신용장이 서류가 누구에 의하여 발행된 것임을 또는 서류의 자료내용을 명시하지 않고, 운송서류, 보험서류 또는 상업송장 이외의 서류제시를 요구하는 경우, 은행은 그 서류의 내용이 요구된 서류의 기능을 충족하는 것으로 보이고 그 밖에 제14조 d항과 일치하는 경우, 제시된 대로 서류를 수리한다.
① UCP 600 14조
 a. 지정에 따라 행동하는 지정은행, 확인은행(있는 경우) 및 발행은행은 서류가 문면상 일치하는 제시를 구성하는지 여부를 결정하기 위하여 서류만을 기초로 하여 제시를 심사하여야 한다.
② ISBP 184
 - 신용장이 수하인을 지시식, 선적인 지시식, 개설은행 지시식, 개설은행 기명식과 같은 표시를 요구하였다면 신용장에 명시된 어떠한 당사자도 수하인으로 표시될 수 있다.
④ 오자나오타 ISBP 25
 - 하자여부는 서류상에 misspellings나 typing error로 인해 이들이 들어있는 단어나 문장에서 의미 변화가 발생하는지 여부에 달려있다.
 - 오자나 오타가 의미변화를 주는지 여부는 경우에 따라 주관적일 수 있으므로 실무적으로 분쟁의 소지를 없애기 위해 신용장 수익자는 오자나 오타가 발생하지 않도록 주의하고, 발견된 오자나 오타는 적절하게 수정이나 변경하여야 한다.

정답 ③

 UCP 및 ISBP에 의거하여 하자로 간주되지 않는 일반적인 사항이 아닌 것은?

① machine을 mashine으로 작성한 단순 오탈자 경우
② company를 co.등 약어로 사용한 경우
③ 제목을 표기하지 않았거나 유사한 다른 제목으로 표기한 경우
④ 물품의 원산지를 상업송장 등의 제 서류상에 'Korea Origin'이 아닌 'China Origin'으로 작성한 경우

출제포인트

원산지가 다른 것은 하자로 간주된다.

정답 ④

다음 중 신용장 거래의 기본 당사자에 해당하지 않는 자는?

① 개설은행(Issuing Bank)
② 수익자(Beneficiary)
③ 확인은행(Confirming Bank)
④ 개설의뢰인(Applicant)

출제포인트
- 신용장 거래 기본 당사자 : 개설은행, 수익자, 확인은행
- 신용장 거래 기타 당사자 : 개설의뢰인, 통지은행, 지급은행, 인수은행, 매입은행, 연지급은행, 상환은행, 양도은행

정답 ④

 무역외거래에 따른 보증 및 결제를 그 주된 목적으로 하여 발행되는 신용장으로서, 지급의 요건이 "거래에 대한 불이행의 증명"이 되는 신용장의 종류는?

① 상업신용장
② 스탠바이신용장
③ 클린신용장
④ 지정신용장

출제포인트
스탠바이(보증)신용장에 대한 설명이다.

정답 ②

 개설은행 및 확인은행(확인은행이 있는 경우) 그리고 수익자 모두의 합의 없이는 취소될 수 없는 신용장을 무슨 신용장이라고 하는가?

① 취소불능신용장
② 연지급신용장
③ 인수신용장
④ 매입신용장

출제포인트
당사자 전원의 합의 없이 일방의 의사만으로 취소될 수 없는 신용장을 취소불능신용장이란 한다.

정답 ①

63 최초 개설한 신용장이 일정한 조건하에 자동적으로 갱신되어 사용될 수 있도록 약정하는 신용장을 무슨 신용장이라고 하는가?

① 기한부신용장 ② 회전신용장
③ 선대신용장 ④ 양도가능신용장

출제포인트
회전신용장이라고 한다.

정답 ❷

  64 개설은행은 수익자가 지정은행(nominated bank)에 신용장 조건에 일치하는 서류를 제시하면 일람출급으로 대금을 지급할 것을 지시하는 신용장을 개설하였다. 개설은행은 지정은행을 통하지 않고, 수익자로부터 직접 신용장 조건에 일치하는 서류를 제시받았다. 개설은행이 취하여야 할 조치로 타당한 것은?

① 개설은행은 서류가 신용장 조건에 일치하였다면 수익자에게 신용장 대금을 지급하여야 한다.
② 개설은행은 서류가 신용장 조건에 일치하였다면 지정은행에 신용장 대금을 지급하여야 한다.
③ 개설은행은 서류를 수익자에게 반환하고, 지정은행을 통하여 서류를 제시할 것을 요구하여야 한다.
④ 개설은행은 서류를 지정은행으로 송부하여 서류가 신용장 조건에 일치 하는지 여부를 심사하도록 하여야 한다.

출제포인트
UCP 600 6조
a. 신용장은 그 신용장이 사용 가능한 은행 또는 그 신용장이 모든 은행에서 사용가능한지 여부를 명기하여야 한다. 지정은행에서 사용 가능한 신용장은 발행은행에서도 사용 가능하다.

정답 ❶

수출지의 은행(연지급은행)이 개설은행의 해외 본·지점 또는 예치환거래은행일 때 사용되는 기한부 신용장은 무엇인가?

① 지급신용장 ② 연지급신용장
③ 인수신용장 ④ 매입신용장

출제포인트

지급신용장·연지급신용장·인수신용장·매입신용장 비교

지급 신용장	• 대개의 경우 수출지의 은행(지급은행)이 개설은행의 해외 본지점 또는 예치환거래은행일 때 사용된다. • 무어음부 신용장이다. • 일람출급신용장으로 사용 • 지급은행으로 지정된 특정의 은행만이 지급업무를 취급
연지급 신용장	• 대개의 경우 수출지의 은행(연지급은행)이 개설은행의 해외 본지점 또는 예치환거래은행일 때 사용된다. • 기한부 신용장으로만 사용 • 무어음부 신용장이다. 연지급신용장은 절대 "환어음을 요구할 수 없으며", 만일 환어음의 발행을 요구하게 되면 인수신용장과의 차별성이 없어진다. '인수(Acceptance)'라는 행위 대신 '연지급 확약(Deferred Payment Undertaking)'이라는 행위가 이루어지게 된다. • 연지급은행으로 지정된 특정의 은행만이 연지급(확약) • 비배서 신용장이다.
인수 신용장	• 개설은행이 예치환거래은행(주로 통지은행)으로부터 인수편의를 제공받을 때 사용된다. 어음의 만기에 개설은행으로부터 그 대금을 회수하는 형태의 신용공여를 말한다. • 어음부 신용장이다. • 기한부 신용장으로만 사용 • 지정된 특정의 은행만이 인수업무를 취급할 수 있다.
매입 신용장	• 개설은행의 무예치환거래은행인 경우에 주로 활용된다. • 어음부 신용장이다. 특별한 사정이 없는 한 환어음의 발행을 요구하는 것이 일반적이다. • 일람출급 또는 기한부신용장으로 모두 다 사용될 수 있다. • 어느 은행에서나 매입에 의한 방법으로 이용 가능 • 배서신용장(Notation Credit)이다.

정답 ②

 신용장을 비교한 내용이다. 바르지 못한 것은 어느 것인가?

① 인수신용장은 기한부 방식으로 어음이 발행된다.
② 매입신용장은 배서가 불필요하다.
③ 지급신용장은 어음의 종류가 일람출급어음이다.
④ 연지급신용장은 어음을 요구하지 않는다.

출제포인트

매입신용장은 배서가 필요하다.

정답 ②

67 신용장 관련 서류에 대한 심사기준(UCP 600 제14조)에 대한 설명 중 잘못된 것은?

① 어떠한 서류상에 표시된 물품의 선적인(shipper) 또는 송하인(consignor)은 신용장의 수익자일 필요는 없다.
② 신용장, 서류 자체 및 국제표준은행관행으로 보아서, 서류의 정보(data)들이 동일해야 할 필요는 없지만(need not be identical), 그 서류나 다른 모든 요구서류 또는 신용장의 자료들과 상충되어서는 안 된다(not conflict with).
③ UCP 600 제19조(복합운송서류), 제20조(선하증권), 제21조(비유통성 해상 화물운송장), 제22조(용선계약선하증권), 제23조(항공운송서류), 제24조(도로, 철도 또는 내륙수로운송서류) 또는 제25조(특송화물수령증, 우편수령증)에 따른 하나 또는 그 이상의 운송서류의 원본을 포함하는 제시는 UCP 600에서 규정하고 있는 선적일 후 21일보다 늦지 않게 수익자에 의하여 또는 대리하여 이행되어야 하며, 어떠한 경우에도 서류제시는 L/C 유효기일 이내에 제시되어야 한다.
④ 서류는 신용장 개설일 이후 제시일자 전까지 작성된 것만 인정된다.

출제포인트
서류는 신용장 개설일 이전 일자에 작성된 것일 수 있으나 제시일자보다 늦은 일자에 작성된 것이어서는 안 된다.

정답 ④

68 다양한 신용장에 대한 설명이다. 바르지 못한 것은 어느 것인가?

① 수익자가 신용장에 명시된 서류와 함께 기한부환어음을 제시하면 당해 환어음을 인수하고 그 만기일(at maturity)에 대금을 지급한다고 약정된 신용장을 할부지급신용장이라고 한다.
② 제시된 서류상에 하자가 없는 한 제시된 서류 또는 환어음과 상환으로 그 즉시 대금을 지급받을 수 있는 신용장을 '일람출급신용장(at Sight Credit)'이라고 한다.
③ '인수신용장'은 환어음의 인수은행과 그 만기일의 산정을 위한 어음기한(Tenor)이 지정되어 있다.
④ 기한부환어음의 만기일을 지정하는 기준은 일람후 정기출급, 일자후 정기출급, 확정일 출급 등이 있다.

출제포인트
할부지급신용장 → 기한부신용장

정답 ①

69 다음은 UCP 600 제6조에 규정된 신용장 사용방법에 대한 기재 예시이다. 사용방법에 관한 내용으로 잘못된 것은?

① 매입신용장(환어음의 사용은 선택적임)
   41D : Available with... by... : ABC Bank, Hong Kong by Negotiation
② 지급신용장(환어음의 사용은 선택적임)
   41D : Available with... by... : ABC Bank, Hong Kong by Payment
③ 연지급신용장(환어음 요구하지 않음)
   41D : Available with... by... : ABC Bank, Hong Kong by Deferred Payment
④ 인수신용장(환어음 요구하지 않음)
   41D : Available with... by... : ABC Bank, Hong Kong by Acceptance

출제포인트
인수신용장은 반드시 환어음이 있어야 한다.

정답 ④

01장 출제예상 문제

01 대외무역법령상의 무역 대상의 범위에 해당하지 않는 것은?

① 부호·문자·음성·음향·이미지·영상 등을 디지털 방식으로 제작하거나 처리한 자료 또는 정보 등으로서 산업통상자원부장관이 정하여 고시하는 전자적 형태의 무체물
② 「부가가치세법 시행령」 제3조에 따른 용역(출판업과 영상·오디오 기록물 제작 및 배급업을 제외한다)
③ 특허권, 실용신안권, 디자인권 등의 양도, 전용실시권의 설정 또는 통상실시권의 허락
④ 「외국환거래법」에서 정하는 지급수단을 제외한 동산

02 다음 중 대외무역법령상 무역에 해당하지 않는 것은 무엇인가?

① '물품'의 수출입
② '외국환거래법상의 비거주자가 비거주자에게 특정의 용역'을 제공하는 것
③ '대외무역법 시행령에서 정하는 용역'의 수출입
④ '대외무역법 시행령에서 정하는 전자적 형태의 무체물'의 수출입

03 대외무역법상 수출에 해당하지 않는 것은?

① 보세판매장에서 외국인에게 국내에서 생산된 물품을 매도하는 것
② 외국선박이 공해에서 채포한 어획물 등을 외국으로 반출하는 행위
③ 거주자가 비거주자에게 용역을 제공하는 행위
④ 거주자가 비거주자에게 전자적 형태의 무체물을 제공하는 행위

정답 및 해설

01 ② 「부가가치세법 시행령」 제3조에 따른 용역에는 출판업과 영상·오디오 기록물 제작 및 배급업을 포함한다.
02 ② 비거주자가 비거주자에게 특정의 용역을 제공하는 것은 수출의 형태에 포함되지 않는다.
03 ② 외국선박이 공해에서 채포한 어획물 등을 외국으로 반입하는 행위는 수출에 해당하지 않는다.

04 무역의 제도적인 지원 및 혜택에 해당되지 않는 것은?

① 부가가치세의 면세 적용
② 무역보험제도의 운용
③ 수출용 원재료에 대한 관세 등의 환급
④ 수출입실적 인정을 통한 각종 혜택(무역의 날 포상 등) 부여 등

05 수출 절차의 흐름에 대한 설명이다. 가장 바르지 못한 것은?

① 무역거래자는 산업통상자원부장관이 정한 자만 가능하다.
② 일반적으로 수출거래는 매매계약의 체결, 신용장의 수취, 수출승인, 원자재의 확보 및 생산, 수출통관, 선적 수출대금의 추심 및 회수, 관세환급 및 사후관리 등의 여러 절차를 거치게 된다.
③ 국제 무역거래의 대금결제 방식에는 송금방식, 추심결제방식, 신용장방식 등이 있다.
④ 수출하고자 하는 물품에 따라 필요한 경우 수출승인, 요건확인, 허가 등의 절차를 거쳐야 한다.

06 관세법에 의한 수출입 금지품이 아닌 것은?

① 헌법질서를 문란하게 하거나 공공의 안녕질서 또는 풍속을 해치는 서적, 간행물, 도화, 영화, 비디오물, 조각물 기타 이에 준하는 물품
② 국제법규에 따를 의무, 천연(생물)자원 보호 등의 이행을 위하여 제한이 필요한 물품
③ 화폐, 채권 기타 유가증권의 위조품, 변조품 또는 모조품 등
④ 정부의 기밀을 누설하거나 첩보활동에 사용되는 물품

07 국제매매계약의 성격이 아닌 것은?

① 편무계약
② 낙성계약(합의계약)
③ 불요식계약
④ 유상계약

08 국제매매계약의 성립 절차에 대한 설명이다. 가장 바르지 못한 것은?

① 상대방의 청약사항을 일부 수정하여 다시 제의하는 것을 청약변경이라고 한다.
② 신용조사 시에는 거래상대방의 Character, Capital, Capacity 등에 대한 조사가 이루어진다.
③ 상대방의 무조건적인 승낙이 있으면 계약을 성립시킬 것을 목적으로 하는 청약자(offerer)의 일방적이고 확정적인 의사표시를 청약이라고 한다.
④ 일반적으로 상대방과의 거래가 결정되면 매도인이 매수인에게 판매조건을 서면으로 작성하여 제시한다.

09 국제매매계약의 성립 절차에 대한 설명이다. 가장 바르지 못한 것은?

① 청약은 상대방의 무조건적인 승낙이 있으면 계약을 성립시킬 것을 목적으로 하는 청약자(offerer)의 일방적이고 확정적인 의사표시이다.
② 승낙은 청약의 모든 조항에 대해 무조건으로 동의하는 것이어야 한다.
③ 계약은 반드시 문서로 작성해야 한다.
④ Commercial Invoice는 계약이 체결된 이후에 Seller가 작성하는 매매계약 이행의 증거이자 대금청구서류(매매계산서)의 일종이다.

정답 및 해설

04 ① 부가가치세의 영세율이 적용된다.
05 ① 무역거래자는 자유화되어 있다.
06 ② 수출입공고에 의한 수출입승인 항목을 설명하고 있다.
07 ① 국제매매계약은 매도인과 매수인에게 모두 의무가 발생하는 쌍무계약이다.
08 ① 반대청약(Counter Offer : 대응청약이라고 함)에 대한 설명이다.
09 ③ 계약은 구두로 하더라도 성립되며, 반드시 문서로 작성할 필요는 없다.

10 품질 결정방법에 대한 설명이다. 가장 바르지 못한 것은?

① 양륙품질조건이란 상품의 품질이 약정 품질과 일치하느냐의 여부를 상품 양륙 시의 품질에 의하여 결정하는 조건이다.
② 공산품 등에 널리 이용되는 방식이 선적품질조건(Shipped Quality Terms)이다.
③ 선적품질조건이란 상품의 품질이 약정 품질과 일치하느냐의 여부를 상품 선적 시의 품질에 의하여 결정하는 방법이다.
④ 선적품질조건은 매도인이 운송 중에 발생한 상품의 하자에 대해 책임을 진다.

11 수량단위에 대한 해설에 대한 설명이다. 가장 바르지 못한 것은?

① 낱개로 헤아릴 수 있는 물품 1개 단위를 Piece(pcs)라고 한다.
② Pallet(PLT)는 지개차용 화물 받침대를 말한다.
③ 미터법에 의한 부피의 단위를 CBM(Cubic Meter m³)이라고 한다.
④ 우리가 일반적으로 사용하는 1,000kg은 LT(Long Ton, English Ton, Gross Ton)이라고 한다.

12 계량의 기준시기에 대한 설명이다. 가장 바르지 못한 것은?

① 정확한 수량을 선적하는 것이 곤란할 경우 특별히 과부족 허용에 관한 약정을 하는 경우가 발생하는데, 이것을 과부족 용인 조건(More or Less Clause)이라고 한다.
② 신용장 통일규칙에서는 신용장상에 별도의 과부족 허용 조항이 명시되어 있지 않다 하더라도 10% 범위 이내의 과부족을 허용하는 것으로 해석한다.
③ 산적 화물(Bulky Cargo)과 별도의 약정이 없더라도 과부족 용인 제도가 전통적인 상관습으로 인정한다.
④ 계약 물품의 수량이 선적 시의 수량과 일치할 것을 조건으로 하여 품질을 결정하는 방법이 선적수량조건(Shipped Quantity Terms)이다.

13 선적방법 중 환적에 대한 설명이다. 가장 바르지 못한 것은?

① 신용장에서 환적을 금지하더라도 선적지에서 도착지에 이르는 전체의 운송구간이 하나의 동일한 운송서류에 의해 포괄되는 경우에는 환적이 가능한 것으로 해석한다.
② 원칙적으로 신용장에서 환적을 허용하는 경우에 환적이 가능하다.
③ 약정된 상품을 수회에 걸쳐 나누어 선적하는 것도 환적에 포함된다.
④ 선적된 상품을 운송 도중에 양하하여 다른 선박이나 다른 운송수단에 재적재하는 것을 환적이라고 한다.

14 보험조건에 대한 설명이다. 가장 바르지 못한 것은?

① 해상보험계약이란 보험자가 그 계약에 의하여 합의한 방법과 범위 내에서 해상손해, 즉 해상사업에 수반되는 손해에 대하여 피보험자에게 손해 보상을 약속하는 계약이다.
② 당해 계약 범위 내의 모든 개별 위험을 자동적으로 Cover하기로 하는 방식의 보험계약 형태를 확정보험이라고 한다.
③ 개별 선적분에 대한 보험요건이 모두 확정된 상태에서 그 위험의 개시(선적). 직전에 매 건별로 체결하는 보험의 계약을 '개별보험'이라고 한다.
④ 보험계약에서 보험계약자와 피보험자는 같을 수도 있고, 다를 수도 있다.

정답 및 해설

10 ④ 선적품질조건은 매수인이 운송 중에 발생한 상품의 하자에 대해 책임을 진다.
11 ④ MT(Metric Ton, French Ton, Kilo Ton, Tonne) ; 2,204lbs(1,000Kg)라고 한다.
12 ② 5% 이내에서 과부족을 인정한다.
13 ③ 약정된 상품을 수회에 걸쳐 나누어 선적하는 것은 분할선적이라고 한다.
14 ② 당해 계약 범위 내의 모든 개별 위험을 자동적으로 Cover하기로 하는 방식의 보험계약 형태를 포괄보험이라고 한다.

15 해상손해의 형태에 대한 설명이다. 가장 바르지 못한 것은?

① 해상손해란 해상위험으로 인하여 피보험이익의 전부 또는 일부가 소멸함으로써 발생하는 피보험자의 경제상의 부담 또는 재산상의 불이익을 말한다.
② 손해자가 단독으로 부담하여야 하는 성질의 손해를 단독손해라고 한다.
③ 해상손해에서 피보험이익 전부가 멸실된 것을 전손(Total Loss)이라고 한다.
④ 보험목적물이 회복 가망이 없거나 회복이 가능하더라도 보험목적물을 구조하기 위한 비용과 구조 후의 수리비용이 보험목적물의 가액을 초과하는 경우를 현실전손이라고 한다.

16 ICC(WA)에서 보상하지 않는 손해는 어느 것인가?

① 전손
② 악천후로 인한 해수침손
③ 공동해손
④ 기타의 분손

17 Incoterms® 2020의 무역거래조건에 대한 설명이다. 가장 바르지 못한 것은?

① 매수인(수입상)이 운임을 부담하는 조건은 CFR, CPT, CIF, DAP, DPU, DDP이다.
② 매도인(수출상)은 목적지까지 물품을 운반하는 데 따르는 모든 비용과 위험을 스스로 부담하며 목적지에서 매수인(수입상)에게 물품을 인도하는 조건은 Group D이다.
③ CIF, CIP 조건하에서는 매도인(수출상)이 보험을 부보하여야 한다.
④ 해상 및 내수로운송에만 사용되는 조건은 FAS, FOB, CFR, CIF이다.

18 물품의 하역 / 양하비에 대한 설명으로 옳지 않은 것은?

① 하역비용(적재비용과 양하비용)을 모두 선주가 부담하는 조건은 BT(Berth Term, Liner Term)이다.
② 하역비용(적재비용과 양하비용)을 모두 화주가 부담하는 조건은 FIO(Free In & Out)이다.
③ 해상운송 또는 내수로운송에만 사용 가능한 조건으로 적재비용은 매도인이 부담하고 양하비용은 매수인이 부담하는 것이 원칙인 것은 FCA이다.
④ CFR, CPT, CIF, DAP, DDP는 적재비용은 매도인이 부담하고 양하비용은 매수인이 부담한다.

19 적재비용과 양하비용을 모두 매수인이 부담하여야 하는 경우가 아닌 것은 어느 것인가?
① FCA
② FOB
③ FAS
④ EXW

20 인코텀즈(INCOTERMS) 2020의 거래조건에 대한 다음 설명 중 옳지 않은 것은 어느 것인가?
① FCA 규칙을 이용하는 경우에 납품장소가 수출 공항인 경우 수출업자는 수출 공항에 도착된 트럭으로부터 물품을 양하하는 데 발생되는 비용을 부담하지 않는다.
② EXW 규칙을 이용하는 경우에 수출업자는 납품장소에 도착된 트럭에 물품을 적재할 의무가 없다.
③ DPU 규칙을 이용하는 경우 지정목적지에 도착된 운송수단으로부터의 물품 양하에 소요되는 비용은 수입업자가 부담해야 한다.
④ CIF 규칙에서는 수출업자가 수입항까지의 운임을 부담하지만 운송 중의 사고에 대해서는 책임지지 않는다.

정답 및 해설

15 ④ 보험목적물이 회복 가망이 없거나, 회복이 가능하더라도 보험목적물을 구조하기 위한 비용과 구조 후의 수리비용이 보험목적물의 가액을 초과하는 경우를 추정전손이라고 한다.
16 ④ 기타의 분손만 보상하지 않는다.
17 ① EXW, FCA, FAS, FOB이다.
18 ③ FOB이다.
19 ② FOB 적재비용은 매도인이 부담하고 양하비용은 매수인이 부담하는 것이 원칙이다.
20 ③ DPU 규칙을 이용하는 경우 물품 양하에 소요되는 비용은 수출업자가 부담해야 한다.

21 Incoterms® 2020의 무역거래조건 중 FAS의 특징이 아닌 것은?

① 매도인이 물품의 수출통관 절차를 마친 후 지정된 선적항에서 매수인이 지명한 선박(본선)의 선측(Alongside Ship)에 물품을 인도함으로써 그 의무를 완수하게 되는 거래조건이다.
② 해상운송 또는 내수로운송 시에만 사용 가능하다.
③ 운송비 및 보험료는 매수인이 부담한다.
④ 매수인은 물품의 수출통관을 하여야 한다.

22 Incoterms® 2020의 무역거래조건에 대한 설명이다. 가장 바르지 못한 것은?

① 수입통관비용을 매도인이 부담하기를 원하는 경우 DDP, 수입통관비용을 매수인이 부담하기를 원하는 경우 DAP 규칙을 사용하여야 한다.
② FAS는 매도인이 물품의 수출통관 절차를 마친 후 지정된 선적항에서 매수인이 지명한 선박(본선)의 선측(Alongside Ship)에 물품을 인도함으로써 그 의무를 완수하게 되는 거래조건이다.
③ FOB에서 매도인은 해당되는 경우에 물품의 수출통관을 하여야 한다. 그러나 매도인은 물품을 수입통관하거나 수입관세를 부담하거나 수입통관 절차를 수행할 의무가 없다.
④ DDP는 수입통관의 의무가 매수인에게 있으며 수입관세 및 부가가치세 등(조세 및 기타 부과금을 포함)을 포함하여 목적지까지 물품을 운반하는 데 따르는 모든 위험과 비용을 매수인이 부담한다.

23 다음은 인코텀즈(INCOTERMS) 2020의 거래조건에 대한 설명이다. 그 내용이 옳은 것은?

① EXW 규칙과 DDP 규칙에서 수출통관의무의 부담자는 모두 수출업자이다.
② CFR 규칙에서 수출업자는 수입 항구까지의 화물 운송에 관련된 비용을 부담하는 것이므로, 항구에 정박 중인 본선에 화물을 선적한 이후 도착항에 선박이 도착되지 않으면 이에 대한 책임을 져야 한다.
③ 수출업자가 철도를 이용하여 물품을 선적한 후 선박을 이용하여 국제운송 하고자 하는 경우에는 CIP보다는 CIF를 이용하는 것이 현명하다.
④ DPU 규칙으로 수출할 때 수출업자는 지정목적지에서 발생되는 물품의 하역비용을 부담해야 한다.

24 Incoterms® 2020의 무역거래조건 중 매도인(수출상)은 적출지에서 매수인(수입상)이 지정한 운송인에게 물품을 인도하며 목적지까지의 주운송비는 지급하지 않는 조건의 그룹은 어느 그룹인가?

① Group E
② Group F
③ Group C
④ Group D

25 Incoterms® 2020의 무역거래조건 중 DPU의 특징이 아닌 것은?

① 운송방식을 가리지 않고 사용될 수 있으며 둘 이상의 운송방식이 채택된 경우에도 사용될 수 있다.
② 매도인은 물품을 도착 운송수단으로부터 양하하여야 하고, 물품을 지정목적지 또는 지정목적지 내의 합의된 지점에서 매수인의 처분하에 두거나 그렇게 인도된 물품을 조달함으로써 인도하여야 한다.
③ 매도인은 해당되는 경우에 물품의 수출통관을 이행하여야 한다. 그러나 매도인은 물품을 수입통관하거나 수입관세를 부담하거나 수입통관절차를 수행할 의무가 없다.
④ 매수인은 통과통관 절차 및 수입통관 절차를 수행해야 하고, 그에 관한 비용을 부담하여야 한다.

정답 및 해설

21 ④ 매도인이 물품의 수출통관을 하며 매수인은 수입통관을 한다.
22 ④ 수입통관의 의무가 매도인에게 있다.
23 ④ 1번은 EXW의 통관의무는 매수자이고, 2번은 CFR은 비용만 매도자가 내고 책임은 매수자에게 있다. 3번은 CIP를 이용하는 것이 바람직하다.
24 ② Group F이다.
25 ④ DPU 규칙에서 매도인은 수출통관 및 통과통관 절차를 수행하고 그에 관한 비용을 부담하여야 하며, 매수인은 수입통관 절차를 수행하고 그에 관한 비용을 부담하여야 한다.

26. 매도인이 본인의 책임하에 목적지까지 물품을 운반하여 수입통관하지 아니한 상태로 운송수단으로부터 양하(Unloading)하지 않은 채 매수인이 임의로 처분할 수 있는 상태(at the buyer)에 둠으로써 그 의무를 완수하게 되는 거래조건은 어느 것인가?

① DAP
② CIF
③ FAS
④ EXW

27. Incoterms® 2020의 무역거래조건 중 매도인(수출상)이 운임을 부담하는 조건이 아닌 것은 어느 것인가?

① CFR
② DPU
③ FAS
④ CIP

28. '특정거래형태의 수출입'의 임대차 수출입과 관련하여 외국환거래규정에서 정하고 있는 절차적 제한에 대한 설명이다. 가장 바르지 못한 것은?

① 거주자가 비거주자에게 무상으로 물품을 임대하는 경우는 신고를 요하지 않는다.
② 거주자가 비거주자로부터 부동산 이외의 물품을 무상으로 임차하는 경우는 신고를 요하지 않는다.
③ 거주자와 비거주자 간에 계약 건당 미화 3천만불 이하인 경우로서 부동산 이외의 물품임대차 계약을(소유권 이전하는 경우를 포함한다) 체결하는 경우, 외국환은행의 장에게 신고하여야 한다.
④ 계약 건당 미화 3천만불을 초과하는 물품의 임대차는 한국은행에 신고하여야 한다.

29. 연계무역의 형태가 아닌 것은 어떤 것인가?

① 대응구매
② 물물교환
③ 구상무역
④ 임대계약

30 '특정거래형태의 수출입'의 중계무역에 대한 설명이다. 가장 바르지 못한 것은?

① 수출할 것을 목적으로 물품 등을 수입하여 이를 보세구역 또는 자유무역지역 등 이외의 국내로 반입하지 않고 가공하지 않은 원형 그대로 다시 수출하는 방식의 거래를 말한다.
② 중계무역 거래 시의 수출실적 인정금액 중 대외무역법상의 수출실적(가득액)은 수출금액(FOB 가격) - 수입금액(CIF 가격)으로 계산된다.
③ Master L/C상의 수익자와 B/L상의 선적인이 동일하지 않게 되는데, 이것을 실무적으로 'Third Party B/L'이라고 부른다.
④ 중계무역방식의 수출실적은 무역금융 융자대상 수출실적으로 인정한다.

31 무역거래의 결제방법에 대한 설명이다. 가장 바르지 못한 것은?

① 수출상 입장에서 가장 안전한 방식은 사전송금방식이다.
② 수입상이 수출상으로부터 수입물품 또는 선적서류를 수령한 후에 대금을 지급하는 방식을 사후송금이라고 한다.
③ 환어음이 발행되지 않는다는 점에서 추심결제방식의 D/P와 구별되는 D/P는 European D/P이다.
④ 수출상이 물품을 선적한 후 수출지에 소재하는 수입상의 지사나 대리인 등에게 선적 서류를 제시하는 사후송금방식으로 선적서류의 인도와 동시에 대금이 결제되는 '동시결제방식'이 되는 것은 COD이다.

정답 및 해설

26 ① DAP에 대한 설명이다.
27 ③ FAS 매수인(수입상)이 운임을 부담하는 조건이다.
28 ① 한국은행 신고사항이다.
29 ④ 임대계약은 임대수출의 형태이다.
30 ④ 중계무역방식의 수출실적은 무역금융 융자대상 수출실적으로 인정하지 않는다.
31 ④ 서류의 인도를 대금 지급의 조건으로 하는 CAD에 대한 설명이다.

32 국제팩터링에 대한 설명이다. 가장 바르지 못한 것은?

① 수출상은 무신용장방식의 거래임에도 불구하고 신용거래에 따르는 위험을 부담하지 않고 안전하게 거래할 수 있다.
② 수출상은 신용장방식과는 달리 서류작성에 대한 과도한 부담 없이 간편하게 실무를 처리할 수 있다.
③ 수출상은 수입상에게 신용장 거래보다 유리한 조건을 제시할 수 있게 되어 대외 교섭력을 행사할 수 있다.
④ 팩터링 거래에서는 일체의 수수료(수입팩터링수수료 포함)를 수입상이 부담한다.

33 포페이팅 거래의 특징에 대한 설명이다. 가장 바르지 못한 것은?

① 포페이팅(Forfaiting)는 소구권을 행사하지 않는 조건으로 채권(환어음, 약속어음 등)을 매입하는 것이다.
② 포페이터는 대개 수입상의 거래은행이 발행하는 지급보증서나 또는 어음에 추가하는 Aval을 담보로 활용한다.
③ 포페이팅 거래에서는 환어음과 약속어음만을 그 할인대상으로 하며 기타의 증권 또는 채권은 취급되지 않는다.
④ 포페이팅 거래의 할인대상은 단기의 어음이고 LIBOR금리 등 변동금리로 할인이 이루어진다.

34 우리나라 무역관리제도에 대한 설명으로 가장 바르지 못한 것은?

① 외화획득용 원료, 기재를 수입하는 경우에는 수입제한 품목을 두어 산업통상자원부장관이 제한을 두고 있다.
② 통합공고란 대외무역법 이외의 다른 법령에서 정한 물품의 수출입 요건 및 절차를 말한다.
③ 전략물자 수출입고시에 의한 수출허가 등은 국제평화 및 안전유지, 국가안보 등을 위하여 그 통제가 필요하다고 인정되어 산업통상자원부장관이 별도로 지정하는 물품 등을 말한다.
④ 수출입공고란 국제협약의 이행, 천연(생물)자원 보호 등을 위하여 산업통상자원부장관이 고시한 규정을 말한다.

35 외국환거래규정에 대한 설명으로 가장 바르지 못한 것은?

① 거래의 당사자가 아닌 제3자와 지급 수령 등은 원칙적으로 한국은행총재에게 신고 후 거래하여야 한다.
② 외국환은행을 통하지 아니하는 지급 등은 원칙적으로 한국은행총재에게 '신고' 후 거래하여야 한다.
③ 본지사 간의 수출거래로서 계약 건당 미화 5만불을 초과하는 수출대금을 무신용장 인수인도조건방식 또는 외상수출채권 매입방식에 의하여 결제기간이 물품의 선적 후 또는 수출환어음의 일람 후 3년을 초과하여 수령하고자 하는 경우 외국환은행의 장에게 신고하여야 한다.
④ 서로 상쇄하여 차액만을 결제하는 행위는 원칙적으로 외국환은행의 장 또는 한국은행총재에게 '신고' 후 거래하여야 하지만, 외국환은행의 장에게 신고하여야 하는 사항은 해당 행위 후 1개월 이내에 '사후보고' 할 수 있다.

36 신용장에 대한 설명으로 가장 바르지 못한 것은?

① 신용장은 개설은행이 독립적으로 대금의 지급을 확약하고 있으므로 수출상은 수입상의 신용과는 관계없이 대금회수의 안전성을 확보할 수 있다.
② 수출상의 경우 취소불능 신용장이 발행된 경우 안심하고 생산에 착수할 수 있다는 장점이 있다.
③ 신용장 대금의 청구를 위하여 제시되는 모든 서류는 신용장의 제 조건과 문면상으로 매우 엄격하고 세밀하게 일치하여야 한다는 견해를 '상당일치의 원칙'이라고 한다.
④ 제시된 모든 서류는 신용장의 조건과 문면상으로 일치(Compliance)하여야 한다.

정답 및 해설

32 ④ 팩터링 거래에서는 일체의 수수료(수입팩터링 수수료 포함)를 수출상이 부담하므로 수입상은 거래에 매우 호의적인 반응을 보이게 된다.
33 ④ 포페이팅 거래의 할인대상은 통상 1~10년의 중장기 어음이며 고정금리로 할인이 이루어진다.
34 ① 외화획득용 원료, 기재를 수입하는 경우에는 수입제한품목 이라 할지라도 별도의 제한 없이 수입을 승인 받을 수 있다.
35 ③ 한국은행총재에게 신고하여야 한다.
36 ③ '엄밀일치의 원칙', '엄격일치의 원칙'라고 한다.

37. 신용장에 대한 설명으로 가장 바르지 못한 것은?

① "상업송장(Commercial Invoice)"의 "상품명세(Description of the Goods)"는 신용장상의 상품명세와 엄격히 일치(Must Correspond)하여야 한다.
② 신용장상에 명시적으로 언급되지 않은 사항이라 하더라도 UCP, ISBP, ICC Opinions & Decisions 등에 위배되는 사항이 있는 경우에는 하자로 간주된다.
③ 제시된 서류 중 신용장에서 요구되지 않는 서류는 심사할 필요가 없으며 이는 무시할 수 있다.
④ limited → ltd, international → int'l, company → co., industry → ind, manufacturer → mfr 등의 약어는 하자이다.

38. 신용장에 대한 설명이다. 바르지 못한 설명은 어느 것인가?

① 신용장(Payment L/C)의 조건에 일치하는 서류 및 환어음의 제시에 대하여 당해 환어음을 인수한 후 만기에 지급하도록 수권된 은행을 '인수은행'이라고 한다.
② 환어음(또는 지급청구서)과 함께 이를 뒷받침하는 기타의 보조서류(상업송장, 운송서류, 증명서, 진술서 등)들을 요구하는 신용장을 클린신용장이라고 한다.
③ 신용장의 이용방법으로는 일람지급(Sight Payment), 연지급(Deferred payment), 인수(Acceptance), 매입(Negotiation)이 있다.
④ '취소불능 신용장(Irrevocable Credit)'이란 일단 개설된 후에는 개설은행, 확인은행(확인신용장의 경우), 수익자 모두의 합의 없이는 취소 / 변경할 수 없는 신용장을 말한다.

39. 신용장 종류에 대한 설명이다. 바르지 못한 설명은 어느 것인가?

① 개설은행이 결제(Honour)를 확약하고 있는 취소불능 신용장에 대하여 개설은행의 요청(수권)을 받은 제3의 은행이 '지급 / 연지급 / 인수' 또는 '상환청구권을 행사하지 않는 조건으로 매입'할 것임을 이중적으로 추가 확약하고 있는 신용장을 확인신용장이라고 한다.
② 개설은행의 무예치환거래은행인 경우에 주로 활용되는 신용장으로 일람출급 또는 기한부신용장으로 모두 다 사용될 수 있는 신용장은 매입신용장이다.

③ 개설은행의 Credit Risk 또는 개설은행 소재국의 Country Risk가 높다고 판단되는 경우에 수익자는 그에 따른 위험을 제거하기 위한 수단으로 확인신용장을 요구하게 된다.
④ 할부지급 신용장이란 신용장 대금의 결제가 수회에 걸쳐 할부방식으로 이루어지는 신용장을 말하며, 신용장에서는 지급 만기일을 동일하게 작성한 복수의 환어음을 발행하도록 요구하게 된다.

40 신용장을 비교한 내용이다. 바르지 못한 것은 어느 것인가?

① 인수신용장은 배서가 불필요하다.
② 매입신용장은 수출지 상대은행이 무예치환거래은행이다.
③ 지급신용장은 어음종류가 일람출급어음이다.
④ 연지급신용장은 일람출급으로 발행한다.

41 다양한 신용장에 대한 설명이다. 바르지 못한 것은 어느 것인가?

① '할부지급 신용장(Installment Payment Credit)'이란 신용장 대금의 결제가 수회에 걸쳐 할부방식으로 이루어지는 신용장을 말한다.
② 수익자 이외의 제3자(제2수익자)가 신용장의 전부 또는 일부를 사용할 수 있도록 수익자가 지정은행(양도은행)에 대하여 신용장의 '양도(Transfer)'를 요청할 수 있는 신용장을 양도가능신용장이라고 한다.
③ 연계무역하에서의 동시개설 신용장과는 달리 신용장의 효력 발생 요건으로 대응신용장의 개설을 요구하지 않고 그 대신 장차 신용장을 개설하겠다는 보증서의 제출을 조건부로 하는 신용장을 에스크로 신용장이라고 한다.
④ 선대신용장은 '레드 클로스 신용장(Red Clause Credit)'이라 부르기도 한다.

정답 및 해설

37 ④ 약어의 사용은 하자로 보지 않는다.
38 ② '화환신용장(Documentary Credit)'이라고 한다.
39 ④ 할부지급 신용장이란 신용장 대금의 결제가 수회에 걸쳐 할부방식으로 이루어지는 신용장을 말하며, 신용장에서는 지급 만기일을 각각 달리 지정한 여러 개의 환어음을 발행하도록 요구하게 된다.
40 ④ 연지급신용장은 기한부로 발행한다.
41 ③ 토마스 신용장이라고 한다.

42. Incoterms 2020의 무역거래조건 중 DAP 규칙과 DDP 규칙을 비교한 설명으로 틀린 것은?

① DAP 규칙은 수입통관을 매수인이 해야 하는 반면에, DDP 규칙은 매도인이 수입통관의 책임을 부담한다.
② DAP 규칙과 DDP 규칙은 단일하거나 복수의 운송방식에 사용 가능한 규칙이다.
③ DAP 규칙과 DDP 규칙은 물품에 대한 위험과 비용 부담의 분기점이 서로 동일하다.
④ DAP 규칙은 매도인이 양하비용을 부담하지만, DDP 규칙은 매수인이 양하비용을 부담한다.

43. 비거주자와 물품의 임대차계약을 체결하고자 하는 경우에는 외국환거래규정에 의하여 사전에 한국은행총재 또는 외국환은행의 장에게 신고 후 거래해야 하는데, 다음 중 외국환은행의 장에게 사전에 신고해야 하는 경우에 해당하는 것은?

① 국내의 외항운송업자와 비거주자 간에 소유권을 이전하지 않는 조건으로 선박이나 항공기의 외국통화 표시 임대차계약을 체결하는 경우로서, 임대차 계약기간이 10개월인 경우
② 거주자가 부동산이 아닌 물품을 비거주자로부터 무상으로 임차하는 경우
③ 계약 건당 미화 5천만불에 상당하는 물품에 대하여 임대차계약을 체결하는 경우
④ 국내의 외항운송업자와 비거주자 간에 소유권을 이전하는 조건으로 선박이나 항공기의 임대차계약을 체결하는 경우로서, 계약 건당 미화 2천만불인 경우

44. 다음 중 국제팩토링 거래와 관련한 수출상의 효용으로 옳지 않은 것은?

① 수입팩토링 수수료는 수입상이 부담하고 수출상은 수출팩토링 수수료만 부담하므로, 신용장거래에 비하여 서류 작성에 대한 부담이 적다.
② 국제팩토링은 무신용장방식의 거래임에도 불구하고 신용거래에 따른 위험을 부담하지 않고 안전하게 거래할 수 있다.
③ 수출상은 소구권 청구에 따른 우발채무의 부담으로부터 벗어나 재무건전성을 유지할 수 있다.
④ 수입상에게 신용장거래보다 유리한 조건을 제시할 수 있기 때문에 대외교섭력을 향상시킬 수 있다.

45 대외무역법에서는 원산지 표시 제도와 원산지 확인 제도를 시행하고 있는 바, 다음 중 이와 관련된 설명으로 옳은 것은?

① 원산지 표시 제도란 수출입거래와 관련한 모든 물품 등에 원산지를 표시하도록 하는 제도로서, 거래의 모든 당사자가 준수할 것을 강제하고 있다.
② 수입물품의 원산지 표시는 반드시 영문으로만 표시되어 있어야 한다.
③ 원산지를 표시할 때에는 국가명 또는 도시명이 기재되어야 한다.
④ 통합공고에 의하여 특정 지역으로부터 수입이 제한되는 물품을 수입하고자 하는 자는 해당 물품의 원산지국 등에서 발행하는 원산지증명서를 제출해야 한다.

정답 및 해설

42 ④ DAP 규칙과 DDP 규칙 모두 매수인이 지정목적지에서의 양하비용을 부담한다.
43 ④ ① 임대차 계약기간이 1년 미만인 경우에는 별도의 신고 등을 요구하지 않지만, 1년 이상인 경우에는 외국환은행의 장에게 사전에 신고해야 한다.
② 별도의 신고 등을 요구하지 않는 거래이다.
③ 계약 건당 미화 3천만불을 초과하는 물품의 임대차계약을 체결하는 경우, 한국은행총재에게 사전에 신고해야 한다.
44 ① 팩토링 수수료는 모두 수출상이 부담한다.
45 ④ ① 원산지 표시 제도는 산업통상자원부장관이 공고하는 원산지 표시 대상 물품의 수출입거래에 한하여 해당 거래의 모든 당사자에게 원산지를 표시하도록 강제하는 제도이다.
② 수입물품의 원산지 표시는 한글, 한자 또는 영문으로 최종 구매자가 원산지를 오인할 우려가 없는 방식으로 표시해야 한다.
③ 원산지는 반드시 국가명으로 표시해야 하며, 최종 구매자가 수입물품의 원산지를 오인할 우려가 없는 경우에는 통상적으로 널리 사용되고 있는 국가명을 사용하여 원산지를 표시할 수 있다.

 # 수입실무

▶ 접근전략 및 기출트렌드

2장에서는 수입신용장의 개설, 선적서류 인도, 보증신용장 등이 출제되고 있습니다. 수입신용장 부분에서는 UCP 600, 선적서류 인도 부분에서는 URC522, 보증신용장에서는 ISP98을 참고하는 것이 학습에 도움이 될 수 있습니다. 우선, 기본서에 기재된 2장의 내용을 먼저 이해하고, 이해한 내용이 앞서 언급한 규칙에서 어떻게 규정되어 있는지를 보는 것이 필요합니다. 출제빈도를 살펴보았을 때에는 수입신용장의 개설 및 신용장에 의한 선적서류 인도(T/R, L/G 등)를 중점적으로 학습하는 것이 효율적인 전략이 될 수 있습니다.

수입신용장의 개설과 관련된 부분에서는 수입신용장의 개설 단계별로 내용을 나누어서 정리하는 것이 좋으며, 신용장에 의한 선적서류 인도 부분에서는 T/R, L/G 등을 이용하는 이유, 효용 및 한계를 정리하는 것이 좋습니다. 추심 결제방식에 관련된 부분에서는 수입신용장과 동일하게 개설 단계별로 내용을 나누어서 정리하되, 관련 내용이 URC522에 어떻게 규정되어 있는지를 함께 살펴가며 정리하는 것이 좋습니다. 보증신용장에 관련된 부분에서는 화환신용장과 어떤 차이점을 가지는지를 주로 살펴보되, 관련 내용을 ISP98 및 URDG758을 바탕으로 정리하는 것이 좋습니다.

▶ 출제빈도

단원	주제	학습중요도	출제비율
1절	수입신용장의 개설	★★★★	40%
2절	신용장에 의한 선적서류 인도	★★★★	40%
3절	D/P, D/A 방식에 의한 수입	★★	10%
4절	보증신용장과 청구보증(DG)	★★	10%

▶ 체크리스트

체크리스트	기본서 상세페이지
각종 신용장의 개설방법, 조건변경과 취소, 발생수수료 등을 알고 있다.	P.228 ~ P.295
선적서류 인도(T/R 등)와 D/P, D/A 방식에 의한 수입을 알고 있다.	P.296 ~ P.377
보증신용장(내용 및 종류)과 요구불보증의 유형 등을 알고 있다.	P.378 ~ P.405

2025 외환전문역 II종 3주 완성 문제집

수출입업무 제1과목

제2장

수입실무

핵심정리 문제

01 개설의뢰인이 신용장의 개설을 신청하는 서류로서 개설될 신용장의 제 조건이 기재되는 문서를 무엇이라고 하는가?

① 신용장 발행신청서
② 물품매도확약서
③ 신용장 개설약정
④ 수입계약서

출제포인트
신용장 발행을 신청하는 서류를 말한다.

정답 ❶

02 신용장 거래에서 서명에 대한 설명으로 맞는 것은?

① facsimile signature란 서류 발행자가 서명하여 팩스기계로 송부된 서류에 나타난 서명을 말한다.
② 신용장에서 환어음을 요구하면서 특별히 발행자의 서명을 요구하지 않았다 하더라도 발행자의 서명을 필요로 한다.
③ 신용장에서 상업송장을 요구하면서 특별히 발행자의 서명을 요구하지 않았더라도 신용장 수익자의 서명이 필요하다.
④ 신용장에서 beneficiary's certificate를 요구하였다고 하더라도 그 서류가 수익자의 서명을 필요로 하는 것은 아니다.

출제포인트
① UCP 600 3조에서 명시하고 있는 서명방법에서 facsimile signature를 언급하고 있다.
팩시밀리서명 : 자필 서명을 스캔하고, 저장하여 전자적으로 출력한 것 또는 미리 인쇄된 서명을 의미한다. 우리가 통상적으로 알고 있는 서명된 서류를 팩스로 전송하고 전송받는 것을 의미하는 것이 아니다.
② ISBP 821
drafts, certificates, declaration은 신용장에서 명시하지 않더라도 본질적으로 서명을 필요로 한다.
③ UCP 600 18조

정답 ❷

신용장의 대금결제가 원화로 이루어지는 경우에는 매입은행 등이 국내의 은행에 보유하고 있어야 하는 계정은 무엇인가?

① 비거주자원화계정
② 외화증권투자자전용외화계정
③ 비거주자자유원계정
④ 대외계정

출제포인트

'비거주자자유원계정'을 보유하고 있어야 한다.

정답 ❸

 상업송장에 대한 다음 설명 중 틀린 것은?

① 상업송장 금액은 신용장 금액을 초과하여 기재될 수 있다.
② 무료로 제공되는 견본일 경우에는 신용장에서 요구되지 않더라도 상업송장에 기재될 수 있다.
③ 신용장의 상품명세를 상업송장과 똑같이 기재할 필요는 없고, 상업송장의 여러 곳에 나누어 표시되더라도 이것을 합쳤을 때 신용장의 상품명세와 일치하면 수리될 수 있다.
④ 신용장에서 추가적 정의 없이 'invoice'를 요구하였다면 'consular invoice'를 제시할 수 있다.

출제포인트

ISBP 821
- 송장에는 초과선적이 나타나서는 안 된다.
  * 예외) UCP 600 30조 (b)항
    만일 신용장이 수량을 포장단위 또는 개별단위의 특정 숫자로 기재하지 않으면서 청구금액 총액이 신용장의 금액을 초과하지 않는 경우, 물품의 수량에서 5%를 초과하지 않는 범위 내의 상하한 편차가 허용된다.
- 무상이라고 하더라도, 신용장에서 요구되지 않은 상품이 송장에 나타나서는 안 된다.

정답 ❷

05 SWIFT로 통지 요청된 신용장에서 다음과 같이 상업송장을 요구한 경우에 대한 설명으로 잘못된 것은?

> 46A : Documents Required + Commercial Invoice in 3 copies

① 수익자는 상업송장에 수기로 서명하여야 한다.
② 상업송장 금액이 신용장 금액을 초과할 수 있지만, 이 경우 환어음의 발행금액은 신용장 금액까지만 허용된다.
③ 상업송장 발행일자가 신용장 개설일자 이전이라고 하더라도 무방하다.
④ 상업송장은 최소한 원본 1부와 나머지는 신용장에서 요구하는 수량만큼의 사본으로 제시될 수 있다.

출제포인트
상업송장은 서명이 필요 없다.

정답 ❶

06 금융기관 간에 교환되는 각종 메시지를 업무별로 표준화하여 이를 전 세계적으로 구성된 자체 통신망을 이용하여 송수신하는 것을 무엇이라고 하는가?

① 약식전보   ② TELEX
③ SWIFT   ④ 우편전신

출제포인트
SWIFT(국제은행 간 통신협정)에 대한 설명이다.

정답 ❸

 신용장에서 운송서류로 해상선하증권을 요구한 경우 다음 중 하자 있는 운송서류에 해당되는 경우는?

① "goods will be carried on deck"라는 문구가 기재된 해상선하증권
② "shipper's load and count"라는 문구가 기재된 해상선하증권
③ 환적이 될 것이라거나 될 수 있다고 표시하는 선하증권(물품이 컨테이너, 트레일러, 래시 바지에 선적되었다는 것이 선하증권에 의하여 증명되는 경우)
④ 운송약관이 해상선하증권 이외의 다른 출처에 근거하고 있다고 표시하고 있는 해상선하증권(약식 선하증권)

출제포인트

UCP 600 제26조 ["갑판적재", "내용물 부지약관"과 운임에 대한 추가비용]
a. 운송서류는 물품이 갑판에 적재되거나 또는 될 것이라고 표시하여서는 아니 된다. 물품이 갑판에 적재될 수도 있음을 명시하고 있는 운송서류상의 조항은 수리될 수 있다.
20조
vi. 용선계약에 따른다는 어떠한 표시도 포함하지 아니한 것

정답 ❶

 다음 사례의 신용장에서 신용장 수익자가 첫 번째 달에 USD 15,000에 대하여 지급청구를 하였다. 신용장 수익자가 두 번째 달에 지급청구 할 수 있는 최대한도의 금액은?

Amount of credit USD 20,000
This credit will revolve on the last day of each calendar month for a period of six months.
The credit will first revolve on January 31 2020
This credit is non-cumulative. Expiry date : June 30 2020

① USD 15,000   ② USD 20,000
③ USD 25,000   ④ USD 40,000

출제포인트

비적립식(non-cumulative) 회전신용장(revolving credit)에 대한 내용이다.

정답 ❷

UCP 600에서 정의하고 있는 은행의 결제(Honour)에 포함되지 않는 신용장의 사용방법을 고르시오.

① 일람지급신용장(Sight payment L/C)에서 일람불로 지급함
② 매입신용장(Negotiation L/C)에서 개설은행이 환어음 및/또는 서류를 구매(purchase draft and/or documents)하고 대금을 미리 지급(advance funds)함
③ 인수신용장(Acceptance L/C)에서 환어음을 인수(accept a draft)하고 만기일에 지급함
④ 연지급신용장(Deferred payment L/C)에서 연지급을 확약하고(incur a deferred payment undertaking) 만기일에 지급함

출제포인트

UCP 600 제2조 [정의]
인수·지급이라 함은 다음을 말한다.
a. 신용장이 일람지급에 의하여 사용가능한 경우 일람지급 하는 것
b. 신용장이 연지급에 의하여 사용가능한 경우 연지급을 확약하고 만기일에 지급하는 것
c. 신용장이 인수에 의하여 사용가능한 경우 수익자가 발행한 환어음("어음")을 인수하고 만기일에 지급하는 것
매입이라 함은 상환이 지정은행에게 행해져야 하는 은행영업일 또는 그 이전 수익자에게 대금을 선지급 또는 선지급 하기로 약정함으로써 일치하는 제시에 대한 환어음(지정은행이 아닌 은행을 지급인으로 하여 발행된) 및/또는 서류를 지정은행이 매입하는 것을 말한다.

정답 ❷

운송서류 원본이 포함된 제시에 대하여 서류 제시기간의 명시가 없는 경우에는 선적 후 며칠 이내에 제시되어야 하는 것으로 보는가?

① 7일
② 14일
③ 21일
④ 1개월

출제포인트

UCP 600 제14조 [서류심사의 기준]
c. 제19조, 제20조, 제21조, 제22조, 제23조, 제24조 또는 제25조에 따른 하나 이상의 운송서류 원본이 포함된 제시는, 이 규칙에서 정하고 있는 선적일 후 21일보다 늦지 않게 수익자에 의하거나 또는 그를 대신하여 이루어져야 하고, 어떠한 경우라도 신용장의 유효기일보다 늦게 이루어져서는 안 된다.

정답 ❸

11 신용장거래에서 수출자를 (A), 수입자를 (B), 수출자의 거래은행을 (C), 신용장 개설은행을 (D)라고 했을 때, 다음 빈칸에 들어갈 당사자의 배열이 가장 올바르게 기재된 것은?

> 가. L/C의 applicant : (　)
> 나. L/C의 advising bank : (　)
> 다. L/C at sight in favor of (　)
> 라. B/L의 consignee : to the order of (　)
> 마. B/L의 notify party : (　)

① (A)－(C)－(B)－(B)－(D)
② (A)－(C)－(C)－(D)－(B)
③ (B)－(D)－(A)－(B)－(D)
④ (B)－(C)－(A)－(D)－(B)

출제포인트
수출자의 거래은행이 통지은행의 역할을 하며, 개설은행은 선하증권의 수하인을 자신이 지정할 수 있도록 하여 담보력을 행사한다.

정답 ④

12 신용장 양도에 대한 다음 설명 중 타당한 것은?

① 신용장에 "양도 가능"(transferable)이라고 특별히 명시하고 있는 경우에만 신용장 양도가 가능하다.
② 신용장이 개설은행에서만 사용할 수 있다면 제1수익자는 추가적으로 통지은행에 신용장 양도를 신청할 수 있다.
③ 신용장 양도를 수권받은 은행은 반드시 신용장을 양도할 의무를 진다.
④ 신용장을 양도할 때 항상 신용장 유효기일과 선적기일은 단축되어야 한다.

출제포인트
UCP 600 제 38조 [양도가능신용장]
b. For the purpose of this article :
Transferable credit means a credit that specifically states it is "transferable".

정답 ①

13 UCP 600이 적용되는 신용장 거래에서 발행자의 서명이 반드시 필요한 서류를 모두 기재한 것은?

a. commercial invoice
b. bill of lading
c. inspection certificate
d. insurance policy

① a, b
② b, c
③ b, c, d
④ a, b, c, d

출제포인트
상업송장은 서명이 필요 없다.

정답 ③

14 수출상이 발행한 환어음을 국내은행이 인수하여 이를 할인함으로써 수출상에게는 일람불로 수출대금을 지급하고 수입상에게는 일정 기간 수입 대금의 결제를 유예하여 주는 방식의 신용장으로 내국수입유전스라고 하는 신용장은 무엇인가?

① Domestic Banker's Usance
② Overseas Banker's Usance
③ Shipper's Usance
④ Reimbursement Base

출제포인트
Domestic Banker's Usance라고 한다.

정답 ①

다음 설명 중 가장 바르지 못한 것은?

① 신용장의 조건을 변경하고자 하는 경우에는 신용장조건변경신청서, 변경 매매계약서, 물품매도확약서 등을 제출해야 한다.
② 신용장의 조건을 변경하고자 하는 경우에는 조건변경의 당사자 즉 '개설은행', '수익자', 확인은행 중 한 명 이상의 동의가 있어야 한다.
③ 기한부신용장은 누가 신용을 공여하느냐에 따라 'Shipper's Usance Credit(무역인수신용장)'과 'Banker's Usance Credit(은행인수신용장)'으로 구분된다.
④ 무역거래조건이 변경되어 수입상이 보험에 가입하여야 하는 경우 보험서류를 추가적으로 징구할 수 있다.

출제포인트
신용장 당사자 전원의 동의가 필요하다.

정답 ②

 신용장의 조건변경 시 유의사항에 대한 설명이다. 바르지 못한 것은 어느 것인가?

① 운송방법이 해상운송에서 항공운송으로 변경되는 경우에는 해상선하증권(B/L)을 항공화물운송장(AWB)으로 변경하여야 함은 물론 선적지 및 양륙지도 공항으로 변경해 주어야 한다.
② "선적기일의 연장 시"에는 "유효기일의 연장"도 필요하지 않은지의 여부에 대하여 검토하여야 한다.
③ 다수에게 분할 양도된 신용장의 조건변경은 각각의 제2수익자별로 조건변경을 동의 또는 거절할 수 없다.
④ 조건변경 시에는 반드시 "원신용장을 통지한 은행"을 통하여 조건변경을 통지하여야 한다(UCP 600 제9조 d항).

출제포인트
UCP 600 제38조 [양도가능신용장]
f. 신용장이 두 사람 이상의 제2수익자에게 양도되면, 하나 또는 둘 이상의 수익자가 조건변경을 거부하더라도 다른 제2수익자의 수락은 무효가 되지 않으며, 양도된 신용장은 그에 따라 변경된다. 조건변경을 거부한 제2수익자에 대하여는 양도된 신용장은 변경 되지 않은 상태로 남는다.

정답 ③

17 신용장의 조건변경(Amendments)에 대한 다음의 설명 중 맞지 않는 것은?

① 개설은행이 신용장에 대한 조건변경을 한 경우 개설은행은 신용장에 대한 조건변경을 발행한 그 시점으로부터 변경 내용에 대하여 취소 불가능하게 구속된다.
② 조건변경에 대한 당사자는 신용장 개설의뢰인(Applicant)과 수익자(Beneficiary)이다.
③ 조건변경에 대하여 일부만을 수락하는 것은 조건변경에 대한 거절의 의사표시로 본다.
④ 일정한 시간 내에 수익자가 조건변경을 거절하지 않으면 조건변경이 효력을 가지게 된다는 조항이 조건변경 내용에 있는 경우 이는 무시된다.

출제포인트

UCP 600 제10조 [조건변경]
a. 제38조에 의하여 별도로 규정된 경우를 제외하고, 신용장은 발행은행, 확인은행(있는 경우) 및 수익자의 합의 없이는 변경 또는 취소될 수 없다.
b. 발행은행은 그 자신이 조건변경서를 발행하는 시점부터 그 조건변경서에 의하여 취소불능적인 의무를 부담한다. 확인은행은 그 자신의 확인을 조건변경에까지 부연할 수 있으며 그 변경을 통지한 시점부터 취소불능적인 의무를 부담한다. 그러나, 확인은행은 그 자신의 확인을 부연함이 없이 조건변경 통지를 선택할 수 있으며, 또한 이러한 경우에는 발행은행에게 지체 없이 통고하고 그 자신의 통지서로 수익자에게 통고하여야 한다.
c. 원신용장(또는 이미 승낙된 조건변경을 포함하고 있는 신용장)의 조건은 수익자가 조건변경에 대한 그 자신의 승낙을 그러한 조건변경을 통지해 온 은행에게 통보할 때까지는 수익자를 위하여 계속 효력을 갖는다. 수익자는 조건변경에 대하여 승낙 또는 거절의 통고를 행하여야 한다. 수익자가 그러한 통고를 행하지 아니한 경우, 신용장 및 아직 승낙되지 아니한 조건변경에 일치하는 제시는 수익자가 그러한 조건변경에 대하여 승낙의 통고를 행하는 것으로 본다. 그 순간부터 신용장은 조건변경 된다.
d. 조건변경을 통지하는 은행은 조건변경을 송부하여 온 은행에게 승낙 또는 거절의 모든 통고를 통지하여야 한다.
e. 조건변경의 부분승낙은 허용되지 아니하며 조건변경의 거절통고로 본다.
f. 조건변경이 특정기한 내에 수익자에 의하여 거절되지 아니하는 한 유효하게 된다는 취지의 조건변경서상의 규정은 무시된다.

정답 ❷

18 신용장 거래에서 사용되는 선하증권(Bill of lading : B/L)에 대한 설명으로 적절하지 못한 것은?

① 선적국이 공휴일인 경우라 할지라도 신용장상의 선적일자는 그 다음 날로 자동연장 되지 않는다.
② '선하증권에 백지배서한다'는 말의 의미는 B/L 이면에 아무런 표시를 하지 말라는 지시이다.
③ Stale B/L이란 신용장에 명시된 서류 제시기간을 경과하여 지정은행 등에 제시된 선하증권을 말한다.
④ 운송주선인이 선박회사와 화주사이에서 선박회사로부터 Master B/L을 받고 화주에게 발급해주는 것을 House B/L이라고 한다.

출제포인트
백지배서는 이면에 배서인이 서명하여 배서하면서 피배서인을 기명하지 않고 비워두는 것을 말하므로 아무런 표시도 하지 않는다는 설명은 잘못된 설명이다.

정답 ❷

19 신용장 거래에 대한 다음 설명 중 타당하지 않은 것을 고르시오.

① SWIFT 신용장에서 개설의뢰인을 지급인으로 하는 환어음을 요구해서는 안 된다.
② 개설은행은 신용장 조건변경서를 발행한 시점부터 그 조건변경에 의하여 취소불능의 의무를 부담한다.
③ 하나의 동일 조건변경 중에서 수익자가 유리한 것은 조건변경에 동의하고 불리한 것은 거절하는 부분적인 승낙은 허용되지 않는다.
④ 신용장 조건변경에 대한 수익자의 일치하는 제시만으로는 조건변경에 대한 승낙이 될 수 없다.

출제포인트
UCP 600 제10조 [조건변경(Amendments)]
c. 원신용장(또는 이미 승낙된 조건변경을 포함하고 있는 신용장)의 조건은 수익자가 조건변경에 대한 그 자신의 승낙을 그러한 조건변경을 통지해 온 은행에게 통보할 때까지는 수익자를 위하여 계속 효력을 갖는다. 수익자는 조건변경에 대하여 승낙 또는 거절의 통고를 행하여야 한다. 수익자가 그러한 통고를 행하지 아니한 경우, 신용장 및 아직 승낙되지 아니한 조건변경에 일치하는 제시는 수익자가 그러한 조건변경에 대하여 승낙의 통고를 행하는 것으로 본다. 그 순간부터 신용장은 조건변경 된다.

정답 ❹

신용장 거래에서 금액 및 수량 과부족과 관련된 다음 설명 중 타당하지 못한 것은?

① SWIFT 신용장에서 ±2%의 과부족을 허용하고 있다 하더라도 UCP 600 제30조에 따라 ±5%의 과부족이 허용된다.
② 상품 수량에 about란 단어가 있으면 ±10%의 과부족 편차가 허용된다.
③ 상품 수량이 중량 단위로 되어 있고, 신용장에서 과부족을 금지하는 문언이 없다면 신용장통일규칙에서 규정한 범위 내에서 초과선적이 되더라도 수익자의 환어음 발행 또는 지급청구는 신용장 금액까지만 가능하다.
④ 상품 수량이 길이 단위로 기재된 경우에는 수량의 과부족이 허용된다.

> **출제포인트**
> 신용장 조건에서 ±2%의 과부족을 허용하고 있으므로 ±5%의 과부족은 적용되지 않는다.
> UCP 600 제30조 [신용장 금액, 수량 그리고 단가의 허용치]
> b. 신용장이 수량을 규정된 포장 단위 또는 개별 품목의 개수로 명시하지 아니하고 어음 발행 총액이 신용장 금액을 초과하지 아니하는 경우, 물품 수량은 5%를 초과하지 아니하는 범위 내에서 과부족이 허용된다.
>
> **정답 ❶**

 개설은행의 업무처리와 관련된 다음 설명 중 타당한 것은?

① 개설은행이 개설의뢰인의 하자용인(권리포기, waiver)을 수락하였다 하더라도 은행은 동일 신용장에서 장래의 서류 제시에 대하여 발생할 수 있는 하자로 인한 서류의 불일치를 이유로 대금의 지급을 거절할 수 있다.
② 개설은행의 지급거절 통지는 전신 또는 그것이 불가능한 경우 기타 신속한 수단으로 7영업일의 마감시간까지 이행되어야 한다.
③ 개설은행은 신용장통일규칙에서 정한 서류 심사기간이 경과하지 않았다면 몇 차례라도 새로 발견한 하자를 주장하면서 대금 지급을 거절할 수 있다.
④ 개설의뢰인으로부터 신용장 개설의뢰를 받은 개설은행은 서류에 하자를 발견한 경우 개설의뢰인에게 하자 용인(권리포기, waiver) 여부를 조회하지 않고 독자적 판단으로 대금 지급을 거절할 수 없다.

> **출제포인트**
> UCP 600 제16조 하자 있는 서류, 권리포기(waiver) 및 통지
> ② 5영업일
> ③ 1회의 하자통지
> ④ 개설은행은 독자적 판단으로 조회 또는 대금지급거절을 할 수 있다.
>
> **정답 ❶**

신용장통일규칙(UCP 600)에 따른 해상선하증권의 서류 심사요령에 대한 다음의 설명 중 옳은 것은?

① 선적선하증권(Shipped on board)상에 발행일자(Issuance Date)와 본선적재부기일자(Dated on board notation)가 각각 다른 날짜로 표기되어 있는 경우 선하증권의 발행일자 전후에 상관없이 본선적재부기일을 선적일로 간주한다.
② Notify Party가 신용장의 개설의뢰인인 경우에는 선하증권상의 Notify Party의 주소는 신용장의 표시와 다르더라도 하자가 아니다.
③ 선하증권 원본 3통 중 1통만 제시되어도 무방하다.
④ 본선적재부기에는 서명이 있어야 한다.

출제포인트
ISBP 821
본선적재부기
– 선하증권은 별도의 날짜가 표시된 본선적재부기가 없다면 발행일자를 선적일자로 간주한다. 하지만 별도의 날짜가 표시된 본선적재부기가 있을 경우에는 부기된 일자를 선적일자로 간주한다. 또한 별도의 본선적재부기일자는 선하증권 발행일자보다 빠르거나 늦어도 상관이 없다.

정답 ❶

 매입은행이 서류의 매입 시 하자를 발견하게 되는 경우 매입하였음 표시하는 방법은 무엇인가?

① 결제(Honour)
② 보증부(Under Guarantee)
③ 일치하는 제시(Complying Presentation)
④ 매입(Negotiation)

출제포인트
'보증부(Under Guarantee)' 또는 '유보부(Under Reserve)'라고 한다.

정답 ❷

24 신용장의 확인에 대한 다음의 설명 중 맞지 않는 것은?

① 신용장에 "the credit is available by negotiation with the confirming bank"라고 표시되어 있는 경우, 확인은행은 비소구 조건(without recourse)으로 매입하여야 한다.
② 확인은행은 개설은행이 의무를 이행하지 않는 시점으로부터 취소 불가능한 결제 또는 매입의 의무를 부담한다.
③ 확인은행의 다른 지정은행에 대한 상환의무는 확인은행의 수익자에 대한 의무로부터 독립적이다.
④ 인수신용장의 경우 일치하는 제시에 대응하는 상환은행의 대금 상환은 다른 지정은행이 그 신용장의 만기 이전에 대금을 먼저 지급 또는 매입 여부와 관계없이 만기에 이루어져야 한다.

출제포인트
확인은행의 의무는 신용장에 확인을 추가하는 시점으로부터 개시된다.

정답 ❷

 25 신용장에서 다음과 같은 원산지증명서를 요구하였다. 이 경우 신용장 거래에서 어떤 원산지증명서가 허용될 수 있는가?

46A : Documents required
certificate of origin from a local chamber of commerce

A. 수출상(beneficiary) 소재지의 상공회의소 발행 원산지증명서
B. 선적지 소재 상공회의소 발행 원산지증명서
C. 상품 제조업자 소재지 상공회의소 발행 원산지증명서

① A의 원산지증명서만 허용된다.
② A와 B의 원산지증명서만 허용된다.
③ C의 원산지증명서만 허용된다.
④ A, B, C의 모든 원산지증명서가 허용된다.

출제포인트
물품의 원산지를 확인할 수 있는 지위에 있는 상공회의소로서 거래에 따라 수출 / 선적 / 제조지 상공회의소가 결정될 수 있다.

정답 ❹

 선하증권 원본을 제시하지 않고도 화물을 찾을 수 있도록 하기 위하여 은행이 선박회사 앞으로 발행하는 일종의 연대보증서를 무엇이라고 하는가?

① 수입화물 선취보증서
② 항공화물운송장
③ 수입화물 인도승낙서
④ 일람출급신용장

출제포인트
'수입화물 선취보증서(L/G : Letter of Guarantee 또는 Shipping Guarantee)'라고 한다.

정답 ①

 신용장 거래에 대한 다음 설명 중 타당한 것은?

① 수익자가 제시한 서류가 신용장 조건과 일치함에도 불구하고 신용이 좋은 개설의뢰인이 수익자가 송부한 견본의 품질이 나쁘다는 이유로 개설은행에 대금지급을 거절할 것을 요구하더라도, 신용장의 독립·추상성의 원칙에 의해 대금은 지급된다.
② 신용장에서 개설의뢰인이 발행한 검사증명서를 요구하였다면 이것은 신용장 거래의 독립추상성에 위배되는 서류이므로 수익자는 이 서류를 제시하지 않아도 신용장 대금을 지급 받을 수 있다.
③ 신용장 수익자는 예외적인 경우에는 은행 사이 또는 개설의뢰인과 개설은행 사이의 계약관계를 원용할 수 있다.
④ 수익자에게 불리한 조건이 기재되었더라도 수익자가 통지은행으로부터 받은 서류 제목이 "Letter of Credit"이면 신용장으로 간주된다.

출제포인트
수익자의 명백한 고의 또는 범죄행위와 같이 개설은행이 대금 지급을 할 경우 불합리한 상황이 발생할 수 있는 경우를 제외하고 일치하는 서류의 제시에 대해 개설은행은 대금 지급의무를 수행하여야 한다.

정답 ①

28 항공화물운송장에 의한 수입화물 인도승낙서에 대한 설명으로 바르지 못한 것은?

① 수입화물 인도승낙서를 발급받으면 물품에 대한 소유권이 은행에서 매수인에게 이전된다.
② 매수인은 은행의 서면동의 없이는 수입물품 및 관련 서류를 담보로 제공하여서는 안 된다.
③ 은행이 수입화물 인도승낙서를 발급함으로써 발생하는 위험과 책임 및 비용은 모두 매수인이 부담한다.
④ 수입화물 인도승낙서의 경우에는 개설은행에 선적서류가 도착하지 않은 경우는 물론이고 선적서류가 이미 도착되어 결제가 이루어진 경우에도 발급해 주어야 한다.

> **출제포인트**
> 수입물품에 대한 소유권은 은행에 있으며, 담보권 실행을 위하여 은행이 요구한 경우에는 수입물품을 지체 없이 은행 또는 은행이 지정한 자에게 인도하여야 한다.
>
> 정답 ❶

 29 신용장에서 운송서류로 항공운송장을 요구하는 경우에 대한 설명으로 타당하지 않은 것은?

① 항공운송장에 shipper 또는 그의 대리인이 서명하는 란이 있다고 하더라도 신용장에서 특별히 서명을 요구하지 않는다면 그러한 란이 채워져야 할 필요는 없다.
② 신용장에서 항공운송장 원본 전통(full set of originals)을 요구하였다면 반드시 원본 전통이 제시되어야 한다.
③ 항공운송장에서 공항명칭을 정식으로 표시하는 대신에 IATA code를 사용할 수 있다.
④ 항공운송장에는 상품이 운송을 위하여 인수되었다는 표시가 있어야 한다.

> **출제포인트**
> UCP 600 제23조 [항공운송서류]
> a. 항공운송서류는 그 명칭에 관계없이 다음과 같이 보여야 한다.
> v. 비록 신용장이 원본 전통을 규정하고 있는 경우라도, 탁송인 또는 송화인용 원본인 것
>
> 정답 ❷

30 신용장 조건이 다음과 같은 경우에 대한 설명으로 잘못된 것은?

> 44E : Port of Loading/Airport of Departure
> Busan
> 44F : Port of Discharge/Airport of Destination
> Seattle
> 44B : Place of Final Destination
> Chicago
> 46A : Documents Required
> + Signed commercial Invoice in Triplicate
> + Full set clean on board bill of lading issued to order of Import Bank marked freight prepaid and notify applicant

① 신용장에서 선적항, 하역항 및 최종목적지를 표시하고 있고 운송 서류로 해상선하증권을 요구하고 있으므로 부산항으로부터 시애틀항까지는 해상운송, 시애틀에서 시카고까지는 육상운송을 표시하고 있는 복합운송 서류를 제시할 수 없다.
② 신용장에서는 수하인을 "to order of Import Bank"로 요구하고 있으나 제시된 운송서류의 수하인란에 "to order"로 기재하고 선하증권상의 shipper가 "to order of Import Bank"로 배서한 운송서류는 선하증권은 하자가 아니다.
③ 상업송장은 원본 1통 이상, 그리고 나머지는 사본을 제시할 수 있다.
④ 선하증권의 통지처(notify party)란에는 개설의뢰인이 기재되어야 한다.

출제포인트

① 해상운송증권을 요구하는 경우에도 선적항, 하역항, 최종목적지가 기재되어 복합운송이 불가피한 상황이라면 수익자는 복합운송서류를 제시할 수 있다.
② ISBP 821

[신용장 조건에서 요구되는 서류의 원본 및 사본 구분에 대한 이해 예시]
- "Invoice", "One Invoice" 또는 "Invoice in 1 copy" : 송장 원본 1부
- "Invoice in 4 copies", "Invoice in 4 folds" 또는 "Invoice in quartet" 최소 송장 원본 1부와 나머지 송장 사본
*신용장이 복수의 서류의 제시를 요구하는 경우, 이 조건은 그 서류 자체에 달리 정함이 없는 한 적어도 한 통의 원본과 나머지 수량의 사본을 제시함으로써 충족된다. (UCP 600 17조 (e) 항)
- "One copy of Invoice" : 송장 사본 1부 혹은 송장 원본 1부
*신용장이 서류 사본의 제시를 요구하는 경우, 원본 또는 사본의 제시가 모두 허용된다.
 (UCP 600 17조 (d) 항)

정답 ①

31 T/R(Trust Receipt)에 대한 설명이다. 바르지 못한 것은?

① 수입상은 대금을 결제하지 않은 상태에서도 수입화물을 인도받아 적기에 처분할 수 있다.
② 개설은행과 개설의뢰인 간의 계약이므로 선의의 제3자에 대하여는 대항할 수 없다.
③ 일람출급신용장에 의한 수출용 원자재 수입대금의 무역금융 결제 시 T/R을 활용한다.
④ 개설의뢰인이 대도화물을 매각한 다음 수입 대금 결제를 하지 않는 경우, 개설은행은 그 화물을 매입한 제3자에게 소유권을 주장하여 화물을 인수받을 수 있다.

출제포인트
개설의뢰인이 대도화물을 매각한 다음 수입 대금 결제를 하지 않는다고 하여 개설은행이 그 화물을 매입한 제3자에게 화물의 소유권을 주장할 수는 없다.

정답 ❹

32 양도가능 신용장에 대한 다음 설명 중 맞는 것은?

① 양도가능 신용장의 보험 부보비율은 증액될 수 있다.
② 신용장에 "assignable"이라고 기재되어 있으면 양도가능 신용장으로 볼 수 있다.
③ 양도가능 신용장에 분할선적에 대하여 아무런 표시가 없다면 신용장을 두 사람 이상의 제2수익자에게 분할양도 할 수 없다.
④ 양도가능 신용장을 양도하면서 신용장 금액을 감액하여 양도할 수 없다.

출제포인트
UCP 600 38조 [양도가능 신용장]
g. 양도된 신용장은 다음의 경우를 제외하고 확인(있는 경우)을 포함하여 신용장의 조건을 정확히 반영하여야 한다.
  – 신용장의 금액
  – 신용장에 명시된 단가
  – 유효기일
  – 제시를 위한 기간
  – 최종선적일 또는 주어진 선적기간
이들 중의 일부 또는 전부는 감액되거나 또는 단축될 수 있다.
보험부보가 이행되어야 하는 비율은 신용장 또는 이 규칙에서 규정된 부보금액을 충족시킬 수 있도록 증가될 수 있다.
제1수익자의 명의는 신용장의 발행의뢰인의 명의로 대체될 수 있다.
발행의뢰인의 명의가 송장 이외의 모든 서류에 표시되도록 신용장에 의하여 특별히 요구되는 경우, 그러한 요건은 양도된 신용장에 반영되어야 한다.

정답 ❶

추심에 관한 통일규칙(URC522)에 대한 설명으로 잘못된 것은?

① 추심을 위해 송부되는 모든 서류에는 추심지시서가 첨부될 필요가 없다.
② 은행은 추심과 관련하여 물품을 보험에 가입할 것을 요청받았더라도 그렇게 할 의무는 없다.
③ 은행은 불가항력으로 은행업무가 중단됨으로써 발생하는 결과에 대하여 어떠한 의무나 책임도 지지 않는다.
④ 추심은행은 지시사항을 찾기 위하여 추심지시서 이외의 다른 서류를 검토할 의무가 없다.

> **출제포인트**
> URC 522 제4조 [추심지시서]
> a. 1. 추심을 위하여 송부되는 어떤 서류에도, 추심에 관한 통일규칙 간행물번호 522에 의함이 표시되고 완전하고 정확한 지시가 기재된 추심지시서가 첨부되어야 한다. 은행은 이러한 추심지시서에 기재된 지시와 이 규칙에 따라서만 업무를 수행하여야 한다.
>
> 정답 ❶

 무역외거래(여행·보험·건설·용역·금융·투자 등)의 결제 또는 금융의 담보 또는 각종 채무 이행의 보증을 그 주된 목적으로 하여 발행되는 신용장을 무슨 신용장이라고 하는가?

① 지급신용장
② 보증신용장
③ 매입신용장
④ 인수신용장

> **출제포인트**
> 지급신용장, 매입신용장 및 인수신용장은 무역거래에서의 결제를 목적으로 발행되는 신용장이다.
>
> 정답 ❷

35 Documentary Credit과 Standby Credit의 차이점에 관한 설명 중 잘못된 것은?

① Documentary Credit는 상품거래에 따른 환어음과 이를 담보하는 운송서류의 제시를 요구하는 신용장이나, Standby Credit는 금융의 담보 또는 채무이행의 보증을 목적으로 발행되는 신용장이다.
② 수출선수금 환급보증, 현지금융 담보보증, 계약 이행보증, 하자보증 등의 목적으로 발행되는 것이 Standby Credit이다.
③ UCP 600은 화환신용장에 적용되는 국제규칙이며 보증신용장에는 적용되지 않는다.
④ Documentary Credit는 화환신용장이라고 불리며, 개설은행이 수익자에게 결정적/최종적으로 지급을 확약하는 것이다.

출제포인트

UCP 600 제1조 [신용장통일규칙의 적용범위]
제6차 개정 신용장통일규칙(2007년 개정, 국제상업회의소 간행물 제600호, "신용장통일규칙")은 신용장의 문면에 위 규칙이 적용된다는 것을 명시적으로 표시한 경우 모든 화환신용장(위 규칙이 적용 가능한 범위 내에서는 보증신용장(standby letter of credit)을 포함한다. 이하 "신용장"이라 한다)에 적용된다. 이 규칙은 신용장에서 명시적으로 수정되거나 그 적용이 배제되지 않는 한 모든 당사자를 구속한다.

정답 ③

02장 출제예상 문제

01 신용장 개설에 대한 설명이다. 바르지 못한 것은 어느 것인가?

① 수입신용장 개설은 은행이 수입상을 위하여 수입화물의 대금지급을 보증하는 것이다.
② 수입신용장 개설 약정은 신용장의 개설의뢰인과 개설은행 사이에 체결한다.
③ 신용장은 신용장의 조건과 일치되는 서류가 제시되면 매입을 확약하겠다는 증서를 발행하는 것을 말한다.
④ 신용장은 개설은행에 대하여 1차적이면서도 최종적인 지급책임을 부여함으로써 개설은행은 많은 위험을 부담한다.

02 신용장개설신청서의 심사 시 유의사항에 대한 설명이다. 바르지 못한 것은 어느 것인가?

① 무역거래조건이 CIF, CIP일 경우에는 신용장상에 보험서류의 제시를 요구해야 한다.
② 선적항과 도착항은 매매계약서상에 표시된 것과 일치하여야 한다.
③ 운송서류의 원본 제시를 요구하면서 서류 제시기간이 명시되지 않은 경우에는 선적 후(after the date of shipment) 10일 이내에 제시되어야 하는 것으로 간주한다.
④ 신용장의 권리를 양도가 가능하도록 개설하고자 하는 경우에는 'transferable'이라는 용어를 사용하여야 하며 'divisible', 'fractionable', 'assignable' 'transmissible' 등과 같은 용어는 양도 가능으로 볼 수 없다.

정답 및 해설

01 ③ 결제(Honour)를 확약하겠다는 증서이다.
02 ③ 21일 이내에 제시되어야 하는 것으로 간주한다.

03 신용장 개설 시 사용해도 되는 단어는 다음 중 무엇인가?
① 운임이 선지급 되었음을 증명하는 문구로서 'freight prepayable'
② 행위의 시한과 관련하여 'prompt', 'immediately'
③ 양도가 가능하도록 개설하고자 하는 경우에는 'transferable'
④ 서류의 발행인을 표현하기 위한 'well known(저명한)', 'first class(일류의)'

04 일람출급 신용장의 개설에 대한 설명이다. 바르지 못한 것은 어느 것인가?
① 일람출급 신용장은 서류(환어음)의 제시와 동시에 대금을 지급하는 신용장을 말한다.
② 매입신용장은 대개 환어음의 발행을 요구하며 신용장의 이용방법을 'Negotiation'이라고 명시한다.
③ 신용장은 지정은행 이외에 은행에서는 이용이 불가능하다.
④ 신용장은 그 신용장의 이용이 가능한 은행을 특별히 지정하여 명시하거나 모든 은행에서 이용이 가능한지의 여부를 명시하여야 한다.

05 다음 설명 중 가장 바르지 못한 것은?
① 'Shipper's Usance Credit'이란 수출상(Shipper)이 직접 수입상에게 신용을 공여하여 일정기간 대금 결제를 유예하여 주는 방식의 기한부 신용장이다.
② 기한부 신용장이란 서류 또는 환어음이 제시되고 나서 일정 기간(어음기한)이 경과한 후에 대금을 지급하는 신용장을 말한다.
③ 차기방식(Debit Base)에서 수익자는 'Payment Commission' 만을 지불하게 되며 별도의 환가료를 부담하지 않는다는 특징이 있다.
④ F그룹(FOB, FAS, FCA)에서는 매도인의 책임이 수출지에서 종료하므로 '도착지명'이 기재되어야 한다.

06 다음 설명 중 가장 바르지 못한 것은?

① 상환방식(Reimbursement Base)에서는 매입은행 등의 지정은행이 개설은행의 '예치환거래은행'일 경우에 사용된다.
② 기한부 신용장은 누가 신용을 공여하느냐에 따라 'Shippers' Usance Credit(무역인수신용장)'과 'Banker's Usance Credit(은행인수신용장)'으로 구분된다.
③ 'Domestic Banks's Usance Credit'이란 수출상에게는 일람불로 수출 대금을 지급하고 수입상에게는 일정 기간 수입 대금의 결제를 유예하여 주는 방식의 신용장을 말한다.
④ 운임의 지불 여부와 관련한 표시는 'freight collect' 또는 'freight prepaid'로 기재되는데 FOB, FAS, FCA 등은 운임 미지급 조건이므로 'freight collect'로 표시하고 CFR, CPT, CIF, CIP 등은 운임 선지급 조건이므로 'freight prepaid'로 기재한다.

07 선적서류 인도에 대한 일반적인 내용이다. 설명으로 바르지 못한 것은?

① 개설은행이 신용장을 발행하여 환거래은행을 통해 이를 수익자에게 통지하면 수익자는 선적을 완료한 후 신용장에서 요구하는 서류를 갖추어 거래은행에 매입을 의뢰하게 되고, 매입은행은 이를 매입한 후 다시 동 서류를 개설은행으로 송부하는 절차를 밟게 된다.
② 선적서류를 개설의뢰인에게 인도하는 일련의 업무를 '선적서류인도(delivery of shipping documents)'라고 한다.
③ 서류상에 하자가 있는 경우 개설은행은 대금 지급을 거절할 수 있다.
④ 대금 지급을 거절할 때 개설은행은 지급 거절의 사실을 "서류 접수 익일로부터 21영업일 이내"에 제시인(매입은행 등) 앞으로 통보해 주어야 한다.

정답 및 해설

03 ③ 양도가 가능하도록 개설하고자 하는 경우에는 'transferable'를 반드시 넣어야 한다.
04 ③ 개설은행에서도 당연히 이용이 가능하다(UCP 600 제6조 a항).
05 ④ '선적지명'이 기재되어야 하며 '도착지명'이 기재되어야 하는 것은 C그룹(CIF, CIP, CFR, CPT)이다.
06 ① '무예치환거래은행'일 경우에 사용된다.
07 ④ "서류 접수 익일로부터 5영업일 이내"

08 선적서류 인도업무에 대한 일반적인 내용이다. 설명으로 바르지 못한 것은?

① '일치하는 제시(Complying Presentation)'인지의 여부를 단지 서류에 의해서만 심사하여야 한다.
② 신용장의 조건(Terms & Conditions)은 물론 UCP 600의 국제표준은행관행에 상당한 주의를 기울여 심사하여야 한다.
③ 제시된 서류 중 신용장에서 요구하지 않은 서류가 첨부될 경우 심사를 거절하여야 한다.
④ 서류 상호 간에 모순되는 내용이 없는지의 여부를 점검해야 한다.

09 은행의 서류 심사 시 서류의 유효성과 관련한 은행의 면책사유가 아닌 것은?

① 서류의 형식, 충분성, 정확성, 진정성, 위조 여부, 법적 효력
② 서류상에 명시되어 있는 일반조건 및 특수조건 또는 부가조항
③ 서류에 표시되어 있는 상품(물품, 용역, 이행)의 명세, 수량, 무게, 품질, 상태, 포장, 인도, 가치 또는 실존 여부
④ 서류가 위·변조되었다는 것을 알았거나 쉽게 알 수 있었던 경우의 서류 진위성

10 수입화물 선취보증서에 대한 설명이다. 바르지 못한 것은 어느 것인가?

① 수입상이 선박회사로부터 수입화물을 인도받기 위하여는 원칙적으로 선하증권의 원본을 제시하여야 한다.
② 선하증권 원본을 제시하지 않고도 화물을 찾을 수 있도록 하기 위하여 은행이 선박회사 앞으로 발행하는 일종의 연대보증서를 '수입화물 선취보증서(L/G : Letter of Guarantee 또는 Shipping Guarantee)'라고 한다.
③ 수입화물 선취보증서에 의해 은행이 부담하여야 하는 보증채무는 해당 선박회사가 관련 선하증권의 원본을 회수하는 시점에서 종료하게 된다.
④ L/G와 원본 B/L을 같이 제시해야 수입화물을 인도받을 수 있게 된다.

11 다음은 무역과 관련된 각종 서류에 관한 설명이다. 설명이 바르지 못한 것은?

① 선하증권 원본을 제시하지 않고도 화물을 찾을 수 있도록 하기 위하여 은행이 선박회사 앞으로 발행하는 일종의 연대보증서를 수입화물 인도승낙서라고 한다.
② 수입화물 선취보증서에 의해 은행이 부담하여야 하는 보증채무는 해당 선박회사가 관련 선하증권의 원본을 회수하는 시점에서 종료하게 된다.
③ 해상운송에서 사용되는 L/G에 대응하는 개념이 항공화물운송장에 의한 수입화물 인도승낙서이다.
④ 개설은행이 수입화물에 대한 소유권을 유지하면서 개설의뢰인이 수입대금을 결제하기 전에 미리 화물을 처분할 수 있도록 허용하는 제도를 수입화물대도(T/R : Trust Receipt)라고 한다.

12 무역거래의 인수(Acceptance)에 관한 설명이다. 설명이 바르지 못한 것은?

① 인수(Acceptance)란 기한부 환어음의 지급인(Drawee)이 만기일에 그 대금을 정히 지급할 것임을 약속하는 행위를 말한다.
② 인수의 방법은 '지급인'이 당해 어음에 '인수의 뜻을 기재'하고 '기명날인 또는 서명'하면 된다.
③ 어음지급인이 어음을 인수한 날로부터 만기가 기산되는 어음을 일자후 정기출급이라고 한다.
④ 일람후 정기출급(at XX days after sight) 어음의 경우에는 제시된 서류가 신용장의 조건에 일치하거나 비록 일치하지 않는 경우라 하더라도 지급거절통지(하자통보)가 이루어지지 않은 경우에는 개설은행이 서류를 접수한 그 다음 날을 환어음 만기의 기산일로 하여 만기를 산정하여야 한다.

정답 및 해설

08 ③ 제시된 서류 중 신용장에서 요구하지 않은 서류는 심사하지 않아도 된다.
09 ④ 사전에 서류가 위·변조되었다는 것을 알았거나 또는 쉽게 알 수 있었음에도 불구하고 상당한 주의를 기울여 심사하지 않음으로써 발견하지 못한 경우에는 면책되지 않는다는 점을 유의하여야 한다.
10 ④ L/G는 원본 B/L없이도 수입화물을 인도받을 수 있게 해준다.
11 ① 수입화물 선취보증서라고 한다.
12 ③ 일람후 정기출급에 대한 설명이다 .

13. D/P, D/A 방식에 의한 수입방식에 대한 설명 중 바르지 못한 것은?

① D/P, D/A 거래의 대금결제는 추심에 의한 방법을 말한다.
② 수입상이 자기 거래은행에 추심을 의뢰하여 수출상에게 지급하는 방식으로 신용장 방식과 동일한 방법을 말한다.
③ 신용장 거래에서는 개설수수료 및 인수수수료 등의 많은 비용이 소요되는 데 반하여 D/P 및 D/A 거래에서는 이러한 비용부담이 없다.
④ D/P, D/A의 분류에서 특별한 명시가 없는 경우에는 D/P인 것으로 간주하여 처리한다.

14. 보증신용장에 대한 설명 중 바르지 못한 것은?

① 무역외거래(여행·보험·건설·용역·금융·투자 등)의 결제 또는 금융의 담보 또는 각종 채무이행의 보증을 그 주된 목적으로 하여 발행되는 신용장을 말한다.
② 보증신용장도 신용장통일규칙(UCP 600)의 적용을 받는다.
③ 개설의뢰인이 수익자로부터 받은 선수금에 대하여 그 계약의 이행을 보장하고, 또한 계약 불이행 시의 선수금 반환을 보장할 목적으로 사용되는 보증신용장을 선수금 보증 신용장이라고 한다.
④ 보증신용장은 주채무에 종속이 되는 채무이다.

15. 매입외환의 결제과정에서 발생하는 수수료 등으로 인해 해당 원금에 미달하는 부족금액으로, 개설·상환·추심·결제은행 등이 관련 수수료를 공제하고 입금함으로써 발생하는 수수료를 무엇이라 하는가?

① Less Charge
② A/D Charge
③ Gr. Charge
④ Less Charge

정답 및 해설

13 ② 수출상이 자기 거래은행에 추심을 의뢰하여 수입상으로부터 대금을 회수하는 역청구의 방식이다.
14 ④ 보증신용장은 주채무와는 별개의 독립된 채무로 보증서와는 차이점을 가지고 있다.
15 ④ Less Charge에 대한 설명이다.

memo

03 수출실무

▶ 접근전략 및 기출트렌드

3장에서는 신용장의 통지 등, 서류 심사, 수출 대금의 사후관리 내용 등 수출실무와 관련된 사항이 출제됩니다. 기본적으로 UCP 600을 바탕으로 출제가 되기 때문에 각 단계별로 UCP 600의 규정을 정확하게 정리하는 것이 고득점을 얻을 수 있는 방법이 될 수 있습니다. 특히, 신용장의 통지, 확인, 양도는 2과목에서도 빈번하게 출제되는 부분이기 때문에 시간이 들여서라도 꼼꼼하게 정리하면 2과목에서도 큰 도움이 될 수 있습니다. 서류의 심사 부분을 학습할 때에는 UCP 600 제14조에 따른 서류 심사의 기준을 바탕으로 서류 심사의 결과를 일치(UCP 600 제15조)와 불일치(UCP 600 제16조)로 나누어 내용을 정리하는 것이 좋으며, 매입 부분을 정리할 때에는 신용장상 결제(honour)와 매입의 차이점을 바탕으로 비교하여 정리하는 것이 좋습니다. 상대적으로 수출대금의 사후관리 및 수출실적의 출제비율이 낮기 때문에 신용장의 통지 등과 심사 및 매입 부분을 보다 중점적으로 학습하는 것이 효율적인 전략이 될 수 있습니다.

▶ 출제빈도

단원	주제	학습중요도	출제비율
1절	신용장의 통지, 확인, 양도	★★★★	40%
2절	서류의 심사 및 매입	★★★★	40%
3절	수출 대금의 사후관리 및 수출실적	★★	20%

▶ 체크리스트

체크리스트	기본서 상세페이지
신용장의 통지 및 확인, 양도 등에 대해 정확히 알고 있다.	P.408 ~ P.435
서류 심사의 매입 관련 주의사항을 알고 있다.	P.436 ~ P.597
수출 대금의 사후관리 내용 전반에 대해 이해하고 있다.	P.598 ~ P.612

2025 외환전문역 II종 3주 완성 문제집

수출입업무 제1과목

제3장

수출실무

핵심정리 문제

01 수입지의 개설은행이 발행하여 송부해 온 신용장을 수출지의 은행(통지은행)이 수익자에게 그 내도사실을 알리고 이를 교부하는 일련의 행위를 무엇이라고 하는가?

① 신용장의 인수
② 신용장의 매입
③ 신용장의 통지
④ 신용장의 제시

출제포인트
수출지의 은행에서 신용장의 외관상 진정성을 확인하고 수익자에게 통지하는 행위인 '통지'에 대한 설명이다.

정답 ❸

02 신용장의 특성에 대한 다음의 특성 중 독립성에 대한 설명은?

① 신용장은 다른 대금 결제방식보다 안전하여 대금 회수 불능의 위험이 적다.
② 신용장 조건에 일치하는 제시가 이루어진 경우, 개설은행은 매매계약의 내용에 상관없이 대금 지급의무를 부담한다.
③ 신용장에서 요구하는 서류의 내용과 실제 물품의 내용이 상이할 경우 은행은 오로지 서류에 근거하여 대금 결제 여부를 결정하여야 한다.
④ L/C라 하더라도 발행은행의 파산이나 정교한 위조서류는 예방할 수 없는 한계가 있다.

출제포인트
UCP 600 제4조 [신용장과 계약]
a. 신용장은 그 성질상 그것이 근거가 되는 매매계약 또는 기타 계약과는 별개의 거래이다. 은행은 그러한 계약에 관한 어떠한 참조사항이 신용장에 포함되어 있다 하더라도 그러한 계약과는 아무런 관계가 없으며 또한 구속되지 아니한다. 따라서 신용장에 의하여 인수·지급, 매입하거나 또는 모든 기타 의무를 이행한다는 은행의 확약은 발행의뢰인이 발행은행 또는 수익자와의 관계로부터 야기되는 클레임 또는 항변에 지배받지 아니하는 조건으로 한다. 수익자는 어떠한 경우에도 은행 상호간 또는 발행의뢰인과 발행은행간에 존재하는 계약관계를 원용할 수 없다.

정답 ❷

확인신용장의 조건변경 및 취소에 대한 설명 중 틀린 것은?

① 조건변경 및 취소가 유효하게 성립하려면 개설은행, 확인은행, 수익자(양도가능 신용장의 경우 제2수익자 포함) 모두의 합의가 있어야 한다.
② 확인은행이 원신용장에 확인을 추가하였다는 이유로 조건변경서에도 반드시 확인을 하여야 하는 것은 아니다.
③ 조건변경서에 확인을 추가할 것인지를 결정하는 것은 개설은행의 권한에 속한다.
④ 조건변경서에 확인을 추가하지 않은 경우에도 원신용장에 대한 확인은 그대로 유효하다.

출제포인트
확인은행의 권한에 속한다.

정답 ❸

 EPASS Co.가 다음과 같은 신용장을 받았다. 그런데 이 회사의 공장이 창원에 있어서 여기에서 상품을 생산하고, 모든 서류도 창원 공장 주소로 발행된다. 이 상황에 대한 설명으로 맞는 것은?

```
SWIFT Documentary Credit
59 : Beneficiary
EPASS Co.
EPASS Building Samseongdong 3 Gangnam-gu
Seoul, Korea
```

① 서류상의 수익자의 주소가 신용장의 주소와 다르면 하자 있는 서류가 된다.
② 서류상의 수익자의 주소가 신용장의 주소와 동일 국가의 동일 도시이면 하자가 되지 않는다. 이 서류에서는 동일 국가이기는 하나 도시가 다르므로 하자가 된다.
③ 신용장의 수익자 주소가 서류상 수익자 주소인 창원 공장 주소로 신용장 조건변경이 되어야 한다.
④ 서류상의 수익자의 주소와 신용장의 주소가 동일 국가이면 하자가 되지 않는다.

출제포인트
(1) 원칙
  수익자 및 발행의뢰인의 주소는 신용장 또는 명기된 모든 기타 서류에 명시된 것과 동일할 필요는 없으나 신용장에 언급된 각각의 주소와 동일한 국가 내에 있어야 한다.
(2) 예외
  발행의뢰인의 주소 및 연락처 명세가 운송서류상의 수화인 또는 착화통지처 명세의 일부로서 보이는 경우에는 신용장에 명시된 것과 같아야 한다.

정답 ❹

신용장의 양도가 불가능한 경우는 어느 것인가?

① 수출 자격이 없는 자 또는 관련 업무를 수행할 만한 역량이 부족한 자가 신용장을 수취한 경우에 그 신용장을 다른 무역업자에게 양도하고 수출대행을 의뢰하는 경우
② 소량 다종의 물품을 수입하는 자가 수출지에 있는 자신의 대리점 등에 일괄하여 신용장을 개설한 후에 대리점 등으로 하여금 물품의 소요시기에 맞추어 물품의 실공급자에게 일부씩 양도하도록 하는 경우
③ 수익자가 계약 물품을 보유하고 있지 아니한 경우에 당해 물품을 생산자 등으로부터 구매하여 선적하는 대신 그들로 하여금 직접 수출을 이행하도록 하기 위하여 신용장을 양도하는 경우
④ '양도된 신용장(Transferred Credit)'을 제2수익자의 요청에 의하여 그 다음 수익자에게 다시 양도하는 경우

> **출제포인트**
> '양도된 신용장(Transferred Credit)'은 재양도가 불가능하다.
>
> 정답 ④

 신용장 양도에 대한 다음 설명 중 틀린 것은?

① 제1수익자는 양도를 신청할 때 유효기일 종료 장소를 제1수익자 소재지에서 제2수익자 소재지로 변경할 것을 요구할 수 있다.
② 제1수익자가 첫 요구를 받았을 때 환어음과 송장을 자신의 것으로 대체하지 못하였다고 하더라도 양도은행은 제2수익자의 서류를 그대로 개설은행에 제시할 수 없다.
③ 분할청구 또는 분할선적이 허용되는 경우에 신용장은 두 사람 이상의 제2수익자에게 분할양도될 수 있다.
④ 양도수수료는 원칙적으로 제1수익자가 부담한다.

> **출제포인트**
> 제1수익자가 첫 요구를 받았을 때 환어음과 송장을 자신의 것으로 대체하지 못하였을 경우 또는 제1수익자가 제시한 송장이 제2수익자가 제시한 서류에는 없었던 불일치를 발생시키고 제1수익자가 최초 요구 시 이를 정정하지 못한 경우, 양도은행은 제2수익자의 서류를 그대로 개설은행에게 제시할 수 있다.
>
> 정답 ②

신용장 양도 시 원신용장의 조건 중 변경이 가능한 항목이 아닌 것은 어느 것인가?

① 신용장 금액 및 단가의 감액
② 유효기일, 서류 제시기간, 선적기일의 연장
③ 신용장 개설의뢰인의 성명 대체
④ 원신용장의 보험금액을 담보하기 위한 부보비율의 증가

출제포인트
유효기일, 서류 제시기간, 선적기일의 단축만 가능하다.

정답 ❷

 지급·인수·매입을 위하여 신용장에 명시된 서류를 제시하여야 하는 최종 일자를 무엇이라고 하는가?

① 유효기일
② 제시기일
③ 지급기일
④ 만기일

출제포인트
신용장은 제시를 위한 유효기일을 명시하여야 하며, 신용장 대금의 결제 또는 매입을 위한 유효기일은 제시를 위한 유효기일로 본다.

정답 ❶

신용장 거래에서 서류 심사기준에 대한 다음 설명 중 타당하지 않은 것을 고르시오.

① 신용장에서 요구 서류(Documents Required)에 포장명세서를 요구하면서 특별조건(Special Conditions)란에 수출표준포장(EXPORT STANDARD PACKING)방법으로 포장할 것을 명시한 경우에는 비서류 조건으로 간주되어 무시된다.
② 신용장의 비서류 조건(non-documentary condition)은 무시되므로 비서류 조건과 모순된 것이 신용장 요구서류에 기재된 것은 하자가 아니다.
③ 상업송장의 개설의뢰인 주소가 신용장의 개설의뢰인 주소와 다르더라도 동일국 내이면 하자가 아니다.
④ 신용장에서 inspection certificate를 요구한 경우, 검사증명서가 담아야 할 내용을 담고 있는 서류라면 유사한 제목 또는 제목이 없더라도 하자가 아니다.

> **출제포인트**
> 비서류 조건이라 하더라도 이와 모순되는 사항이 신용장 요구 서류에 기재된 것은 하자가 되므로 서류 취급 시 주의하여야한다.
>
> 정답 ❷

 신용장 서류의 제시에 대한 설명으로 바르지 못한 것은?

① 제시(Presentation)는 신용장에 의하여 이루어지는 개설은행 또는 지정은행에 대한 서류의 인도 또는 그렇게 인도된 그 서류 자체를 의미한다.
② 서류 제시기간의 최종일(Last Day for Presentation)이 은행의 통상적인 휴무일에 해당하는 경우, 그 휴무일에 이은 최초 영업일까지 당해 서류의 최종제시일이 자동 연장된다.
③ 지정은행은 제시가 일치한다고 판단하고 결제(honour) 또는 매입할 경우 그 서류들을 확인은행 또는 개설은행에 송부하여야 한다.
④ 하나 이상의 운송서류 원본이 포함된 제시는, 신용장통일규칙에서 정하고 있는 선적일 후 21일보다 늦지 않게 수익자에 의하거나 그를 대신하여 이루어져야 하며 신용장의 유효기일보다 늦게 제시된다 하더라도 은행은 이를 수리한다.

> **출제포인트**
> UCP 600 제14조 [서류 심사의 기준]
> c. 제19조, 제20조, 제21조, 제22조, 제23조, 제24조 또는 제25조에 따른 하나 이상의 운송서류 원본이 포함된 제시는, 이 규칙에서 정하고 있는 선적일 후 21일보다 늦지 않게 수익자에 의하거나 또는 그를 대신하여 이루어져야 하고, 어떠한 경우라도 신용장의 유효기일보다 늦게 이루어져서는 안 된다.
>
> 정답 ❹

신용장에서 만기가 30 days from bill of lading date인 환어음을 요구하고 있다. 제시된 선하증권 일자는 2025년 05월 05일이다. 다음 중 어떤 기재가 있는 환어음이 수리 가능한가? (5월은 31일까지 있다.)

a. 30 days from May 05 2025
b. 30 days from date of shipment
c. Due June 04 2025
d. Due June 03 2025
e. 30 days after bill of lading date May 05 2025

① a, b, c
② a, d, e
③ a, b, c, e
④ a, c, e

출제포인트

ISBP 821
환어음과 만기일 산정 Tenor-어음기한
- 환어음의 기한 중 대표적인 것은 다음과 같으며, 환어음의 기한은 신용장 조건과 일치해야 한다.
a. 일람불의 경우
   일람 출급 : at sight
b. 기한부의 경우
   일람 후 정기출급 : at xxx days after sight
   확정일자 후 정기출급 : at xxx days after B/L date, at xxx days from B/L date,
* 환어음이 일람불이나 일람 후 정기출급 이외의 기한으로 발행된 경우는, 환어음 자체에 있는 자료로서 만기일을 산정할 수 있어야 한다. 만약, 환어음의 기한이 "60 days after bill of lading date"이라면, 환어음에 선적일자가 표시되거나 실제 만기일을 표시하는 방법 등으로 환어음에 있는 자료만으로도 만기일을 산정할 수 있어야 한다.
* 만기를 정하기 위하여 "from"과 "after"라는 단어가 사용된 경우에는 명시된 일자를 제외한다. UCP 600 3조, 선적기간을 정하기 위하여 "to", "until", "till", between", "from"이라는 단어가 사용된 경우 이는 (기간에) 명시된 일자를 포함하고, "before"와 "after"라는 단어는 명시된 일자를 제외한다. UCP 600 3조
  - 하나의 선하증권에 2개 이상의 본선적재부기가 나타나는 선하증권이 제시된 경우, 본선 적재일자 중 가장 빠른 것이 만기일을 산정하는데 사용된다.
  - 하나의 환어음에 대해 2개 이상의 선하증권이 제시된다면, 가장 늦은 선하증권 일자가 만기일을 산정하는데 사용된다.

정답 ④

신용장에서 금액(Amount), 수량(Quantity), 단가(Unit Price)와 관련하여 'About' 또는 'Approximately'라는 용어가 사용된 경우 몇 %의 과부족을 인정하는가?

① 5%
② 10%
③ 15%
④ 20%

출제포인트

UCP 600 제30조 [신용장 금액, 수량 그리고 단가의 허용치]
a. 신용장 금액 또는 신용장에서 표시된 수량 또는 단가와 관련하여 사용된 "about" 또는 "approximately"라는 단어는, 그것이 언급하는 금액, 수량 또는 단가에 관하여 10%를 초과하지 않는 범위 내에서 많거나 적은 편차를 허용하는 것으로 해석된다.

정답 ❷

 SWIFT로 통지된 신용장에서 요구 서류로 포장명세서를 요구하면서 추가 조건란에 포장 방법에 대한 명시가 된 경우에 대한 다음 설명 중 틀린 것은?

```
46A : Documents Required
+ Signed Commercial Invoice in 3 Copies
+ Signed Detailed Packing List in 4 Copies
47A : Additional Conditions
+ Goods must be packed in seaworthy export packing.
```

① 서류의 요구 없이 추가 조건에 기재된 사항은 비서류 조건으로 간주되므로 포장명세서에 seaworthy export packing이라고 반드시 기재될 필요는 없다.
② 비서류적 조건이라고 하더라도 상업송장에 'non-seaworthy export packing' 같은 상충되는 정보가 기재되는 것은 하자가 된다.
③ 서류 제목이 Detailed Packing List가 아니고, 단순히 Packing List라고 기재되더라도 신용장에서 요구되는 내용을 포함하고 있다면 하자가 아니다.
④ 포장명세서 사본 4통이 제시되어야 한다.

출제포인트

UCP 600 17조 [원본 서류와 사본]
a. 적어도 신용장에 명기된 각 서류의 1통의 원본은 반드시 제시되어야 한다.

정답 ❹

신용장에서 요구하는 화물을 두 개 이상의 단위로 나누어 서로 다른 운송수단에 적재하는 것을 무엇이라고 하는가?

① 분할선적 ② 할부선적
③ 환적 ④ 일반선적

출제포인트
화물을 두 개 이상의 단위로 나누어 선적하는 것을 '분할선적'이라고 하고, 특정 기간별로 특정 수량을 나누어 선적하는 것은 '할부선적'이라고 한다.

정답 ①

 해상선하증권을 요구하는 신용장에서 환적을 금지하고 있다. 그러나 인천에서 미국 시애틀까지는 직항노선이 없어서 부산에서 환적되어야 한다. 이 경우에 대한 설명으로 맞는 것은?

```
SWIFT Documentary Credit
43T : Transshipment
PROHIBITED
44E : Port of Loading/Airport of Departure
Incheon
44F : Port of Discharge/Airport of Destination
Seattle
```

① 신용장에서 해상선하증권을 요구하더라도 복합운송서류를 제시하면 된다. 복합운송서류가 제시될 때에는 항상 환적이 허용된다.
② 환적을 허용하는 것으로 신용장이 조건변경 되어야 한다. 그렇지 않으면 환적을 표시하는 선하증권은 하자가 된다.
③ 신용장에서 환적을 금지하고 있더라도 화물이 컨테이너에 적재되었다는 표시가 있고 하나의 선하증권이 인천으로부터 시애틀까지의 운송을 커버하면 부산에서의 환적이 허용된다.
④ 신용장에서 해상선하증권을 요구하더라도 항공운송장을 제시하면 된다. 항공운송장이 제시될 때에는 항상 환적이 허용된다.

출제포인트

환적이 될 것이라거나 될 수 있다고 표시하는 선하증권은, 물품이 컨테이너, 트레일러, 래시 바지에 선적되었다는 것이 선하증권에 의하여 증명되는 경우, 비록 신용장이 환적을 금지하더라도 수리될 수 있다.

정답 ③

16 SWIFT로 통지 요청된 신용장의 조건이 다음과 같은 경우, 다음의 설명 중 틀린 것은? (신용장에서 charter-party B/L을 허용하거나 요구하지 않았다.)

```
43P : Partial Shipment
NOT ALLOWED
43T : Transshipment
NOT ALLOWED
44E : Port of Loading/Airport of Departure
Korean Port
44F : Port of Discharge/Airport of Destination
Japanese Port
46A : Documents Required
+ FULL SET OF CLEAN ON BOARD
MARINE BILLS OF LADING ……….
```

① 신용장에서 환적을 금지하였더라도 하나의 선하증권이 전 항정을 커버하고 화물이 컨테이너에 선적되었다는 표시가 있다면 환적을 표시하여도 하자가 아니다.
② 신용장에서 분할선적을 금지하였더라도 같은 항정의 동일 선박상에 울산에서 전체 수량의 50%가 선적되고, 부산에서 나머지 수량이 전량 선적되었고, 하역항이 동일하다면 선적일이 다른 두 세트의 선하증권이 제시되어도 하자가 아니다.
③ 신용장에서 용선계약부 선하증권을 특별히 허용하거나 요구하지 않고 있으므로 선하증권의 하역항에는 반드시 일본의 특정항구명이 기재되어야 한다.
④ 선하증권에 "clean"이라는 단어가 기재되어 있지 않다면 신용장 조건에 불일치하는 서류가 된다.

출제포인트

신용장이 운송서류가 "무사고 본선선적"이어야 한다는 요건을 포함하는 경우일지라도, "무사고(clean)"라는 단어는 운송서류상에 보일 필요가 없다.

정답 ④

17 환어음의 필수 기재사항이 아닌 것은?
① 환어음임을 표시하는 문구
② 지급지
③ 수취인 또는 수취인을 지시할 자의 명칭
④ 파훼문구

출제포인트
파훼문구는 임의 기재사항이다.

정답 ④

 18 신용장 거래 시 환어음은 일반적으로 누구에 의해 발행되는가?
① 수익자   ② 개설의뢰인
③ 매수자   ④ 선적취급운송인

출제포인트
일반적으로 수익자에 의해 개설된다.

정답 ①

대금 결제를 신용장 방식으로 하는 무역계약의 협상 조건 중 선적 조건에 대한 다음 설명 중 옳은 것을 고르시오.

① 선하증권이 선적일자를 표시하는 본선적재 표기를 포함하지 않는 경우에는 선하증권 발행일을 선적일로 본다. 선하증권 발행일과 본선적재 표기상의 날짜가 상이한 경우 선하증권 발행일을 선적일로 본다.
② 항공운송서류에 나타나는 운항번호와 일자는 선적일을 결정할 때 우선 고려된다.
③ 신용장상에 선적기간으로 'on or about 13 June'과 같이 기재된 경우, 선적기간은 6월 18일까지이다.
④ 분할선적과 할부선적은 동일한 의미로 해석된다.

출제포인트

① 선하증권 발행일 < 본선적재 표기일(선하증권 발행일과 본선적재 표기일이 상이할 경우)
② 운항번호 및 일자와 관련하여 항공운송서류에 나타나는 그 밖의 모든 정보는 선적일을 결정할 때 고려되지 않는다.
④ 분할선적은 기간에 상관 없이 두 개 이상의 단위로 나누어 선적하는 것을 의미하며, 할부선적은 일정한 기간 내에 정해진 수량을 선적하는 것을 의미한다. 분할선적은 UCP 600 제31조, 할부선적은 UCP 600 제32조로 구분하여 규정하고 있다.

정답 ③

 상업송장에 대한 설명으로 바르지 못한 것은?

① 모든 무역거래의 대금 청구 시에 필수적으로 요구된다.
② 상업송장에 기재되는 '수익자' 및 '개설의뢰인'의 '주소(Address)'는 신용장 또는 다른 서류에 기재된 주소와 정확히 일치할 필요는 없다.
③ 상업송장은 반드시 '서명'이나 '일자'를 작성해야 한다.
④ 신용장과 상업송장의 상품 명세가 엄밀하게 일치하여야 한다고 해서 마치 거울에 비친 것처럼 똑같아야 한다는 것을 의미하지는 않는다.

출제포인트

상업송장은 신용장에서 명시적으로 요구하지 않는 한 '서명'이나 '일자'를 필요로 하지 않는다.

정답 ③

21 신용장 조건이 다음과 같은 경우에 대한 설명 중 틀린 것은?

> 32B : Currency Code Amount
> USD 30,000.00
> 39B : Maximum Credit Amount
> Not exceeding
> 46A : Documents Required
> + SINGED COMMERCIAL INVOICE IN 1 ORIGINAL AND 3 COPIES
> + FULL SET CLEAN ON BOARD BILLS OF LADING CONSIGNED TO ORDER AND BLANK ENDORSED MARKED FREIGHT PREPAID AND NOTIFY PARTY APPLICANT
> 50 : Applicant
> XYZ Co.
> Main Street 5 London
> United Kingdom

① 상업송장은 수익자가 발행하므로 신용장에서 서명을 요구하더라도 서명이 될 필요가 없다.
② 상업송장의 표시 통화는 미화 3만 달러에 해당되는 미화로 표시되어야 한다.
③ 선하증권상의 notify party란의 주소는 신용장의 개설의뢰인의 주소와 동일하여야 한다.
④ 선하증권에는 선하증권의 shipper가 백지배서 하여야 한다.

출제포인트
① 기본적으로 상업송장은 수익자의 서명을 필요로 하지 않지만, 신용장 조건에서 수익자의 요구할 경우에는 서명을 기재하여야 한다.

정답 ❶

22 신용장 거래 시 제시된 상업송장의 심사 시 주의할 점이 아닌 것은?

① 상업송장은 반드시 선적된 상품의 가액(value)을 표시해야 한다.
② 신용장에서 'Discount(할인)' 또는 'Deduction(공제)'을 요구하는 경우에 상업송장은 반드시 이를 표시하고 있어야 한다.
③ 선적 물품이 무료(Free of Charge)인 경우에는 신용장에서 요구하지 않은 상품(샘플, 판촉물 등) 등은 표시해도 무방하다.
④ 'Quantity(수량)' 'Weights(중량)' 'Measurements(용적)' 등은 운송서류 및 포장명세서 등을 포함한 기타의 서류들과 불일치(Conflict)하지 않아야 한다.

> **출제포인트**
> 비록 무료(Free of Charge)라고 하더라도, 상업송장은 절대로 신용장에서 요구하지 않은 상품(샘플, 판촉물 등)을 표시해서는 안 된다.
>
> ISBP 821
> C13) An invoice is not to indicate:
> a. over-shipment (except as provided in UCP 600 sub-article 30 (b)), or
> b. goods, services or performance not called for in the credit. This applies even when the invoice includes additional quantities of goods, services or performance as required by the credit or samples and advertising material and are stated to be free of charge.
>
> 정답 ❸

 23 신용장에서 용선계약부 선하증권을 요구한 경우에 대한 설명 중 잘못된 것은?

① 용선계약부 선하증권에는 운송인명이 기재될 필요가 없다.
② 용선계약부 선하증권은 용선자(charterer) 또는 선주(owner)가 서명할 수 있다.
③ 물품이 신용장에 기재된 선적항에서 기명된 선박에 적재되었다는 것을 미리 인쇄된 문구 또는 본선적재 표기로 표시되어야 한다.
④ 하역항을 실제 하역항이 아닌 신용장에 명시된 일정 범위의 항구 또는 지리적 지역으로 표시하는 것은 하자가 된다.

> **출제포인트**
> 용선계약부 선하증권에서 양륙항은 신용장에 명시된 대로 항구의 구역 또는 지리적 지역으로도 표시될 수 있다.
>
> 정답 ❹

신용장에서 선하증권을 요구하고 있다면, B/L의 서명권자가 아닌 사람은 누구인가?

① '운송인(Carrier)'
② '선장(Master)'
③ 운송인 또는 선장의 '기명대리인(Named Agent)'
④ '선주(Owner)'

출제포인트
선주(Owner)는 용선계약부 선하증권상의 서명인에 해당된다.

정답 ④

 신용장에서 요구서류가 다음과 같이 기재되어 용선계약부 선하증권이 제시된 경우 은행의 서류심사에 대한 설명으로 틀린 것은?

> 46A : Documents Required
> Full set clean on board ocean bill of lading consigned to order of Seoul Bank, Seoul. Charter party bills of lading acceptable and charter party contract No. 1235 is required.

① 은행은 용선계약부 선하증권에 "clean"이라고 기재되어 있지 않더라도 그 서류를 수리할 수 있다.
② 용선계약부 선하증권이 선적일자를 표시하는 본선적재 표기를 하지 않은 경우에는 용선계약부 선하증권의 발행일을 선적일로 본다. 용선계약부 선하증권에 본선적재 표기가 된 경우에는 본선적재 표기에 기재된 일자를 선적일로 본다.
③ 은행은 용선계약서를 심사할 의무가 없다.
④ 은행이 용선계약서를 심사하지 않으므로, 용선계약서가 신용장에서 요구되는 서류라 하더라도 수익자는 이를 제시할 필요가 없다.

출제포인트
은행이 용선계약서를 심사하지는 않지만 제시 여부는 확인하여야 한다.

정답 ④

신용장에서 선하증권 요구 시 자동수리가 인정되는 서류인 것은?

① On Deck Shipment B/L(갑판적재선하증권)
② Foul B/L(Defective B/L, Dirty B/L; 고장부선하증권)
③ Received B/L(수취선하증권)
④ Unknown Clause B/L(부지약관선하증권)

> **출제포인트**
> UCP 600 제26조 ["갑판적재", "내용물 부지약관"과 운임에 대한 추가비용]
> "선적인이 적재하고 검수하였음"(shipper's load and count)과 "선적인의 내용신고에 따름"(said by shipper to contain)과 같은 조항이 있는 운송서류는 수리될 수 있다.
>
> 정답 ④

 선하증권의 발행 및 작성을 설명한 것 중 잘못 기술한 것은?

① 선하증권의 원본 발행은 1통으로도 가능하나 분실 등에 대비하여 그 이상을 한 세트로 하여 발행할 수도 있다. 일반적으로 3통을 One Full Set로 발행하는데 각 통의 내용이 동일하고 동일한 효력을 가지기 때문에 화물인도에는 원본 한 통의 제시로 타 B/L은 무효가 된다.
② 운송인은 B/L을 작성하여 송화인에게 통지한다.
③ B/L상의 Final Destination은 화물의 최종목적지를 표시하나 선하증권에 운임이 계상되어 있지 않는 경우는 단지 참조 사항에 불과하며, 복합운송이 아닌 경우에는 기재되지 않는 경우가 많다.
④ B/L상에 "Freight Prepaid"가 기재된 경우에는 FOB 규칙으로 계약이 진행되고 있는 것이다.

> **출제포인트**
> ④ 운임선불은 매도인이 선적지에서 지불하여야 하므로 운송계약을 매수인이 체결하는 FOB 규칙은 적절하지 않은 조건이다. (CFR, CIF, CPT, CIP, DAP, DPU, DDP 규칙에 적합함)
>
> 정답 ④

다음 운송서류에 관한 설명 중 가장 거리가 먼 것은?

① AWB : 화물수취증이므로 유가증권이 아니다.
② SWB : 기명식으로 발행되고 양도할 수 없다.
③ HBL : 선사에 의해 Freight Forwarder에게 발행되는 운송서류이다.
④ MTD : 모든 운송방식에 사용할 수 있다.

출제포인트
③ House Bill of Lading은 Freight Forwarder에 의해 개별 화주에게 발급되는 운송서류이다.

정답 ❸

 다음 중 비유통성 해상화물운송장(Non-Negotiable Sea Waybill)에 대한 설명으로 가장 옳지 않은 것은 어느 것인가?

① SWB은 1970년대 후반에 B/L을 대체하기 위해 등장한 것으로서 기본적으로는 B/L과 동일하지만 권리증권성이 없다는 특징이 있다.
② SWB은 B/L의 권리증권성으로 인해 발생하는 문제를 방지할 수 있는 장점이 있다.
③ SWB의 수하인은 SWB 원본의 제시 없이도 물품을 인도받을 수 있으므로, SWB을 제시할 필요 없이 운송인이 SWB에 기재되어 있는 수하인을 확인하고 그 사람에게 화물을 인도하면 된다.
④ SWB은 권리증권성이 있어 운송 중 전매 및 신용장 거래에서 담보로서의 기능을 가질 수 있다.

출제포인트
SWB은 권리증권이 아니기 때문에 운송 중 전매 및 신용장 거래에서 담보로서의 기능을 하지 못한다.

정답 ❹

30 복합운송의 특징이 아닌 것은?

① 운송책임의 단일성
② 단일운임의 설정
③ 각 운송구간마다 별개의 운송서류 발행
④ 운송방식의 다양성

출제포인트
전 운송구간을 걸쳐 하나의 운송서류가 발행된다.

정답 ③

 31 항해용선계약에 대한 설명중 적절하지 않는 것은?

① Gross Terms Charter : 선주가 항해비용을 포함해서 항만비용, 하역비용 등을 책임지는 것으로 용선료에 모든 비용이 포함된다.
② FIO : 화주가 화물의 선적과 양하비용을 부담한다.
③ Lump Sum Charter : 용선자는 약정된 선복을 자신에게 편리한 방식으로 화물 종류에 국한하지 않고 신축성 있게 선복을 활용할 수 있다.
④ Berth Terms : Liner Terms라고도 하며 화주가 적재 및 양하비용을 모두 부담하는 조건이다.

출제포인트
① Berth term(Liner term) : 선적하역비(선주) 양륙하역비(선주)
② FI(Free In) : 선적하역비(화주), 양륙하역비(선주)
③ FO(Free Out) : 선적하역비(선주), 양륙하역비(화주)
④ FIO(Free In & Out) : 선적하역비(화주), 양륙하역비(화주)
⑤ FIOST(Free In & Out & Stowage) : 선적하역비(화주), 양륙하역비(화주), 창고보관료(화주)

정답 ④

무역거래 시 보험서류(Insurance Documents)에 대한 설명이다. 틀린 것은?

① 신용장에서 '보험증권(Insurance Policy)'을 요구한 경우에는 반드시 '보험증권(Insurance Policy)'이 제시되어야 한다.
② 보험금액은 반드시 신용장과 동일한 통화로 표시해야 한다.
③ 보험금액은 반드시 신용장에 명시된 부보비율 이상이어야 한다.
④ 일정비율 미만의 소손(小損)은 면책되지만 해당 비율을 초과하여 발생한 손해액에 대해서는 그 전체를 보상하는 조건을 공제면책이라고 한다.

출제포인트
Franchise(Non-Deductible Franchise, 소손해면책, 비공제면책)에 대한 설명이다.

정답 ④

 다음 중 보험서류(Insurance Documents)에 대한 설명으로 가장 옳지 않은 것은 어느 것인가?

① 신용장에서 '보험증명서(Insurance Certificate)' 또는 '보험확인서(Insurance Declaration)'를 요구한 경우에는, 그러한 서류 대신 '보험증권(Insurance Policy)'으로 대체하여 제시할 수 있다.
② 신용장에서 보험서류의 종류를 명시하지 않은 채 단순히 'Insurance Document(보험서류)'를 요구하는 경우, 보험증권(Insurance Policy) 또는 보험증명서(Insurance Certificate) 또는 보험확인서(Insurance Declaration) 또는 보험중개인(Insurance Broker)이 발행한 '부보각서(Cover Note)'를 제시하면 수리된다.
③ Assured(s), etc(피보험자명)가 보험금을 수령하는 자이고, Claim, if any, payable at (보험금 지불지)이 보험금을 지급하는 곳이다.
④ 부보금액(Insurance Amount)은 보험금액은 반드시 신용장과 동일한 통화로 표시이어야 하며, 보험금액은 반드시 신용장에 명시된 부보비율 이상이어야 하고, 'Insurance for 110% of the invoice value' 등의 표현은 부보금액의 최소한도를 의미한다.

출제포인트
부보각서는 수리되지 않는다.

정답 ②

보험서류에 대한 다음 설명 중 잘못된 것은?

① 보험증권, 보험증서 또는 포괄보험에서의 확인서와 같은 보험서류는 보험회사, 보험인수인 또는 그들의 대리인 또는 수탁인(proxies)에 의하여 발행되고 서명된 것으로 보여야 한다.
② 보험증명서를 요구한 경우 보험증권을 대신 제시할 수 있다.
③ 신용장에 부보금액이 물품의 가액, 송장가액 또는 그와 유사한 가액에 대한 백분율로 표시되어야 한다는 요건이 있는 경우, 이는 요구되는 부보금액의 최대한으로 본다.
④ 신용장은 요구되는 보험의 종류를 명시하여야 하고, 부보되어야 할 추가 위험이 있다면 그것도 명시하여야 한다. 만일 신용장이 "통상의 위험" 또는 "관습적인 위험"과 같이 부정확한 용어를 사용하는 경우 보험서류는 특정위험을 부보하지 않는지 여부와 관계없이 수리된다.

출제포인트
UCP 600 제28조 [보험서류와 부보범위]
신용장에 부보금액이 물품의 가액, 송장가액 또는 그와 유사한 가액에 대한 백분율로 표시되어야 한다는 요건이 있는 경우, 이는 요구되는 부보금액의 최소한으로 본다.

정답 ❸

 물품의 제조·생산 등이 이루어진 원산지 국가를 증명하는 문서로서 특정 상대국으로부터 수입된 물품에 대하여 관세에 대한 혜택을 받고자 하는 경우 또는, 수입국 정부의 무역 관리 및 소비자 보호 등의 목적상 필요에 의하여 요구되는 서류를 무엇이라고 하는가?

① 원산지증명서　　② 포장명세서
③ 검사증명서　　　④ 보험증명서

출제포인트
원산지증명서 (Certificate of Origin)

정답 ❶

 다음의 신용장의 요구 서류에 대한 서류의 발행자 중 수리 가능한 것을 모두 고르시오.

신용장 요구 서류	발행자
가. Inspection Certificate issued by qualified person 3 folds	Beneficiary
나. Commercial Invoice 3 folds	Applicant
다. Certificate of Origin issued by the beneficiary 3 folds	Chamber of commerce
라. Insurance Certificate in 3 folds	Insurer

① 가. 나.
② 나. 다. 라.
③ 다. 라.
④ 가. 나. 다. 라.

출제포인트

① UCP 600 3조
② UCP 600 18조
③ 원산지증명서의 발행자
   ISBP 821
- 신용장에서 원산지증명서의 발행 자격에 대한 제한이 없다면 수익자 포함 어느 누구나 원산지증명서를 발행할 수 있다.
- 만약 신용장이 수익자, 수출상 또는 제조업자가 발행한 원산지증명서를 요구한 경우에도 상공회의소에서 발행한 서류를 수리할 수 있다. 단, 이 경우에는 상공회의소에서 발행된 원산지증명서에 수익자, 수출상, 또는 제조업자를 명확히 표시하고 있어야 한다.

정답 ③

 신용장 조건과의 불일치 내용을 사전에 수익자와 매입은행이 서로 확인한 후 그로 인하여 신용장 대금의 결제가 거절되면 외국환거래약정서에서 정하는 바에 따라 즉시 매입대전을 상환하겠다는 요지의 확인서(각서)를 징구하고 매입하는 방법을 무엇이라고 하는가?

① 보증부 매입
② 유보부 매입
③ 조건 변경 후 매입
④ 전신 조회 후 매입

출제포인트

보증부 매입은 매입한 서류가 하자로 인하여 매입어음이 부도되는 경우에 매입은행에 수출환어음 매입대전을 상환하겠다는 요지의 확인서를 징구하고 매입하는 것을 말한다.

정답 ①

38 다음 중 수출입실적에 관한 설명 중 가장 거리가 먼 것은?

① 수출실적이란 유상으로 거래되는 수출액을 말하며 수출실적의 인정은 수출통관액, 입금액, 가득액과 수출에 제공하는 외화획득용 원료·기재의 국내 공급액을 말한다.
② 수입실적의 인정시점은 수입신고 수리일이며 외국인수수입과 용역 또는 전자적 형태의 무체물의 수입인 경우에는 지급일이다.
③ 내국신용장(구매확인서)에 의한 공급분과 수출물품 포장용 골판지 상자의 공급 실적증명은 한국무역협회에서 발급받을 수 있다.
④ 중계무역에 의한 수출의 경우에는 수출금액(FOB금액)에서 수입금액(CIF가격)을 공제한 가득액이다.

출제포인트
내국신용장(구매확인서)에 의한 공급분과 수출물품 포장용 골판지 상자의 공급 실적증명은 외국환은행장에 의해 발급이 가능하다.

정답 ③

 39 다음 중 수출실적의 인정금액에 대한 설명으로 가장 옳지 않은 것은 어느 것인가?

① 수출실적의 인정금액은 '수출통관액(FOB가격)'으로 하는 것을 원칙으로 한다.
② '외국인도수출'에 의한 수출실적의 인정금액은 외국환은행의 '입금액'으로 한다.
③ '중계무역'에 의한 수출실적의 인정금액은 수출금액(FOB 가격)에서 수입금액(CIF 가격)을 공제한 '가득액'을 기준으로 한다.
④ 위탁가공무역, 수출실적의 인정금액은 판매액에서 원자재 수출금액 및 가공임을 공제한 '입금액'을 기준으로 한다.

출제포인트
'가득액'을 기준으로 한다.

정답 ④

대외무역관리규정상에 명시되어 있는 '외화획득의 범위'에 대한 다음 설명 중 거리가 먼 것은?

① 내국인으로부터 대금을 받고 국내의 보세지역에 필요한 물품, 공장건설에 필요한 물품을 국내에서 공급하는 경우
② 지방자치단체가 외국으로부터 받은 차관 자금에 의한 국제경쟁입찰에 의하여 국내에서 원화를 받고 물품을 공급하는 경우
③ 외항선박 및 항공기에 외화를 받고 선용품 및 기용품을 공급하거나 급유하는 경우
④ 절충교역거래(Off Set)의 보완거래로서 외국으로부터 외화를 받고 국내에서 제조된 물품 등을 국가기관에 공급하는 경우

출제포인트

대외무역관리규정 제31조 [외화획득의 범위]
영 제26조 제1항 제5호에 따른 "산업통상자원부장관이 정하여 고시하는 기준에 해당하는 것"이란 다음 각 호의 어느 하나에 해당하는 거래를 말한다.
1. 외국인으로부터 외화를 받고 국내의 보세지역에 물품 등을 공급하는 경우
2. 외국인으로부터 외화를 받고 공장건설에 필요한 물품 등을 국내에서 공급하는 경우
3. 외국인으로부터 외화를 받고 외화획득용 시설·기재를 외국인과 임대차계약을 맺은 국내업체에 인도하는 경우
4. 정부·지방자치단체 또는 정부투자기관이 외국으로부터 받은 차관자금에 의한 국제경쟁입찰에 의하여 국내에서 유상으로 물품등을 공급하는 경우(대금 결제통화의 종류를 불문한다)
5. 외화를 받고 외항선박(항공기)에 선(기)용품을 공급하거나 급유하는 경우
6. 절충교역거래(off set)의 보완거래로서 외국으로부터 외화를 받고 국내에서 제조된 물품 등을 국가기관에 공급하는 경우

정답 ①

구매확인서 및 내국신용장에 대한 설명으로 적절하지 못한 것은?

① 내국신용장이라 함은 한국은행총재가 정하는 바에 의해 외국환은행의 장이 발급하여 국내에서 통용되는 신용장을 말하고, 구매확인서라 함은 외국환은행의 장이 내국신용장에 준하여 발급하는 증서를 말한다.
② 내국신용장 및 구매확인서 모두 외국환은행이 지급보증을 한다는 점에서 당사자 간에 유효한 대금결제 수단으로 널리 이용된다.
③ 국내에서 외화 획득용 원료 또는 물품을 구매하는 자가 외국환은행의 장에게 구매확인서 발급을 신청할 수 있고, 구매확인서 발급분에 대하여는 수출실적 인정, 관세환급, 부가가치세 영세율 적용 등의 지원제도가 존재한다.
④ 내국신용장 또는 구매확인서 등에 의해 국내 공급하는 경우에는 '외국환은행의 결제액 또는 확인액'이 수출실적 인정금액이 된다.

> **출제포인트**
> 구매확인서는 지급을 보증하지 않는다.
>
> 정답 ❷

 42 외화획득용 원료 또는 물품 등의 국내구매에 사용되는 내국신용장 및 구매확인서에 대한 설명 중 올바르지 못한 것은?

① 구매확인서는 외화획득용 원료·기재의 구매를 확인하는 서류로서 내국신용장과 마찬가지로 물품 공급 전에만 외국환은행장에게 신청할 수 있다.
② 내국신용장은 수출용 물품의 구매에 한정하나, 구매확인서는 수출보다 광의의 개념인 외화획득용 물품을 구매하는 경우에도 발급된다.
③ 구매확인서는 발급 근거서류의 범위 내에서 발급할 수 있으며, 제조·가공·유통 과정이 여러 단계인 경우, 각 단계별로 순차적으로 차수 제한 없이 발급할 수 있다.
④ 내국신용장이나 구매확인서는 수출실적 인정, 관세 환급, 부가가치세 영세율 적용 등의 지원제도 면에서 동일하다.

> **출제포인트**
> 구매확인서는 사후 발급이 가능하다.
>
> 정답 ❶

 43 다음 중 청구보증에 대한 설명으로 옳은 것은?

① 청구보증은 보증신용장과 달리 주 채무자의 채무 불이행 시 2차적으로 보충적인 책임을 부담하는 보증을 말한다.
② 청구보증은 보증신용장에 대해 적용되고 있는 보증신용장통일규칙(ISP 98)을 준용하고 있다.
③ 직접보증하에서 지시 당사자는 보증서의 발행을 지시하고 그 배상책임을 지는 자로서, 통상적으로 원인계약상의 주 채무자인 보증인을 말한다.
④ 간접보증하에서 제2차 보증서를 발행하는 은행을 보증인이라고 하며, 그 보증인은 구상보증의 수익자가 된다.

출제포인트
① 청구보증은 일반적인 보증과 달리 주 채무자와 독립된 1차적 책임을 부담하는 보증을 말하며, 이는 보증신용장의 내용과 성격이 동일하다고 볼 수 있다.
② 청구보증에 대해서는 청구보증통일규칙(URDG 758)이 적용된다.
③ 직접보증하에서 지시 당사자는 대개 원인계약의 주 채무자인 보증의뢰인을 말하는데, 보증의뢰인이란 원인계약상의 채무 또는 의무를 부담하는 자로서 보증서상에 Applicant로 명시된 자를 말한다.

정답 ④

다음 중 개설은행의 담보권을 저해할 우려가 있는 부가조건에 대한 설명으로 틀린 것은?

① Stale B/L is acceptable.
② L/C expired shall not be considered as a discrepancy.
③ Surrendered B/L is acceptable.
④ One original B/L shall be dispatched directly to applicant by courier.

출제포인트
Stale B/L(서류 제시기간 경과 선하증권)은 개설은행의 담보권을 해하지 않는 조건이다.

정답 ①

보증신용장에 대한 설명으로 옳지 않은 것은?

① 보증신용장은 무역 외 거래의 결제, 금융의 담보 또는 각종 채무이행의 보증을 주된 목적으로 하여 발행되는 신용장이다.
② 보증서를 발행한 보증인은 주 채무에 대하여 2차적으로 보충적인 책임을 지는데 비해, 보증신용장의 개설은행은 1차적이고 독립적인 채무를 부담한다.
③ 보증신용장의 개설은행은 신용장의 유효기간 내에 신용장의 조건과 문면상 일치하는 서류가 제시되면 원인계약의 이행 여부와 관계없이 대금을 지급해야 할 의무가 있다.
④ 보증신용장은 화환신용장과 그 성격이 다르기 때문에 신용장통일규칙(UCP 600)이 적용되지 않고, 별도의 구체적인 보증신용장통일규칙(ISP 98)의 적용을 받는다.

출제포인트
보증신용장도 적용 가능한 범위 내에서 신용장통일규칙의 적용을 받는다.

정답 ④

01 신용장의 통지에 대한 설명 중 바르지 못한 것은?

① 신용장의 통지는 수익자 소재지에 있는 개설은행의 본·지점이나 또는 환거래은행을 통하여 이루어지는 것이 일반적이다.
② 통지은행이 신용장을 통지하기로 결정한 경우에는 당해 신용장의 '외견상 진정성(Apparent Authenticity)'을 확인하기 위하여 '상당한 주의(Reasonable Care)'를 기울여야 한다.
③ 신용장을 통지하지 않기로 결정한 경우, 통지은행은 그러한 뜻을 지체 없이 개설은행으로 통보해 주어야 한다.
④ 개설은행으로부터 조건변경의 통보가 있는 때에는 이를 즉시 개설의뢰인에게 통지하여야 한다.

02 다음은 신용장에 대한 설명이다. 가장 바르지 못한 것은?

① '확인은행(Confirming Bank)'은 신용장의 제 조건에 일치하는 서류가 확인은행 또는 기타 지정은행에 제시되는 한 신용장이 '일람지급'을 약정하였으면 '일람지급'하여야 하고 '연지급'을 약정하였으면 신용장의 조건에 따라 결정되는 '만기일에 지급'하여야 한다.
② '확인은행(Confirming Bank)'은 '인수'를 약정하였으면 '환어음을 인수'하고 이를 '만기일에 지급'하여야 하고 '매입'을 약정하였으면 수익자가 발행한 환어음 또는 제시된 서류를 어음 발행인 및 선의의 소지자에게 '소구권을 행사하지 않는 조건으로 매입'하여야 할 의무를 부담한다.
③ 확인은 취소불능 신용장 및 취소가능 신용장을 대상으로 한다.
④ 확인의 종류에는 일람지급(Sight Payment)확인, 연지급(Deferred Payment)확인, 인수(Acceptance)확인, 매입(Negotiation)확인 등이 있다.

03 다음은 신용장에 대한 설명이다. 가장 바르지 못한 것은?

① 신용장의 양도란 신용장의 수익자가 향유하는 권리(신용장의 사용권)의 전부 또는 일부를 수익자의 요청에 의하여 수익자가 지정하는 제3자에게 양도하는 것을 말한다.
② 수출 자격이 없는 자 또는 관련 업무를 수행할 만한 역량이 부족한 자가 신용장을 수취한 경우에 그 신용장을 다른 무역업자에게 양도하고 수출 대행을 의뢰하는 경우 양도가 가능하다.
③ '양도된 신용장(Transferred Credit)'은 제2수익자 또는 제3의 수익자의 요청에 의하여 그 다음 수익자에게 다시 양도될 수 있다.
④ 분할선적(Partial Shipment) 또는 분할청구(Partial Drawing)가 허용되는 경우에 신용장은 두 사람 이상의 제2수익자에게 분할 양도될 수 있다.

04 신용장 양도 시 원신용장의 조건 중 변경이 가능한 항목이 아닌 것은 어느 것인가?

① 신용장금액 및 단가의 감액
② 유효기일, 서류제시기간, 선적기일의 단축
③ 신용장 개설의뢰인의 성명 대체
④ 원신용장의 보험금액을 담보하기 위한 부보비율의 감액

정답 및 해설

01 ④ 즉시 수익자에게 통지하여야 한다.
02 ③ 확인은 취소불능신용장(Irrevocable Credit)만을 대상으로 한다.
03 ③ '양도된 신용장(Transferred Credit)'은 원칙적으로 그 다음 수익자에게 다시 양도될 수 없다.
04 ④ 원신용장의 보험금액을 담보하기 위한 부보비율의 증액만 가능하다.

05 신용장의 심사에 대한 설명이다. 가장 바르지 못한 것은?

① 신용장은 그 성질상 매매계약이나 또는 기타의 계약에 근거를 두고 있다 하더라도 이들 계약과는 별개의 독립된 거래이다.
② 신용장 조건과 일치하는지의 여부는 신용장통일규칙에 반영된 국제표준은행관습(international standard banking practice)에 의하여 결정한다.
③ 서류의 지정 없이 조건(Conditions)만을 명시하고 있는 경우에는 신용장을 취소한다.
④ 유효기일은 지급·인수·매입을 위하여 수익자가 지정은행 또는 개설은행에 서류 또는 환어음을 제시하여야 하는 최종기일을 말하며 유효기일이 경과하게 되면 당해 신용장에 근거한 모든 권리는 자동적으로 소멸하게 된다.

06 신용장 조건의 해석에 대한 설명이다. 가장 바르지 못한 것은?

① 신용장은 반드시 서류의 제시를 위한 '유효기일' 및 '제시장소'를 명시하여야 한다.
② '유효기일(Expiry Date)'이란 지급·인수·매입을 위하여 신용장에 명시된 서류를 제시하여야 하는 최종일자를 말한다.
③ 서류는 반드시 지정은행을 경유하여 개설은행으로 제시되어야 한다.
④ 천재지변, 폭동, 소요, 반란, 전쟁, 테러행위, 기타 불가항력적인 사태나 파업 또는 직장폐쇄 등으로 인하여 은행의 업무가 중단되는 경우 유효기일은 연장될 수 없다.

07 신용장 금액 및 수량의 과부족 및 일자에 대한 해석에 대한 설명이다. 가장 바르지 못한 것은?

① 금액(Amount), 수량(Quantity), 단가(Unit Price)와 관련하여 'About' 또는 'Approx-imately'라는 용어가 사용된 경우, 해당 금액 또는 해당 수량 또는 해당 단가에서 10% 범위 이내의 과부족을 허용하는 것으로 해석한다.
② 신용장상에 별도의 과부족 허용조항이 명시되어 있지 않다 하더라도 상품수량에 대한 10% 범위 이내의 과부족(More or Less)은 허용되는 것으로 본다.
③ 'Prompt', 'Immediately', 'As Soon As Possible'의 용어는 가급적 사용하지 말아야 한다. 그러한 용어는 무시된다.
④ 월을 양분하는 용어의 해석으로 'First Half(전반)', 'Second Half(후반)' 등이 있다.

08 다음 설명 중 가장 바르지 못한 것은?

① 선적기일의 연장은 신용장의 조건변경을 통한 명시적인 지시에 의해서만 가능하다.
② 선적기일이 통상적인 은행의 휴무일에 해당되면 그 다음 첫 영업일까지 자동 연장된다.
③ 분할선적이란 신용장에서 요구하는 화물을 두 개 이상의 단위로 나누어 서로 다른 운송수단에 적재하거나 서로 다른 항해일정에 따라 2회 이상으로 분할하여 선적하는 것을 말한다.
④ 할부선적이란 요구된 상품의 수회차 분할 선적과 관련하여 각 회차 분의 선적기간 (시작일과 종료일을 포함하는 Period) 및 선적수량 등에 대하여 신용장이 별도의 '할부일정(Installment Schedule)'을 명시하고 있는 경우에 이들 조건에 따라 화물을 나누어 선적하는 것을 말한다.

09 다음은 환어음에 대한 설명이다. 가장 바르지 못한 것은?

① 발행인(Drawer)이 보통 수출상(수익자)이 이에 해당된다.
② 증권의 본문 중에 그 증권의 작성에 사용하는 국어로 '환어음(Bill of Exchange)'임을 표시하는 문자가 기재되어야 한다.
③ 일람출급(at sight)의 경우 지급인에게 어음을 제시하는 날이 곧 만기일이 된다.
④ 환어음 지급지, 수취인 또는 수취인을 지시할 자의 명칭 등은 임의 기재사항이다.

정답 및 해설

05 ③ 서류의 지정 없이 조건(Conditions)만을 명시하고 있는 경우에 그러한 조건은 명시되지 않은 것으로 간주하고 무시한다.
06 ③ 서류는 지정은행을 경유하지 않은 채 개설은행으로 직접 제시될 수도 있다.
07 ② 5% 범위 이내의 과부족(More or Less)은 허용되는 것으로 본다.
08 ② 선적기일이 통상적인 은행의 휴무일에 해당한다 하더라도 유효기일과는 달리 그 다음 첫 영업일까지 자동 연장되지 않는다.
09 ④ 지급지, 수취인 또는 수취인을 지시할 자의 명칭은 필수 기재사항이다.

10 다음 설명 중 가장 바르지 못한 것은?

① 신용장에서 환어음을 요구하지 않는 경우에는 이를 발행하지 않는다.
② 신용장은 개설의뢰인을 지급인으로 하는 환어음에 의하여 이용 가능하도록 개설될 수 있다.
③ 환어음의 어음기한(Tenor)은 반드시 신용장과 일치하여야 하며 반드시 환어음 자체의 데이터만 가지고도 만기일의 계산이 가능할 수 있도록 작성하여야 한다.
④ 환어음의 어음금액 및 무조건의 지급위탁 문언은 반드시 기재되어야 한다.

11 상업송장(Commercial Invoice)에 대한 설명이다. 가장 바르지 못한 것은?

① 송장의 종류에는 '견적송장(Pro forma Invoice)'과 '상업송장(Commercial Invoice)' 및 '공용송장(Official Invoice)' 등이 있다.
② 상업송장에 기재되는 '수익자' 및 '개설의뢰인'의 '주소(Address)'는 신용장 또는 다른 서류에 기재된 주소와 정확히 일치해야 한다.
③ 상업송장은 신용장에서 명시적으로 요구하지 않는 한 '서명'이나 '일자'를 필요로 하지 않는다.
④ 상업송장은 반드시 선적된 상품의 가액(value)을 표시, 그 통화 및 단가는 반드시 신용장과 일치하여야 한다.

12 다음 설명 중 가장 바르지 못한 것은?

① 상업송장의 금액은 신용장에서 허용된 금액을 초과하지 않아야 하는 것이 원칙이다.
② 신용장과 상업송장의 상품명세가 엄격일치주의에 따라 엄밀하게 일치할 것을 요구한다는 것은 마치 거울에 비친 것과 똑같아야 한다는 의미를 내포하고 있다.
③ 신용장에서 'Discount(할인)' 또는 'Deduction(공제)'을 요구하는 경우에 상업송장은 반드시 이를 표시하고 있어야 한다.
④ 신용장이 할부선적(Installment Shipment)을 요구하는 경우에 각각의 선적은 반드시 신용장상의 할부스케줄(각 분할분의 선적시기 및 수량)과 일치하여야 하며 할부스케줄에 따른 선적수량 및 금액을 정확하게 반영하고 있어야 한다.

13 선하증권(Bill of Lading)에 대한 설명이다. 가장 바르지 못한 것은?

① B/L은 해상운송 계약 및 운송인에 의한 물품의 수령 또는 선적을 증명하는 증권으로서 운송인이 그 증권과 상환으로 물건을 인도할 것을 약정하는 증권이다.
② 국제무역에서는 계약 화물이 화체된 선하증권의 거래가 현물의 거래와 동등하게 취급된다.
③ 화물을 본선상에 선적할 때 화물의 상태가 외관상 양호하고 수량 등이 일치하여 선하증권의 비고(Remark)란에 아무런 표시가 없는 선하증권을 Foul B/L이라고 한다.
④ B/L은 대표적인 유가증권이자 유통증권으로서 요인증권, 요식증권, 처분증권 등의 특징이 있다.

14 다양한 선하증권에 대한 설명이다. 바르지 못한 설명은 어느 것인가?

① 화물이 선창이 아닌 갑판 위에 적재되었거나 적재될 것이라는 표시가 있는 B/L을 On Deck Shipment B/L(갑판적재 선하증권)라고 한다.
② 본선에 적재하지 않은 채로 발행하는 B/L을 Forwarder's B/L(FBL; 운송중개인 선하증권)이라고 한다.
③ FCR, FCT, FCS(화물인수증, 운송증명서, 선적증명서) 등은 신용장에서 특별히 허용하지 않는 한 수리할 수 없다.
④ 당해 B/L의 유가증권적인 성질 및 유통 가능성이 소명되었음을 증거할 목적으로 특별히 'Surrendered'라는 문구의 스탬프를 날인하고 교부한 'Non-Negotiable B/L'을 Surrendered B/L(권리포기 선하증권)이라고 한다.

정답 및 해설

10 ② 신용장은 개설의뢰인을 지급인으로 하는 환어음에 의하여 이용가능하도록 개설되어서는 안 된다.(UCP 600 제6조 c)
11 ② 상업송장에 기재되는 '수익자' 및 '개설의뢰인'의 '주소(Address)'는 신용장 또는 다른 서류에 기재된 주소와 정확히 일치할 필요는 없다. 단지 신용장에 기재된 주소와 '동일한 국가' 내에 위치하고 있기만 하면 된다(UCP 600 제14조 j항).
12 ② 신용장과 상업송장의 상품명세가 엄밀하게 일치하여야 한다고 해서 마치 거울에 비친 것처럼 똑같아야 한다는 것을 의미하지는 않는다.
13 ③ Clean B/L에 대한 설명이다.
[참고] Foul B/L
만약 포장상태가 불완전하거나 수량이 부족할 경우에는 선하증권상에 이에 관한 내용이 기재된다. 예를 들어 재래식 화물을 선적할 때는 "5 cases loose strap", "5 cartons short" 등과 같은 단서조항이 기재되는데 이런 선하증권을 사고부 선하증권이라 한다.
14 ② Received B/L(수취선하증권)라고 한다.

15. Sea Waybill에 대한 설명이다. 바르지 못한 설명은 어느 것인가?

① SWB은 권리증권이기 때문에 운송 중 전매 및 신용장 거래에서 담보로서의 기능을 수행한다.
② SWB의 수하인은 SWB 원본의 제시 없이도 물품을 인도받을 수 있다.
③ SWB은 기명식으로만 발행되지만 실제 수하인이 인도를 청구할 때까지 송하인이 자유롭게 수하인을 변경할 수 있다.
④ B/L을 분실한 경우, 재발급을 위해 법원의 판결을 받는 등 복잡한 절차가 필요하지만 SWB은 본인이 기명된 수하인임을 입증만 하면 화물을 인도받을 수 있기 때문에 큰 문제가 없다.

16. 다음 설명 중 가장 바르지 못한 것은?

① 복합운송이란 둘 이상의 상이한 운송수단에 의해 출발지에서 목적지까지 물품을 운송하는 것을 의미한다.
② 화주(수출입상)가 선박의 소유주(선주)와 '항해용선계약'을 체결하고 일정 구간의 항해에 대하여 선박의 전부 또는 일부를 빌려 본인의 화물을 운송하는 경우에 당해 선박의 '선주·선장 또는 그들의 대리인'으로부터 발급받는 선하증권을 Third Party B/L(제3자선하증권)이라고 한다.
③ 각 운송구간마다 분할된 운임이 아닌 전운송구간에 단일화된 운임을 부과하기 때문에 복합운송이 편리하다.
④ 항공운송이란 항공기의 항복(plane's space)에 여객과 화물을 탑재하고 국내외 공항에서 공로(air route)를 통하여 다른 공항까지 운항하는 운송시스템을 의미한다.

17. 화주(수출입상)가 선박의 소유주(선주)와 '항해용선계약'을 체결하고 일정 구간의 항해에 대하여 선박의 전부 또는 일부를 빌려 본인의 화물을 운송하는 경우에 당해 선박의 '선주·선장 또는 그들의 대리인' 으로부터 발급받는 선하증권을 무엇이라고 하는가?

① Unknown Clause B/L(부지약관 선하증권)
② Charter Party B/L(용선계약부 선하증권)
③ Stale B/L(기간경과 선하증권)
④ Forwarder's B/L(FBL; 운송중개인 선하증권)

18 복합운송의 특징에 대한 설명이다. 가장 바르지 못한 것은 어느 것인가?

① 각 운송구간마다 분할된 운임을 부과한다.
② 복합운송인이 전 운송에 걸쳐 운송계약의 주체로서 책임을 진다.
③ 각 운송구간마다 별개의 운송서류가 발행되지 않고 전 운송구간을 걸쳐 하나의 운송서류가 발행된다.
④ 둘 이상의 상이한 운송수단에 의해 출발지에서 목적지까지 물품이 운송된다.

19 다음 설명 중 가장 바르지 못한 것은?

① 해상운송에서는 전통적으로 B/L이 이용되어 왔지만 B/L이 가지고 있는 권리증권성의 특징이 많은 문제를 야기한다.
② 복합운송이란 둘 이상의 상이한 운송수단에 의해 출발지에서 목적지까지 물품을 운송하는 것을 의미한다.
③ 항공운송은 운송속도가 빠르다는 것이 최대의 장점이며 운임이 비싸다는 것이 최대의 단점이 된다. 따라서 소량이면서 고가의 물품을 신속하게 운송하기 위해 주로 사용이 된다.
④ SWB은 권리증권이기 때문에 운송 중 전매 및 신용장 거래에서 담보로서의 기능을 수행한다.

정답 및 해설

15 ① SWB은 권리증권이 아니기 때문에 운송 중 전매 및 신용장거래에서 담보로서의 기능을 하지 못한다.
16 ② 제3자 선하증권이 아닌 '용선계약부 선하증권(Charter Party Bill of Lading)'이라고 한다.
17 ② '용선계약부 선하증권(Charter Party Bill of Lading)'이라고 한다.
18 ① 각 운송구간마다 분할된 운임이 아닌 전운송구간에 단일화된 운임을 부과한다.
19 ④ SWB은 권리증권이 아니기 때문에 운송 중 전매 및 신용장 거래에서 담보로서의 기능을 하지 못한다.

20 하자에 대한 조치에 대한 설명으로 바르지 못한 것은 어느 것인가?

① 제시된 서류가 신용장의 제 조건과 일치하지 않는 경우를 '하자(Discrepancy)'라고 하며 서류상의 하자는 곧 '지급거절(Unpaid)'의 유일한 사유가 된다.
② 하자 발견 시 매입신청인(수출상)이나 서류 발급기관에 의하여 수정 또는 보완이 가능한 하자는 즉시 수정·보완하도록 한다.
③ 신용장 조건과의 불일치 내용을 사전에 수익자와 매입은행이 서로 확인한 후 그로 인하여 신용장 대금의 결제가 거절되면 외국환거래약정서에서 정하는 바에 따라 즉시 매입대전을 상환하겠다는 요지의 확인서(각서)를 징구하고 매입하는 방법을 유보부 매입(소위 Negotiation Under Reserve)이라고 한다.
④ 개설은행에 미리 전신으로 서류의 미비점 또는 신용장 조건과의 불일치 사항을 알려주고, 그 매입가능 여부를 조회하여 승인을 받은 후에 매입하는 방법을 전신조회후 매입(소위 Cable Negotiation)이라고 한다.

21 다음 중 대외무역법(시행령 및 관리규정 포함)의 규정을 기준으로 할 때, 수출입에 대한 해석으로 올바르지 못한 것은?

① 북한으로부터 호두를 들여오는 경우에는 세관에서 수입절차에 준하는 절차와 물품검사를 거치게 되므로 수입에 해당하여 수입관세도 부과되며 수입실적으로 인정된다.
② 한국의 IT업체가 일본에 인터넷을 통하여 발주 받은 전산 프로그램을 개발하여 전송하고 대금을 외국환은행을 통해 결제 받은 경우 전자적 무체물의 수출에 해당한다.
③ 홍콩에 출장 갔던 사람이 수입신고 없이 휴대물품을 들여오는 경우에도 물품의 국가 간 이동이 이루어졌으므로 대외무역법상 수입에 해당한다.
④ 서울에 있는 길동무역이 중국의 하오상사의 한국지사인 하오코리아와 거래를 하여 하오코리아가 보유하고 있던 아호상사의 물건을 국내에서 공급 받았다면, 이는 대외무역법상의 수입에는 해당하지 않는다.

22 대외무역관리규정에 의한 수출실적의 인정 범위로 옳지 않은 것은?

① 내국신용장 또는 구매확인서에 의한 공급
② 대북한 유상반출
③ 증여를 원인으로 국내에서 외국으로 물품이 이동하는 것
④ 외국인으로부터 대금을 영수하고 외화획득용 시설기재를 외국인과 임대차계약을 맺은 국내업체에 인도하는 것

23 다음 중 대외무역관리규정상의 수출실적과 관련한 설명으로 옳은 것은?

① 위탁가공물품을 외국에 판매한 경우의 수출실적은 그 판매액을 인정금액으로 한다.
② 내국신용장 또는 구매확인서에 의한 수출실적은 한국무역협회에서 발급한 수출입확인서에 의하여 확인되는 입금액을 인정금액으로 한다.
③ 중계무역의 수출실적 인정 시점은 수출신고 수리일로 한다.
④ 중계무역 및 외국인도수출의 경우, 수출실적 확인 및 증명은 외국환은행의 장이 발급한다.

정답 및 해설

20 ③ 보증부 매입(소위 L/G Negotiation)이라고 한다.
[참고] Authentication(인증, 확인)
'Authentication'은 고무인 등에 의한 스탬프로도 유효하며 업계에서는 이를 흔히 '코렉션방'이라 부르고 있다. '공인(Legalized)' 또는 '사증(Visaed)' 등의 인증된 서류에 대한 수정은 반드시 그 서류를 공인 또는 사증한 당사자에 의해 'Authentication'되어야 한다. 수익자 본인이 발행한 서류로서 Legalized, Visaed, Certified 되어있지 아니한 서류는 별도의 'Authentication' 없이도 수정이 가능하다.

21 ① 1번 북한인 경우에는 헌법에서 우리나라로 인정하고 있기 때문에 관세를 부과하지 않는다. 2번 전자적 무체물도 수출입의 대상으로 본다. 3번 무환 수출입도 수출입의 실적으로 인정된다. 4번 수입과 수출의 계약이 장소가 달라진 경우 대외무역법사의 승인의 대상이지만 이런 경우 중계무역이 아니므로 특정거래 형태로 분류되는 것이 아니라 국내거래에 해당하는 것으로 보는 것이 맞다.

22 ③ 증여를 원인으로 한 무상거래의 수출은 수출실적으로 인정되지 않는다.

23 ④ ① 위탁가공무역에 의한 수출실적의 인정금액은 판매액에서 원자재 수출금액 및 가공임을 공제한 가득액으로 한다.
② 내국신용장 또는 구매확인서에 의한 수출실적은 외국환은행의 결제액 또는 확인액으로 한다.
③ 중계무역의 수출실적 인정 시점은 입금일로 한다.

24 확인은행에 대한 설명으로 옳은 것은?

① 확인은행이 확인을 추가할 수 있는 신용장은 취소불능신용장뿐만 아니라 취소가능 신용장도 포함된다.
② 확인신용장에서 환어음을 매입한 확인은행은 수익자에게 소구권을 행사할 수 있다.
③ 확인은행은 신용장의 조건변경에 확인을 추가하여 통지한 때부터 그 조건변경의 효력이 발생된다.
④ 하자 있는 서류에 대하여 개설은행이 수리하기로 결정하였다면, 확인은행은 신용장의 대금지급 의무를 이행해야 한다.

25 보험서류에 대한 설명으로 옳은 것은?

① 보험서류의 발행일자는 최소한 선적일 또는 그 이전의 일자로 표시되어야 하지만, 신용장에서 허용하고 있거나 소급적용의 표시가 있는 경우에는 그 이후의 날짜로 표시될 수 있다.
② 개별보험계약에 의하여 선적된 물품이 그 권면에 기재된 내용대로 부보가 이루어졌음을 증명하는 증서를 보험증명서라 한다.
③ 신용장상에 별도의 명시가 없는 한, Franchise 또는 Excess 등의 면책비율을 적용하는 보험서류도 수리할 수 있으나, 그 면책비율의 상한에는 제한이 있다.
④ Excess of 3%의 조건하에서 5%의 손해가 발생한 경우에는 5%를 모두 보상해야 한다.

정답 및 해설

24 ③
① 확인은 취소불능신용장을 대상으로만 하기 때문에, 취소가능신용장에 대한 확인은 할 수 없다.
② 확인은 수익자가 발행한 환어음 또는 서류를 어음발행인 및 선의의 소지자에게 소구권을 행사하지 않는 조건으로 매입할 것을 확약한다.
④ 확인은행의 지급 의무는 개설은행과 별도의 독립적인 지급 의무이므로, 하자 있는 서류에 대하여 개설은행이 수리하기로 결정하였더라도, 이에 따라 확인은행이 대금지급의 의무를 부담해야 하는 것은 아니다.

25 ①
② 보험증권에 대한 설명이다.
③ 면책비율의 상한에는 제한이 없다.
④ Excess of 3%의 조건하에서 5%의 손해가 발생한 경우에는 5%에서 3%를 공제한 2%를 보상한다.

제2과목

신용장통일규칙과 국제무역규칙

신용장통일규칙과 국제무역규칙

학습포인트 02

▶ 접근전략 및 기출트렌드

2과목에서는 30점이 배점되어 있으며, 지문이 영어로 출제가 되기 때문에 정답을 고르는데 시간이 다소 걸릴 수 있습니다. 특히, 문제의 경우 '긍정 또는 부정 변경', '용어의 변경' 등을 통해 옳거나 잘못된 것을 고르기 때문에 해당 규칙의 원문을 정확하게 숙지하지 못한다면 어렵게 느껴질 수 있는 과목입니다. 이를 대비하기 위해서는 각 규칙의 조문을 처음부터 영어로 확인하고 이해하기 것보다는 우선 한글로 내용을 정확하게 이해하는 것이 중요합니다. 특히, UCP 600에서 출제가 많이 되는데, 1과목의 내용과 중복되는 것이 많아서 1과목의 내용만 충실하게 이해해도 어느 정도 답안을 고를 수가 있습니다. 규칙별로는 UCP 600, ISBP 821, URDG 758, ISP 98, URC 522, URR 725 순으로 출제가 되기 때문에, 해당 순서대로 공부시간을 투자하는 것이 좋겠습니다.

UCP 600의 경우 모든 조항을 빠짐 없이 공부하되, 출제빈도가 높은 6조~8조, 10조, 12조, 14조, 38조에 더 치중해서 공부를 하는 것이 효율적이며, ISBP 821는 UCP 600과 연관지어서 공부를 하는 것이 효율적입니다. 보증과 관련된 규칙인 ISBP 821와 URDG 758은 내용을 비교하면서 공부하는 것이 좋은데, UCP 600을 제외한 나머지 규칙은 모든 조항을 숙지하려고 하기 보다는 중요한 조항을 위주로 공부하는 것이 효율적입니다.

▶ 출제빈도

단원	주제	학습중요도	출제비율
1절	신용장통일규칙(UCP 600)	★★★★	40%
2절	ICC 은행간 화환신용장 대금상환에 관한 통일규칙(URR 725)	★	5%
3절	추심에 관한 통일규칙(URC 522)	★	5%
4절	청구보증통일규칙(URDG 758)	★★	10%
5절	보증신용장통일규칙(ISP 98)	★★	10%
6절	국제표준은행관행(ISBP 821)	★★★	30%

▶ 체크리스트

체크리스트	기본서 상세페이지
국제무역규칙 각 조문에 대해 이해하고 있다.	
• 신용장통일규칙(UCP 600)	P.2 ~ P.225
• 신용장대금상환통일규칙(URR 725)	P.228 ~ P.241
• 추심통일규칙(URC 522)	P.244 ~ P.260
• 청구보증통일규칙(URDG 758)	P.262 ~ P.286
• 보증신용장통일규칙(ISP 98)	P.288 ~ P.340
• 국제표준은행관행(ISBP 821)	P.342 ~ P.425

제1장 신용장통일규칙(UCP 600) - 2007년 6차 개정

통칙 1~6조	은행의 의무 7~13조	서류심사 14~16조	요구서류 17~28조
1조 신용장통일규칙의 적용범위 2조 정의 3조 해석 4조 신용장과 원인계약 5조 서류와 물품, 서비스 또는 의무이행 6조 이용가능성, 유효기일 그리고 제시장소	7조 개설은행의 의무 8조 확인은행의 의무 9조 신용장 및 이에 대한 조건변경의 통지 10조 조건변경 11조 전신과 사전통지된 신용장 및 그 조건변경 12조 지정 13조 은행 간 상환약정	14조 서류심사의 기준 15조 일치하는 제시 16조 하자 있는 서류, 권리포기 및 통지	17조 원본 서류와 사본 18조 상업송장 19조 적어도 두 개 이상의 다른 운송방법을 포괄하는 운송서류 20조 선하증권 21조 비유통 해상화물운송장 22조 용선계약부 선하증권 23조 항공운송서류 24조 도로, 철도 또는 내수로 운송서류 25조 특송배달영수증, 우편영수증 또는 우편증명서 26조 갑판적재, 내용물 부지약관과 운임에 대한 추가비용 27조 무고장 운송서류 28조 보험서류와 부보범위

서류해석 29~33조	면책 34~37조	양도 38~39조	
29조 유효기일 또는 최종제시일의 연장 30조 신용장 금액, 수량, 단가의 허용치 31조 분할청구 또는 분할선적 32조 할부청구 또는 할부선적 33조 제시기간	34조 서류의 효력에 대한 면책 35조 전송과 번역에 대한 면책 36조 불가항력 37조 지시받은 당사자의 행위에 대한 면책	38조 양도가능신용장 39조 대금의 양도	

(1) 범세계적으로 사용

UCP는 ICC의 범세계화 노력에 힘입어 이제는 전세계 대부분의 국가에서 채택하고 있는 국제적으로 필수불가결한 규칙으로 발전하였으며 오늘날 거의 모든 신용장거래는 UCP의 적용 없이는 무역거래를 수행할 수 없게 되었다.

(2) UCP의 적용을 합의

UCP는 당사자 간의 신용장거래라고 해서 자동적으로 적용되지 않기 때문에 반드시 UCP에 의해 해석을 하겠다고 명시를 하여야 한다. 실무적으로는 신용장개설신청서에서 UCP 600이 적용된다고 미리 인쇄되어 있기 때문에 당사자 간의 배제 합의만 없다면 자동적으로 적용이 된다.

(3) 당사자 합의 우선

UCP는 강행규정이 아니다. 만일 당사자 간에 UCP 특정조항을 적용하지 않기로 합의하거나 또는 특정조항을 다르게 해석하기로 합의한다면 당사자 간의 합의가 우선 적용된다.

핵심정리 문제

Article 1. Application of UCP ★★★ 제1조 UCP의 적용

Fill in the blank properly

If the parties to a credit wish to exclude, or modify certain article of UCP from the credit, they must ① _____ or ② _____ it by the credit.

출제포인트
신용장에서 명시적으로 나타내어 특정 조항의 수정 또는 배제가 가능하다.

정답 ❶ exclude ❷ modify

Article 2. Definitions 제2조 정의 ★★★★★

Under UCP 600, complying presentation means :

① A presentation that is in accordance with the terms and conditions of the credit, the applicable provisions of these rules and international standard banking practice.
② A day on which a bank is regularly open at the place at which an act subject to these rules is to be performed.
③ To incur a deferred payment undertaking and pay at maturity if the credit is available by deferred payment.
④ The party on whose request the credit is issued.

출제포인트

정답 ❶

Article 3. Interpretations 제3조 해석 *****

 Under UCP 600, Which of the following statement is not correct?

① A credit is irrevocable even if there is no indication to that effect.
② Where applicable, words in the singular include the plural and in the plural include the singular.
③ Words such as "prompt", "immediately" or "as soon as possible" would be interpreted as no later than 5 banking days.
④ The expression "on or about" or similar will be interpreted as a stipulation that an event is to occur during a period of five calendar days before until five calendar days after the specified date, both start and end dates included.

출제포인트
"prompt", "immediately" or "as soon as possible" 같은 단어는 무시된다.

정답 ❸

제4조 Credits v. Contracts(신용장과 계약)
제5조 Documents v. Goods, Services or Performance(서류대 물품, 용역, 의무이행)

 A beneficiary can in no case avail itself of the contractual relationships existing between banks or between the applicant and the issuing bank.

① True ② False

출제포인트

정답 ❶

Article 6. Availability, Expiry Date and Place for Presentation
제6조(이용가능성, 유효기일 그리고 제시장소) *****

Under UCP 600, Which of the following statement is not correct?

① A credit is issued available by a draft drawn on the applicant.
② A credit must state an expiry date for presentation.
③ The place of the bank with which the credit is available is the place for presentation.
④ A credit must state whether it is available by sight payment, deferred payment, acceptance or negotiation.

> **출제포인트**
> 신용장은 개설의뢰인을 지급인으로 발행된 환어음에 의하여 사용 가능하도록 발행되어서는 아니 된다. 개설의뢰인을 지급인으로 하는 환어음을 요구하면 안 된다.
>
> 정답 ①

Article 7. Issuing Bank Undertaking 제7조 개설은행의 의무 *****

Under UCP 600, Which of the following statement regarding issuing bank's undertaking is not correct?

① The issuing bank must honour if the credit is available by sight payment, deferred payment or acceptance with the issuing bank.
② The issuing bank must honour if the credit is available by sight payment with a nominated bank and that nominated bank does not pay.
③ The issuing bank must honour if the credit is available by acceptance with a nominated bank and that nominated bank does not accept a draft drawn on it or, having accepted a draft drawn on it, does not pay at maturity.
④ The issuing bank must negotiate if the credit is not available with nominated bank by negotiation.

출제포인트

신용장이 지정은행에서 매입에 의하여 이용될 수 있는데, 지정은행 또는 개설은행에 일치하는 서류가 제시되고 지정은행이 매입하지 아니한 경우 해당하는 경우 개설은행은 결제(honour)의 의무를 진다.

정답 ④

Article 8. Confirming Bank Undertaking 제8조 확인은행의 의무 *****

Under UCP 600, Which of the following statement regarding confirming bank's undertaking is not correct?

① The confirming bank must negotiate, without recourse, if the credit is available by negotiation with the confirming bank.
② A confirming bank undertakes to reimburse another nominated bank that has honoured or negotiated a complying presentation and forwarded the documents to the confirming bank.
③ A confirming bank is irrevocably bound to honour or negotiate as of the time it adds its confirmation to the credit.
④ The confirming bank must honour, even if its presentation has minor discrepancy.

출제포인트

일치하는 제시(complying presentation)에 한하여 확인은행은 결제 또는 매입의 의무를 부담한다.

정답 ④

Article 9. Advising of Credits and Amendments ** 제9조 신용장 및 조건변경의 통지

Fill in the blanks with appropriate words.

A credit and any amendment may be advised to a (   ) through an advising bank.

① Issuing Bank
② Confirming bank
③ Applicant
④ Beneficiary

출제포인트
Beneficiary 통지은행은 수익자에게 통지하여야 한다.

정답 ④

Article 10. Amendment 제10조 조건변경 *****

Under UCP 600, Which of the following statement is not correct?

① A credit can be amended nor cancelled if there is an agreement between the issuing bank and the confirming bank.
② An issuing bank is irrevocably bound by an amendment as of the time it issues the amendment.
③ A confirming bank may, however, choose to advise an amendment without extending its confirmation and, if so, it must inform the issuing bank without delay and inform the beneficiary in its advice.
④ Partial acceptance of an amendment is not allowed and will be deemed to be notification of rejection of the amendment.

출제포인트
신용장은 개설은행, (만약 있다면)확인은행과 수익자의 동의 없이 조건변경(amendment)되거나 취소될 수 없다.

정답 ①

Article 11. Teletransmitted and Pre-Advised Credits and Amendments
제11조 전송과 예비통지신용장 및 조건변경

Fill in the blanks with appropriate words.

> If a teletransmission states "(   )" (or words of similar effect), or states that the mail confirmation is to be the operative credit or amendment, then the teletransmission will not be deemed to be the operative credit or amendment.

① full details to follow
② operative credit or amendment
③ amendment("pre-advice")
④ An authenticated teletransmission of a credit

출제포인트
full details to follow "상세한 사항은 추후 통지함"

정답 ❶

Article 12. Nomination 제12조 지정 *****

A credit which available by acceptance or deferred payment with a nominated bank, is authorized by the nominated bank to prepay or purchase the draft accepted or deferred payment undertaking incurred.

① YES   ② No

출제포인트
개설은행은 지정은행이 인수한 환어음 또는 부담한 연지급확약을 선지급 또는 구매하기 위하여 그 지정은행에게 권한을 부여한다.

정답 ❷

Article 13. Bank-to-Bank Reimbursement Arrangements 제13조(은행간 상환약정)

Regarding Bank-to-Bank Reimbursement Arrangement, which of the following Article is not correct?

① An issuing bank must provide a reimbursing bank with a reimbursement authorization that conforms with the availability stated in the credit.
② A claiming bank shall not be required to supply a reimbursing bank with a certificate of compliance with the terms and conditions of the credit.
③ A reimbursing bank's charges are for the account of the claiming bank.
④ If the charges are for the account of the beneficiary, it is the responsibility of an issuing bank to so indicate in the credit and in the reimbursement authorization.

출제포인트
상환은행 비용은 원칙적으로 개설은행의 부담이다.

정답 ❸

Article 14. Standard for Examination of Documents 제14조 서류심사의 기준 *****

Documents under a credit issued on July 1st were presented on July 16th. The documents would be rejected if its issuance date shown as :

① July 1st
② June 30th
③ July 18th
④ July 6th

출제포인트
서류는 신용장의 발행일자보다 이전의 일자가 기재될 수 있으나, 그 서류의 제시일보다 늦은 일자가 기재되어서는 아니 된다.

정답 ❸

Article 15. Complying Presentation 제15조 일치하는 제시

Fill in the blanks with appropriate words.

When an issuing bank determines that a presentation is complying, it must (   ).

① honour
② payment
③ negotiation
④ acceptance

출제포인트
개설은행은 제시가 일치한다고 판단한 경우 결제하여야 한다.

정답 ①

Article 16. Discrepant Documents, Waiver and Notice
제16조 불일치서류, 권리포기 및 통지 ★★★

When a nominated bank acting on its nomination, a confirming bank, if any, or the issuing bank decides to refuse to honour or negotiate, it must give a single notice to the effect to the presenter. Which one is inappropriate to state?

① that the bank is considering to honour or negotiate
② each discrepancy in respect of which the bank refuses to honour or negotiate
③ that the bank is returning the documents
④ that the bank is acting in accordance with instructions previously received from the presenter.

출제포인트
은행이 인수·지급 또는 매입을 거절하고 있는 중인 것을 명시해야 한다(인수 중인 것은 거절할 수 없다).

정답 ①

Article 17. Original Documents and Copies 제17조 원본서류 및 사본 ★★★

When a credit requires 2 copies of a document, which of the following is acceptable?

① carbon copies
② one original
③ photocopies
④ one original and one copy

출제포인트
신용장이 서류의 사본의 제시를 요구하는 경우, 원본 또는 사본의 제시는 허용된다.

정답 ④

Article 18. Commercial Invoice 제18조 상업송장 ★★

Which is not appropriate to fill in the blank below.

A commercial invoice (   )

① must appear to have been issued by the beneficiary
② must be made out in the name of the applicant
③ must be made out in the same currency as the credit
④ must be signed.

출제포인트
서명을 필요로 하지 아니한다.

정답 ④

Article 19. Transport Document Covering at Least Two Different Modes of Transport
제19조 "최소한 두 개 이상의 다른 운송방법 포괄하는 운송서류"

 Which party can not sign a transport document covering at least two different modes of transport?

① The carrier
② The beneficiary
③ A named agent for or on behalf of the carrier
④ The master

출제포인트

반드시 운송인의 명칭(the name of the carrier)이 나타나 있어야 하며, 수익자는 서명권자 아니다.

Article 20. Bill of Lading 제20조(선하증권) ★★★

 Which of the following party may not sign a bill of lading?

① The carrier
② The master
③ A named agent for or on behalf of the carrier
④ owners

출제포인트

운송인이 서명할 경우 운송인의 명칭은 반드시 표시되어야 하지만, 선장이 서명할 경우 선장의 명칭은 불필요하며, 소유권자는 서명권자가 아니다.

Article 21. Non-Negotiable Sea Waybill ***　제21조 비유통성 해상화물 운송장

Under UCP 600, Which of the following statement is not correct?

① A non-negotiable sea waybill, however named, may appear to be signed by the master or a named agent for or on behalf of the master.
② A non-negotiable sea waybill, however named, need not be signed.
③ A non-negotiable sea waybill, however named, must indicate shipment from the port of loading to the port of discharge stated in the credit.
④ Clauses in a non-negotiable sea waybill stating that the carrier reserves the right to tranship will be disregarded.

출제포인트
운송인, 선장 또는 대리인의 서명은 운송인, 선장 또는 대리인의 서명으로 특정되어야 한다(서명이 있어야 한다).

정답 ❷

Article 22. Charter Party Bill of Lading ***　제22조 용선계약부 선하증권

A credit requiring presentation Charter Party Bill of Lading indicates shipment from Any BUSAN Port to Any JAPAN Port.

```
CHARTER PARTY B/L
THE PORT OF LOADING : BUSAN PORT
THE PORT OF DISCHARGE : JAPAN
```

Is the Charter Bill of Lading acceptable under UCP 600?

① Yes　　　　　　　　　② No

출제포인트
용선계약부 선하증권은 신용장에 기재된 바에 따라, 하역항을 일정 범위의 항구 또는 지리적 지역으로 표시할 수 있다.

정답 ❶

Article 23. Air Transport Document ★★★ 제23조 항공운송서류

Under UCP 600, which of the following statement is not correct?

① An air transport document, however named, indicate the name of the carrier and be signed by the carrier.
② An air transport document indicate the date of issuance.
③ An air transport document indicate that the goods have been accepted for carriage.
④ Air Waybill is a document of title.

출제포인트
④은 권리증권이 아니다.

정답 ④

Article 24. Road, Rail or Inland Waterway Transport Documents
제24조 도로, 철도, 내수로 운송서류

Fill in the blanks with appropriate words.

A road transport document must appear to be (   )for consignor or shipper or bear no marking indicating for whom the document has been prepared.

① the copies
② the duplicate
③ the original
④ the triplicate

출제포인트
도로운송서류 송하인(for consignor) 또는 선적인용(for shipper) 원본 또는 서류가 누구를 위하여 발행되었다는 아무런 표시가 없으면 원본으로 간주한다.

정답 ③

Article 25. Courier Receipt, Post Receipt or Certificate of Posting
제25조(특송배달영수증, 우편영수증 또는 우편증명서)

 Courier receipts have to indicate the name of the carrier and have been stamped or signed and dated.

① True ② False

출제포인트
반드시 특송배달업체의 명칭(the name of the courier service) 나타나 있어야 함

정답 ❷

Article 26. "On Deck", "Shipper's Load and Count", "Said by Shipper to Contain" and Charges Additional to Freight
제26조 "갑판적재", "내용물 부지약관"과 운임에 대한 추가비용

 According to UCP 600, which of the following clauses is acceptable for a bill of lading to contain?

A. Shipper's load and count
B. Particulars furnished by the carrier with responsibility
C. Said by shipper to contain

① A ② B
③ A, C ④ A, B, C

출제포인트
"선적인이 적재하고 검수하였음"과 "선적인의 신고내용에 따름"과 같은 조항이 있는 운송서류는 수리될 수 있다.

정답 ❸

Article 27. Clean Transport Document 제27조 무사고 운송서류 **

 Under UCP 600, which of following statement on a bill of lading is acceptable?

① Contents leaking
② Packaging dented
③ Packaging soiled by contents
④ Shipped on board

출제포인트

은행은 단지 무고장 운송서류만을 수리한다. 무고장 운송서류는 물품 또는 포장의 하자상태(defective conditions)를 명시적으로 선언하는 조항 또는 부기가 없는 운송서류를 말한다.

정답 ④

Article 28. Insurance Document and Coverage 제28조 보험서류 및 담보범위 ***

 Under UCP 600 of Article 28 Insurance Document and Coverage, which of the following statements is not correct?

① The insurance document must indicate the amount of insurance coverage and be in the same currency as the credit.
② When the insurance document indicates that it has been issued in more than one original, all originals must be presented.
③ Cover notes will be accepted.
④ An insurance policy is acceptable in lieu of an insurance certificate or a declaration under an open cover.

출제포인트

보험인수증은 수리되지 않는다.

정답 ③

Article 29. Extension of Expiry Date or Last Day for Presentation
제29조 유효기일 또는 제시를 위한 최종일의 연장★★★

If the latest date for shipment falls on a non-banking day, it is extended to the following banking day.

① True   ② False

출제포인트

선적을 위한 최종일은 제29조 a항의 결과로서 연장되지 아니한다.

정답 ②

Article 30. Tolerance in Credit Amount, Quantity and Unit Prices
제30조 신용장 금액, 수량 그리고 단가의 허용치★★★★★

Under UCP 600, a tolerance not to exceed 10% more or 10% less than the quantity of the goods is allowed, provided the credit does not state the quantity in terms of a stipulated number of packing units or individual items and the total amount of the drawings does not exceed the amount of the credit.

① True   ② False

출제포인트

신용장이 수량을 포장 단위 또는 개별 단위의 특정 숫자로 기재하지 않고 청구 금액이 총액이 신용장 금액을 초과하지 않는 경우에는 물품 수량에서 5%를 초과하지 않는 범위 내의 많거나 적은 편차는 허용된다.

정답 ②

Article 31. Partial Drawings or Shipments 제31조 분할청구 또는 분할선적 ★★★

A presentation consisting of one or more sets of transport documents evidencing shipment on more than one means of conveyance within the same mode of transport will be not regarded as covering a partial shipment, even if the means of conveyance leave on the same day for the same destination.

① True   ② False

> **출제포인트**
> 동일한 운송방식에서 2 이상의 운송수단상의 선적을 증명하는 하나 또는 2세트 이상의 운송서류를 구성하는 제시는 그 운송수단이 동일한 일자에 동일한 목적지를 향하여 출발하는 경우에도 분할선적으로 본다.
>
> 정답 ❷

Article 32. Installment Drawings or Shipments 제32조 할부어음발행 또는 선적
Article 33. Hours of Presentation 제33조 제시시간
Article 34. Disclaimer on Effectiveness of Documents 제34조 서류효력에 대한 면책
Article 35. Disclaimer on Transmission and Translation 제35조 송달 및 번역에 대한 면책

Banks are obliged to accept a presentation of documents outside their regular banking hours.

① True   ② False

> **출제포인트**
> 은행은 자신의 영업시간 외의 제시를 수리할 의무가 없다.
>
> 정답 ❷

Article 36. Force Majeure 제36조 불가항력 ***

 An issuing bank is closed for a week due to lockouts. On re-opening for business, they receive a set of documents that could not be delivered previously due to the event.
Is the issuing bank obliged to examine the presentation if the credit was expired during the banks were closed due to the event?

① True ② False

출제포인트
은행은 직장폐쇄에 의하거나 기타 은행이 통제할 수 없는 원인에 의한 은행업무가 중단됨으로 인하여 발생하는 결과에 대하여 아무런 의무 또는 책임을 부담하지 아니한다.

정답 ②

Article 37. Disclaimer for Acts of an Instructed Party
제37조 피지시인의 행위에 대한 면책

 The applicant shall be not bound by and liable to indemnify a bank against all obligations and responsibilities imposed by foreign laws and usages.

① True ② False

출제포인트
개설의뢰인은 외국의 법률 및 관행에 의하여 부과되는 모든 의무와 책임에 구속되며 이에 대하여 은행에게 보상할 책임이 있다.

정답 ②

Article 38. Transferable Credits 제38조 양도가능신용장 *****
Article 39. Assignment of Proceeds 제39조 대금의 양도

Presentation of documents by or on behalf of a second beneficiary must be made to issuing bank.

① True　　　　　　　　　　　② False

출제포인트
제2수익자에 의한 또는 대리하는 서류의 제시는 양도은행에서 이루어져야 한다.

정답 ❷

출제예상 문제

Ⅰ. 신용장통일규칙(UCP 600)

01 Under UCP 600, honour means :
① The party on whose request the credit is issued.
② A presentation that is in accordance with the terms and conditions of the credit, the applicable provisions of these rules and international standard banking practice.
③ A definite undertaking of the confirming bank, in addition to that of the issuing bank, to honour or negotiate a complying presentation.
④ To pay at sight if the credit is available by sight payment.

02 Under UCP 600, Which of the following statement is not correct?
① Complying presentation means a presentation that is in accordance with the terms and conditions of the credit, the applicable provisions of these rules and international standard banking practice.
② Credit means any arrangement, however named or described, that is irrevocable and thereby constitutes a definite undertaking of the issuing bank to negotiationg a complying presentation.
③ Presentation means either the delivery of documents under a credit to the issuing bank or nominated bank or the documents so delivered.
④ Banking day means a day on which a bank is regularly open at the place at which an act subject to these rules is to be performed.

03 Under UCP 600, which of the following describes "Honour" incorrectly?

① to incur a deferred payment undertaking and pay at maturity if the credit is available by deferred payment.
② to pay at sight if the credit is available by sight payment.
③ to accept a bill of exchange("draft") drawn by the beneficiary and pay at maturity if the credit is available by acceptance.
④ the purchase by the nominated bank of drafts(drawn on a bank other than the nominated bank).

04 Which party can not negotiate a letter of credit?

① issuing bank
② nominated bank
③ advising bank
④ negotiating bank

05 Under UCP 600, what does the following statement means?

A beneficiary, bank or other party that makes a presentation.

① Beneficiary
② Presenter
③ Drawer
④ Drawee

정답 및 해설

01 ④ ① Applicant 개설의뢰인에 대한 설명이다.
② Complying presentation으로 일치하는 제시라 함은 신용장 조건, 본 규칙의 적용 가능한 규정 및 국제표준은행 관행에 따른 제시를 말한다.
③ 확인이라 함은 발행은행의 확약에 추가하여 일치하는 제시를 인수·지급 또는 매입하겠다는 확인은행의 분명한 확약을 말한다.
02 ② 신용장은 그 명칭과 상관 없이 개설은행이 일치하는 제시에 대하여 결제(honour)하겠다는 확약으로서 취소가 불가능한 모든 약정을 의미한다.
03 ④ ④는 매입에 대한 정의이다.
04 ① 개설은행은 매입을 할 수 없다.
05 ② Presenter 제시인에 대한 설명이다.

06 Under UCP 600, Which of the following statement is not correct?

① Advising bank means the bank that advises the credit at the request of the issuing bank.
② Banking day means a day on which a bank is regularly open at the place at which an act subject to these rules is to be performed.
③ Confirmation means a definite undertaking of the confirming bank, in addition to that of the issuing bank, to honour or negotiate a complying presentation.
④ Issuing bank means the bank that issues a credit at the request of an applicant or advising bank.

07 Under UCP 600, Which of the following statement is not correct?

① The terms "beginning", "middle" and "end" of a month shall be construed respectively as the 1st to the 10th, the 11th to the 20th and the 21st to the last day of the month, all dates inclusive.
② The terms "first half" and "second half" of a month shall be construed respectively as the 1st to the 15th and the 16th to the last day of the month, all dates inclusive.
③ The words "from" and "after" when used to determine a maturity date included the date mentioned.
④ The words "to", "until", "till", "from" and "between" when used to determine a period of shipment include the date or dates mentioned, and the words "before" and "after" exclude the date mentioned.

08 What does the "first half of July" of a month means in shipment?

① 7/1~7/15 ② 7/16~7/31
③ 7/1~7/10 ④ 7/15~7/25

09 Which of the following is not an authorized role of bank involved in a documentary credit transaction?

① Reimbursing bank   ② Transferring bank
③ Advising bank   ④ Remitting bank

10 If a Reimbursing Bank refuses to issue its irrevocable undertaking, it must inform without delay :

① Applicant   ② Issuing Bank
③ Claiming Bank   ④ Beneficiary

11 Under UCP 600, Which of the following statement is not correct?

① An issuing bank should discourage any attempt by the applicant to include, as an integral part of the credit, copies of the underlying contract, proforma invoice and the like.
② A credit by its nature is a separate transaction from the sale or other contract on which it may be based.
③ Banks are in no way concerned with or bound by such contract, even if any reference whatsoever to it is included in the credit.
④ Banks deal with documents and goods, services or performance to which the documents may relate.

정답 및 해설

06 ④ 개설은행은 개설의뢰인의 신청 또는 그 자신을 위하여 신용장을 개설한 은행을 의미한다.
07 ③ 만기를 정하기 위하여 "from"과 "after"라는 단어가 사용된 경우에는 명시된 일자를 제외(exclude)한다
08 ① 7/1~7/15
09 ④ Remitting bank은 추심 거래를 하는 은행이다.
10 ② 개설은행에 알려야 한다.
11 ④ 은행은 서류로 거래하는 것이지, 그 서류와 관계된 물품, 용역, 의무 이행으로 거래하는 것이 아니다. 이것은 신용장의 2대 원칙 중 하나인 추상성(Principle of Abstraction)에 대한 것이다.

12 According to UCP 600, a requirement for a document to be presented in 3 copies means that the beneficiary is to present :

① 1, 2 or 3 originals and any remainder in copies
② 3 copies only
③ 3 originals only
④ 1 original only and 2 copies

13 Negotiation of documents presented under a documentary credit can result in the nominated bank :

① purchasing drafts drawn on the issuing bank by the beneficiary.
② honouring documents if the credit is payable at sight.
③ incurring a deferred payment undertaking.
④ accepting drafts drawn on it by the beneficiary.

14 Which party is not allowed to sign a multimodal transport document under the UCP 600?

① owner
② master
③ agent of the carrier
④ carrier

15 Under UCP 600, Which of the following statement is not correct?

① A non-negotiable sea waybill, however named, must indicate the name of the carrier.
② A non-negotiable sea waybill, however named, need not be signed.
③ A non-negotiable sea waybill, however named, indicate shipment from the port of loading to the port of discharge stated in the credit.
④ Clauses in a non-negotiable sea waybill stating that the carrier reserves the right to tranship will be disregarded.

16 Under UCP 600, What is correct condition of issuing the Letter of Credit?

> Uniform Customs and Practices for Documentary Credits set forth the covenants governing the issuance and negotiation of letter of credit. All letters of credit must be issued :
> (A) for a specific amount of money,
> (B) in favor of a specific beneficiary,
> (C) with a specific expiration date, and
> (D) in a form clearly stating how payment to the beneficiary is to be made and under what conditions,
> (E) with a presentation by or on behalf of the beneficiary made on or after the expiry date.

① A + B
② A + B + C
③ A + B + C + D
④ A + B + C + D + E

정답 및 해설

12 ① 서류 3통을 요구한 경우 원본 1통 이상과 나머지 사본 서류를 제시하면 된다.
13 ① 매입이라 함은 상환이 지정은행에게 행해져야 하는 은행영업일 또는 그 이전 수익자에게 대금을 선지급 또는 선지급 하기로 약정함으로써 일치하는 제시에 대한 환어음(지정은행이 아닌 은행을 지급인으로 하여 발행된) 또는 서류를 지정은행이 매입하는 것을 말한다.
14 ① 복합운송서류 서명권자는 운송인, 선장, 그들의 대리인이다.
15 ② 운송인, 선장 또는 대리인의 서명은 운송인, 선장 또는 대리인의 서명으로 특정되어야 한다(서명이 있어야 한다).
16 ③ 신용장의 사용 가능성 및 유효기일에 대한 설명이다.
  신용장은 특정 수익인 앞으로 특정금액이 명시되어 발행되어야 하며, 즉, 사용 가능한 은행 또는 모든 은행에서 사용 가능한지 여부를 명시하여야 한다.
  (E)의 내용을 "A presentation by or on behalf of the beneficiary must be made on or before the expiry date." 라고 변경해야 한다.

[17~19] In accordance with following statement, answer the question.

> February 15, 2016
> Dear Mr. Smith,
>
> (A)
> We are manufacturers and exporters of silk products including 100% silk scarves and neckties and ⓐwould like to offer you firm as follows:
> Commodity : Silk Scarfs HQ6214
> Unit Price : AUD100.00
> Shipment : Within three weeks after receipt of your L/C
> Packing : Export standard packing
> Payment : (B)
>
> (C)
> Insurance : To be covered on ICC(C) including War Risks for 10% over the invoice amount
>
> Sincerely yours,
> Gildong Hong

17. Fill in the blanks (A) with appropriate words.

① We wish to list our lots on the website http://www.universial.co.kr.
② Through the website http://www.altavista.com, we have learned that you are looking for silk products.
③ Through the website http://www.altavista.com, we have learned that you are producing various silk products.
④ We have seen your advertisement on your fashion show. Would you please send us further details about your programs?

18. Fill in the blanks (B) with appropriate words.

In case the letter of credit is transferable L/C.

① By sight draft on 30 days by a transferable L/C
② At 30 days sight draft by an irrevocable L/C
③ At 30 days after sight under a transferable L/C
④ By sight draft on 30 days under an irrevocable L/C

19 Fill in the blanks (C) with appropriate words.

① Validity: January 15, 2016
② Offer: Subject to our final confirmation
③ Validity: Feburary 28, 2016
④ Offer: Subject to prior sale

20 Under UCP 600, Which of the following statement is not correct?

① A transport document must not indicate that the goods are or will be loaded on deck. A clause on a transport document stating that the goods may be loaded on deck is acceptable.
② At least one original of each document stipulated in the credit must be presented.
③ Unless required to be used in a document, words such as 'prompt' or 'immediately' will be disregarded.
④ A transport document bearing a clause such as shipper's load and account is not acceptable.

정답 및 해설

17 ② Mr. hong이 가격 및 다른 조건들을 청약하는 서신으로 서두에서는 상대가 요구하는 것을 알게 된 경위를 설명하는 것이 올바른 표현이다.

18 ③ 양도가능 신용장에 의거한 일람 후 30일 출급의 표현은 under a transferable L/C 양도 가능한 신용장을 근거로 At 30 days after sight 일람 후 30일이 맞는 표현이다.

19 ③ 확정청약의 조건에 상응하는 만기일이 표현되어야 하며, 서신의 발행날짜가 12 February로 봐서 청약의 만기일은 그 후가 되어야 한다.

20 ④ 송화인의 적재 및 수량 확인(shipper's load and account) 송화인의 신고내용에 따름(said by shipper to counter) 같은 조항은 기재하고 있는 운송서류는 수리될 수 있다.

21. In the following statements, Which words is appropriate for each blank (A) (B) (C)?

> Upon checking the L/C carefully, we have found that (A) is marked on its face. As you know well, we have contracted on DAP basis. Accordingly, (B) should be marked on the L/C because (C) should pay the ocean freight.

	(A)	(B)	(C)
①	freight collect	freight prepaid	exporter
②	freight prepaid	freight collect	exporter
③	freight collect	freight prepaid	importer
④	freight prepaid	freight collect	importer

22. Under UCP 600, Which of the following statement is not correct?

① A credit must state the bank with which it is available or whether it is available with any bank.
② A credit available with a nominated bank is not available with the issuing bank.
③ A credit must not be issued available by a draft drawn on the applicant.
④ A credit must state an expiry date for presentation. An expiry date stated for honor or negotiation will be deemed to be an expiry date for presentation.

23. Under UCP 600's Insurance regulation, which of the following statement is not correct of insurance paper?

① When the insurance document indicates that it has been issued in more than one original, all originals must be presented.
② Cover notes will be acceptable in lieu of an insurance certificate or a declaration under an open cover.
③ The date of the insurance document must be no later than the date of shipment, unless it appears from the insurance document that the cover is effective from a date not later than the date of shipment.

④ An insurance document, such as an insurance policy, an insurance certificate or a declaration under an open cover, must appear to be issued and signed by an insurance company, an underwriter or their agents or their proxies.

24 Under UCP 600, which of the following statement is not correct?

① An issuing bank undertakes to reimburse a nominated bank that has honored or negotiated a complying presentation and forwarded the documents to the issuing bank.
② An issuing bank is irrevocably bound to honor as of the time it issues the credit.
③ An issuing bank may encourage any attempt by the applicant to include, as an integral part of the credit, copies of the underlying contract, pro-forma invoice and the like.
④ An issuing bank must honor if the credit is available by sight payment, deferred payment or acceptance with the issuing bank, provided that the stipulated documents are presented to the nominated bank or to the issuing bank and that they constitute a complying presentation.

정답 및 해설

21 ① [신용장을 주의 깊게 검토한 결과 운임 후불(freight collect)로 명시되어 있는 것을 발견하였고, 당사는 DAP조건으로 계약을 했습니다. 따라서 수출업자가 해상운임을 부담해야 하기 때문에 운임 선불(freight prepaid)이라고 기재되어야 합니다.
22 ② 지정은행에서 사용될 수 있는 신용장은 개설은행에서도 사용할 수 있다.
23 ② Cover notes는 수리되지 않는다.
24 ③ 개설은행은 신용장의 필수적인 부분으로서 근거계약의 사본, 견적송장 등을 포함시키고자 하는 개설의뢰인의 어떠한 시도도 저지하여야 한다.

25. A credit requiring presentation of Charter Party Bill of Lading indicating shipment from Any INCHEON PORT Port to Any JAPAN Port.
Which is the Charter Bill of Lading acceptable under UCP 600?

① CHARTER PARTY B/L
   THE PORT OF LOADING : INCHEON PORT
   THE PORT OF DISCHARGE : JAPAN
② B/L
   THE PORT OF LOADING : KOREA
   THE PORT OF DISCHARGE : JAPAN
③ Letter of CREDIT
   THE PORT OF LOADING : BUSAN PORT
   THE PORT OF DISCHARGE : JAPAN
④ CHARTER PARTY B/L
   THE PORT OF LOADING : INCHEON PORT
   THE PORT OF DISCHARGE : ANY PORT

26. Which of the following will be required before documents are honoured or negotiated under a documentary credit?

① invoice is in the same currency as the credit.
② documents are genuine and have not been falsified.
③ goods delivered meet the terms of the contract.
④ documents required by the credit match those required by the contract terms.

27. Which of the following parties can not sign an insurance document?

① the insurance company
② insurance broker
③ an underwriter
④ their proxy

28 Under UCP 600, Which of the following statement is not correct?

① Confirmation means a definite undertaking of the confirming bank, in addition to that of the issuing bank, to honour or negotiate a complying presentation.
② Honour means to pay at sight if the credit is available by sight payment.
③ Presentation means either the delivery of documents under a credit to the issuing bank or nominated bank or the documents so delivered.
④ A credit is not irrevocable even if there is no indication to that effect.

29 Under UCP 600, Which of the following statement is not correct?

① A credit by its nature is a separate transaction from the sale or other contract on which it may be based.
② Banks deal with goods, services or performance to which the documents may relate and not with documents.
③ An issuing bank should discourage any attempt by the applicant to include, as an integral part of the credit, copies of the underlying contract, proforma invoice and the like.
④ A credit must state the bank with which it is available or whether it is available with any bank.

정답 및 해설

25 ① 신용장 조건에서 인천항에서 선적하여 어떠한 일본항에서든 양륙할 수 있는 용선계약부 선하증권을 제시할 것을 요구하였기에, 해당 항구에서 선적과 양륙한 용선계약부 선하증권이 제시되어야 한다.
26 ① 상업송장은 :
ⅰ. 수익자에 의하여 발행된 것으로 보여야 하며(제38조에 규정된 경우는 제외함);
ⅱ. 개설의뢰인 앞으로 작성되어야 하며(제38조 g항에 규정된 경우는 제외함);
ⅲ. 신용장과 동일한 통화로 작성되어야 하며; 그리고
ⅳ. 서명을 필요로 하지 아니한다.
27 ② insurance broker 보험중개인(insurance broker)은 정당한 서명권자가 아니다.
28 ④ 신용장은 비록 취소불능이라는 표시가 없다 하더라도 취소불능이다.
29 ② 은행은 서류로 거래하는 것이지, 그 서류와 관계된 물품, 용역, 의무이행으로 거래하는 것이 아니다.

30 Under UCP 600, Which of the following statement is not correct?

① A credit must not be issued available by a draft drawn on the applicant.
② The issuing bank must honour if the credit is available by sight payment, deferred payment or acceptance with the issuing bank.
③ The issuing bank must honour if the credit is available by sight payment with a nominated bank and that nominated bank does not pay.
④ An issuing bank can be revocably bound to honour as of the time it issues the credit.

31 Bank A issues an ISP98 standby credit which nominates Bank B as a negotiating Bank. The standby credit is advised by Bank C. Who can effect a transfer?

① Only Bank A
② Only Bank B
③ Bank A or Bank B
④ Bank A or Bank C

32 Under UCP 600, which of the following statements regarding the nominated bank is not correct?

① If a credit nominated "A Bank Suwon branch in Korea" as the nominated bank, "A Bank Gangnam Branch in Korea" can also act as the nominated bank.
② Unless a nominated bank is the confirming bank, an authorization to honour or negotiate does not impose any obligation on that nominated bank to honour or negotiate, except when expressly agreed to by that nominated bank and so communicated to the beneficiary.
③ A credit must state the bank with which it is available or whether it is available with any bank. A credit available with a nominated bank is also available with the issuing bank.
④ In case of nominating a bank to incur a deferred payment undertaking, an issuing bank does not authorize that nominated bank to prepay a deferred payment undertaking incurred by that nominated bank.

33 Under UCP 600, Which of the following statement is not correct?

① A credit and any amendment may be advised to a beneficiary through an nominated bank.
② An advising bank that is not a confirming bank advises the credit and any amendment without any undertaking to honour or negotiate.
③ A bank utilizing the services of an advising bank or second advising bank to advise a credit must use the same bank to advise any amendment thereto.
④ If a bank is requested to advise a credit or amendment but elects not to do so, it must so inform, without delay, the bank from which the credit, amendment or advice has been received.

34 Under UCP 600, Which of the following statement is not correct?

① If a bank is requested to advise a credit or amendment but elects not to do so, it must so inform, without delay, the bank from which the credit, amendment or advice has been received.
② An issuing bank is irrevocably bound by an amendment as of the time it issues the amendment.
③ The beneficiary must give notification of acceptance of rejection of an amendment.
④ A bank that advises an amendment should inform the bank from which it received the amendment of any notification of acceptance or rejection.

정답 및 해설

30 ④ 개설은행은 신용장의 개설시점으로부터 취소가 불가능한 결제(honour)의 의무를 부담한다.
31 ③ 개설은행 또는 지정은행이 신용장을 양도할 수 있다.
32 ④ 연지급약정서를 발행하도록 수권 받은 지정은행도 선지급할 권한을 개설은행으로부터 부여받은 것이다.
33 ① 신용장 및 모든 조건변경은 통지은행을 통하여 수익자에게 통지될 수 있다.
34 ③ 수익자는 조건변경에 대한 승낙 또는 거절의 통보를 행하는 것이 가능한 것이지, 반드시 해야 하는 것은 아니다.

35. Should transhipments be prohibited in accordance with the terms and conditions of a Documentary Credit with exclusion of related Article under UCP 600, which of the following cases is a valid discrepancy?

① Bills of Lading evidence the movement of the goods from a vessel to a truck after the sea part of the journey.
② Bills of Lading indicate that the relevant cargo is shipped in a container.
③ Bills of Lading show that carrier reserves the right to tranship the goods at their own discretion and without prior notice.
④ Bills of Lading evidence the movement of the goods from a vessel to another during the course of ocean carriage from the port of loading to the port of discharge stipulated in the Credit.

36. Under UCP 600, Which of the following statement is not correct?

① A nominated bank acting on its nomination, a confirming if any, and the issuing bank must examine a presentation to determine, on the basis of the documents alone, whether or not the documents appear on their face to constitute a complying presentation.
② Data in a document, when read in context with the credit, the document itself and international standard banking practice, need not be identical to, but must not conflict with, data in that document, any other stipulated document or the credit.
③ A document presented but not required by the credit should be examined and will not be returned to the presenter.
④ If a credit contains a condition without stipulating the document to indicate compliance with the condition, banks will deem such condition as not stated and will disregard it.

37 Under UCP 600, Which of the following statement is not correct?

① When an issuing bank determines that a presentation is complying, it must honour or negotiate.

② When a confirming bank determines that a presentation is complying, it must honour or negotiate and forward the documents to the issuing bank.

③ When a nominated bank acting on its nomination, a confirming bank, if any, or the issuing bank determines that a presentation does not comply, it may refuse to honour or negotiate.

④ When a nominated bank determines that a presentation is complying and honours or negotiates, it must forward the documents to the confirming bank or issuing bank.

38 Under UCP 600, Which of the following statement is not correct?

① If an issuing bank or a confirming bank fails to act in accordance with the provisions of this article, it shall be precluded from claiming that the documents do not constitute a complying presentation.

② At least one original of each document and two copies stipulated in the credit must be presented.

③ A bank shall treat as an original any document bearing an apparently original signature, mark, stamp, or label of the issuer of the document, unless the document itself indicates that it is not an original.

④ If a credit requires presentation of copies of documents, presentation of either originals or copies is permitted.

정답 및 해설

35 ④ 지문은 선적항과 하역항 중에 다른 선박으로 환적되었으므로 환적을 금지하고 있는 신용장에서 하자가 된다. 나머지는 하자가 아니다.
36 ③ 신용장에 의하여 요구되지는 아니하였으나 제시된 서류는 무시되며 제시인에게 반송될 수 있다.
37 ① 개설은행은 제시가 일치한다고 판단한 경우 결제만 할 수 있다. 매입은 할 수 없다.
38 ② 최소한 각 서류의 1통의 원본을 제시하면 된다.

39 Which of the following credit does not require draft at any case?
① sight payment credit
② acceptance credit
③ deferred payment credit
④ negotiation credit

40 Under UCP 600, Which of the following statement is not correct?
① A commercial invoice need not be signed.
② A nominated bank acting on its nomination, a confirming bank, if any, or the issuing bank may accept a commercial invoice issued for an amount excess that permitted by the credit.
③ The description of the goods, service or performance in a commercial invoice may not correspond with that appearing in the credit.
④ A commercial invoice must be made out in the name of the applicant.

41 Under UCP 600, Which of the following statement is not correct?
① A transport document may not indicate that the goods will or may be transhipped provided that the entire carriage is covered by one and the same transport document.
② A multimodal transport document indicating that transhipment will or may take place is acceptable, even if the credit prohibits transhipment.
③ A bill of lading, however named, must appear to indicate the name of the carrier and be signed by the carrier or a named agent for or on behalf of the carrier.
④ If the bill of lading contains the indication "intended vessel" or similar qualification in relation to the name of the vessel, an on board notation indicating the date of shipment and the name of the actual vessel is required.

42 Under UCP 600, Which of the following statement is not correct?

① A bill of lading, however named, must appear to indicate the name of the carrier and be signed by the master or a named agent for or on behalf of the master.

② A bill of lading indicate that the goods have been shipped on board a named vessel at the port of loading stated in the credit by pre-printed wording.

③ The date of issuance of the bill of lading will be deemed to be the date of shipment unless the bill of lading contains an on board notation indicating the date of shipment, in which case the date stated in the on board notation will be deemed to be the date of shipment.

④ Clauses in a bill of lading stating that the carrier reserves the right to tranship must be regarded.

정답 및 해설

39 ③ 연지급신용장은 환어음을 요구하지 않는다. 인수는 무조건 있어야 하며, 나머지는 있어도 되고 없어도 된다.
40 ③ 상업송장상의 물품, 서비스 또는 이행의 명세는 신용장에 보이는 것과 일치하여야 한다.
41 ① 운송서류는 전 운송이 하나의 동일한 운송서류에 의해서 포괄된다면 물품이 환적될 것이라거나 환적될 수 있다는 것을 표시할 수 있다.
42 ④ 운송인이 환적할 권리를 유보한다고 명시하고 있는 선화증권의 조항은 무시된다.

43 Under UCP 600, Which of the following statement is not correct?

① A non-negotiable sea waybill must appear to indicate the name of the carrier and be signed by the carrier or a named agent for or on behalf of the carrier.

② The date of issuance of the non-negotiable sea waybill will be deemed to be the date of shipment unless the non-negotiable sea waybill an on board notation indicating the date of shipment, in which case the date stated in the on board notation will be deemed to be the date of shipment.

③ If the non-negotiable sea waybill contains the indication "intended vessel" or similar qualification in relation to the name of the vessel, an on board notation indicating the date of shipment and the name of the actual vessel is required.

④ A non-negotiable sea waybill must appear to indicate shipment the port of discharge only stated in the credit and may indicate the port of loading additionally.

44 If a credit states that shipment should be effected on or before 10 July, which of following is correct?

① not later than 9 July
② until 9 July
③ from 1 to 10 July
④ until 10 July

45 Under UCP 600, Which of the following statement is not correct?

① A bill of lading, however named, containing an indication that it is subject to a charter party (charter party bill of lading) must appear to be signed by the master or a named agent for or on behalf of the master.

② a bank will examine charter party contracts, if they were required to be presented by the terms of the credit.

③ A bill of lading must appear to indicate shipment from the port of loading to the port of discharge stated in the credit.

④ Be the sole original charter party bill of lading or, if issued in more than one original, be the full set as indicated on the charter party bill of lading.

46

Under UCP 600, Which of the following statement is not correct?

① An air transport document must appear to indicate the date of issuance.
② An air transport document must appear to indicate that the goods have been accepted for carriage.
③ An air transport document must appear to indicate the airport of departure and the airport of destination stated in the credit.
④ An air transport document must appear to be the original for consignee, even if the credit stipulates a full set of originals.

47

On 08 JULY 2025 an irrevocable documentary credit for USD 200,000 is confirmed. On 15 JULY 2025 the confirming bank receives an amendment cancelling the documentary credit which it advises to the beneficiary. As at 18 JULY 2025, what is the liability of both banks?

① Issuing and confirming bank : USD 220,000
② Issuing bank : USD 0.00 Confirming bank : USD 100,000
③ Issuing bank : USD 200,000 Confirming bank : USD 220.000
④ Issuing and confirming bank : USD 200,000

정답 및 해설

43 ④ 신용장에 기재된 선적항으로부터 하역항까지의 선적을 표시하여야 한다.
Indicate shipment from the port of loading to the port of discharge stated in the credit.
44 ④ on or before의 경우는 해당일자를 포함한다.
45 ② 비록 신용장에서 용선계약서를 요구하더라도, 은행은 용선계약서를 심사하지 않는다.
46 ④ 신용장에서 원본전통을 요구하더라도 선적인, 송화인용 원본(original for consignor or shipper) 1통만 제시되면 된다.
47 ④ 개설은행과 확인은행 모두 200,000불의 지급 의무가 있다.

48 A credit is issued for an amount of USD 50,000.00 and calls for drafts to be drawn at 30 days from bill of lading date. Documents have been presented with a bill of lading dated 09 August 2025. Which of the following tenors on the draft will NOT be acceptable?

① 30 days from bill of lading date
② 30 days date, draft dated 09 August 2025
③ 10 September 2025
④ 30 days after 09 August 2025

49 Under UCP 600, Which of the following statement is not correct?

① A rail or inland waterway transport document will be accepted as an original whether marked as an original or not.
② A rail transport document marked "duplicate" will be accepted as an original.
③ A road transport document must appear to be the original for consignor or shipper or bear no marking indicating for whom the document has been prepared.
④ A road, rail or inland waterway transport document indicating that transhipment will or may take place is not acceptable, if the credit prohibits transhipment.

50 Under UCP 600, Which of the following statement is not correct?

① A courier receipt evidencing receipt of goods for transport must appear to indicate the name of the courier service and be stamped or signed by the named courier service at the place from which the credit states the goods are to be shipped.
② A requirement that courier charges are to be paid or prepaid may be satisfied by a transport document issued by a courier service evidencing that courier charges are for the account of a party other than the consignee.
③ A post receipt or certificate of posting, however named, evidencing receipt of goods for transport, must appear to be stamped or signed and dated at the place from which the credit states the goods are to be shipped.
④ A courier receipt evidencing receipt of goods for transport must appear to indicate a date of pick-up or of receipt or wording to this effect. This date will be deemed to be the date of expiry.

51 A documentary credit which allows installment shipments has the following shipment schedule :

> 1,000 units shipped between 01 July 20XX and 31 July 20XX
> 2,000 units shipped between 01 August 20XX and 31 August 20XX
> 2,000 units shipped between 01 September 20XX and 30 September 20XX
> 3,000 units shipped between 01 December 20XX and 31 December 20XX

The beneficiary shipped the goods and presented documents as follows :

> 1. 1,000 units shipped on 15 July 20XX documents presented on 30 July 20XX
> 2. 3,000 units shipped on 15 August 20XX and presented on 28 August 20XX
> 3. 2,000 units shipped on 31 July 20XX and presented on 15 August 20XX
> 4. 4,000 units shipped on 15 December 20XX and presented on 31 December 20XX

Which of the above sets of documents are complying?

① 1 only
② 1 and 3 only
③ 1 and 4 only
④ 1, 2 and 4 only

정답 및 해설

48 ③ 환어음에 있는 자료로 만기일을 산정할 수 있는 예로, 신용장에서 어음 만기일이 "30 days after the bill of lading date"인 어음을 요구하였고, 선하증권 일자가 2016년 8월 9일이었다면, 어음기한은 환어음에 다음과 같은 방식 중 하나로 표시될 수 있다.
(1) "30 days after bill of lading date 9 Aug 2016"
(2) "30 days after 9 Aug 2016"
(3) "30 days after bill of lading date" 및 환어음 앞면 어느 곳에 "bill of lading date 12 july 2016"
(4) 선하증권과 일자와 동일한 일자로 발행된 환어음에 "30 days date"
(5) 8 september 2016(선하증권 익일부터 30일이 되는 날)

49 ④ 비록 신용장이 환적을 금지하더라도 환적이 될 것이라거나 될 수 있다는 표시가 된 도로, 철도 또는 내수로 운송서류는 수리될 수 있다.

50 ④ 신용장의 선적지에서 물품이 수령(Receipt)되거나 집하(Pick-up)된 일자를 표시해야 하며 이 일자를 선적일로 본다.

51 ① 할부선적(installment shipment) : 배정된 기간 내에 배정된 수량을 나누어 선적하는 것(스케줄에 따라 선적)
분할선적(partial shipments) : 신용장에서 요구하는 상품을 2회 이상 나누어 선적하는 것

52 Under UCP 600, Which of the following statement is not correct?

① A transport document not bearing a clause such as "shipper's load and count" and "said by shipper to contain" is not acceptable.
② A bank will only accept a clean transport document.
③ A transport document may bear a reference, by stamp or otherwise, to charges additional to the freight.
④ A clean transport document is one bearing no clause or notation expressly declaring a defective condition of the goods or their packaging.

53 If confirming bank receives non-complying documents, to when should the confirming bank notify rejection of documents?

① within 5 calender days following the day of receipt.
② within 7 calender days following the day of receipt.
③ within 5 banking days following the day of receipt.
④ no time limit

54 A credit calls for a draft at 95 days bill of lading date drawn on the confirming bank. The documentary credit is available by :

① deferred payment
② sight payment
③ refinance
④ acceptance

55 Under UCP 600, Which of the following statement is not correct?

① An insurance document, such as an insurance policy, an insurance certificate or a declaration under an open cover, must appear to be issued and signed by an insurance company, an underwriter or their agents or their proxies.
② When the insurance document indicates that it has been issued in more than one original, all originals must be presented.
③ Cover notes will not be accepted.
④ Insurance policy instead of insurance certificate, insurance declaration will not be accepted.

56 A requirement in a credit for insurance certificate that gives credit amount USD 20,000 and Trade Term CIF Newyork is satisfied by presentation of :

① cover note for USD 20,000
② cover note for USD 22,000
③ Insurance policy for USD 22,000
④ Insurance certificate for USD 20,000

57 An irrevocable Reimbursement Authorization cannot be amended or cancelled without the agreement of :

1. Nominated Bank   2. Beneficiary
3. Applicant   4. Reimbursing Bank

① 1 and 2 only
② 1 and 3 only
③ 1 and 2 and 4 only
④ 4 only

정답 및 해설

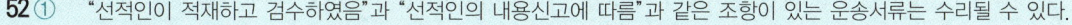

52 ① "선적인이 적재하고 검수하였음"과 "선적인의 내용신고에 따름"과 같은 조항이 있는 운송서류는 수리될 수 있다.
53 ③ 불일치서류의 경우에는 수령일자 다음날부터 5일 이내에 거절 의사를 통보해야 한다.
54 ④ 인수가 가능하다.
55 ④ insurance policy, insurance certificate, insurance declaration는 수리 가능하지만, cover notes는 수리 거절이다.
56 ③ 보험부보비율에서 수리가능한 보험서류의 종류에서 신용장에 보험부보비율이 미기재된 경우 신용장 금액의 110%를 보험금액으로 보험계약을 체결해야 한다. 보험서류로 보험증명서를 요구하는 경우 보험증권을 제시해도 되지만, 보험증권을 요구한 경우에는 반드시 보험증권을 제시해야 한다.
57 ④ 상환수권(reimbursement authorization)은 상환은행의 동의 없이 변경 또는 취소될 수 없다.

58 Under the credit that gives the expiry date 15 June, 20xx but does not stipulate that period for presentation of document, the beneficiary is going to present the documents including full set of original bill of lading dated 2 June, 20xx. Until when should the beneficiary present the documents? (3, 10, 17, 24 June 20xx is on Sunday)

① 17 June, 20xx
② 15 June, 20xx
③ 23 June, 20xx
④ 2 June, 20xx

59 A requirement in a credit for insurance certificate that gives credit amount USD 18,000 and Trade Term CIF Chicago is satisfied by presentation of :

① cover note for USD 18,000
② cover note for USD 19,800
③ Insurance policy for USD 19,800
④ Insurance certificate for USD 18,000

60 In accordance with UCP 600, a transferable letter of credit may not be transferred :

① without the prior agreement of the confirming bank and the issuing bank.
② for less than the full value of the credit.
③ to more than one second beneficiary.
④ by a second beneficiary to its supplier.

61 Under UCP 600, Which of the following statement is not correct?

① An insurance document may indicate that the cover is subject to a franchise or excess(deductible).
② An insurance document must not contain reference to exclusion clause.
③ The insurance document must indicate that risks are covered at least between the place of taking in charge or shipment and the place of discharge or final destination as stated in the credit.
④ When a credit requires insurance against "all risks" and an insurance document is presented containing any "all risks" notation or clause, whether or not bearing the heading "all risks", the insurance document will be accepted without regard to any risks stated to be excluded.

62 If the CIF or CIP value cannot be determined from the documents, a nominated bank will accept an insurance document, which covers :

> 1. 110% of the gross amount of the invoice.
> 2. 100% of the gross amount of the invoice.
> 3. 110% of the documentary credit amount.
> 4. 110% of the amount for which payment, acceptance or negotiation is requested under the credit.

① 1 and 3 only
② 2 and 3 only
③ 1, 2 and 3 only
④ 1 and 4 only

정답 및 해설

58 ② 신용장 선적서류에 제시기간이 미기재된 경우 선적서류 제시기간은 선적일 다음날부터 21일이다. 또한 신용장의 제시기간과 함께 유효기간을 충족해야 한다. 만약 유효기일이 토요일 또는 일요일인 경우 다음 은행영업일까지로 한다.

59 ③ 보험부보비율에서 수리가능한 보험서류의 종류에서 신용장에 보험부보비율이 미기재된 경우 신용장 금액의 110%를 보험금액으로 보험계약을 체결해야 한다. 보험서류로 보험증명서를 요구하는 경우 보험증권을 제시해도 되지만, 보험증권을 요구한 경우에는 반드시 보험증권을 제시해야 한다.

60 ④ ① without the prior agreement of the applicant and the issuing bank. 1수익자의 동의만 있으면 양도가 가능하다.
② for less than the full value of the credit. 신용장의 일부도 양도 가능하다.
③ to more than one second beneficiary. 분할양도가 가능하다.
양도가능신용장이라 함은 "양도가능"이라고 특별히 명시하고 있는 신용장을 말한다. 양도가능신용장은 수익자("제1수익자")의 요청에 의하여 전부 또는 일부가 다른 수익자("제2수익자")에게 사용가능하게 할 수 있다. 양도은행이라 함은 신용장을 양도하는 지정은행 또는, 모든 은행에서 사용될 수 있는 신용장에서, 개설은행에 의하여 양도하도록 특별히 수권되어 신용장을 양도하는 은행을 말한다. 개설은행은 양도은행이 될 수 있다. 양도된 신용장이라 함은 양도은행이 제2수익자가 사용할 수 있도록 한 신용장을 말한다.

61 ② 보험서류는 어떠한 제외문구(exclusion clause)에 대한 언급을 포함할 수 있다.

62 ④ 보험부보비율에서 수리가능한 보험서류의 종류에서 신용장에 보험부보비율이 미기재된 경우 신용장 금액 또는 결제 청구된 금액의 110%를 보험금액으로 보험계약을 체결해야 한다.

63. Which of the following can be combined under a credit available with and requiring a draft drawn on an issuing bank?

1. Payment.
2. Deferred payment.
3. Acceptance.
4. Negotiation.

① 1 and 2 only
② 1 and 3 only
③ 2 and 3 only
④ 3 and 4 only

64. Which of the following may be increased when transferring the credit?

① percentage of insurance cover
② credit amount
③ unit volume
④ unit price

65. Under UCP 600, Which of the following statement is not correct?

① A bank has no obligation to accept a presentation outside of its banking hours.
② A bank assumes no liability or responsibility for the form, sufficiency, accuracy, genuineness, falsification or legal effect of any document, or for the general or particular conditions stipulated in a document or superimposed thereon.
③ A bank instructing another bank to perform services is liable for any commissions, fees, costs or expenses("charges") incurred by that bank in connection with its instruction.
④ A bank utilizing the services of another bank for the purpose of giving effect to the instructions of the applicant does so for the account and at the risk of the beneficiary.

66. Given the facts of the credit, which date would you expect to see in field 44C-Latest Date of Shipment 47A Additional Conditions GOODS MUST BE INSPECTED ON OR ABOUT 4 July 20XX IN ORDER THAT GOODS MAY BE SHIPPED BY THE BEGINNING OF July

① July 1
② July 5
③ July 9
④ July 10

67 Which of the following documents MUST be signed?

① Bill of Lading ② Weight specification
③ Commercial invoice ④ Packing list

68 Documents are presented to a nominated bank on the morning of Tuesday 29 March. Applying the maximum number of banking days allowed under UCP 600 for that bank to determine if a presentation is compliant, what is the latest date on which the beneficiary can be notified of any discrepancies?

① Thursday 31 March ② Friday 1 April
③ Monday 4 April ④ Tuesday 5 April

정답 및 해설

63 ④ 환어음을 반드시 요구(인수신용장)하거나 요구할 수 있는(매입신용장) 신용장은 인수신용장과 매입신용장이다.
64 ① 신용장 양도 시 유일하게 증액할 수 있는 것은 보험부보비율이다.
65 ④ 개설의뢰인의 지시를 이행하기 위하여 타은행의 서비스를 이용하는 은행은 개설의뢰인의 비용과 위험으로 이를 이행한다. the beneficiary가 아니고 applicant에 의해 이행된다.
66 ④ July 10까지는 선적을 해야 한다.

[참고사항]
선적을 위한 최종일은 제29조 a항의 결과로서 연장되지 아니한다.
유효기일이나 최종제시일이 은행의 휴업일이라면 휴업일 다음 첫 은행영업일로 자동 연장되나, 선적기일은 은행휴업일이라 하더라도 자동연장되지 않는다. 은행이 휴무일이라 하여 선사가 휴무하는 것은 아니기 때문이다. 선사는 휴무에도 정상가동하는 것이 일반적이다.
"beginning of July" : 7/1 ~ 7/10

67 ① 운송서류에는 반드시 서명이 들어가야 한다.
68 ④ 개설은행이 권리포기를 위한 교섭을 하는 경우라도 심사는 5은행영업일 이내에 완료해야 한다.
상황1. 5은행영업일 이내에 교섭하지 않고, UCP 600 16조에 따른 거절 통지하는 경우 → 결제의무 없음
상황2. 5은행영업일 이내에 교섭하지 않고, UCP 600 16조에 따른 거절통지도 하지 않는 경우 → 하자가 있음에도 불구하고 결제해야 함.
그렇기 때문에 5영업일 이내에는 통지를 해야 한다. 29일 화요일이고 4월 2,3일은 토요일 일요일이기 때문에 4월 5일 화요일까지는 통지해야 한다.

69 Under UCP 600, Which of the following statement is not correct?

① Transferable credit means a credit that specifically states it is "transferable".
② A transferable credit may be made available in whole or in part to another beneficiary("second beneficiary") at the request of the beneficiary("first beneficiary").
③ Unless otherwise agreed at the time of transfer, all charges(such as commissions, fees, costs or expenses) incurred in respect of a transfer must be paid by the second beneficiary.
④ Any request for transfer must indicate if and under what conditions amendments may be advised to the second beneficiary. The transferred credit must clearly indicate those conditions.

70 An expiry date for honor or negotiation indicated in the credit will be deemed to be an expiry date for :

① shipment
② negotiation
③ honor
④ presentation

71 Under UCP 600, Which of the following statement is not correct?

① The percentage for which insurance cover must be effected may be increased to provide the amount of cover stipulated in the credit or these articles.
② The first beneficiary has the right to substitute its own invoice and draft, if any, for those of a second beneficiary for an amount not in excess of that stipulated in the credit, and upon such substitution the first beneficiary can draw under the credit for the difference, if any, between its invoice and the invoice of a second beneficiary.
③ The first beneficiary may, in its request for transfer, indicate that honour or negotiation is to be effected to a second beneficiary at the place to which the credit has been transferred, up to and including the expiry date of the credit.
④ Presentation of documents by or on behalf of a second beneficiary must be made to the issuing bank.

A credit for USD 200,000 calls for a full set of bills of lading and an insurance policy to cover all risks. The bill of lading presented indicates an on board date of 15 July. Which of the following insurance documents are acceptable?

1. Declaration signed by a broker.
2. Certificate dated 17 July.
3. Policy for USD 220,000 Subject to a franchise.
4. Policy for USD 230,000.00.

① 1 and 2 only
② 1 and 4 only
③ 3 and 4 only
④ 2 and 3 only

정답 및 해설

69 ③ 양도를 이행할 때에 별도의 합의가 없는 한, 양도와 관련하여 부담한 모든 비용(수수료, 요금, 비용, 경비 등)은 제1수익자가 지급하여야 한다. 양도관련 수수료 부담자 : 제1수익자(달리 합의된 경우 합의된 대로)

70 ④ 신용장상의 매입 혹은 지급을 위한 만료일은 서류 제시를 위한 만료일이다.

71 ④ 제2수익자에 의한 또는 대리하는 서류의 제시는 양도은행에 이루어져야 한다.

72 ③ 신용장 금액의 110%를 보험금액으로 보험계약을 체결해야 한다.
보험서류의 일자는 선적일보다 늦어서는 안 된다.
보험중개인(broker)이 발행한 부보각서(cover note)는 수리되지 않는다.

73. A credit for USD 160,000 calls for shipment of potato in March, April, May and June. Each shipment is to be for about 300 tones. Shipment was effected as follows :

```
1st shipment 270 tones sent 24 March for value USD 40,000
2nd shipment 330 tones sent 12 May for value USD 43,000
3rd shipment 260 tones sent 30 May for value USD 48,000
4th shipment 380 tones sent 04 June for value USD 41,000
```

Which of the above shipments will be honoured on presentation?

① 1 only
② 1 and 3 only
③ 2 and 3 only
④ 3 and 4 only

74. In accordance with UCP 600, which of the following terms may not be altered on a transferred documentary credit? The :

① the amount of the credit
② the latest shipment date or given period for shipment
③ the period for presentation
④ required documents

75. In accordance with UCP 600, which of the following alterations can a first beneficiary request a transferring bank to make under a transferable documentary credit?

① Decrease insurance cover.
② Extend the period for shipment.
③ Extend the expiry date.
④ Decrease the unit price.

76 Under UCP 600, Which of the following statement is not correct?

① Complying presentation means a presentation that is in accordance with the terms and conditions of the credit, the applicable provisions of these rules and international standard banking practice.

② Honour means : (a) to pay at sight if the credit is available by sight payment. (b) to incur a deferred payment undertaking and pay at maturity if the credit is available by deferred payment. (c) to accept a bill of exchange drawn by the applicant and pay at maturity if the credit is available by acceptance.

③ Confirmation means a definite undertaking of the confirming bank, in addition to that of the issuing bank, to honour or negotiate a complying presentation.

④ Banking day means a day on which a bank is regularly open at the place at which an act subject to these rules is to be performed.

정답 및 해설

73 ① 10%의 과부족 허용한도는 반드시 "about"나 "approximately" 등 그 용어가 언급하는 금액, 수량 또는 단가에만 효력을 가지므로 상품수량에는 "about"이 표시되었으나 신용장 금액에는 이 표시가 없으면 수량에서는 10% 증감이 가능하나 신용장 금액이 10% 증감되지는 않는다.
① 신용장 금액(the amount of the credit), ② 수량(the quantity), ③ 단가(the unit price)와 관련하여 "about", "approximately"의 단어가 사용되는 경우 언급된 특정항목에만 적용 가능하다. 또한 청구금액이 신용장금액을 초과해서는 안 된다.
본문제는 about란 단어가 들어있어서 10% 증감이 가능하다. 그런데 본 문제는 수량에 대해서만 과부족 조항을 넣었기 때문에 수량은 270~330까지 용인이 되며, 금액은 40,000USD보다 같거나 작아야 한다.

74 ④ 요청된 서류는 변경할 수 없다.

75 ④ 양도된 신용장은 다음 사항을 제외하고 만약 있다면 확인을 포함하여 정확하게 신용장 조건을 반영하여야 한다.
• 신용장 금액   • 신용장상의 단가
• 유효기일   • 제시기일
• 제시기간   • 최종선적일 또는 선적기간
이들 항목 중 일부 또는 전부는 감액 또는 단축될 수 있다(보험금액은 증액만 가능).

76 ② 신용장이 인수에 의하여 이용 가능한 경우, 수익자가 발행한 환어음을 인수하고 만기에 지급하는 것을 결제라 한다.

77 Under UCP 600, Which of the following statement is not correct?

① Advising bank means the bank that advises the credit at the request of the issuing bank.
② Credit means any arrangement, however named or described, that is irrevocable and thereby constitutes a definite undertaking of the applicant to honour a complying presentation.
③ Negotiation means the purchase by the nominated bank of drafts (drawn on a bank other than the nominated bank) and/or documents under a complying presentation, by advancing or agreeing to advance funds to the beneficiary on or before the banking day on which reimbursement is due to the nominated bank.
④ Presentation means either the delivery of documents under a credit to the issuing bank or nominated bank or the documents so delivered.

78 Under UCP 600, Which of the following statement is correct?

① A credit by its nature is not a separate transaction from the sale or other contract on which it may be based. Banks are in no way concerned with or bound by such contract, even if any reference whatsoever to it is included in the credit.
② A beneficiary can in no case avail itself of the contractual relationships existing between banks or between the applicant and the issuing bank.
③ Banks deal with documents and with goods, services or performance to which the documents may relate.
④ A credit does not have to state whether it is available by sight payment, deferred payment, acceptance or negotiation.

79 Under UCP 600 of Article 6(Availability, Expiry Date and Place for Presentation), which of the following statements is not correct?

① The place of the bank with which the credit is available is the place for presentation. The place for presentation under a credit available with any bank is that of any bank. A place for presentation other than that of the issuing bank is not added to the place of the issuing bank.
② A credit must state the bank with which it is available or whether it is available with any bank. A credit available with a nominated bank is also available with the issuing bank.
③ A credit must state whether it is available by sight payment, deferred payment, acceptance or negotiation.
④ A credit must not be issued available by a draft drawn on the applicant.

80 Under UCP 600, Which of the following statement is not correct?

① A credit must state whether it is available by sight payment, deferred payment, acceptance or negotiation.
② A credit must be issued available by a draft drawn on the applicant.
③ A credit must state an expiry date for presentation. An expiry date stated for honour or negotiation will be deemed to be an expiry date for presentation.
④ A place for presentation other than that of the issuing bank is in addition to the place of the issuing bank.

정답 및 해설

77 ② 신용장은 개설의뢰인이 아닌 개설은행이 결제를 확약한다.
78 ② ① 신용장은 매매계약 등과 독립적인 거래이다.
　　　③ 은행은 물품 등이 아닌 서류로 거래하는 것이다.
　　　④ 신용장은 일람지급, 연지급, 인수 또는 매입에 의하여 이용 가능한지 여부를 명시하여야 한다.
79 ① 지정은행에서 이용 가능한 신용장은 개설은행에서도 이용할 수 있다.
80 ② 신용장은 개설의뢰인을 지급인으로 하는 환어음에 의하여 이용 가능하도록 개설되어서는 안 된다.

81. Under UCP 600, Which of the following statement is not correct?

① An issuing bank is irrevocably bound to honour as of the time it issues the credit.
② An issuing bank undertakes to reimburse a nominated bank that has honoured or negotiated a complying presentation and forwarded the documents to the issuing bank.
③ Reimbursement for the amount of a complying presentation under a credit available by acceptance or deferred payment is due at maturity, whether or not the nominated bank prepaid or purchased before maturity.
④ An issuing bank's undertaking to reimburse a nominated bank is dependent of the issuing bank's undertaking to the beneficiary.

82. Under UCP 600, Which of the following statement is not correct?

① An advising bank that is a confirming bank advises the credit and any amendment without any undertaking to honour or negotiate.
② By advising the credit or amendment, the advising bank signifies that it has satisfied itself as to the apparent authenticity of the credit or amendment and that the advice accurately reflects the terms and conditions of the credit or amendment received.
③ A bank utilizing the services of an advising bank or second advising bank to advise a credit must use the same bank to advise any amendment thereto.
④ If a bank is requested to advise a credit or amendment but elects not to do so, it must so inform, without delay, the bank from which the credit, amendment or advice has been received.

83 Under UCP 600, Which of the following statement is not correct?

① An issuing bank is irrevocably bound by an amendment as of the time it issues the amendment.
② A confirming bank may, however, choose to advise an amendment without extending its confirmation and, if so, it must inform the issuing bank without delay and inform the beneficiary in its advice.
③ A bank that advises an amendment should inform the bank from which it received the amendment of any notification of acceptance or rejection.
④ Partial acceptance of an amendment is allowed and will not be deemed to be notification of rejection of the amendment.

84 Under UCP 600, Which of the following statement is not correct?

① An issuing bank must provide a reimbursing bank with a reimbursement authorization that conforms with the availability stated in the credit. The reimbursement authorization should not be subject to an expiry date.
② A claiming bank shall not be required to supply a reimbursing bank with a certificate of compliance with the terms and conditions of the credit.
③ An issuing bank will not be responsible for any loss of interest, together with any expenses incurred, if reimbursement is not provided on first demand by a reimbursing bank in accordance with the terms and conditions of the credit.
④ An issuing bank is not relieved of any of its obligations to provide reimbursement if reimbursement is not made by a reimbursing bank on first demand.

정답 및 해설

81 ④ 개설은행의 지정은행에 대한 상환의무는 개설은행의 수익자에 대한 의무로부터 독립적이다.
82 ① 확인은행이 아닌 통지은행은 결제(honour)나 매입에 대한 의무의 부담 없이 신용장 및 이에 대한 조건변경을 통지하지만, 통지은행이 확인은행일 경우에는 결제나 매입에 대한 의무를 부담한다.
83 ④ 조건변경에 대하여 일부만을 수락하는 것은 허용되지 않으며, 이는 조건변경 내용에 대한 거절의 의사표시로 간주된다.
84 ③ 신용장의 조건에 따른 상환은행의 최초 지급청구 시에 상환이 이루어지지 않으면, 개설은행은 그로 인하여 발생한 모든 비용과 함께 모든 이자 손실에 대하여도 책임을 부담한다.

85. Under UCP 600 of Article 14(Standard for Examination of Documents), which of the following statements is correct?

① A document can not be dated prior to the issuance date of the credit, but must not be dated later than its date of presentation.

② Data in a document, when read in context with the credit, the document itself and international standard banking practice, need not be identical to, but must not conflict with, data in that document, any other stipulated document or the credit.

③ A nominated bank acting on its nomination, a confirming bank, if any, and the issuing bank shall each have a maximum of five banking days from the day of presentation to determine if a presentation is complying.

④ When the addresses of the beneficiary and the applicant appear in any stipulated document, they need to be the same as those stated in the credit or in any other stipulated document, but must be within the same country as the respective addresses mentioned in the credit.

86. Under UCP 600 of Article 22(Charter Party Bill of Lading), which of the following statements is not correct?

① A charter party bill of lading, however named, must appear to be signed by the master or a named agent for or on behalf of the master.

② A charter party bill of lading must appear to indicate that the goods have been shipped on board a named vessel at the port of loading stated in the credit by pre-printed wording, or an on board notation indication the date on which the goods have been shipped on board.

③ The date of issuance of the charter party bill of lading will be deemed to be the date of shipment unless the charter party bill of lading contains an on board notation indicating the date of shipment, in which case the date stated in the on board notation will be deemed to be the date of shipment.

④ A bank should examine charter party contracts, even if they are required to be presented by the terms of the credit.

87 Under UCP 600 of Article 23(Air Transport Document), which of the following statements is not correct?

① An air transport document, however named, must appear to indicate the name of the carrier and be signed by the carrier, or a named agent for or on behalf of the carrier.

② An air transport document, however named, must appear to indicate that the goods have been accepted for carriage.

③ An air transport document, however named, must appear to be the original for consignor or shipper, even if the credit stipulates a full set of originals.

④ An air transport document may not indicate that the goods will or may be transhipped, provided that the entire carriage is covered by one and the same air transport document.

정답 및 해설

85 ②　① A document <u>may be dated</u> prior to the issuance date of the credit, but must not be dated later than its date of presentation.
③ A nominated bank acting on its nomination, a confirming bank, if any, and the issuing bank shall each have a maximum of five banking days <u>following</u> the day of presentation to determine if a presentation is complying.
④ When the addresses of the beneficiary and the applicant appear in any stipulated document, <u>they need not be the same</u> as those stated in the credit or in any other stipulated document, but must be within the same country as the respective addresses mentioned in the credit.

86 ④　비록 신용장의 조건이 용선계약의 제시를 요구하더라도 은행은 용선계약을 심사하지 않는다.

87 ④　항공운송서류는 전운송이 하나의 동일한 항공운송서류에 의하여 포괄된다면 물품이 환적될 것이라거나 환적될 수 있다는 것을 표시할 수 있다.

88 Under UCP 600, Which of the following statement is not correct?

① A credit may be transferred in part to more than one second beneficiary provided partial drawings or shipments are allowed.
② A transferred credit can be transferred at the request of a second beneficiary to any subsequent beneficiary. The first beneficiary is not considered to be a subsequent beneficiary.
③ Any request for transfer must indicate if and under what conditions amendments may be advised to the second beneficiary. The transferred credit must clearly indicate those conditions.
④ The name of the first beneficiary may be substituted for that of the applicant in the credit.

89 Under UCP 600, Which of the following statement is correct?

① A credit must state the bank with which it is available or whether it is available with any bank.
② A credit available with an issuing bank is also available with the nominated bank.
③ A credit must be issued available by a draft drawn on the applicant.
④ A credit must state an expiry date for presentation. An expiry date stated for honour or negotiation will be deemed to be an expiry date for honour.

90 Under UCP 600, Which of the following statement is correct?

① An issuing bank is revocably bound to honour as of the time it issues the credit.
② An issuing bank undertakes to reimburse a nominated bank that has honoured or negotiated a complying presentation and forwarded the documents to the issuing bank.
③ Reimbursement for the amount of a complying presentation under a credit available by acceptance or deferred payment is due at maturity, unless the nominated bank prepaid or purchased before maturity.
④ An issuing bank's undertaking to reimburse a nominated bank is dependent of the issuing bank's undertaking to the beneficiary.

정답 및 해설

88 ② 양도된 신용장은 제2수익자의 요청에 의하여 그 다음 수익자에게 양도될 수 없다. 제1수익자는 그 다음 수익자로 간주되지 않는다.

89 ① ② A credit available with a nominated bank is also available with the issuing bank.
③ A credit must not be issued available by a draft drawn on the applicant.
④ A credit must state an expiry date for presentation. An expiry date stated for honour or negotiation will be deemed to be an expiry date for presentation.

90 ② ① An issuing bank is irrevocably bound to honour as of the time it issues the credit.
③ Reimbursement for the amount of a complying presentation under a credit available by acceptance or deferred payment is due at maturity, whether or not the nominated bank prepaid or purchased before maturity.
④ An issuing bank's undertaking to reimburse a nominated bank is independent of the issuing bank's undertaking to the beneficiary.

Ⅱ. ICC 은행간 화환신용장 대금상환에 관한 통일규칙(URR725)

91 Under URR725, which of the following statements is not correct?

① They are binding on all parties thereto, unless expressly modified or excluded by the reimbursement authorization.
② The nominates Bank is responsible for indicating in the documentary credit ("credit") that reimbursement is subject to these rules.
③ In a bank-to-bank reimbursement subject to these rules, the reimbursing bank acts on the instructions and under the authority of the issuing bank.
④ These rules are not intended to override or change the provisions of the Uniform Customs and Practice for Documentary Credits.

92 In accordance with URR725, an irrevocable reimbursement authorization cannot be amended or cancelled without the agreement of :

① reimbursing bank
② issuing bank
③ beneficiary
④ nominated bank

93 Under URR725, which of the following statements is not correct?

① "Reimbursement undertaking amendment" means an advice from the reimbursing bank to the claiming bank named in the reimbursement authorization stating changes to a reimbursement undertaking.
② For the purpose of these rules, branches of a bank in different countries are considered to be same banks.
③ A reimbursement authorization is separate from the credit to which it refers, and a reimbursing bank is not concerned with or bound by the terms and conditions of the credit, even if any reference whatsoever to it is included in the reimbursement authorization.
④ All reimbursement authorizations and reimbursement amendments must be issued in the form of an authenticated teletransmission or a signed letter.

94 Under URR725, which of the following statements is not correct?

① All reimbursement authorizations and reimbursement amendments must be issued in the form of an authenticated teletransmission or a signed letter.
② An issuing bank shall not require a certificate of compliance with the terms and conditions of the credit in the reimbursement authorization.
③ An issuing bank must send to a reimbursing bank multiple reimbursement authorizations under one teletransmission or letter, unless expressly agreed to by the reimbursing bank.
④ A reimbursement amendment must state only the relative changes to the above and the credit number.

95 Under URR725, which of the following statements is not correct?

① An issuing bank should not require a sight draft to be drawn on the reimbursing bank.
② If the reimbursing bank is not prepared to act for any reason whatsoever under the reimbursement authorization or reimbursement amendment, it must so inform the issuing bank without delay.
③ A reimbursing bank will assume no responsibility for the expiry date of a credit and, if such date is provided in the reimbursement authorization, it will be disregarded.
④ The issuing bank may issue a reimbursement amendment or cancel a reimbursement authorization at 7th days upon sending notice to that effect to the reimbursing bank.

정답 및 해설

91 ② 개설은행은 대금상환에 있어 본 규칙이 적용됨을 화환신용장(이하 "신용장")에 명시할 책임이 있다.
　　　UCP 600과 URR725가 상충 시 UCP 600이 우선한다. 단, URR725가 적용되는 경우 UCP 600 13조는 적용되지 않는다.
92 ① 취소불능 상환수권(irrevocable reimbursement authorization)은 상환은행의 동의 없이 조건변경 또는 취소될 수 없다.
93 ② 본 규칙의 목적상 다른 국가에 소재한 동일 은행의 지점들은 별개의 은행으로 간주한다.
94 ③ 상환은행의 동의 없이 하나의 전신 또는 서신에 복수의 상환수권을 개설은행이 상환은행에 보내면 안 된다.
95 ④ 개설은행은 상환은행에 통지함으로써 언제라도 상환 조건변경이나 상환수권을 취소할 수 있다.

96 On August 1, a claim was received with reimbursement due on August 18(August 6 & 7 being a Saturday and Sunday). When must the Reimbursing Bank provide notice of non-reimbursement? (Note : A pre-debit notification period of 3 working days is required.)

① August 4
② August 4 or August 18
③ No later than August 18
④ August 9

97 Under URR725, which of the following statements is not correct?

① The claiming bank's claim for reimbursement must clearly indicate the credit number and the issuing bank.
② The claiming bank's claim for reimbursement must separately stipulate the principal amount claimed, any additional amount due and charges.
③ The claiming bank's claim for reimbursement must not include multiple reimbursement claims under one teletransmission or letter.
④ The claiming bank's claim for reimbursement can be a copy of the claiming bank's advice of payment, deferred payment, acceptance or negotiation to the issuing bank.

98 Under URR725, which of the following statements is not correct?

① A reimbursing banks will not process a request for back value(value dating prior to the date of a reimbursement claim) from the claiming bank.
② A reimbursing bank shall have a maximum of five banking days following the day of receipt of the reimbursement claim to process the claim.
③ A reimbursement claim received outside banking hours will be deemed to be received on the next following banking day.
④ If a pre-debit notification is required by the issuing bank, this pre-debit notification period shall be in addition to the processing period mentioned above.

99 Under URR725, which of the following statements is not correct?

① A reimbursing bank's charges are for the account of the reimbursing bank.
② When honouring a reimbursement claim, a reimbursing bank is obligated to follow the instructions regarding any charges contained in the reimbursement authorization.
③ All charges paid by the reimbursing bank will be in addition to the amount of the authorization, provided that the claiming bank indicates the amount of such charges.
④ If the issuing bank fails to provide the reimbursing bank with instructions regarding charges, all charges shall be for the account of the Issuing bank.

100 On Monday March 1, a claim was received. Reimbursing Bank is required to provide a 3 working days pre-debit notification to the Issuing Bank.(Saturday and Sunday not banking days)
The Reimbursing Bank :

① Must effect payment on March 4
② Must effect payment on March 9
③ May effect payment between March 4 - 9
④ Must effect payment on March 1

정답 및 해설

96 ③ 미리 정해진 상환일이 상환청구 접수일에 이은 3은행영업일을 초과하는 경우, 상환은행은 미리 정해진 상환일 혹은 상환청구 접수일에 이은 3은행영업일(명시된 추가 기간을 가산한 기간을 포함하여)의 마감시간 중 늦은 기간까지 상환거절을 통보할 의무를 지지 않는다.
상환청구 접수일 후 3은행영업일(있는 경우 선차기통지기간 포함)과 미리 정해진 상환일자(pre-determined date) 중 늦은 기간까지 상환거절 통지를 하지 않아도 된다.

97 ④ 청구은행의 개설은행 앞 지급, 연지급, 인수 또는 매입 통지의 사본이어서는 안 된다.

98 ② 상환은행은 상환청구 접수 익일로부터 최장 3은행영업일 동안 대금 청구를 처리할 수 있다.
③ 은행업무 시간 외에 접수된 상환청구는 익 은행영업일에 접수된 것으로 간주한다(ISP98과 동일입장).

99 ① 상환은행의 수수료는 개설은행이 부담한다.

100 ③ 상환청구는 그와 같이 미리 정해진 일자로부터 10은행영업일 이전에 제시되면 상환은행에 제시되어서는 안 된다.
상환청구가 미리 정해진 일자(pre-determined date)로부터 10은행영업일 이전에 제시되면 상환은행은 상환청구를 무시할 수 있다.

101 Under URR725, Which of the following statement is not correct?

① "Issuing bank" means the bank that has issued a credit and the claim advice under that credit.
② "Reimbursing bank" means the bank instructed or authorized to provide reimbursement pursuant to a reimbursement authorization issued by the issuing bank.
③ "Reimbursement amendment" means an advice from the issuing bank to a reimbursing bank stating changes to a reimbursement authorization.
④ "Reimbursement claim" means a request for reimbursement from the claiming bank to the reimbursing bank.

Ⅲ. 추심에 관한 통일규칙(URC522)

102 Under URC522, which of the following statements is not correct?

① Banks shall have no obligation to handle either a collection or any collection instruction or subsequent related instructions.
② "Collection" means the handling by banks of documents as defined in documents, in accordance with instructions received, in order to obtain payment and acceptance.
③ "Commercial documents" means bills of exchange, promissory notes, cheques, or other similar instruments used for obtaining the payment of money.
④ "Clean collection" means collection of financial documents not accompanied by commercial documents.

103 Under URC522, which of the following statements is not correct?

① Banks are only permitted to act collection instruction, and in accordance with these Rules.

② Banks will disregard any instructions from any party/bank other than the party/bank from whom they received the collection, unless otherwise authorised in the collection instruction.

③ It is the responsibility of the party who sends the collection instruction to ensure that the terms for the delivery of documents are clearly and unambiguously stated, otherwise banks will not be responsible for any consequences arising thereto.

④ Acceptance is the procedure whereby the presenting bank makes the documents available to the drawee as instructed and in accordance with local banking practice.

104 Who has an obligation to pay the bill of exchange accepted for the document collection?

① Issuing bank   ② Buyer
③ Remitting bank   ④ Seller

정답 및 해설

101 ① "Issuing bank" means the bank that has issued a credit and the reimbursement authorization under that credit.

102 ③ "Financial documents"에 대한 설명이다.
 1. "금융서류"(financial documents)라 함은 환어음, 약속어음, 수표 또는 기타 금전의 지급을 취득하기 위하여 사용되는 이와 유사한 증권을 의미하며,
 2. "상업서류"(commercial documents)라 함은 송장, 운송서류, 권리증권 또는 기타 이와 유사한 서류, 또는 그 밖에 금융서류가 아닌 모든 서류를 의미한다.

103 ④ 제시(presentation)에 대한 설명이다.

104 ② 환어음의 지급 의무자는 구매자이다.

105 Under URC522, which of the following statements is not correct?

① The collection instruction should state the exact period of time within which any action is to be taken by the drawee.
② Documents are to be presented to the drawee in the form in which they are received.
③ The collecting bank may not utilise a presenting bank of its choice, if the remitting bank does not nominate a specific presenting bank.
④ The documents and collection instruction may be sent directly by the remitting bank to the collecting bank or through another bank as intermediary.

106 A bill of exchange, presented under a collection, has been accepted. What should the collecting bank do after advising the remitting bank of acceptance?

① Return the bill to the importer.
② Send the bill to the exchange control authorities.
③ Forward the bill to the exporter.
④ Hold the bill until the due date for payment.

107 Under URC522, which of the following statements is not correct?

① In the case of documents payable at sight the presenting bank must make presentation for acceptance without delay.
② Collections should not contain bills of exchange payable at a future date with instructions that commercial documents are to be delivered against payment.
③ If a collection contains a bill of exchange payable at a future date, the collection instruction should state whether the commercial documents are to be released to the drawee against acceptance(D/A) or against payment(D/P).
④ Banks will act in good faith and exercise reasonable care.

108 Under URC522, which of the following statements is not correct?

① The presenting bank is responsible for seeing that the form of the acceptance of a bill of exchange appears to be complete and correct.
② The presenting bank is responsible for the genuineness of any signature or for the authority of any signatory to sign the acceptance.
③ The presenting bank is not responsible for the genuineness of any signature or for the authority of any signatory to sign a promissory note, receipt, or other instruments.
④ The collection instruction should give specific instructions regarding protest (or other legal process in lieu thereof), in the event of non-acceptance or non-payment.

109 Under the URC 522, which of the following statement is incorrect?

① The applicant is the party entrusting the handling of a collection to a bank.
② The remitting bank is the bank to which the principal has entrusted the handling of a collection.
③ Collections should not contain bills of exchange payable at a future date with instructions that commercial documents are to be delivered against payment.
④ Banks will act in good faith and exercise reasonable care.

정답 및 해설

105 ③ 추심요청은행이 특정한 제시은행을 지정하지 아니한 경우에는 추심은행은 자신이 임의로 선정한 제시은행을 이용할 수 있다.
106 ④ 추심하기 위해서 환어음을 만기까지 지급을 위해 보유하고 있어야 한다.
107 ① ① 서류가 일람출급조건인 경우에는 제시은행은 지체 없이 지급(payment)을 위한 제시를 행하여야 한다.
② 추심에는 상업서류가 지급 인도되어야 한다는 지시와 함께 장래의 확정일 출급조건의 환어음을 첨부하여서는 아니 된다(원칙적으로 D/P usance 사용금지).
108 ② 제시은행은 인수의 서명을 위한 모든 서명의 진정성이나 또는 모든 서명자의 권한에 대하여는 책임을 지지 아니한다.
109 ① "추심의뢰인"(principal)에 대한 설명이다.

110. Who is responsible for seeing that the form of the acceptance of a bill of exchange appears to be complete and correct under URC 522?

① Presenting Bank
② Collecting Bank
③ Issuing Bank
④ Negotiation Bank

111. Under URC522, Collecting banks are to advise fate in accordance with the following rules : which of the following statements is not correct?

① Form of Advice : All advices or information from the collecting bank to the bank from which the collection instruction was received, must bear appropriate details including, in all cases, the latter bank's reference as stated in the collection instruction.
② Advice of Payment : The collecting bank must send without delay advice of payment to the bank from which the collection instruction was received, detailing the amount or amounts collected, etc.
③ Advice of Acceptance : The collecting bank must send without delay advice of acceptance to the bank from which the collection instruction was received.
④ Advice of Non-Payment or Non-Acceptance : The collecting bank should endeavour to ascertain the reasons for non-payment or non-acceptance and advise accordingly, without delay, the bank from which the collection instruction was received.

112. Who is the party entrusting the handling of a collection to a bank under URC 522?

① collecting bank
② presenting bank
③ remitting bank
④ principal

113. Which of the following statements is correct when applied to a clean collection subject to URC 522? Partial payment :

① may only be accepted if specifically authorized in the collection instruction.
② is always acceptable.
③ may be accepted provided it is not prevented by reason of law.
④ may never be accepted.

114 Under URC522, what does the following statement means?

Which is the collecting bank making presentation to the drawee.

① Principal ② Remitting Bank
③ Collecting Bank ④ Presenting Bank

115 Under URC522, Which of the following statement is not correct?

① Instructions in case of payment, acceptance and/or compliance with other instructions.
② Charges to be collected, indicating whether they maybe waived or not.
③ Details of the bank from which the collection was received including full name, postal and SWIFT addresses, telex, telephone, facsimile numbers and reference.
④ Details of the presenting bank, if any, including full name, postal address, and if applicable, telex, telephone and facsimile numbers.

정답 및 해설

110 ① 환어음의 인수에 대한 책임은 제시은행에 있다.
111 ④ 지급거절 또는 인수거절의 통지 : 제시은행은 지급거절 또는 인수거절의 사유를 확인하기 위하여 노력하고 그 결과를 추심지시서를 송부한 은행에게 지체 없이 통지하여야 한다. 본 문제의 경우 The collecting bank 즉, 추심은행이 통지를 하는 것이 아니다.
112 ④ 은행에 추심업무를 위탁하는 당사자는 "추심의뢰인"(principal)이다.
113 ③ 무담보추심에 있어서 분할지급은 그것이 지급지의 유효한 법률에 의하여 수권된 경우에 그 수권된 범위 및 조건에 따라 허용될 수 있다. 금융서류는 그것의 지급전액이 수령되었을 경우에만 지급인에게 인도되어야 한다.
114 ④ 지급인에게 제시를 행하는 추심은행인 '제시은행(Presenting Bank)'을 말한다.
115 ① 추심지시서에는 지급거절, 인수거절, 및/또는 다른 지시의 준수 거절의 경우에 대한 지시가 포함되어야 한다.

116 Under URC522, Which of the following statement is not correct?

① Collections should not contain bills of exchange payable at a future date with instructions that commercial documents are to be delivered against payment.
② If a collection contains a bill of exchange payable at a future date, the collection instruction should state whether the commercial documents are to be released to the drawee against acceptance(D/A) or against payment(D/P).
③ In the absence of such statement commercial documents will be released only against acceptance and the collecting bank will not be responsible for any consequences arising out of any delay in the delivery of documents.
④ If a collection contains a bill of exchange payable at a future date and the collection instruction indicates that commercial documents are to be released against payment, documents will be released only against such payment and the collecting bank will not be responsible for any consequences arising out of any delay in the delivery of documents.

117 Under URC522, Which is not appropriate to fill in the documents below.

> Where the remitting bank instructs that either the collecting bank or the drawee is to create (_____) that were not included in the collection, the form and wording of such documents shall be provided by the remitting bank.

① promissory notes ② letters of guarantee
③ trust receipts ④ letters of undertaking

118 Under URC522 of Article 10(Documents vs. Goods/Services/Performances), Which of the following statement is not correct?

① Goods should not be despatched directly to the address of a bank or consigned to or to the order of a bank without prior agreement on the part of that bank.

② In the event that goods are despatched directly to the address of a bank or consigned to or to the order of a bank for release to a drawee against payment or acceptance or upon other terms and conditions without prior agreement on the part of that bank, such bank shall have no obligation to take delivery of the goods.

③ Any charges and/or expenses incurred by banks in connection with any action taken to protect the goods will be for the account of the party from whom they received the collection.

④ In the case that banks take action for the protection of the goods, if instructed, they may assume liability or responsibility with regard to the fate and/or condition of the goods.

119 Under URC522, Which of the following statement is not correct?

① Goods should not be despatched directly to the address of a bank or consigned to or to the order of a bank without prior agreement on the part of that bank.

② Banks have no obligation to take any action in respect of the goods to which a documentary collection relates, including storage and insurance of the goods even when specific instructions are given to do so.

③ Banks will only take such action if, when, and to the extent that they agree to do so in each case.

④ Any charges and/or expenses incurred by banks in connection with any action taken to protect the goods will be for the account of the party entrusting the handling of a collection to a bank.

정답 및 해설

116 ③ 인수인도(D/A) 또는 지급인도(D/P) 중 어느 조건으로 지급인에게 인도되어야 하는지 명시되어 있지 않다면 상업서류는 지급과 상환으로만 인도되어야 한다.

117 ② 수입화물 선취보증서(letters of guarantee)는 해당되지 아니한다.

118 ④ 은행이 지시를 받았는지 받지 않았는지 간에, 그 물품의 보호를 위해 조치를 취한 경우에는 그 결과 및/또는 물품의 상태 및/또는 물품의 보관 및/또는 보호를 위임받은 어떠한 제3자측의 어떠한 작위 및/또는 부작위에 관하여 어떠한 의무나 책임도 지지 아니한다.

119 ④ 물품을 보호하기 위해 취해진 조치와 관련하여 은행에게 발생한 어떠한 수수료 및/또는 비용은 추심외뢰인이 아니라 추심을 송부한 당사자의 부담으로 한다.

120 Under URC522, Which of the following statement is not correct?

① Banks utilising the services of another bank or other banks for the purpose of giving effect to the instructions of the principal, do so for the account and at the risk of such principal.

② Banks assume liability or responsibility should the instructions they transmit not be carried out, even if they have themselves taken the initiative in the choice of such other bank(s).

③ A party instructing another party to perform services shall be bound by and liable to indemnify the instructed party against all obligations and responsibilities imposed by foreign laws and usages.

④ Banks must determine that the documents received appear to be as listed in the collection instruction.

121 Under URC522, Which of the following statement is not correct?

① Banks assume no liability or responsibility for the form, sufficiency, accuracy, genuineness, falsification or legal effect of any document(s).

② Banks assume no liability or responsibility for the consequences arising out of delay and/or loss in transit of any message(s), letter(s) or document(s).

③ Banks will not be liable or responsible for any delays resulting from the need to obtain clarification of any instructions received.

④ Banks will be liable or responsible for any delays resulting from the need to obtain clarification of any instructions received.

122 Under URC522 of Article 26(Advice), Which of the following statement is not correct?

① The collecting bank must send without delay advice of acceptance to the bank from which the collection instruction was received.

② The presenting bank should endeavour to ascertain the reasons for non-payment and/or non-acceptance and advise accordingly, without delay, the bank from which it received the collection instruction.

③ The presenting bank must send without delay advice of non-payment and/or advice of non-acceptance to the bank from which it received the collection instruction.

④ On receipt of such advice the presenting bank must give appropriate instructions as to the further handling of the documents.

Ⅳ. 청구보증통일규칙(URDG758)

123 Under URDG758, which of the following statements is correct?

① Demand guarantor or guarantor means the party issuing a counter-guarantee, whether in favour of a guarantor or another counter-guarantor, and includes a party acting for its own account.
② Counter-guarantor means any signed undertaking, however named or described, providing for payment on presentation of a complying demand.
③ Any requirement for presentation of one or more originals or copies of an electronic document is satisfied by the presentation of one electronic document.
④ Branches of a guarantor in different countries are considered to be same entities.

124 Under URDG758, which of the following statements is not correct?

① Guarantors deal with documents and not with goods, services or performance to which the documents may relate.
② A guarantee should not contain a condition other than a date or the lapse of a period without specifying a document to indicate compliance with that condition.
③ Where the guarantee does not indicate whether a presentation is to be made in electronic or paper form, any presentation shall be made in paper form.
④ A presentation has not to be complete unless it indicates that it is to be completed later. In that case, it shall be completed on or before expiry.

정답 및 해설

120 ② 은행이 전달한 지시가 이행되지 않는 경우에 그 은행은 의무나 책임을 지지 아니하며, 그 은행 자신이 그러한 다른 은행의 선택을 주도한 경우에도 그러하다.
121 ④ 은행은 접수된 지시의 설명을 취득할 필요에서 기인하는 어떠한 지연에 대해서도 책임을 지지 아니한다.
122 ④ 추심의뢰은행은 그러한 통지를 수령한 때에는 향후의 서류취급에 대한 적절한 지시를 하여야 한다.
123 ③ ① Counter-guarantor(구상보증인)에 대한 설명이다.
② demand guarantee or guarantee(청구보증 또는 보증)에 대한 설명이다.
④ 동일한 보증인의 상이한 국가에 있는 지점들은 별개의 주체로 본다.
124 ④ 제시는 완전하여야 하되, 다만 추후에 완결될 것임이 제시상 표시된 경우에는 그러하지 아니하다. 그러한 경우에 제시는 만료 이전에 완결되어야 한다.

125 Company A contracts with Company B to repair of machine Company B. Company B requires a guarantee from its own bank as security. Under URDG 758, who is the guarantor?

① Company B's bankers
② Company B.
③ Company A's bankers
④ Company A.

126 Under URDG758, which of the following statements is not correct?

① A demand may be made for less than the full amount available("partial demand").
② The expression "multiple demands prohibited" or a similar expression means that only one demand covering all or part of the amount available may be made.
③ More than one demand("multiple demands") may not be made.
④ Where the guarantee provides that only one demand may be made, and that demand is rejected, another demand can be made on or before expiry of the guarantee.

127 Under URDG758, Which of the following statements is not correct?

① A refernce in the counter-guarantee to the underlying relationship for the purpose of identifying it can change the independent nature of counter-guarantee.
② A gurantor is in no way concernned with or bound by the underlying relationship.
③ Gurantors deal with documents and not with goods, services or performance to which the documents may relate.
④ If the gurantee does not specify any document that it indicates compliance with condition under the gurantee, gurantor will disregard it.

128 Under URDG758, which of the following statements is not correct?

① If a presentation of a demand does not indicate that it is to be completed later, the guarantor shall, within seven business days following the day of presentation, examine that demand and determine.

② The guarantor need not re-calculate a beneficiary's calculations under a formula stated or referenced in a guarantee.

③ If a document that is not required by the guarantee or referred to in these rules is presented, it will be disregarded and may be returned to the presenter.

④ When the guarantor determines that a demand is complying, it shall pay.

129 Choose the correct option?

> Bank I issues a demand guarantee subject to URDG 758. The beneficiary instructs Bank I to assign the proceeds of the guarantee to Company EPASS KOREA.

Who can draw under the guarantee?

① The beneficiary
② Any other assignee
③ Assignee Company T-PASS US
④ Do not know

정답 및 해설

125 ① Company B가 보증을 요청했기 때문에 Company B의 은행이 보증인이 되어 책임을 지게 된다.
126 ③ 2회 이상의 지급청구도 가능하다("수차청구").
127 ① 기초계약과의 관계를 확인하기 위하여, 구상보증서에 기초계약과의 관계에 대한 언급이 있더라도 독립성은 변하지 아니 한다.
128 ① 지급청구의 제시 시에 그것이 추후 완결될 것임을 표시하지 아니한 경우에 보증인은 제시일의 다음날부터 5영업일 내에 그 지급청구를 심사하여 그것이 일치하는 지급청구인지를 결정하여야 한다.
129 ① 수익자가 보증을 한다.
수익자는 보증의 발행 시부터 또는 보증의 규정에 따른 그 후의 시기 또는 사건 시부터 지급청구를 제시할 수 있다.

V. 보증신용장통일규칙(ISP98)

130 Under ISP98, which of the following statements is not correct?

① ISP98 Rules are intended to be applied to standby letters of credit.
② Standby letters of credit does not include performance, financial and direct pay standby letters of credit.
③ A standby is an irrevocable, independent, documentary, and binding undertaking when issued and need not so state.
④ An undertaking subject to ISP98 Rules may expressly modified or exclude their application.

131 Under ISP98, a standby letter of credit must be :

① irrevocable
② forfaitable
③ discountable
④ negotiable

132 Which of the followings correctly completes the following sentence? On receipt of a presentation under an ISP98 standby, the issuer must :

① decide whether to honour within a reasonable time.
② negotiation.
③ examine documents by the close of the 10th day following the day of presentation.
④ notify the applicant.

133 According to ISP98 a presentation is timely if it was made at

① the latest presentation date and within Standby LC validity date
② close of business at the place of presentation on the expiration date
③ 21 days after shipment date at the place of presentation
④ any time after issuance and before expiry on the expiration date

134 Under Defined terms of ISP98, which of the following statements is correct?

① "Banking day" means a day on which the place of business at which the relevant act is to be performed is regularly open.
② "Business day" means a day on which the relevant bank is regularly open at the place at which the relevant act is to be performed.
③ "Guarantee" means, depending on the context, either a demand presented or a demand honoured.
④ "Demand" means, depending on the context, either a request to honour a standby ot a document that makes such request.

정답 및 해설

130 ② 보증신용장은 이행, 금융, 직불보증신용장 포함한다.
131 ① A standby is an ① irrevocable, ② independent, ③ documentary, and ④ binding undertaking when issued and need not so state.
보증신용장은 ① 취소불능하고, ② 독립적, ③ 서류적이고, ④ 개설된 때 구속력을 갖는 확약이며, 반드시 그렇게 명시되어야 하는 것은 아니다.
[설명] 일단 개설된 후에는 보증신용장(standby)은 그에 명시된 바에 관한 한 수익자의 요지(了知) 여부를 불문하고 취소불능하다.
132 ① ISP98에서는 개설은행은 제시를 받았을 때 합리적인 시간 이내에 결제 여부를 결정하여야 한다.
133 ④ (a) A presentation is timely if made at any time after issuance and before expiry on the expiration date.
(b) A presentation made after the close of business at the place of presentation is deemed to have been made on the next business day.
(a) 개설 이후부터 만료일에 만료되기 전까지의 제시를 적시의 제시로 한다.
(b) 제시장소에서 업무종료 후의 제시는 그 다음 영업일에 제시된 것으로 본다.
134 ④ ① "Business day"에 대한 설명이다.
② "Banking day"에 대한 설명이다.
③ "Drawing"에 대한 설명이다.

135 ISP98 states that in the event of dishonour, timely notice must be given. In this context more than :

① 12 days is unreasonable.
② 24 days is unreasonable.
③ 5 days is unreasonable.
④ 7 days is unreasonable.

136 Under ISP98, which of the following statements is correct?

① An issuer is responsible for performance or breach of any underlying transaction.
② An issuer is responsible for accuracy, genuineness, or effect of any document presented under the standby.
③ An issuer is responsible for observance of law or practice other than that chosen on the standby or applicable at the place of issuance.
④ An issuer is responsible for presentation for the purpose of obligating the confirmer.

137 Under Complying Presentation under a Standby of ISP98, A standby should not indicate the :

① medium in which presentation should be made
② place and location within that place
③ person to whom
④ the general postal address

138 If an original Standby LC is lost, stolen, mutilated or destroyed, the issuer

① need not waive a requirement that the original must be presented
② will require an official police report to be made in order for it to replace it
③ will accept a copy of the Standby LC during presentation
④ will replace provided satisfactory indemnities from the beneficiary is obtained

139 Under ISP98, which of the following statements is not correct?

① Where no medium is indicated, to comply a document must be presented as a paper document.
② If a standby does not specify any required document, it will not be deemed to require a documentary demand for payment.
③ If a demand exceeds the amount available under the standby, the drawing is discrepant.
④ A presentation may be made for less than the full amount available ("partial drawing").

140 This statement is about the type of standby credit. This type of standby credit is called "L/C that is not paid through an advising bank but must be presented at the issuing bank for payment. And standby letter of credit arrangement in which its beneficiary looks first to the issuer of the guarantee for payment in case of a default."?

① financial standby L/C   ② commercial standby L/C
③ counter standby L/C   ④ direct pay standby L/C

정답 및 해설

135 ④

구분	서류심사기간	서류심사기간 기산일
UCP 600	서류접수 다음 영업일부터 최장 5영업일	휴일도 서류접수일로 인정(ICC Option R265)
ISP98	제시일의 다음 영업일부터 • 3영업일 이내 : 비합리적이지 아니한 (not unreasonable) • 7영업일 경과 : 비합리적(unreasonable)	영업일만 서류접수일로 인정
URDG758	서류제시일의 다음날부터 5영업일	관련 규정 없음

136 ④
① 개설인은 기초거래의 이행(performance) 또는 위반(breach) 등에 책임이 없다.
② 개설인은 보증신용장상 제시된 서류의 정확성(accuracy), 진정성(genuineness) 또는 효력(effect) 등에 책임이 없다.
③ 개설인은 보증신용장 내에서 지정된 법률 또는 관행이나 개설지에서 적용되는 법률 또는 관행 이외의 법률 또는 관행의 준수 등에 책임이 없다.

137 ④ 일반우편주소는 보증신용장에 지시하지 않아도 된다.
138 ① 발행자의 권리가 없어지는 것은 아니다.
139 ② 보증신용장에서 어떠한 필요서류도 명기하지 아니한 경우에도, 그 보증신용장은 서면의 지급청구를 요구하는 것으로 본다.
140 ④ 개설의뢰인의 의무불이행과 연계될 수도 있고 연계되지 않을 수도 있다. 즉 직불보증신용장은 지급의 일차적인 수단(Primary means of payment)이 된다는 것을 의미하되, 계약불이행 또는 미지급과 연결될 수도 있고 안 될 수도 있다.

141. Which of the following parties would normally be the beneficiary of a standby letter of credit?

① Creditor
② Debtor's bank
③ Creditor's bank
④ Debtor

Ⅵ. 국제표준은행관행(ISBP821)

142. Under ISBP821, Which of the following statement is discrepancy?

① Said by shipper to contain.
② Shipper's load.
③ The packaging may not be sufficient for the sea journey.
④ The goods will be loaded on deck.

143. Which of the following statement is not correct Under ISBP821?

① When a credit requires an AWB to evidence that goods are consigned "to order of ABC", it may indicate that the goods are consigned to that party.
② B/L stating "freight payable as per charter party" is not acceptable.
③ Under a credit stating "freight forwarder B/L acceptable, B/L without name of carrier" is still acceptable.
④ Even if credit indicate the drawee of a draft by only stating the SWIFT address of a bank, the draft must show the drawee with the full name of the bank.

144. Which of following abbreviations or expressions is regarded as discrepancy Under ISBP821?

① use of "model 1234" instead "model 321"
② use of "mashine" instead "machine"
③ use of "Ltd" instead "Limited"
④ use of "mfr" instead "manufacturer"

 145. Under ISBP821, which of following party may not authenticate a charter party bill of lading?

① Master
② Owner
③ Charterer
④ Carrier

141 ① 보증신용장(Standby Letter of Credit) – 주로 입찰보증, 계약이행보증, 선수금환급보증 등 무역외거래에 사용되나, 무역거래의 상업보증(Commercial Standby L/C) 또는 직접 결제수단(Direct Pay Standby L/C) 등으로 사용되기도 한다. 일반적으로 환어음 또는 청구서와 함께 그 지급청구가 되는 '채무불이행진술서' 등을 요구한다. 보증신용장의 수익자는 곧 채권자이다(Creditor).

142 ④ 물품이 갑판 적재될 것임을 기재한 문구가 하자가 된다.

143 ④ 신용장에서 환어음의 지급인을 SWIFT 주소로 기재한 경우, 제시된 환어음에 지급인을 신용장과 동일하게 기재가 가능하다.

144 ① 약어 표현 중 하자가 되는 문구로 ①의 경우 단순한 오타가 아니다.
오자나 오타는 단어나 문장상의 의미에 영향을 미치지 않는다면 서류를 하자로 간주하지 않는다. 예를 들어 상품명세에서 machine 대신에 mashine, fountain pen 대신에 fountan pen, model 대신에 modle을 사용한다고 해서 서류를 하자로 만들지는 않는다. 그러나 model 321 대신에 model 123라고 명세를 표시한다면 오타로 간주되지 않고 하자가 된다.

145 ④ 용선계약부 선하증권의 서명권자를 묻는 문제로 서명권자는 용선자, 선주, 선장이다. 따라서 운송인은 용선계약부에 인증할 수 있는 즉 서명할 수 있는 자가 아니다.

146 Under ISBP821, Which of the following statement is not correct?

① There is no requirement for insurance coverage to be calculated to more than two decimal places.
② When an issuer is identified as "insurer" the insurance document neet not indicate that it is an insurance company or underwriter.
③ When an insurance document indicates that it has been issued in more than one original, all originals are to be presented.
④ Even if an insurance broker sign an insurance document an agent for the named insurance company, this document is not acceptable.

147 Which of the following statement is not correct Under ISBP821?

① Certificate of Origin must state a goods description of the credit within that certificate of origin.
② When a credit does not indicate the name of an issuer, any entity may issue a certificate of origin.
③ Certificate of Origin must be signed even if a credit does not requrie to be signed.
④ Certificate of Origin may indicate as consignor an entity other that the beneficiary the credit.

148 Under ISBP821, if a credit need full set of original Air Waybills, which of following originals is presented to be plenty of the condition of the credit?

① original for confirming bank   ② original for carrier
③ original for consignee   ④ original for shipper

149 Which of the following statement is not correct Under ISBP821?

① If document issued in more than one original have mark 'Triplicate', this document is copy.
② 'photocopy of a signed invoice' will be satisfied by the presentation of either a photocopy or the original of invoice signed.

③ Banks do not examine data that have been inserted in a language that is additional to that required or allowed in the credit 'photocopy of a signed invoice' will be satisfied by the presentation of either a photocopy or the original of invoice signed.

④ Under the credit that has condition 'packing in wooden cases' without stipulating document to indicate compliance therewith, invoice that appear 'packing in plastic cases' is discrepant.

정답 및 해설

146 ④ 복합중개인이 보험회사의 대리인 자격에서 서명하는 경우에는 서명요건이 충족된다.

[참고사항]
보험증권(Insurance Policy), 포괄보험상의 보험증명서(Insurance Certificate) 또는 확정통지서(Insurance Declaration)와 같은 보험서류의 제시를 요구하는 경우 신용장통일규칙(UCP 600) 28조가 적용된다.
- 보험서류에 원본이 복수로 발행되었다는 표시가 있는 경우 발행된 원본 전부가 제시되어야 한다.
- 보험서류는 보험청구를 위한 만료일을 표시해서는 안 된다.
- 보험서류는 보험효력이 선적일보다 늦게 발효된다고 표시해서는 안 된다.
- 보험서류의 발행일이 선적일보다 늦은 경우에는 보험의 효력이 선적일 이전에 발행된다는 것을 명확히 표시해야 한다.
- 보험서류는 보험회사, 보험인수인 또는 그들의 대리인 또는 수탁인(proxy)에 의해 발행되고 서명되어야 한다.
- 보험서류에 보험회사, 피보험자 또는 기명된 당사자에 의한 부서(countersign)를 요구하는 경우 해당 당사자에 의해 부서되어야 한다.

147 ① 원산지증명서는 송장에 기재된 물품에 관련된 것임을 드러내는 것으로 충분하므로 원산지증명서 자체에 물품을 기재하거나 다른 서류에 기재된 물품을 언급함으로써 충족될 수 있다.

148 ④ 신용장에서 항공화물운송장 전통을 요구하는 경우 송하인용 원본만을 제시하는 것으로 족하다.

[참고사항]
- 실제 선적일을 별도의 부기로 표기하는 경우 별도의 일자가 선적일이 된다(Dispatched on).
- 별도의 선적일에 대한 부기 없이 항공운송서류에 있는 운송에 관한 정보는 선적일을 결정하는 데 어떠한 영향도 주지 않는다.
- 신용장에서 항공운송서류 전통(full set of AWB)의 제시를 요구하는 경우 선적인(original for shipper)을 위한 원본 또는 송하인(original for consignor)을 위한 원본의 제시는 수리된다.
- 환적이란 신용장에서 요구한 운송구간에서 하나의 항공기에서 다른 항공기로 재적재하는 것을 의미한다.

149 ① 복수의 원본이 발행된 경우, 각 원본에는 original duplicate triplicate와 같은 표기를 할 수 있으며, 이러한 표기가 원본성을 사라지게 하는 것은 아니다.

[참고사항]
(1) "Invoice", "One Invoice" 또는 "Invoice in 1copy"은 송장 원본 1부를 요구하는 것으로 해석
(2) "Invoice in 4 copies"은 최소 원본 1부와 나머지 숫자만큼의 송장 사본을 제시함으로써 충족
(3) "photocopy of invoice" 혹은 "copy of invoice"의 제시를 요구한다면 이는 사진복사본이나 사본 1부 또는 만약 금지되지 않았다면 송장 원본 1부의 제시로 충족
(4) "photocopy of a signed invoice"의 제시를 요구한다면, 이는 외관상 서명된 송장 원본의 사진복사본 또는 사본 1부의 제시에 의하거나 만약 금지되어 있지 않다면 서명된 원본 송장의 제시에 의하여 충족된다.
(5) 서류가 원본 1부를 초과해서 발행되는 경우에 "Original", "Duplicate", "Triplicate", "First Original", "Second Original" 등으로 표시될 수 있다. 이들 중 어떤 것도 서류가 원본이 아니라고 결격화시키지는 못한다.

150 In a documentary credit transactions, banks will accept a transport document which states except

① packaging may not be sufficient for the sea journey.
② the carrier reserves the right to tranship.
③ shipper's load and count.
④ packaging is not sufficient for the sea journey.

151 Under ISBP821, which of following document is not required to be dated unless a credit require to be dated?

① Draft
② Fumigation certificate
③ Courier Receipt
④ Insurance Certificate

152 Under following credit, until when should the beneficiary present the document?

> The beneficiary shipped on May 20
> Letter of Credit
> SIGNED COMMERCIAL INVOICE IN THREE FOLDS
> Additional Conditions
> +All documents except B/L must indicate L/C No.
> Expiry dated : June 10 20xx
> Shipping date : May 30 20XX
> Period for Presentation : within 10 days after B/L date
> document required :
> 1. Forwarder's Cargo Receipt
> 2. Signed Commercial Invoice

① June 12 Monday
② June 10 Saturday
③ June 9 Friday
④ May 30 Wednesday

153 Which of following statement may not be accepted Under ISBP821?

① Bill of Exchange indicating amount over the credit amount
② Invoice indicating deduction, advance payment, not stated in the credit
③ Bill of exchange indicating amount in same currency as the currency stated in the credit
④ Invoice indicating amount over the credit amount

154 Which of the following statements is incorrect under ISBP821?

① "shipping documents" means that all documents, not only drafts, except transport documents, required by the credit.
② "stale documents acceptable" means that documents presented later than 21 days after the date of shipment are acceptable.
③ "third party documents acceptable" means that all documents, excluding drafts but including invoices, may be issued by a party other than the beneficiary.
④ "exporting country" means that the country where the beneficiary is domiciled, or the country of origin of the goods, or the country of receipt by the carrier or the country from which shipment or dispatch is made.

정답 및 해설

150 ④ 신용장거래에서 제시된 운송서류에는 "shipper's load and count"의 부지문언으로 운송인이 화물수령이 종이상자 혹은 컨테이너 내장된 상태에서 수령하는 경우 선화증권에 기재된다. "the carrier reserves the right to tranship" "packing may not be sufficient for the sea journey" 등은 운송서류 수리 여부에 영향을 주지 않는다.

151 ② 신용장에서 일자 기재를 요구하지 않더라도 일자가 기재 되어야 하는 서류에는 환어음, 운송서류, 보험서류가 있다.
[참고] 분석증명서(certificate of analysis), 검사증명서(inspection certificate) 또는 소독증명서(fumigation certificate)의 발행일은 선적일 이후의 일자이어도 된다.

152 ① 신용장에 선적서류 제시기간으로 "10days after B/L date"와 같이 기재된 경우, 신용장에서 요구하는 서류에 선화증권이 포함되지 않았다면 신용장상의 선적서류 제시기간은 적용되지 않는다. 위와 같은 경우에는 신용장의 유효기간까지 제시해야 한다. 본문제에서는 신용장의 유효기간이 은행의 영업일이 아닌 경우에 최초의 영업개시일까지 자동연장된다. 본문제의 June 10까지 제출해야 하나 6월 10일은 토요일이므로 은행영업일은 6/12일 월요일이 된다. "not later than 2 days after"의 의미 기간을 나타내며 최종일만을 제한한다.

153 ① 신용장상 금액보다 초과 발행된 송장은 수리가 가능하다. 송장에는 무역계약상의 물품 및 그 금액이 기재되므로, 무역계약조건이 T/T 40%, L/C 60%라면 송장금액은 신용장 금액을 초과하게 된다. 이러한 경우 환어음금액은 신용장금액을 초과할 수는 없다. 따라서 신용장금액을 초과하는 환어음은 수리거절된다.

154 ① 선적서류(shipping documents)는 환어음을 제외한 신용장에서 요구하는 운송서류를 포함한 모든 서류를 의미한다.

155. Which of discrepant in relation to commercial invoice Under ISBP821?

① invoice that indicate over - shipment
② invoice that leave out unit price under a credit that does not bear a unit price.
③ invoice that indicate any deduction under a credit that does not state deduction.
④ invoice that indicate the same currency as that shown in the credit

156. Under ISBP821, Which of the following statement is not correct?

① When a credit requires an air transport document to evidence that goods are consigned "to order of ABC", it may indicate that the goods are consigned to consigned to ABC, without mentioning "to order of".
② When a charterparty B/L is issued "to order" or "to order of the shipper", it is to be endorsed by shipper.
③ The airport of departure is to be identified by Carrier's name instead of an IATA airport code.
④ When a credit requires an air transport document to show that freight is to be collected, this will be fulfilled by an indication of the freight charges under the heading "Freight Charges Collect".

157 What is the missing word(s) into the spaces provided.

> A tolerance not to exceed (   ) than the quantity of the goods is allowed, provided the credit does not state the quantity in terms of a stipulated number of packing units or individual items and the total amount of the drawings does not exceed the amount of the credit.

① 3% more or 3% less ② 5% more or 5% less
③ 7% more or 7% less ④ 10% more or 10% less

정답 및 해설

155 ① 송장의 명세와 기타 사항
- 송장은 신용장에 없는 선지급 또는 할인을 표시해도 된다.
- 신용장에 표시된 정형거래조건(INCOTERMS)을 표시해야 한다.
- 송장은 발행일 또는 서명이 필요 없다.
- 총 수량과 총 무게 등은 신용장 또는 신용장에서 요구된 다른 서류들과 저촉되어서는 안 된다.
- 송장은 초과선적을 표시해서는 안 된다(UCP 600 30조 b항 제외).
- 송장은 신용장에서 요구되지 않은 물품 또는 신용장에서 요구되는 물품이라도 신용장에서 허용하지 않으면 무료 물품, 견본을 표시해서는 안 된다.
- 신용장 조건을 모두 충족하는 경우 5% 이하의 감액 청구는 가능하다.

[참고사항]
원산지증명서의 내용(Contents of Certificates of Origin)
(1) 당사자의 표기원칙 : 만일 표시되어 있다면, 수하인 정보는 운송서류의 수하인 정보와 저촉되어서는 안 된다. 그러나 만일 신용장이 운송서류가 수하인을 "지시식", "선적인 지시식", "개설은행 지시식", "개설은행 기명식"으로 발행될 것을 요구하였다면 원산지증명서는 신용장상의 개설의뢰인 또는 여기에 기명된 다른 당사자를 수하인으로 보여줄 수 있다. 만일 신용장이 양도되었다면 제1수익자가 수하인으로 표시되어도 수리된다.
(2) 3자 표기 가능 : 원산지 증명서는 신용장의 수익자 또는 운송서류의 선적인 이외의 당사자로 송하인 또는 수출자를 표기할 수 있다.

156 ③ 공항명을 IATA 코드로 기재하는 것은 허용된다. 그러나 운송인명은 IATA 코드로 기재할 수 없다.

[참고사항]
(UCP 600) 23조가 적용된다.
- 운송인의 명칭을 표시해야 한다.
- 운송인 명칭을 표시함에 있어 IATA code를 사용해서는 안 된다(예 British Airways instead of BA).
- 운송인 또는 운송인의 기명대리인이 서명해야 한다.
- 운송인의 지점이 서명한 것은 운송인이 서명한 것으로 인정한다.
- 항공운송서류는 운송을 위하여 물품을 수탁하였다는 것을 표시해야 한다.
- 출발공항을 표시함에 있어 신용장에 명시된 국가명은 기재하지 않아도 된다.
- 도착공항을 표시함에 있어 신용장에 명시된 국가명은 기재하지 않아도 된다.
- 공항명을 표시함에 있어 IATA codes를 사용해도 된다.
- 항공운송서류의 발행일이 선적일이 된다.

157 ② 5% more or 5% less M/L 조항에 대한 내용이다.

158 When a credit indicates a geographical area or range of ports of loading or discharge, a bill of lading is to indicate the actual port of loading or discharge within that geographical area or range of ports. Which of the following statements may be indicated the geographical area or range of ports, not actual ports?

① the ports of discharge of charter party bill of lading
② the ports of loading of charter party bill of lading
③ the ports of loading of non-negotiable sea waybill
④ the ports of discharge of non-negotiable sea waybill

159 A letter of credit is simply another contract – a promise by buyer's bank which runs directly to seller that (　　　) will pay the amount of sales contract to seller, if seller produces the documents, required by letter of credit, which evidence that seller has shipped the goods (i.e. a negotiable bill of lading).

① seller's bank　　　　② buyer's bank
③ negotiating bank　　④ advising bank

정답 및 해설

158 ① 용선계약 선하증권에서의 양륙항은 지리적 영역 또는 범위를 기재하여도 수리될 수 있다.
159 ② 신용장은 완전히 별개의 계약이다. – Buyer의 은행은 Seller에게 자신(Buyer의 은행)이 계약한 금액을 Seller에게 지급하겠다고 하는 약속이다. Seller가 신용장에서 요구하는 대로 서류를 발행하면 (예를 들어 매입가능 선하증권) 이것은 Seller가 선적을 완료했다는 증거가 된다.

2025 외환전문역 II종 3주 완성 문제집

제3과목

외환관련여신

제1장 무역금융
제2장 외화대출
제3장 외화지급보증
제4장 외환회계

 # 무역금융

▶ 접근전략 및 기출트렌드

외환관련여신의 경우 실무에서도 처리할 일이 많지는 않습니다. 시험을 합격하기 위한 방법은 출제빈도가 높은 부분 위주로 공부를 하는 것이 바람직하며, 중간에 서식들을 설명하는 내용들이 많아서 공부하기에는 어려움이 없을 것 입니다. 외환관련여신은 외환관련보증 부분을 중점적으로 공부해야 하며, 특히 영어부분도 같이 공부를 해야 합니다.

최근 글로벌 기업들의 대외무역 및 건설, 용역거래가 지속적으로 증가함에 따라 외국기업과의 거래규모가 대형화되고 거래방식도 복잡해지고 있습니다. 그래서 본 과목에서는 이러한 트렌드에 발맞추어 무역금융 제도 및 무역금융 제반 업무처리 절차 이해를 통한 실무적용 능력을 측정하는 것이 목표입니다.

본 시험에서는 외환관련여신에 대한 다양한 업무지식을 잘 숙지해야 하며 무역금융, 무역어음, 외화대출, 외화지급 보증, 외환회계 등이 주로 출제되므로, 이쪽 파트를 좀 더 집중적으로 공부를 해야 합니다.

▶ 출제빈도

단원	주제	학습중요도	출제비율
1절	총론	★	10%
2절	무역금융	★★★★★	40%
3절	내국신용장	★★★★	30%
4절	무역금융 기타사항	★★	10%
5절	무역어음제도	★	10%

▶ 체크리스트

체크리스트	기본서 상세페이지
무역금융 융자대상에 대해 알고 있다.	P.13 ~ P.17
일반 무역금융, 포괄금융 및 내국신용장의 세부 처리절차에 대해 알고 있다.	P.37 ~ P.82
무역금융의 기타사항(평균원자재의존율, 융자취급은행 등)에 대해 알고 있다.	P.85 ~ P.101
무역어음제도의 개요, 인수, 할인, 매출, 결제에 대해 알고 있다.	P.105 ~ P.121

2025 외환전문역 II종 3주 완성 문제집

외환관련여신 제3과목

제1장

무역금융

01장 핵심정리 문제

 수출업체 등에 대하여 '물품의 수출 및 용역의 제공'을 통한 외화획득을 위하여 수출물품의 생산, 원자재 및 완제품 구매에 필요한 자금을 지원하는 단기 원화자금대출을 무엇이라고 하는가?

① 정책금융 ② 일반금융
③ 외국환거래 ④ 무역금융

출제포인트
무역금융이라고 한다.

정답 ④

 다음 중 무역금융에 대한 설명으로 가장 옳지 않은 것은 어느 것인가?

① 무역금융이란 수출업체 등에 대하여 '물품의 수출 및 용역의 제공'을 통한 외화획득을 위하여 수출물품의 생산, 원자재 및 완제품 구매에 필요한 자금을 지원하는 단기 원화자금대출을 말한다.
② 무역금융의 좁은 의미로는 수출물품의 선적 전 또는 외화입금 전에 취급되는 무역금융 및 무역금융 관련 지급보증 등을 말한다.
③ 무역금융 제도는 1999년 5월 1일부터 내국신용장의 표시통화와 대금결제방식을 자유화하여 내국신용장 제도 활성화를 도모하기 위해 만들었다.
④ 2015년 2월 14일부터 서류교환방식에 의한 내국신용장 결제제도가 폐지되고, 전면 전산화 되었다.

출제포인트
2014년 2월 14일에 전면 폐지되었다.

정답 ④

선적 후 금융 중 일반금융에 해당하는 것은?

① 수출환어음담보대출 ② 수출환어음 매입
③ 무역금융 ④ 무역어음(인수 및 할인)

출제포인트

정답 ❷

 다음 중 무역금융제도의 특징에 대한 설명으로 가장 옳지 않은 것은 어느 것인가?

① 무역금융은 수출물품을 제조·가공하는 데 소요되는 자금을 동 물품의 선적 전에 지원한 후 동 수출대금으로 상환토록 하는 것을 선적 전 금융지원제도라고 한다.
② 수출계약에서부터 수출대금의 회수 시까지 수출이행의 전 과정을 대상으로 원자재 생산 및 완제품 구매 등 각종 자금을 연계하여 지원하는 제도를 말한다.
③ 하나의 수출신용장 등과 관련된 무역금융의 취급 및 수출대전의 영수는 여러 외국환은행에서 취급이 가능하다.
④ 무역금융은 수출진흥을 위한 지원금융이므로 여신취급은행은 지정된 용도 외의 다른 목적에 사용되지 않도록 관리하는 것이 중요하다.

출제포인트
하나의 수출신용장 등과 관련된 무역금융의 취급 및 수출대전의 영수는 동일한 외국환은행에서 이루어져야 한다.

정답 ❸

05 무역금융의 융자대상에서 실적기준금융을 수혜 받을 수 있는 경우 중 실적으로 인정되지 않는 것은?

① 내국신용장 또는 구매확인서의 수출실적
② 수출신용장의 수출실적
③ 지급인도(D/P)와 인수인도(D/A) 조건의 수출실적
④ 중계무역방식에 의한 수출

출제포인트
중계무역방식에 의한 수출은 융자대상에서 제외된다.

정답 ④

 06 다음 중 무역금융의 융자절차에 대한 설명으로 가장 옳지 않은 것은 어느 것인가?

① 수출신용장에 의하여 물품('대외무역법'에서 정하는 전자적 형태의 무체물을 포함한다), 건설 및 용역을 수출하거나 국내 공급하고자 하는 자(내국수출 제외)는 신용장기준금융의 수혜를 받을 수 있다.
② 지급인도(D/P)와 인수인도(D/A) 조건 및 기타 수출관련 계약서(이하 '수출계약서'라 한다)에 의하여 물품, 건설 및 요역을 수출하거나 국내 공급하고자 하는 자는 신용장기준금융의 수혜를 받을 수 있다.
③ 수출신용장, 지급인도(D/P)와 인수인도(D/A) 조건 및 기타 수출관련 계약서, 외화표시 물품공급예약서, 내국신용장 또는 구매확인서에서 정한 방식에 의한 과거 수출 또는 공급실적(이하 '수출실적'이라 한다)이 있는 자로서 동 수출실적 기준으로 금융을 받고자 하는 자는 실적기준금융의 수혜를 받을 수 있다.
④ '관세법'의 규정에 의하여 설치된 보세판매장에서 자가생산품을 외국인에게 외화로 판매한 실적이 있거나, 외항항공·외항해상운송 또는 선박수리업체로서 과거 외화입금실적이 있는 경우 등 외화판매실적 및 외화입금실적을 기준으로 융자를 받고자 하는 자는 실적기준금융의 수혜를 받을 수 있다.

출제포인트
내국수출을 포함한다.

정답 ①

무역금융 융자대상에서 제외되는 경우가 아닌 것은?

① 무역어음을 할인받는 경우
② 중계무역방식에 의한 수출
③ 수출신용장에 의하여 물품
④ 한국수출입은행의 수출자금대출(인도 전 금융)을 수혜한 경우

출제포인트
수출신용장에 의하여 물품은 무역금융 융자대상이다.

정답 ③

다음 중 무역금융 융자 취급이 불가능한 경우와 융자취급 제외 사유가 잘못 연결된 것은?

① 중계무역방식 - 이중융자
② 무역어음 인수취급분 - 이중융자
③ 수출입은행의 수출자금대출(인도 전 금융) - 이중융자
④ 수출입은행의 수출자금대출(인도 전 금융)수혜 - 이중융자

출제포인트
중계무역방식은 국산원자재 및 제품 수출이 아니기 때문에 제외사유가 된다.

정답 ①

무역금융의 융자대상 수출실적에 해당하지 않는 것은?

① 직수출실적
② 외국인으로부터 외화를 영수하고 자유무역지역 또는 관세자유지역으로 반입 신고한 물품 등을 공급한 실적
③ 유상으로 거래되는 수출(대북한 유상반출실적 포함되지 않는다)
④ 수출승인이 면제되는 수출에 해당하는 물품 등의 수출로서 현지에서 매각된 것, 해외 건설공사에 직접 제공되는 원료·기재, 공사용 장비 또는 기계류의 수출

출제포인트
대북한 유상반출실적도 포함된다.

정답 ③

10 무역금융의 융자대상 수출실적에서 수출실적의 인정금액이 아닌 것은?

① 대금교환도조건 수출실적으로서 수출대금이 입금된 분
② 단순송금방식 수출실적으로서 대응수출이 이행되고 수출대금이 입금된 분
③ 대금결제조건이 운임보험료 포함가격(CIF) 등의 경우에는 이를 양륙지 인도가격으로 환산한 금액을 수출실적으로 인정한다.
④ 국제팩토링방식에 의한 수출실적으로서 수출대금이 입금된 분

> **출제포인트**
> 본선인도가격으로 환산한 금액을 수출실적으로 인정한다.
>
> 정답 ❸

11 다음 중 수출실적의 인정금액에 대한 설명으로 가장 옳지 않은 것은 어느 것인가?

① 대금교환도(COD 및 CAD)방식 수출은 대금교환도조건 수출실적으로서 수출대금이 입금된 분이 수출실적 인정금액이다.
② '관세법'의 규정에 의하여 설치된 보세판매장을 통하여 자가생산품을 외국인에게 외화로 판매한 실적이 있거나 외항항공, 외항해상운송 또는 선박수리업체로서 과거 외화입금실적이 있는 경우 동 외화판매실적 및 외화입금실적이 수출실적 인정금액이다.
③ 위탁가공무역 방식에 의한 수출실적은 국산원자재를 구매하여 무상으로 수출한 실적이 수출실적 인정금액이다.
④ 융자대상 수출실적은 융자대상 증빙 요건에 부합하는 수출신용장 등에 의한 본선인도가격(FOB)을 기준으로 한다. 대금결제조건이 운임보험료 포함가격(CIF) 등의 경우에는 이를 수출실적으로 인정한다.

> **출제포인트**
> 운임보험료 포함가격(CIF) 등의 경우에는 이를 본선인도가격으로 환산한 금액을 수출실적으로 인정한다.
>
> 정답 ❹

무역금융에서 구매확인서의 실적 인정 시점은 언제인가?

① 판매대금을 외국환은행에 판매한 때
② 매입(추심)될 때
③ 공급대금이 입금된 때
④ 당해 물품관련 세금계산서가 발급된 때

출제포인트
당해 물품관련 세금계산서가 발급될 때 수출실적이 인정된다.

정답 ④

 다음 중 국내 수출실적에 대한 설명으로 가장 옳지 않은 것은 어느 것인가?

① 국내수출 내국신용장 공급실적은 국내거래로서 외항운임, 보험료를 포함하는 가격으로 개설되지 아니하므로 내국신용장 결제금액을 기준으로 한다(동 금액에는 당해 공급물품의 제조·가공에 투입된 수입원자재와 관련된 관세 등 제세공과금 부담액을 포함할 수 있다).
② 국내수출 구매확인서 공급실적은 융자한도관리 외국환은행이 해당 업체로부터 징구하는 구매확인서 및 세금계산서상의 금액을 기준으로 한다.
③ 신용장기준금융 수혜업체인 경우, 실적기준금융 수혜업체 및 포괄금융 수혜업체인 경우, 무역어음이 인수 취급된 수출신용장 등에 의한 수출실적(당해 인수 취급분을 제외한 부분만을 융자대상 수출실적으로 인정) 등은 수출실적 인정에 제한을 두고 있다.
④ 위탁가공무역의 경우 국산원자재를 구매하여 가공하지 않고 수출한 실적은 생산자금 및 포괄금융 융자한도의 산정대상이 되는 수출실적에 포함된다.

출제포인트
수출실적에서 제외된다.

정답 ④

14 다음 중 수출실적의 인정시점에 대한 설명으로 가장 옳지 않은 것은 어느 것인가?

① 수출신용장 및 내국신용장은 당해 수출환어음 또는 내국신용장이 매입(또는 추심의뢰)된 때이다.
② 수출계약서와 외화표시 물품공급계약서는 당해 수출대금 또는 공급대금이 입금된 때이다. 선수금 영수방식 수출의 경우에도 동일한 규정을 적용한다.
③ 단순송금방식에 의한 수출은 대응수출이 이행되고 수출대금 전액이 입금된 때이다.
④ '관세법'의 규정에 의하여 설치된 보세판매장을 통한 내국수출은 자가생산품을 외국인들에게 외화로 판매한 실적으로서 그 판매대금을 외국환은행에 판매 또는 입금한 때이다.

출제포인트
선수금 영수방식 수출의 경우에는 동 수출이 이행된 때이다.

정답 ❷

 15 무역금융의 융자대상 자금의 용도에 따른 분류가 아닌 것은?

① 원자재자금
② 생산자금
③ 시설비 구입자금
④ 완제품 구매자금

출제포인트
시설비 구입자금은 해당되지 않는다.

정답 ❸

다음 중 무역금융 융자금의 종류에 대한 설명으로 가장 옳지 않은 것은 어느 것인가?

① 국내에서 수출용 완제품 또는 원자재를 제조, 가공 개발하거나 용역을 수출하는 데 소요되는 자금으로 신용장금액(FOB)에서 소요원자재액을 차감하여 계산한다.
② 생산자금 융자는 제조시설을 갖춘 업체들만 생산자금을 이용할 수 있었으나, 1999년 5월부터는 제조시설을 갖추지 않은 업체들도 수출품의 기획으로 신용장금액(FOB)에서 소요원자재액을 더하여 계산한 금액만큼 융자가 가능하다.
③ 수출용 수입원자재를 해외로부터 일람출급 조건으로(at sight) 직접 수입하거나 국내에서 제조·생산된 수출용 원자재를 내국신용장에 의하여 구매하는 데 소요되는 자금으로 융자대상 금액 기준은 수입의 경우에는 운임·보험료를 포함한 가격(CIF), 국내 구매의 경우에는 내국신용장 외화금액(원화로만 표시되어 있는 경우에는 동 금액)으로 한다.
④ 국내에서 생산된 수출용 완제품을 내국신용장에 의하여 구매하는 데 소요되는 자금으로 융자 대상금액 기준은 내국신용장의 외화금액으로 하되 내국신용장의 금액이 원화로만 표시되어 있는 경우에는 동 금액으로 한다.

출제포인트
신용장금액(FOB)에서 소요원자재액을 차감하여 계산한다.

정답 ❷

 무역금융의 포괄금융에 대한 설명으로 바르지 못한 것은?

① 전년도(1월 1일부터 12월 31일 기준) 또는 과거 1년간 수출실적을 기준으로 한다.
② 미화 2억$ 미만인 업체가 자금용도의 구분 없이 일괄하여 대출받을 수 있는 금융이다.
③ 수출물품 확보에 필요한 자금을 생산자금과 원자재금융으로 구분하지 않고 수출신용장 등 융자대상 증빙서류나 과거 수출실적의 일정비율에 대하여 일괄 현금 대출하는 제도이다.
④ 별도의 생산자금이나 원자재자금 등의 추가 대출을 받을 수 있다는 장점이 있다.

출제포인트
별도의 생산자금이나 원자재자금 등의 추가 대출을 받을 수 없다.

정답 ❹

18 다음 중 무역금융 융자한도에 대한 설명으로 가장 옳지 않은 것은 어느 것인가?

① 무역금융 융자한도란 특정기업이 각 자금별(생산자금, 원자재자금, 완제품 구매자금)로 융자취급은행에서 융자받을 수 있는 최고한도를 의미한다.
② 실적기준금융의 경우에는 수출신용장 등 개별증빙을 징구하지 않고 융자하는 제도이므로 업체별 수출규모를 감안한 융자한도의 설정이 필수적이다.
③ 신용장 기준금융의 경우에도 업체가 보유한 수출신용장 범위 내에서 과다한 지원이 발생하지 않도록 당해 업체의 과거 수출실적에 비추어 융자기간 내에 수출이행이 확실시되는 금액범위 내에서 적정융자가 이루어질 수 있도록 관리해야 한다.
④ 실적기준금융의 융자한도는 수출실적에 연동하여 결정되기 때문에 편의상 해당 수출국가의 통화로 표시하며, 매월 산정되는 융자한도 범위 내에서는 회전 사용할 수 있다.

출제포인트
편의상 미달러화 금액으로 표시하고 있다.

정답 ❹

19 무역금융 실적기준금융의 실적을 산정하는 기관은?
① 기획재정부장관
② 한국은행총재
③ 외국환은행
④ 수입대행업체

출제포인트
외국환은행이 관리한다.

정답 ❸

무역금융의 자금별 융자금액 산출 시 포괄금융의 신용장기준의 공식은 어느 것인가?

① 융자한도금액 × 평균 매매기준율 × 융자비율
② 수출신용장 등의 금액 × 평균매매기준율 × 융자비율
③ 수입어음금액, 수입대금 또는 내국신용장어음의 외화금액 × 평균매매기준율 × 융자비율
④ 내국신용장어음의 외화금액 × 평균매매기준율 × 융자비율

출제포인트
수출신용장 등의 금액 × 평균매매기준율 × 융자비율

정답 ❷

 다음 중 자금별 융자금액 산출시 외화가득액 관련 유의사항에 대한 설명으로 가장 옳지 않은 것은 어느 것인가?

① 수출신용장 등에서 소요원자재금액을 산정하기 위해서는 '대외무역관리규정'에 의거하여 발급된 소요량 증명서 등 소요량을 확인할 수 있는 증빙서류에 의하여야 한다.
② 국산원자재를 상거래관습상 현금거래에 의하지 않고는 조달하기 어렵거나 자가 생산한 원자재와 같이 국산원자재를 내국신용장에 의하여 조달하기 곤란한 경우는 소요원자재의 확보가 확실하게 된 때에 동 부분을 생산자금의 융자대상에 포함할 수 있다.
③ 수출자유지역 내 입주기업에 대한 생산자금 및 원자재금융 취급 시 융자대상 품목의 기준소요량이 고시되어 있는 경우는 동 기준소요량에 의거 소요량 계산의 타당성 여부를 확인하고, 기준소요량이 고시되어 있지 않은 품목의 경우 관할세관장이 확인한 '실소요량 신고서'에 의거 이의 적정 여부를 심사하여 과다여신 취급을 방지하여야 한다.
④ 수출용 원자재수입을 위한 원자재 금융 융자대상 금액 중 일람불 조건 L/C, 지급인도조건(D/P) 수입계약서는 수입대금을 융자대상금액으로 한다.

출제포인트
수입어음금액으로 한다.
대금교환도(COD, CAD) 조건 수입의 경우 : 수입대금

정답 ❹

무역금융의 자금별 융자금액 산출 시 특수조건 수출신용장 등의 산정기준의 설명으로 적절하지 않은 것은?

① 할부선적의 경우 선적기일 이내에 지정된 수량의 선적이 이행되지 않는 경우는 동 수출신용장 중 이행되지 않은 부분만 무효가 된다.
② 과부족 허용(10% more or less)조건의 경우 수출신용장 금액에서 10%를 차감한 금액을 기준으로 한다.
③ 분할선적조건의 경우 수출신용장 등의 금액 범위 내에서 융자취급 하되 융자기간은 최초 유효기일 이내로 한다.
④ 최초 수출환어음 매입비율을 제한하는 경우 동 수출환어음 매입비율 해당액을 기준으로 한다.

> **출제포인트**
> 할부 선적의 경우 선적기일 이내에 지정된 수량의 선적이 이행되지 않는 경우는 동 수출신용장 전체가 무효가 되므로 동 신용장 관련 여신금액을 즉시 회수하여야 한다.
>
> 정답 ❶

 다음 중 보기에 대한 설명으로 가장 옳지 않은 것은 어느 것인가?

> 금액 US$100,000 가득률 50%, 1차 선적기일 2XX1.2.28(할부선적금액 US$30,000), 2차 선적기일 2XX1.3.31(할부선적금액 US$30,000), 3차 선적기일 2XX1.4.30(할부선적금액 US$40,000)인 수출신용장에 의거 2XX1.1.3에 생산자금(평균기준환율 @1,300원, 융자비율 90%)을 취급함

① 최초융자금액 : 50,000,000원이다.
② 융자기일은 2XX1년 3월 7일까지이다.
③ 1차 선적분이 1차 선적기일 내에 수출이행된 경우에는 동 1차 선적분 해당 융자취급 금액을 상환하여 나머지 잔여분을 2차 선적기일에 7일을 더한 기간까지 취급이 가능하다.
④ 할부선적조건(Installment Shipment Clause)이 삽입된 수출신용장 등의 경우에는 수출이행이 가능한 부분에 대하여 융자를 취급하되 융자기간 만료일은 '최초선적기일+7일'까지로 하여야 한다.

> **출제포인트**
> US$100,000 × 50% × @1,300(평균기준환율) × 90% = 58,500,000(10만원 미만 금액은 절사)이다.
>
> 정답 ①

24 무역금융의 자금별 융자기산일은 공통적으로 언제부터인가?

① 수출선적일
② 융자취급일
③ 최초선적기일
④ 최초유효기일

> **출제포인트**
> 융자기산일은 융자취급일이다.
>
> 정답 ②

25 다음 중 융자기간에 대한 설명으로 가장 옳지 않은 것은 어느 것인가?

① 융자시기 및 융자기간은 자금의 유용을 방지하고 금융의 효율성 제고를 위해 실제 자금 소요시기에 맞추어 취급토록 하고 있어 자금별 융자시기가 상이하다.
② 융자기간은 일반수출입금융은 단기금융이라는 특징을 가지고 있어 수출물품 제조·수출에 소요되는 해당 업체의 1회전 소요기간을 감안하여 한국은행장이 정한다.
③ 원자재자금 중 수입결제는 선적서류 접수 익영업일로부터 5영업일 이내, 내국신용장 어음결제는 지급제시된 날로부터 3영업일 이내에 취급하여야 하며, 동 자금 수혜업체로부터 도산 등으로 자기자금분(수입어음의 원화 해당금액·융자금액)을 징구하지 못하는 경우에는 수입장 개설은행, 내국신용장 발행은행이 어음금액 전액을 대지급 처리하여야 한다.
④ 생산자금은 융자한도 산정 후 즉시 융자가능하며 융자한도 금액 범위 내 분할융자가 가능하다.

> **출제포인트**
> 외국환은행이 자율적으로 정한다.
>
> 정답 ②

26 무역금융에 대한 설명으로 바르지 못한 것은?

① 위탁가공무역의 무역금융에서 위탁가공무역에 소요되는 국산원자재를 구매하여 가공하지 않고 무상으로 수출한 실적도 융자대상 수출실적으로 인정하나, 동 수출실적을 근거로 생산자금 및 포괄금융은 수혜 받을 수 없으며 원자재자금만 가능하다.
② 위탁가공무역의 무역금융에서 원자재자금 중 수입결제는 선적서류 접수 익영업일로부터 5영업일 이내, 내국신용장 어음결제는 지급제시된 날로부터 3영업일 이내에 취급하여야 한다.
③ 위탁가공무역이란 가공임을 지급하는 조건으로 외국에서 가공할 원료의 전부 또는 일부를 거래상대방에게 수출하거나 외국에서 조달하여 이를 가공한 후 가공물품 등을 수입하거나 외국으로 인도하는 수출입을 말한다.
④ 위탁가공무역에는 제조, 조립, 재생, 개조를 포함하지 않는다.

출제포인트
위탁가공무역에는 제조, 조립, 재생, 개조를 포함한다.

정답 ❹

27 일정요건을 갖춘 융자대상업체에게 자금용도의 구분 없이 물품수출에 필요한 원자재구매자금, 제조·가공비를 일괄하여 현금으로 융자취급함으로써 해당 업체의 편의를 도모하고자 실시하는 무역금융을 무엇이라고 하는가?

① 포괄금융
② 수출금융
③ 신용장금융
④ 일부금융

출제포인트
포괄금융이라고 한다.

정답 ❶

다음 중 포괄금융에 대한 설명으로 가장 옳지 않은 것은 어느 것인가?

① 포괄금융을 이용함에 있어, 완제품구매자금을 생산자금, 원자재자금과 함께 포괄금융으로 이용할 수는 있지만 완제품구매자금만을 포괄금융으로 이용할 수는 없다.
② 소정의 융자금액 범위 내에서 업체의 신청에 따라 일괄 또는 수시 융자 취급이 가능하다.
③ 포괄금융의 수출실적의 범위는 융자대상 수출실적으로서 자사제품 수출실적과 타사제품수출실적의 합계액이 US 2억$ 미만인 경우 포괄금융 대상이다(내국신용장에 의한 내국수출실적을 포함제외 한다).
④ 포괄금융의 신용장 기준금융인 경우 수출신용장 등의 자사제품 수출실적(FOB기준) × 평균매매기준율이 융자금액이다.

출제포인트
내국신용장에 의한 내국수출실적을 포함한다.

정답 ❸

 무역금융 취급대상 수출실적이 있거나 외국으로부터 수출신용장 등을 받은 국내수출업자가 수출물품을 제조·가공하는 데 소용되는 원자재 또는 수출용 완제품을 국내에서 원활하게 조달하기 위하여 융자대상 수출실적 또는 원수출신용장 등을 근거로 하여 원자재 또는 수출용 완제품의 국내공급업자를 수익자로 하여 개설되는 신용장을 무엇이라고 하는가?

① 특수신용장　　　　　　② 내국신용장
③ 보증신용장　　　　　　④ 화환신용장

출제포인트
내국신용장에 대한 설명이다.

정답 ❷

다음 중 내국신용장에 대한 설명으로 가장 옳지 않은 것은 어느 것인가?

① '내국신용장' 이란 무역금융 취급대상 수출실적(실적기준금융 이용업체)이 있거나 외국으로부터 수출신용장 등을 받은 국내수출업자(신용장기준금융 이용업체)가 수출물품을 제조·가공하는데 소용되는 원자재 또는 수출용 완제품을 국내에서 원활하게 조달하기 위하여 융자대상 수출실적 또는 원수출신용장 등을 근거로 하여 원자재 또는 수출용 완제품의 국내공급업자를 수익자로 하여 개설되는 신용장을 말한다.
② 내국신용장은 수출신용장(Master L/C)과는 달리 국제간 무역거래에는 사용할 수 없으며, 수출에 제공하기 위한 국내업체 간 국내거래에서만 사용이 가능하다.
③ 내국신용장은 발행은행의 지급보증이므로 수익자가 물품공급을 정당하게 완료한 경우에는 동 공급관련 서류에 하자가 없는 한 발행신청인이 부도·도산 등으로 지급능력을 상실하더라도 발행은행이 대지급하여야 하며 따라서 물품공급 대전의 회수가 보장된다.
④ 내국신용장상의 물품공급을 완료한 수익자는 발행신청인으로부터 원칙적으로 30일 이내에 물품수령증명서를 발급받은 후 판매대금추심지시서(이하 '내국신용장어음 등'이라 한다)를 발행·매입은행을 통한 매입 또는 추심으로 물품공급대전을 회수한다.

출제포인트
10일 이내에 회수가 가능하다.

정답 ④

 다음 중 내국신용장 개설과 관련한 설명으로 옳은 것은?

① 수출실적 및 융자대상서류가 없어도 수입보증금만 적립하면 내국신용장 개설이 가능하다.
② 물품공급이 완료된 분에 대해서도 당해 물품대금 결제를 위해 내국신용장 개설이 가능하다.
③ 내국신용장을 근거로 수출용 원자재를 구매하기 위하여 또 다른 내국신용장 개설은 불가하다.
④ 주채무계열 소속 기업체의 일람불 내국신용장 개설은 가능하다.

출제포인트

하지만 개설한도가 있다.
① 수출실적 및 융자대상서류가 있어야 내국신용장 개설이 가능하다.
② 물품공급이 완료된 분에 대해서는 사용할 수 없다.
③ 내국신용장을 근거로 수출용 원자재를 구매하기 위하여 또 다른 내국신용장 개설은 가능하다.

정답 ④

 32 다음 중 신용보증서를 담보로 신용장 기준금융 취급 시 유의사항으로 옳지 않은 것은?

① 신용장기준 수혜업체는 무역금융 융자기한이 만료되기 이전이라도 관련 수출환어음을 매입하면 수출대금으로 대출금을 회수해야 한다.
② 실적기준 수혜업체는 무역금융 융자기한이 만료되기 이전이라도 관련 수출대금이 입금되면 수출대금으로 대출금을 회수해야 한다.
③ 수출환어음 매입대금을 차주의 마이너스통장에 입금하면 면책사유에 해당한다.
④ 내국신용장 매입대금을 차주의 다른 연체채권 상환에 충당하면 면책사유에 해당한다.

출제포인트

내국신용장 매입대금을 차주의 다른 연체채권 상환에 충당하면 면책사유에 해당하지 않는다.

정답 ④

 33 내국신용장의 공급대상품목에 따른 종류가 아닌 것은?

① 원자재 내국신용장
② 완제품 내국신용장
③ 임가공 내국신용장
④ 외화표시 내국신용장

출제포인트

외화표시 내국신용장은 표시통화에 따른 분류이다.

정답 ④

다음 중 내국신용장의 특징 및 기능에 대한 설명으로 가장 옳지 않은 것은 어느 것인가?

① 내국신용장 개설신청인은 원수출신용장 등을 근거로 하여 수평적으로 다수의 내국신용장을 개설할 수 있을 뿐, 물품의 제조·가공·유통과정이 여러 단계인 경우에는 각 단계별로 순차적으로 내국신용장의 개설이 불가능하다.
② 국제무역거래에서 통용되고 있는 신용장과 마찬가지로 물품대금 회수를 위한 일람출급환어음이 발행되며 동 환어음의 매입 또는 추심을 통하여 대금이 결제되고 있다.
③ 내국신용장은 어음대금을 개설신청인이 자체자금으로 결제하는 '일람불 내국신용장'과 개설은행이 융자하여 결제하는 '기한부 내국신용장'으로 이원화되어 운용되고 있다.
④ 내국신용장은 국내업체 간에 통용되는 신용장이므로 원화금액을 기준으로 결제되어야 하나, 내국신용장의 표시통화는 원화로 표시하되 외화금액이 부기되어 내국신용장 어음매입 시 부기외화금액을 기준으로 매입 당시의 매매기준율을 적용하여 환산매입토록 하거나, 순수외화표시 내국신용장제도도 병행 실시하고 있다.

출제포인트
내국신용장 개설신청인은 원수출신용장 등을 근거로 하여 수평적으로 다수의 내국신용장을 개설할 수 있을 뿐 아니라 물품의 제조·가공·유통과정이 여러 단계인 경우에는 각 단계별로 순차적으로 내국신용장 개설이 가능하다.

정답 ①

 외화획득용 원료·기재를 구매하려는 경우 또는 구매한 경우 외국환은행의 장 또는 '전자무역 촉진에 관한 법률' 제6조에 따라 산업통상부장관이 지정한 전자무역기반사업자가 내국신용장에 준하여 발급하는 증서를 무엇이라고 하는가?

① 신용장　　　　　　　　　　② 수출지시서
③ 구매확인서　　　　　　　　④ 수입화물선취보증서

출제포인트
구매확인서라고 한다.

정답 ③

다음 중 구매확인서에 대한 설명으로 가장 옳지 않은 것은 어느 것인가?

① 구매확인서란 외화획득용 원료·기재를 구매하려는 경우 또는 구매한 경우 외국환은행의 장 또는 '전자무역 촉진에 관한 법률' 제6조에 따라 산업통산부장관이 지정한 전자무역기반사업자(이하 '전자무역기반사업자'라 한다)가 내국신용장에 준하여 발급하는 증서를 말한다.
② 구매확인서는 은행의 지급보증이 수반되지 않는 점을 제외하고는 내국신용장의 기능과 거의 동일하다고 할 수 있다.
③ 구매확인서에 의한 공급은 수출실적으로 인정되며(규정 제25조 제1항 제3호 나목), 관세를 환급받을 수 있고 부가가치세 10%가 적용된다.
④ 구매확인서의 관련법규는 대외무역관리규정(산업통상부)이다.

출제포인트
부가가치세 영세율이 적용된다.

정답 ❸

 20x1년 4월 3일에 물품 공급이 완료된 건에 대해 구매확인서를 사후발급하고자 한다. 이때 발급이 가능한 기한은 언제까지인가?

① 20x1년 4월 25일
② 20x1년 5월 10일
③ 20x1년 6월 30일
④ 20x1년 7월 25일

출제포인트
구매확인서 사후 발급기한은 1-6월중 공급물품에 대해서는 7월 25일까지, 7월-12월 중 공급물품에 대해서는 다음 해 1월 25일까지이다.

정답 ❹

내국신용장 중 신용장기준금융 시 징구서류가 아닌 것은?
① 전자문서교환방식 내국신용장 발행신청서
② 원수출신용장 등의 원본 및 사본
③ 수입화물선취보증서
④ 대행계약서(완제품 대행 시)

출제포인트
수입화물선취보증서는 징구서류가 아니다.

정답 ❸

 다음 중 내국신용장의 조건에 대한 설명으로 가장 옳지 않은 것은 어느 것인가?
① 양도가능 또는 양도가 불가능한 취소불능 신용장 둘 다 가능하다.
② 내국신용장의 금액은 물품대금 전액으로 하며, 서류제시기간은 물품수령증명서 발급일로부터 최장 5영업일 범위 내에서 책정된 것이어야 한다.
③ 물품인도기일은 대응수출 또는 물품공급이 원활히 이행되는 데 지장이 없도록 책정된 것이어야 하며, 유효기일은 물품의 인도기일에 최장 10일은 가산한 기일 이내일 것. 다만, 원수출신용장 등을 근거로 하여 개설되는 내국신용장의 유효기일은 원수출신용장 등의 선적 또는 인도기일 이전이어야 한다.
④ 표시통화는 원화로 하되 개설일 현재 최초 고시된 매매기준율로 환산한 외화금액을 부기하며, 판매대금추심지시서 등의 형식은 발행신청인을 지급인으로 하고 발행은행을 지급장소로 하는 일람출급식이어야 한다.

출제포인트
양도가 불가능한 취소불능 신용장만 가능하다.

정답 ❶

수출업체가 인수기관과의 일정한 약정에 의하여, 무역어음 발행대상이 되는 신용장 등 수출관련계약서 또는 수출실적을 근거로 수출물품을 제조·가공 또는 국내 구매하는 데 소요되는 자금을 선적 전에 조달할 목적으로 인수기관을 지급인으로 하여 발행하는 기한부 환어음을 무엇이라고 하는가?

① 무역어음
② 화환어음
③ 무화환어음
④ 기한부어음

출제포인트
무역어음이라고 한다.

정답 ①

 다음 중 무역어음제도에 대한 설명으로 가장 옳지 않은 것은 어느 것인가?

① 무역어음의 지급기일은 신용장 등의 유효기일 범위 내에서 최종 선적기일(내국신용장의 경우 물품의 인도기일)에 10일을 가산한 기일 이내로 한다.
② 선적기일이 각각 틀린 수개의 신용장 등을 통합하여 1매의 무역어음을 발행하는 경우 최종 선적기일이 가장 늦은 신용장 등을 기준으로 하여 지급기일을 정할 수 있으나 선적기일이 크게 차이가 있을 경우에는 무역어음을 분할 발행함으로써 자금이 용도 외로 유용되지 않도록 해야 한다.
③ 인수대상 무역어음의 요건 중 증권의 본문 중에 그 증권의 작성에 사용하는 국어로 환어음임을 표시하는 문자가 있어야 한다.
④ 인수대상 무역어음의 요건 중 발행일과 발행지, 발행인의 기명날인은 임의 기재사항이다.

출제포인트
발행일과 발행지, 발행인은 필수사항이다.

정답 ④

출제예상 문제

01 무역금융에 대한 설명이다. 가장 바르지 못한 것은?

① 무역금융이란 수출업체 등에 대하여 '물품의 수출 및 용역의 제공'을 통한 외화획득을 위하여 수출물품의 생산, 원자재 및 완제품 구매에 필요한 자금을 지원하는 장기 원화자금대출이다.
② 좁은 의미로서 수출물품의 선적 전 또는 외화입금 전에 취급되는 무역금융 및 무역금융 관련 지급보증을 말한다.
③ 내국신용장 어음교환 규약도 관련규정에 포함된다.
④ 기본규정으로는 한국은행 총액한도 대출관련 무역금융 취급세칙 및 취급절차가 있다.

02 무역금융제도의 특징에 대한 설명이다. 가장 바르지 못한 것은?

① 무역금융은 대외무역거래와 관련하여 취급되는 여신이므로 외국환업무 취급인가를 받은 금융기관만이 취급할 수 있다.
② 무역금융은 수출물품을 제조/가공하는 데 소요되는 자금을 동 물품의 선적 전 지원한 후 동 수출대금으로 상환토록 하는 선적 후 금융이다.
③ 무역금융은 수출계약에서부터 수출대금의 회수 시까지 수출이행의 전과정을 대상으로 원자재 생산 및 완제품 구매 등 각종 자금을 연계하여 지원한다.
④ 용도별금융은 생산자금, 원자재자금, 완제품구매자금 등의 종류가 있다.

03 무역금융의 종류 중 국내에서 수출용 완제품 또는 원자재를 제조, 가공하거나 개발하는 데 소요되는 자금을 무엇이라고 하는가?

① 포괄금융 ② 원자재자금
③ 생산자금 ④ 완제품구매자금

04 전년도 또는 과거 1년간 수출실적이 미화 '2억불'(자·타사 수출실적 포함) 미만인 업체에 대하여 제조, 가공비, 수입, 국산 원자재자금을 자금용도 구분 없이 취급하는 무역금융을 무엇이라고 하는가?

① 포괄금융 ② 생산자금금융
③ 원자재자금금융 ④ 일반금융

05 무역금융의 융자대상에 해당하지 않는 것은?

① 수출신용장에 의한 물품
② 외국정부, 외국공공기관 또는 국제기구와 체결된 물품, 건설 및 용역공급계약서
③ 건설 및 용역을 수출하거나 국내 공급하고자 하는 자(내국수출 포함되지 않는다)
④ 내국신용장 또는 '대외무역법'에 의한 외화획득용 원료·물품 등 구매확인서에 의하여 수출용 완제품 또는 원자재를 공급하고자 하는 자

06 내국신용장에서 수익자에 대한 혜택이 아닌 것은?

① 내수거래에 비하여 물품공급대금의 조기 회수
② 부가가치세 영세율 적용 및 관세 환급
③ 내국신용장에 의한 국내 공급실적은 무역금융 및 '대외무역법'상 수출실적으로 인정
④ 내국신용장에서 정한 기일 내에 물품을 공급받으므로 수출 물품 확보에 원활화 가능

정답 및 해설

01 ① 단기 원화자금대출금을 무역금융이라고 한다.
02 ② 무역금융은 선적 전 금융을 말한다.
03 ③ 생산자금이라고 한다.
04 ① 포괄금융이라고 한다.
05 ③ 내국수출이 포함된다.
06 ④ 내국신용장에서 정한 기일 내에 물품을 공급받으므로 수출 물품 확보에 원활화 가능은 발행신청인의 장점이다.

07 무역금융 융자 제외 사유 중 이중융자에 해당하지 않는 것은?

① 내국신용장의 무역어음 인수취급분
② 수출신용장의 전액 무역어음 인수취급분
③ 수출입은행의 수출자금대출(인도 전 금융) 수혜
④ 중계무역방식

08 무역금융의 융자대상에 해당하지 않는 것은?

① 내국신용장 또는 '대외무역법'에 의한 외화획득용 원료·물품 등 구매확인서(이하 '구매확인서'라 한다)에 의하여 수출용 완제품 또는 원자재를 공급(수탁가공 포함)하고자 하는 자의 무역금융
② 지급인도(D/P)와 인수인도(D/A) 조건 및 기타 수출관련 계약서(이하 '수출계약서'라 한다)에 의하여 물품, 건설 및 용역을 수출하거나 국내 공급하고자 하는 자의 무역금융
③ 한국수출입은행의 수출자금대출(인도 전 금융)을 수혜한 경우의 무역금융
④ 외국정부, 외국공공기관 또는 국제기구와 체결된 물품, 건설 및 용역공급계약서에 의한 무역금융

09 무역금융 융자 취급이 불가능한 경우 중 국산원자재 및 제품 수출이 아니기 때문에 융자 취급이 제외되는 것은 무엇인가?

① 수출입은행의 수출자금대출(인도 전 금융)
② 중계무역방식
③ 수출계약서와 외화표시물품공급계약서의 무역어음 인수취급분
④ 내국신용장의 무역어음 인수취급분

10 국산원자재를 구매하여 무상으로 수출한 실적을 무역금융에서는 어떤 방식의 수출실적이라고 하는가?

① 대금교환도(COD 및 CAD)방식 수출
② 단순송금방식 수출
③ 위탁가공무역 방식에 의한 수출실적
④ 보세판매장으로 통한 내국수출

11 무역금융의 포괄금융에 대한 설명으로 바르지 못한 것은?

① 전년도(1월 1일부터 12월 31일 기준) 또는 과거 1년간 수출실적을 기준으로 한다.
② 미화 1억$ 미만인 업체가 자금용도의 구분 없이 일괄하여 대출받을 수 있는 금융이다.
③ 융자(수혜)방법으로는 신용장기준금융 등이 있다.
④ 별도의 생산자금이나 원자재자금 등의 추가 대출을 받을 수 없다.

12 무역금융 중 포괄금융은 전년도 또는 과거 1년간 수출실적이 미화 몇 만불 미만인 업체에 대하여 제조·가공비, 수입·국산 원자재자금을 자금용도 구분 없이 취급해 주는가?

① 1억불   ② 2억불
③ 3억불   ④ 5억불

13 무역금융의 수출실적에 대한 설명이다. 가장 바르지 못한 것은?

① 국내수출의 내국신용장에 의한 공급실적은 국내거래로서 외항운임, 보험료를 포함하는 가격으로 개설되지 아니하므로 내국신용장어음 결제금액을 기준으로 한다.
② ①의 금액에 당해 공급물품의 제조·가공에 투입된 수입원자재와 관련된 관세 등 제세공과금 부담액 등은 포함시킬 수 없다.
③ 국내수출의 구매확인서에 의한 공급실적은 융자한도관리 외국환은행이 해당 업체로부터 징구하는 구매확인서 및 세금계산서상의 금액을 기준으로 한다.
④ 구매확인서의 수출실적의 인정시점은 세금계산서가 발급된 때이다.

정답 및 해설

07 ④ 중계무역방식은 국산원자재 및 제품 수출이 아니기 때문에 제외사유가 되는 것이다. 나머지는 이중융자에 해당된다.
08 ③ 한국수출입은행의 수출자금대출(인도 전 금융)을 수혜한 경우는 무역금융 융자제외 항목이다.
09 ② 중계무역방식이 국산원자재 및 제품 수출이 아닌 경우이다.
10 ③ 위탁가공무역 방식에 의한 수출실적이라고 한다.
11 ② 미화 2억$ 미만인 업체가 자금용도의 구분 없이 일괄하여 대출받을 수 있는 금융이다.
12 ② 2억불이며 자·타사 수출실적을 포함한다.
13 ② 당해 공급물품의 제조·가공에 투입된 수입원자재와 관련된 관세 등 제세공과금 부담액 등은 포함시킬 수 있다.

14 무역금융의 수출실적 인정의 제한사항이 아닌 경우는?

① 신용장기준금융 수혜업체인 경우
② 실적기준금융 수혜업체 및 포괄금융 수혜업체인 경우
③ 무역어음이 인수취급된 수출신용장 등에 의한 수출실적은 당해 인수취급분을 제외한 부분만을 융자대상 수출실적으로 인정한다.
④ 국내수출 구매확인서 공급실적

15 팩토링 방식에 의한 수출의 무역금융 수출실적 인정시점은 언제인가?

① 수출대금 일부가 입금된 최초 시점
② 수출대금 전액이 입금된 때
③ 당해 물품관련 세금계산서가 발급된 때
④ 발주가 나간 시점

16 무역금융의 수출실적 인정시점이 입금시점인 것은?

① 내국신용장
② 수출계약서, 외화표시 물품공급계약서
③ 구매확인서
④ 수출신용장

17 무역금융의 내국신용장 어음결제는 지급제시된 날로부터 며칠 이내에 취급하여야 하는가?

① 2영업일
② 3영업일
③ 5영업일
④ 7영업일

18 무역금융의 융자금 종류에 대한 설명이다. 가장 바르지 못한 것은?

① 무역금융의 융자대상 자금은 그 용도에 따라 생산자금, 원자재자금 및 완제품 구매자금의 세 가지가 있다.
② 제조시설을 갖추지 않은 업체들은 생산자금 무역금융 해당업체에서 제외된다.
③ 생산자금의 경우 국내에서 수출용 완제품 또는 원자재를 제조, 가공, 개발하거나 수출하는 데 소요되는 자금으로 신용장금액(FOB)에서 소요원자재액을 차감하여 계산한다.
④ 개발 및 위탁가공 등에 필요한 자금을 생산자금으로 이용할 수 있다.

19 무역금융의 융자한도에 대한 설명으로 바르지 못한 것은?

① 실적기준금융을 이용하는 업체에 대하여 과거실적 등을 감안하여 외국환은행이 자율적으로 융자한도를 산정하여야 한다.
② 당해 융자한도에는 당해 원자재의 수입신용장 개설분[지급인도조건 및 대금 교환도 조건(CAD 및 COD)에 의한 수입의 경우에는 수입승인분, 수입계약서 또는 물품매도확약서상의 수입금액]과 내국신용장 개설분을 포함한다.
③ 수입대행업체가 실수요자를 위하여 수출용 원자재의 수입신용장 개설을 의뢰하는 경우에는 당해 수입신용장 개설금액과 동 수입대금의 결제를 위한 원자재수입자금의 융자취급액은 실수요자의 원자재자금 한도관리 대상에 포함, 관리하여야 한다.
④ 원자재자금의 경우 당해 내국신용장 또는 수입신용장이 융자한도 내에서 개설된 경우에는 당해 어음의 결제시점에서 융자한도가 부족한 경우 융자가 불가능하다.

정답 및 해설

14 ④ 국내수출 구매확인서 공급실적은 국내 수출실적에 포함된다.
15 ② 수출대금 전액이 입금된 때이다.
16 ② 수출계약서, 외화표시 물품공급계약서의 인정시점이 입금 시이다.
　　① 매입(추심) 시
　　③ 세금계산서 발급일
　　④ 매입(추심) 시
17 ② 3영업일
18 ② 1999년 5월부터 제조시설을 갖추지 않은 업체들은 생산자금 무역금융 해당업체에 포함시켰다.
19 ④ 원자재자금의 경우 당해 내국신용장 또는 수입신용장이 융자한도 내에서 개설된 경우에는 당해 어음의 결제시점에서 융자한도가 부족하더라도 융자를 취급할 수 있다.

20 무역금융의 융자한도에 대한 설명으로 바르지 못한 것은?

① 당해 융자한도에는 당해 원자재의 수입신용장 개설분[지급인도조건 및 대금 교환도 조건(CAD 및 COD)에 의한 수입의 경우에는 수입승인분, 수입계약서 또는 물품매도확약서상의 수입금액]과 내국신용장 개설분을 포함한다.
② 실적기준금융을 이용하는 업체에 대하여 과거실적 등을 감안하여 외국환은행이 자율적으로 융자한도를 산정하여야 한다.
③ 무역금융의 융자한도란 특정기업이 각 자금별(생산자금, 원자재자금, 완제품 구매자금)로 융자취급은행에서 융자받을 수 있는 최저한도를 의미한다.
④ 원자재자금의 경우 당해 내국신용장 또는 수입신용장이 융자한도 내에서 개설된 경우에는 당해 어음의 결제시점에서 융자한도가 부족하더라도 융자를 취급할 수 있다.

21 무역금융의 자금별 융자금액 산출 시 생산자금을 산출하는 경우 외화가득액에 대한 설명으로 바르지 못한 것은?

① 수출신용장 등에서 소요원자재금액을 사정하기 위해서 '대외무역관리규정'에 의거하여 발급된 소요량 증명서 등 소요량을 확인할 수 있는 증빙서류에 의하여야 한다.
② 국산원자재를 상거래관습상 현금거래에 의하지 않고는 조달하기 어려운 경우 소요원자재의 확보가 확실하게 된 때에 동 부분을 생산자금의 융자대상에 포함할 수 있다.
③ 자가 생산한 원자재와 같이 국산원자재를 내국신용장에 의하여 조달하기 곤란한 경우 소요원자재의 확보되기 전 동 부분을 생산자금의 융자대상에 포함할 수 있다.
④ 수출자유지역 내 입주기업에 대한 생산자금 및 원자재금융 취급 시 기준소요량이 고시되어 있지 않은 품목의 경우 관할세관장이 확인한 '실소요량 신고서'에 의거 이의 적정 여부를 심사하여 과다여신 취급을 방지하여야 한다.

22 무역금융의 자금별 융자금액 산출 시 특수조건 수출신용장 등의 산정기준의 설명으로 적절하지 않은 것은?

① 과부족 허용(10% more or less)조건의 경우 수출신용장 금액에서 10%를 차감한 금액을 기준으로 한다.
② 선적기일 이내에 지정된 수량의 선적이 이행되지 않는 경우는 동 수출신용장 전체가 무효가 되므로 동 신용장 관련 여신금액을 즉시 회수하여야 한다.
③ 분할선적조건의 경우 수출신용장 등의 금액 범위 내에서 융자취급하되 융자기간은 최초 선적기일 이내로 한다.
④ 최초 수출환어음 매입비율을 제한하는 경우 동 수출환어음 매입비율 해당액을 기준으로 한다.

23 무역금융에서 할부선적조건의 신용장 등에 대한 융자의 경우 융자기간 만료일은 며칠까지로 하여야 하는가?

① '최초선적기일 + 5일'
② '최초선적기일 + 7일'
③ '최초선적기일 + 9일'
④ '최초선적기일 + 10일'

정답 및 해설

20 ③ 융자취급은행에서 융자받을 수 있는 최고한도를 의미한다.
21 ③ 소요원자재의 확보가 확실하게 된 때에 동 부분을 생산자금의 융자대상에 포함하여야 한다.
22 ③ 융자기간은 최초 유효기일 이내로 해야 한다.
23 ② '최초선적기일 + 7일'이다.

24 무역금융 융자대상에서 제외되는 수출실적이 아닌 것은?

① 중장기 연불방식에 의한 수출실적
② 한국수출입은행의 수출자금대출을 수혜받은 수출실적
③ 중계무역방식에 의한 수출실적
④ 특수조건 수출신용장을 통한 수출실적

25 무역금융 원자재자금의 융자시기가 아닌 것은?

① 수입어음 결제 시
② 수입대금 지급 시
③ 수입화물운임 지급 시
④ 수입대금을 위한 외국환은행 서류 도착 시

26 무역금융의 자금별 융자금액 산출 시 완제품 구매자금 공식은 무엇인가?

① 수출신용장 등의 금액 × 평균매매기준율 × 융자비율
② 내국신용장어음의 외화금액 × 평균매매기준율 × 융자비율
③ 외화가득액 × 평균매매기준율 × 융자비율
④ 수입어음금액, 수입대금 또는 내국신용장어음의 외화금액 × 평균매매기준율 × 융자비율

27. 내국신용장에 대한 설명으로 바르지 못한 것은?

① 무역금융 취급대상 수출실적이 있거나 외국으로부터 수출신용장 등을 받은 국내수출업자가 수출물품을 제조, 가공하는 데 소요되는 원자재 또는 수출용 완제품을 국내에서 원활하게 조달하기 위하여 융자대상 수출실적 또는 원수출신용장 등을 근거로 하여 원자재 또는 수출용 완재품의 국내공급업자를 수익자로 하여 개설되는 신용장이다.
② 수출신용장(Master L/C)과는 달리 국제간 무역거래에는 사용할 수 없으며, 수출에 제공하기 위한 국내업체 간 국내거래에서만 사용이 가능하다.
③ 부가가치세 영세율 적용은 배제된다.
④ 대금회수가 안정적이라는 특징이 있다.

28. 내국신용장에서 발행신청인에 대한 혜택이 아닌 것은?

① 원자재 또는 수출용 완제품 구매 시 무역금융 수혜
② 내국신용장에 의해 물품 구매 시 물품공급 후에 대금을 지급하므로 자금부담 경감
③ 은행의 지급보증으로 물품공급대금 회수보장
④ 내국신용장에서 정한 기일 내에 물품을 공급받으므로 수출 물품 확보에 원활화 가능

29. 내국신용장의 공급대상품목에 따른 종류가 아닌 것은?

① 순수원화표시 내국신용장
② 완제품 내국신용장
③ 임가공 내국신용장
④ 원자재 내국신용장

정답 및 해설

24 ④ 특수조건 수출신용장을 통한 수출실적은 무역금융이 가능하다.
25 ④ 수입대금을 위한 외국환은행 서류 도착 시는 융자시기 결정기간이 아니다.
26 ② 내국신용장어음의 외화금액 × 평균매매기준율 × 융자비율
27 ③ 부가가치세 영세율 적용이 가능하다.
28 ③ 은행의 지급보증으로 물품공급대금 회수보장은 수익자의 장점이다.
29 ① 순수원화표시 내국신용장은 표시통화에 따른 분류이다.

30. 내국신용장에서 수익자에 대한 혜택이 아닌 것은?

① 내국신용장을 융자대상증빙으로 하여 무역금융 수혜 가능
② 내국신용장에 의한 국내 공급실적은 무역금융 및 '대외무역법'상 수출실적으로 인정
③ 원자재 또는 수출용 완제품 구매 시 무역금융 수혜
④ 부가가치세 영세율 적용 및 관세 환급

31. 내국신용장의 특징이 아닌 것은?

① 내국신용장 개설신청인은 원수출신용장 등을 근거로 하여 수평적으로 다수의 내국신용장을 개설할 수 있을 뿐 아니라 물품의 제조·가공·유통과정이 여러 단계인 경우에는 각 단계별로 순차적으로 내국신용장의 개설이 가능하다.
② 국제무역거래에서 통용되고 있는 신용장과 마찬가지로 물품대금 회수를 위한 일람출급환어음이 발행되며 동 환어음의 매입 또는 추심을 통하여 대금이 결제되고 있다.
③ 내국신용장은 어음대금을 개설신청인이 자체자금으로 결제하는 '일람불 내국신용장'으로 일원화되어 운용된다.
④ 내국신용장은 국내업체 간에 통용되는 신용장이므로 원화금액을 기준으로 결제되어야 한다.

32. 무역금융의 자금별 융자금액 산출 시 생산자금을 계산하는 항목이 아닌 것은?

① 융자비율
② 외화가득액
③ 수출신용장 등의 금액
④ 평균매매기준율

33. 무역금융의 융자한도에 대한 설명으로 바르지 못한 것은?

① 무역금융의 융자한도란 특정기업이 각 자금별(생산자금, 원자재자금, 완제품 구매자금)로 융자취급은행에서 융자받을 수 있는 최고한도를 의미한다.
② 실적기준금융의 경우에는 수출신용장 등 개별증빙을 징구하지 않고 융자하는 제도이므로 업체별 수출규모를 감안한 융자한도의 설정이 필수적인 사항이다.
③ 신용장 기준금융의 경우에도 업체가 보유한 수출신용장 범위 내에서 과다한 지원이 발생하지 않도록 해야 한다.
④ 실적기준금융을 이용하는 업체에 대하여 과거실적 등을 감안하여 한국은행이 자율적으로 융자한도를 산정하여야 한다.

34 외화획득용 원료, 기재를 구매하려는 경우 또는 구매한 경우 외국환은행의 장 또는 '전자무역 촉진에 관한 법률' 제6조에 따라 산업통상부장관이 지정한 전자무역기반사업자가 내국신용장에 준하여 발급하는 증서를 무엇이라고 하는가?

① 내국신용장 ② 수출지시서
③ 구매확인서 ④ 수입화물선취보증서

35 구매확인서의 특징이 아닌 것은?

① 구매확인서는 내국신용장과 다르게 무역금융 융자가 불가능하다.
② 관련법규는 대외무역관리규정(산업통상부)를 따른다.
③ 발행(발급)기관은 외국환은행 또는 전자무역기반사업자이다.
④ 거래대상물품은 외화획득용 원료, 시설기재, 제품, 용역, 전자적 형태의 무체물을 포함한다.

36 내국신용장과 구매확인서의 가장 큰 차이점은 무엇인가?

① 세제상 혜택
② 공급실적의 무역금융 융자가능 여부
③ 공급실적의 수출실적 인정 여부
④ 은행의 지급보증

정답 및 해설

30 ③ 원자재 또는 수출용 완제품 구매 시 무역금융 수혜는 발행신청인의 장점이다.
31 ③ 내국신용장은 어음대금을 개설신청인이 자체자금으로 결제하는 '일람불 내국신용장'과 개설은행이 융자하여 결제하는 '기한부 내국신용장'으로 이원화되어 운용되고 있다.
32 ③ 수출신용장 등의 금액은 포괄금융에서 사용된다.
33 ④ 실적기준금융을 이용하는 업체에 대하여 과거실적 등을 감안하여 외국환은행이 자율적으로 융자한도를 산정하여야 한다.
34 ③ 구매확인서라고 한다.
35 ① 구매확인서는 내국신용장과 같이 무역금융 융자가 가능하다.
36 ④ 내국신용장만 은행의 지급보증이 수반된다.

37 구매확인서의 특징이 아닌 것은?

① 개설(발급)비용은 발급수수료가 발생한다.
② 관련법규는 무역금융취급세칙, 동 절차(한국은행)를 따른다.
③ 발행(발급)기관은 외국환은행 또는 전자무역기반사업자이다.
④ 거래대상물품은 외화획득용 원료, 시설기재, 제품, 용역, 전자적 형태의 무체물을 포함한다.

38 내국신용장 중 신용장기준금융 시 징구서류가 아닌 것은?

① 전자문서교환방식 내국신용장 발행신청서
② 원수출신용장 등의 원본 및 사본
③ 대행계약서(완제품 대행 시)
④ 수입화물선취보증서

39 내국신용장의 조건에 대한 설명이다. 가장 바르지 못한 것은?

① 양도가 불가능한 취소불능 신용장이어야 한다.
② 내국신용장의 금액은 물품대금 전액으로 한다.
③ 환어음매입 시의 환율이 발행 시와 다를 경우 부기 외화금액을 어음매입 현재의 매매기준율로 환산한 금액으로 해야 한다.
④ 유효기일은 물품의 인도기일에 최장 7일을 가산한 기일 이내여야 한다.

40 내국신용장에서 발행신청인에 대한 혜택이 아닌 것은?

① 내국신용장을 융자대상증빙으로 하여 무역금융 수혜 가능
② 내국신용장에 의해 물품 구매 시 물품공급 후에 대금을 지급하므로 자금부담 경감
③ 원자재 또는 수출용 완제품 구매 시 무역금융 수혜
④ 내국신용장에서 정한 기일 내에 물품을 공급받으므로 수출 물품 확보에 원할화 가능

41 무역어음제도에 대한 설명이다. 가장 바르지 못한 것은?

① 무역어음의 인수는 지급보증, 할인은 할인어음에 준하여 업무처리한다.
② 선적기일이 각각 틀린 수개의 신용장 등을 통합하여 1매의 무역어음을 발행하는 경우 최종 선적기일이 가장 늦은 신용장 등을 기준으로 하여 지급기일을 정할 수 있다.
③ 무역어음의 지급기일은 신용장 등의 유효기일 범위 내에서 최종 선적기일(내국신용장의 경우 물품의 인도기일)에 5일을 가산한 기일 이내로 한다.
④ 환어음 법적 기재사항(어음법 제1조)이 모두 충족되어야 유효한 환어음이 된다.

42 내국신용장의 특징이 아닌 것은?

① 내국신용장 개설신청인은 원수출신용장 등을 근거로 하여 수평적으로 다수의 내국신용장을 개설할 수 있을 뿐 아니라 물품의 제조·가공·유통과정이 여러 단계인 경우에는 각 단계별로 순차적으로 내국신용장의 개설이 가능하다.
② 국제무역거래에서 통용되고 있는 신용장과 마찬가지로 물품대금 회수를 위한 일람출급환어음이 발행되며 동 환어음의 매입 또는 추심을 통하여 대금이 결제되고 있다.
③ 내국신용장은 어음대금을 개설신청인이 자체자금으로 결제하는 '일람불 내국신용장'과 개설은행이 융자하여 결제하는 '기한부 내국신용장'으로 이원화되어 운용되고 있다.
④ 내국신용장은 국내업체 간에 통용되는 신용장이지만 거래 금액은 외화금액을 기준으로 결제되어야 한다.

정답 및 해설

37 ② 관련법규는 대외무역관리규정(산업통상부)을 따른다.
38 ④ 수입화물선취보증서는 징구서류가 아니다.
39 ④ 유효기일은 물품의 인도기일에 최장 10일을 가산한 기일 이내여야 한다.
40 ① 내국신용장을 융자대상증빙으로 하여 무역금융 수혜 가능은 수익자의 장점이다.
41 ③ 최종 선적기일(내국신용장의 경우 물품의 인도기일)에 10일을 가산한 기일 이내로 한다.
42 ④ 내국신용장은 국내업체 간에 통용되는 신용장이므로 원화금액을 기준으로 결제되어야 한다.

43

환어음 법적 기재사항이 아닌 것은?

① 증권의 본문 중에 그 증권의 작성에 사용하는 국어로 환어음임을 표시하는 문자
② 지급인의 명칭 : 은행이 인수하는 경우에는 '(주)○○은행 귀하'로 표시
③ 일정한 금액을 지급할 뜻의 무조건의 위탁
④ 대가수취문구

정답 및 해설

43 ④ 대가수취문구는 임의 기재사항이다.

memo

02 외화대출

▶ 접근전략 및 기출트렌드

외화대출의 경우 무엇보다 중요한 것이 무역금융에서 대출이 금지된 경우를 외화대출에서 가능한 대출의 유형을 기억해야 합니다. 외화대출의 위험관리는 환율 변동에 따른 위험변동과 그에 따른 담보가치 추가 요구 / 이자율 상승에 대해서 공부해야 한다. 외화대출 금리 결정은 상대적으로 출제 비중이 낮다. 외화대출약정시 중요한 내용은 대출 실행시 각종 규제인 COVENANT를 기억하고 있어야 한다.

▶ 출제빈도

단원	주제	학습중요도	출제비율
1절	외화대출	★★	10%
2절	외화대출 위험관리	★★★★★	40%
3절	외화대출 금리결정	★★	10%
4절	외화대출 약정 및 실행	★★★★	30%
5절	사후관리	★★	10%

▶ 체크리스트

체크리스트	기본서 상세페이지
외화대출 개념에 대해 알고 있다.	P.181 ~ P.191
외화대출 위험관리 요인, 관리, 심사, 위험분석에 대해 알고 있다.	P.192 ~ P.211
대출금리결정 구성요소 및 체계에 대해 알고 있다.	P.212 ~ P.214
외화대출 약정 및 실행 프로세스에 대해 알고 있다.	P.215 ~ P.217

2025 외환전문역 II종 3주 완성 문제집

외환관련여신 제3과목

제2장

외화대출

핵심정리 문제

01 다음 중 외화대출의 자금용도로 옳지 않은 것은?
① 외화표시 내국신용장 결제자금
② 해외조달 채권만기 상환자금
③ 수입 USANCE L/C 결제자금
④ 해외투자자금

출제포인트
외화표시 내국신용장 결제자금은 해당하지 않는다.

정답 ❶

02 외화대출에 대한 설명 중 바르지 못한 것은 다음 중 어느 것인가?
① 국내 수입업자가 수입중개업체를 통하여 물품을 수입하는 경우 수입대금결제 용도로 외화대출을 받을 수 있다.
② 국내 수출기업이 환헤지 목적으로 가입한 KIKO 등 통화옵션 결제 자금 및 중소제조업체 시설자금에 대해서는 외화대출 취급이 허용된다.
③ 외화대출의 해외실수요 용도제한은 외국환 은행의 외화대출금 계정과 대내외화사모사채 대해서만 적용된다.
④ 외화사모사채는 국내에서 발행한 외화사모사채로서 외국환은행이 취득 또는 인수한 것으로 본질적으로 외화대출과 성격이 동일하다.

출제포인트
국내 수입업자가 수입중개업체를 통하여 물품을 수입하는 경우 수입대금결제 용도로 외화대출을 받을 수 없다.

정답 ❶

03 D사는 미화 1억달러의 변동금리부 외화대출을 신청하여 심사 진행 중이다. 다음 중 금융소비자 보호를 위하여 은행이 차주에게 리스크관리를 할 수 있도록 행하는 절차로 옳은 것은?

① 변동금리 외화대출의 금리리스크를 축소할 수 있는 금리스왑거래는 가급적 차주에게 권유하지 않는다.
② 선물환, 통화옵션 및 무역보험공사의 환변동보험 등 환헤지 상품을 통해 환리스크를 축소할 수 있도록 은행의 리스크관리를 위해 반드시 가입시킨다.
③ 차주의 의사와 관계없이 대출기간 중 환율 및 금리변동현황을 주기적으로 제공한다.
④ 대출실행 이전에 리스크요인에 대한 질문 형식의 위험고지 확인서를 고객의 자필서명을 포함하여 제출받는다.

출제포인트
① 변동금리 외화대출의 금리리스크를 축소할 수 있는 금리스왑거래는 고객에게 상품을 안내하고 고객이 선택하도록 한다.
② 선물환, 통화옵션 및 무역보험공사의 환변동보험 등 환헤지 상품을 통해 환리스크를 축소할 수 상품을 안내하고 고객이 선택하도록 한다.
③ 차주가 원하는 경우 대출기간 중 환율 및 금리변동현황을 주기적으로 제공한다.

정답 ④

04 무역금융(원화대출) 지원불가 대상 항목 아닌 것은 다음 중 어느 것인가?

① USANCE L/C, D/A 및 O/A 방식 원자재수입결제자금 지원불가
② 중계무역에 소요되는 완제품 수입대금
③ 위탁가공무역에 소요되는 원재료 수입대금 및 해외현지 임가공비 지원불가
④ 원자재 수입용 Sight L/C 결제

출제포인트
원자재 수입용 Sight L/C 결제는 지원이 가능하다.

정답 ④

05 다음 중 외화대출 시 대출통화에 대한 설명으로 가장 옳지 않은 것은 어느 것인가?

① 외화대출 한도는 소요자금 범위 내로 하되 채무자가 자기자금을 이미 지급한 금액이 있으면 이를 소요자금에서 차감하는 것이 원칙이다.
② 외화대출은 원화로 대출을 취급해야 한다.
③ 일반적으로 표시통화는 금융기관별로 상이하지만 고시통화, 즉 환율이 고시되는 주요국 통화(미 달러화, 일본 엔화, 유로화 등)로 대출통화를 제한하고 있는 것이 일반적이다.
④ 수입결제자금 용도대출의 경우에 외화대출의 통화와 실제로 결제해야 할 수입어음의 결제통화가 서로 상이한 경우에는 산식에 의해 산출된 금액을 외화대출의 원금으로 한다.

출제포인트
외화로 대출을 취급해야 한다.

정답 ②

06 외국환은행 자체자금에 의한 외화대출 시 기준금리에 포함되지 않는 항목은 무엇인가?

① 한국은행 수탁금리
② 고객별 가산율(Spread)
③ 기준금리(3M or 1M 변동금리)
④ 조달코스트

출제포인트
한국은행 수탁금리는 포함되지 않는다.

정답 ①

07 외화대출에 대한 설명이다. 가장 바르지 못한 것은?

① 외화대출은 고객의 실제 자금소요시기와는 별도로 반드시 최초 정한 대출일자에 실행되어야 한다.
② 외화대출 취급 시 관련 거래증빙서류는 원본을 징구하여 자금용도에 대해 적합성 여부를 확인한다.
③ 대출취급 후 고객으로부터 대출금 사용내역 및 사용증빙자료를 제출받아 대출금 용도에 적합하게 사용되었는지 확인하여야 한다.
④ 거래증빙서류 원본에 외화대출 취급사실을 기재 후 사본은 보관하고 원본은 고객에게 반납한다.

출제포인트
외화대출은 고객의 실제 자금소요시기(지급시점 또는 대외송금시점)에 맞추어 대출을 실행하여야 한다.

정답 ①

08 외화대출 리스크 요인 중 은행 및 고객의 위협요인이 아닌 것은 다음 중 어느 것인가?

① 환율이 상승하면 환율이 상승한 비율만큼 원화로 환산한 외화대출의 원금 및 이자가 증가
② 변동금리 외화대출의 기준금리의 상승
③ 환율이 하락하여 담보로 제공된 부동산, 유가증권, 예금 등 담보물의 담보여력의 부족
④ 외화대출을 실행한 은행의 글로벌 금융위기와 같은 국제금융환경 변화로 인해 외화조달 비용의 상승

출제포인트
환율이 상승하여, 원화로 환산한 외화대출의 원금이 증가하면 담보로 제공된 부동산, 유가증권, 예금 등 담보물의 담보여력의 부족으로 차주는 추가 담보물을 보충하거나 담보 부족액만큼 대출금을 상환하여야 한다.

정답 ③

다음 중 외화대출의 금리운용에 대한 설명으로 가장 옳지 않은 것은 어느 것인가?

① 은행의 자체 조달자금을 재원으로 하는 외화대출 금리는 주요 국제금융시장의 금리 및 각 행의 외화여신업무 취급비용 등에 따라 조금씩 다르므로 일률적으로 정하기는 어려우나 대출금리는 기간별 기준금리와 각 행 내부금리 기준금리로 크게 나누어진다.
② 한국은행 수탁자금에 의한 외화대출은 한국은행 수탁금리를 기준으로 한다.
③ 외국환은행 자체자금에 의한 외화대출의 경우 기준금리이나 내부금리 기준금리를 사용한다.
④ 외화대출의 이자는 보통 1개월 단위로 후취가 일반적이나 각 행의 외화대출 취급기준에 따라 다양하게 수입할 수 있다. 다만, 한국은행 수탁자금에 의한 외화대출은 6개월 단위로 후취하고 있다.

출제포인트
3개월 단위가 일반적이다.

정답 ❹

 외화대출의 환리스크를 축소할 수 있는 방법이 아닌 것은 다음 중 어느 것인가?
① 통화 선물환
② 통화옵션
③ 스캘퍼
④ 무역보험공사의 환변동보험

출제포인트
스캘퍼는 증권시장에서의 초단타 매매자로 투기거래자를 말한다.

정답 ❸

외화대출 금융소비자 보호강화에 대한 설명이다. 가장 바르지 못한 것은?

① 은행은 외화대출 고객이 원하는 경우 대출기간 중 환율 및 금리 변동현황 등 고객의 환리스크 관리에 필요한 정보를 주기적으로 제공하여야 한다.
② 은행은 고객에게 외화대출 관련 리스크를 사전에 고지해야 한다.
③ 질문 형식의 '위험고지 확인서'를 고객의 자필서명을 포함하여 제출받아야 한다.
④ '위험고지 확인서'를 고객의 자필서명을 받은 경우 외화대출의 리스크 요인을 구체적으로 설명한 안내책자(handbook)를 차주에게 교부하지 않아도 무방하다.

> **출제포인트**
> 외화대출의 리스크 요인을 구체적으로 설명한 안내책자(handbook)를 차주에게 교부하여야 한다.
>
> 정답 ④

 무역보험공사의 보험증권 담보취득에 대한 설명 중 옳지 않은 것은 다음 중 어느 것인가?

① 해외사업금융보험은 금융지원대상을 해외현지법인을 대상으로 하고 있다
② 해외사업금융보험은 국내기업이 설립한 해외현지법인이 공장설립 등 시설자금을 조달하는 경우에 사용되며 금융기관이 보험계약자로서 비거주자인 해외현지법인에게 직접 장기외화대출을 지원한다.
③ 해외투자보험(투자금융)은 해외직접투자를 하고자 하는 국내 기업이 해외투자에 필요한 외화자금을 보험계약자인 금융기관으로부터 지원 받을 수 없다.
④ 해외투자보험(투자금융)은 국내의 해외투자기업을 대상으로 하고 있다.

> **출제포인트**
> 해외투자보험(투자금융)은 해외직접투자를 하고자 하는 국내 기업이 해외투자에 필요한 외화자금을 보험계약자인 금융기관으로부터 지원 받을 수 있다.
>
> 정답 ③

13 수출입기업을 대상으로 외화대출을 제공하는 경우 신용위험 경감을 위해 외국환은행이 활용할 수 있는 방법으로 옳지 않은 것은?

① 모기업 등의 연대보증 또는 담보제공
② 보증신용장 담보 취득
③ 무역투자진흥공사(KOTRA)의 보험증권 담보취득
④ 신디케이트론을 활용한 위험 분산

출제포인트
국내기업의 수출입거래 등에 소요되는 외화대출 지원을 위해 보험증권을 발급하는 기관은 무역보험공사(K-SURE)이다.

정답 ③

 14 외화 대출을 받은 자로부터 해당 대출금을 지체없이 회수해야 하는 경우에 해당하는 경우는 어떤 것인가?

가. 차주의 부도가 발생한 경우
나. 외화대출이 용도와 다르게 사용된 경우
다. 대출관련 서류가 허위로 작성된 경우
라. 신용불량거래처 규제의 경우

① 나, 다
② 가, 나
③ 다, 라
④ 가, 라

출제포인트
대출관련 서류가 허위로 작성된 경우, 외화대출이 용도와 다르게 사용된 경우, 위변조한 사실이 발견되었을 때 대출금은 기한의 이익을 상실하고 즉각 회수해야 한다.

정답 ①

다음 중 외화대출 사후관리에 대한 설명으로 가장 옳지 않은 것은 어느 것인가?

① 각 은행은 외화대출이 용도 외로 사용되지 않도록 외화대출 취급 시 자금용도를 유선으로 확인하여야 한다.
② 외화대출의 자금용도 확인결과 대출금을 용도 외로 사용하였거나 대출관련 서류를 허위로 작성하여 위·변조한 사실이 발견된 경우에는 해당 대출금을 지체 없이 회수하여야 한다.
③ 대출취급 후에도 용도의 유용 여부를 확인하여야 한다.
④ 한국은행 수탁자금에 의한 외환대출을 기한 전에 회수하거나 특별한 사유에 해당하는 경우에는 관련 담당부서에 즉시 통지하여 한국은행 수탁자금의 상환이 지연되지 않도록 해야 한다(지연 시 한국은행으로부터 범칙금이 부과됨).

출제포인트
서면으로 확인해야 한다.

정답 ①

02장 출제예상 문제

01 외화대출의 자금용도가 아닌 것은?
① 해외실수요목적자금 용도
② 수입결제자금
③ 중소제조업체에 대한 국내시설자금대출
④ 해외이주자금

02 외화대출 지원대상 불가 항목은 다음 중 어느 것인가?
① usance L/C D/A 및 O/A 방식 원자재수입결제대금
② 중계무역에 소요되는 완제품 수입대금
③ 위탁가공무역에 소요되는 원재료 수입대금 및 해외현지 임가공비 중 해외 실수용이 아닌 대금
④ 해외 완제품 수입대금

03 비거주자 대상 외화대출에 대한 설명 중 옳지 않은 것은 다음 중 어느 것인가?
① 외국환은행이 비거주자를 대상으로 외화대출을 지원할 때에는 [외국환거래법]등에 따라 엄격하고 제한되게 취급해야 한다.
② 비거주자 대상 외화대출은 국내법인의 해외현지법인 또는 순수 비거주자인 외국기업 등에게 지원할 수 있다.
③ 은행은 국내 모회사의 해외현지법인 등을 대상으로 외화자금을 지원할 경우 국내 은행이 직접 대출하거나 해외지점을 통해서 운전자금 또는 시설자금 등을 지원할 수 있다.
④ 비거주자에 대한 외화대출 시 일반적으로 당사자 간 영문계약서를 작성하고 외국 법률 및 조세관련 검토 등을 위해 법무법인 등의 법률자문을 거쳐 대출약정을 체결한다.

04 외화대출의 자금용도 중 해외실수요목적자금에 해당하지 않는 것은?
① 국내시설자금대출
② 해외투자자금
③ 수입결제자금
④ 해외차입금 상환자금

05 외화대출에 대한 설명이다. 가장 바르지 못한 것은?
① 외화대출 한도는 소요자금 범위 내로 하되 채무자가 자기자금을 이미 지급한 금액이 있으면 이를 소요자금에서 차감하는 것이 원칙이다.
② 외화대출은 자금의 용도 및 채무자의 자금사정 등을 감안하여 금융기관이 정한 기준에 따른다.
③ 공장 신·증축을 포함한 장기 시설자금대출은 1년 이내이다.
④ 운전자금은 1년 이내의 단기 외화자금대출로 취급한다.

06 대출기간 중 외화대출 차주가 외화대출의 전부 또는 일부를 원화대출로 전환할 수 있는 옵션을 무엇이라고 하는가?
① 환율변동보험옵션
② 레인지포워드
③ KIKO
④ 통화전환율옵션

정답 및 해설

01 ④ 해외이주자금은 외화대출 자금용도에 해당되지 않는다.
02 ③ 위탁가공무역에 소요되는 원재료 수입대금 및 해외현지 임가공비 중 해외 실수용이 아닌 대금 지원불가 항목이다.
03 ① 외국환은행이 비거주자를 대상으로 외화대출을 지원할 때에는 [외국환거래업무 취급세칙] 등의 자금용도 제한 적용을 받지 않고 각 행 내부규정에 따라 취급한다.
04 ① 국내시설자금대출은 해당되지 않는다.
05 ③ 공장 신·증축을 포함한 장기 시설자금대출은 현금흐름을 기초로 상환재원에 맞추어 적정하게 운용된다.
06 ④ 통화전환율옵션이라고 한다.

07 외화대출에 대한 설명이다. 가장 바르지 못한 것은?

① 외화대출 한도는 소요자금 범위 내로 하되 채무자가 자기자금을 이미 지급한 금액이 있으면 이를 소요자금에서 차감하는 것이 원칙이다.
② 외화대출은 고객의 실제 자금소요시기(지급시점 또는 대외송금시점)에 맞추어 대출을 실행하여야 한다.
③ 대출취급 후 고객으로부터 대출금 사용내역 및 사용증빙자료를 제출받아 대출금 용도에 적합하게 사용되었는지 확인하여야 한다.
④ 한국은행 수탁자금에 의한 외화대출은 국제금융시장의 금리를 기준으로 한다.

08 외화대출은 대부분 변동금리로 운용되는 경우 변동금리 위험을 헷지하기 위해 가입해야 할 환리스크 상품은 무엇인가?

① 외환스왑
② 금리플로우
③ 통화스왑
④ 이자율스왑

09 외화대출에 대한 설명이다. 가장 바르지 못한 것은?

① 외국환은행 자체자금에 의한 외화대출 계산 시 공식은 기준금리+조달코스트+고객별 가산율(Spread)로 계산이 되며 이때 조달코스트는 시장금리스프레드에 자금만기 스프레드를 차감한 것이다.
② 대출금리는 기간별 기준금리와 각 행 내부금리 기준금리로 크게 나누어진다.
③ 한국은행 수탁자금에 의한 외화대출은 한국은행 수탁금리를 기준으로 한다.
④ 외화대출의 금리운용 시 은행의 자체 조달자금을 재원으로 하는 외화대출 금리는 주요 국제금융시장의 금리 및 각 행의 외화여신업무 취급비용 등에 따라 조금씩 다르므로 일률적으로 정하기는 어렵다.

10 무역보험공사의 보험증권 담보취득에 대한 설명 중 옳지 않은 것은 다음 중 어느 것인가?

① 무역보험공사는 국내기업의 수출입거래 및 해외투자사업 등에 소요되는 외화대출 지원을 위해 국내외금융기관을 보험계약자로 하여 보험증권 등을 발급해주고 있다.
② 수입보험(금융기관용)은 국내 수입업체가 주요 자원 등을 수입하고자 할 때 국내금융기관을 보험계약자로 하여 수입에 필요한 지급보증 및 수입대금 결제자금(대출기간 1년 이내)을 지원 받을 수 있으며 대출금이 상환 되지 못하는 경우 보험계약자의 손실을 보상한다.
③ 수입보험(금융기관용)은 수입대상 품목을 철, 동, 아연, 주석, 니켈, 석탄, 원유 등 주요 자원, 시설재 및 첨단제품 뿐만 아니라 중계무역거래의 수입대상 품목에 해당되는 경우도 보상한다.
④ 중장기 수출보험(구매자신용)은 결제기간이 2년을 초과하는 선박 및 항공기부품 등 자본재 수출지원과 관련하여 해외발주처에게 필요한 수입대금을 국내외 금융기관으로부터 장기 외화자금을 저리에 차입할 수 있도록 보증을 지원하며 해외수입자의 비상위험 및 신용위험을 담보한다.

11 외화대출 금리결정에 대한 설명 중 옳지 않은 것은 다음 중 어느 것인가?

① 외화대출 금리의 대부분이 변동금리로 되어 있다.
② 변동금리 체계는 기준금리에 가산금리를 더해서 정하고 대출약정기간 중 기준금리가 변하면 일정 기간별로 기준금리에 연동하여 여신금리도 변동하는 구조이다.
③ 시설자금대출금은 기금 등 출연금부담 제외대상 외화대출금이다.
④ 금융회사 등이 외국에서 설치한 지점, 대리점, 그 밖의 영업소 또는 사무소가 현지에서 대출한 대출금은 신용보증기금, 기술신용보증기금 및 지역신용보증재단 등 앞으로 일정요율의 출연금을 정기적으로 납부하고 있다.

정답 및 해설

07 ④ 한국은행 수탁자금에 의한 외화대출은 한국은행 수탁금리를 기준으로 한다.
08 ④ 이자율스왑을 체결하면 된다.
09 ① 조달코스트는 시장금리스프레드에 자금만기 스프레드를 가산한 것이다.
10 ③ 수입보험(금융기관용)은 수입대상 품목을 철, 동, 아연, 주석, 니켈, 석탄, 원유 등 주요 자원, 시설재 및 첨단제품 등으로 한정하고 있으며, 중계무역거래는 수입대상 품목에 해당되더라도 보상하지 않는다.
11 ④ 금융회사 등이 외국에서 설치한 지점, 대리점, 그 밖의 영업소 또는 사무소가 현지에서 대출한 대출금은 출연금 납부 제외 대출금이다.

12 출연금 제외 대상 외화대출금이 아닌 것은 다음 중 어느 것인가?
① 시설자금대출금
② 금융회사 등이 외국에서 설치한 지점, 대리점, 그 밖의 영업소 또는 사무소가 현지에서 대출한 대출금
③ 운전자금대출
④ 수입대금 결제를 위하여 수입기업과 거래하는 금융회사 등이 그 기업의 상대방에게 직접 송금하는 방식으로 이루어지는 수입기업에 대한 대출금으로서 상환기간이 1년이하인 것

13 외화대출의 사후관리에 대한 설명이다. 가장 바르지 못한 것은?
① 외화대출이 용도 외로 사용되지 않도록 외화대출 취급 시 자금용도를 서면으로 확인하여야 한다.
② 대출취급 후에도 용도의 유용 여부를 확인하여야 한다.
③ 부도발생의 경우 대출금의 기한의 이익을 상실해야 한다.
④ 대출금을 용도 외로 사용하였거나 대출관련 서류를 허위로 작성하여 위·변조한 사실이 발견된 경우에는 해당 대출금을 지체 없이 회수하여야 한다.

14 외화대출의 사후관리에 대한 설명이다. 가장 바르지 못한 것은?
① 은행은 대출 실행 이전에 외화대출의 구조 및 리스크를 충분히 설명하고 리스크 요인에 대한 질문 형식의 '위험고지 확인서'를 고객의 자필서명을 포함하여 제출받아야 한다.
② 각 행은 외화대출이 용도 외로 사용되지 않도록 외화대출 취급 시 자금용도를 서면으로 확인하여야 한다.
③ 은행은 외화대출의 위험고지가 적정하였는지 여부에 대해 사후점검을 하여야 한다.
④ 외화대출의 사후관리 시 후취담보 취득은 불가능하기 때문에 최초 대출 시 취급을 철저하게 해야 한다.

15 한 개의 대출 은행이 부담하기에 대출 규모가 크거나 외화자금 조달에 제약이 있는 경우 주간 은행이 참여 은행을 모집하여 구성된 대주단이 하나의 대출약정서를 통해 공통의 조건으로 차주에게 대출하는 방식을 무엇이라고 하는가?

① 파이낸스 프로젝트 ② 신디케이티드론
③ 포페이팅 ④ O/A Nego

16 외화대출에 대한 설명이다. 가장 바르지 못한 것은?
① 외화대출의 이자는 보통 3개월 단위로 후취가 일반적이다.
② 이자는 대출원금에 해당 이율과 대출일수를 곱한 후 365일로 나누어 산정한 외화로 징수한다.
③ 자체 조달자금으로 외화대출을 취급하는 경우 외화대출 원금을 대상으로 대출실행일 전일까지의 기간에 대하여 일정률의 약정수수료를 대출취급일자에 징구한다.
④ 각 행의 외화대출 취급기준에 따라서 면제가 가능하고 일부 은행은 약정수수료를 받지 않는 경우도 있다.

17 대출 금융기관이 채무자에게 여신지원시 사용하는 안정장치로 활용되는 것으로서 대출자금의 사용제한, 재무비율 등의 유지 담보권 설정 등의 제한 자산의 제처분제한 등이 해당되는 것은 무엇인가?

① covenants ② F/X SWAP
③ 환율변동보험 ④ 타겟포워드

정답 및 해설

12 ③ 운전자금대출은 출연금 출연 대출이다.
13 ③ 부도발생의 경우 대출금의 기한의 이익 상실사유가 아니다.
14 ④ 외화대출의 사후관리 시 후취담보 취득이 가능하다.
15 ② 신디케이티드론이라고 한다.
16 ② 이자는 대출원금에 해당 이율과 대출일수를 곱한 후 360일로 나누어 산정한 외화로 징수한다.
17 ① 특별약정(covenants)체결이라고 한다.

18 여선거래 약정서상 특별약정에 해당하지 않는 것은 무엇인가?

① 자산의 처분제한
② 재무비율 등의 유지
③ 담보권 설정 등의 제한
④ 변동 금리의 적용

정답 및 해설

18 ④ 변동 금리의 적용은 해당되지 않는다.

memo

03 외화지급보증

▶ 접근전략 및 기출트렌드

외화지급보증은 3과목에서 출제비중이 높은 장이다. 3과목은 1장과 3장에서 거의 다 출제가 된다고 해도 무방하다. 모든 내용을 숙지하고 있어야 하며, 보증의 차이점, STANDBY L/C, DEMAND GUARANTEE 차이점 및 사용방법, 발행주체의 정의 등을 모두 정확히 숙지하고 있어야 합니다. 보증서 발급시 유의사항과 발행시 은행에게 불리한 조항을 철저하게 구분을 해야 합니다. 또한 국제규칙의 비교도 많이 출제가 됩니다. UCP 600, ISP 98, URDG758의 차이점을 모두 숙지하고 있어야 합니다.

▶ 출제빈도

단원	주제	학습중요도	출제비율
1절	외화지급보증	★★★★★	40%
2절	외화지급보증서 발행절차	★★★★★	40%
3절	외화지급보증의 실무적용 사례	★★★★	20%

▶ 체크리스트

체크리스트	기본서 상세페이지
외화지급보증 개념에 대해 알고 있다.	P.231 ~ P.278
외화지급보증서 발행절차를 이해하고 있다.	P.279 ~ P.311
외화지급보증 실무적용 사례를 읽어보았다.	P.312 ~ P.324

외환관련여신 제3과목

제3장

외화지급보증

 핵심정리 문제

 다음 중 지급보증과 은행지급보증에 대한 설명으로 가장 옳지 않은 것은 어느 것인가?

① 돈을 빌려줄 사람이 빌리는 사람의 상환능력을 믿지 못하는 경우 돈을 빌리는 사람(채무자)은 제3자(보증인)에게 대신하여 갚아 줄 것을 부탁을 하고 보증인이 채권자에게 이러한 상환약속을 하게 되면 채권자는 보증인을 믿고 돈을 빌려주는 것을 보증이라고 한다.

② 지급보증은 채권자와 채무자 이외의 제3자(보증인)가 채권자와 채무자의 거래에 관하여 채무자의 요청에 따라 채권자에게 현재 부담하고 있거나 장래에 부담하게 될 채무자에 대하여 그 지급에 대한 보증을 하는 것을 말한다. 만약 채무자가 계약을 이행하지 못하면 채권자의 지급청구에 대하여 보증인이 대신 채무이행을 하는 것을 지급보증이라고 한다.

③ 은행지급보증은 은행거래자(채무자)가 거래 상대방(채권자)에게 부담하고 있는 채무의 지급을 은행이 보증하고 채무자의 채무불이행에 대해 이행할 2차적 책임을 지는 것을 내용으로 하는 채권자와 보증인(은행) 간 보증계약을 뜻한다.

④ 지급보증서의 발행은 직접적인 자금부담이 있는 신용공여 여신행위이므로 채무자가 보증기일 내에 주채무를 상환하지 못하는 경우 은행이 즉시 보증채무를 이행(대지급)해야 한다.

출제포인트
지급보증서의 발행은 직접적인 자금부담 없는 신용공여 여신행위이다.

정답 ❹

상업신용장의 특징이 아닌 것은?

① 상업신용장은 주로 물품의 거래에 한정하여 개설된다.
② 상업신용장(Commercial Credit)은 일반적으로 선하증권 등 선적서류를 요구한다.
③ 상업신용장은 수익자가 기초계약상 채무불이행에 따른 불이행진술서 등을 제시하면 무조건으로 지급하는 것이 일반적이다.
④ 상업신용장은 계약의 이행에 대하여 지급할 목적으로 개설한다.

출제포인트
보증신용장에 대한 설명이다.

정답 ③

 보증신용장(Standby L/C)의 차이점으로서 청구보증에 대한 설명으로 옳지 않은 것은?

① 무역외거래의 결제 또는 금융의 담보 또는 각종채무이행의 보증을 그 주된 목적으로 하여 발행되는 신용장을 말한다.
② 보증신용장은 주채무와는 별개의 독립된 채무이다.
③ 선수금보증은 계약에 의해 미리 정해진 방법대로 대금이 지급되지 않았을 때를 대비하여, 대금지급을 2차적으로 보장할 목적으로 사용되는 보증신용장이다.
④ 수익자가 당해 신용장상의 지시에 따라 제2차의 다른 신용장을 발행함에 있어 부담하여야 하는 채무를 담보할 목적으로 사용되는 보증신용장은 구상보증이다.

출제포인트
1차적으로 보장해 주는 신용장이다.

정답 ③

04 다음 중 Standby L/C(보증신용장)에 대한 설명으로 가장 옳지 않은 것은 어느 것인가?

① Standby L/C는 '보증신용장'이라 하며 일반적으로 수출입 물품대금을 결제할 목적으로 개설되는 상업신용장(Commercial Credit)이 아닌 금융의 담보 또는 채무보증의 목적 등 주로 무역외 거래에 사용된다. 통상적으로 6차 개정 신용장통일규칙(UCP 600) 또는 보증신용장통일규칙(ISP98) 등을 적용하여 개설되고 있다.
② Standby L/C는 기업이 해외로 진출하여 현지국가에서 자금을 차입하기 위한 담보용도로 많이 사용되고 있으며, 즉 Standby L/C는 단순한 은행보증의 기능을 넘어 건설용역공사 계약에 따른 이행보증신용장, 대출계약에 따른 기능을 수행하고 있다.
③ 원채무자인 개설의뢰인이 채무를 이행하지 않을 경우에 채무불이행진술서(Statement of default)와 일람불(at sight) 환어음을 개설은행에 제시함으로써 신용장의 금액 범위 내에서 수익자에게 지급하도록 하는 상업신용장의 형식을 도입한 것이다.
④ Standby L/C는 일반적으로 선하증권 등 선적서류를 요구한다.

출제포인트
Standby L/C는 일반적으로 선하증권 등 선적서류를 요구하지 않는다. 다만 수익자(beneficiary)가 개설의뢰인(applicant)이 기초계약상 채무를 불이행 또는 상환하지 아니하였다는 사실을 증명하는 서류(청구사유진술서 : Statement of drawing right)를 요구한다.

정답 ❹

 05 환어음뿐만 아니라 그 이외의 서류(운송서류, 상업송장, 채무불이행선언서 등)도 요구하는 신용장을 무엇이라고 하는가?

① Documentary Credit
② Standby Letter of Credit
③ Clean Credit
④ Commercial Credit

출제포인트
Documentary Credit(화환신용장)이라고 한다.

정답 ❶

다음 중 신용장의 종류와 개념에 대한 설명으로 가장 옳지 않은 것은 어느 것인가?

① 화환신용장(Documentary Credit)은 환어음뿐만 아니라 그 이외의 서류(운송서류, 상업송장, 채무불이행선언서 등)도 요구하는 신용장을 말한다.
② 클린 신용장(Clean Credit)은 환어음 이외의 서류를 요구하지 않는 신용장을 의미한다.
③ 보증신용장에서 수익자가 발행한 채무불이행선언서의 제시를 요구하지 않고 단지 환어음만 요구하면 'Clean Credit'이 아니라 화환신용장이다.
④ 주로 입찰보증, 계약이행보증, 선수금환급보증 등 무역외거래에 사용되나, 무역거래의 상업보증(Commercial Standby L/C) 또는 직접 결제수단(Direct Pay Standby L/C) 등으로 사용되기도 한다.

> **출제포인트**
> 'Clean Credit'이다.
>
> 정답 ❸

 Bank Guarantee의 성격에 대한 설명으로 가장 바르지 못한 것은?

① 일반 보증채무는 부종성을 갖기 때문에 유효한 채무의 존재를 전제로 한다.
② 최고·검색의 항변권이 있다.
③ 주채무자의 상계권에 근거한 항변권이 없다.
④ 주채무 부존재 및 소멸의 항변권이 없다.

> **출제포인트**
> 최고·검색의 항변권이 없다.
>
> 정답 ❷

다음 중 Bank Guarantee(은행보증)에 대한 설명으로 가장 옳지 않은 것은 어느 것인가?

① 일반 보증채무는 부종성을 갖기 때문에 유효한 채무의 존재를 전제로 하며, 보증인은 채무자의 항변으로 채권자에게 대항할 수 있으나 은행보증은 독립적(Independent) 은행보증으로, 계약위반 또는 채무불이행사실에 대한 조사 또는 증명을 필요로 하지 않고 채권자의 단순한 진술서(simple statement)만으로 채권자에게 일정금액을 지급하여야 하는 무조건적(unconditional)이며 절대적(absolute)인 보증이다.
② 청구보증은 주채무의 부존재 및 소멸의 항변권을 가진다.
③ 연대보증은 주채무자의 취소권·해지권에 근거한 항변권을 가진다.
④ 일반보증은 최고·검색의 항변권을 가진다.

출제포인트
주채무의 부존재 및 소멸의 항변권을 가지지 못한다.

정답 ❷

 Standby L/C와 Demand Guarantee의 차이점에 대한 설명이다. 가장 바르지 못한 것은?

① 보증신용장은 법적 성격 면에서 청구보증과 동일하고 기능면에서도 유사하다.
② Standby L/C는 최초 미국에서 탄생하여 사용되고 있으며, Demand Guarantee는 주로 유럽에서 사용되고 있다.
③ Standby L/C에는 청구보증통일규칙(URDG758)이 준용되며, Demand Guarantee에는 신용장통일규칙(UCP 600) 또는 보증신용장통일규칙(ISP98)이 준용된다.
④ Standby L/C와 Demand Guarantee는 주채무자의 의무불이행이 있을 때 그 이행을 보증한다는 점에서 차이가 없다.

출제포인트
Standby L/C에는 신용장통일규칙(UCP 600) 또는 보증신용장통일규칙(ISP98)이 준용되며, Demand Guarantee에는 청구보증통일규칙(URDG758)이 준용된다.

정답 ❸

다음 중 Standby L/C와 Demand Guarantee에 대한 설명으로 가장 옳지 않은 것은 어느 것인가?

① 미국에서 탄생한 보증신용장은 법적 성격 면에서 청구보증과 동일하고 기능면에서도 유사하다.
② 법적 관점에서 보증신용장은 청구보증의 다른 명칭일 뿐, 실무적으로도 구분 없이 사용되고 있다.
③ 유럽에서는 상업은행이 'Guarantee'의 발행을 법적으로 허용하지 않기 때문에 'Standby L/C'라는 용어로 개설된다. 즉 Standby L/C와 Demand Guarantee는 주채무자의 의무불이행이 있을 때 그 이행을 보증한다는 점에서 차이가 없다.
④ Demand Guarantee(청구보증)은 청구보증통일규칙(URDG758)이 준용된다.

출제포인트
Standby L/C는 미국에서 발단한 보증제도이다.

정답 ❸

 다음 중 외화지급보증의 종류에 대한 설명으로 가장 옳지 않은 것은 어느 것인가?

① 보증서의 발행형태는 당사자가 3당사자인지 또는 4당사자인지에 따라 직접보증과 간접보증으로 구분된다. 그러나 때로는 당사자가 추가될 수 있으므로 '보증인(보증은행)의 수'에 따라 직접보증과 간접보증을 구분해야 한다.
② 보증인이란 보증신청인과 상이한 개념으로, 보증신청인(Applicant)은 당해 보증서의 기초계약상 채무자(즉, 피보증채무의 채무자)로 보증서상 표시된 자를 의미하고, 보증인은 보증서(구상보증서 포함)의 발행을 지시하고 보증인(구성보증서의 경우, 구상보증인 포함)에 대하여 상환책임을 지는 자를 의미한다(URDG758 제2조).
③ 직접보증은 보증인의 수가 하나인 보증을 말한다.
④ 직접보증은 지시당사자의 의뢰에 따라 보증인에 의하여 수익자에게 발행되는 보증서를 말하며, 지시당사자와 보증인 및 수익자의 3당사자가 개입되므로 "3자보증(Three - party Guarantee)"이라 한다.

출제포인트
지시당사자에 대한 설명이다.

정답 ❷

12 청구보증통일규칙(URDG758)에서 보증서(구상보증서 포함)의 발행을 지시하고 보증인(구성보증서의 경우, 구상보증인 포함)에 대하여 상환책임을 지는 자를 무엇이라고 하는가?

① 지시당사자
② 수익자
③ 통지당사자
④ 보증인

출제포인트
지시당사자라고 한다.

정답 ①

13 보증서(Guarantee)와 구상보증서(Counter-guarantee)에 대한 설명이다. 가장 바르지 못한 것은?

① 보증서는 기초계약상 지시당사자(채무자)의 불이행이 있는 경우 수익자가 보증인에게 지급청구를 한다.
② 구상보증서는 보증인(수임인)으로서 자신의 의무를 이행한 경우 구상보증인에게 지급청구를 한다.
③ 구상보증서는 보증인(구상보증서의 수익자 : 보증은행)이 구상보증인(위임인)에 대하여 부담하는 상환의무에 관련되어 발행된다.
④ 보증서는 보증인(보증은행)이 기초계약 채무자(지시당사자)의 계약이행에 관련되어 발행된다.

출제포인트
구상보증서는 구상보증인(위임인)이 보증인(구상보증서의 수익자 : 보증은행)에 대하여 부담하는 상환의무에 관련되어 발행된다.

정답 ③

14 입찰참가자가 입찰을 포기하거나 낙찰 받은 후 계약을 체결하지 않는 경우 수익자(통상 발주자)에게 보증서금액을 지급하기로 하는 보증을 무엇이라고 하는가?

① 선수금환급보증(Advance Payment Guarantee)
② 유보금환급보증(Retention Guarantee)
③ 입찰보증(Bid Guarantee)
④ 계약이행보증(Performance Guarantee)

출제포인트

입찰보증(Bid Guarantee)이라고 한다.

정답 ③

 기초계약상의 채무자가 계약을 이행하지 않는 경우 수익자에게 보증서금액을 지급하기로 하는 보증이며, 일반적으로 보증금액은 계약금액의 10~20% 정도인 보증을 무엇이라고 하는가?

① 계약이행보증(Performance Guarantee)
② 선수금환급보증(Advance Payment Guarantee)
③ 입찰보증(Bid Guarantee)
④ 유보금환급보증(Retention Guarantee)

출제포인트

계약이행보증(Performance Guarantee)이라고 한다.

정답 ①

 기초계약상 주 채무자가 계약을 불이행하는 경우 수익자에게 이미 지급한 선수금을 환급하기로 하는 보증으로 선수금을 반환받을 수 있는 안전장치의 역할을 하는 보증을 무엇이라고 하는가?

① 유보금환급보증(Retention Guarantee)
② 입찰보증(Bid Guarantee)
③ 선수금환급보증(Advance Payment Guarantee)
④ 계약이행보증(Performance Guarantee)

출제포인트

선수금환급보증(Advance Payment Guarantee)이라고 한다.

정답 ③

17 다음 중 해외건설·플랜트계약에 따른 단계별 은행보증서 발행흐름을 정확하게 표시한 것은 어느 것인가?

① 입찰보증 → 선수금환급보증 → 계약이행보증 → 유보금(환급)보증 → 하자보증
② 입찰보증 → 계약이행보증 → 선수금환급보증 → 유보금(환급)보증 → 하자보증
③ 입찰보증 → 계약이행보증 → 유보금(환급)보증 → 선수금환급보증 → 하자보증
④ 입찰보증 → 유보금(환급)보증 → 선수금환급보증 → 계약이행보증 → 하자보증

출제포인트

정답 ❷

18 다음중 기성고에 따른 공사 대금지급 시 공사대금지급 후 하자 또는 계약불이행에 대하여 보증을 하는 보증서는 무엇인가?

① 입찰보증
② 계약이행보증
③ 유보금(환급)보증
④ 하자보증

출제포인트
유보금(환급)보증이다.

정답 ❸

19 금융거래에서 사용되며 대출계약 또는 소비대차계약에서 채무자에 의한 채무불이행이 있을 경우 개설은행이 채권자에게 대출금을 상환(기금)할 것을 약정한 보증신용장을 무엇이라고 하는가?

① 상업보증신용장(Commercial Standby L/C)
② 금융보증신용장(Financial Standby L/C)
③ 직불보증신용장(Direct Pay Standby L/C)
④ 보험보증신용장(Insurance Standby L/C)

출제포인트
금융보증신용장(Financial Standby L/C)이라고 한다.

정답 ❷

다음 중 금융보증에 대한 설명으로 가장 옳지 않은 것은 어느 것인가?

① 금융보증은 보증신용장(Standby L/C) 형태로 개설되며, 실무상 청구보증(Demand Guarantee) 형태로 발행되는 경우는 지급보증(Payment Guarantee)을 제외하고는 거의 없다.
② 직불보증신용장(Direct Pay Standby L/C)은 금융거래에서 사용되며 대출계약 또는 소비대차계약에서 채무자에 의한 채무불이행(대출금 미상환 등)이 있을 경우 개설은행이 채권자(대출은행)에게 대출금을 상환(기금)할 것을 약정한 보증신용장이다.
③ 상업보증신용장은 매수인의 대금지급의무를 보증한다는 점에서 상업신용장(Commercial Credit)과 가장 유사한 기능을 수행하는 보증신용장이다.
④ 최근에 등장한 새로운 유형의 보증신용장으로 채무불이행 발생 여부와 관계없이 근거제약에 따른 지급기일이 도래하는 경우 지급할 것을 약정한 1차 지급수단을 의미하며 외국의 경우 지방공공단체에 의하여 지방채 등의 발행 시에 이용되는 신용장은 직불보증신용장이다.

> **출제포인트**
> 금융보증신용장(Financial Standby L/C)에 대한 내용이다.
>
> 정답 ②

 보증금액이 큰 경우 한 개의 은행으로는 위험부담이 크기 때문에 위험부담을 분산시키기 위하여 보증서 발행에 여러 은행이 참가하는 것을 무엇이라고 하는가?

① Bid Guarantee
② Syndicated Guarantee
③ Performance Guarantee
④ Back-to-Back Guarantee

> **출제포인트**
> Syndicated Guarantee라고 한다.
>
> 정답 ②

다음 중 Standby L/C 및 Demand Guarantee의 적용규칙에 해당되지 않는 것은?

① 신용장통일규칙(UCP 600)
② 추심에 관한 통일규칙(URC522)
③ 보증신용장통일규칙(ISP98)
④ 청구보증통일규칙(URDG758)

출제포인트
추심에 관한 통일규칙(URC522)은 적용되지 않는다.

정답 ②

ISP98, UCP 600 및 URDG758의 비교에 대한 설명이다. 가장 바르지 못한 것은?

① ISP98은 '연장 또는 지급'을 규정(제3.09조)하고 있고 제시일의 다음 영업일부터 7영업일을 초과할 수 없다.
② UCP 600은 연장 또는 지급이라는 개념이 없고 신용장에 따른 제시가 곧 지급청구이다.
③ UCP 600 서류심사기간은 서류접수 다음 영업일부터 최장 7영업일이다.
④ URDG758은 할부지급청구에 대한 규정이 없다.

출제포인트
UCP 600 서류접수 다음 영업일부터 최장 5영업일이다.

정답 ③

다음 중 ISP98, UCP 600 및 URDG758의 비교에 대한 설명으로 가장 옳지 않은 것은 어느 것인가?

① ISP98의 발행자는 개설인(비금융기관, 또는 기업도 보증신용장 개설)이다.
② URDG758의 발행자는 보증인이다.
③ UCP 600에서는 할부사용(Installment drawing)에서 해당 할부부분을 할부기간 내에 청구하지 않으면 그 할부부분 뿐만 아니라 차후의 할부부분까지도 무효가 되는 것으로 규정한다.
④ ISP98은 할부지급청구에 대한 규정이 없다.

출제포인트
ISP98은 할부지급청구에 대해 각 서류의 제시는 독립적인 것으로 규정한다. 이는 개설의뢰인과 수익자의 기초 거래(underlying transaction)는 통상 순차적으로 이루어지는 것으로서 어느 특정시점 이후에서의 할부지급청구를 무효화하는 것은 거래를 방해하는 것이 되기 때문이다(제3.07조). 즉, 해당 할부지급청구 분을 사용하지 않으면 해당 할부분만 무효가 되고 차후의 할부분은 무효가 되지 않는다.

정답 ④

25 UCP 600 서류심사기간은 서류접수 다음 영업일부터 최장 몇 영업일까지인가?

① 최장 3영업일   ② 최장 4영업일
③ 최장 5영업일   ④ 최장 7영업일

> **출제포인트**
>
> 정답 ③

 26 다음 중 서류심사기간과 그 기산일에 대한 설명으로 가장 옳지 않은 것은 어느 것인가?

① UCP 600의 서류심사기간 기산일은 휴일도 서류접수일로 인정한다.
② ISP98은 서류심사기간은 제시일의 다음 영업일부터 비합리적이지 아니한 경우 3영업일 이내 처리한다.
③ URDG758의 서류심사기간은 서류제시일의 다음날부터 5영업일이다.
④ URDG758의 서류심사기간 기산일은 영업일만 서류접수일로 인정한다.

> **출제포인트**
> URDG758의 서류심사기간 기산일에 대한 관련 규정이 없다.
>
> 정답 ④

27 외국환은행의 보증에서 신고예외사항이 아닌 경우는?

① 거주자 간의 거래에 관하여 보증을 하는 경우
② 거주자(채권자)와 비거주자(채무자)의 인정된 거래에 관하여 채권자인 거주자에 대하여 보증을 하는 경우로서 비거주자가 외국환은행에 보증 또는 담보를 제공하는 경우
③ 거주자(채무자)와 비거주자(채권자)의 인정된 거래에 관하여 채권자인 비거주자에 대하여 보증을 하는 경우
④ 교포 등에 대한 여신과 관련하여 당행 여신을 받는 동일인당 미화 50만불 초과하여 보증(담보관리승낙을 포함한다)하는 경우

> **출제포인트**
> 동일인당 미화 20만불 이내에서만 신고예외사항이다.
>
> 정답 ④

은행이 사전 통지(통상적으로 30일, 60일 또는 90일 이전)를 하여 해지 의사를 밝히지 않는 경우, 자동적으로 연장 또는 갱신되는 Standby L/C를 무엇이라고 하는가?

① Evergreen L/C
② Performance Standby L/C
③ Open L/C
④ Insurance Standby L/C

출제포인트
Evergreen L/C(자동갱신 L/C)라고 한다.

정답 ①

 다음 중 외화지급보증서 발행절차에 대한 설명으로 가장 옳지 않은 것은 어느 것인가?

① 외환담당(책임)자는 외환여신 승인조건을 검토 발행신청서의 보증내용과 일치 여부 등을 확인 후 전결권자의 결재를 득해야 한다.
② 보증신청인과 수익자 간의 모든 거래로부터 원칙적으로 독립적이어야 하며 당해 보증서에 명시된 서류의 제시가 있는 경우에만 지급하여야 한다.
③ 보증기간은 3년 이내로 하되, 보증대상이 되는 주채무의 상환기간이 확정된 경우에는 주채무의 상환기간까지 할 수 있다.
④ 만기일이 없는 L/C(Open L/C)는 만기일이 명시되어 있지 않고 해지 권한이 없는 Standby L/C를 의미하며, 보증기한을 예측할 수 없다는 점에서 개설은행의 위험이 가장 큰 형태로 이러한 만기일이 없는 Standby L/C는 원칙적으로 개설할 수 없다.

출제포인트
보증기간은 1년으로 한다.

정답 ③

 외화지급보증료를 계산하는 산식으로 맞는 것은?

① 보증료 = 외화지급보증금액 × 매매기준율 × 보증료율 × 기간 ÷ 365
② 보증료 = 외화지급보증금액 × 전신환매도율 × 보증료율 × 기간 ÷ 360
③ 보증료 = 외화지급보증금액 × 매매기준율 × 보증료율 × 기간 ÷ 360
④ 보증료 = 외화지급보증금액 × 전신환매도율 × 보증료율 × 기간 ÷ 365

출제포인트

정답 ③

다음 중 외화지급보증서 발행에 대한 설명으로 가장 옳지 않은 것은 어느 것인가?

① 은행이 구상보증서(Counter-Guarantee) 형태로 발행하는 경우, 구상보증서 유효기일(만료일)은 보증서의 유효기일에 통상적으로 15일 또는 30일의 완충기간(Buffer Period)을 가산하여 발행한다.
② 외화지급보증서 발행시 각 은행의 내규에 따라 보증료, 전신료 등을 받는다.
③ 보증료는 통상 보증금액에 대해 보증을 한 날로부터 보증기일 전일까지 선취한다. 다만, 보증기간이 3개월을 초과할 때에는 3개월씩 나누어 받을 수 있다.
④ 보증서(보증신용장 포함)가 전문 직접 우편 발송되기 전 취소요청이 있을 경우 최저요금을 징수하고 기 징수한 보증료를 환급할 수 있고, 대지급이자는 대지급 발생일부터 회수 당일까지 외화여신연체이율을 적용한 이자를 받는다.

> **출제포인트**
> 회수 전일까지 외화여신연체이율을 적용한 이자를 받는다.
>
> 정답 ④

 다음 중 외화지급보증서 발행에 대한 설명으로 가장 옳지 않은 것은 어느 것인가?

① 보증서는 자행의 외환업무부서에 '외화지급보증발행신청서'가 송부된 후, 동 부서에서 보증신청인의 요청에 따라 SWIFT 또는 자행의 Letter 양식으로 발행된다.
② 수출관련 선수금 환급보증서를 발행한 경우 수출선수금 수령일, Standby L/C 및 기타 보증서를 발행한 경우에는 보증채무확정일에 미확정지급보증인 기타미확정외화보증을 삭제하고「난외계정 > 확정외화지급보증 > 기타외화보증 > 기타외화지급보증」으로 기재한다.
③ 해외에서부터 현지차입과 입찰보증, 계약이행보증 등 및 기타 주채무 확정 여부 파악이 곤란한 지급보증은 보증서 발행 시 확정채무로 간주하여 기타외화지급보증계정으로 처리된다.
④ 보증서는 유통증권이므로 보증기일이 경과하면 보증서 원본을 회수해야 한다.

> **출제포인트**
> 보증서는 유통증권이 아니므로 보증서의 유효 여부와는 상관없이 은행 내부적인 절차를 위한 것으로 보아야 하며 보증서 원본을 회수하지 않더라도 보증기일이 경과하면 그 보증서는 효력을 상실한다.
>
> 정답 ④

33 해외로 보증서의 조건변경(amendment)을 전신문(SWIFT)으로 통지하는 경우에는 전신문의 형태는?

① MT103
② MT110
③ MT202
④ MT707

출제포인트
① MT103는 해외송금 ② MT110는 수표 발행통지 ③ MT202는 금융기관들 사이에 자금의 이체를 요청하는 전문

정답 ❹

 34 지급청구서의 보증서 조건 확인 및 서류심사에 대한 설명이다. 가장 바르지 못한 것은?

① 보증서상 지급청구가 유효기일 이내인지 확인해야 한다.
② 보증인은 제시된 서류가 오직 문면상(on the face of documents)으로만 일치하는지와 더불어 내용의 진위까지 조사해야 한다.
③ 지급청구서만을 요구한 경우에도 반드시 보강진술서(Supporing Statement)가 함께 제시되어야 한다.
④ 보강진술은 지급청구서 내에 기재되어 지급청구서만을 제출할 수도 있다(UR-DG758 제15조).

출제포인트
서류에 기술된 내용의 진위까지 조사할 필요는 없다.

정답 ❷

 35 보증금의 지급거절 통지사유가 아닌 것은?

① 보증서 조건의 의무위반
② 권리남용에 의한 지급청구
③ 명백한 사기에 의한 청구
④ 제시된 서류가 문면상(on the face of documents) 일치하나 내용의 진위는 다를 경우

출제포인트
보증인은 제시된 서류가 오직 문면상(on the face of documents)으로만 일치하는지 여부를 심사하고 그 서류에 기술된 내용의 진위까지 조사할 필요는 없다.

정답 ❹

다음 중 보증금의 지급에 대한 설명으로 가장 옳지 않은 것은 어느 것인가?

① 보증은행은 보증서의 문언에 따라 서류심사를 하기 때문에 보증서와 일치하지 않는 지급청구의 경우에는 지급을 거절할 수 있다.
② 수익자의 명백한 사기가 있고, 보증인이 이를 알았을 경우에는 지급을 거절할 수 있다. 또한 독립적 보증은 기초계약과 관계가 있기 때문에 기초계약과 불일치할 경우 언제든지 지급거절이 가능하다.
③ 사기에 의한 지급거절은 법원의 지급금지가처분명령(injunction)에 의한 경우이다.
④ 수익자의 권리남용에 의한 지급청구 및 신의성실의 원칙에 반하는 악의적인 청구에 대하여 보증신청은 지급의무가 있는 보증은행을 상대로 하여 수익자에 대한 지급가처분을 신청할 수 있다.

> **출제포인트**
> 독립적 보증은 기초계약과 무관하기 때문에 지급거절은 명백한 경우에만 허용된다.
>
> 정답 ❷

 보증신용장 및 보증서의 개설(발행) 시 반드시 첨부해야 할 내용은 어느 것인가?

① 보증채무는 주채무의 상환이 확인된 때 소멸 처리한다는 문언
② 원금 이외 발생할 수 있는 추가 비용을 포함하여 청구 가능하다는 문언
③ 향후 분쟁이 발생할 경우 법적인 비용에 대해 보증은행에서 모두 부담한다는 문언
④ 은행의 채무가 보증금액 외에 이자부분까지 포함하는 조건인 경우, 보증기간 및 적용 이자율 감안한 총채무금액을 산정하여, 이자부분까지 포함하는 금액으로 보증서를 발행해야 한다.

> **출제포인트**
> 보증채무는 주채무의 상환이 확인된 때 소멸 처리한다는 문언은 반드시 첨부해야 한다. 나머지는 첨부했을 때 과도하게 비용이 청구될 수 있다.
>
> 정답 ❶

외화지급보증 보증기간 / 만기일 관련 불리한 문언이 아닌 경우는?

① 보증서 만기일자가 3개월씩 자동으로 연장되는 조건
② 보증서 만기일자가 확정되지 않은 delivery date로 명시되어 있으며, 수익자의 연장 요청 시 그에 따라 연장 가능한 조건
③ 보증서 만기가 경과되었다 하더라도 보증서의 적용 범위로 보는 조건
④ 향후 분쟁이 발생할 경우 법적인 비용에 대해 채무자가 모두 부담한다는 문언

출제포인트
향후 분쟁이 발생할 경우 법적인 비용에 대해 채무자가 모두 부담한다는 문언은 은행에 유리하다.

정답 ④

 다음 중 외화지급보증 보증기간 / 만기일 관련 불리한 문언이 아닌 경우는 어느 것인가?

① 보증문언상 명확한 만기일자가 확정되어 있는 경우
② 만기일이 명시되어 있으나 수익자의 요청에 따라 요청하는 기간만큼 연장 가능하며, 연장되지 않는 경우 별도의 청구 없이 보증금액을 무조건 지급해야 하는 조건(extend or pay문구)
③ 기초계약이 보증서 만기를 초과하는 경우, 초과되는 계약기간에 충분하도록 보증서를 연장하거나 재발행하여야 하며 그렇지 못하는 경우 그 자체를 지급청구의 사유로 보아 지급청구 가능한 조건(extend or pay문구)
④ 보증서 만기일이 보증문언에 확정되어 있지 않고 「근거 계약서상에 조건(warranty period) 주어진 일자+7일」로 기재되어 있으며, 은행의 연장 여부에 관계없이 수익자와 보증신청인의 합의에 의해서 동 기간만큼 연장 가능한 조건

출제포인트
보증문언상 명확한 만기일자가 확정되어 있는 경우는 불리한 문언이라고 보기 어렵다. 보증문언상 정확한 만기일자가 기재되지 않거나, 보증문언상 명확한 만기일자가 확정되어 있지 않고 만기 이벤트만 언급된 경우는 주의를 기울여야 한다. 참고로 조건변경 없이 만기일 연장가능 조건 & Extend or Pay 문구나 This Guarantee expires 30 days after the last contractual delivery date 등의 만기일 미확정 등도 주의해야 한다.

정답 ①

외화지급보증에 따른 위험요소를 위해 숙지해야 하는 관련규칙은?

① URR725　　　　　　　　② URC522
③ ISP98　　　　　　　　　 ④ ISBP821

출제포인트
보증신용장통일규칙(ISP98), 청구보증통일규칙(URDG758)을 정확히 숙지해야 한다.

정답 ❸

 다음 중 외화지급보증에 따른 위험관리에 대한 설명으로 가장 옳지 않은 것은 어느 것인가?

① 보증신청인에 대한 위험의 종류에는 신용위험(Credit Risk), 계약위험(Contract Risk), 공동시공의 위험(Risk for Co-contract) 등이 있다.
② 수익자에 대한 위험으로는 재무위험(Financial Risk), 정치적 위험(Political Risk) 등이 있다.
③ 보증신청인은 수익자의 부당한 지급청구가 행해지기 이전에 이를 방지할 수 있도록 최선의 노력을 기울여야 한다.
④ 보증신청인의 위험부담 분산 방법으로는 Syndicated Guarantee를 활용한 방법과 다수의 은행이 공동으로 보증서를 발행하는 방법이 있다.

출제포인트
보증은행이 사용하는 방법이다.

정답 ❹

42 중동국가로부터 석유제품을 수입하려는 삼청정유는 지급결제수단을 Shipper's Usance L/C로 하려고 하였으나 수출상 측에서 석유제품 선적 후 선적서류 하자로 인한 대금지급거절을 우려하여 결제방식을 L/C 결제방식이 아닌 사후송금결제방식으로 하면서 만기에 수입상의 대금지급 의무이행을 보장할 목적으로 은행의 보증신용장을 요구하였다. 최근 국제매매계약에서 전통적인 산업신용장을 점차 대체하여 활성화되고 있는 보증신용장의 종류는?

① Financial Standby L/C
② Direct Standby L/C
③ Commercial Standby L/C
④ Performance Standby L/C

출제포인트
Commercial Standby L/C

정답 ③

43 지시당사자(보증신청인)의 요청에 따라 자행이 2차보증서를 수익자 소재 현지은행에 발행하여 주고 이를 근거로 현지은행이 1차보증서를 수익자에게 발행하는 경우에, 자행에서 발행하는 보증은 무엇인가?

① Syndicated Guarantee
② Counter-guarantee
③ Back-to-back Guarantee
④ Payment Guarantee

출제포인트
Counter-guarantee라고 한다.

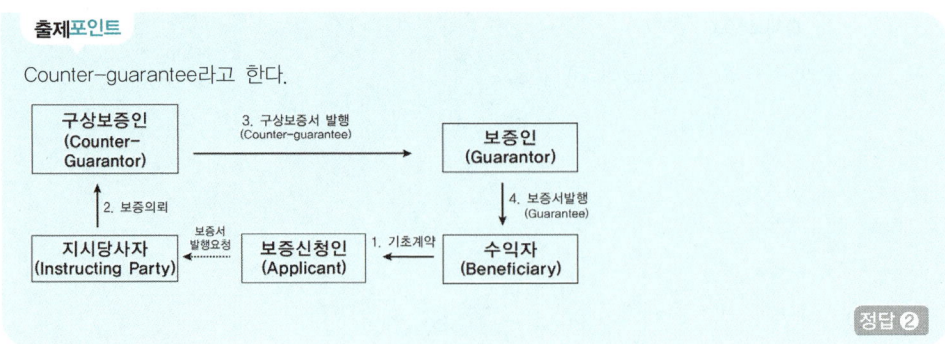

정답 ②

03장 출제예상 문제

01 은행지급보증에 대한 설명이다. 가장 바르지 못한 것은?

① 은행지급보증은 은행거래자(채무자)가 거래 상대방(채권자)에게 부담하고 있는 채무의 지급을 은행이 보증하고 채무자의 채무불이행에 대해 그를 이행할 2차적 책임을 지는 것을 내용으로 하는 채권자와 보증인(은행) 간 보증계약을 뜻한다.
② 지급보증서의 발행은 직접적인 자금부담이 없기 때문에 신용공여 여신행위로 볼 수 없다.
③ 은행에서 발행되는 외화지급보증은 'Standby L/C(보증신용장) 또는 'Bank Guarantee(은행보증)' 등의 형식으로 개설(발행)된다.
④ 채무자가 보증기일 내에 주채무를 상환하지 못하는 경우 은행이 즉시 보증채무를 이행(대지급)해야 하므로 은행의 재무상태에 영향을 줄 수 있다.

02 은행지급보증의 발행 형태는?

① 취소불능신용장(Irrevocable Credit)
② 보증신용장(Standby L/C)
③ 기한부신용장(Usance Credit)
④ 취소가능신용장(Revocable Credit)

정답 및 해설

01 ② 지급보증서의 발행은 직접적인 자금부담 없는 신용공여 여신행위이다.
02 ② Standby L/C(보증신용장) 또는 Bank Guarantee(은행보증) 형태로 발행된다.

03 Standby L/C에 대한 설명이다. 가장 바르지 못한 것은?

① Standby L/C는 '보증신용장'이라 한다.
② 금융의 담보 또는 채무보증의 목적 등 주로 무역외 거래에 사용된다.
③ 통상적으로 6차 개정 신용장통일규칙(UCP 600) 또는 보증신용장통일규칙(ISP98) 등을 적용하여 개설되고 있다.
④ Standby L/C는 주로 수출입을 위한 자금 결제를 위해 사용되고 있다.

04 Standby L/C와 Commercial Credit 차이점에 대한 설명이다. 가장 바르지 못한 것은?

① 상업신용장(Commercial Credit)은 일반적으로 수익자(beneficiary)가 개설의뢰인(applicant)이 기초계약서 채무를 불이행 또는 상환하지 아니하였다는 사실을 증명하는 서류(청구사유진술서 : Statement of drawing right)를 요구하지만, 보증신용장은 선하증권 등 선적서류를 요구한다.
② 상업신용장은 주로 물품의 거래에 한정하여 개설되지만 보증신용장은 계약이행보증, 선수금환급보증 등 이행성 보증뿐만 아니라 금융보증 등 다양한 용도로 개설된다.
③ 상업신용장은 계약의 이행에 대하여 지급할 목적으로 개설되지만 보증신용장은 주로 계약의 불이행에 대하여 지급할 목적으로 개설된다.
④ 상업신용장은 수익자가 상당일치의 원칙에 따라 신용장조건과 일치하는 서류를 제시하는 경우에 신용장대금을 지급하는 조건부 지급확약인 반면에 보증신용장은 수익자가 기초계약상 채무불이행에 따른 불이행진술서 등을 제시하면 무조건으로 지급하는 것이 일반적이다.

05 은행지급보증의 발행 형태는?

① 은행보증(Bank Guarantee)
② 양도가능 신용장(Transferable Credit)
③ 기한부신용장(Usance Credit)
④ 취소가능신용장(Revocable Credit)

06 외화지급보증서에 대한 설명이다. 가장 바르지 못한 것은?

① 자행이 구상보증서(Counter-Guarantee) 형태로 발행하는 경우, 구상보증서 유효기일(만료일)은 보증서의 유효기일에 통상적으로 15일 또는 30일의 완충기간(Buffer Period)을 가산하여 발행한다.
② Letter(종이서류 : 서면) 발행의 경우 영어 및 한국어로 발행 가능하며, 기타 언어의 경우 번역 공증을 통하여 영문과 병기하여 발행 가능하다.
③ 보증료는 통상 보증금액에 대해 보증을 한 날로부터 보증기일 전일까지 선취한다.
④ 대지급이자의 경우 대지급 발생 전일부터 회수 당일까지 외화여신연체이율을 적용한 이자를 받는다.

 07 Standby L/C와 Demand Guarantee의 차이점에 대한 설명이다. 가장 바르지 못한 것은?

① 보증신용장은 법적 성격 면에서 청구보증과 동일하고 기능면에서도 유사하다.
② Standby L/C는 최초 미국에서 탄생하여 사용되고 있으며 Demand Guarantee는 주로 유럽에서 사용되고 있다.
③ Standby L/C에는 신용장통일규칙(UCP 600) 또는 보증신용장통일규칙(ISP98)이 준용되며 Demand Guarantee에는 청구보증통일규칙(URDG758)이 준용된다.
④ Standby L/C는 보증기일에 대하여 다소 관대한 적용 예컨대 만기일이 없는 문구(Open-ended clause)를 요구받는 경향이 있고 Demand Guarantee는 유효(보증)기일과 개설(보증)금액의 한도를 구체적으로 정한다.

정답 및 해설

03 ④ Standby L/C는 기업이 해외로 진출하여 현지국가에서 자금을 차입하기 위한 담보용도로 많이 사용되고 있다.
04 ① 상업신용장(Commercial Credit)은 일반적으로 선하증권 등 선적서류를 요구하지만, 보증신용장은 수익자(beneficiary)가 개설의뢰인(applicant)이 기초계약상 채무를 불이행 또는 상환하지 아니하였다는 사실을 증명하는 서류(청구사유진술서 : Statement of drawing right)를 요구한다.
05 ① Standby L/C(보증신용장) 또는 Bank Guarantee(은행보증) 형태로 발행된다.
06 ④ 대지급 발생일부터 회수 전일까지 외화여신연체이율을 적용한 이자를 받는다.
07 ④ Standby L/C는 유효(보증)기일과 개설(보증)금액의 한도를 구체적으로 정하나, Demand Guarantee는 보증기일에 대하여 다소 관대한 적용 예컨대 만기일이 없는 문구(Open-ended clause)를 요구받는 경향이 있다.

08 환어음 이외의 서류를 요구하지 않는 신용장을 무엇이라고 하는가?

① Documentary Credit
② Standby Letter of Credit
③ Clean Credit
④ Commercial Credit

09 기초계약상 주채무자가 계약을 불이행하는 경우 수익자에게 이미 지급한 선수금을 환급하기로 하는 보증을 무엇이라고 하는가?

① 하자보증(Maintenance Guarantee)
② 입찰보증(Bid Guarantee)
③ 선수금환급보증(Advance Payment Guarantee)
④ 계약이행보증(Performance Guarantee)

10 주로 입찰보증, 계약이행보증, 선수금환급보증 등 무역외거래에 사용되나, 무역거래의 상업보증(Commercial Standby L/C) 또는 직접 결제수단(Direct Pay Standby L/C) 등으로 사용되기도 한다. 일반적으로 환어음 또는 청구서와 함께 그 지급청구가 되는 '채무불이행진술서' 등을 요구하는 신용장을 무엇이라고 하는가?

① Documentary Credit
② Standby Letter of Credit
③ Clean Credit
④ Commercial Credit

11 주로 일반적으로 물품의 이동을 수반하는 무역거래의 결제수단으로 사용되며, 통상 환어음과 함께 운송서류 등 상업서류들을 제시하여 물품대금을 받는 신용장을 무엇이라고 하는가?

① Documentary Credit
② Standby Letter of Credit
③ Clean Credit
④ Commercial Credit

12 Bank Guarantee의 성격에 대한 설명으로 맞는 것은 무엇인가?

① 은행 보증채무는 부종성을 갖기 때문에 유효한 채무의 존재를 전제로 한다.
② 최고·검색의 항변권이 없다.
③ 주채무자의 상계권에 근거한 항변권이 있다.
④ 주채무자의 취소권, 해지권에 근거한 항변권이 있다.

13 Standby L/C(보증신용장)의 금융보증에 사용되는 신용장이 아닌 것은?

① Bid Standby L/C(입찰보증신용장)
② Financial Standby L/C(금융보증신용장)
③ Direct Pay Standby L/C(직불보증신용장)
④ Insurance Standby L/C(보험보증신용장)

14 지급청구서의 보증서 조건 확인 및 서류심사에 대한 설명이다. 가장 바르지 못한 것은?

① 보증신청인은 문면상 명백하지 않은 사기(fraud), 위조(forgery) 또는 기타 하자의 주장만으로 보증인(보증은행)으로 하여금 지급거절하게 할 수 없다.
② 보증인은 제시된 서류가 오직 문면상(on the face of documents)으로만 일치하는지 여부를 심사하고 그 서류에 기술된 내용의 진위까지 조사할 필요는 없다.
③ 법인의 지급금지가처분명령(injunction)이 있는 경우 지급 거절한다.
④ ISP98에서는 원칙적으로 보증신용장에서 요구하는 서류들이 보증신용장조건과 일치하는지를 심사하여야 하며 서류 상호 간 불일치 심사를 포함하여 심사해야 한다.

정답 및 해설

08 ③ Clean Credit(클린신용장)이라고 한다.
09 ③ 선수금환급보증(Advance Payment Guarantee)이라고 한다.
10 ② Standby Letter of Credit(보증신용장)이라고 한다.
11 ④ Commercial Credit(상업신용장)이라고 한다.
12 ② ① 일반 보증채무의 설명이다.
　　　③ 주채무자의 상계권에 근거한 항변권이 없다.
　　　④ 주채무자의 취소권, 해지권에 근거한 항변권이 없다.
13 ① Bid Standby L/C(입찰보증신용장)은 이행성 보증에 사용된다.
14 ④ ISP98에서는 원칙적으로 보증신용장에서 요구하는 서류들이 보증신용장조건과 일치하는지에 한하여 심사하면 되며, 서류 상호 간 불일치의 심사는 요구되지 않는다.

15 청구보증통일규칙(URDG758)에서 보증서(구상보증서 포함)의 발행을 지시하고 보증인(구성보증서의 경우, 구상보증인 포함)에 대하여 상환책임을 지는 자를 무엇이라고 하는가?

① 지시당사자 ② 수익자
③ 통지당사자 ④ 보증인

16 보증서(Guarantee)와 구상보증서(Counter-guarantee)에 대한 설명이다. 가장 바르지 못한 것은?

① 구상보증서는 기초계약상 지시당사자(채무자)의 불이행이 있는 경우 수익자가 보증인에게 지급청구를 한다.
② 구상보증서는 보증인(수임인)으로서 자신의 의무를 이행한 경우 구상보증인에게 지급청구를 한다.
③ 구상보증서는 구상보증인(위임인)이 보증인(구상보증서의 수익자 : 보증은행)에 대하여 부담하는 상환의무에 관련되어 발행된다.
④ 보증서는 보증인(보증은행)이 기초계약 채무자(지시당사자)의 계약이행에 관련되어 발행한다.

17 외화지급보증에 따른 위험관리에 대한 설명이다. 가장 바르지 못한 것은?

① 조건부 지급보증(Conditional Guarantee)은 국제규칙을 청구보증통일규칙(URDG758)이 아닌 일반보증통일규칙(Uniform Rules for Contract Bonds, Publication No.524 : 약칭 URCB524) 등을 적용한다.
② URCB524는 수익자에게 불리한 규칙이기 때문에 적용될 수 없다.
③ 유효기간의 자동연장(Evergreen Clause) 등의 보증서상 Risk 있는 문언을 억제해야 한다.
④ 현재 대부분의 국내은행들은 수출보증보험 등을 정식담보로 인정하고 있다.

18 기초계약상의 채무자가 계약을 이행하지 않는 경우 수익자에게 보증서금액을 지급하기로 하는 보증을 무엇이라고 하는가?

① 하자보증(Maintenance Guarantee)
② 입찰보증(Bid Guarantee)
③ 유보금환급보증(Retention Guarantee)
④ 계약이행보증(Performance Guarantee)

19 보증서(Guarantee)의 사용용도 중 이행성 보증의 형태가 아닌 것은 무엇인가?

① 보험보증신용장(Insurance Standby L/C)
② 계약이행보증(Performance Guarantee)
③ 입찰보증(Bid Guarantee)
④ 선수금환급보증(Advance Payment Guarantee)

20 금융보증에 대한 설명이다. 가장 바르지 못한 것은?

① 상업보증신용장은 상업신용장에 비하여 거래절차에 있어서 편리성이 있다.
② 상업보증신용장은 매수인의 대금지급의무를 보증한다는 점에서 상업신용장(Commercial Credit)과 가장 유사한 기능을 수행한다.
③ 직불보증신용장(Direct Pay Standby L/C)은 채무불이행이 발생한 경우에만 채무를 지급할 것을 약정한 신용장이다.
④ 개설의뢰인의 보험 또는 재보험 의무를 보장하기 위하여 사용되는 신용장은 보험보증신용장(Insurance Standby L/C)이다.

정답 및 해설

15 ① 지시당사자라고 한다.
16 ① 일반 보증서는 기초계약상 지시당사자(채무자)의 불이행이 있는 경우 수익자가 보증인에게 지급청구를 한다.
17 ② URCB524는 수익자에게 불리한 규칙이지만, 수익자와의 합의만 있다면 적용될 수 있다. 실무에서 URCB524 등이 간혹 사용되는 경우가 있다.
18 ④ 계약이행보증(Performance Guarantee)이라고 한다.
19 ① 보험보증신용장(Insurance Standby L/C)은 금융보증의 형태이다.
20 ③ 직불보증신용장(Direct Pay Standby L/C)은 채무불이행 발생 여부와 관계없이 근거제약에 따른 지급기일이 도래하는 경우 지급할 것을 약정한 신용장이다.

21

Standby L/C(보증신용장)의 이행성 보증에 사용되는 신용장이 아닌 것은?

① Bid Standby L/C(입찰보증신용장)
② Performance Standby L/C(계약이행보증신용장)
③ Retention Standby L/C(유보금환급보증신용장)
④ Insurance Standby L/C(보험보증신용장)

22

A사로부터 Guarantee를 발행받은 B사가 이 보증서를 근거로 하여 거래은행에 C사를 수익자로 하는 Guarantee를 발행하는 경우 C사를 수익자로 발행된 Guarantee를 무엇이라고 하는가?

① Bid Guarantee
② Syndicated Guarantee
③ Performance Guarantee
④ Back-to-Back Guarantee

23

ISP98, UCP 600 및 URDG758의 비교에 대한 설명이다. 가장 바르지 못한 것은?

① URDG758 서류심사기간은 서류제시일의 다음날부터 7영업일이다.
② UCP 600은 연장 또는 지급이라는 개념이 없고 신용장에 따른 제시가 곧 지급청구이다.
③ UCP 600 서류심사기간은 서류접수 다음 영업일부터 최장 5영업일이다.
④ ISP98의 서류심사기간 기산일은 영업일만 서류접수일로 인정한다.

24

ISP98 서류가 비합리적이지 아니한 경우 서류심사기간은 제시일의 다음 영업일부터 최장 몇 영업일까지인가?

① 최장 3영업일
② 최장 4영업일
③ 최장 5영업일
④ 최장 7영업일

25 보증신용장(Standby L/C) 형태로 개설되며, 실무상 청구보증(Demand Guarantee) 형태로 발행되는 경우는 지급보증(Payment Guarantee)을 제외하고는 거의 없는 보증방식을 무엇이라고 하는가?

① 하자보증 ② 금융보증
③ 유보금환급보증 ④ 계약이행보증

26 ISP98, UCP 600 및 URDG758의 비교에 대한 설명이다. 가장 바르지 못한 것은?

① URDG758 서류심사기간은 서류제시일의 다음날부터 5영업일이다.
② UCP 600은 제1수익자가 제2수익자 앞으로 양도하는 것만 허용되고 제2수익자가 다시 제3수익자 앞으로 양도하는 것은 허용되지 않는다.
③ ISP98의 서류심사기간 기산일은 영업일만 서류접수일로 인정한다.
④ ISP98(제6.02조), URDG(제33조)는 제1수익자가 제2수익자 앞으로 양도하는 것만 허용되고 제2수익자가 다시 제3수익자 앞으로 양도하는 것은 허용되지 않는다.

정답 및 해설

21 ④ Insurance Standby L/C(보험보증신용장)은 금융보증 신용장이다.
22 ④ Back-to-Back Guarantee라고 한다.
23 ① URDG758 서류심사기간은 서류제시일의 다음날부터 5영업일이다.
24 ① 최장 3영업일이다.
25 ② 금융보증이라고 한다.
26 ④ ISP98(제6.02조), URDG(제33조)는 양도횟수에는 제한이 없다.

27 외화지급보증과 외국환거래규정에 대한 설명이다. 가장 바르지 못한 것은?

① 거주자 간의 거래에 관하여 보증을 하는 경우 신고를 요하지 아니한다.
② 현지법인 등이 거주자의 보증 등을 받지 아니하고 현지금융을 받고자 하는 경우에는 신고를 요하지 아니한다.
③ 거주자(채무자)와 비거주자(채권자)의 인정된 거래에 관하여 채권자인 비거주자에 대하여 보증을 하는 경우 외국환은행 신고사항이다.
④ 거주자(채권자)와 비거주자(채무자)의 인정된 거래에 관하여 채권자인 거주자에 대하여 보증을 하는 경우로서 비거주자가 외국환은행에 보증 또는 담보를 제공하는 경우 신고예외사항이다.

28 외화지급보증서 발행절차에 대한 설명이다. 가장 바르지 못한 것은?

① 은행이 사전 통지(통상적으로 30일, 60일 또는 90일 이전)를 하여 해지 의사를 밝히지 않는 경우, 자동적으로 연장 또는 갱신되는 Standby L/C를 자동갱신 L/C라고 한다.
② 외환담당(책임)자는 외환여신 승인조건을 검토, 발행신청서의 보증내용과 일치 여부 등을 확인 후 전결권자의 결재를 득해야 한다.
③ 보증기간 3년 이내가 원칙이다.
④ 보증신청인과 수익자 간의 모든 거래로부터 원칙적으로 독립적이어야 한다.

29 만기일이 명시되어 있지 않고 해지 권한이 없는 Standby L/C를 무엇이라고 하는가?

① Evergreen L/C
② Retention Standby L/C
③ Open L/C
④ Insurance Standby L/C

30 외화지급보증서 발행절차에 대한 설명이다. 가장 바르지 못한 것은?

① 보증기간 1년 이내로 하되, 보증대상이 되는 주채무의 상환기간이 확정된 경우에는 주채무의 상환기간까지 할 수 있다.
② 외환담당(책임)자는 외환여신 승인조건을 검토, 발행신청서의 보증내용과 일치 여부 등을 확인 후 전결권자의 결재를 득해야 한다.
③ 만기일이 명시되어 있지 않고 해지 권한이 없는 Standby L/C를 Open L/C라고 한다.
④ 발행통화는 반드시 기초계약 통화와 일치시켜야 한다.

31 외화지급보증서 발행절차에 대한 설명이다. 가장 바르지 못한 것은?

① 보증기간 3년 이내로 하되, 보증대상이 되는 주채무의 상환기간이 확정된 경우에는 주채무의 상환기간까지 할 수 있다.
② 보증신청인과 수익자 간의 모든 거래로부터 원칙적으로 독립적이어야 하며 당해 보증서에 명시된 서류의 제시가 있는 경우에만 지급하여야 한다.
③ 발행통화는 반드시 기초계약 통화와 일치시킬 필요는 없으나, 자행의 보증서 발행 가능통화를 확인 후 취급한다.
④ 은행이 사전 통지(통상적으로 30일, 60일 또는 90일 이전)를 하여 해지 의사를 밝히지 않는 경우, 자동적으로 연장 또는 갱신되는 Standby L/C를 자동갱신 L/C(Evergreen L/C)라고 한다.

32 외화지급보증서에 대한 설명이다. 가장 바르지 못한 것은?

① Letter(종이서류 : 서면) 발행의 경우 영어 및 한국어로 발행 가능하며, 기타 언어의 경우 번역 공증을 통하여 영문과 병기하여 발행 가능하다.
② 보증신청인과 수익자 간의 모든 거래로부터 원칙적으로 독립적이어야 하며 당해 보증서에 명시된 서류의 제시가 있는 경우에만 지급하여야 한다.
③ SWIFT로 발행되는 경우 영어, 한국어 기타언어로 발행 가능하다.
④ 발행통화는 반드시 기초계약 통화와 일치시킬 필요는 없으나, 자행의 보증서 발행 가능통화를 확인 후 취급한다.

정답 및 해설

27 ③ 거주자(채무자)와 비거주자(채권자)의 인정된 거래에 관하여 채권자인 비거주자에 대하여 보증을 하는 경우 신고예외사항이다.
28 ③ 보증기간 1년 이내가 원칙이다.
29 ③ Open L/C(만기일이 없는 L/C)라고 한다.
30 ④ 발행통화는 반드시 기초계약 통화와 일치시킬 필요는 없으나, 자행의 보증서 발행 가능통화를 확인 후 취급한다.
31 ① 보증기간 1년이 원칙이다.
32 ③ SWIFT로 발행되는 경우 영어로만 발행 가능하다.

33 외화지급보증서 발행에 대한 설명이다. 가장 바르지 못한 것은?

① 보증서는 자행의 외환업무부서에 '외화지급보증발행신청서'가 송부된다.
② 해외로 보증서의 조건변경은(amendment)을 전신문(SWIFT)으로 통지하는 경우에는 MT103으로 발송된다.
③ 해외에서부터 현지차입과 입찰보증, 계약이행보증 등 및 기타 주채무 확정 여부 파악이 곤란한 지급보증은 보증서 발행 시 확정채무로 간주하여 기타외화지급보증 계정으로 처리된다.
④ 수출관련 선수금 환급보증서를 발행한 경우 수출선수금 수령일, Standby L/C 및 기타 보증서를 발행한 경우에는 보증채무확정일에 미확정지급보증인 기타미확정 외화보증을 삭제하고 「난외계정 > 확정외화지급보증 > 기타외화보증 > 기타외화지급보증」으로 기재한다.

34 지급청구서의 보증서 조건 확인 및 서류심사에 대한 설명이다. 가장 바르지 못한 것은?

① 보증신청인은 문면상 명백하지 않은 사기(fraud), 위조(forgery) 또는 기타 하자의 주장만으로 보증인(보증은행)으로 하여금 지급거절 할 수 있다.
② UCP 600에서는 신용장에서 요구하는 서류들이 동일한 거래에 관한 것이라는 점과 서류 간에 불일치가 없다는 점을 심사한다.
③ 보증서상 지급청구가 유효기일 이내인지 확인한다.
④ 보강진술은 지급청구서 내에 기재되어 지급청구서만을 제출할 수도 있다(URDG758 제15조).

35 지급청구서의 보증서 조건 확인 및 서류심사에 대한 설명이다. 가장 바르지 못한 것은?

① 법원의 지급금지가처분명령(injunction)이 있는 경우 지급거절한다.
② UCP 600에서는 신용장에서 요구하는 서류들이 동일한 거래에 관한 것이라는 점과 서류 간에 불일치가 없다는 점을 심사한다.
③ 보증서상 지급청구는 유효기일이 지나도 가능하다.
④ 보강진술은 지급청구서 내에 기재되어 지급청구서만을 제출할 수도 있다(URDG758 제15조).

36 보증금의 지급거절 통지에 대한 설명이다. 가장 바르지 못한 것은?

① 유효기일 이후의 지급청구는 거절 가능하다.
② 보증인(보증은행)은 독립적 보증의 특성상 기초계약의 무효 또는 계약의 이행 유무 등에 불구하고 보증서 조건에 문면상 일치하는 서류가 있으면 지급하여야 한다.
③ 보증은행은 보증서의 문언에 따라 서류심사를 하기 때문에 보증서와 일치하지 않는 지급청구의 경우에는 지급을 거절할 수 있다.
④ 지급개시일 이전의 지급청구는 지급 거절이 불가능하다.

37 외화지급보증 보증기간 / 만기일 관련 불리한 문언이 아닌 경우는?

① 보증서 만기일자가 3개월씩 자동으로 연장되는 조건
② 보증서 만기일자가 확정되지 않은 delivery date로 명시되어 있으며, 수익자의 연장 요청 시 그에 따라 연장 가능한 조건
③ 보증서 만기가 경과되었다 하더라도 보증서의 적용 범위로 보는 조건
④ 보증문언상 정확한 만기일자가 기재되어 있는 경우

정답 및 해설

33 ② 전신문(SWIFT)으로 통지하는 경우에는 MT707으로 발송된다. MT103은 해외송금 방식이다.
34 ① 보증인(보증은행)으로 하여금 지급거절하게 할 수 없다.
35 ③ 지급청구는 반드시 유효기일 이내여야 한다.
36 ④ 지급개시일 이전의 지급청구는 지급거절이 가능하다.
37 ④ 보증문언상 정확한 만기일자가 기재되어 있지 않은 경우는 유의해야 한다.

38. 외화지급보증 보증기간 / 만기일에 대한 설명이다. 가장 바르지 못한 것은?

① ISP98에서는 보증신용장이 유효기일을 확정하지 않은 경우 아무런 규정을 두고 있지 않고 있어 현지 법률에 따라 유효기일이 결정된다.
② 보증문언상 명확한 만기일자가 확정되어 있지 않고 만기 이벤트만 언급하는 것은 발행 시 유의해야 한다.
③ 별도의 만기일 없이 수익자로부터 보증신청인이 의무를 다하였다는 통지를 받을 때까지 보증서가 유효한 조건은 발행 시 유의해야 한다.
④ 개정 미국통일상법전(UCC) 제5-106조에서는 보증신용장상에 유효기일이 없으면 1년, 영구적(perpetual)이라고 명시되어 있으면 3년으로 규정하고 있다.

39. 외화지급보증에 따른 위험관리에서 보증신청인에 대한 위험이 아닌 것은?

① 신용위험(Credit Risk)
② 재무위험(Financial Risk)
③ 계약위험(Contract Risk)
④ 공동시공의 위험(Risk for Co-contract)

40. 외화지급보증에 따른 위험관리에 대한 설명이다. 가장 바르지 못한 것은?

① 보증신청인에 대한 위험으로는 신용위험(Credit Risk), 계약위험(Contract Risk), 공동시공의 위험(Risk for Co-contract) 등이 있다.
② 수익자에 대한 위험으로는 재무위험(Financial Risk), 정치적 위험(Political Risk) 등이 있다.
③ 청구보증(Demand Guarantee)은 일치하는 지급청구가 있으면 무조건 지급할 것을 약정하는 서명된 확약을 의미한다.
④ 현재 대부분의 국내은행들은 수출보증보험 등을 정식담보로 인정하지 않고 있다.

41 외화지급보증 보증기간 / 만기일에 대한 설명이다. 가장 바르지 못한 것은?

① 보증서 만기일이 보증문언에 확정되어 있지 않고 「근거 계약서상에 조건(warranty period) 주어진 일자 + 7일」로 기재되어 있으며, 은행의 연장 여부에 관계없이 수익자와 보증신청인의 합의에 의해서 동 기간만큼 연장 가능한 조건은 은행에게 불리한 조건으로 기재 시 유의해야 한다.
② 조건변경 없이 만기일 연장가능 조건 & Extend or Pay 문구는 채무자에게 유리한 문언이다.
③ 보증채무는 주채무의 상환이 확인된 때 소멸 처리한다는 문언은 은행에게 불리한 조건으로 기재 시 유의해야 한다.
④ 보증서 만기일자가 확정되지 않은 delivery date로 명시되어 있는 경우 채무자에게 유리한 문언이다.

42 외화지급보증의 보증서상 Risk 있는 문언을 억제해야 하는 경우가 아닌 경우는?

① 확정일자 언급 없이 계약서상 만기일이나 물품 인도일 등에 보증서가 종료되는 조건
② 당사자 간의 합의에 따라 수익자의 요청에 의한 무조건적인 연장
③ 지급금지가처분명령을 이용한 사후적 자구수단 활용
④ 유효기간의 자동연장(Evergreen Clause)

정답 및 해설

38 ④ 영구적(perpetual)이라고 명시되어 있으며 미국 규정에서는 '5년'으로 규정하고 있다.
39 ② 재무위험(Financial Risk)은 수익자에 대한 위험에 해당한다.
40 ④ 이 보험증권을 정식담보로 인정하고 있다.
41 ③ 보증채무는 주채무의 상환이 확인된 때 소멸 처리한다는 문언은 은행에게 유리한 조건으로 보증서 발행 후 보증이 소멸되는 경우에 해당되어 당연 작성 사항이다.
42 ③ 지급금지가처분명령 활용은 수익자의 지급청구의 부당성을 판단하는 데 있어서 지급청구의 실질적 근거의 여부를 기초로 하고 있기 때문에 억제 문언이 아니다.

04 외환회계

▶ 접근전략 및 기출트렌드

외환회계는 무엇보다 정의를 잘 알고 있어야 합니다. 재무상태표만을 작성하는 외환회계는 재무상태표 상의 자산 부채 항목을 숙지해야 하고, 계정에 대한 사항에 대해서도 숙지해야 합니다. 터널계정과 결제계정, 당방계정, 선방계정의 내용도 숙지해야 합니다. 또한 수출입회계에서 가장 중요한 BANKER'S USANCE와 SHIPPER'S USANCE의 발행의 차이점 L/G 발급과 인수시의 은행회계처리를 이해해야 합니다.

▶ 출제빈도

단원	주제	학습중요도	출제비율
1절	외환회계	★★★	30%
2절	계정과목 해설	★★★	30%
3절	수출입회계(난외계정)	★★★	30%
4절	외화자산 및 부채평가	★	10%

▶ 체크리스트

체크리스트	기본서 상세페이지
외환회계 개념에 대해 알고 있다.	P.363 ~ P.371
외환회계 수출입회계를 이해하고 있다.	P.413 ~ P.430
외화자산 및 부채평가에 대해 이해하고 있다.	P.431 ~ P.432

2025 외환전문역 II종 3주 완성 문제집

외환관련여신 제3과목

제4장

외환회계

04장 핵심정리 문제

외국환은행이 외국환업무를 취급함에 따라 발생되는 자산, 부채의 증감사항과 손익상황을 복식부기의 원리에 따라 체계적으로 기록·계산·정리하는 제도 또는 방식을 무엇이라고 하는가?

① 외환부채
② 외환회계
③ 외환계정
④ 외환분개

출제포인트
외환회계라고 한다.

정답 ②

다음 중 외환회계에 대한 설명으로 가장 옳지 않은 것은 어느 것인가?

① 외환회계란 외국환은행이 외국환업무를 취급함에 따라 발생되는 자산, 부채의 증감사항과 손익상황을 복식부기의 원리에 따라 체계적으로 기록·계산·정리하는 제도 또는 방식이다.
② 외환회계는 은행회계의 일반적인 특징 이외에 환율의 개재, 포지션의 발생, 격지간의 대외거래에 따른 시차의 조정문제, 여러 종류의 거래통화에 따른 통화별 재무상태표의 작성, 외환관련 손익내용의 복잡성 등 외국환거래 자체의 특수성 때문에 다양한 특징을 가지고 있다.
③ 외환회계는 별도의 외화재무상태표를 작성하기 위한 기준을 제시하고 있다.
④ 외환회계에서는 일반회계와 마찬가지로 외화재무상태표와 손익계산서 등 여타 재무제표를 요구한다.

출제포인트
외환회계에서는 일반회계와는 달리 외화재무상태표 이외의 손익계산서 등 여타 재무제표를 요구하고 있지 않은데 이는 외환부문 정보파악 및 건전성 감독이 재무상태표 위주로 이루어지는 데 주로 기인한다.

정답 ④

다음 중 외화재무상태표 작성에 대한 설명으로 가장 옳지 않은 것은 어느 것인가?

① 외화재무상태표는 계정과목 배열에 있어 기본적으로 은행회계와 마찬가지로 상대적 유동성배열법을 적용한다.
② 외환회계가 은행회계의 한 부분이고 외화계정과목은 일반 재무제표에 환산되어 공표될 대상이므로 외화 및 원화재무상태표의 계정과목은 원화 재무상태표의 계정과목에 쉽게 연결·환산될 수 있어야 하며 일관성을 유지하여야 한다.
③ 회계처리상 어떤 거래의 결제가 이루어질 때까지 과도기적으로 처리할 수 있는 결제계정(Settlement Account)과 결제를 위해 외국환거래가 최종적으로 귀착되는 경과계정(Tunnel Account)을 갖는다.
④ 외환거래는 국제간 거래라는 특수성 때문에 실물 도착에 필요한 우편일수 및 기한부 어음 매입 시 어음기간 동안의 여신지원에 따른 이자부문 손익, 수수료 부문 손익은 복합적인 손익요소가 발생된다.

> **출제포인트**
> 회계처리상 어떤 거래의 결제가 이루어질 때까지 과도기적으로 처리할 수 있는 경과계정(Tunnel Account)과 결제를 위해 외국환거래가 최종적으로 귀착되는 결제계정(Settlement Account)을 갖는다.
>
> 정답 ③

 다음 중 외국환회계의 특성으로 옳지 않은 것은?

① 외국환거래에서는 대외지급수단인 외국통화, 외화수표 등 외국환 자체를 하나의 상품으로 간주한다.
② 일반 은행회계와 마찬가지로 재무상태표(구 대차대조표) 뿐만 아니라 손익계산서, 현금흐름표 등의 기타 재무제표를 반드시 작성하여야 한다.
③ 외국환회계에서는 해당 거래의 결제가 이루어질 때까지 과도기적으로 처리하는 경과계정 및 외국환거래가 최종적으로 귀착되는 결제계정을 두고 있다.
④ 환율의 적용은 외국환회계의 기본요소로서 외국환매매거래 시마다 통화별, 거래유형별, 결제방법별로 정해진 환율을 적용한다.

> **출제포인트**
> 손익계산서, 현금흐름표 등의 기타 재무제표는 작성하지 않는다.
> 외환회계의 특징
> ① 외화재무상태표 작성
>   ㉠ 외환회계는 별도의 외화재무상태표를 작성하기 위한 기준을 제시하고 있다.
>   ㉡ 외환회계에서는 일반회계와는 달리 외화재무상태표 이외의 손익계산서 등 여타 재무제표를 요구하고 있지 않은데 이는 외환부문 정보파악 및 건전성 감독이 재무상태표 위주로 이루어지는 데 주로 기인한다.

ⓒ 외화재무상태표는 계정과목 배열에 있어 기본적으로 은행회계와 마찬가지로 상대적 유동성배열법을 적용
ⓓ 그러나 외환회계가 은행회계의 한 부분이고 외화계정과목은 일반 재무제표에 환산되어 공표될 대상이므로 외화 및 원화재무상태표의 계정과목은 원화 재무상태표의 계정과목에 쉽게 연결·환산될 수 있어야 하며 일관성을 유지하여야 한다.
② 외국환의 상품화
③ 환율의 적용
④ 외환손익의 복합성과 원화계리 : 외환거래는 국제간 거래라는 특수성 때문에 실물 도착에 필요한 우편일수 및 기한부 어음 매입 시 어음기간 동안의 여신지원에 따른 이자부문 손익, 수수료 부문 손익은 복합적인 손익요소가 발생된다.
⑤ 국제간 거래에 따르는 특이한 계정체계 : 회계처리상 어떤 거래의 결제가 이루어질 때까지 과도기적으로 처리할 수 있는 경과계정(Tunnel Account)과 결제를 위해 외국환거래가 최종적으로 귀착되는 결제계정(Settlement Account)을 갖음
⑥ 대내·외 구분의 명확화 : 외환회계에 있어 외화자산은 대내외화자산과 대외외화자산으로 구분하며, 외화부채는 대내외화부채와 대외외화부채로 구분한다. 대내 및 대외의 구분에 따라 외환보유액이나 순대외외화자산(NFA)등을 산출하게 되므로 모든 외화자산 및 부채에 대하여 대내외의 구분이 명확하게 이루어져야 한다.

정답 ❷

05 다음 중 경과계정과 결제계정에 대한 설명으로 가장 옳지 않은 것은 어느 것인가?

① 경과계정 과목은 대고객거래, 즉 고객과의 채권·채무의 단계를 표시하는 것을 말한다.
② 선방계정은 외국환은행이 해외 환거래은행에 개설한 자행명의의 계정을 말하며, 이와 반대로 해외 환거래은행이 자행에 개설한 해외 환거래은행 명의의 계정을 당방계정이라고 한다.
③ 당발거래에서는 대고객거래 단계의 외국환이 지급 또는 추심되면 경과계정은 소멸되며, 외화타점계정 또는 국외본지점계정의 결제계정에 대차기되는 것이고, 타발거래의 경우에는 반대로 해외의 결제계정이 먼저 대차기되고 난 후에 대고객거래 미결제액이 경과계정으로 나타나게 된다.
④ 대외거래의 특성상 시차로 인하여 양 계정의 잔액이 항상 일치하는 것은 아니며 일정기간마다 환대사(Reconcilement)를 통하여 차이를 규명하고 실제 자금운용은 선방계정의 잔액을 기준으로 한다.

출제포인트

당방계정은 외국환은행이 해외 환거래은행에 개설한 자행명의의 계정을 말하며, 이와 반대로 해외 환거래은행이 자행에 개설한 해외 환거래은행 명의의 계정을 선방계정이라고 한다.

정답 ❷

외환회계의 난외계정이 아닌 것은?
① 확정외화지급보증　　　　② 외화대손상각채권
③ 외화발행금융채권　　　　④ 외화환매조건부대출채권매각

출제포인트
외화발행금융채권은 부채계정이다.

정답 ③

 다음 중 외국환계정 회계처리기준의 외국환 계정과목 중 부채계정이 아닌 것은?
① 외화환매조건부대출채권매각
② 외화콜머니
③ 매도외환
④ 외화리스부채

출제포인트
외화환매조건부대출채권매각 난외계정이다.

정답 ①

 외환회계의 자산계정으로서 해외은행, 타외국환은행 또는 한국은행에 외화자금을 예치함으로써 발생하는 외화채권을 일컫는 자산계정 항목은 무엇인가?
① 외화예치금(Due from Bank in Foreign Currency)
② 내국수입유산스
③ 외국통화(Foreign Currency on Hand)
④ 매입외환(Bills Bought)

출제포인트
외화예치금(Due from Bank in Foreign Currency)라고 한다.

정답 ①

09 다음 중 외국환계정 회계처리기준의 자산계정에 대한 설명으로 가장 옳지 않은 것은 어느 것인가?

① 외화예치금(Due from Bank in Foreign Currency)은 해외환거래은행, 타외국환은행 또는 한국은행에 외화자금을 예치함으로써 발생하는 외화채권을 말한다.
② 수출물품을 선적한 수출업체가 선적서류 등을 담보로 하여 발행한 화환어음 또는 선적서류나 선적통지부 외상수출채권(Open Account)을 매입하는 경우 신용장 발행은행이나 추심은행 등에서 대금결제가 완료되기 전까지 처리하는 경과계정 과목을 외화대출금이라고 한다.
③ 외화증권은 외국정부, 국제금융기구, 외국금융기관 등이 발행한 국공채, 사채, 일반 인수어음, 정기예금증서, 주식(Stock), CP(유통시장) 등 각종 외화표시 유가증권을 매입하는 경우 이를 처리하는 계정을 말한다.
④ 내국수입유산스란 외국환은행이 자행이 개설한 기한부 수입신용장의 조건에 따라 발행된 수입환어음을 수입업자 대신 직접 결제하거나 다른 은행에 결제를 위탁하여 발생한 수입업자에 대한 신용공여를 말한다.

출제포인트
수출환어음이라고 한다.

정답 ❷

 10 해외의 예치환거래은행 등에 있는 외국환은행의 당방계정 또는 외국환은행의 국외본지점계정에서 선차기 되었으나 아직 그 귀속주체가 정해지지 않아 미결제되고 있는 대금을 처리하는 계정을 무슨 계정이라고 하는가?

① 외화본지점(차입) ② 미결제외환
③ 미확정지급보증 ④ 내국수입유산스

출제포인트
미결제외환이라고 한다.

정답 ❷

다음 중 외국환계정 회계처리기준의 부채계정에 대한 설명으로 가장 옳지 않은 것은 어느 것인가?

① 외화예수금 계정은 외화예금의 수입으로 발생한 외화부채를 처리하는 계정으로 예금의 수입은 대변에, 인출은 차변에 기입한다.
② 외화별단예금은 외국환 업무의 취급과정에서 발생하는 일시적인 예수금 성격의 미결제 정리자금이나 특수거래에 따른 예금계좌를 가지고 있지 않은 고객으로부터 일시적 예수금 등 기타예금과목으로 처리할 수 없는 예수금을 처리하는 계정을 말한다.
③ 미지급 외환은 외국환은행이 고객의 의뢰에 의하여 대외송금을 취결하거나 타은행이 발행한 여행자수표(Traveller's check)를 수탁판매하는 경우 고객으로부터 받은 송금대금 또는 여행자수표 대금이 외국에서 실제 지급되거나 위탁은행에 동 대금을 결제하는 날까지는 상당한 차이가 발생되므로 이 기간 중의 대외채무를 잠정적으로 처리하는 경과계정이다.
④ 콜머니(Call money)는 자산계정의 콜론(Call loan)에 대응하는 부채계정이며 콜자금을 수요자 입장에서 본 것이다. 콜거래는 보통 은행이 일시적인 외화자금 부족을 충당하기 위하여 초단기간 운용되는 외국환은행 간 거래이며, 기간은 90일 이내(90일 포함)이며, 외국환은행 및 해외은행으로부터 차입으로 구분된다.

출제포인트
매도외환에 대한 설명이다.

정답 ③

 외국환은행이 고객의 대외거래와 관련하여 예치받은 담보금 및 보증금을 처리하는 외환회계의 자산계정을 무엇이라고 하는가?

① 외화콜머니 ② 외화발행금융채권
③ 외화수입보증금 ④ 외화본지점

출제포인트
외화수입보증금이라고 한다.

정답 ③

금융기관은 주석사항 중 특히 금융기관의 재무상태를 이해하는 데 필요한 사항을 재무상태표의 (　)에 별도로 표시하도록 하고 있다. 여기서 괄호 안에 들어갈 항목은?

① 선방계정
② 경과계정
③ 주석계정
④ 난외계정

출제포인트

정답 ④

 Banker's Usance 방식 기한부 수입신용장 개설 후 등 이 수입대금을 직접 결제하거나 다른 외국환은행에 결제 신용공여를 처리하는 외화재무상태표 자산계정?

① 배서어음
② 인수
③ 매입외환
④ 내국수입유산스

출제포인트

인수라고 한다.

확정외화지급보증
외화지급보증계정은 외국환은행의 외화표시 지급보증에 따른 우발채무가 주채무로 확정된 경우 처리하는 난외계정과목이다.
① 수입신용장관련 외화지급보증
　㉠ 인수 : 수입업자의 의뢰로 Shipper's Usance 방식 기한부신용장을 개설한 후 선적서류 인수 시 처리하는 계정이다.
　㉡ 수입물품선취보증 : 수입화물이 선적서류보다 먼저 도착한 수입거래의 경우 은행이 수입화물선취보증서 발급 시 처리하는 계정이다.
　　수입물품선취보증서(L/G : Letter of Guarantee)의 발행목적은 수입화물이 국내에 도착하였으나 선하증권 원본서류가 외국환은행에 도착하지 않아 수입화물의 인수가 불가능할 경우 수입상으로 하여금 수입화물을 먼저 인도받을 수 있도록 하는 데 있다.

정답 ②

15 Shipper's Usance의 인수계정처리에 대한 설명 중 옳은 것은?

① 계정구분 - 난외, 계정과목 - 확정외화지급보증
② 계정구분 - 난내, 계정과목 - 내국수입유산스
③ 계정구분 - 난외, 계정과목 - 확정외화지급보증, 세과목 - 인수
④ 계정구분 - 난외, 계정과목 - 미확정외화지급보증, 세과목 - 인수

출제포인트

계정구분 - 난외, 계정과목 - 확정외화지급보증, 세과목 - 인수

단계별 계정처리 요약

신용장 종류	구분	신용장 발행	수입물품선취보증 (L/G)	인수
Shipper's Usance	계정구분	난외	난외	난외
	계정과목	미확정외화지급보증	확정외화지급보증	확정외화지급보증
	세과목	수입신용장발행	수입물품선취보증	인수
Banker's Usance	계정구분	난외	난외	난내(자산)
	계정과목	미확정외화지급보증	확정외화지급보증	내국수입유산스
	세과목	수입신용장발행	수입물품선취보증	

정답 ③

 16 다음 중 외국환계정 회계처리기준의 난외계정에 대한 설명으로 가장 옳지 않은 것은 어느 것인가?

① 미확정지급보증은 주채무가 확정되지 않은 우발채무를 말한다.
② 난외계정은 재무제표 본문(난내)에 표시되지 않는 회계정보 중 은행의 우발적인 채무관계, 재무제표 작성상의 중요한 원칙이나 방법 등 재무제표 이용자에게 유익하고 의미 있는 정보는 주석을 통하여 제공된다.
③ 미확정외화지급보증은 외국환은행의 외화표시 지급보증에 따른 우발채무로서 주채무가 미확정된 경우 이를 처리하는 계정으로 수입신용장발행, 외화표시 내국신용장발행, 차관외화보증 및 기타미확정외화보증으로 구분된다.
④ Shipper'Usance 방식 기한부신용장의 발행목적은 수입화물이 국내에 도착하였으나 선하증권 원본서류가 외국환은행에 도착하지 않아 수입화물의 인수가 불가능할 경우 수입상으로 하여금 수입화물을 먼저 인도받을 수 있도록 하는 데 있다.

출제포인트

수입물품선취보증서(L/G : Letter of Guarantee)에 대한 설명이다.

정답 ④

17 무역거래의 대금결제방법 중 방식이 다른 하나는?

① COD
② 사전송금방식
③ CAD
④ OA(Open Account)

> **출제포인트**
> 사전송금방식이며 나머지는 사후송금방식이다.
>
> 정답 ②

18 무역거래의 대금결제방법 중 추심 방식에 해당하는 것은?

① 지급인도조건(D/P : Document against Payment)
② 일람불신용장(At Sight L/C)
③ OA(Open Account)
④ COD

> **출제포인트**
> 지급인도조건(D/P : Document against Payment)와 인수인도조건(D/A : Document against Acceptance) 방식이 있다.
>
> 정답 ①

19 Shipper's Usance의 신용장 발행 시 계정과목은 어느 것인가?

① 내국수입유산스
② 미확정외화지급보증
③ 확정외화지급보증
④ 수입신용장발행

> **출제포인트**
> 미확정외화지급보증으로 처리한다.
>
> 정답 ②

수입화물이 선적서류보다 먼저 도착한 경우 수입상으로 하여금 수입화물을 선적서류 도착 전에 미리 인도받을 수 있도록 하기 위한 신용장 개설은행의 선박회사 앞 보증행위를 하는 보증을 무엇이라고 하는가?

① 수입물품선취보증
② 선수금환급보증
③ 유보금(환급)보증
④ 확정외화지급보증

출제포인트
수입물품선취보증(L/G : Letter of Gurantee)이라고 한다.

정답 ❶

 Shipper's Usance의 인수 시 계정구분과 계정과목으로 맞는 것은?

① 자산계정 - 내국수입유산스
② 난외계정 - 확정외화지급보증
③ 부채계정 - 내국수입유산스
④ 난외계정 - 수입물품선취보증

출제포인트
난외계정 - 확정외화지급보증이다.

정답 ❷

22 외국환 수수료 종류 및 체계 중 정액수수료에 해당하지 않는 것은?

① 수출환어음매입 취급수수료
② 수출신용장 양도수수료
③ 수출신용장 통지수수료
④ 당(타)발 추심수수료

출제포인트
당(타)발 추심수수료는 정률수수료이다.

정답 ④

23 외국환 수수료 종류 및 체계 중 정률수수료에 해당하지 않는 것은?

① 당(타)발 추심수수료
② 수출신용장 통지수수료 및 수출신용장 양도수수료
③ D/P, D/A 타발추심 어음결제 시 추심수수료
④ 대체료 및 외화현찰수수료(Cash Commission)

출제포인트
수출신용장 통지수수료 및 수출신용장 양도수수료는 정액 수수료이다.

정답 ②

24 신용위험부담 보상적(Credit Risk Coverring) 성격의 수수료가 아닌 것은?

① 수입환어음 인수수수료
② 외화표시 지급보증수수료
③ 신용장 발행수수료
④ 수출환어음 매입이자

출제포인트
수출환어음 매입이자는 자금부담비용 보상적 성격의 수수료이다.

정답 ④

 25 자금부담비용 보상적(Credit Cost Covering) 성격의 수수료가 아닌 것은?

① 수입환어음 매입이자
② 수출환어음 매입이자
③ 수입신용장 발행수수료
④ 내국신용장 어음매입이자

출제포인트
수입신용장 발행수수료는 신용위험부담 보상적(Credit Risk Covering) 성격의 수수료이다

정답 ③

04장 출제예상 문제

01 외환회계의 특징에 대한 설명이다. 가장 바르지 못한 것은?

① 외환회계란 외국환은행이 외국환업무를 취급함에 따라 발생되는 자산, 부채의 증감사항과 손익상황을 복식부기의 원리에 따라 체계적으로 기록, 계산, 정리하는 제도 또는 방식이다.
② 외환회계에서는 일반회계와 같이 외화재무상태표 및 손익계산서 등 여타 재무제표를 요구하고 있다.
③ 은행회계의 일반적인 특징 이외에 환율의 개제, 포지션의 발생, 격지간의 대외거래에 따른 시차의 조정문제와 같은 특징이 있다.
④ 외화재무상태표는 계정과목 배열에 있어 기본적으로 은행회계와 마찬가지로 상대적 유동성배열법을 적용한다.

02 외환회계의 자산계정이 아닌 것은?

① 외국통화　　② 배서어음
③ 외화대여유가증권　　④ 외화증권

03 대고객거래, 즉 고객과의 채권, 채무의 단계를 표시하는 것으로 해외 환거래은행 또는 국외 본·지점과의 채권, 채무의 단계를 표시하는 결제계정 과목과 대조적인 계정을 무엇이라고 하는가?

① 경과계정　　② 결제계정
③ 난외계정　　④ 당방계정

04 외환회계의 자산계정으로서 외국환은행이 고객으로부터 외환을 매입하여 해외 코레스은행에 개설되어 있는 당방계정이나 해외 본지점계정에 입금될 때까지 일시적으로 처리되는 경과계정(Tunnel A/C)을 일컫는 자산계정 항목은 무엇인가?

① 외화예치금(Due from Bank in Foreign Currency)
② 내국수입유산스
③ 외국통화(Foreign Currency on Hand)
④ 매입외환(Bills Bought)

05 해외 환거래은행이 자행에 개설한 해외 환거래은행 명의의 계정을 무엇이라고 하는가?
① 경과계정
② 선방계정
③ 난외계정
④ 대응계정

06 외환회계의 자산계정 중 매입외환(Bills Bought)이 아닌 것은?
① 수출환어음
② 외화콜론
③ 약속어음
④ 외화표시 내국신용장어음

07 외국환은행이 고객의 대외거래와 관련하여 예치받은 담보금 및 보증금을 처리하는 외환회계의 자산계정을 무엇이라고 하는가?
① 외화콜머니
② 외화발행금융채권
③ 외화수입보증금
④ 외화본지점

정답 및 해설

01 ② 외환회계에서는 일반회계와는 달리 외화재무상태표 이외의 손익계산서 등 여타 재무제표를 요구하고 있지 않는다.
02 ② 배서어음은 난외 계정이다.
03 ① 경과계정이라고 한다.
04 ④ 매입외환(Bills Bought)이라고 한다.
05 ② 선방계정이라고 한다.
06 ② 외화콜론은 매입외환 항목이 아니다.
07 ③ 외화수입보증금이라고 한다.

08 외환회계의 부채계정에 대한 설명이다. 가장 바르지 못한 것은?

① 콜거래는 보통 은행이 일시적인 외화자금 부족을 충당하기 위하여 초단기간 운용되는 외국환은행 간 거래이다.
② 외국환 업무의 취급과정에서 발생하는 일시적인 예수금 성격의 미결제 정리자금이나 특수거래에 따른 예금계좌를 가지고 있지 않은 고객으로부터 일시적 예수금 등 기타예금과목으로 처리할 수 없는 예수금을 처리하는 계정을 외화별단예금이라고 한다.
③ 외국환은행이 고객의 의뢰에 의하여 대외송금을 취결하는 계정을 미지급외환이라고 한다.
④ 외화예금의 수입으로 발생한 외화부채를 처리하는 계정으로 예금의 수입은 대변에, 인출은 차변에 기입한다.

09 계정별 예금의 종류가 잘못 연결된 것은?

① 대외계정 : 당좌예금, 보통예금, 통지예금, 정기예금, 정기적금
② 해외이주자계정 : 당좌예금, 보통예금, 통지예금, 정기예금, 정기적금
③ 거주자계정 : 당좌예금, 보통예금, 통지예금, 정기예금, 정기적금
④ 구분이 명확하지 않은 경우 : 별단예금

10 외환회계의 특징에 대한 설명이다. 가장 바르지 못한 것은?

① 외환회계는 별도의 외화재무상태표를 작성하기 위한 기준을 제시하고 있다.
② 외환회계에 있어 외화자산은 대내외화자산과 대외외화자산을 통합하여 관리한다.
③ 외환회계는 일반회계와는 다르게 환율의 적용, 외환손익의 복합성과 원화계리 등의 문제가 발생한다.
④ 외환회계에 있어 외화자산은 대내외화자산과 대외외화자산으로 구분하며, 외화부채는 대내외화부채와 대외외화부채로 구분한다.

11 외환회계의 난외계정에 대한 설명이다. 가장 바르지 못한 것은?

① 수입업자의 의뢰로 Shipper's Usance 방식 기한부신용장을 개설한 후 선적서류 인수 시 처리하는 계정을 수입물품선취보증이라고 한다.
② 외화지급보증계정은 외국환은행의 외화표시 지급보증에 따른 우발채무가 주채무로 확정된 경우 처리하는 난외계정과목을 확정외화지급보증이라고 한다.
③ 수입물품선취보증서(L/G : Letter of Guarantee)의 발행목적은 수입화물이 국내에 도착하였으나 선하증권 원본서류가 외국환은행에 도착하지 않아 수입화물의 인수가 불가능할 경우 수입상으로 하여금 수입화물을 먼저 인도받을 수 있도록 하는 데 있다.
④ 주채무가 확정된 우발채무는 확정지급보증으로 처리한다.

12 무역거래의 대금결제방법 중 신용장방식(L/C Base)은 어느 것인가?

① D/A(Document against Acceptance)
② Shipper's Usance
③ 국제팩토링
④ CAD

13 무역거래의 대금결제방법 중 송금방식(Remittance Base)은 어느 것인가?

① D/P (Document against Payment)
② OA(Open Account)
③ 상환방식(Sight Reimbursement Base)
④ Banker's Usance

정답 및 해설

08 ③ 외국환은행이 고객의 의뢰에 의하여 대외송금을 취결하는 계정을 매도외환이라고 한다.
09 ② 해외이주자계정은 정기적금 개설이 불가능하다.
10 ② 외환회계에 있어 외화자산은 대내외화자산과 대외외화자산으로 구분하여 관리하여야 한다.
11 ① 인수계정이라고 한다.
12 ② Shipper's Usance
13 ② OA(Open Account)만 송금방식이다.

14 외환회계의 난외계정에 대한 설명이다. 가장 바르지 못한 것은?

① 난외계정에 표시되는 사항은 통상 부외거래(Off-balance Sheet Transaction)라 칭한다.
② 외화약정, 배서어음, 파생상품 관련 약정사항과 은행감독정책 필요상 설정되어 있는 계정과목은 난외계정이다.
③ 주채무가 확정되지 않은 우발채무는 미확정지급보증으로 난외계정으로 표시한다.
④ 수입화물이 선적서류보다 먼저 도착한 수입거래의 경우 은행이 수입화물선취보증서 발급 시 처리하는 계정을 인수계정이라고 한다.

15 선적서류 결제 후 매입은행의 지시에 따라 송금하는 방식은?

① Banker's Usance
② 송금방식(Sight Remittance Base)
③ D/P(Document against Payment)
④ D/A(Document against Acceptance)

16 무역거래의 대금결제방법 중 추심방식은 어느 것인가?

① D/P(Document against Payment)
② 상환방식(Sight Reimbursement Base)
③ OA(Open Account)
④ 기한부신용장(Usance L/C)

17 선적서류 결제 전 지정된 상환은행에서 선지급되는 상환방식(Reimbursement Base) 무역거래의 대금결제방법의 형태가 아닌 것은?

① Banker's Usance
② 일람불 신용장 : 상환방식
③ Sight Remittance Base
④ Shipper's Usance

18 Banker's Usance의 수입물품선취보증(L/G) 발행 시 계정과목은 어느 것인가?

① 내국수입유산스
② 미확정외화지급보증
③ 확정외화지급보증
④ 수입신용장발행

19 다음 외국환 수수료 종류 중 수수료 체계가 다른 것은?

① 내국신용장 취급수수료
② 당(타)발 추심수수료
③ 수출신용장 통지수수료
④ D/P, D/A 타발추심 어음결제 시 추심수수료

20 외국환 수수료 종류 및 체계 중 정률수수료에 해당하지 않는 것은?

① 수출신용장 양도수수료
② 당(타)발 추심수수료
③ 외화현찰수수료(Cash Commission)
④ D/P, D/A 타발추심 어음결제 시 추심수수료

21 자금부담비용 보상적(Credit Cost Covering) 성격의 수수료가 아닌 것은?

① 수출환어음 매입이자
② 수입환어음 및 기타어음 매입이자
③ 수입환어음 인수수수료
④ 내국신용장 어음매입이자

정답 및 해설

14 ④ 확정외화지급보증계정이라고 한다.
15 ② 송금방식(Sight Remittance Base)이라고 한다.
16 ① D/P(Document against Payment)만 추심방식이다.
17 ③ Sight Remittance Base은 송금방식이다.
18 ③ 확정외화지급보증으로 처리한다.
19 ③ 수출신용장 통지수수료만 정액수수료이고 나머지는 정률수수료이다.
20 ① 수출신용장 양도수수료는 정액수수료이다.
21 ③ 수입환어음 인수수수료는 신용위험부담 보상적(Credit Risk Covering) 성격의 수수료이다.

부록 1

핵심문제 Article 핵심탐구

부록1 핵심문제 Article 핵심탐구

Article 1. Application of UCP ★★★ 제1조 UCP의 적용

제1조 신용장통일규칙의 적용범위

The Uniform Customs and Practice for Documentary Credits, (2007 Revision, ICC Publication no. 600 "UCP") (including, to the extent to which they may be applicable, any standby letter of credit) are rules that apply to any documentary credit("credit") when the text of the credit expressly modified or excluded by the credit. They are binding on all parties there to unless expressly modified or excluded by the credit.

제6차 개정 신용장통일규칙(2007년 개정, 국제상업회의소 간행물 제600호, "신용장통일규칙")은 신용장의 문면에 위 규칙이 적용된다는 것을 분명하게 표시한 경우 모든 화환신용장(위 규칙이 적용 가능한 범위 내에서는 보증신용장(standby letter of credit)을 포함한다. 이하 "신용장"이라 한다)에 적용된다. 이 규칙은 신용장에서 명시적으로 수정되거나 그 적용이 배제되지 않는 한 모든 당사자를 구속한다.

1. 신용장통일규칙의 성격
   신용장통일규칙은 법률이 아닌 규칙이다.
   신용장통일규칙의 조항을 금지하거나 우선하는 법이 있다면 각 개별국가의 법이 신용장통일규칙에 우선한다.

2. 신용장통일규칙 준거문언 명시
   신용장에 신용장통일규칙(UCP 600)이 적용됨을 명백히 표시해야 한다.

[UCP 600 적용 표시의 예]
① SWIFT 전송 신용장 : 40E항목(field)에 UCP가 적용됨을 표시한다.

40E/APPLICABLE RULE : UCP LATEST VERSION

'UCP LATEST VERSION'은 "본 신용장은 신용장 개설일자 기준 발효 중인 국제상업회의소 신용장통일규칙(UCP)이 적용된다.

3. 보증신용장에도 적용
   신용장통일규칙은 상업신용장에만 적용되는 것이 아니라 적용 가능한 범위 내에서 보증신용장에도 적용할 수 있다.
   신용장통일규칙이 적용 가능한 범위 내에서 보증신용장 또는 청구보증에도 적용 가능하지만 보증신용장 또는 청구보증은 실무적인 분쟁을 방지하기 위해서는 보증신용장통일규칙({ISP98) 또는 청구보증통일규칙(URDG758)을 적용하는 것이 예상치 못한 분쟁을 방지할 수 있다.

[Tip]***
1. rules : 신용장통일규칙은 법률이 아니라 임의 규정
   • 신용장통일규칙과 국내 법규 간 서로 충돌할 경우에는 국내 법규가 우선 적용
2. apply to any D/C : 모든 신용장에 적용 가능
3. when … expressly indicate that it is subject to these rules. : 명시적으로 표시한 경우 적용됨.
   예 SWIFT 신용장
   40E : APPLICATION RULE : UCP LATEST VERSION
   우편신용장
   Subject to The Uniform Customs and Practice for Documentary Credits, 2007 Revision, ICC Publication no. 600
4. unless expressly modified or excluded by the credit. : 신용장에서 명시적으로 나타내어 특정 조항 수정 또는 배제 가능함.
   예 47A : ADDITIONAL CONDITIONS : Sub-article 19 (c) do not apply 이 경우 UCP 600 19조 (c)항 적용 배제

Article 2. Definitions 제2조 정의 *****

핵심 탐구

For the purpose of these rules : 이 규칙에서는 다음과 같이 해석한다.

(1) Advising bank means the bank that advises the credit at the request of the issuing bank.
   통지은행(Advising Bank)은 개설은행의 요청에 따라 신용장을 통지하는 은행을 의미한다.

(2) Banking day means a day on which a bank is regularly open at the place at which an act subject to these rules is to be performed.
   은행영업일이라 함은 본 규칙에 따라 업무가 이행되어 지는 장소에서 은행이 정규적으로 영업을 하는 일자를 말한다.
   ① 은행이 정상적으로 영업 중
   ② 신용장 관련 기능을 수행하여야 함

①, ② 조건 모두 충족되어야 Banking day
- 단순히 예금, 인출 등의 소매금융업무만을 행한다면 Banking day가 아님.
- 토요일도 상기 ①, ② 조건 충족 시, Banking day로 간주함.

(3) Beneficiary means the party in whose favour a credit is issued.
수익자는 신용장 개설을 통하여 이익을 받는 당사자를 의미한다(보통 수출자가 될 것입니다).

(4) Confirming bank means the bank that adds its confirmation to a credit upon the issuing bank's authorization or request.
확인은행이라 함은 발행은행의 수권 또는 요청에 따라 신용장에 확인을 추가하는 은행을 말한다.

(5) Issuing bank means the bank the issues a credit <u>at the request of an applicant</u> or <u>on its own behalf</u>.
개설은행은 개설의뢰인의 신청 또는 그 자신을 위하여 신용장을 개설한 은행을 의미한다.

(6) Nominated bank means the bank with which the credit is available or any bank in the case of a credit available with any bank.
지정은행이라 함은 신용장이 사용가능한 은행 또는 모든 은행에서 사용가능한 신용장의 경우 모든 은행을 말한다.
지급, 연지급, 인수, 매입을 할 수 있도록 지정받은 은행을 말하며, 주로 SWIFT 신용장의 Field 41d : Available with …에 명시된다.

(7) Complying presentation means a presentation that is in accordance with the terms and conditions of the credit, the applicable provisions of these rules and international standard banking practice.
일치하는 제시라 함은 신용장조건, 본 규칙의 적용 가능한 규정 및 국제표준은행관행에 따른 제시를 말한다.
① 신용장조건(the terms and conditions of the credit)
② 적용 가능한 범위 내에서의 이 규칙(UCP 600)의 규정(the applicable provisions of these rules)
③ 국제표준은행관행(international standard banking practice)
[주의] ③은 ISBP821을 말하는 것이 아니다.

(8) Confirmation means a definite undertaking of the confirming bank, in addition to that of the issuing bank, to honour or negotiate a complying presentation.
확인이라 함은 발행은행의 확약에 추가하여 일치하는 제시를 인수·지급 또는 매입하겠다는 확인은행의 분명한 확약을 말한다.
확인(Confirmation)은 일치하는 제시에 대하여 결제(Honour) 하겠다는 개설은행의 확약에 확인은행이 별도로 추가하는 확약을 의미한다. 이로 인해 수익자는 이중으로 확약을 받게 된다(개설은행, 확인은행의 확인).

(9) Credit means any arrangement, ① <u>however named or described</u>, that is ② <u>irrevocable</u> and thereby constitutes ③ <u>a definite undertaking of the issuing bank to honour a complying presentation</u>.
신용장이라 함은 그 명칭이나 기술에 관계없이 일치하는 제시를 인수·지급하기 위한 발행은행의 취소불능적인 그리고 분명한 확약을 구성하는 모든 약정을 말한다.

> ① however named or described : 명칭과 기술에 상관없음.
>   [참조] 신용장에 사용되는 다양한 명칭
>   Documentary Credit, Letter of Credit, Credit
> ② irrevocable : 수익자, 확인은행(있는 경우), 개설은행의 동의 없이는 취소가 불가능한 약정
> ③ a definite undertaking of the issuing bank to honour a complying presentation : 개설은행(Issuing bank)이 일치하는 제시(Complying presentation)에 대하여 결제(honour) 하겠다는 확약
>   [주의] 개설은행은 일치하는 제시에 대하여 결제(Honour)를 하겠다는 것이지 매입(Negotiation)을 하겠다는 것이 아님에 주의하여야 한다.

(10) Honour means
   a. to pay at sight if the credit is available by sight payment.
   b. to incur a deferred payment undertaking and pay at maturity if the credit is available by deferred payment.
   c. to accept a bill of exchange("draft") drawn by the beneficiary and pay at maturity if the credit is available by acceptance.
결제(honour)라 함은 다음을 말한다.
   a. 신용장이 일람지급에 의하여 사용가능한 경우 일람지급하는 것
   b. 신용장이 연지급에 의하여 사용가능한 경우 연지급을 확약하고 만기일에 지급하는 것
   c. 신용장이 인수에 의하여 사용가능한 경우 수익자가 발행한 환어음("어음")을 인수하고 만기일에 지급하는 것

> [결제(Honour)] - 매입이 포함되지 않음
>   a. 일람지급방식(by sight payment) : 서류가 제시되면 서류를 심사하여 일치하는 제시일 경우 즉시 지급
>   b. 연지급방식(by deferred payment) : 연지급 확약 후 만기에 지급
>   c. 인수방식(by acceptance) : 환어음 인수 후 만기에 지급

(11) Negotiation means the purchase by the nominated bank of drafts(drawn on a bank other than the nominated bank) and/or documents under a complying presentation, by advancing or agreeing to advance funds to the beneficiary on or before the banking day on which reimbursement is due to the nominated bank.
(advance 선지급하다.)

매입이라 함은 상환이 지정은행에게 행해져야 하는 은행영업일 또는 그 이전 수익자에게 대금을 선지급 또는 선지급하기로 약정함으로써 일치하는 제시에 대한 환어음(지정은행이 아닌 은행을 지급인으로 하여 발행된) 또는 서류를 지정은행이 매입하는 것을 말한다.

> ① 지정은행 이외의 은행을 지급인으로 한 환어음을
> ② 지정은행이 매입(확인은행도 무소구(without recourse)로 매입가능)
> ③ 개설은행은 매입을 할 수 없다.
> ④ 환어음 또는 서류의 매입 즉, 환어음 없이 서류만의 매입도 가능하다. 이와 연결하여 환어음이 요구되지 않는 연지급방식(deferred payment)도 매입의 대상이 될 수 있음을 시사한다.
> ⑤ 선지급 또는 선지급하기로 동의하는 것 또한 매입에 해당된다.
> ⑥ 매입(negotiation)
>   ㉠ 대금지급을 해야 하는 당사자 이외의 은행이 하는 행위
>   ㉡ 매입은행이 만기일 또는 그 이전에 대금을 지급하거나 대금을 지급하기로 동의함으로써 환어음 또는 서류를 매수하여야 한다.
>   ㉢ 개설은행이 인수 후에 지급하는 것은 매입이 아니다.

(12) Presentation means either the delivery of documents under a credit to the issuing bank or nominated bank or the documents so delivered.

제시라 함은 발행은행 또는 지정은행에게 신용장에 의한 서류인도 또는 그와 같이 인도된 서류를 말한다.

① 서류를 인도하는 행위
② 인도된 서류 그 자체
두 가지 모두를 의미함.

(13) Presenter means a beneficiary, bank or other party that makes a presentation.
제시인이라 함은 제시를 하는 수익자, 은행 또는 기타 당사자를 말한다.

Article 3. Interpretations 제3조 해석 *****

핵심 탐구

For the purpose of these rules :

(1) Where applicable, words in the singular include the plural and in the plural include the singular.
이 규칙에서는 다음과 같이 해석한다. 적용 가능한 경우, 단수의 단어는 복수의 단어를 포함하고 복수의 단어는 단수의 단어를 포함한다.
   예 document는 documents와 동일한 의미

(2) <u>A credit is irrevocable</u> even if there is no indication to that effect.
신용장은 비록 취소불능이라는 표시가 없다 하더라도 취소불능이다.

[참조] 취소불능에 대한 UCP 600에 반하는 일부 국가 현지법
러시아, 오만, 볼리비아는 국내법으로 신용장 취소 가능성 여부에 대하여 아무런 언급이 없으면 취소가능 신용장으로 간주하고 있다. 즉, 현지법이 규칙에 우선하므로 이러한 국가에서는 취소불능의 여부를 명시하여야 한다.

① 신용장의 취소불능성 : 신용장은 취소불능이라는 표시가 없더라도 취소가 불가능하다.
   취소불능 신용장이란 신용장이 한 번 개설되면 신용장 관련 당사자인 개설은행과 수익자 그리고 확인은행(확인신용장의 경우) 전원의 동의가 있어야 취소가 가능한 신용장을 의미한다.
② 다른 국가에 위치한 같은 은행의 지점 : 서로 다른 국가에 위치한 같은 은행의 지점은 별개의 은행으로 간주된다.
③ on or about의 의미 : "on or about" 또는 이와 유사한 표현은 어떠한 일이 시기(始期)와 종기(終期)를 포함하여 특정일자의 전 5일부터 후 5일까지의 기간 중에 발생해야 하는 것으로
④ 선적기간에 사용된 "to", "until", "till", "from", "between"의 의미 : 선적기간을 정하기 위하여 "to", "until", "till", "from", 그리고 "between"이라는 단어가 사용된 경우, 이는 (기간에) 명시된 일자를 포함하고, "before"와 "after"라는 단어는 명시된 일자를 제외한다.
⑤ 만기(滿期)를 정하기 위하여 사용된 "from"과 "after"의 의미 : 만기일(maturity date)을 결정하기 위해 사용되는 경우, "from"과 "after"는 언급된 날짜를 제외한다.

(3) A document may be signed by handwriting, facsimile signature, perforated signature, stamp, symbol or any other mechanical or electronic method of authentication.
서류는, 수기, 모사 서명, 천공 서명, 스탬프, 상징 또는 모든 기타의 기계적 또는 전자적 인증 방법에 의하여 서명될 수 있다.

> [서명방법]
> ① handwriting : 육필 서명
> ② facsimile signature : 육필서명(handwriting)을 스캔하고 저장하여 전자적으로 출력한 것 또는 인쇄기에 의해 미리 인쇄된 서명
>   [주의] facsimile signature는 팩스기로 전송된 서명이 아님
> ③ perforated signature : 구멍을 뚫어 서명한 것
> ④ symbol : 쉽게 관인 또는 도장(chops)을 생각
> ⑤ mechanical or electronic method : 기계적 또는 전자적 서명을 의미

(4) A requirement for a document to be legalized, visaed, certified or similar will be satisfied by any signature, mark, stamp or label on the document which appears to satisfy that requirement.
공인, 사증, 증명 또는 유사한 서류의 요건은 그러한 요건을 충족하는 것으로 보이는 서류상의 모든 서명, 표지, 스탬프 또는 부전에 의하여 충족된다.

(5) Branches of a bank in different countries are considered to be separate banks.
다른 국가에 있는 어떠한 은행의 지점은 독립된 은행으로 본다.

> [예] EPASS COMPANY은행의 서울지점과 부산지점은 서로 같은 은행(the same bank)으로 본다.
> [예] EPASS COMPANY은행의 한국지점과 미국지점은 서로 다른 은행(separate bank)으로 본다.
> [참조] ISP98 제2.02조에서는 동일 국가 내에 있다하더라도 지점이 다르면 서로 다른 은행으로 본다.

(6) Terms such as "first class", "well known", "qualified", "independent", "official", "competent" or "local" used to describe the issuer of a document allow any issuer except the beneficiary to issue that document.
발행자를 표현하기 위하여 사용되는 "first class(일류)", "well known(저명한)" "qualified(자격 있는)", "independent(독립적인)", "official(공적인)", "competent(능력 있는)", 또는 "현지의 (local)"라는 용어는 수익자를 제외하고 해당 서류를 발행하는 모든 서류 발행자가 사용할 수 있다.

> [예] 신용장상 요구서류 46A : Certificate of Origin issued by the <u>qualified</u> company
>   → 이 경우, 원산지 증명서의 발행자는 Beneficiary를 제외한 아무나 가능
>   단, Beneficiary가 발행하면 하자가 되니 주의해야 한다.

(7) Unless required to be used in a document, words such as "prompt", "immediately" or "as soon as possible" will be disregarded.
서류에 사용하도록 요구되지 않았다면 "신속하게(prompt)", "즉시(immediately)" 또는 "가능한 한 빨리(as soon as possible)"라는 단어는 무시된다.
무시되는 단어 "prompt", "immediately", "as soon as possible"
이러한 단어는 무시되며 이 단어들이 특정기간이나 시간을 의미하는 것은 아니다.

(8) The expression "on or about" or similar will be interpreted as a stipulation(조항, 조건, 규정) that an event is to occur during a period of five calendar days before until five calendar days after the specified date, both start and end dates included.
"그 시경(on or about)" 또는 이와 유사한 표현은 어떠한 일이 명시된 일이 특정 일자의 전 5일부터 후 5일까지의 기간 중에 발생해야 하는 규정으로 해석되며, 초일 및 종료일이 포함되는 것으로 한다.

on or about June 20, 2016 = 2016년 6월 15일부터 2016년 6월 25일까지의 11일간 calendar days에 주의!! 기간 중 휴일, 토, 일요일과 같은 날 모두 포함
(calendar days ≠ business days)

(9) The words "to", "until", "till", "from" and "between" when used to determine a period of shipment include the date or dates mentioned, and the words "before" and "after" exclude the date mentioned.
선적기간을 정하기 위하여 "to", "until", "till", "from" 그리고 "between"이라는 단어가 사용된 경우 이는(기간에) 명시된 일자 혹은 일자들을 포함하고, "before"와 "after"라는 단어는 명시된 일자를 제외한다.

(10) The words "from" and "after" when used to determine a maturity date exclude the date mentioned.
만기(주로 여기서 만기는 결제일의 만기이다)를 정하기 위하여 사용된 경우 "from"과 "after"라는 단어가 사용된 경우에는 명시된 일자를 제외한다.

> 예 제시기간이 30days from(after) shipment date 며, 선적기일이 5월 1일 인 경우, 제시기간은 5월 1일을 제외하고 30일째인 5월 31일이 된다.
> ① 선적일 산정 시 from 사용 : "Shipment should be effected from July 01, 2016" : 7월 1일부터(7월 1일 포함) 그 이후에 선적이 이루어져야 함
> ② 선적일 산정 시 after 사용 : "Shipment should be effected after July 01, 2016" : 7월 2일부터(7월 1일 제외) 그 이후에 선적이 이루어져야 함
> ③ 선적일 산정 시 before 사용 : "Shipment should be effected before July 01, 2016" : 6월 30일까지(7월 1일 제외) 선적이 이루어져야 함
> ④ 만기일 산정 시 from 사용 : 신용장상 어음조건이 "30days from shipment date"이고, 선적일이 7월 1일인 경우 : 만기일은 7월 31일(언급된 선적일(shipment date) 7월 1일은 제외)
> 선적일 산정 시 해당일 제외시키는 전치사 : before, after
> 만기일 산정 시 해당일 제외시키는 전치사 : from, after
> after는 해당일 모두 제외시킴
> before는 선적일 산정 시에만 해당일 제외
> from은 만기일 산정 시에만 해당일 제외

(11) The terms "first half(상반기, 전반기로 해석)" and "second half" of a month shall be construed respectively as the 1st to the 15th and the 16th to the last day of the month, all dates inclusive.

어느 개월의 "전반" 및 "후반"이라는 용어는 모든 일자를 포함하여 당월의 1일부터 15일까지, 그리고 16일부터 말일까지로 각각 해석된다.

first half of July : 7/1 ~ 7/15

second half of a July : 7/16 ~ 7/31(말일)

(12) The terms "beginning", "middle" and "end" of a month shall be construed respectively as the 1st to the 10th, the 11th to the 20th and the 21st to the last day of the month, all dates inclusive.

어느 개월의 "상순", "중순" 및 "하순"이라는 용어는 양쪽 일자를 포함하여 당월의 1일부터 10일까지, 11일부터 20일까지, 그리고 21일부터 말일까지로 각각 해석된다.

"beginning of July" : 7/1 ~ 7/10

"middle of July" : 7/11 ~ 7/20

"end of July" : 7/21 ~ 7/31(말일)

제4조 Credits v. Contracts(신용장과 계약)

제5조. Documents v. Goods, Services or Performance (서류대 물품, 용역, 의무이행)

핵심 탐구

a. <u>A credit by its nature is a separate transaction</u> from the sale or other contract on which it may be based. Banks are in no way concerned with or bound by such contract, even if any reference whatsoever to it is included in the credit. Consequently, the undertaking of a bank to honour, to negotiate or to fulfil any other obligation under the credit is not subject to claims or defences by the applicant resulting from its relationships with the issuing bank or the beneficiary. A beneficiary <u>can in no case(어떠한 경우에도 ~아니다) avail</u> itself of the contractual relationships existing between banks or between the applicant and the issuing bank.

a. 신용장은 그 본질상 그 기초가 되는 매매 또는 다른 계약과는 **별개의 거래**이다. 신용장에 그러한 계약에 대한 언급이 있더라도 은행은 그 계약과 아무런 관련이 없고 또한 그 계약 내용에

구속되지 않는다. 따라서 신용장에 의한 결제(honour), 매입(negotiate) 또는 다른 의무이행은 개설의뢰인과 개설은행, 수익자 사이에서 발생된 개설의뢰인의 주장이나 항변에 구속되지 않는다.

b. An issuing bank should discourage any attempt by the applicant to include, as an <u>integral(필수적인) part of the credit</u>, copies of the underlying contract, proforma invoice(견적송장) and the like.

b. 개설은행은 개설의뢰인이 원인계약이나 견적 송장 등의 사본을 <u>신용장의 일부분으로</u> 포함시키려는 어떠한 시도도 하지 못하게 하여야 한다.

> [신용장의 독립성]
> 신용장거래는 수입상과 수출상의 매매계약에 근거해서 개설되지만, 기반이 되는 매매계약과는 별개의 거래이기 때문이라는 계약내용에 관련이 되어 있지 않고 그 계약에 구속도 받지 않는다. 이는 신용장 특징 중 하나인 '독립성(independence principle 또는 autonomy)'에 관한 조항이다.

Article 5. Documents v. Goods, Services or Performance ⇨ 제5조 서류와 물품, 서비스 또는 이행

Banks deal with documents and not with goods, services or performance to which the documents may relate.

<u>은행은 서류로 거래하는 것</u>이지, 그 서류와 관계된 물품, 용역, 의무이행으로 거래하는 것이 아니다.

5조는 신용장의 2대 원칙 중 하나인 추상성(Principle of Abstraction)에 대한 것이다.

은행은 문면상 일치하는 제시가 있는지 여부를 단지 서류만에 의해서 심사해야 한다는 것이다. 은행원은 특정산업의 전문가가 아니기 때문에 매매계약 또는 상품계약 등의 이행 여부, 지식에 한계가 있다.

> [제5조 서류 대 물품, 용역, 의무이행]
> Banks deal with documents and not with goods, services or performances to which the documents may relate
> ⇨ 은행은 서류로 거래하는 것이며 그 서류가 관계된 물품, 용역, 의무이행으로 거래하는 것이 아니다.

Article 6. Availability, Expiry Date and Place for Presentation
제6조(이용가능성, 유효기일 그리고 제시장소) *****

핵심 탐구

a. A credit must state the bank with which it is available or whether it is available with any bank. A credit available with a nominated bank is also available with the issuing bank.

a. 용장은 그 신용장이 사용가능한 은행 또는 그 신용장이 모든 은행에서 사용가능한지 여부를 명기하여야 한다. 지정은행에서 사용가능한 신용장은 개설은행에서도 사용 가능하다.

신용장에 신용장을 이용할 수 있는 은행 즉, 지정은행(Nominated bank)을 명시해야 한다. SWIFT 41A Field의 Available with에 명시된 은행을 말한다.

> **예 이용가능은행**
> Credit available with EPASS COMPANY bank ⇨ 이용가능한 은행은 ① EPASS COMPANY bank ② 개설은행(Issuing bank)
> Credit available with any bank ⇨ 이용가능한 은행은 ① 모든 은행(any bank) ② 개설은행(Issuing bank)

b. A credit must state whether it is available by sight payment, deferred payment, acceptance or negotiation.

b. 신용장은 그것이 일람지급, 연지급, 인수 또는 매입 중 어느 유형으로 사용가능한지를 명시하여야 한다.

> **예 41A Available with.... address : EPASS COMPANY bank by sight payment**
> ① 일람지급(sight payment) : 지급은행이 서류가 일치한다고 판단 시 수익자에게 신용장대금을 지급하는 방식이다.
> ② 연지급(deffered payment) : 연지급방식으로 이용가능한 신용장은 일치하는 서류제시에 대해 만기에 지급하겠다는 취소불능한 확약(연지급확약 deffered payment undertaking)후 만기에 신용장대금을 지급하는 방식이다.
> 왜 연지급방식을 이용하는가? 일부 국가에서 환어음 인수 또는 지급 시 인지세(stamp duty)를 부과하고 있기 때문에 환어음이 사용되지 않는 연지급방식이 선호된다. 기한부방식이다.
> ③ 인수(acceptance) : 환어음의 지급인(drawee)이 일치하는 제시에 대해 환어음을 인수하고 만기에 신용장대금을 지급하는 방식이다.
> 연지급방식과의 차이는 환어음의 유무이다. 즉 인수방식은 환어음을 요구한다. 기한부방식이다.

[알아두자] 연지급 VS 인수
연지급방식과의 차이는 환어음의 유무이다. 인수방식은 환어음을 요구하지만 연지급방식은 환어음을 요구하지 않는다. 하지만 연지급과 인수 모두 기한부방식이라는 점에서는 동일하다.

④ 매입(Negotiation) : 지정은행이 만기일 또는 그 이전에 일치하는 제시에 대해 대금을 선지급하거나 선지급에 동의하는 방법에 의해 환어음 또는 서류를 구매(purchase)하는 방식이다.
매입방식은 일람, 기한부방식 모두 가능하다.

⑤ 환어음요구 여부
  • 일람출급 – 요구할 수도 있고 하지 않을 수도 있다.
  • 연지급 – 요구하지 않는다.
  • 인수 – 반드시 요구한다.
  • 매입 – 요구할 수도 있고 하지 않을 수도 있다.

c. A credit must not be issued available by a draft drawn on the applicant.
   ⇨ c. 신용장은 개설의뢰인을 지급인으로 발행된 환어음에 의하여 사용이 가능하도록 발행되어서는 아니 된다.
개설의뢰인을 지급인으로 하는 환어음을 요구하면 안 된다. (ISBP821 규정)
46A 요구 서류의 하나로 요구할 수는 있으나, 42D 지급인에 개설의뢰인의 명칭이 나타나면 안 된다.

d. ⅰ. A credit must state an expiry date for presentation. An expiry date stated for honour or negotiation will be deemed(~로 본다, 생각한다) to be an expiry date for presentation.
   ⅱ. The place of the bank with which the credit is available is the place for presentation. The place for presentation under a credit available with any bank is that of any bank. A place for presentation other than that of the issuing bank is in addition to the place of the issuing bank.

d. ⅰ. 신용장은 제시를 위한 유효기일을 명기하여야 한다. 인수·지급 또는 매입을 위하여 명기된 유효기일은 제시를 위한 유효기일로 본다.
   ⅱ. 신용장이 사용가능한 은행의 장소는 제시장소이다. 모든 은행에서 사용가능한 신용장의 제시장소는 모든 은행의 장소이다. 발행은행 이외의 제시장소는 발행은행의 장소에 추가한 것이다.

신용장에 제시를 위한 최종기일을 명시해야 한다.
만약 신용장상에 결제나 매입을 위한 유효기일이 있다면 이러한 유효기일은 서류제시를 위한 최종기일을 의미한다.
신용장이 이용 가능한 장소는 서류제시를 위한 장소이다.

> 예 31d : date and place of expiry
>   MAY 10 2016 in Korea
>   41d : available with..by..name / address
>   EPASS COMPANY bank in Korea by sight payment

Credit을 이용가능한 장소인 Korea가 제시장소가 되며 2016년 5월 10일이 제시를 위한 최종기일이 된다. 위의 31d와 41d필드의 장소를 동일하게 하는 것이 국제표준은행관행이다(ICC Opinion TA.717rev2).

e. Except as provided in sub-article 29 (a), a presentation by or on behalf of the beneficiary must be made on or before the expiry date.

e. 제29조 a항에서 규정된 경우를 제외하고, 수익자에 의한 제시 또는 수익자를 대리하는 제시는 유효기일 또는 그 이전에 행하여져야 한다.

제29조 a항 : 신용장의 유효기일 또는 최종제시일이 불가항력(36조)에 의한 휴무가 아닌 통상적인 휴업일이라면 다음 첫 은행영업일로 자동연장된다.

on behalf of(대신하여)

[유효기일과 제시장소]
유효기일이나 제시를 위한 최종일의 연장을 설명하는 제29조(a)항(최종제시기일은 은행 휴업일인 경우 다음 첫 은행영업일로 연장됨)의 경우를 제외하고 수익자의 직접제시 또는 수익자를 대신한 은행 등의 제시는 유효기일 또는 제시기일 이전에 이루어져야 한다.

> 31D : Date and Place of Expiry
>   130621 in Korea
> 41D : Available With..By..Name / Address
>   ABC Bank in Korea By Negotiation

Article 7. Issuing Bank Undertaking 제7조 개설은행의 의무 *****

UCP 600 제7조와 제8조는 유사한 형태를 보이고 있기 때문에 7, 8조를 비교하면서 공부하는 것이 바람직하다.

a. Provided that the stipulated documents are presented to the nominated bank or to the issuing bank and that they constitute a complying presentation, the issuing bank must honour if the credit is available by :

a. 명시된 서류가 지정은행 또는 개설은행에 제시되고 그 서류가 일치하는 제시를 구성하는 한 신용장이 다음 중 어느 것에 의하여 사용가능한 경우, 개설은행은 결제(honour)하여야 한다. :
   i. sight payment, deferred payment or acceptance with the issuing bank;
   i. 개설은행에서 일람지급, 연지급 또는 인수하는 경우 ;
   ii. sight payment with a nominated bank and that nominated bank does not pay;
   ii. 신용장이 지정은행에서 일람지급에 의하여 이용될 수 있는데, 지정은행이 대금을 지급하지 않는 경우
   iii. deferred payment with a nominated bank and that nominated bank does not incur its deferred payment undertaking or, having incurred its deferred payment undertaking, does not pay at maturity;
   iii. 신용장이 지정은행에서 연지급에 의하여 이용될 수 있는데 지정은행이 연지급의 의무를 부담하지 않는 경우 또는 그와 같은 연지급의 의무를 부담하였으나 만기에 대금을 지급하지 않는 경우
   iv. acceptance with a nominated bank and that nominated bank does not accept a draft drawn on it or, having accepted a draft drawn on it, does not pay at maturity;
   iv. 신용장이 지정은행에서 인수에 의하여 이용될 수 있는데 지정은행이 지정은행을 지급인으로 환어음을 인수하지 않거나 그 환어음을 인수하였더라도 만기에 지급하지 아니한 경우
   v. negotiation with a nominated bank and that nominated bank does not negotiate.
   v. 신용장이 지정은행에서 매입에 의하여 이용될 수 있는데 지정은행이 매입하지 아니한 경우 지정은행 또는 개설은행에 일치하는 서류가 제시되고 다음의 요건에 해당하는 경우 개설은행은 결제(honour)의 의무를 진다.

   > [요건]
   > ① 개설은행에서 일람지급, 연지급, 인수에 의해 이용 가능한 경우
   > ② 지정은행에서 지급, 인수, 매입의무를 이행하지 아니한 경우
   > [확인은행에서 추가되는 의무]
   > 신용장이 확인은행에서 매입의 방법으로 이용 가능하다면 확인은행은 상환청구권 없이 매입하여야 한다.

b. An issuing bank is irrevocably bound to honour as of the time it issues the credit.
b. 개설은행은 신용장의 개설시점으로부터 취소가 불가능한 결제(honour)의 의무를 부담한다.
c. <u>An issuing bank</u> undertaking to reimburse a nominated bank that has honoured or negotiated a complying presentation and forwarded the documents <u>to the issuing bank</u>. Reimbursement for the amount of a complying presentation under a credit available by acceptance or deferred payment is due at maturity, whether or not the

nominated bank prepaid or purchased before maturity. <u>An issuing bank's</u> undertaking to reimburse a nominated bank is independent of <u>the issuing bank's</u> undertaking to the beneficiary.

c. 개설은행은 일치하는 제시에 대하여 지정은행이 결제(honour) 또는 매입을 하고 그 서류를 개설은행에 송부한 지정은행에 대하여 신용장 대금을 상환할 의무를 부담한다. 인수신용장 또는 연지급 신용장의 경우 일치하는 제시에 대응하는 대금의 상환은 지정은행이 만기 이전에 대금을 먼저 지급하였거나 또는 매입하였는지 여부와 관계없이 만기에 이루어져야 한다. 개설은행의 지정은행에 대한 상환의무는 개설은행의 수익자에 대한 의무로부터 독립적이다.

Article 8. Confirming Bank Undertaking   제8조 확인은행의 의무 *****

핵심 탐구

a. Provided that the stipulated documents are presented to the confirming bank or to any other nominated bank and that they constitute a complying presentation, the confirming bank must :

a. 명시된 서류가 확인은행 또는 모든 기타 지정은행에 제시되고 그 서류가 일치하는 제시를 구성하는 한 신용장이 다음 중의 어느 것에 의하여 사용가능한 경우, 확인은행은 결제(honor)하여야 한다. 개설은행(Issuing bank)은 honour만 할 수 있음.
자신이 개설한 신용장에 명기된 서류를 매입하는 것이 아니라 결제(Honour)해야 함.

   ⅰ. honour, if the credit is available by

   a) sight payment, deferred payment or acceptance with the confirming bank;

   a) 확인은행에서 일람지급, 연지급 또는 인수하는 경우; Issuing bank와 Confirming bank의 의무는 일치

   b) sight payment with another nominated bank and that nominated bank does not pay;

   b) 신용장이 다른 지정은행에서 일람지급에 의하여 이용될 수 있는데 해당 지정은행이 대금을 지급하지 않는 경우

   c) deferred payment with another nominated bank and that nominated bank does not incur its deferred payment undertaking or, having incurred its deferred payment undertaking, does not pay at maturity;

   c) 신용장이 다른 지정은행에서 연지급에 의하여 이용될 수 있는데 해당 지정은행이 연지급의 의무를 부담하지 않는 경우 또는 그와 같은 연지급의 의무를 부담하였으나 만기에 대금을 지급하지 않는 경우

d) acceptance with another nominated bank and that nominated bank does not accept a draft drawn on it or, having accepted a draft drawn on it, does not pay at maturity;

d) 신용장이 다른 지정은행에서 인수에 의하여 이용될 수 있는데 해당 지정은행이 그 지정은행을 지급인으로 한 환어음을 인수하지 않거나 그 환어음을 인수하였더라도 만기에 대금을 지급하지 않는 경우

e) negotiation with another nominated bank and that nominated bank does not negotiate.

e) 해당 지정은행이 매입하지 않는 경우 신용장이 다른 지정은행에서 매입에 의하여 이용될 수 있는데,

ⅱ. negotiate, without recourse(상환청구), if the credit is available by negotiation with the confirming bank.

ⅱ. 신용장이 확인은행에서 매입의 방법으로 이용 가능하다면, 확인은행은 상환청구권(recourse) 없이 매입하여야 한다. 개설은행은 매입(negotiation)할 수 없고, 확인은행 또는 지정은행만이 할 수 있다(without recourse : 확인은행은 소구권 없이 매입 가능).

▶ 소구권(Recourse)
어음을 매입하고 수익자에게 대금을 선지급한 매입은행이 개설은행에게 대금청구를 하였으나 지급되지 않은 경우, 어음발행인인 수익자에게 기지급한 어음대금을 소구할 수 있는(되돌려 받을 수 있는) 권리를 말한다.

b. A confirming bank is irrevocably bound to honour or negotiate as of the time it adds its confirmation to the credit.
개설은행은 신용장의 개설시점으로부터(as of the time it issues the credit) 취소불가능한 결제(honour)의 의무 부담. 확인은행은 신용장에 확인을 추가하는 시점으로부터(as of the time it adds its confirmation to the credit) 취소불가능한 결제(honour) 또는 매입(negotiation)의 의무 부담

c. A confirming bank undertakes to reimburse another nominated bank that has honoured or negotiated a complying presentation and forwarded the documents to the confirming bank. Reimbursement for the amount of a complying presentation under a credit available by acceptance or deferred payment is due at maturity, whether or not another nominated bank prepaid or purchased before maturity. A confirming bank's undertaking to reimburse another nominated bank is independent of the confirming bank's undertaking to the beneficiary.

d. If a bank is authorized or requested by the issuing bank to confirm a credit but is not prepared to do so, it must inform the issuing bank without delay and may advise the credit without confirmation.
어떤 은행이 개설은행으로부터 신용장에 대한 확인의 권한을 받았거나 요청 받았음에도 불구하고,

그 준비가 되지 않았다면, 지체 없이 개설은행에 대하여 그 사실을 알려주어야 하고, 이 경우 신용장에 대한 확인 없이 통지만을 할 수 있다. 확인은행이 확인 없이 통지한다는 의미(the bank advises the credit without confirmation)

확인은행(confirming bank)이 확인 요청받았지만, 확인을 추가할 의사가 없거나 확인을 추가할 수 없는 상황일 때, 확인의 추가 없이 통지만을 행한다면 확인은행이 아닌 통지은행(advising bank)으로서의 지위로 행위하는 것이다.

Article 9. Advising of Credits and Amendments **
제9조 신용장 및 조건변경의 통지

a. A credit and any amendment may be advised to a beneficiary through an advising bank. An advising bank that is not a confirming bank advises the credit and any amendment without any undertaking to honour or negotiate.

a. 신용장 및 모든 조건변경은 통지은행을 통하여 수익자에게 통지될 수 있다. 확인은행이 아닌 통지은행은 인수·지급 또는 매입하기 위하여 아무런 확약 없이 신용장 및 모든 조건변경을 통지한다.

> [통지은행(Advising bank)]
> 결제(honour)나 매입에 대한 어떤 책임이나 의무 없이 신용장 및 조건변경을 수익자(beneficiary)에게 통지하는 은행으로 통지은행이 확인을 추가하는 경우 확인은행으로서의 의무(일치하는 제시 시 결제 또는 무소구로 매입의무)를 진다.

b. By advising the credit or amendment, the advising bank signifies that <u>it has satisfied itself as to the apparent authenticity(외견상 진정성) of the credit or amendment and that the advice accurately reflects the terms and conditions of the credit or amendment received</u>.

b. 신용장 또는 조건변경을 통지함으로써 통지은행은 통지가 외견상 진정성을 충족시키고 송부 받은 신용장 또는 조건변경의 조건을 정확하게 반영하고 있다는 것을 의미한다.

> [통지은행의 의무]
> ① 신용장 또는 그 조건변경에 대한 외견상의 진정성 확인(the apparent authenticity of the credit or amendment)
> ② 통지가 송부 받은 그대로 정확하게 반영하고 있다는 점(the advice accurately reflects the terms and conditions of the credit or amendment received.)

c. An advising bank may utilize the services of another bank("second advising bank") to advise the credit and any amendment to the beneficiary. By advising the credit or amendment, the second advising bank signifies that it has satisfied itself as to the apparent authenticity of the advice it has received and that the advice accurately reflects the terms and conditions of the credit or amendment received.

c. 통지은행은 수익자에게 신용장 및 모든 조건변경을 통지하기 위하여 다른 은행("제2통지은행")의 서비스를 이용할 수 있다. 신용장 또는 조건변경을 통지함으로써 제2통지은행은 자신이 수령한 그 통지의 외관상 진정성에 관하여 자체적으로 충족하였다는 것과 그 통지가 수령된 신용장 또는 조건변경의 조건을 정확하게 반영하고 있다는 것을 표명하는 것이다.

통지은행은 다른 은행(제2통지은행)을 이용하여 수익자에게 통지할 수 있음.

Issuing bank → 1st advising bank → 2nd advising bank → beneficiary

> [제2통지은행의 존재이유]
> ① 통지은행이 수익자에게 직접 통지를 할 수 없는 경우
> ② 개설은행과 제2통지은행 간의 BKE 교환 또는 SWIFT 가입이 되어있지 아니한 경우 그 중간에 제1통지은행을 지정, 즉 개설은행이 통지은행에 직접 통지를 할 수 없는 경우

d. A bank utilizing the services of an advising bank or second advising bank to advise a credit must use the same bank to advise any amendment thereto.

d. 신용장을 통지하기 위하여 통지은행 또는 제2통지은행의 서비스를 이용하는 은행은 이에 대한 모든 조건변경을 통지하기 위하여 동일한 은행을 이용하여야 한다.
조건변경을 통지할 때에는 개설 시 이용했던 경로와 동일한 경로를 이용해야 함.
신용장 개설통지경로가 Issuing bank → 1st advising bank → 2nd advising bank → beneficiary 순이었다면, 조건변경통지도 이와 동일한 경로를 이용하여 통지해야 한다.

e. If a bank is requested to advise a credit or amendment but elects not to do so, it must so inform, without delay, the bank from which the credit, amendment or advice has been received.

e. 은행이 신용장 또는 조건변경 통지를 요구받았으나 그렇게 하지 아니하기로 결정한 경우, 은행은 신용장, 조건변경 또는 통지를 송부하여 온 은행에게 지체 없이 이를 통보하여야 한다.

[통지거절]
- 2nd advising bank는 1st advising bank에게
- 1st advising bank는 issuing bank에게 지체 없이(without delay) 통지의 거절을 알려주어야 함

f. If a bank is requested to advise a credit or amendment but cannot satisfy itself as to the apparent authenticity of the credit, the amendment or the advice, it must so inform, without delay, the bank from which the instructions appear to have been received. If the advising bank or second advising bank elects nonetheless to advise the credit or amendment, it must inform the beneficiary or second advising bank that it has not been able to satisfy itself as to the apparent authenticity of the credit, the amendment or the advice.

f. 은행이 신용장 또는 조건변경 통지를 요구받았으나 신용장, 조건변경 또는 통지의 외관상 진정성에 관하여 자체적으로 충족할 수 없는 경우, ① 그 은행은 그 지시를 송부하여 온 은행에게 이를 지체 없이 통고하여야 한다. ② 그럼에도 불구하고 통지은행 또는 제2통지은행이 그 신용장 또는 조건변경을 통지하기로 결정한 경우, 그 은행은 수익자 또는 제2통지은행에게 신용장, 조건변경 또는 통지의 외관상 진정성에 관하여 자체적으로 충족할 수 없다는 것을 통고하여야 한다.

Article 10. Amendment 제10조 조건변경

a. Except as otherwise provided by article 38, a credit can neither be amended nor cancelled without the agreement of the issuing bank, the confirming bank, if any, and the beneficiary.

a. 제38조에서 달리 규정한 경우를 제외하고 신용장은 개설은행, 만약 있다면 확인은행과 수익자의 동의 없이 조건변경(amendment)되거나 취소될 수 없다.
신용장은 개설은행, 확인은행(있는 경우) 및 수익자 모두의 동의 없이 변경 또는 취소될 수 없음.
　◉ 신용장 주요 거래 당사자 : 수익자, 개설은행, 확인은행(있는 경우)
　[주의] Applicant는 주요 거래 당사자 아니다.

b. An issuing bank is irrevocably bound by an amendment as of the time it issues

the amendment. A confirming bank <u>may extend its confirmation to an amendment</u> and will be irrevocably bound <u>as of the time it advises the amendment</u>. A confirming bank may, however, choose to advise an amendment without extending its confirmation and, if so, it must inform the issuing bank without delay and inform the beneficiary in its advice.

> [조건변경 효력발생 시점]
> - 개설은행(issuing bank) : 신용장 조건을 변경한 경우 그 시점으로부터(as of the time it issues the amendment) 변경 내용에 대하여 취소불가능하게 구속됨(irrevocably bound).
> - 확인은행(confirming bank) : 신용장 조건변경에 확인을 추가하여 조건변경을 통지한 경우 그 시점으로부터(A confirming bank may extend its confirmation to an amendment and ~ as of the time it advises the amendment.) 변경 내용에 취소불가능하게 구속됨 (irrevocably bound).

확인은행이 신용장 조건변경에 확인을 추가하지 않기로 결정한 경우?
지체 없이 issuing bank에게 알리고, beneficiary한테 통지할 때 그러한 사실을 알려야 함.

c. The terms and conditions of the original credit(or a credit incorporating previously accepted amendments) will remain in force for the beneficiary until the beneficiary communicates its acceptance of the amendment to the bank that advised such amendment. <u>The beneficiary should give notification(통지, 통고) of acceptance or rejection of an amendment</u>. If the beneficiary fails to give such notification, a presentation that complies with the credit and to any not yet accepted amendment will be deemed to be notification of acceptance by the beneficiary of such amendment. <u>As of that moment the credit will be amended</u>.

c. 원신용장(또는 이미 승낙된 조건변경을 포함하고 있는 신용장)의 조건은 수익자가 조건변경에 대한 그 자신의 승낙을 그러한 조건변경을 통지해 온 은행에게 통보할 때까지는 수익자를 위하여 계속 효력을 갖는다. 수익자는 조건변경에 대하여 승낙 또는 거절의 통고를 행하여야 한다. <u>수익자가 그러한 통고를 행하지 아니한 경우</u>, 신용장 및 아직 승낙되지 아니한 <u>조건변경에 일치하는 제시</u>는 수익자가 그러한 조건변경에 대하여 승낙의 통고를 행하는 것으로 본다. <u>그 순간부터 신용장은 조건변경 된다</u>.

> [Tip] The beneficiary **SHOULD** give notification of acceptance of rejection of an amendment.
> <u>should</u> : 어떤 일이 옳은 일임을 나타낼 때 사용 → 하지 않아도 됨.(반드시 해야 하는 것을 의미하는 것이 아님)
> "수익자는 조건변경에 대한 승낙 또는 거절의 통보를 행하는 것이 바람직하다."로 이해하자.

→ 승낙 또는 거절의 통보를 하지 않고
① 원신용장 조건에 일치하는 제시(조건변경에 대해 거절할 경우)
또는 ② 조건변경에 일치하는 제시(조건변경에 대해 승낙할 경우)
②의 경우, 이 순간부터 조건변경이 된 것으로 간주

d. A bank that advises an amendment should inform the bank from which it received the amendment of any notification of acceptance or rejection.

d. 조건변경을 통지하는 은행은 조건변경을 송부하여 온 은행에게 승낙 또는 거절의 모든 통고를 통지하여야 한다.
beneficiary 또는 2nd advising bank로부터 조건변경에 대한 승낙 또는 거절 통보를 받으면 2nd advising bank는 1st advising bank에게, 1st advising bank는 issuing bank에게 통지해야 한다.

e. Partial acceptance of an amendment is not allowed and will be deemed to be notification of rejection of the amendment.

e. 조건변경의 부분승낙은 허용되지 아니하며 조건변경의 거절통고로 본다.

f. A provision in an amendment to the effect that the amendment shall enter into force unless rejected by the beneficiary within a certain time shall be disregarded.

f. 조건변경이 특정기한 내에 수익자에 의하여 거절되지 아니하는 한 유효하게 된다는 취지의 조건변경서상의 규정은 무시된다.

Article 11. Teletransmitted and Pre-Advised Credits and Amendments
제11조 전송과 예비통지신용장 및 조건변경

a. <u>An authenticated teletransmission</u> of a credit or amendment <u>will be deemed to be the operative credit or amendment</u>, <u>and any subsequent mail confirmation shall be disregarded</u>.

a. 신용장 또는 조건변경의 인증된 전송은 유효한 신용장 또는 조건변경으로 보며, 이후의 모든 우편확인서는 무시된다.
If a teletransmission states "<u>full details to follow</u>"(or words of similar effect), or states that <u>the mail confirmation is to be the operative credit or amendment</u>, then

the teletransmission will not be deemed to be the operative credit or amendment. The issuing bank must then issue the operative credit or amendment without delay in terms not inconsistent with the teletransmission.

전송이 "상세한 사항은 추후 통지함"(또는 이와 유사한 효력을 가지는 문언)이라고 명시하고 있거나 또는 우편확인서를 유효한 신용장 또는 조건변경으로 한다는 것을 명시한 경우, 그 전송은 유효한 신용장 또는 조건변경으로 보지 아니한다. 개설은행은 그 때 전송과 모순되지 아니한 조건으로 지체 없이 유효한 신용장 또는 조건변경을 발행하여야 한다.

b. A preliminary advice of the issuance of a credit or amendment("pre-advice") shall only be sent if the issuing bank is prepared to issue the operative credit or amendment. An issuing bank that sends a pre-advice is irrevocably committed to issue the operative credit or amendment, without delay, in terms not inconsistent with the pre-advice.

b. 신용장의 발행 또는 조건변경의 사전통지는 개설은행이 유효한 신용장 또는 조건변경을 발행할 준비가 되어 있는 경우에만 송부되어야 한다. 사전통지를 송부하는 개설은행은 지체 없이 예비통지와 모순되지 아니한 조건으로 유효한 신용장 또는 조건변경을 발행할 것을 취소불능적으로 약속한다. 개설은행이 사전통지 후 수익자와 개설의뢰인의 기본계약조건변경에 의해 신용장의 변경을 요구 받은 경우 개설은행은 이 요구를 거절하고 사전통지내용에 따라 신용장 또는 조건변경을 개설하면 된다.

> 1. 전신통지 : 진정성이 확인된 경우 유효한 신용장으로 보고 차후에 송부되는 우편통지는 전부 무시된다.
> 2. 유효한 우편통지 : 전신통지를 할 때에 차후 발송되는 우편통지의 유효성을 표시한 경우는 우편통지가 유효하다. 또한 이러한 경우 개설은행은 전신통지 후 이와 불일치하지 않는 조건으로 우편통지를 하여야 한다.

Article 12. Nomination   제12조 지정 *****

a. Unless a nominated bank is the confirming bank, an authorization to honour or negotiate does not impose any obligation on that nominated bank to honour or negotiate, except when expressly agreed to by that nominated bank and so communicated to the beneficiary.

a. 지정은행이 확인은행이 아닌 한, 인수·지급 또는 매입하기 위한 수권은 지정은행이 명시적으로 합의하고 이를 수익자에게 통보하는 경우를 제외하고, 지정은행에게 인수·지급 또는 매입에 관한 어떠한 의무도 부과되지 아니한다.

결제 또는 매입에 대한 지정이 있다고 하여 지정은행이 반드시 결제 또는 매입을 해야 하는 것은 아니다. 지정은행은 지정에 따라 결제 또는 매입할 것을 명백히 동의하고 그것을 수익자에게 통지한 경우에만 결제 또는 매입할 의무가 발생한다.

b. By nominating a bank to accept a draft or incur a deferred payment undertaking, an issuing bank authorizes that nominated bank to prepay or purchase a draft accepted or a deferred payment undertaking incurred by that nominated bank.

b. 환어음을 인수 또는 연지급확약 부담 은행을 지정함으로써, 개설은행은 지정은행이 인수한 환어음 또는 부담한 연지급확약을 선지급 또는 구매하기 위하여 그 지정은행에게 권한을 부여한다.

c. Receipt or examination and forwarding of documents by a nominated bank that is not a confirming bank does not make that nominated bank liable to honour or negotiate, nor does it constitute honour or negotiation.

c. 확인은행이 아닌 지정은행이 서류의 수령 또는 심사 및 발송은 인수·지급 또는 매입할 의무를 그 지정은행에게 부담시키는 것은 아니며, 인수·지급 또는 매입을 구성하지 아니한다.

지정은행이 지정에 따라 행위하기로 동의하지 않은 경우, 지정은행으로서의 의무가 없으므로 위 조항상의 행위는 결제(honour) 또는 매입(negotiation)을 구성하지 않는다.

Article 13. Bank-to-Bank Reimbursement Arrangements
제13조(은행간 상환약정)

a. If a credit states that reimbursement is to be obtained by a nominated bank("claiming bank") claiming on another party("reimbursing bank"), the credit must state if the reimbursement is subject to the ICC rules for bank-to-bank reimbursements in effect on the date of issuance of the credit.

a. 신용장이 지정은행("청구은행")이 다른 당사자("상환은행") 앞으로 상환청구 받는 것으로 명시하고

있는 경우, 그 신용장은 상환이 신용장의 발행일에 유효한 은행 간 대금상환에 관한 국제상업회의소 규칙에 따르는지를 명시하여야 한다.

신용장 결제방식이 상환(Reimbursement)방식인 경우 신용장에 은행 간 화환신용장 대금상환에 관한 규칙(URR725)이 적용되는지의 여부를 명시해야 한다.

b. If a credit does not state that reimbursement is subject to the ICC rules for bank-to-bank reimbursements, the following apply :

b. 신용장이 상환이 은행 간 대금상환에 관한 국제상업회의소 규칙에 따른다고 명시하고 있지 아니한 경우, 다음의 것이 적용된다. :

　ⅰ. <u>An issuing bank must provide a reimbursing bank with a reimbursement authorization</u> that conforms with the availability stated in the credit. <u>The reimbursement authorization should not be subject to an expiry date</u>.

　ⅰ. 개설은행은 신용장에 명시된 이용가능성에 일치되게 상환수권을 상환은행에 반드시 주어야 한다. 상환수권은 유효기일의 적용을 받지 않아야 한다.

　ⅱ. A claiming bank shall not be required to supply a reimbursing bank with a certificate of compliance with the terms and conditions of the credit.

　ⅱ. 청구은행은 상환은행에게 신용장 조건 일치증명서를 제시하도록 요구받아서는 아니 된다.

　ⅲ. An issuing bank will be responsible for any loss of interest, together with any expenses incurred, if reimbursement is not provided on first demand by a reimbursing bank in accordance with the terms and conditions of the credit.

　ⅲ. 상환이 최초의 청구 시에 신용장의 조건에 따라 상환은행에 의하여 상환받지 못한 경우, 개설은행은 발생된 모든 경비와 함께 이자손실의 책임을 부담하여야 한다.

　ⅳ. <u>A reimbursing bank's charges are for the account of the issuing bank</u>. However, if the charges are for the account of the beneficiary, it is the responsibility of an issuing bank to so indicate in the credit and in the reimbursement authorization. <u>If a reimbursing bank's charges are for the account of the beneficiary, they shall be deducted from the amount due to a claiming bank</u> when reimbursement is made. <u>If no reimbursement is made, the reimbursing bank's charges remain the obligation of the issuing bank</u>.

　ⅳ. 상환은행 비용은 개설은행 부담이다. 그러나 상환은행 비용을 수익자 부담으로 하려면 개설은행은 신용장과 상환수권서에 그러한 사실을 명시할 책임을 진다. 상환은행의 비용이 수익자 부담이라면 그 비용은 대금이 상환될 때 청구은행에 지급하여야 할 금액으로부터 차감할 수 있다. 어떤 상환도 되지 않았다면 상환은행 비용은 개설은행이 부담하여야 한다.

c. An issuing bank is not relieved of any of its obligations to provide reimbursement if reimbursement is not made by a reimbursing bank on first demand.
c. 개설은행은 상환은행이 첫 요구 시에 상환하지 않았을 경우에 개설은행 스스로의 상환의무에서 벗어나지 못한다.

[Tip] 1. 상환수권(Reimbursement Authorization)은 유효기일이 적용되지 않아야 한다.
2. 청구은행은 개설은행으로부터 신용장조건과 일치한다는 일치증명서(certificate of compliance)를 요구받으면 안 된다. 즉, 개설은행은 청구은행에 상환은행 앞으로 일치증명서를 보내도록 요구해서는 안 된다는 것이다. 위의 1, 2는 상환은행에 부담을 주는 내용이다. 상환은행은 개설은행의 결제대리인 일뿐 신용장 전반에 대한 책임이 없기 때문에 일치증명서는 과도한 업무부담을 준다.
3. 청구은행의 첫 번째 상환청구(first demand) 시 상환은행에 의해 상환이 이루어지지 않으면 상환수수료는 개설은행이 상환해야 한다.

Article 14. Standard for Examination of Documents
제14조 서류심사의 기준 *****

핵심 탐구

a. A nominated bank acting on its nomination, a confirming if any, and the issuing bank must examine a presentation to determine, <u>on the basis of the documents alone</u>, whether or not the documents appear on their face to constitute a complying presentation.

a. 지정에 따라 행동하는 지정은행, 확인은행(있는 경우) 및 개설은행은 서류가 문면상 일치하는 제시를 구성하는지 여부를 결정하기 위하여 <u>서류만을 기초로 하여 제시를 심사</u>하여야 한다. 문면상 "일치하는 제시(complying presentation)" 여부는 서류에 의해서만 결정되어야 한다. 서류에 나타난 계약의 이행 여부, 서류의 진정성 여부 등과는 상관없다.
UCP 600 제5조 추상성의 원칙(Principal of Abstraction)을 재천명하고 있다.

b. A nominated bank acting on its nomination, a confirming bank, if any, and the issuing bank shall each have a <u>maximum of five banking days following the day of presentation</u> to determine if a presentation is complying. This period is not curtailed(단축되다.) or otherwise affected by the occurrence on or after the date of presentation of any expiry date or last day for presentation.

b. 지정에 따라 행동하는 지정은행, 확인은행(있는 경우) 및 개설은행은 제시가 일치하는지 여부를 결정하기 위하여 <u>제시일의 다음날부터 최대 제5은행영업일</u>을 각각 가진다. 이 기간은 제시를 위한 모든 유효기일 또는 최종일의 제시일 또는 그 이후의 발생에 의하여 단축되거나 또는 별도로 영향을 받지 아니한다.

> [서류심사기간 – 제시 다음날부터 최장 5 banking days(≠calendar days)]
> 각 은행은 서류 접수일 다음 영업일로부터 기산하여 최장 5은행영업일(5 banking days) 동안 서류를 심사할 수 있다.
> 최장 5은행영업일의 서류심사기간은 다른 사건의 영향을 받지 않는다. 신용장의 유효기일이 촉박하거나 결제 만기가 임박하였다 하더라도 지정은행, 확인은행, 그리고 개설은행의 최장 서류심사기간에 어떠한 영향도 미치지 않는다.
>
> ▶ 월요일에 서류가 제시된 경우
>
> | 제시일 | | | | | 심사기간 산정 X | | |
> |---|---|---|---|---|---|---|---|
> | 월 | 화 | 수 | 목 | 금 | 토 | 일 | 월 |
> | 서류제시 | 1 | 2 | 3 | 4 | X | X | 5 |
>
> 만약 신용장 유효기일이 임박하여 5은행영업일 동안 심사할 경우 신용장이 만료된다 하더라도 여전히 심사를 위해 5은행영업일을 사용할 수 있다.

c. A presentation including one or more original transport documents subject to articles 19, 20, 21, 22, 23, 24 or 25 must be made by or on behalf of the beneficiary not later than 21 <u>calendar days after the date of shipment</u> as described in these rules, but in any event not later than the expiry date of the credit.

c. 제19조, 제20조, 제21조, 제22조, 제23조, 제24조 또는 제25조에 따른 하나 또는 그 이상의 운송서류의 원본을 포함하는 제시는 이 규칙에 기술된 대로 <u>선적일 이후 21일</u>보다 늦지 않게 수익자에 의하여 또는 수익자를 대리하여 행하여져야 한다. 그러나 어떠한 경우에도, 신용장의 유효기일보다 늦지 않아야 한다.

> **[21일의 법칙]**
> 신용장에서 서류제시기일을 지시하지 않은 경우 수익자는 선적 후 21일 또는 유효기일이 종료되는 기일 중 빨리 도래하는 일자 내에 서류제시장소에 서류를 제출해야 한다.
> 제19조~제25조 사이의 운송서류 원본이 포함된 경우에만 적용된다.
>
> [Tip] 21 calendar days after the date of shipment 2016, JULY
>
> | S | M | T | W | T | F | S |
> |---|---|---|---|---|---|---|
> | | | | | | 1 | 2 |
> | 3 | 4 | 5 | 6 | 7 | 8 | 9 |
> | 10| 11| 12| 13| 14| 15| 16|
> | 17| 18| 19| 20| 21| 22| 23|
> | 24| 25| 26| 27| 28| 29| 30|
> | 31| | | | | | |
>
> | S | M | T | W | T | F | S |
> |---|---|---|---|---|---|---|
> | | | | | | 1 | 2 |
> | 3 | 4 | 5 | 6 | 7 | 8 | 9 |
> | 10| 11| 12| 13| 14| 15| 16|
> | 17| 18| 19| 20| 21| 22| 23|
> | 24| 25| 26| 27| 28| 29| 30|
> | 31| | | | | | |
>
> 7/2 선적일
> 7/3~7/23 : 21일간
> 7/23까지 서류제시해야 함.
> 만일 신용장 유효기일이 7/23이전이면 신용장 유효기일 이내로 서류제시해야 함
>
> 7/7 선적일
> 7/8~7/28 : 21일간
> 7/28 서류제시가능 마지막 날이 non-banking day인 토요일이므로 7/30 월요일까지 서류제시 가능
>
> • 규정(ISBP821 규정)운송서류가 아닌 유사운송서류 (Delivery Order, Forwarder's Certificate of Receipt …) 또는 사본 운송서류를 요구하는 경우에는 적용되지 않으니 유의해야 한다.
> • 제19조~제25조 운송서류 명칭 숙지!!

d. Data in a document, when read in context with the credit, the document itself and international standard banking practice, **need not be identical to**, **but must not conflict with**, date in that document, any other stipulated document or the credit.

d. 신용장 문맥을 읽을 때, 서류의 데이터, 서류의 자체 및 국제표준은행관행은 서류의 데이터 또는 신용장과 **동일성을 요하지 않지만** 서류의 데이터, 모든 기타 규정된 서류 또는 **신용장과 상충되어서는 아니 된다**.

> (상업송장을 제외한) 서류 간 정보는 반드시 일치될 필요는 없으나, 서로 상충되어서는 안 됨.
> (ISBP821 규정) 오자, 오타가 문장에 영향을 주지 않으면 수리됨
> **예** • machine - mashine(누가 봐도 오타)
>   • fountain pen - fountan pen
>   • model - modle
>   • model321 - model123 (X) 이 경우는 서로 다른 상품을 의미할 수 있기 때문에 수리되지 않는다.

e. In documents other than the commercial invoice, the description of the goods, services or performance, if stated, may be in general terms not conflicting with their description in the credit.
e. 상업송장 이외의 서류에, 물품, 서비스 또는 이행의 명세는(명시된 경우) 신용장상의 명세와 상충되지 아니하는 일반용어로 기재될 수 있다.
> 예 신용장 45A Description : Men's pants 라고 명시한 경우, 상업송장 이외의 서류의 명세상에는 일반적인 용어인 garment라고 표시해도 수리된다.
> 상업송장(commercial invoice)에서 명세는 신용장의 명세와 정확히 일치해야 한다.
> 하지만 거울에 비친 것처럼 동일해야 하는 것은 아니다. (need not be mirror image)
> (ISBP821 규정)

f. If a credit requires presentation of a document other than a transport document, insurance document or commercial invoice, without stipulating by whom the document is to be issued or its date content, banks will accept the document as presented if its content appears to <u>fulfil the function</u> of the required document and otherwise <u>complies with sub-article 14 (d)</u>.
f. 신용장이 서류가 누구에 의하여 발행된 것임을 또는 서류의 자료내용을 명시하지 않고, 운송서류, 보험서류 또는 상업송장 이외의 서류제시를 요구하는 경우, 은행은 그 서류의 내용이 요구된 서류의 기능을 충족하는 것으로 보이고 그 밖에 제14조 d항과 일치하는 경우, 제시된 대로 서류를 수리한다.

> 운송서류(transport document), 보험서류(insurance document), 상업송장(commercial invoice) 이 외의 서류 제시 요구하는 경우,
> (누가 서류를 발행하여야 하는지 여부 또는 그 정보의 내용을 명시함이 없으면)
> ① 서류의 기능을 충족하는 것으로 보이고,
> ② 서류 간 정보가 상충하지 않으면(제14조 (d)항)
>   은행은 제시된 대로 그 서류를 수리한다.

g. A document presented but not required by the credit <u>will be disregarded</u> and <u>may be returned</u> to the presenter.
g. 신용장에 의하여 요구되지 않고 제시된 서류는 <u>무시되며</u> 제시인에게 <u>반송될 수 있다</u>.

h. If a credit contains a condition without stipulating the document to indicate compliance with the condition, banks will deem such condition as not stated and will disregard it.
h. 신용장이 조건과의 일치성을 표시하기 위하여 서류를 명기하지 아니하고 조건만을 포함하고 있는 경우, 은행은 그러한 조건을 명시되지 아니한 것으로 보고 이를 무시한다.

> Non-documentary Condition
> (condition without stipulating the document to indicate compliance with the condition) 비서류조건 → 무시
> 비서류조건 : 조건만 있을 뿐 조건과 일치하는 서류를 요구하지 않은 조건
> 비서류 조건(non-documentary conditions) 예문
> 1. Shipment should be effected by ABC shipping line.
> 2. Order No.123
> 3. Beneficiary must send a copy of shipping document to applicant within 5 days after shipment. (선적서류 발송 요구조건)
> 4. Beneficiary must fax the shipment detail after shipment.
> 5. Vessel name should be a Laura. (선박명 지정)
> 6. Early presentation not allowed. (조기제시 금지)

i. A document may be dated prior to the issuance date of the credit, but must not be dated later than its date of presentation.

i. 서류는 신용장의 발행일자보다 이전의 일자가 기재될 수 있으나, 그 서류의 제시일보다 늦은 일자가 기재되어서는 아니 된다.

7/02	7/03	7/10
서류발행일자	신용장개설	제시

: OK

7/02	7/10	7/11
신용장개설	제시	서류발행일자

: X

제시일자보다 늦은 서류의 개설일자 자체는 문제가 됨.

(ISBP821 규정)모든 서류는 선적일 이후의 일자로 발행이 가능하다. 선적한 사실을 증명하는 서류를 요구하는 경우 그러한 사실이 선적일 이전이나 선적일에 있었다는 것을 표시해야 한다. 다만 제시된 후에 발행된 것으로 표시되어서는 안 된다.
 예 pre-shipment inspections certificate.

j. When the addresses of the beneficiary and the applicant appear in any stipulated document, they need not be the same as those stated in the credit or in any other stipulated, but must be within the same country as the respective addresses mentioned in the credit. Contact details(telefax, telephone, email and the like)stated as part of the beneficiary's and the applicant's address will be disregarded. However, when the address and contact details of the applicant appear as part of the consignee or notify party details on a transport document subject to articles 19, 20, 21, 22, 23, 24, or 25, they must be as stated in the credit.

j. 수익자 및 개설의뢰인의 주소가 모든 명기된 서류상에 보이는 경우 이들 주소는, 신용장 또는 명기된 모든 기타 서류에 명시된 것과 동일할 필요는 없으나, 신용장에 언급된 각각의 주소와 동일한 국가 내에 있어야 한다. 수익자 및 개설의뢰인의 주소의 일부로서 명기된 연락처명세(모사전송, 전화, 전자우편 등)는 무시된다. 그러나 개설의뢰인의 주소 및 연락처 명세가 제19조, 제20조, 제21조, 제22조, 제23조, 제24조 또는 제25조에 따라 운송서류상의 수화인 또는 통지처의 일부로서 보이는 경우, 이러한 주소 및 연락처명세는 신용장에 명시된 것과 같아야 한다.

> ① 어떤 요구 서류의 Beneficiary와 Applicant의 주소는
>   • 신용장 또는 다른 요구서류상에 기재된 것과 동일할 필요는 없으나
>   • 동일한 국가 내에 있어야 함
> ② Beneficiary 및 Applicant의 세부 연락처(telefax, telephone, email 등) : 무시됨
> ③ 제19조~제25조 운송서류상에서 Applicant의 주소와 세부 연락처가 수하인(consignee) 또는 착화통지처(notify party)의 일부로서 나타날 때는 반드시 신용장에 명시된 대로 기재되어야 함
> [Tip] 물품이 도착하였을 때 운송서류상의 Consignee or notify party로 물품 도착을 알려야 하므로 중요함
> [Tip] (ISBP821 규정) 수하인 또는 통지처의 상호를 약어로 표시해서는 안 됨.(full name으로 표시)

k. The shipper or consignor of the goods indicated on any document need not be the beneficiary of the credit.
k. 모든 서류상에 표시된 물품의 송화인 또는 탁송인은 신용장의 수익자일 필요는 없다.
   선적인, 송화인, 수익자는 각각 다른 사람일 수도 있다고 생각하자!!

Article 15. Complying Presentation 제15조 일치하는 제시

a. When an issuing bank determines that a presentation is complying, it must honour.
a. 개설은행은 제시가 일치한다고 판단한 경우 결제하여야 한다.
b. When a confirming bank determines that a presentation is complying, it must honour or negotiate and forward the documents to the issuing bank.
b. 확인은행은 제시가 일치한다고 판단할 경우 결제 또는 매입하고 그 서류들을 개설은행에 송부하여야 한다.

c. When a nominated bank determines that a presentation is complying and honours or negotiates, it must forward the documents to the confirming bank or issuing bank.

c. 지정은행은 제시가 일치한다고 판단하고 결제 또는 매입할 경우 그 서류들을 확인은행 또는 개설은행에 송부하여야 한다.

Article 16. Discrepant Documents, Waiver and Notice
제16조 불일치서류, 권리포기 및 통지 ***

핵심 탐구

a. When a nominated bank acting on its nomination, a confirming bank, if any, or the issuing bank determines that a presentation does not comply, it may refuse to honour or negotiate.

a. 지정에 따라 행동하는 지정은행, 확인은행(있는 경우) 또는 개설은행은 제시가 일치하지 아니한 것으로 결정하는 경우, 인수·지급 또는 매입을 거절할 수 있다.

지정은행, 확인은행 또는 개설은행은 제시가 일치하지 않는다고 판단할 때에는 결제(honour) 또는 매입(negotiation)을 거절할 수 있다.

b. When <u>an issuing bank</u> determines that a presentation does not comply, it may in its sole judgement approach the applicant for a waiver of the discrepancies. This does not, however, extend the period mentioned in sub-article 14 (b).

b. 개설은행은 제시가 일치하지 아니한 것으로 결정하는 경우, 개설은행은 독자적인 판단으로 개설의뢰인과 불일치에 관한 권리포기의 여부를 교섭할 수 있다. 그러나 이로 인하여 제14조 b항에서 언급된 기간이 연장되지 아니한다. 제시가 일치하지 않는다고 판단하는 때에는 '개설은행'만이 자신의 독자적인 판단으로 하자에 대한 권리포기(waiver)를 위하여 개설의뢰인과 교섭할 수 있다. 개설의뢰인과 교섭을 하더라도 최장 5은행영업일 이내에 심사해야 한다.

[Tip] "~ it(an issuing bank) <u>MAY</u> ~ approach the applicant for a waiver of the discrepancies." ↳ may 이므로 교섭을 하지 않아도 무방하다.

개설은행이 권리포기를 위한 교섭을 하는 경우라도 심사는 5은행영업일 이내에 완료해야 한다.

상황1. 5은행영업일 이내에 교섭하지 않고, UCP 600 16조에 따른 거절 통지하는 경우 → 결제의무 없음

상황2. 5은행영업일 이내에 교섭하지 않고, UCP 600 16조에 따른 거절통지도 하지 않는 경우 → 하자가 있음에도 불구하고 결제해야 함.

c. When a nominated bank acting on its nomination, a confirming bank, if any, or the issuing bank decides to refuse to honour or negotiate, it must give a single notice to the effect to the presenter.

The notice must state :

ⅰ. that the bank is refusing to honour or negotiate; and

ⅱ. each discrepancy in respect of which the bank refuses to honour or negotiate; and

ⅲ. a) that the bank is holding the documents pending further instructions from the presenter; or

b) that the issuing bank is holding the documents until it receives a waiver from the applicant and agrees to accept it, or receives further instructions from the presenter prior to agreeing to accept a waiver; or

c) that the bank is returning the documents; or

d) that the bank is acting in accordance with instructions previously received from the presenter.

c. 지정에 따라 행동하는 지정은행, 확인은행(있는 경우) 또는 개설은행은 인수·지급 또는 매입을 거절하기로 결정한 경우, 제시인에게 그러한 취지를 단순통지하여야 한다.

그 통지는 다음 내용을 명시하여야 한다. :

ⅰ. 은행이 인수·지급 또는 매입을 거절하고 있는 중; 및

ⅱ. 은행이 인수·지급 또는 매입을 거절한다는 것에 관한 각각의 불일치사항; 및

ⅲ. a) 은행이 제시인으로부터 추가지시를 받을 때까지 서류를 보관하고 있다는 것; 또는

b) 개설은행이 개설의뢰인으로부터 권리포기를 수령 및 권리포기를 승낙하는 동의 및 또는 권리포기 승낙을 동의하기 이전 제시인으로부터 추가지시를 수령할 때까지 서류를 보관하고 있다는 것; 또는

c) 은행이 서류를 반송 중이라는 것; 또는

d) 은행이 제시인으로부터 이전에 수령한 지시에 따라 행동하고 있는 중이라는 것

> 한 번에 거절통지(single notice)하여야 한다.
>
> [하자통보 3가지 필수 요소] **
> ① 은행이 신용장에서 결제/매입을 거절하였다는 사실
>   [참고] SWIFT MT734(Advice of Refusal)을 이용하는 경우 거절문구가 필요 없다. 하지만 MT799처럼 Free format을 이용하는 경우에는 반드시 결제 또는 매입을 거절한다는 문구가 필요하다.
> ② 각각의 하자 사항(구체적) : 하자가 되는 모든 하자를 명시해야 하며 구체적이어야 한다.
>   ㉠ 유효한 하자 : Late shipment(늦은 선적) Late presentation(늦은 제시)
>   ㉡ 유효하지 않은 하자 : Required document are not presented(요구서류 미제시) 이 경우 어떤 요구서류가 제시되지 않았는지 알 수 없기 때문에 유효한 하자사항으로 인정되지 않는다.
> ③ 서류처분지시(서류의 행방)
>   ㉠ holding the documents pending further instructions
>   (은행이 제시자의 추가지시가 있을 때까지 은행이 서류를 보관)
>   ㉡ issuing bank holding the documents pending waiver of further instructions
>   (개설은행이 개설의뢰인으로부터 권리포기(waiver)를 받고 개설은행이 이를 받아들이기로 동의하거나, 또는 권리포기를 받아들이기 이전에 제시자로부터 추가지시를 받을 때까지 개설은행이 서류를 보관)
>   ㉢ returning the documents
>   (은행이 서류를 반환)
>   ㉣ acting in accordance with previous instructions
>   (은행이 사전에 제시자로부터 받은 지시가 있다면 그 지시에 따라 행동할 것이라는 사실)

d. The notice required in sub-article 16 (c) must be given **by telecommunication or**, if that is not possible, **by other expeditious means no later than the close of the fifth banking day following the day of presentation**.

d. 제16조 c항에서 요구되는 통지는 전기통신으로 또는 그 이용이 불가능한 경우 기타 신속한 수단으로 제시일의 다음날로부터 제5은행영업일의 마감시간을 경과하지 아니하는 범위 내에서 반드시 행하여져야 한다.

e. A nominated bank acting on its nomination, a confirming bank, if any, or the issuing bank may, after providing notice required by sub-article 16 (c) (iii) (a) or (b), return the documents to the presenter at any time.

e. 지정에 따라 행동하는 지정은행, 확인은행(있는 경우) 또는 개설은행은, 제16조 c항 iii호(a) 또는 (b)에 의하여 요구된 통지를 행한 후에, 언제라도 제시인에게 서류를 반송할 수 있다.
  지정은행, 확인은행, 개설은행이
  "(a) 제시자의 추가지시가 있을 때까지 서류 보관 또는

(b) 개설은행이 applicant의 waiver를 구하고 받아들이기로 결정하거나 이보다 먼저 제시자의 추가지시가 있을 때까지 서류를 보관"하겠다고 통지한 후에 언제든지(at any time) 제시자에게 서류를 반환할 수 있다.

f. If an issuing bank or a confirming bank fails to act in accordance with the provisions of this article, it shall be precluded from claiming that the documents do not constitute a complying presentation.

f. 개설은행 또는 확인은행은 본 조항의 규정에 따라 행동하지 아니한 경우, 은행은 서류가 일치하는 제시가 이루어지지 아니하였다는 클레임을 제기할 수 없다.
서류에 하자가 있음에도 불구하고 서류접수 후 5은행영업일 내에 유효한 하자통지를 하지 못한 경우, 확인은행과 개설은행은 그러한 하자 사유로 결제 또는 매입을 거절할 수 없으며, 일치하는 제시가 있다면 결제 또는 매입해야 한다.

g. When an issuing bank refuses to honour or a confirming bank refuses to honour or negotiate and has given notice to that effect in accordance with this article, it shall then be entitled to claim a refund, with interest, of any reimbursement made.

g. 개설은행이 인수·지급을 거절한 경우 또는 확인은행이 인수·지급 또는 매입을 거절한 경우 및 은행이 본 조항에 일치하는 취지의 통지를 행하였을 경우, 은행은 이미 지급한 모든 상환금에 이자를 포함하여 반환 청구할 권리를 갖는다.

[Tip] 부당한 대금 청구에 대한 대금 반환
개설은행 또는 확인은행이 결제(honour) 또는 매입(negotiation)을 거절할 경우 UCP 600 16조에 따라 거절통지한 때에는 개설은행 또는 확인은행은 이미 지급한 상환대금을 이자와 함께 반환 청구할 권리를 갖는다.

[Tip] 하자서류에 대한 실무적 처리방법
1. 수정 또는 보완가능한 하자
   유효기간 내에 보완하여 서류를 다시 제시
2. 수정 또는 보완이 불가능한 하자
   (1) 보증부 매입(L/G Negotiation) : 개설은행이 대금결제 거절 시 매입대금을 상환하겠다는 각서를 작성하고 매입받는 방법
   (2) 유보부 매입(Under Reserve Negotiation) : 하자사항에 대한 개설은행의 승낙(Waiver)을 전제조건으로 서류를 매입하는 방법
   (3) 전신조회 후 매입(Cable Negotiation) : 개설은행에 미리 전신으로 불일치사항을 알려주고, 매입가능 여부를 조회하여 승인을 받은 후에 매입하는 방법
   (4) 추심 후 매입(Collection Basis) : 신용장서류를 추심방식으로 전환하여 개설은행이 결제를 하면 수익자에게 대금지급을 하는 방법
   (5) 조건변경(Amendment) 후 매입 : 하자사항과 관련한 신용장의 제 조건을 변경받도록 한 후에 대금을 지급하는 방법

Article 17. Original Documents and Copies
제17조 원본서류 및 사본 ★★★

핵심 탐구

a. At least one original of each document stipulated in the credit must be presented.
a. 적어도 신용장에 명기된 각 서류의 1통의 원본은 반드시 제시되어야 한다.
  적어도 신용장에서 명시된 각각의 서류 원본 1부 이상 제출
b. A bank shall treat as an original any document bearing an apparently original signature, mark, stamp, or label of the issuer of the document, unless the document itself indicates that it is not an original.
b. 은행은 서류 그 자체가 원본이 아니라고 표시하고 있지 아니하는 한, 명백히 서류발행인의 원본서명, 표기, 스탬프, 또는 부전을 기재하고 있는 서류를 원본으로서 취급한다.
c. Unless a document indicates otherwise, a bank will also accept a document as original if it :
  ⅰ. appears to be written, typed, perforated or stamped by the document issuer's hand; or
  ⅱ. appears to be on the document issuer's original stationery; or
  ⅲ. states that it is original, unless the statement appears not to apply to the document presented.
c. 서류가 별도로 표시하지 아니하는 한, 서류가 다음과 같은 경우, 은행은 서류를 원본으로서 수리한다. :
  ⅰ. 서류발행인에 의하여 수기, 타자, 천공 또는 스탬프된 것으로 보이는 것; 또는
  ⅱ. 서류발행인의 원본용지상에 기재된 것으로 보이는 것; 또는
  ⅲ. 제시된 서류에 적용되지 아니하는 것으로 보이지 아니하는 한, 원본이라는 명시가 있는 것

> [원본의 판정기준]
> ① 서류발행자의 손(the document issuer's hand)으로 작성, 타이핑, 천공서명(perforated) 또는 스탬프 ; 또는
> ② 서류발행자의 원본 서류용지(original stationery) 위에 작성된 것 ; 또는
> ③ 서류에 원본(original)이라는 표시가 있는 서류(서류에 다른 서류가 원본(original)이라는 말이 없는 서류)
>
> [사본서류]
> 1. 팩스기계로 송부된 서류(appears to be produced on a telefax machine)
> 2. 복사용지에 단순 복사된 서류
> 3. 원본이 아니라는 표시가 있는 서류(states in the document that it is a true copy of another document or that another document is the sole original.)
> 4. 한 부의 원본만이 발행된 서류의 원본을 제외한 서류

d. If a credit requires presentation of copies of documents, presentation of either originals or copies is permitted.

d. 신용장이 서류의 사본의 제시를 요구하는 경우, 원본 또는 사본의 제시는 허용된다.

> ① 신용장이 서류 사본(copies of documents) 제시를 요구하는 경우 → 원본 또는 사본의 제시가 모두 허용됨
> (presentation of either originals or copies)
> ② Copies of document → 모두 원본 또는 모두 사본, 원본 1 & 사본 1
> (ISBP821 규정) * "One copy of Invoice" : 하나의 송장 사본이나 원본을 제시함으로써 충족
> (ISBP821 규정) 원본이 사본 대신 수리되지 않는 경우
> 사본만을 제시 요구했을 때(원본금지) 또는 사본을 요구하면서 원본 서류의 처분을 명시했을 때 → 원본 서류를 제시하면 하자가 된다.

e. If a credit requires presentation of multiple documents by using terms such as "in duplicate", "in two fold" or "in two copies", this will be satisfied by the presentation of at least one original and the remaining number in copies, except when the document itself indicates otherwise.

e. 신용장이 "2통(in duplicate)", "2부(in two fold)" 또는 "2통(in two copies)"과 같은 용어를 사용함으로써 수통의 서류제시를 요구하는 경우, 이것은 서류 자체에 별도의 표시가 있는 경우를 제외하고, 적어도 원본 1통 및 사본으로 된 나머지 통수의 제시에 의하여 충족된다.

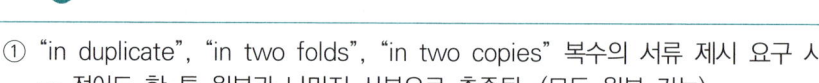

> ① "in duplicate", "in two folds", "in two copies" 복수의 서류 제시 요구 시
>   → 적어도 한 통 원본과 나머지 사본으로 충족됨. (모두 원본 가능)
> ② (ISBP821 규정) (a), (b)
>   (a) "Invoice", "One Invoice" 또는 "Invoice in 1 copy" : 송장 원본 1부
>   (b) "Invoice in 4 Copies", "Invoice in 4 folds" 또는 "Invoice in quartet" : 최소 송장 원본 1부와 나머지 송장 사본
>   【예】 Invoice in 4 copies
>   1 original & 3 copies, 2 originals & 2 copies, 3 originals & 1 copy, 4 originals & 0 copy
>   copy of ~ : ~의 사본 요구
>   ~ in x copies : ~의 x 부

Article 18. Commercial Invoice 제18조 상업송장**

핵심 탐구

a. A commercial invoice :
   i. must appear to have been issued by the beneficiary(except as provided in article 38);
   ii. must be made out in the name of the applicant(except as provided in sub-article 38 (g));
   iii. must be made out in the same currency as the credit; and
   iv. need not be signed.

a. 상업송장은 :
   i. 수익자에 의하여 발행된 것으로 보여야 하며(제38조에 규정된 경우는 제외함);
   ii. 개설의뢰인 앞으로 작성되어야 하며(제38조 g항에 규정된 경우는 제외함);
   iii. 신용장과 동일한 통화로 작성되어야 하며; 그리고
   iv. 서명을 필요로 하지 아니한다.

> [상업송장(Commercial Invoice)] ★★
> ① 수익자(beneficiary)가 발행(양도신용장의 경우 제외)
> ② 개설의뢰인(applicant) 앞으로 발행(양도신용장에서는 개설의뢰인의 이름을 제1수익자의 이름으로 대체가능)
> ③ 신용장과 같은 통화 : 신용장통화와 같은 통화로 송장을 작성하되 다른 통화를 병기하는 것은 가능하다.
>
> | 예 | 신용장 : USD 1,000
송장 : USD 1,000(KRW 1,000,000) | 신용장 : USD 1,000
송장 : KRW 1,000,000(USD 1,000) |
> |---|---|---|
> | | 수리 | 수리안됨 |
>
> ④ 서명될 필요 없음
> (단, 신용장에서 46A Require document : Signed invoice 3 copies 식으로 요구한 경우 송장은 서명되어야 함에 유의해야 한다)

b. A nominated bank acting on its nomination, a confirming bank, if any, or the issuing bank may accept a commercial invoice issued for an amount in excess or the amount permitted by the credit, and its decision will be binding upon all parties, provided the bank in question has not honoured or negotiated for an amount in excess of that permitted by the credit.

b. 지정에 따라 행동하는 지정은행, 확인은행(있는 경우) 또는 개설은행은 신용장에 의하여 허용된 금액을 초과한 금액으로 발행된 상업송장을 수리할 수 있으며, 문제의 은행이 신용장에 의하여 허용된 금액을 초과한 금액으로 인수·지급 또는 매입하지 아니하는 조건으로 그 은행의 결정은 모든 당사자를 구속한다(신용장에서 허용된 금액을 초과하여 발행된 상업송장을 수리할 수 있다. 그러나 수리만 할 뿐 신용장에서 허용된 금액을 초과한 금액을 결제 또는 매입하지는 않는다).

> [송장의 종류]
> 1. 의의
>   송장(invoice)은 일반적으로 매매대상으로서 선적될 물품의 명칭, 수량, 단가, 가격, 품질, 가격조건, 중량 등을 정확하게 기재하는 서류로 매매계약의 기초로서 매도인이 매수인 앞으로 작성하는 서류를 말한다. 송장에 의하여 매수인은 매도인이 매매계약을 이행하였는지 여부를 확인하는 것이 가능하다. 또한 매매당사자 이외의 은행, 세관 등 제3자도 해당 거래의 구체적 내용을 파악할 수 있다.

2. 종류
송장은 사용목적에 따라 상용송장과 공용송장으로 크게 나눌 수 있다.
(1) 상용송장
① 상업송장(commercial invoice) : 상업송장이란 수출자가 수입자 앞으로 작성하는 물품선적 안내서이며 가격계산서로서 유가증권은 아니나 무역거래에서 없어서는 안 될 기본서류 중의 하나이다. 또한 수출입통관 시 필수적으로 제출하여야 하는 서류 중 하나이다.
② 일시적 송장(provisional invoice) 또는 견적송장(pro-forma invoice) : 상업송장이 물품선적 후 작성되는 shipping invoice가 일반적인데 반하여 일시적 송장 또는 견적송장은 매매계약 협의과정에서 작성되는 송장이다. 특히 일시적 송장(가송장)은 철광석과 같은 광석의 매매, 해상에서 포획한 그대로 상태의 생선의 매매, 벌채 직후의 원목의 매매와 같이 거래관습에 따라 선적단계에서는 대금의 80% 정도를 청구하는 잠정적 송장으로 작성되고, 그 후 하역항에서 광물함유량, 중량 등을 실측하여 잔금을 정산하는 경우 등에 사용되며, 견적송장은 매수인의 수입가격 산정 또는 수입허가취득 등을 위해 사용한다.
(2) 공용송장
① 영사송장(consular invoice) : 영사송장은 수입자의 외화유출(서류상의 가격이 과다) 또는 관세포탈(서류상의 가격이 과소)을 방지하기 위해서 수입하고자 하는 물품의 가격을 수출국에 주재하는 수입국의 영사로 하여금 확인(송장내용의 진위 확인)하기 위한 것이다. 양식이 특정되어 있으며 수입지 언어로 기재되는 것이 보통이다. 현재는 특정국(주로 중동국가)을 수입국으로 하는 경우에 예외적으로 사용된다.
② 세관송장(customs invoice) : 세관송장은 과세가격 결정, 통계자료 작성 목적으로 특정 수입국가 법령에 의해 수입지 세관에 세관송장 제출이 의무화되어 있어서 수출자가 수입자의 요청에 따라 수입국 소정의 양식에 따라 작성하는 서류이다.

c. The description of the goods, service or performance in a commercial invoice <u>must correspond with</u> that appearing in the credit.
c. 상업송장상의 물품, 서비스 또는 이행의 명세는 신용장에 보이는 것과 일치하여야 한다.

상업송장상의 물품, 서비스 또는 의무이행의 명세(description)은 신용장상의 명세와 일치하여야 한다(must correspond with the discription in the credit).**
하지만 거울에 비친 것처럼 동일해야 하는 것은 아니다(need not be mirror image). ISBP821

📘 예 송장의 여러 곳에 나누어 표시되어도 된다. 이를 합쳤을 때 신용장상의 상품명세를 나타내기만 하면 된다.

(ISBP821 규정) 송장상의 상품, 서비스 또는 의무이행 명세는 실제로 선적되거나 제공된 것을 반영해야 함. (must reflect what has actually been shipped or provided)

📘 예 (분할선적이 금지되지 않았다면)
1. 신용장 명세 : 10 trucks and 5 tractors
   송장 명세 : 4 trucks(실제 선적 또는 제공된 분)
2. 신용장 명세 : 10 trucks and 5 tractors
   송장 명세 : 10 trucks and 5 tractors
   실제 선적 4 trucks(실제 선적 또는 제공된 분)

- (ISBP821 규정) 신용장에서 별도의 요구 없이 단순히 "송장(invoice)"를 용구하는 경우
  상업송장(commercial invoice), 세관송장(customs invoice), 세금송장(tax invoice), 최종송장(final invoice), 영사송장(consular invoice) 등 송장의 종류와 관계없이 수리 가능
  (commercial invoice를 요구하더라도 "invoice"로 제목이 된 서류 수리 가능)
  단, 가송장(provisional invoice), 견적송장(pro-forma invoice) 또는 이와 유사한 송장은 수리되지 않음
- (ISBP821 규정) 송장은 선적된 상품이나 제공된 서비스나 의무이행의 가치를 표시하여야 한다.
  송장에는 신용장에서 요구된 할인이나 감액을 반드시 표시해야 한다.
  송장은 신용장에서 나타나지 않은 선지급(advance payment), 할인 등을 다루는 감액을 나타낼 수 있다.
- (ISBP821 규정) 무역조건(trade term)이 신용장상의 상품명세의 일부로서 혹은 금액과 관련되어 명시됐다면, 송장에서는 그 특정된 무역조건을 명시해야 한다.
  명세에서 무역조건의 근거를 표시한 경우는 동일한 근거가 식별되어야 한다.
  신용장 조건 : "CIF Singapore Incoterms 2020"
  송장 : "CIF Singapore Incoterms" (X)
  "CIF Singapore Incoterms 2020" (○)
- (ISBP821 규정) 송장에 나타내면 안 되는 사항
  a) 초과선적(over-shipment) : (UCP 600 30조 (b)항 예외) - bulky cargo의 수량 5% 초과하지 않는 범위 내의 상한 편차 허용
  b) 무상(free of charge)이라 하더라도, 신용장에서 요구하지 않은 상품 [견본(samples), 광고물(advertising materials) 등 포함]

Article 19. Transport Document Covering at Least Two Different Modes of Transport

제19조 "최소한 두 개 이상의 다른 운송방법 포괄하는 운송서류"

핵심 탐구

19~25조는 각 운송서류가 수리되기 위한 요건 규정 / 26~27조는 모든 운송서류가 가져야 할 기본요건에 대해 규정하고 있다. 각 운송서류별로 숙지하는 것이 아니라 19~25조를 용어불문, 서명 등 다시 7개의 목차로 구분하여 한꺼번에 공통점과 차이점을 비교하여 정리하는 것이 좋다.

① 적어도 두 개 이상의 다른 운송방법을 포괄하는 운송서류(19조)
② 선하증권(20조)
③ 비유통해상화물운송장(21조)
④ 용선계약부 선하증권(22조)
⑤ 항공운송서류(23조)
⑥ 도로, 철도, 내수로 운송서류(24조)
⑦ 특송배달영수증, 우편영수증 또는 우편증명서(25조)

- 복합운송(Multimadal or combined transport)이란 선박, 항공기, 철도, 도로 등의 운송방법 중 두 가지 이상의 서로 다른 방법으로 발송, 수탁 또는 선적지에서 최종목적지까지 운송할 때 발행되는 운송서류이다.
- 신용장이 적어도 2개 이상의 다른 운송방법을 이용한 운송을 대상으로 하는 운송서류(복합운송서류)의 제시를 요구하고, 운송서류가 신용장에서 기재하고 있는 수탁지 또는 항구, 공항 혹은 선적지로부터 최종목적지까지의 운송을 커버하는 운송서류의 제출을 요구하였다면 UCP 600 제19조가 적용(ISBP821 규정)

a. A transport document covering at least two different modes of transport(multimodal or combined transport document), however named, must appear to :

적어도 두 개 이상의 다른 운송방법을 포괄하는 운송서류(복합운송서류)는 어떤 명칭을 사용하였든 간에 다음과 같이 보여야 한다. 어떤 명칭이더라도 상관없음(however named). 명칭보다는 서류의 기능(function)이 중요하다는 것이다.

> 예 multimodal transport bill of lading, combind transport bill of lading, intermodal transport bill of lading 등

- 오직 하나의 운송방법에 의해서 선적 또는 발송되었다는 표시가 있어서는 안 된다. 그러나 사용된 운송 방법에 대하여 침묵할 수 있다(ISBP821 규정).

   i. indicate the name of the carrier and be signed by :

- the carrier or a named agent for or on behalf of the carrier, or
- the master or a named agent for or on behalf of the master.

반드시 운송인의 명칭(the name of the carrier)이 나타나 있어야 함

서명권자 : ① 운송인(carrier)
② 운송인의 기명대리인(a named agent for or on behalf of the carrier),
③ 선장(master)

Any signature by the carrier, master or agent must be identified as that of the carrier, master or agent.

운송인, 선장 또는 대리인의 서명은 운송인, 선장 또는 대리인의 서명으로서 특정되어야 한다.

Any signature by an agent must indicate whether the agent has signed for or on behalf of the carrier or for or on behalf of the master.

대리인 서명은 그가 운송인을 위하여 또는 대리하여 또는 선장을 위하여 또는 대리하여 서명한다는 것을 표시하여야 한다.

- 운송인(carrier), 선장(master) 또는 그들의 대리인(agent) 중 어떤 자격으로 서명을 했는지 반드시 나타내야 한다.
- 대리인이 서명할 경우, 누구를 대신하여 서명했는지 나타내야 한다.

ⅱ. indicate that the goods have been dispatched, taken in charge or shipped on board at the place stated in the credit, by :
- pre-printed wording, or
- a stamp or notation indicating the date on which the goods have been dispatched, taken in charge or shipped on board.

물품이 신용장에서 명시된 장소에서 발송, 수탁 또는 본선적재 되었다는 것을 다음의 방법으로 표시하여야 한다.

- 미리 인쇄된 문구
- 상품이 발송, 수탁 또는 본선 적재된 일자를 표시하는 스탬프 또는 부기

신용장에 명시된 출발지에서 발송, 수탁 또는 본선적재 되었음을 명시해야 한다.

The date of issuance of the transport document will be deemed to be the date of dispatch, taking in charge or shipped on board, and the date of shipment. However, if the transport document indicates, by stamp or notation, a date of dispatch, taking in charge of shipped on board, this date will be deemed to be the date of shipment.

운송서류의 발행일은 발송일, 수탁일 또는 본선적재일과 선적일로 그러나 운송서류가 스탬프 또는 부기에 의하여 발송일, 수탁일 또는 본선 적재일을 표시하는 경우 그 일자를 선적일로 본다.

- 별도의 본선적재부기(on board notation)가 없다면 발행일자를 선적일자로 간주

- 본선적재부기 있으면 본선적재부기일자를 선적일자로 간주

    iii. <u>indicate the place of dispatch, taking in charge or shipment and the place of final destination stated in the credit</u>, even if :

    a) the transport document states, in addition, a different place of dispatch, taking in charge or shipment or place of final destination, or

    b) the transport document contains the indication "intended" or similar qualification in relation to the vessel, port of loading or port of discharge.

    비록 다음의 경우라 할지라도 신용장에서 명시된 발송지, 수탁지 또는 선적지와 최종목적지를 표시하여야 한다.

    a) 운송서류가 추가적으로 다른 발송지, 수탁지 또는 선적지 또는 최종목적지를 기재하는 경우

    b) 운송서류가 선박, 선적항 또는 하역항과 관련하여 "예정된"이라는 표시 또는 이와 유사한 제한을 포함하는 경우

[비교] (UCP 600 20조 a. ⅲ.)
B/L은 신용장에 기재된 선적항으로부터 하역항까지의 선적(shipment from the port of loading to the port of discharge)을 표시하여야 한다.

    iv. be the sole original transport document or, if issued in more than one original, be the full set as indicated on the transport document.
    복수의 원본 복합운송서류가 발행되었다면 모든 원본(전통 full set)이 제시되어야 한다.

    v. contain terms and conditions of carriage or make reference to another source containing the terms and conditions of carriage(short form or blank back transport document). Contents of terms and conditions of carriage will not be examined.
    운송조건을 포함하거나 또는 운송조건이 포함하는 다른 출처를 언급하여야 한다(약식 또는 뒷면 백지 운송서류). 운송조건 내용은 심사되지 않는다.

    vi. contain no indication that it is subject to a charter party.
    용선계약(charter party) 금지
    : 복합운송서류상에 용선계약에 대한 어떠한 표시도 있어서는 안 된다.

b. For the purpose of this article, transhipment means unloading from one means of conveyance and reloading to another means of conveyance(whether or not in different modes of transport) during the carriage from the place of dispatch, taking in charge or shipment to the place of final destination stated in the credit.
이 조항의 목적상 환적은 신용장에 기재된 발송지, 수탁지 또는 선적지로부터 최종목적지까지의 운송 도중에 한 운송수단으로부터 내려져 다른 운송수단으로 재적재되는 것을 의미한다(운송방법(modes of transport)이 다른지 여부는 상관하지 않는다).

c. ⅰ. A transport document may indicate that the goods will or may be transhipped provided that the entire carriage is covered by one and the same transport document.

   ⅱ. A transport document indicating that transhipment will or may take place is acceptable, even if the credit prohibits transhipment.

c. ⅰ. 운송서류는 <u>전 운송이 하나의 동일한 운송서류에 의해서 포괄된다면</u> 물품이 환적될 것이라거나 환적될 수 있다는 것을 표시할 수 있다.

   ⅱ. 환적이 될 것이라거나 될 수 있다고 표시하는 운송서류는 비록 <u>신용장이 환적을 금지하더라도</u> 수리될 수 있다.

> [복합운송서류상의 환적]
> 복합운송은 서로 다른 두 가지의 운송방법을 이용하기 때문에 환적이 당연히 수반되어 신용장에서 환적을 금지하더라도 환적이 허용된다.
> 하지만 신용장상에 특정지역의 환적을 금지한 경우(Transhipment is not allowed at Korea) 명시된 특정지역에서의 환적은 금지된다.

Article 20. Bill of Lading 제20조(선하증권) ***

핵심 탐구

- 선하증권(bill of lading)이란 해상운송인 또는 그 대리인이 화물을 본선 적재되었음을 증명하고 그 인도에 대한 권리를 표시하고 있는 유가증권이다.
- 신용장이 해상 선적만을 커버하는 선하증권(bill of lading)을 요구 시 UCP 600 20조 적용 (ISBP821 규정)

a. A bill of lading, however named,

a. 선하증권은 어떤 명칭을 사용하든 간에
   어떤 명칭이더라도 상관없음. (however named)
   예 marine bill of lading, ocean bill of lading, port-to-port bill of lading … (ISBP821 규정)

   must appear to :
   ⅰ. indicate the name of the carrier and be signed by :
      • the carrier or a named agent for or on behalf of the carrier, or
      • the master or a named agent for or on behalf of the master.

반드시 운송인의 명칭(the name of the carrier)이 나타나 있어야 함
서명권자 : ① 운송인(carrier)
② 운송인의 기명대리인(a named agent for or on behalf of the carrier),
③ 선장(master)
④ 선장의 기명대리인(a named agent for or on behalf of the master)

- 운송인 명칭은 단순히 운송인의 이름만이 아니라 carrier라는 표시가 서명란 또는 서류 어딘가에 나타나야 한다.

   "EPASS Co. Ltd, the carrier", "For EPSS Co. Ltd, as carrier"

- 운송인의 서명이 운송인의 명칭은 반드시 표시되어야 하지만, 선장이 서명 시 선장의 명칭은 불필요하다(ISBP821 규정).
- master(선장)이라는 표현 대신 captain(함장)이라는 표현 사용 가능(ISBP821 규정)

Any signature by the carrier, master or agent must be identified as that of the carrier, master or agent.

Any signature by the agent must indicate whether the agent has signed for or on behalf of the carrier or for or on behalf of the master.

운송인, 선장 또는 대리인의 서명은 운송인, 선장 또는 대리인의 서명으로 특정되어야 한다. 대리인 서명은 그가 운송인을 위하여 또는 대리하여 또는 선장을 위하여 또는 대리하여 서명한 것인지를 표시하여야 한다.

- 운송인(carrier), 선장(master) 또는 그들의 대리인(agent) 중 어떤 자격으로 서명을 했는지 반드시 나타내야 한다.
- 대리인이 서명할 경우, 누구를 대신하여 서명했는지 나타내야 한다.

ii. indicate that the goods have been shipped on board a named vessel at the port of loading stated in the credit by :
- pre-printed wording, or
- an on board notation indicating the date on which the goods have been shipped on board.

ii. 물품이 신용장에서 명시된 선적항에서 기명된 선박에 본선적재되었다는 것을 다음의 방법으로 표시하여야 한다.
- 미리 인쇄된 문구 또는
- 물품이 본선적재된 일자를 표시하는 본선적재표기

  신용장에 명시된 선적항에서 기명된 선박에 본선적재 되었음을 표시해야 한다.

The date of issuance of the bill of lading will be deemed to be the date of shipment unless the bill of lading contains an on board notation indicating the date of shipment, in which case the date stated in the on board notation will be deemed to be the date of shipment.

- 별도의 본선적재부기(on board notation)가 없다면 발행일자(the date of issuance)를 선적일자(the date of shipment)로 간주
- 본선적재부기가 있으면 본선적재부기일자를 선적일자로 간주

If the bill of lading contains the indication "<u>intended vessel</u>" or similar qualification in relation to the name of the vessel, an on board notation indicating the date of shipment and the name of the actual vessel is required.

<u>선하증권이 선박명과 관련하여 "예정선박" 또는 이와 유사한 표시를 포함하는 경우</u>에는 ① 선적일(the date of shipment)과 ② 실제 선박명(the name of the actual vessel)을 표시하는 본선적재부기가 요구된다.

ⅲ. indicate shipment from port of loading to the port of discharge stated in the credit.

If the bill of lading does not indicate the port of loading stated in the credit as the port of loading, or if it contains the indication "intended" or similar qualification in relation to the port of loading, an on board notation indicating the port of loading as stated in the credit, the date of shipment and the name of the vessel is required. This provision applies even when loading on board or shipment on a named vessel is indicated by pre-printed wording on the bill of lading.

ⅲ. 신용장에 기재된 선적항으로부터 하역항까지의 선적을 표시하여야 한다.

<u>선하증권이 신용장에 기재된 선적항을 선적항으로 표시하지 않는 경우</u> 또는 <u>선적항과 관련하여 "예정된(intended)"이라는 표시 또는 이와 유사한 제한을 포함하는 경우</u>에는, 신용장에 기재된 ① 선적항(the port of loading)과 ② 선적일(the date of shipment) 및 ③ 적재선박명(the name of vessel)을 표시하는 본선적재부기가 요구된다. 이 조항은 기명된 선박에의 본선적재 또는 선적이 미리 인쇄된 문구에 의해서 선하증권에 표시된 경우에도 적용된다.

만일 신용장이 선적항 및 하역항에 대하여 지리적 지역(a geographical area)이나 범위(a geographical range)를 제시하는 경우 (예 유럽의 모든 항구) 반드시(must) 실제 이루어진 선적항 및 하역항을 표시해야 한다. 이 장소는 신용장에서 언급하고 있는 지리적 지역이나 범위 내에 있어야 한다(ISBP821 규정).

[on board notation(본선적재부기)]
사전운송수단 표시 여부에 따른 구분
1. 수취선하증권(Received B/L)
    ① 선하증권에 사전운송수단(pre-carriage)이 없는 경우
        • 일자가 표시된 본선적재부기(On board notation) 필요
    ② 선하증권에 사전운송수단(Pre-carriage)이 표시된 경우
        • 일자, 선박명, 선적항이 표시된 본선적재부기 필요
        (pre-carriage ; by truck or rail etc.)
        (수탁지에 선적항과 동일 또는 다른 장소 표시 여부와 상관없다)
2. 선적선하증권(Shipped B/L)
    ① 선하증권에 사전운송수단(pre-carriage)이 없는 경우
        • 본선적재부기 필요 없음.
    ② 선하증권에 사전운송수단(Pre-carriage)이 표시된 경우
        • 일자, 선박명, 선적항이 표시된 본선적재부기 필요

	사전운송수단(pre-carriage) 표시	본선적재부기
수취선하증권 (Received B/L)	없는 경우	일자 표시
	표시된 경우	일자, 선박명, 선적항 표시
선적선하증권 (Shipped B/L)	없는 경우	필요 없음
	표시된 경우	일자, 선박명, 선적항이 표시

※ pre-carriage ; by truck or rail 등
※ 수탁지에 선적항과 동일 또는 다른 장소 표시 여부와 상관없다.

[부기내용에 따른 구분]
1. 수취식(또는 선적날짜 없음) : ① 선적일자가 표시된 본선적재부기(on board notation) 필요
2. 선박명에 Intended가 있는 경우 : ① 선적일자, ② 선박명이 표시된 본선적재부기 필요
3. 선적항 없음 또는 Intended가 있는 경우 : ① 선적일자, ② 선박명, ③ 선적항이 표시된 본선적재부기 필요

iv. be the sole original bill of lading or, if issued in more than one original, be the full set as indicated on the bill of lading.

복수의 원본 선하증권이 발행되었다면 모든 원본(전통 full set)이 제시되어야 한다.

  ⅴ. contain terms and conditions of carriage or make reference to another source containing the terms and conditions of carriage(short form or blank bill of lading). Contents of terms and conditions of carriage will not be examined.

  ⅴ. 운송조건을 포함하거나 또는 운송조건이 포함하는 다른 출처를 언급하여야 한다(약식 또는 뒷면 백지 운송서류). 운송조건 내용은 심사되지 않는다.
일반적으로 운송서류 이면에 운송조건을 표시하고 있는데, 이러한 운송조건이 표시되지 않은 운송서류를 약식(short form) 또는 후면공백(blank back)이라고 하며 이러한 약식 또는 후면공백 운송서류의 경우 운송조건이 포함되는 출처를 언급해야 한다.

  ⅵ. contain no indication that it is subject to a charter party.
용선계약(charter party) 금지 : 복합운송서류상에 용선계약에 대한 어떠한 표시도 있어서는 안 된다.

b. For the purpose of this article, transhipment means unloading from one vessel and reloading to another vessel during the carriage from the port of loading to the port of discharge stated in the credit.

b. 이 조항의 목적상, 환적은 신용장에 기재된 선적항으로부터 하역항까지 운송 도중에 한 선박으로부터 내려져 다른 선박으로 재적재되는 것을 의미한다.
신용장에서 요구하는 선적항에서 하역항 이외의 구간에서 일어난 환적은 환적으로 간주하지 않는다.

c. ⅰ. A bill of lading may indicate that the goods will or may be transhipped provided that <u>the entire carriage is covered by one and the same bill of lading</u>.

  ⅱ. A bill of lading indicating that transhipment will or may take place is acceptable, even if the credit prohibits transhipment, if the goods have been shipped in a container, trailer or LASH barge as evidenced by the bill of lading.

c. ⅰ. 선하증권은 전 운송이 하나의 동일한 선하증권에 의해서 포괄된다면 물품이 환적될 것이라거나 환적될 수 있다는 것을 표시할 수 있다.

  ⅱ. 환적이 될 것이라거나 될 수 있다고 표시하는 선하증권은 물품이 컨테이너, 트레일러, 래시 바지에 선적되었다는 것이 선하증권에 의하여 증명되는 경우에는 비록 신용장이 환적을 금지하더라도 수리될 수 있다.
신용장에서 환적을 금지하더라도 전 해상운송구간이 하나의 동일한 선하증권으로 커버될 때 관련 화물이 컨테이너, 트레일러 및 래쉬바지에 선적되면서 환적될 것이라는 표시가 있는 것은 수리한다.

d. Clauses in a bill of lading stating that the carrier reserves the right to tranship will be disregarded.

d. 운송인이 환적할 권리를 유보한다고 명시하고 있는 선화증권의 조항은 무시된다.

[ISBP 821에서 말하는 Bill of Lading 추가 설명]
① 수하인, 지시인(ISBP821 규정)

신용장에서		B/L
기명식 탁송 요구 (straight B/L, consigned "to Bank X")	신용장에서 지시한 대로 발행되어야 함.	"to order" 또는 "to order of"로 발행되면 안 됨
지시식 탁송 요구 ("to order" 또는 "to order of")		"to Bank X"로 발행되면 안 됨

② 선적인과 배서(ISBP821 규정)
"to order" 또는 "to order of the shipper"으로 발행되었다면
→ 반드시 선적인(Shipper)에 의해서 배서되어야 한다.
  선적인의 대리인 배서 가능(for or on behalf of the shipper)
③ 수정과 변경(Corrections and Alterations) (ISBP821 규정)
수정 또는 변경 시에는 반드시 확인되어야 함 (must be authenticated)
반드시 수정을 누가 했는지 표시
- 수정권자 : 운송인, 운송인의 대리인, 선장, 선장의 대리인
- 수정과 변경에 대한 인증(Authentication)을 하는 대리인은 선하증권을 발행하거나 서명한 대리인이 아닌 대리인이더라도 관계가 없으나, 운송인 또는 선장의 대리인으로 표시되어야 함
- 수정권자의 Full name과 서명을 포함해야 함

Article 21. Non-Negotiable Sea Waybill ***
제21조 비유통성 해상화물 운송장

a. A non-negotiable sea waybill, however named,
a. 비유통성 해상화물운송장은 어떠한 명칭을 사용하든 간에
   must appear to :

ⅰ. indicate the name of the carrier and be signed by :
- the carrier or a named agent for or on behalf of the carrier, or
- the master or a named agent for or on behalf of the master.

반드시 운송인의 명칭(the name of the carrier) 나타나있어야 함.
서명권자 : ① 운송인(carrier)
② 운송인의 기명대리인(a named agent for or on behalf of the carrier),
③ 선장(master)
④ 선장의 기명대리인(a named agent for or on behalf of the master)
UCP 600 제19조, 20조, 21조 서명권자 동일

Any signature by the carrier, master or agent must be identified as that of the carrier, master of agent.

Any signature by an agent must indicate whether the agent has signed for or on behalf of the carrier or for or on behalf of the master.

운송인, 선장 또는 대리인의 서명은 운송인, 선장 또는 대리인의 서명으로 특정되어야 한다. 대리인 서명은 그가 운송인을 위하여 또는 대리하여 또는 선장을 위하여 또는 대리하여 서명한 것인지를 표시하여야 한다.

ⅱ. indicate that the goods have been shipped on board a named vessel at the port of loading stated in the credit by :
- pre-printed wording, or
- an on board notation indicating the date on which the goods have been shipped on board.

ⅱ. 물품이 신용장에서 명시된 선적항에서 기명된 선박에 본선적재되었다는 것을 다음의 방법으로 표시하여야 한다.
- 미리 인쇄된 문구 또는
- 물품이 본선적재된 일자를 표시하는 본선적재표기

  The date of issuance of the non-negotiable sea waybill will be deemed to be the date of shipment unless the non-negotiable sea waybill an on board notation indicating the date of shipment, in which case the date stated in the on board notation will be deemed to be the date of shipment.

- 별도의 본선적재부기(on board notation)가 없다면 발행일자(the date of issuance)를 선적일자(the date of shipment)로 간주
- 본선적재부기 있으면 본선적재부기일자를 선적일자로 간주

If the non-negotiable sea waybill contains the indication "intended vessel" or similar qualification in relation to the name of the vessel, an on board notation indicating the date of shipment and the name of the actual vessel is required.
비유통성 해상화물운송장이 선박명과 관련하여 "예정선박" 또는 이와 유사한 표시를 포함하는 경우에는 ① 선적일(the date of shipment)과 ② 실제 선박명(the name of the actual vessel)을 표시하는 본선적재부기가 요구된다.

iii. indicate **shipment from the port of loading to the port of discharge** stated in the credit.
If the non-negotiable sea waybill does not indicate the port of loading stated in the credit as the port of loading, or if it contains the indication "intended" or similar qualification in relation to the port of loading, an on board notation indicating the port of loading as stated in the credit, the date of shipment and the name of the vessel is required. This provision applies even when loading on board or shipment on a named vessel is indicated by pre-printed wording on the non-negotiable sea waybill.

iii. 신용장에 기재된 선적항으로부터 하역항까지의 선적을 표시하여야 한다.
비유통성 해상화물운송장이 <u>신용장에 기재된 선적항을 선적항으로 표시하지 않는 경우</u> 또는 <u>선적항과 관련하여 "예정된(intended)"이라는 표시 또는 이와 유사한 제한을 포함하는 경우</u>에는, 신용장에 기재된 ① 선적항(the port of loading)과 ② 선적일(the date of shipment) 및 ③ 적재선박명(the name of vessel)을 표시하는 본선적재부기가 요구된다. 이 조항은 기명된 선박에의 본선적재 또는 선적이 미리 인쇄된 문구에 의해서 비유통성 해상화물운송장에 표시된 경우에도 적용된다.

iv. be the sole original non-negotiable sea waybill or, if issued in more than one original, be the full set as indicated on the non-negotiable sea waybill.
복수의 원본 비유통성 해상화물운송장이 발행되었다면 모든 원본(전통 full set)이 제시되어야 한다.

v. contain terms and conditions of carriage or make reference to another source containing the terms and conditions of carriage(short form or blank back non-negotiable sea waybill). Contents of terms and conditions of carriage will not be examined.

v. 운송조건을 포함하거나 운송조건을 포함하는 다른 출처를 언급하여야 한다(약식 또는 뒷면 백지 비유통성 해상화물운송장). 운송조건의 내용은 심사되지 않는다.

vi. contain no indication that it is subject to a charter party.
용선계약(charter party) 금지 : 비유통성 해상화물운송장상에 용선계약에 대한 어떠한 표시도 있어서는 안 된다.
b. For the purpose of this article, transhipment means unloading from one vessel and reloading to another vessel during the carriage from the port of loading to the port of discharge stated in the credit.
b. 이 조항의 목적상, 환적은 신용장에 기재된 선적항으로부터 하역항까지 운송 도중에 한 선박으로부터 내려져 다른 선박으로 재적재되는 것을 의미한다.
c. ⅰ. A non-negotiable sea waybill may indicate that the goods will or may be transhipped provided that the entire carriage is covered by one and the same non-negotiable sea waybill.
ⅱ. A non-negotiable sea waybill indicating that transhipment will or may take place is acceptable, even if the credit prohibits transhipment, if the goods have been shipped in a container, trailer or LASH barge as evidenced by the non-negotiable sea waybill.
c. ⅰ. 비유통성 해상화물운송장은 전 운송이 하나의 동일한 비유통성 해상화물운송장에 의해서 포괄된다면 물품이 환적될 것이라거나 환적될 수 있다는 것을 표시할 수 있다.
ⅱ. 환적이 될 것이라거나 될 수 있다고 표시하는 비유통성 해상화물운송장은 물품이 컨테이너, 트레일러, 래시 바지에 선적되었다는 것이 비유통성 해상화물운송장에 의하여 증명되는 경우에는 비록 신용장이 환적을 금지하더라도 수리될 수 있다.
*d. Clauses in a non-negotiable sea waybill stating that the carrier reserves the right to tranship will be disregarded.
d. 운송인이 환적할 권리를 유보한다고 명시하고 있는 비유통성 해상화물운송장의 조항은 무시된다.

▶ 선하증권과 해상화물운송장 비교

선하증권(B/L)	해상화물운송장(SWB)
유가증권	단순 운송화물 수취증
수하인을 지시식(to order of EPASS COMPANY)과 기명식(to EPASS COMPANY)으로 기재 가능	수하인을 기명식(to EPASS COMPANY)으로만 기재
지시식일 경우 배서나 교부에 의해서 권리 양도 가능	배서나 교부에 의해 양도할 수 없음
선하증권과 비유통해상물운송장은 그 성격이 다르기 때문에 SWB은 선하증권을 대체하지 못함	

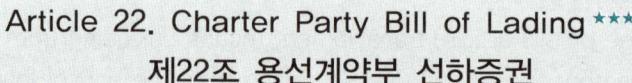
Article 22. Charter Party Bill of Lading ***
제22조 용선계약부 선하증권

핵심 탐구

- 용선계약(charter party)이란 선주가 용선자에게 선박 또는 선복을 빌려주는 계약이다. 주로 광석, 곡물, 목재 등의 산적화물(Bulk cargo)운송에 이용된다.
- 용선계약부 선하증권이란 용선계약에 의해 발행된 선하증권이다.
- 용선계약이라는 표시가 있으면 수리되지 않지만 신용장에서 용선계약부 선하증권을 요구하는 경우 (46A charter party B/L 또는 46A 에 B/L을 요구하고 47A에 charter party B/L is acceptable 이라고 기재하면 용선계약부 선하증권이 수리된다.
- 용선계약에 따른다는 표시가 있다.

a. A bill of lading, however named, containing an indication that it is subject to a charter party(charter party bill of lading),

a. 어떤 명칭을 사용하였든 용선계약에 따른다는 선하증권(용선계약부 선하증권)은, 신용장이 용선계약부 선하증권을 요구하고 있거나 허용한다면 그 명칭에 상관없이(however named) 다음 서류를 수리한다.

> 예 운송서류의 명칭이 Ocean B/L, Marine B/L 등이더라도 그 B/L이 용선계약에 따른다는 표시가 있으면 수리할 수 있음

* must appear to :
 i . be signed by :
- the master or a named agent for or on behalf of the master, or
- the owner or a named agent for or on behalf of the owner, or
- the charterer or a named agent for or on behalf of the charterer.

서명권자 : ① 선장(master)
② 선장의 기명대리인(a named agent for or on behalf of the master)
③ 선주(owner)
④ 선주의 기명대리인(a named agent for or on behalf of the owner)
⑤ 용선자(charterer)
⑥ 용선자의 기명대리인(a named agent for or on behalf of the charterer)

◎ 운송인의 명칭 나타날 필요 없음, 서명권자에서도 운송인은 제외.

> Any signature by the master, owner, charter or agent must be identified as that of the master, owner, charterer or agent.

Any signature by an agent must indicate whether the agent has signed for or on behalf of the master, owner or charterer.

An agent signing for or on behalf of the owner or charterer must indicate the name of the owner or charterer.
- 어떤 자격으로 서명했는지 반드시 나타내야 한다.
- 대리인이 서명할 경우, 누구를 대신하여 서명했는지 반드시 나타내야 한다.
- 선주 또는 용선자를 대리하여 서명하는 대리인은 선주 또는 용선자의 명칭을 반드시 나타내야 한다 (선장의 대리인이 서명하는 경우 선장의 명칭을 나타낼 필요 없음).

[Tip] 선주, 용선자가 직접 서명 시 선주, 용선자의 명칭은 필요 없다.

　ⅱ. indicate that the goods have been shipped on board a named vessel at the port of loading stated in the credit by :
- pre-printed wording, or
- an on board notation indicating the date on which the goods have been shipped on board.

　ⅱ. 물품이 신용장에 기재된 선적항에서 기명된 선박에 본선적재되었다는 것을 다음의 방법으로 표시하여야 한다.
- 미리 인쇄된 문구 또는
- 물품이 본선적재된 일자를 표시하는 본선적재표기

The date of issuance of the charter party bill of lading will be deemed to be the date of shipment unless the charter party bill of lading contains an on board notation indicating the date of shipment, in which case the date stated in the on board notation will be deemed to be the date of shipment.
- 별도의 본선적재부기(on board notation)가 없다면 발행일자(the date of issuance)를 선적일자(the date of shipment)로 간주
- 본선적재부기 있으면 본선적재부기일자를 선적일자로 간주

　ⅲ. indicate **shipment from the port of loading to the port of discharge** stated in the credit. The port of discharge may also be shown as a range of ports or a geographical area, as stated in the credit.

신용장에서 명시된 선적항으로부터 양륙항까지의 선적을 반드시 표시해야 함.
신용장상의 하역항이 지리적 지역 또는 범위로 명시되어 있다면 용선계약부 선하증권의 하역항은 일정 범위의 항구 또는 지리적 지역으로 표시될 수 있음.

```
신용장
THE PORT OF LOADING : BUSAN PORT
THE PORT OF DISCHARGE : JAPAN
```

```
CHARTER PARTY B/L
THE PORT OF LOADING : BUSAN PORT
THE PORT OF DISCHARGE : JAPAN
```
수리됨

```
B/L(용선계약부 선하증권 허용하지 않은 경우)
THE PORT OF LOADING : BUSAN PORT
THE PORT OF DISCHARGE : JAPAN → 실제 하역항을 기입해야 함.
```
하자

  iv. be the sole original charter party bill of lading or, if issued in more than one original, be the full set as indicated on the charter party bill of lading.
  복수의 원본 용선계약부 선하증권이 발행되었다면 모든 원본(전통 full set)이 제시되어야 한다.

b. A bank will not examine charter party contracts, even if they are required to be presented by the terms of the credit.
  비록 신용장에서 용선계약서를 요구하더라도, 은행은 용선계약서를 심사하지 않는다.

Article 23. Air Transport Document ***
제23조 항공운송서류

핵심 탐구

- 항공운송서류(Air Waybill, Air consignment note)는 화물을 항공기로 운송하는 경우 항공사에서 발행하는 운송장을 말한다.
- 항공운송서류는 권리증권(document of title)이 아니다. 기명식으로 발행된다(ISBP821 규정).

a. An air transport document, however named,
  항공운송서류는 어떤 명칭이더라도 상관없음. (however named)
  must appear to :
  ⅰ. indicate the name of the carrier and be signed by :

- the carrier, or
- a named agent for or on behalf of the carrier.

반드시 운송인의 명칭(the name of the carrier) 나타나있어야 함

서명권자 : ① 운송인(carrier)
         ② 운송인의 기명대리인(a named agent for or on behalf of the carrier)

Any signature by the carrier or agent must be identified as that of the carrier or agent.

Any signature by an agent must indicate that the agent has signed for or on behalf of the carrier.

- 어떤 자격으로 서명을 했는지 반드시 나타내야 한다.
- 대리인이 서명할 경우, 누구를 대신하여 서명했는지 나타내야 한다.

ii. indicate that the goods have been accepted for carriage.

물품을 운송을 위해 수취(accepted for carriage)했다고 반드시 나타나있어야 함

iii. indicate the date of issuance.

This date will be deemed to be the date of shipment unless the air transport document contains a specific notation of the actual date of shipment, in which case the date stated in the notation will be deemed to be the date of shipment.

실제 선적일자부기가 없다면 발행일자를 선적일자로 간주함

(실제 선적부기일자가 있으면 실제 선적부기일자를 선적일자로 간주함)

Any other information appearing on the air transport document relative to the flight number and date will not be considered in determining the date of shipment.

항공운송서류에 나타나는 항공기 번호와 항공 날짜와 관련한 다른 정보는 선적일자를 결정하는 데 고려되지 않음

iv. indicate the airport of departure and the airport of destination stated in the credit.

- 신용장에서 언급한 출발공항과 도착공항을 반드시 나타내야 함
- 출발공항과 도착공항은 국제항공운송협회(IATA) 코드를 이용할 수 있다(ISBP821 규정).
  예 London Heathrow 대신에 LHR

v. be the original for consignor or shipper, even if the credit stipulates a full set of originals.

신용장에서 원본 전통을 요구하더라도 선적인, 송화인용 원본(original for consignor or shipper) 1통만 제시되면 된다.

vi. contain terms and conditions of carriage or make reference to another source containing the terms and conditions of carriage. Contents of terms and conditions

of carriage will not be examined.
ⅴ. 운송조건을 포함하거나 또는 운송조건이 포함하는 다른 출처를 언급하여야 한다(약식 또는 뒷면 백지 운송서류). 운송조건 내용은 심사되지 않는다.

b. For the purpose of this article, transhipment means unloading from one aircraft and reloading to another aircraft during the carriage from the airport of departure to the airport of destination stated in the credit.

b. 이 조항의 목적상, 환적은 신용장에 기재된 출발공항으로부터 도착공항까지의 운송 도중 하나의 항공기로부터 양하되어 다른 항공기로 재적재되는 것을 의미한다.

c. ⅰ. An air transport document may indicate that the goods will or may be transhipped, provided that the entire carriage is covered by one and the same air transport document.
ⅱ. An air transport document indicating that transhipment will or may take place is acceptable, even if the credit prohibits transhipment.

ⅰ. 항공운송서류는 전 운송이 하나의 동일한 항공운송서류에 의하여 포괄된다면 물품이 환적될 것이라거나 환적될 수 있다는 것을 표시할 수 있다.
항공운송은 선적공항에서 하역공항까지 직항노선이 없는 경우가 있을 수 있기 때문에 환적을 전제로 하며, 신용장에서 환적을 금지하더라도 전체 운송이 하나의 동일한 항공운송서류로 커버된다면 환적이 허용된다.

[Tip] 항공운송서류는 용선계약(charter party)이란 용어가 나와도 하자가 아니다.

Article 24. Road, Rail or Inland Waterway Transport Documents
제24조 도로, 철도, 내수로 운송서류

• 신용장이 도로, 철도 또는 내수로에 의한 이동을 커버하는 운송서류의 제시를 요구한다면 UCP 600 24조가 적용됨(ISBP821 규정)

a. A road, rail or inland waterway transport document, however named,
a. 도로, 철로 또는 내수로 운송서류는 어떤 명칭을 사용하든 간에,
　ⅰ. must appearto :
　　indicate the name of the carrier and :

- be signed by the carrier or a named agent for or on behalf of the carrier, or 반드시 운송인의 명칭(the name of the carrier) 나타나있어야 함
  서명권자 : ① 운송인(carrier)
  　　　　　② 운송인의 기명대리인(a named agent for or on behalf of the carrier)
- indicate receipt of the goods by signature, stamp or notation by the carrier or a named agent for or on behalf of the carrier.
- 운송인 또는 운송인을 위한 또는 그를 대리하는 기명대리인이 서명, 스탬프 또는 부기에 의하여 물품의 수령을 표시하여야 한다.

Any signature, stamp or notation of receipt of the goods by the carrier or agent must be identified as that of the carrier or agent.

Any signature, stamp or notation of receipt of the goods by the agent must indicate that the agent has signed or acted for or on behalf of the carrier.
대리인에 의한 물품수령의 모든 서명, 스탬프 또는 부기는 대리인이 운송인을 위하여 또는 운송인을 대리하여 서명하였거나 행위한 것인지를 표시하여야 한다.

If a rail transport document does not identify the carrier, any signature or stamp of the railway company will be accepted as evidence of the document being signed by the carrier.
철도운송서류가 운송인을 특정하지 않았다면 철도회사의 서명 또는 스탬프는 "운송인에 의하여 서명되었다는 증거문서"로 승인된다. 예외 철도운송서류의 경우 관행을 인정하여 철도 출발역 또는 철도회사의 서명 또는 스탬프가 있다면 이를 운송인 서명과 동일하게 간주한다.

ⅱ. indicate the date of shipment or the date the goods have been received for shipment, dispatch or carriage at the place stated in the credit. Unless the transport document contains a dated reception stamp, an indication of the date of receipt or a date of shipment, the date of issuance of the transport document will be deemed to be the date of shipment.

ⅱ. 신용장에 기재된 장소에서의 선적일 또는 물품이 선적, 발송, 운송을 위하여 수령된 일자를 표시하여야 한다. 일자가 표시된 수령스탬프, 수령일 또는 선적일의 표시가 없다면 운송서류의 발행일을 선적일로 본다.

ⅲ. indicate the place of shipment and the place of destination stated in the credit.

ⅲ. 신용장에 기재된 선적지와 목적지를 표시하여야 한다.

b. ⅰ. A road transport document must appear to be the original for consignor or shipper or bear no marking indicating for whom the document has been prepared.
도로운송서류 송하인(for consignor) 또는 선적인용(for shipper) 원본 또는 서류가 누구를 위하여 발행되었다는 아무런 표시가 없으면 원본으로 간주한다.

도로화물운송에 적용되는 국제규칙은 국제도로물품운송조약(CMR)이다. 그리고 CMR하에서 발행되는 도로화물탁송장(Road Consignment Note) 역시 통상 CMR이라 한다. 참고로 철도화물운송에 적용되는 국제규칙은 국제철도화물운송조약(CIM)이며 철도화물탁송장(Railroad Consignment : CIM)이 발행된다.

- ii. A rail transport document marked "duplicate" will be accepted as an original.
- ii. "duplicate"라고 표시된 도로운송서류는 원본으로 수리된다.
  철도운송장에 대해서 많은 철도운송회사의 관행은 선적인 또는 송하인에게 철도회사 스탬프에 의해서 확인된(duly authenticated) 부본(종종 카본 복사본)을 제공하고 있다. 그러한 부본은 원본으로 수리된다(ISBP821 규정).
- iii. A rail or inland waterway transport document will be accepted as an original whether marked as an original or not.
  철도운송서류 및 내수로 운송서류원본이라는 표시가 없더라도 원본으로 본다.

c. In the absence of an indication on the transport document as to the number of originals issued, the number presented will be deemed to constitute a full set.

c. 운송서류는 일반적으로 원본발행통수가 표시되지 않는 것이 일반적이기 때문에 수익자가 제시하는 통수를 전통(full set)으로 본다.

d. For the purpose of this article, transhipment means unloading from one means of conveyance and reloading to another means of conveyance, within the same mode of transport, during the carriage from the place of shipment, dispatch or carriage to the place of destination stated in the credit.

d. 이 조항의 목적상 환적은 신용장에 기재된 선적, 발송 또는 운송지로부터 목적지까지의 운송 도중 동일한 운송방법 내에서 어떤 하나의 운송수단으로부터 양하되어 다른 운송수단으로 재적재 되는 것을 의미한다.

e. i. A road, rail or inland waterway transport document may indicate that the goods will or may be transhipped provided that the entire carriage is covered by one and the same transport document.
  i. 도로, 철도 또는 내수로 운송서류는 전 운송이 하나의 동일한 운송서류에 의하여 포괄된다면 물품이 환적될 것이라거나 환적될 수 있다는 것을 표시할 수 있다.
  ii. A road, rail or inland waterway transport document indicating that transhipment will or may take place is acceptable, even if the credit prohibits transhipment.
  ii. 비록 신용장이 환적을 금지하더라도 환적이 될 것이라거나 될 수 있다는 표시가 된 도로, 철도 또는 내수로 운송서류는 수리될 수 있다.

> [ISBP821에서 말하는 Road, Rail or Inland Waterway Transport Documents]
> ① "기명식으로 발행" (ISBP821 규정) : 도로, 철도 또는 내수로 운송서류는 권리증권이 아닌 운송서류(Transport documents which are not documents of title)
> 그러므로 신용장이 운송서류를 "지시식(to order)" 또는 "기명당사자 지시식(to order of)"으로 앞으로 작성되도록 요구하였더라도 동 당사자를 수하인으로 한 서류(기명식)로 발행하면 된다.

Article 25. Courier Receipt, Post Receipt or Certificate of Posting
제25조(특송배달영수증, 우편영수증 또는 우편증명서)

📋 Courier receipt

a. A courier receipt, however named, evidencing receipt of goods for transport,
a. 어떤 명칭을 사용하든 간에 운송을 위하여 물품을 수령하였음을 증명하는 특송배달영수증은
   must appear to :
   i. indicate the name of the courier service and be stamped or signed by the named courier service at the place from which the credit states the goods are to be shipped; and
   반드시 특송배달업체의 명칭(the name of the courier service) 나타나있어야 함.
   서명 또는 스탬프 : 기명 특송배달업체(the named courier service)
   ii. indicate a date of pick-up or of receipt or wording to this effect. This date will be deemed to be the date of shipment.
   신용장의 선적지에서 물품이 수령(Receipt)되거나 집하(Pick-up)된 일자를 표시해야 하며 이 일자를 선적일로 본다.
b. A requirement that courier charges are to be paid or prepaid may be satisfied by a transport document issued by a courier service evidencing that courier charges are for the account of a party other than the consignee.
특송배달료가 지급되거나 선지급되어야 한다는 조건은 특송배달료가 수하인(conginee) 이외의 제3자부담이라는 표시가 있으면 된다. 즉, 수하인이 특송배달료를 낸다는 것은 착불을 의미하는 것이고 그게 아니라는 것은 선불을 의미하는 것이다.
[참고] Receipt는 화주가 특송배달업체에 화물을 인도하는 경우, pick-up은 특송배달업체가 화주에게 가서 물품을 받아온 경우이다.

post receipt or certificate of posting

c. A post receipt or certificate of posting, however named, evidencing receipt of goods for transport, must appear to be stamped or signed and dated at the place from which the credit states the goods are to be shipped. This date will be deemed to be the date of shipment.
신용장상 선적재 또는 발송지에서 스탬프 또는 서명되고 일자가 표시되어야 한다.
일반적으로 우편이라 하면 우체국의 명칭이 필요하다고 생각하지만 우체국의 표시가 없어도 하자가 아니다.

> [특송과 우편의 차이점]
> ① 우체국은 Pick-up을 하지 않는다(특정국가 예외).
> ② 우체국은 월단위 정산을 하지 않는다(특정국가 예외).

Article 26. "On Deck", "Shipper's Load and Count", "Said by Shipper to Contain" and Charges Additional to Freight
제26조 "갑판적재", "내용물 부지약관"과 운임에 대한 추가비용

a. A transport document must not indicate that the goods are or will be loaded on deck. A clause on a transport document stating that the goods may be loaded on deck is acceptable.
신용장에서 허용하지 않으면 운송서류에
"The goods are loaded on deck."라는 표시 있으면 → 수리거절
"The goods will be loaded on deck."라는 표시 있으면 → 수리거절
"The goods may be loaded on deck."라는 표시 있으면 → 수리가능
갑판적재(On deck)
화물이 갑판에 적재되면 선창(Under deck)에 적재된 경우와 달리 추가적인 위험에 노출된다.
그렇기 때문에 갑판적(On deck)을 표시하는 운송서류는 수리되지 않는다.

> **예** 투하(Jettison)
> 선박이 암초에 걸려 움직이지 못하는 경우 화물을 바다로 던져 배를 띄우는데 이러한 행위를 투하(Jettison)이라고 한다.

[대표적인 운임에 추가적인 요금 표시 사례]
THC(Terminal Handling Charge) : 터미널화물처리비
CCF(Container Cleaning Fee) : 컨테이너 청소비용
WHARFAGE : 부두사용료

b. A transport document bearing a clause such as "<u>shipper's load and count</u>" and "<u>said by shipper to contain</u>" is <u>acceptable</u>.
b. "선적인이 적재하고 검수하였음"과 "선적인의 내용신고에 따름"과 같은 조항이 있는 운송서류는 <u>수리될 수 있다</u>.
부지약관(unknown clause) - 만재화물(FCL)의 경우 선사는 화주에 의해 미리 밀봉(sealing)된 컨테이너의 내부를 확인할 수 없으므로 향후 이러한 화물에 대해 발생하는 문제에 대해 면책받기 위해 부지약관을 사용한다.

c. A transport document may bear a reference, by stamp or otherwise, to charges additional to the freight.
c. 운송서류에는 스탬프 또는 다른 방법으로 운임에 추가하는 요금을 언급할 수 있다.
운송 관련 추가요금
신용장에서 운임에 추가하는 요금표시를 금지하지 않는다면 운임에 추가되는 요금을 운송서류에 표시하였더라도 하자가 되지 않는다. 그러나 신용장에 이러한 추가적인 운송에 관련된 비용을 표시하는 것을 금지한다면 수출자가 제시한 운송서류에는 charges additional freight cost(추가요금)가 표시되어서는 안 된다.

[추가요금(charges additional to the freight) 구분]
(1) 신용장에서 금지하고 있더라도 허용되는 추가비용(ISBP821 제113항) *암기
  ① 체화료(cargo demurrage) : 화주가 허용된 시간(free time)을 초과하여 컨테이너를 CY에서 반출해 가지 않을 경우 선박회사에 지불해야 하는 요금
  ② 체선료(vessel demurrage) : 선적 또는 하역일수가 약정된 정박기간(laydays)을 초과하는 경우 선주에게 지불하는 것으로, 하루(1일), 또는 중량톤수 1톤당 얼마를 지불하는 비용
  ③ 컨테이너 반환지연요금(cost covering the late return of container)
(2) 신용장에서 금지하면 금지되는 추가요금(ISBP821 제113항) *암기
  ① Berth(liner) Term : 선적비용과 하역비용 모두 운송인이 부담
  ② F.I.(Free In) : 선적요금은 화주가 부담하고 하역요금은 운송인이 부담
  ③ F.O.(Free Out) : 선적요금은 운송인이 부담하고 하역요금은 화주가 부담
  ④ F.I.O.(Free In & Out) : 선적요금과 하역요금 모두 화주가 부담

Article 27. Clean Transport Document 제27조 무사고 운송서류**

핵심 탐구

A bank will only accept a clean transport document. A clean transport document is one bearing no clause or notation expressly declaring a defective condition of the goods or their packaging. <u>The word "clean" need not appear on a transport document, even if a credit has a requirement for that transport document to be "clean on board"</u>. 은행은 단지 무고장 운송서류만을 수리한다. 무고장 운송서류는 물품 또는 포장의 하자상태(defective conditions)를 명시적으로 선언하는 조항 또는 부기가 없는 운송서류를 말한다. <u>"무고장"이라는 단어는 비록 신용장이 운송서류가 "무고장 본선적재"일 것이라는 요건을 포함하더라도 운송서류상에 나타날 필요가 없다.</u>

> [운송서류를 고장부로 만드는 문구예시]
> 1. Contents leaking(내용물 누출)
> 2. Packaging soiled by contents(포장이 내용물에 의해 오염)
> 3. Packaging broken/ holed/torn/deformed(포장 손상)
> 4. Packaging contaminated(포장 오염)
> 5. Goods chafed/torn/deformed(상품 찰상/찢김/변형)
> 6. Goods damaged/ scrached(상품 손상/긁힘)
> 7. Packaging dented(포장이 움푹 들어감)
> 8. Insufficient Packaging(불충분한 포장)
>
> [운송서류를 고장부로 만들지 않는 문구예시]
> 1. Second-hand packaging materials used(중고 포장재 사용)
> 2. Old packaging materials used(낡은 포장재 사용)
> 3. Reconditioned packaging materials used(수리된 포장재 사용) – ISBP821 규정

Article 28. Insurance Document and Coverage
제28조 보험서류 및 담보범위 ★★★

a. An insurance document, such as an insurance policy, an insurance certificate or a declaration under an open cover, <u>must appear to be issued and signed by an insurance company, an underwriter or their agents or their proxies</u>.
Any signature by an agent or proxy must indicate whether the agent or proxy has signed for or on behalf of the insurance company or underwriter.

a. 보험증권, 포괄예정보험에 의한 보험증명서 또는 통지서와 같은 보험서류는 보험회사, 보험인수업자 또는 그들의 대리인 또는 그들의 수탁인에 의하여 발행되고 서명된 것으로 보여야 한다. 대리인 또는 수탁인에 의한 모든 서명은 그 대리인 또는 수탁인이 보험회사 또는 보험인수업자를 위하여 또는 그들을 대리하여 서명하였는지 여부를 표시하여야 한다.
보험서류 발행 및 서명권자
보험회사(insurance company), 보험인수업자(underwriter), 그들의 대리인(their agents), 그들의 수탁인(their proxy)
√ 보험중개인(insurance broker)은 정당한 서명권자가 아니다.
agent/proxy 서명 시 누구를 대리하여 서명했는지 표시해야 함.(For insurance company or underwriter)

b. When the insurance document indicates that it has been issued in more than one original, <u>all originals must be presented</u>.

b. 보험서류가 2통 이상의 원본으로 발행되었다고 표시하는 경우, 모든 원본은 제시되어야 한다. 복수의 원본이 발행된 경우, 신용장에서 보험서류 1통만을 요구하였더라도, 원본 모두를 제시해야 함.

c. Cover notes will not be accepted.

c. 보험인수증은 수리되지 아니한다.
insurance policy, insurance certificate, insurance declaration : 수리 가능
cover notes : 수리 거절
보험중개인(broker)이 발행한 부보각서(cover note)는 수리되지 않는다.
하지만 보험중개인이 발행한 보험서류라 할지라도 보험회사, 보험인수업자로서 또는 보험회사, 보험인수업자를 대리하여 서명한 경우에는 수리된다(ISBP821 규정).

d. An insurance policy is acceptable in lieu of an insurance certificate or a declaration under an open cover.(in lieu of = instead of 대신하여)

d. 보험증권은 포괄예정보험에 의한 보험증명서 또는 통지서를 대신하여 수리가능하다.
insurance policy > insurance certificate > insurance declaration
policy(보험증권)이 상위 개념

e. The date of the insurance document must be no later than the date of shipment, unless it appears from the insurance document that the cover is effective from a date not later than the date of shipment.

e. 보험서류의 일자는 선적일보다 늦어서는 안 된다. 다만 보험서류에서 부보가 최소한 선적일자 이전에 효력이 발생함을 나타내고 있는 경우에는 그러하지 아니하다.
보험서류 일자는 선적일보다 늦으면 안 됨
보험서류 일자가 선적일보다 늦을 경우, 보험서류에서 "선적일자 이전에 부보가 효력이 발생함"을 나타내야함 (ISBP821 규정)
보험증권의 발행일자(2016년 10월 8일)가 선적일자 이후이지만 보험의 효력이 선적일(2016년 10월 1일)로부터 적용된다는 소급문구("Effective Date 1 OCT 2010")가 있으므로 수리가능함

f. ⅰ. The insurance document must indicate ① <u>the amount of insurance coverage</u> and ② <u>be in the same currency as the credit</u>.

f. ⅰ. 보험서류는 보험담보의 금액을 표시하여야 하고 신용장과 동일한 통화이어야 한다.
① 보험담보 금액 표시해야 함
② 신용장과 동일 통화로 표시하고, 다른 통화의 병기는 가능하다.

[병기예시]

| L/C
USD 10,000 | Insurance Policy
USD 10,000
(KRW 10,000,000) | Insurance Policy
KRW 10,000,000
(USD 10,000)
✗ |

*ⅱ. A requirement in the credit for insurance coverage to be for a percentage of the value of the goods, of the invoice value or similar is deemed to be <u>the minimum amount of coverage required</u>.
<u>If there is no indication in the credit of the insurance coverage required</u>, the amount of insurance coverage must be <u>at least 110% of the CIF or CIP value of the goods</u>.

<u>When the CIF or CIP value cannot be determined from the documents</u>, the amount of insurance coverage must be calculated on the basis of <u>the amount for which honour or negotiation is requested</u> or <u>the gross value of the goods as shown on the invoice</u>, <u>whichever is greater</u>.

ii. 보험담보가 물품가액 또는 송장가액 등의 비율이어야 한다는 신용장상의 요건은 요구되는 최소담보금액으로 본다. 요구된 보험담보에 관하여 신용장에 아무런 표시가 없는 경우, 보험담보금액은 최소한 물품의 CIF 또는 CIP 가격의 110%이어야 한다. 서류로부터 CIF 또는 CIP 가격이 결정될 수 없는 경우, 보험담보금액은 인수·지급 또는 매입이 요청되는 금액 또는 송장에 표시된 물품의 총가액 중 더 큰 금액을 기초로 하여 산정되어야 한다.

> **[보험담보산정]**
> ① 신용장에서 요구하는 담보비율/금액
> ② (신용장에서 보험담보 요구 없을 경우)
>   최소한 물품의 CIF 또는 CIP의 110%
> ③ (CIF 또는 CIP 가격 결정할 수 없는 경우)
>   (1) 요구된 결제(honour) 또는 매입(negotiation) 금액
>   (2) 송장(invoice)에 표시된 물품의 총가액
>   (할인, 선지급이 있는 경우 송장가치로 부보비율을 정하는 것이 아니라 상품의 총가치로 부보비율을 산정해야 한다(ISBP821 규정))
>
>   > **예** [INVOICE]
>   > 상품 : USD 10,000
>   > 선지급 : USD 1,000
>   > 할인 : USD 1,000
>   > 송장가치 : USD 8,000
>
>   (1), (2) 중에서 큰 금액을 기초로 산정되어야 함.
> **예** 신용장에서 부보금액을 송장 금액의 103%로 요구한다면 최소한 송장금액의 103%가 부보되어야 한다.
> 이러한 부보율이 없다면 CIF, CIP금액의 110%가 최소부보비율이 된다.
> 규정된 110%의 부보비율은 최소의 부보비율이기 때문에 110% 이상 부보해도 수리된다. 하지만 유의할 점은 부보비율 앞에 정확하게(Exactly) 또는 유사한 문구가 있으면 정확히 110%만이 부보되어야 한다.
> CIF, CIP금액을 알 수 없는 경우 결제 또는 매입금액 또는 송장상의 물품 총가액 중 큰 금액의 110%가 최소부보비율이 된다(ISBP821 규정).

> [Tip] 규정상의 110%
> 10%의 희망이익(expected profit)을 더한 즉, 물품을 문제없이 유통시킬 경우 얻을 수 있는 이익을 보장하는 것이다.

*ⅲ. The insurance document must indicate that risks are covered at least between the place of taking in charge or shipment and the place of discharge or final destination as stated in the credit.

ⅲ. 보험서류는 적어도 위험을 신용장에 명시된 바와 같이 수탁지 또는 선적지와 양륙지 또는 최종목적지간에 담보하고 있음을 표시하여야 한다.

> [Tip] "at least" 그 이상의 구간을 커버하는 것은 무방함.
> 예 신용장 선적항 : Masan 하역항 : Hamburg 로 표시된 경우 보험부보는 마산에서 함부르그까지는 되어야 한다. 더 넓은 범위를 부보하는 것도 가능하다.
>
>   최소부보구간
>   MASAN   HAMBURG
>

g. A credit should state the type of insurance required and, if any, the additional risks to be covered. An insurance document will be accepted without regard to any risks that are not covered if the credit uses imprecise terms such as "usual risks" or "customary risks".

imprecise 부정확한

g. 신용장은 요구되는 보험의 종류를 명시하여야 하고, 부보되어야 하는 부가위험이(있는 경우)도 명시하여야 한다. 신용장이 "통상적 위험" 또는 "관습적 위험"과 같은 부정확한 용어를 사용하는 경우, 보험서류는 부보 되지 아니한 모든 위험과 관계없이 수리된다.

"usual risks(통상적 위험)", "customary risks(관습적 위험)"와 같은 부정확한 단어 사용한 경우

특정위험을 부보하지 않아도 수리된다. 그러므로 이러한 불명확한 용어는 사용을 억제해야 한다 (ISBP821 규정).

> [보험의 종류]
> 협회적화약관(Institute Cargo Clauses)
> • 신약관 : ICC(A), (B), (C)
> • 구약관 : A/R, WA, FPA

h. When a credit requires insurance against "all risks" and an insurance document is presented containing any "all risks" notation or clause, whether or not bearing the heading "all risks", the insurance document will be accepted without regard to any risks stated to be excluded.

h. 신용장이 "전 위험(all risks)"에 대한 보험을 요구하는 경우, "전 위험"이라는 표제를 기재하고 있는지의 여부와 관계없이 "전 위험(all risks)"의 표기 또는 조항을 포함하고 있는 보험서류가 제시된 경우, 그 보험서류는 제외되어야 한다고 명시된 모든 위험에 관계없이 수리된다.

신용장이 "all risks"에 대한 보험을 요구하는 경우,

보험서류에 "all risks" 표기 또는 문구만 있으면 수리 가능

"all risks"라는 표기만 하고 다른 어떠한 것을 배제시키더라도 수리 가능(제외문구 28조 l항 참조)

[참조] ICC(A/R)를 요구하고 ICC(A)로 부보되어도 수리된다.

i. An insurance document may contain reference to any exclusion clause.
i. 보험서류는 어떠한 제외문구(exclusion clause)에 대한 언급을 포함할 수 있다.

신용장 조건에서 금지하지만 않았다면, 제외문구(exclusion)에 대한 언급 포함한 보험서류 수리 가능

📌 신용장 부보조건 : All risk

> [수익자가 제출한 보험서류]
> ICC(A)
> Exclusion(War)
> Exclusion(Strike) → 특정 부보를 제외해도 하자가 되지 않음.
> 하지만 신용장에서 특정 부보조건을 포함하라고 요구한 경우에는 요구된 특정 부보조건이 배제되어서는 안 됨.

j. An insurance document may indicate that the cover is subject to a ① franchise or ② excess(deductible).
j. 보험서류는 담보가 소손해면책률 또는 초과(공제)면책률을 조건으로 한다는 것을 표시할 수 있다.

① 비공제면책(franchise) 5% : 7% 손해발생 시 면책되는 5%를 공제하지 않고 7% 전체를 보상해 준다.

② 공제면책(excess(deductible)) 5% : 7% 손해발생 시 면책되는 5%를 공제하고 2%만 보상해 준다.

위 두 가지 경우 모두 5% 미만의 손해에 대해서는 보상하지 않는다.

• 면책비율 적용배제문구 : "Irrespective of percentage"

신용장이 면책비율 적용을 금지하고 있다면 보험서류는 소손해면책률(a franchise) 또는 공제면책률(an excess deductible)이 적용된다는 문구를 포함하여서는 안 된다(ISBP821 규정).

[보험서류에 관한(ISBP821 규정) 추가 관련 조항]
- (ISBP821 규정) 동일한 선적에 대해 동일한 위험을 담보하는 보험은 반드시 하나의 서류로 담보되어야 한다(Insurance covering the same risk for the same shipment must be covered under one document).
  단 일부를 담보하는 복수의 보험서류(the insurance documents for partial cover)가 각각 비율 또는 각각의 보험자가 담보하는 금액을 명확하게 반영하고, 각각의 보험회사가 자기의 책임지분을 별개로 부담하는 경우는 일부를 담보하는 복수의 보험서류로 담보해도 된다.
- (ISBP821 규정) 보험서류에서 유효기일(expiry date)은 보험금 청구 제시를 위한 유효기일(an expiry date for the presentation for the presentation of any claims thereunder)을 의미해서는 안 됨
  만약 보험서류에 유효기일이 표시되어 있다면, 물품의 본선적재, 발송 또는 상품 수탁의 최종일과 관련이 있다는 사실을 명확히 표시하고 있어야 함
- (ISBP821 규정) 백지배서 보험서류 요구한 경우, 소지인식(to bearer)보험서류도 수리된다.
  소지인식 보험서류 요구한 경우, 백지배서(endorsed in blank)도 수리된다.
  즉, 보험서류에서 소지인식(bearer)과 백지배서(endorsed in blank)는 혼용할 수 있다.
  [주의] 보험서류에서만 적용됨
- (ISBP821 규정) 신용장에서 피보험자를 지정하지 않았다면 피보험자의 표시 방법에는 제한이 없다.
  이 경우 피보험자가 선적인의 지시(to the order of the shipper) 또는 수익자의 지시(to the order of the beneficiary)에 의해 지급될 수 있다고 명시하고 있다면 반드시 배서되어야 한다.

Article 29. Extension of Expiry Date or Last Day for Presentation
제29조 유효기일 또는 제시를 위한 최종일의 연장***

a. If the expiry date of a credit or the last day for presentation falls on a day when the bank to which presentation is to be made is closed for reasons other than those referred to in article 36, <u>the expiry date or the last day for presentation</u>, as the case may be, will be extended to the first following banking day.

　　신용장의 유효기일 또는 최종제시일이 불가항력(36조)에 의한 휴무가 아닌 통상적인 휴업일이라면 유효기일 또는 최종제시일은 다음 첫 은행영업일로 자동연장된다.

b. If presentation is made on the first following banking day, a nominated bank must provide the issuing bank or confirming bank with a statement on its covering schedule that the presentation was made within the time limits extended in accordance with sub-article 29 (a).

b. 제시가 그 다음 첫 은행영업일에 이루어지는 경우, 지정은행은 개설은행 또는 확인은행에게 제시가 제29조 a항에 따라 연장된 기간 내에 이루어졌음을 표지서류상에 설명과 함께 제공하여야 한다.
　　covering schedule 또는 cover letter
　　　: 지정은행(또는 확인은행)이 서류를 확인은행(또는 개설은행)에게 송부할 때 서류 종류, 부수 및 관련 전달사항을 기재한 문서

*c. The latest date for shipment will not be extended as a result of sub-article 29(a).

c. 선적을 위한 최종일은 제29조 a항의 결과로서 연장되지 아니한다.
　　유효기일이나 최종제시일이 은행의 휴업일이라면 휴업일 다음 첫 은행영업일로 자동 연장되나, 선적기일은 은행휴업일이라 하더라도 자동연장되지 않는다. 은행이 휴무일이라 하여 선사가 휴무하는 것은 아니기 때문이다. 선사는 휴무에도 정상가동하는 것이 일반적이다.
　　예 신용장 유효기일 : 2016.05.23 (토)
　　　　최종선적기일 : 2016.05.23 (토)
　　최종 선적은 2016.05.23(토)까지 해야 한다(최종선적기일은 자동 연장되지 않음).
　　서류제시는 신용장 이용 가능 장소에 2016.05.25(월)까지 제시하면 된다.
　　(토, 일요일은 은행 휴일이므로 다음 첫 은행영업일인 월요일까지 자동 연장됨)

Article 30. Tolerance in Credit Amount, Quantity and Unit Prices
제30조 신용장 금액, 수량 그리고 단가의 허용치 *****

핵심 탐구

a. The words "about" or "approximately" used in connection with the amount of the credit or the quantity or the unit price stated in the credit are to be construed as allowing a tolerance not to exceed 10% more or 10% less than the amount, the quantity or the unit price to which they refer.
　① 신용장 금액(the amount of the credit), ② 수량(the quantity), ③ 단가(the unit

price)와 관련하여 "about", "approximately"의 단어가 사용되는 경우 언급된 특정항목에만 적용하는 것
따라서 시간, 일수 등에는 적용되지 않는다.

예 10%의 과부족 허용한도는 반드시 "about"나 "approximately" 등 그 용어가 언급하는 금액, 수량 또는 단가에만 효력을 가지므로 상품수량에는 "about"이 표시되었으나 신용장 금액에는 이 표시가 없으면 수량에서는 10% 증감이 가능하나 신용장 금액이 10% 증감되지는 않는다.

[Tip] UCP 600에서 10% 과부족 허용 단어 : "about", "approximately"
　　　 ISP98에서 10% 과부족 허용 단어 : "about", "approximately", "circa"(약~ 경 등의 표현)

*b. A tolerance not to exceed 5% more or 5% less than the quantity of the goods is allowed, provided the credit does not state the quantity in terms of a stipulated number of packing units or individual items and the total amount of the drawings does not exceed the amount of the credit.

b. 신용장이 수량을 포장단위 또는 개별단위의 특정 숫자로 기재하지 않고 청구금액이 총액이 신용장 금액을 초과하지 않는 경우에는 물품 수량에서 5%를 초과하지 않는 범위 내의 많거나 적은 편차는 허용된다.

곡물 등의 Bulk Cargo(산적화물)는 신용장이 요구하는 수량이 중량단위, 용적단위 또는 길이단위로 표시되어 이것을 정확히 선적하기 어렵기 때문에 중량의 5%의 과부족을 자동 허용된다.

> [적용요건]
> ① 신용장상 별도로 수량에 대한 과부족 명시가 없어야 한다. 신용장에서 별도로 수량에 관한 과부족허용치를 명시하고 있다면 그에 따른다.
> ② 포장단위(packing unit) 또는 개개 품목(individual items)으로 수량을 표시하지 않아야 한다.
> 　 예 pcs, dozen, bag, bottle
> ③ 청구금액이 신용장금액을 초과해서는 안 된다.

c. Even when partial shipments are not allowed, a tolerance not to exceed 5% less than the amount of the credit is allowed, provided that the quantity of the goods, if stated in the credit, is shipped in full and a unit price, if stated in the credit, is not reduced or that sub-article 30 (b) is not applicable. This tolerance does not apply when the credit stipulates a specific tolerance or uses the expressions referred to in sub-article 30 (a).

c. 물품 수량이 신용장에 기재된 경우 전량 선적되고 단가가 신용장에 기재된 경우 감액되지 않을 때, 또는 제30조 (b)항이 적용되지 않는 때에는 분할선적이 허용되지 않더라도(금지된 경우라도) 신용장 금액의 5% 부족분은 허용된다. 이러한 편차는 특정 편차를 명시하거나 제30조 (a)항에 언급된 표현을 사용하는 때에는 적용되지 않는다.

▶ 5% 이내의 감액청구 허용 ※ 감액 가능, 증액 불가

| 전량 선적
+
단가 표시 없거나
단가의 감액 없음 | → | 분할선적 허용되지 않았
더라도 신용장 금액의 5%
이내의 감액청구(under
drawing) 허용됨 |

◯ 신용장에 수량이 명시되지 않은 경우, 송장은 수량 전체를 커버하는 것으로 간주 (ISBP821 규정)
◯ 단, 신용장상에 신용장 금액에 대한 특정 과부족편차를 허용하거나 제30조 (a)항의 "about" 또는 "approximately"가 신용장금액 앞에 사용된 경우 이 조항은 적용되지 않는다.

Article 31. Partial Drawings or Shipments
제31조 분할청구 또는 분할선적 ***

a. Partial drawings or shipments are allowed.
a. 분할청구 또는 분할선적은 허용된다.

> 신용장에서 금지하지 않거나 언급이 없으면 분할청구 또는 분할선적이 가능한 것으로 본다.
> 분할선적(Partial Shipments) : 신용장에서 요구하는 상품을 2회 이상 나누어 선적하는 것
> 분할청구(Partial Drawing) : 신용장금액 전액이 청구되지 않고 일부분만 청구되는 것
>   상업신용장에서 분할선적이 되면 분할청구도 발생함.

b. A presentation consisting of more than one set of transport documents evidencing shipment commencing on ① <u>the same means of conveyance</u> and for ② <u>the same journey</u>, provided they indicate ③ <u>the same destination</u>, will not be regarded as covering a partial shipment, even if they indicate different dates of shipment or different ports of loading, places of taking in charge or dispatch. If the presentation consists of more than one set of transport documents, the latest date of shipment as evidenced on any of the sets of transport documents will be regarded as the date of shipment.

A presentation consisting of one or more sets of transport documents evidencing shipment on more than one means of conveyance within the same mode of transport will be regarded as covering a partial shipment, even if the means of conveyance leave on the same day for the same destination.

b. ① **동일한 운송수단**으로 개시되고 ② **동일한 운송구간**을 위한 선적을 증명하는 2세트 이상의 운송서류를 구성하는 제시는, 운송서류가 ③ **동일한 목적지**를 표시하고 있는 한 서류가 상이한 선적일 또는 상이한 적재항, 수탁지 또는 발송지를 표시하더라도 분할선적으로 보지 아니한다. 그 제시가 2세트 이상의 운송서류를 구성하는 경우에는, 운송서류의 어느 한 세트에 증명된 대로 최종선적일은 선적일로 본다. 동일한 운송방식에서 2 이상의 운송수단상의 선적을 증명하는 하나 또는 2세트 이상의 운송서류를 구성하는 제시는 그 운송수단이 동일한 일자에 동일한 목적지를 향하여 출발하는 경우에도 분할선적으로 본다.

① 동일운송수단에 선적되고 ② 동일항로, ③ 동일 목적지로 향한다면 여러 번 나누어 선적 되더라도 분할선적으로 보지 않는다. 운송수단에 의해 마지막에 선적된 날짜가 선적일로 본다. 화물이 두 개 이상의 다른 운송수단에 선적되었다면 동일일자에 동일목적지로 향하더라도 분할선적으로 본다.

c. A presentation consisting of more than one courier receipt, post receipt or certificate of posting will not be regarded as a partial shipment if the courier receipts, post receipts or certificates of posting appear to have been stamped or signed by the same courier or postal service at the same place and date and for the same destination.

c. 2 이상의 특사수령증, 우편수령증 또는 우송증명서로 구성하는 제시는 그 특사수령증, 우편수령증 또는 우송증명서가 동일한 장소 및 일자 그리고 동일한 목적지를 위하여 동일한 특사업자 또는 우편서비스에 의하여 스탬프 또는 서명된 것으로 보이는 경우에는 분할선적으로 보지 아니한다. 하나 이상의 특송배달영수증, 우편영수증, 우송증명서는 ① 동일한 장소에서 ② 동일한 일자에 ③ 동일한 목적지로 ④ 동일한 특송배달업체 또는 우편서비스에 의해 스탬프 또는 서명되면 분할선적이 아니다. 만약 하나의 우편에 중량제한이 있어 2개로 분할하여 보내는 경우 위의 네 가지 요건을 충족하면 분할선적이 아니다.

> Article 32. Installment Drawings or Shipments
> 제32조 할부어음발행 또는 선적
>
> Article 33 Hours of Presentation 제33조 제시시간
>
> Article 34 Disclaimer on Effectiveness of Documents
> 제34조 서류효력에 대한 면책
>
> Article 35 Disclaimer on Transmission and Translation
> 제35조 송달 및 번역에 대한 면책

If a drawing or shipment by Installments within given periods is stipulated in the credit and any Installment is not drawn or shipped within the period allowed for that Installment, the credit ceases to be available for that and any subsequent Installment (cease 중단되다). 신용장에서 일정기간 내에 할부에 의한 어음발행 또는 선적이 명시되어 있는 경우 어떠한 할부분이 할부분을 위하여 허용된 기간 내에 어음발행 또는 선적되지 아니하였다면, 그 신용장은 해당 할부분과 이후의 모든 할부분에 대하여 효력을 상실한다.

> 분할선적(Partial shipment)이 허용되면 일괄선적도 허용되나 할부선적은 미리 정해진 선적일정(shipping schedule)과 수량에 맞게 선적되어야 한다는 점에서 차이가 있다.
> 예 3번의 할부선적이 명시되어 있는 경우 첫 번째 선적은 제대로 이루어졌으나 두 번째 선적이 되지 않은 경우 이 두 번째 할부분뿐만 아니라 나머지 3번째 할부분까지 중단(cease)된다.
> 예 10,000 kgs Between 1 May 2016 – 31 May 2016 (O)
>   10,000 kgs Between 1 June 2016 – 31 June 2016(X)↓Cease
>   10,000 kgs Between 1 July 2016 – 31 July 2016
> 신용장에서 분할선적을 금지하지 않으면 할부선적 내 분할선적이 가능하다.
> (ISBP821 규정)) 각각의 선적은 할부일정(Installment schedule)에 따라야 함.

▦ Article 33. Hours of Presentation 제33조 제시시간
A bank has no obligation to accept a presentation outside of its banking hours.
은행은 자신의 은행영업시간 외의 제시를 수리할 의무가 없다.
[비교] (ISP98 3.05) When timely presentation made?

(b) A presentation made after the close of business at the place of presentation is deemed to have been made on the next business day.
영업일인 만료인의 업무종료(close of business) 후의 제시는 그 다음 영업일에 행하여진 것으로 본다.

(ISP98 3.11) Issuer waiver and applicant consent to waiver of presentation rules
In addition to other discrepancy provisions in a standby or these Rules, an issuer may, in its sole discretion, without notice to or consent of the applicant and without effect on the applicant's obligations to the issuer, waive :

(a) the following Rules and any similar terms stated in the stand by which are primarily for the issuer's benefit or operational convenience :

(iv) treatment of a presentation made after the clise of business as if it were made on the next business day.

개설인은 그의 독자적인 재량으로 개설의뢰인에 대한 통지나 개설의뢰인의 동의가 없이도 그리고 개설인에 영향을 줌이 없이도, '업무종료 후에 이루어진 제시를 다음 영업일에 제시된 것으로 취급함'을 포기할 수 있다.

Article 34. Disclaimer on Effectiveness of Documents 제34조 서류효력에 대한 면책

A bank assumes no liability or responsibility for the form, sufficiency, accuracy, genuineness, falsification or legal effect of any document, or for the general or particular conditions stipulated in a document or superimposed thereon; nor does it assume any liability or responsibility for the description, quantity, weight, quality, condition, packing, delivery, value or existence of the goods, services or other performance represented by any document, or for the good faith or acts or omissions, solvency, performance or standing of the consignor, the carrier, the forwarder, the consignee or the insurer of the goods or any other person.

은행은 어떠한 서류의 형식(form), 충분성(sufficiency), 정확성(accuracy), 진정성(genuineness), 위조여부(falsification) 또는 법적 효력(legal effect) 또는 서류에 명시되거나 위에 추가된 일반 또는 특정 조건에 대하여 어떤 책임도 지지 않는다. 또한 은행은 어떤 서류에 나타난 물품, 서비스 또는 다른 이행의 기술, 수량, 무게, 품질, 상태 포장, 인도, 금액 또는 존재 여부 또는 물품의 송하인, 운송인 운송주선인, 수하인, 보험자 또는 다른 사람의 선의(good faith) 또는 작위(acts) 또는 부작위(omissions), 지급능력(solvency), 의무(performance) 또는 지위(standing)에 대하여 어떠한 책임도 지지 않는다.

다음 사항에 대해 면책을 규정한다.
① 서류자체(형식·충분성·정확성)
② 진정성·위조·법적효력
③ 서류상의 조건(일반조건, 특수조건)
④ 물품의 명세·가치·실존여부
⑤ 서류의 작성자·발행자의 상태

Article 35. Disclaimer on Transmission and Translation 제35조 송달 및 번역에 대한 면책

A bank assumes no liability or responsibility for the consequences arising out of delay, loss in transit, mutilation or other errors arising in the transmission of any messages or delivery of letters or documents, ① <u>when such messages, letters or documents are transmitted or sent according to the requirements stated in the credit</u>, or ② <u>when the bank may have taken the initiative in the choice of the delivery service in the absence of such instructions in the credit</u>.

① 은행은 모든 통신, 서신 또는 서류가 신용장에 명시된 요건에 따라 송달 또는 송부된 경우, 또는 은행이 신용장에 그러한 지시가 없으므로 인도서비스의 선택에 있어서 주도적 역할을 하였다 하더라도, 은행은 그러한 통신의 송달 또는 서신이나 서류의 인도 중 지연, 분실, 훼손 또는 기타 오류로 인하여 발생하는 결과에 대하여 아무런 의무 또는 책임을 부담하지 아니한다.

② 어떤 delivery service를 이용할지 신용장에 언급이 없어서 은행이 자의적으로 그러한 delivery service를 선택하였을 때라도 책임을 부담하지 않는다.

Article 36. Force Majeure 제36조 불가항력 ★★★

A bank assumes no liability or responsibility for the consequences arising out of the interruption of its business by Acts of God, riots, civil commotions, insurrections, wars, acts of terrorism, or by any strikes or lockouts or any other causes beyond its control. A bank will not, upon resumption of its business, honour or negotiate under a credit that expired during such interruption of its business.

은행은 천재, 폭동, 소요, 반란, 전쟁, 테러행위에 의거나 또는 동맹파업 또는 직장폐쇄에 의거나 또는 기타 은행이 통제할 수 없는 원인에 의한 은행업무가 중단됨으로 인하여 발생하는 결과에 대하여 아무런 의무 또는 책임을 부담하지 아니한다. 은행은 업무가 재개되어도 업무중단 동안에 유효기일이 경과된 신용장에 의한 인수·지급 또는 매입을 행하지 아니한다.

[은행의 파산 및 당사자 이해관계]
1. 당사자 파산과 이해관계
(1) 수익자의 파산 - 수익자(매도인)가 파산한 경우 개설의뢰인(매수인)과의 매매계약을 이행할 수 없기 때문에 계약위반의 문제가 발생한다.
(2) 개설의뢰인의 파산 - 신용장거래에서는 크게 문제가 발생하지 않는다. 수익자는 지정은행 또는 개설은행에 일치하는 서류를 제시하면 개설은행이 지급확약을 하기 때문이다. 개설은행은 수익자에게 대금을 결제 후 개설의뢰인과 정산의 과정을 거치게 된다.
(3) 지정은행 또는 확인은행의 파산 - 지정은행이나 확인은행이 파산하는 경우 역시 신용장거래에서 크게 문제가 되지 않는다. 수익자는 개설은행에 일치하는 서류를 제시하고 대금을 결제받으면 된다.
2. 개설은행의 파산
(1) 확인은행이 존재하는 경우 - 확인은행은 제2의 개설은행의 역할을 한다. 따라서 개설은행이 파산한 경우 확인은행이 존재한다면 수익자는 확인은행에 서류를 제시하고 대금을 결제받을 수 있다.
(2) 확인은행이 존재하지 않는 경우
① 지정은행에 서류제시 후 파산 - 지급·인수 신용장이라면 이들 은행은 소구권을 가지고 있지 않기 때문에 이미 결제받은 대금에 대해서는 별 문제가 되지 않는다. 다만 매입신용장의 경우 매입은행은 수익자에 대해 소구권을 가지고 있기 때문에 수익자는 이미 지급받은 대금에 대해 이자와 함께 매입은행에 상환을 하여야 한다.
② 지정은행에 서류제시 전 파산 - 지정은행(지급·인수·매입)은 수익자가 아무리 일치하는 서류 제시를 한다고 하더라도 개설은행은 파산, 그리고 확인은행도 존재하지 않는 상태에서는 지급·인수·매입업무를 하지 않을 것이다.
3. 해결책
개설은행이 파산을 하게 되는 경우는 그리 많지 않다. 만일 개설은행의 신용도나 자금력 등이 부족하여 신용장거래를 하기에 적합하지 않다면 다른 개설은행을 선택하거나 확인은행을 추가하는 것이 좋다. 또한 개설은행의 파산으로 신용장거래를 할 수 없게 되더라도 매도인과 매수인의 매매계약이 소멸된 것은 아니다. 따라서 매도인과 매수인은 재계약을 통해 다른 은행에 다시 신용장을 개설하거나 또는 서류를 직송하는 방법 등으로 서류를 인도하고 대금을 지급받을 수 있다.

Article 37. Disclaimer for Acts of an Instructed Party
제37조 피지시인의 행위에 대한 면책

핵심 탐구

a. A bank utilizing the services of another bank for the purpose of giving effect to the instructions of the applicant does so for the account and at the risk of the applicant.
a. 개설의뢰인의 지시를 이행하기 위하여 타은행의 서비스를 이용하는 은행은 개설의뢰인의 비용과 위험으로 이를 이행한다.
b. An issuing bank or advising bank assumes no liability or responsibility should the instructions it transmits to another bank not be carried out, even if it has taken the initiative in the choice of that other bank.
b. 개설은행 또는 통지은행이 타은행의 선택에 있어서 주도적 역할을 하였다 하더라도, 그 은행이 타은행에게 전달한 지시가 이행되지 아니하는 경우, 개설은행 또는 통지은행은 아무런 의무 또는 책임을 부담하지 아니한다(개설은행이 지정은행을 임의로 지정하거나, 통지은행이 제2통지은행을 임의로 지정하였다 하더라도, 지정받은 은행이 지시를 이행하지 않은 경우 개설은행 또는 통지은행은 아무런 의무 또는 책임을 부담하지 않는다).

> [타은행 지시에 대한 면책]
> a. 통지은행의 통지비용은 개설의뢰인의 비용과 위험으로 한다.
> b. 통지가 불이행된 경우에도 개설은행에게 과실이 없다면 어떠한 책임도 개설은행이 부담하지 않는다.

c. A bank instructing another bank to perform services is liable for any commissions, fees, costs or expenses("charges") incurred by that bank in connection with its instruction.
If a credit states that charges are for the account of the beneficiary and charges cannot be collected or deducted from proceed, the issuing bank remains liable for payment of charges.
<u>A credit or amendment should not stipulate that the advising to a beneficiary is conditional upon the receipt by the advising bank or second advising bank of its charges.</u>
c. 타은행에게 서비스를 이행하도록 지시하는 은행은 그 지시와 관련하여 타은행이 부담한 모든 수수료, 요금, 비용 또는 경비("비용")에 대하여 부담하는 의무를 진다. 신용장에 비용이 수익자의 부담이라고 명시하고 있고 그 비용이 대금으로부터 징수 또는 공제될 수 없는 경우, 개설은행은

비용지급에 대하여 부담하는 의무를 진다. 신용장 또는 조건변경은 수익자에 대한 통지가 통지은행 또는 제2통지은행이 자신의 비용을 수령하는 조건으로 한다고 규정하여서는 아니 된다.
지시하는 은행이 모든 비용 또는 경비를 부담할 의무를 진다.
신용장에 비용이 수익자 부담이라고 명시하였지만 그 비용을 공제 또는 징수할 수 없는 경우 개설은행이 지시하는 은행이므로 개설은행이 비용을 부담

d. The applicant shall be bound by and liable to indemnify a bank against all obligations and responsibilities imposed by foreign laws and usages.

d. 개설의뢰인은 외국의 법률 및 관행에 의하여 부과되는 모든 의무와 책임에 구속되며 이에 대하여 은행에게 보상할 책임이 있다.

Article 38. Transferable Credits 제38조 양도가능신용장 *****
Article 39 Assignment of Proceeds 제39조 대금의 양도

1. 의의
   신용장의 양도(transfer)란 양도가능신용장(transferable credit)상의 권리의 전부 또는 일부를 최초의 수익자, 즉 제1수익자(first beneficiary)가 지시하는 자인 제2수익자(second beneficiary)에게 양도하는 것을 말한다. 양도가능신용장을 수령한 수익자라 하더라도 반드시 양도의무를 부담하는 것이 아니고 수익자의 자유재량에 따라 양도권을 행사할 수 있다. 양도는 제1수익자가 단독으로 직접 제2수익자에게 양도하는 것은 인정되지 않으며, 반드시 특정은행(양도은행)을 통하여 양도수속을 취하여야 한다.

2. 필요성
   신용장양도의 필요성은 ① 무역업을 직접적으로 수행할 수 없거나, ② 거래은행에 무역금융수혜를 위한 거래한도가 부족하거나, ③ 수출물량이 할당으로 제한이 걸린 경우 쿼터(quota)가 남아있는 기업에게 부득이하게 신용장을 넘겨 줄 필요가 있거나, ④ 기타 업무수행상의 번거로움을 덜기 위한 이유 때문에 발생하며, ⑤ 중계무역에서 중계업자가 물품공급자(최초수출자)에게 신용장 양도를 하는 경우 등에도 사용된다.

a. A bank is under no obligation to transfer a credit except to the extent and in the manner expressly consented to by that bank.
a. 은행은 동 은행이 명시적으로 동의한 범위 및 방법에 의한 경우를 제외하고 신용장을 양도할 의무를 부담하지 아니한다.
  은행이 무조건적으로 신용장을 양도해야 할 의무는 없다.
  자신이 명시적으로 승낙하는 범위와 방법에 의해서만 양도 의무 지님
b. For the purpose of this article :
  <u>Transferable credit</u> means a credit that specifically states it is "<u>transferable</u>". A transferable credit may be made available <u>in whole or in part</u> to another beneficiary("second beneficiary") at the request of the beneficiary("first beneficiary"). Transferring bank means a nominated bank that transfers the credit or, in a credit available with any bank, a bank that is specifically authorized by the issuing bank to transfer and that transfers the credit. <u>An issuing bank may be a transferring bank</u>. <u>Transferred credit means a credit</u> that has been made available by the transferring bank to a second beneficiary.
b. 본 조항을 위하여 :
  양도가능신용장이라 함은 "<u>양도가능</u>"이라고 특별히 명시하고 있는 신용장을 말한다. 양도가능신용장은 수익자("제1수익자")의 요청에 의하여 <u>전부 또는 일부</u>가 다른 수익자("제2수익자")에게 사용가능하게 할 수 있다. <u>양도은행</u>이라 함은 신용장을 양도하는 지정은행 또는 모든 은행에서 사용될 수 있는 신용장에서, 개설은행에 의하여 양도하도록 특별히 수권되어 신용장을 양도하는 은행을 말한다. <u>개설은행은 양도은행이 될 수 있다</u>. <u>양도된 신용장</u>이라 함은 양도은행이 제2수익자가 사용할 수 있도록 한 신용장을 말한다.

> 1. Transferable credit
>   - 신용장 자체에 "양도가능(transferable)"이라고 특정하여 기재하고 있는 신용장(transferable 이외에 유사표현인 "divisible", "fractionable", "assignable" 이 사용되는 경우 양도가능신용장으로 간주하지 않는다)
>   - 양도가능신용장은 수익자(제1수익자)의 요청에 의하여 전부 또는 부분적으로 다른 수익자(제2수익자)가 이용하도록 양도 가능
> 2. Transferring bank
>   - 신용장이 특정 은행에서만 이용가능한 경우 : 특정은행, 개설은행이 신용장 양도 가능
>   - 모든 은행에서 이용가능한 신용장(LC available with Any bank) : 개설은행에서 신용장 양도 가능
>   - 신용장이 모든 은행에서 이용가능(Credit available with any bank) 한 경우 개설은행을 제외한 은행이 양도를 하기위해서는 별도로 특정은행을 양도은행으로 지정해야 한다.
> 3. Transferred credit : 제1수익자의 요청에 의해서 양도은행이 제2수익자가 이용할 수 있도록 한 신용장

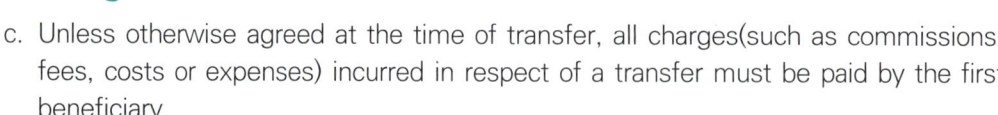

c. Unless otherwise agreed at the time of transfer, all charges(such as commissions, fees, costs or expenses) incurred in respect of a transfer must be paid by the first beneficiary.

c. 양도를 이행할 때에 별도의 합의가 없는 한, 양도와 관련하여 부담한 모든 비용(수수료, 요금, 비용, 경비 등)은 제1수익자가 지급하여야 한다. 양도관련 수수료 부담자 : 제1수익자(달리 합의된 경우 합의된 대로)

d. A credit may be transferred in part to more than one second beneficiary provided partial drawings or shipments are allowed. A transferred credit cannot be transferred at the request of a second beneficiary to any subsequent beneficiary. The first beneficiary is not considered to be a subsequent beneficiary.

d. 분할어음발행 또는 분할선적이 허용되는 경우 신용장은 2인 이상의 제2수익자에게 분할양도될 수 있다. 양도된 신용장은 제2수익자의 요청에 의하여 이후의 어떠한 수익자에게도 양도될 수 없다. 제1수익자는 이후의 수익자로 보지 아니한다.
분할선적/분할청구(partial shipment / drawing)가 금지되지 않았다면
- 두 사람 이상의 제2수익자에게 분할양도될 수 있음
  (ISP98에서는 분할양도 금지)
- 제2수익자의 요청으로 그 다음 수익자에게 재양도 금지(제1수익자에 대한 재양도는 가능)
  (ISP98에서는 재양도 가능)

e. Any request for transfer must indicate if and under what conditions amendments may be advised to the second beneficiary. The transferred credit must clearly indicate those conditions.

e. 양도를 위한 모든 요청은 조건변경이 제2수익자에게 통지될 수 있는지 여부 및 어떤 조건하에 통지될 수 있는지를 표시하여야 한다. 양도된 신용장은 그러한 조건을 명확하게 표시하여야 한다.
양도 요청 시에는
① 제2수익자에게 조건변경 통지 여부(if amendments may be advised)
② 어떤 조건하에서(under what conditions) 조건변경하여야 하는지 여부 표기해야 함

f. If a credit is transferred to more than one second beneficiary, rejection of an amendment by one or more second beneficiary does not invalidate the acceptance by any other second beneficiary, with respect to which the transferred credit will be amended accordingly. For any second beneficiary that rejected the amendment, the transferred credit will remain unamended.

f. 신용장이 2인 이상의 제2수익자에게 양도된 경우, 1인 또는 2인 이상의 제2수익자가 조건변경을 거절한다하더라도 양도된 신용장이 조건변경 되어지는 기타 모든 제2수익자에 의한 승낙이 무효화되지는 아니한다. 조건변경을 거절한 제2수익자에 대하여는, 양도된 신용장은 조건변경 없이 존속한다.
복수의 제2수익자에 대한 조건변경 : 제2수익자의 수락 여부는 각각 독립적 원신용장 조건변경은 조건변경에 동의한 제2수익자 A와 B에게만 유효하고, 조건변경을 거절한 제2수익자 C에게는 효력이 없게 된다.

g. The transferred credit must accurately reflect the terms and conditions of the credit, including confirmation, if any, with the exception of :
- the amount of the credit,
- any unit price stated therein,
- the expiry date,
- the period for presentation, or
- the latest shipment date or given period for shipment, any or all of which may be reduced or curtailed.

The percentage for which insurance cover must be effected may be increased to provide the amount of cover stipulated in the credit or these articles.

The name of the first beneficiary may be substituted for that of the applicant in the credit.

If the name of the applicant is specifically required by the credit to appear in any document other than the invoice, such requirement must be reflected in the transferred credit.

g. 양도된 신용장은 다음 사항을 제외하고, 만약 있다면 확인을 포함하여 정확하게 신용장 조건을 반영하여야 한다.
- 신용장 금액
- 신용장상의 단가
- 유효기일
- 제시기일
- 제시기간
- 최종선적일 또는 선적기간

이들 항목 중 일부 또는 전부는 감액 또는 단축될 수 있다.

보험커버비율은 신용장 또는 이 규칙에 따라 명시된 부보금액을 제공하기 위하여 증가될 수 있다.

제1수익자의 이름은 대체할 수 있다. 개설의뢰인의 이름이 상업송장 이외의 다른 어떤 서류에 나타날 것을 신용장에서 특별히 요구하였다면 그러한 요구조건은 양도된 신용장에 반영되어야 한다.

> 양도된 신용장은 원 신용장의 조건을 정확히 반영하여야 함 (확인이 있는 경우 확인 포함)
> 예외적으로 변경될 수 있는 내용(6가지)
> ① the amount of the credit
> ② any unit price stated therein
> ③ the expiry date
> ④ the period for presentation
> ⑤ the latest shipment date or given period for shipment
>   (①②③④⑤ 감액 또는 단축 가능)
> ⑥ 부보되어야 하는 백분율은 높일 수 있음
>
> 예 Total Amount - USD 10,000, 부보비율을 CIF 금액의 110%를 요구하는 양도가능신용장에서 단가를 감액하여 UDS 9,000을 양도 요청하는 경우 반드시 부보비율은 원신용장 조건을 충족시킬 수 있도록 증액시켜야 함.
> (USD 10,000 x 110%) / USD 9,000 = 122.23% 이상 부보비율을 높여서 신용장을 양도 요청해야 한다.
> the name of the applicant → the name of the first beneficiary로 대체 가능
> (송장을 제외한 다른 서류에 the name of the applicant 보일 것을 특정하여 요구 시
>   → transferred credit에 원 applicant가 반영되어야 함)
>
> [양도이유]
> 1. 양도차액
> 2. 제1수익자가 제품을 공급할 여력이 없는 경우

h. The first beneficiary has the right to substitute its own invoice and draft, if any, for those of a second beneficiary for an amount not in excess of that stipulated in the credit, and upon such substitution the first beneficiary can draw under the credit for the difference, if any, between its invoice and the invoice of a second beneficiary

h. 제1수익자는 신용장에 규정된 금액을 초과하지 아니하는 금액에 대하여 제2수익자의 송장 및 환어음을 자신의 송장 및 환어음(있는 경우)으로 대체할 권리를 가지고 있으며, 그러한 대체를 하는 경우, 제1수익자는 자신의 송장과 제2수익자의 송장과의 차액에 대하여 신용장에 따라 어음을 발행할 수 있다.

> [제1수익자의 송장과 환어음 교체 권한]
> • 신용장에서 명시된 금액 초과하지 않아야 함

i. If the first beneficiary is to present its own invoice and draft, if any, but fails to do so on first demand, or if the invoices presented by the first beneficiary create discrepancies that did not exist in the presentation made by the second beneficiary and the first beneficiary fails to correct them on first demand, the transferring bankhas the right to present the documents as received from the second beneficiary to the issuing bank, without further responsibility to the first beneficiary.

i. 제1수익자가 그 자신의 송장 및 환어음(있는 경우)을 제공하여야 하지만 최초의 요구 시에 이를 행하지 못한 경우, 또는 제1수익자가 제시한 송장이 제2수익자가 제시한 서류에는 없었던 불일치를 발생시키고 제1수익자가 최초의 요구 시에 이를 정정하지 못한 경우, 양도은행은 제1수익자에 대하여 더 이상의 책임 없이 제2수익자로부터 수령한 서류를 개설은행에게 제시할 권리를 가진다.
송장, 환어음 교체 첫 번째 요구 시 그렇게 하지 못한 경우
또는 제2수익자가 양도은행에 제시한 서류에는 하자가 없었으나 제1수익자의 서류교체 후 제2수익자의 서류에 없었던 하자가 발생하고 첫 요구 시에 정정하지 못한 경우
→ 양도은행은 제1수익자에 대한 어떠한 책임 없이 제2수익자의 서류를 개설은행으로 송부할 수 있다.

j. The first beneficiary may, in its request for transfer, indicate that honour or negotiation is to be effected to a second beneficiary at the place to which the credit has been transferred, up to and including the expiry date of the credit. This is without prejudice to the right of the first beneficiary in accordance with sub-article 38 (h).

j. 제1수익자는 자신의 양도요청으로 신용장이 양도된 장소에서 신용장의 유효기일을 포함한 기일까지 제2수익자에게 인수·지급 또는 매입이 이루어져야 한다는 것을 표시할 수 있다. 이는 제38조 h항에 따른 제1수익자의 권리를 침해하지 아니한다.

> [신용장 이용가능 장소의 변경]
> • 신용장이 양도된 장소에서 원신용장의 유효기일 이전에 제2수익자에게 결제/매입이 이루어져야 한다는 것 표시 가능
> • 38(h)항의 송장, 환어음 대체할 권리에 영향 미치지 않음

k. Presentation of documents by or on behalf of a second beneficiary must be made to the transferring bank.

k. 제2수익자에 의한 또는 대리하는 서류의 제시는 양도은행에서 이루어져야 한다.
제2수익자의 제시는 양도은행에서 이루어져야 한다. 이는 제1수익자의 서류교체에 의한 양도차익의 기회를 보장하기 위한 것이다.

Article 39. Assignment of Proceeds 제39조 대금의 양도 ★★

The fact that a credit is not stated to be transferable shall not effect the right of the beneficiary to assign any proceeds to which it may be or may become entitled under the credit, in accordance with the provisions of applicable law. This article relates only to the assignment of proceeds and not to the assignment of the right to perform under the credit.
신용장이 양도가능한 것으로 명시되어 있지 아니하다는 사실은 적용 가능한 법률의 규정에 따라 그러한 신용장에 의하여 수권되거나, 또는 될 수 있는 대금을 양도하는 수익자의 권리에 영향을 미치지 아니한다. 본 조는 단지 대금의 양도에 관련이 있으며 신용장에 따라 이행할 권리의 양도에 관한 것은 아니다.

[transfer vs. assignment 구분!!]
- transfer : 대금 양도 및 신용장에 따라 이행할 권리까지 양도하는 것
- assignment : 단지 '대금을 수취할 권한'만 양도하는 것, 여전히 서류제시의무는 원수익자에게 있으며, 대금양수인은 단지 대금을 수취할 권리만 획득하는 것이다.
("transferable"이라고 명시되어있지 않아도 assignment 가능)

신용장 양도와 대금양도 비교

구분	transfer 신용장 양도	assignment 대금 양도
양도의 형태	신용장 자체를 양도	대금을 받을 권리만 양도
'TRANSFERABLE' 기재 여부	반드시 L/C에 기재되어야만 허용	L/C에 기재되지 않아도 허용
적용 조항	UCP 600 제38조 적용	UCP 600 제39조 적용
수익자의 양도차익을 위한 서류교체	관련 있음	관련 없음

부록 2

국제규칙 해설

제2장 ICC 은행간 화환신용장 대금상환에 관한 통일규칙(URR725)

A. GENERAL PROVISIONS AND DEFINITIONS
* Article 1. Application of URR

The Uniform Rules for Bank-to-Bank Reimbursements under Documentary Credits("rules"), ICC Publication No. 725, shall apply to any bank-to-bank reimbursement when the text of the reimbursement authorization expressly indicates that it is subject to these rules.
화환신용장에 따른 은행간 대금상환에 대한 통일규칙(이하 "규칙"), 국제상업회의소 간행물번호 725호는, 그 준거문언이 상환수권(서)에 삽입되어 있는 경우 모든 은행간 대금상환에 적용된다.

They are binding on all parties thereto, unless expressly modified or excluded by the reimbursement authorization.
본 규칙은 상환수권에서 명백히 수정하거나 배제하지 않는 한 모든 관계당사자를 구속한다. URR725는 규칙이므로 수정과 배제가 가능하다.

The issuing bank is responsible for indicating in the documentary credit("credit") that reimbursement is subject to these rules.
개설은행은 대금상환에 있어 본 규칙이 적용됨을 화환신용장(이하 "신용장")에 명시할 책임이 있다.

In a bank-to-bank reimbursement subject to these rules, the reimbursing bank acts on the instructions and under the authority of the issuing bank.
본 규칙의 적용을 받는 은행간 대금상환에 있어, 상환은행은 개설은행의 지시와 수권에 따라 행동한다.

These rules are not intended to override or change the provisions of the Uniform Customs and Practice for Documentary Credits.
본 규칙은 국제상업회의소 신용장통일규칙의 규정에 우선하거나 변경하고자 하는 것이 아니다. UCP 600과 URR725가 상충 시 UCP 600이 우선한다. 단, URR725가 적용되는 경우 UCP 600 13조는 적용되지 않는다.

* Article 2. Definitions

a. "Issuing bank" means the bank that has issued a credit and the reimbursement authorization under that credit.
"개설은행"은 신용장과 그 신용장하에서 상환수권을 발행하는 은행을 의미한다.

b. "Reimbursing bank" means the bank instructed or authorized to provide reimbursement pursuant to a reimbursement authorization issued by the issuing bank.
"상환은행"은 개설은행이 발행한 상환수권에 따라, 대금상환을 하도록 지시 또는 수권받은 은행을 의미한다.

c. "Reimbursement authorization" means an instruction or authorization, independent of the credit, issued by an issuing bank to a reimbursing bank to reimburse a claiming bank or, if so requested by the issuing bank, to accept and pay a time draft drawn on the reimbursing bank.
"상환수권"은 신용장과는 독립적으로, 개설은행이 상환은행으로 하여금 청구은행에게 대금을 상환하도록 하거나, 또는 개설은행의 요청에 의하여 상환은행 앞으로 발행된 기한부 환어음을 인수하고 지급하도록 발행된 지시 또는 수권을 의미한다.

d. "Reimbursement Amendment" means an advice from the issuing bank to a reimbursing bank stating changes to a reimbursement authorization.
"상환조건변경"은 개설은행이 상환은행에게 보내는, 상환수권의 조건변경을 명시한 통지를 의미한다.

e. "Claiming Bank" means a bank that honours or negotiates a credit and presents a reimbursement claim to the reimbursing bank. "Claiming Bank" includes a bank authorized to present a reimbursement claim to the reimbursing bank on behalf of the bank that honours or negotiates.
"청구은행"은 신용장 결제 또는 매입을 하고 상환은행에게 상환청구를 하는 은행을 의미한다. "청구은행"은 결제 또는 매입을 하는 은행을 대리하여 상환은행에게 상환청구를 제시하도록 수권받은 은행을 의미한다.

f. "Reimbursement Claim" means a request for reimbursement from the claiming bank to the reimbursing bank.
"상환청구"는 청구은행이 상환은행에게 하는 대금상환요청을 의미한다.

g. "Reimbursement undertaking" means a separate irrevocable undertaking of the reimbursing bank, issued upon the authorization or request of the issuing bank, to the claiming bank named in the reimbursement authorization, to honour that bank's reimbursement claim, provided the terms and conditions of the reimbursement undertaking have been complied with.
"상환확약"은 개설은행의 수권 또는 요청에 의해 상환은행이 상환수권에 기명된 청구은행에게 발행하는, "상환확약의 제 조건이 충족되면 상환청구에 대해 결제하겠다."는 별개의 취소불능 확약을 의미한다.

h. "Reimbursement undertaking amendment" means an advice from the reimbursing bank to the claiming bank named in the reimbursement authorization stating changes to a reimbursement undertaking.
"상환확약 조건변경"이란 상환은행이 상환수권에 기명된 청구은행에게 보내는 상환확약의 조건변경을 명시한 통지를 말한다.

i. For the purpose of these rules, branches of a bank in different countries are considered to be separate banks.
본 규칙의 목적상, 다른 국가에 소재한 동일 은행의 지점들은 별개의 은행으로 간주한다.

> UCP와 동일입장
> [비교] UCP 600 제3조, URR725 제2조 : 동일 국가에 위치한 같은 은행의 지점은 같은 은행
> ISP98 제2.02조 : 지점이 다르면 동일 국가에 있어도 다른 은행(타인, different person)

* Article 3. Reimbursement Authorizations Versus Credits

<u>A reimbursement authorization is separate from the credit to which it refers</u>, and a reimbursing bank is not concerned with or bound by the terms and conditions of the credit, even if any reference whatsoever to it is included in the reimbursement authorization.
상환수권은 신용장을 언급하고 있더라도 그 신용장과는 별개이며, 상환은행은 상환수권서에 신용장의 조건이 포함되어 있다 할지라도 신용장의 조건과는 무관하고 구속되지 않는다. 신용장과 상환수권의 독립성

C. FORM AND NOTIFICATION OF AUTHORIZATIONS, AMENDMENTS AND CLAIMS

Article 6. Issuance and Receipt of a Reimbursement Authorization or Reimbursement Amendment

a. All reimbursement authorizations and reimbursement amendments must be issued in the form of an authenticated teletransmission or a signed letter.
   모든 상환수권과 상환조건변경은 인증된 전신이나 서명된 서신의 형식으로 발행되어야 한다.
   - 상환수권은 반드시 인증되어야 한다(Must be authenticated).
   - 신용장 또는 신용장의 조건변경이 전신으로 발행된 때에는 인증된 전신으로 상환수권 또는 상환조건변경을 통지해야 한다.
     수익자 ← Issuing bank → Reimbursing bank
        전신(MT700)   전신(MT740)
   - 전신으로 송부된 이후 송부된 우편확인서(subsequent mail confirmation)는 무시

b. An issuing bank must not send to a reimbursing bank :
   i. a copy of the credit or any part thereof, or a copy of an amendment to the credit in place of, or in addition to, the reimbursement authorization or reimbursement amendment. If such copies are received by the reimbursing bank they shall be disregarded;
   ii. multiple reimbursement authorizations under one teletransmission or letter, unless expressly agreed to by the reimbursing bank.
   개설은행이 상환은행에 보내면 안 되는 사항
   1. 상환수권이나 상환조건변경을 대신하여 또는 더해서 신용장 또는 조건변경의 사본
   2. 상환은행의 동의 없이 하나의 전신 또는 서신에 복수의 상환수권

c. An issuing bank shall not require a certificate of compliance with the terms and conditions of the credit in the reimbursement authorization.
   개설은행은 상환수권에 신용장의 조건과 일치한다는 증명서를 요구해서는 안 된다.

d. A reimbursement authorization must(in addition to the requirement of Article 1 for incorporation of reference to these rules) state the following :
   i. credit number;
   ii. currency and amount;
   iii. additional amounts payable and tolerance, if any;

iv. claiming Bank or, in the case of a credit available with any bank, that claims can be made by any bank. <u>In the absence of any such indication, the reimbursing bank is authorized to pay any claiming bank</u>;
  v. parties responsible for charges(claiming bank's and reimbursing bank's charges) in accordance with Article 16 of these rules.

모든 상환수권서는 (본 규칙에 대한 준거문언의 삽입에 관한 제1조의 요건에 덧붙여) 다음을 명시해야 한다.
  ⅰ. 신용장 번호
  ⅱ. 통화와 금액
  ⅲ. 지급가능한 추가금액과 과부족(해당하는 경우)
  ⅳ. 청구은행, 자유이용신용장의 경우에는 어떤 은행이라도 청구를 할 수 있다는 지시. 그러한 지시가 없는 경우, 상환은행은 어떠한 청구은행에게도 지급할 권한을 갖는다.
  ⅴ. 본 규칙 제16조에 따른 수수료(청구은행과 상환은행의 수수료)를 부담할 당사자

A reimbursement amendment must state only the relative changes to the above and the credit number.

상환 조건변경서는 상기의 내용에 관계된 변경사항과 신용장 번호만을 명시하여야 한다.
상환조건변경서(reimbursement amendment)
1) 관계된 변경사항(the relative changes)
2) 신용장 번호(credit number)

e. <u>If the reimbursing bank is requested to accept and pay a time draft</u>, the reimbursement authorization must indicate the following, in addition to the information specified in (d) above :
   ⅰ. tenor of draft to be drawn;
   ⅱ. drawer;
   ⅲ. party responsible for acceptance and discount charges, if any.

만일 <u>상환은행이 기한부 환어음에 대해 인수하고 지급하도록 요청받은 경우</u>에는, 상환수권은 상기의(d)항에 기재된 사항에 추가하여 다음 사항을 명시하여야 한다.
  ⅰ. 발행될 환어음의 만기
  ⅱ. 발행인
  ⅲ. 인수 및 할인 수수료를 부담할 당사자(해당하는 경우)

A reimbursement amendment must state the relative changes to the above.
상환 조건변경은 상기 내용에 관계된 변경사항을 반드시 기재하여야 한다.
An issuing bank should not require a sight draft to be drawn on the reimbursing bank.
개설은행은 상환은행을 지급인으로 한 일람불 환어음의 발행을 요구해서는 안 된다.

f. Any requirement for :
   i. pre-notification of a reimbursement claim to the issuing bank must be included in the credit and not in the reimbursement authorization;
   ii. pre-debit notification to the issuing bank must be indicated in the credit.
   다음의 요건 :
   i. 개설은행 앞 상환청구 사전통지에 관한 지시사항은 상환수권에 포함되어서는 안 되고 반드시 신용장에 명시되어야 한다.
   ii. 개설은행 앞 선차기 통지에 관한 지시사항은 신용장에 반드시 명시되어야 한다.

g. If the reimbursing bank is not prepared to act for any reason whatsoever under the reimbursement authorization or reimbursement amendment, it must so inform the issuing bank without delay.
상환은행이 어떠한 이유에서든지 상환수권이나 상환 조건변경에 따라 행동할 의사가 없는 경우, 이를 지체 없이 개설은행에 통보하여야 한다.

h. In addition to the provisions of Articles 3 and 4, the reimbursing bank is not responsible for the consequences resulting from non-reimbursement or delay in reimbursement of reimbursement claims when any provision contained in this article is not followed by the issuing bank or claiming Bank.
제3조와 제4조의 규정에 추가하여, <u>개설은행 또는 청구은행이 이 조항의 규정을 준수하지 않는 경우</u>, 상환은행은 상환청구에 대한 상환거절 또는 상환지체로부터 발생하는 결과에 대하여 책임을 지지 아니한다.

Article 7. Expiry of a Reimbursement Authorization

Except to the extent expressly agreed to by the reimbursing bank, the reimbursement authorization should not be subject to an expiry date or latest date for presentation of a claim, except as indicated in Article 9.
상환수권은 제9조에서 명시된 것 이외에는 유효기일이나 대금 청구의 제시기한에 구속되어서는 안 된다. 다만 상환은행이 명시적으로 동의한 경우에는 그러하지 아니하다.

> [비교] • 상환수권 : 유효기일(expiry date)이나 대금 청구의 제시기한(latest date for presentation of claim)에 구속되어서는 안 됨
> • 상환확약의 수권 : 기한부 거래기간(usance period)을 포함한 대금 청구를 위한 최종 제시기일(latest date for presentation of a claim)을 반드시 포함해야 함

A reimbursing bank will assume no responsibility for the expiry date of a credit and, if such date is provided in the reimbursement authorization, it will be disregarded.
상환은행은 신용장의 유효기일에 대하여 책임을 지지 않고 만일 그러한 일자가 상환수권에 주어진 경우 이는 무시된다.

The issuing bank must cancel its reimbursement authorization for any unutilized portion of the credit to which it refers, informing the reimbursing bank without delay.
개설은행은 신용장의 미사용 부분에 대하여 상환수권을 취소하여야 하고 이를 지체 없이 상환은행에 통보하여야 한다. 미사용 부분을 취소하지 않아 결제가 이루어 진다면 이는 개설은행 책임이다.

* Article 8. Amendment or Cancellation of Reimbursement Authorization

개설은행의 상환수권은 다음에 따른다(단, 제9조에서의 상환확약을 요청하는 경우에 제외).

a. the issuing bank may issue a reimbursement amendment or cancel a reimbursement authorization at any time upon sending notice to that effect to the reimbursing bank.
개설은행은 상환은행에 통지함으로써 언제라도 상환 조건변경이나 상환수권을 취소할 수 있다.

b. the Issuing bank must send <u>notice of any amendment to a reimbursement authorization</u> that has an effect on the reimbursement instructions contained in the credit <u>to the nominated bank or</u>, in the case of a a credit available with any bank, <u>the advising bank</u>.
개설은행은 신용장에 포함된 상환지시에 영향을 미치는 <u>상환수권의 조건변경</u>에 대하여 <u>지정은행</u>, <u>또는</u> 자유이용신용장의 경우 <u>통지은행에게</u>, 그 내용을 통보하여야 한다.
상환수권 조건변경의 경우
1. Available with EPASS 경우 EPASS bank(Nominated bank)
2. Available with Any bank 경우 통지은행(Advising bank)
모든 은행에서 이용 가능한 경우 모든 은행에 통지하는 것은 어렵기 때문에 통지은행에 통지하는 것으로 규정하고 있다.

<u>In case of cancellation of the reimbursement authorization prior to expiry of the credit</u>, the issuing bank must provide the nominated bank or the advising bank with new reimbursement instructions.
개설은행은 <u>신용장의 유효기일 전에 상환수권을 취소하는 경우</u> 지정은행 또는 통지은행에 새로운 상환지시를 하여야 한다.

c. The issuing bank <u>must reimburse the reimbursing bank for any reimbursement claims honoured or draft accepted by the reimbursing bank</u> <u>prior to the receipt by it of a notice of cancellation or reimbursement amendment</u>.
개설은행은 <u>상환은행이 취소 또는 상환 조건변경의 통지를 접수하기 전에 행한 상환청구의 결제 또는 인수된 환어음을 상환하여야 한다.</u>

* Article 9. Reimbursement Undertaking

a. In addition to the requirements of subArticles 6 (a), (b) and (c) of these rules, a reimbursement authorization authorizing or requesting the issuance of a reimbursement undertaking must comply with the provisions of this article.
본 규칙의 조항 6(a), (b) 그리고 (c)의 요구 사항에 추가하여, 상환확약의 발행을 수권하거나 요청하는 상환수권은 이 조항의 규정에 따라야 한다.

b. An authorization or request by the issuing bank to the reimbursing bank to issue a reimbursement undertaking is irrevocable("Irrevocable reimbursement authorization") and must(in

addition to the requirement of Article 1 for incorporation of reference to these rules) contain the following :
ⅰ. credit number;
ⅱ. currency and amount;
ⅲ. additional amounts payable and tolerance, if any;
ⅳ. full name and address of the claiming bank to which the reimbursement undertaking should be issued;
ⅴ. latest date for presentation of a claim, including any usance period;
ⅵ. parties responsible for charges(claiming bank's and reimbursing bank's charges and reimbursement undertaking fee) in accordance with Article 16 of these rules.

개설은행이 상환은행에게 상환확약을 발행하여 달라는 수권 또는 요청은 취소불능이고("취소불능 상환수권"), 다음의 사항(본 규칙에 따른다는 제1조의 명시요건에 추가하여)을 포함하여야 한다.
ⅰ. 신용장번호
ⅱ. 통화와 금액
ⅲ. 추가로 지급되어야 하는 금액과 과부족(해당하는 경우)
ⅳ. 상환확약의 발행 상대인 청구은행의 완전한 명칭과 주소
ⅴ. 기한부 거래기간을 포함한 대금 청구를 위한 최종 제시기일
ⅵ. 본 규칙의 제16조에 따른 수수료를 부담하는 당사자들(상환은행과 결제은행의 수수료와 상환확약 수수료)

c. If the Reimbursing bank is requested to accept and pay a time draft, the irrevocable reimbursement authorization must also indicate the following, in addition to the information contained in (b) above :
ⅰ. tenor of draft to be drawn;
ⅱ. drawer;
ⅲ. party responsible for acceptance and discount charges, if any.
An issuing bank should not require a sight draft to be drawn on the reimbursing bank.

상환은행이 기한부 환어음을 인수하고 지급하도록 요구되는 경우 취소불능 상환수권은 상기 조항(b)의 내용에 추가하여 다음의 사항을 명시하여야 한다.
ⅰ. 발행될 환어음의 만기

ii. 발행인
iii. 인수 및 할인 수수료를 부담할 당사자(해당하는 경우)

개설은행은 상환은행을 지급인으로 하는 일람불 환어음이 발행되도록 요구하여서는 안 된다.
상환은행이 기한부 환어음을 인수하고 지급하도록 요구되는 경우의 취소불능 상환수권
i. 발행될 환어음의 만기
ii. 발행인
iii. 인수 및 할인 수수료를 부담할 당사자(해당하는 경우)
+
i. 신용장번호, ii. 통화와 금액, iii. 추가로 지급되어야 하는 금액과 과부족, iv. 청구은행의 완전한 명칭과 주소, v. 대금 청구를 위한 최종 제시기일, vi. 수수료를 부담 당사자들

d. If the reimbursing bank is authorized or requested by the issuing bank to issue its reimbursement undertaking to the claiming bank but is not prepared to do so, it must so inform the issuing bank without delay.
상환은행이 개설은행으로부터 청구은행 앞 상환확약을 발행하도록 수권되거나 요청 받았으나, 상환은행이 이에 응할 의사가 없는 경우 지체 없이 이를 개설은행에게 통보하여야 한다.

e. A reimbursement undertaking must indicate the terms and conditions of the undertaking and :
  i. the credit number and name if the issuing bank;
  ii. the currency and amount of the reimbursement authorization,
  iii. additional amounts payable and tolerance, if any;
  iv. the currency and amount of the reimbursement undertaking;
  v. the latest date for presentation of a claim, including any usance period;
  vi. the party to pay the reimbursement undertaking fee, if other than the issuing bank. The reimbursing bank must also include its charges, if any, that will be deducted from the amount claimed.

상환확약은 아래의 확약 조건을 명시하여야 한다.
 i. 신용장 번호와 개설은행 이름
 ii. 상환수권의 통화와 금액
 iii. 추가적으로 지급되어야 하는 금액과 과부족(해당하는 경우)
 iv. 상환확약의 통화와 금액
 v. 기한부 거래기간을 포함한 대금 청구를 위한 최종 제시기일
 vi. 상환확약 수수료를 부담할 당사자(개설은행이 부담하지 않는 경우), 상환은행은 청구금액에서 차감할 자신의 수수료도 포함하여야 한다(해당하는 경우).

f. A reimbursing bank is irrevocably bound to honour a reimbursement claim as of the time it issues the reimbursement undertaking.
상환은행은 상환확약을 발행하는 시점부터 상환청구를 결제하여야 할 취소불능한 의무를 부담한다.

g. i. An irrevocable reimbursement authorization cannot be amended or cancelled without the agreement of the reimbursing bank.
취소불능 상환수권은 상환은행의 동의 없이 조건변경 또는 취소될 수 없다.

 ii. <u>When an issuing bank has amended its irrevocable reimbursement authorization</u>, a reimbursing bank that has issued its reimbursement undertaking may amend its undertaking to reflect such amendment. If a reimbursing bank chooses not to issue its reimbursement undertaking amendment, it must so inform the issuing bank without delay.
<u>개설은행이 취소불능 상환수권을 조건변경했을 경우</u>, 상환확약을 발행한 상환은행은 그러한 조건변경을 반영하기 위하여 상환확약에 대한 조건변경을 할 수 있다. 만일 상환은행이 상환확약에 대한 조건변경을 하지 않고자 하면 지체 없이 개설은행에 이를 통보하여야 한다.

 iii. An issuing bank that has issued its irrevocable reimbursement authorization amendment shall be irrevocably bound as of the time of its advice of the irrevocable reimbursement authorization amendment.
개설은행은 취소불능 상환수권 조건변경을 발행하는 경우, 취소불능 상환수권 조건변경을 통지하는 시점부터 이에 구속된다.

ⅳ. The terms of the original irrevocable reimbursement authorization(or an authorization incorporating previously accepted irrevocable reimbursement authorization amendments) will remain in force for the reimbursing bank until it communicates its acceptance of the amendment to the issuing bank.
원래의 취소불능 상환수권(또는 기존에 승인된 취소불능 상환수권 조건변경이 반영된 수권)의 조건은 상환은행이 개설은행에게 조건변경에 대한 승인을 통보할 때까지 상환은행에게 유효하다.

ⅴ. A reimbursing bank must communicate its acceptance or rejection of an irrevocable reimbursement authorization amendment to the issuing bank. A reimbursing bank is not required to accept or reject an irrevocable reimbursement authorization amendment until it has received acceptance or rejection from the claiming bank to its reimbursement undertaking amendment.
상환은행은 개설은행에 취소불능 상환수권 조건변경에 대한 승인 또는 거절 여부를 통보하여야 한다. 상환은행은 청구은행으로부터 상환확약 조건변경에 대한 승인 또는 거절 통보를 접수할 때까지 취소불능 상환수권 관련 조건변경을 승인 또는 거절을 하지 않을 수 있다.

h. ⅰ. A reimbursement undertaking cannot be amended or cancelled without the agreement of the claiming bank.
상환확약은 청구은행의 동의 없이 조건변경 또는 취소될 수 없다.

ⅱ. A reimbursing bank is irrevocably bound as of the time it issues the reimbursement undertaking amendment.
상환은행은 상환확약 조건변경을 발행하는 시점부터 이에 취소불능하게 구속된다.

ⅲ. The terms of the original reimbursement undertaking(or a reimbursement undertaking incorporating previously accepted reimbursement amendments) will remain in force for the claiming bank until it communicates its acceptance of the reimbursement undertaking amendment to the reimbursing bank.
원래의 상환확약 조건(또는 기존에 승인된 상환 관련 조건변경을 반영한 상환확약)은 청구은행이 상환은행에 상환확약 조건변경에 대한 승인을 통보할 때까지 청구은행에 대하여 유효하다.

ⅳ. A claiming bank must communicate its acceptance or rejection of a reimbursement undertaking amendment to the reimbursing bank.
청구은행은 상환은행에 상환확약 조건변경에 대한 승인 또는 거절 여부를 통보하여야 한다.

* **Article 10. Standards for a Reimbursement Claim .**

a. The claiming bank's claim for reimbursement :
   ⅰ. must be in the form of a teletransmission, unless specifically prohibited by the reimbursement authorization, or an original letter.
   A reimbursing bank has the right to request that a reimbursement claim be authenticated and, in such case, the reimbursing bank shall not be liable for any consequences resulting from any delay incurred. If a reimbursement claim is made by teletransmission, no mail confirmation is to be sent. In the event such a mail confirmation is sent, the claiming bank will be responsible for any consequences that may arise from a duplicate reimbursement;
   청구은행의 대금청구는 다음을 따라야 한다.
   상환수권에서 명시적으로 금지하고 있는 경우를 제외하고 전신 또는 원본 서신의 형식으로 하여야 한다.
   상환은행은 대금 청구의 진정성에 대한 확인을 요구할 수 있고 상환은행은 이에 따른 지연이 발생하여 야기되는 결과에 대하여 책임을 지지 않는다. 만일 대금 청구가 전신으로 이루어지면 우편확인서는 송부되어서는 안 된다. 우편확인서가 송부되는 경우 청구은행은 이중지급(duplicate reimbursement)에서 발생하는 결과에 대하여 책임을 진다.

   ⅱ. must clearly indicate the credit number and the issuing bank(and reimbursing bank's reference number, if known);
   신용장 번호와 개설은행(그리고 알고 있다면 상환은행의 참조번호)을 명시하여야 한다.

   ⅲ. must separately stipulate the principal amount claimed, any additional amount due and charges;
   청구 금액의 원금과 추가 금액 및 수수료에 대하여 별도로 명시하여야 한다.

iv. must not be a copy of the claiming bank's advice of payment, deferred payment, acceptance or negotiation to the issuing bank;
청구은행의 개설은행 앞 지급, 연지급, 인수 또는 매입 통지의 사본이어서는 안 된다.

v. must not include multiple reimbursement claims under one teletransmission or letter;
하나의 전신 또는 서신에 다수의 상환청구를 포함해서는 안 된다.
하나의 전신(또는 서신)에는 하나의 상환청구(reimbursement claim)만 포함시켜야 한다.

vi. must, in the case of a reimbursement undertaking, comply with the terms and conditions of the reimbursement undertaking.
상환확약의 경우 상환확약의 조건을 충족하여야 한다.

b. <u>When a time draft is to be drawn on the reimbursing bank</u>, the claiming bank must forward the draft with the reimbursement claim to the reimbursing bank for processing, and include the following in its claim :
 i. general description of the goods, services or performance;
 ii. country of origin;
 iii. place of destination or performance;
   and if the transaction covers the shipment of merchandise,
 iv. date of shipment;
 v. place of shipment.

<u>기한부 환어음이 상환은행을 지급인으로 발행되면 청구은행은 처리를 위하여 상환은행에 상환청구와 함께 환어음을 보내고 다음 사항을 대금 청구에 포함하여야 한다.</u>
 i. 물품, 서비스 또는 이행에 대한 일반적 명세
 ii. 원산지
 iii. 목적지 또는 이행지
   그리고 거래가 물품 선적에 대한 것이라면
 iv. 선적일
 v. 선적지

c. A reimbursing bank assumes no liability or responsibility for any consequences that may arise out of any non-acceptance or delay of processing should the claiming bank fail to follow the provisions of this article.
상환은행은 청구은행이 이 조항의 규정을 준수하지 않음으로 인하여 발생하는 미인수 또는 업무처리 지연의 결과에 대하여 의무 또는 책임을 지지 않는다.

*a. ⅰ. A reimbursing bank shall have a maximum of three banking days following the day of receipt of the reimbursement claim to process the claim.
상환은행은 상환청구 접수 익일로부터 <u>최장 3은행영업일 동안</u> 대금 청구를 처리할 수 있다.

A reimbursement claim received outside banking hours will be deemed to be received on the next following banking day
은행업무시간 외에 접수된 상환청구는 익은행영업일에 접수된 것으로 간주한다 (ISP98과 동일입장).

<u>If a pre-debit notification is required by the issuing bank</u>, this pre-debit notification period shall be in addition to the processing period mentioned above.
만일 <u>개설은행이 선차기 통지를 요구한다면</u>, 이 선차기 통지 기간은 위에서 명시된 처리기간에 추가된다. 대금 청구 처리 기간 : 최장 3은행영업일+선차기 통지 기간

ⅱ. If the reimbursing bank determines not to reimburse, either because of a non-conforming claim under a reimbursement undertaking or for any reason whatsoever under a reimbursement authorization, it shall give notice to that effect by telecommunication or, if that is not possible, by other expeditious means, no later than the close of the third banking day following the day of receipt of the claim(plus any additional period mentioned in sub-Article (i) above).
만일 상환은행이 상환확약과 불일치하는 상환청구 또는 상환수권하의 어떤 이유로 인하여 상환하지 않기로 결정한 경우, 상환은행은 대금 청구 접수일에 이은 제3은행영업일의 마감시간까지(위의 조항(ⅰ)에 명시된 추가 기간을 가산한 기간을 포함하여) 그에 대한 통보를 전신, 또는 그것이 불가능한 경우 다른 신속한 수단으로 하여야 한다.
Such notice shall be sent to the claiming bank and the issuing bank and, in the case of a reimbursement undertaking, it must state the

reasons for non-payment of the claim.
그러한 통보는 청구은행과 개설은행에 보내져야 하고, 상환확약이 있는 경우 대금 청구에 대한 지급 거절의 사유를 명시하여야 한다(상환수권은 거절사유 명시할 필요 없다).

b. A reimbursing banks will not process a request for back value (value dating prior to the date of a reimbursement claim) from the claiming bank.
상환은행은 청구은행의 소급 처리(상환 청구일 이전 일자로 자금결제일을 수정하는 것) 요청에 응하지 않는다.

c. When a reimbursing bank has not issued a reimbursement undertaking and a reimbursement is due on a future date :
상환은행이 상환확약을 발행하지 않았고 상환이 장래의 기일에 예정되어 있는 경우,

　i. the reimbursement claim must specify the predetermined reimbursement date;
　　상환청구는 미리 정해진 상환일자를 명시하여야 한다.

　ii. the reimbursement claim should not be presented to the reimbursing bank more than ten banking days prior to such predetermined date.
　　상환청구는 그와 같이 미리 정해진 일자로부터 10은행영업일 이전에 제시되면 상환은행에 제시되어서는 안 된다. 상환청구가 미리 정해진 일자(pre-determined date)로부터 10은행영업일 이전에 제시되면 상환은행은 상환청구를 무시할 수 있다.

　iii. If the predetermined reimbursement date is more than three banking days following the day of receipt of the reimbursement claim, the reimbursing bank has no obligation to provide notice of non-reimbursement until such predetermined date, or no later than the close of the third banking day following the receipt of the reimbursement claim plus any additional period mentioned in (a)(i) above, whichever is later.
　　미리 정해진 상환일이 상환청구 접수일에 이은 3은행영업일을 초과하는 경우, 상환은행은 미리 정해진 상환일 혹은 상환청구 접수일에 이은 3은행영업일(상기 (a)(i)항에 명시된 추가 기간을 가산한 기간을 포함하여)의 마감시간 중 늦은 기간까지 상환거절을 통보할 의무를 지지 않는다.
　　상환청구 접수일 후 3은행영업일(있는 경우 선차기통지기간 포함)과 미리 정해진 상환일자(pre-determined date) 중 늦은 기간까지 상환거절 통지를 하지 않아도 된다.

d. Unless otherwise expressly agreed to by the reimbursing bank and the claiming bank, a reimbursing bank will effect reimbursement under a reimbursement claim only to the claiming bank.
상환은행과 청구은행이 명시적으로 달리 합의한 경우를 제외하고, 상환은행은 상환청구에 대하여 청구은행에게만 상환한다.

e. A reimbursing bank assumes no liability or responsibility if it honours a reimbursement claim indicating that a payment, acceptance or negotiation was made under reserve or against an indemnity, and shall disregard such indication.
상환은행은 지급, 인수 또는 매입이 유보조건 또는 하자보상 조건하에서 이루어졌다고 명시한 상환청구를 결제한 경우 어떠한 의무나 책임을 지지 않고 그러한 내용은 무시한다.

* Article 12 – Duplications of a Reimbursement Authorization

An issuing bank must not, upon receipt of documents, give a new reimbursement authorization or additional instructions unless they constitute an amendment to, or a cancellation of, an existing reimbursement authorization.
기존 상환수권에 대한 조건변경 또는 취소를 하는 경우를 제외하고 개설은행은 서류 접수 후 새로운 상환수권이나 추가 지시를 하면 안 된다.

If the issuing bank does not comply with the above and a duplicate reimbursement is made, it is the responsibility of the issuing bank to obtain the return of the amount of the duplicate reimbursement. The reimbursing bank assumes no liability or responsibility for any consequences that may arise from any such duplication.
개설은행이 상기 내용을 준수하지 않고 이중 지급이 이루어진 경우, 이중 지급을 반환 받을 책임은 개설은행에게 있다. 상환은행은 이러한 이중 지급으로 발생하는 결과에 대하여 어떠한 의무나 책임도 지지 않는다.

* D. MISCELLANEOUS PROVISIONS

Article 13 - Foreign Laws and Usages

The issuing bank shall be bound by and liable to indemnify the reimbursing bank against all obligations and responsibilities imposed by foreign laws and usages.
개설은행은 외국법과 관습에 따른 모든 의무와 책임에 대하여 상환은행에게 구속되고 보상할 책임이 있다.

> [비교] UCP 600은 개설의뢰인(Applicant)이 외국법과 관습에 보상의무가 있다.

Article 15 - Force Majeure

A reimbursing bank assumes no liability or responsibility for the consequences arising out of the interruption of its business by Acts of God, riots, civil commotions, insurrections, wars, acts of terrorism or by any strikes or lockouts or any other causes beyond its control.
결제은행은 천재지변, 폭동, 소요, 반란, 전쟁, 테러 또는 파업 또는 직장폐쇄 또는 자신의 통제를 벗어나는 다른 원인에 의한 영업 중단에서 발생하는 결과에 대하여 어떠한 의무나 책임도 지지 않는다.

Article 16 - Charges

a. A reimbursing bank's charges are for the account of the issuing bank.
   상환은행의 수수료는 개설은행이 부담한다.

b. When honouring a reimbursement claim, a reimbursing bank is obligated to follow the instructions regarding any charges contained in the reimbursement authorization.
   상환청구에 대한 결제를 하는 경우, 상환은행은 상환수권에 포함된 수수료 관련 지시를 따라야 한다.

c. If a reimbursement authorization states that the reimbursing bank's charges are for the account of the beneficiary, they shall be deducted from the amount due to a claiming bank when reimbursement is made.
   상환수권에 상환은행의 수수료가 수익자의 부담으로 명시되어 있으면, 상환 시 청구은행에 지급하는 금액에서 차감한다.

When a reimbursing bank follows the instructions of the issuing bank regarding charges(including commissions, fees, costs or expenses) and these charges are not paid, or a reimbursement claim is never presented to the reimbursing bank under the reimbursement authorization, the issuing bank remains liable for such charges.
상환은행이 수수료(수수료, 보수, 경비, 또는 비용 포함)와 관련된 개설은행의 지시를 따르고 이러한 수수료가 지급되지 않거나 상환수권하에서 상환은행에 상환청구가 제시되지 않으면 개설은행은 그러한 수수료에 대한 책임을 부담한다.

d. All charges paid by the reimbursing bank will be in addition to the amount of the authorization, provided that the claiming bank indicates the amount of such charges.
상환은행이 지급한 모든 수수료는, 청구은행이 그러한 수수료 금액을 명시하고 있다면, 수권된 금액에 추가된다.

e. If the issuing bank fails to provide the reimbursing bank with instructions regarding charges, all charges shall be for the account of the Issuing bank.
개설은행이 상환은행에 수수료에 대한 지시를 하지 않은 경우 모든 수수료는 개설은행이 부담한다.

제3장 추심에 관한 통일규칙(URC522)

A. GENERAL PROVISIONS AND DEFINITIONS 총칙 및 정의
Article 1. Application of URC 522 제1조 URC522의 적용

a. The Uniform Rules for Collections, 1995 Revision, ICC Publication No. 522, shall apply to all collections as defined in Article 2 where such rules are incorporated into the text of the "collection instruction" referred to in Article 4 and are binding on all parties thereto unless otherwise expressly agreed or contrary to the provisions of a national, state or local law and/or regulation which cannot be departed from.

a. 국제상업회의소 공표 제522호의 1995년 개정 추심에 관한 통일규칙은 제2조에 정의된 모든 추심에 적용할 수 있다. 다만 이 규칙의 준거문언이 제4조에 언급된 "추심지시서"의 본문에 삽입되어 있는 경우를 전제로 하며, 그러한 경우 별도의 명시적인 합의가 없거나 또는 위반할 수 없는 국가, 주 또는 지방의 법률 또는 규칙의 규정에 반하지 아니하는 한, 이 규칙은 모든 관계당사자들을 구속한다(추심지시서(collection instruction)에 URC522가 적용된다고 명시해야 URC522가 적용된다). - 행위지법 원칙의 원칙을 따른다.

b. Banks shall have no obligation to handle either a collection or any collection instruction or subsequent related instructions.

b. 은행은 추심 또는 어떠한 추심지시서 또는 후속되는 관련지시를 취급하여야 할 아무런 의무를 지지 아니한다.

c. If a bank elects, for any reason, not to handle a collection or any related instructions received by it, it must advise the party from whom it received the collection or the instructions by telecommunication or, if that is not possible, by other expeditious means, without delay.

c. 은행이 어떠한 이유에서든 접수된 추심 또는 어떠한 관련지시를 취급하지 아니하기로 결정한 경우에는, 은행은 반드시 전신수단 또는 그것이 불가능한 경우에는 기타 신속한 수단으로 추심 또는 추심지시서를 발송해 온 당사자에게 지체 없이 통지하여야 한다.
(신용장거래에서 통지 여부를 결정할 수 있는 통지은행의 의무와 동일한 규정이다)

* Article 2. Definition of Collection

제2조. 추심의 정의

For the purposes of these Articles :

a. "Collection" means the handling by banks of documents as defined in b below, in accordance with instructions received, in order to :
   1. obtain payment and/or acceptance, or
   2. deliver documents against payment and/or against acceptance, or
   3. deliver documents on other terms and conditions.

a. "추심"(collection)이라 함은 은행이 접수된 지시에 따라 다음과 같은 목적으로 아래의 제 b항에 정의된 서류를 취급하는 것을 의미한다.
   1. 지급 또는 인수를 취득하거나, 또는 - 무화환추심
   2. 서류를 지급인도 또는 인수인도하거나, 또는 - 화환추심(상업서류와 금융서류를 모두 첨부하는 경우도 있지만 상업서류만 가지고 추심을 진행하는 경우도 화환추심이라고 한다)
   3. 기타의 제 조건으로 서류를 인도하기 위한 목적. - 관행에 의한 다양한 상황을 인정한다.

b. "Documents" means financial documents and/or commercial documents :
   1. "Financial documents" means bills of exchange, promissory notes, cheques, or other similar instruments used for obtaining the payment of money ;
   2. "Commercial documents" means invoices, transport documents, documents of title or other similar documents, or any other documents whatsoever, not being financial documents.

b. "서류"(documents)라 함은 다음의 금융서류 또는 상업서류를 의미한다.
   1. "금융서류"(financial documents)라 함은 환어음, 약속어음, 수표 또는 기타 금전의 지급을 취득하기 위하여 사용되는 이와 유사한 증권을 의미하며,
   2. "상업서류"(commercial documents)라 함은 송장, 운송서류, 권리증권 또는 기타 이와 유사한 서류, 또는 그 밖에 금융서류가 아닌 모든 서류를 의미한다.

* Article 2. Definition of Collection

제2조. 추심의 정의

c. "Clean collection" means collection of financial documents not accompanied by commercial documents.

c. "무담보추심(무화환추심)"(clean collection)이라 함은 상업서류가 첨부되지 아니한 금융서류의 추심을 의미한다.

d. "Documentary collection" means collection of :
   1. Financial documents accompanied by commercial documents ;
   2. Commercial documents not accompanied by financial documents.

d. "화환추심"(documentary collection)이라 함은 다음과 같은 추심을 의미한다.
   1. 상업서류가 첨부된 금융서류의 추심,
   2. 금융서류가 첨부되지 아니한 상업서류의 추심.

* Article 3. Parties to a Collection.
제3조. 추심의 관계당사자

a. For the purposes of these Articles the "parties thereto" are :
   1. the "principal" who is the party entrusting the handling of a collection to a bank
   2. the "remitting bank" which is the bank to which the principal has entrusted the handling of a collection ;
   3. the "collecting bank" which is any bank, other than the remitting bank, involved in processing the collection ;
   4. the "presenting bank" which is the collecting bank making presentation to the drawee.

a. 이 규칙을 적용하는 데 있어서 "관계당사자"(parties thereto)라 함은 다음과 같은 자를 의미한다.
   1. 은행에 추심업무를 위탁하는 당사자인 "추심의뢰인"(principal) - 보통 매도인·수출자 등
   2. 추심의뢰인으로부터 추심업무를 위탁받은 은행인 "추심요청(의뢰)은행"(remitting bank) - 매도인의 거래은행
   3. 추심요청은행 이외에 추심업무의 과정에 참여하는 모든 은행인 "추심은행" (collecting bank) - 수입국은행
   4. 지급인에게 제시를 행하는 추심은행인 "제시은행"(presenting bank) - 매수인 거래은행
   (3, 4번은 동일한 은행일 수도, 상이한 은행일 수도 있지만 둘 다 추심은행이라 부른다)

b. The "drawee" is the one to whom presentation is to be made according to the collection instruction.

b. "지급인"(drawee)이라 함은 추심지시서에 따라 제시를 받는 자를 의미한다.
추심지시서에 따라 제시를 받아야 하는 자(매수인·수입자) - D/P(대금지급과 상환으로 서류 인도)
D/A - 환어음인수와 함께 서류를 인도받은 후 만기일에 대금지급 - 지급인과 추심은행 사이에는 URC가 적용이 안 된다.

* FORM AND STRUCTURE OF COLLECTIONS 추심의 형식 및 구조
Article 4. Collection Instruction
제4조. 추심지시서

a. 1. All documents sent for collection must be accompanied by a collection instruction indicating that the collection is subject to URC 522 and giving complete and precise instructions. Banks are only permitted to act upon the instructions given in such collection instruction, and in accordance with these Rules.
2. Banks will not examine documents in order to obtain instructions.
3. Unless otherwise authorised in the collection instruction, banks will disregard any instructions from any party/bank other than the party/bank from whom they received the collection.

a. 1. 추심을 위해 송부되는 모든 서류에는 반드시 이 추심이 추심에 관한 통일규칙(URC 522)에 따른다는 것을 명시하고 또 완전하고 정확한 지시가 기재된 추심지시서를 첨부하여야 한다. 은행은 그러한 추심지시서상에 기재된 지시 및 이 규칙에 따라서만 업무를 수행하여야 한다.
2. 은행은 지시를 찾기 위하여 서류를 검토하지 않는다.
3. 추심지시서상에 별도의 수권이 없는 한, 은행은 추심을 송부해 온 당사자/은행 이외의 어떠한 당사자/은행으로부터의 모든 지시를 무시하여야 한다.

b. A collection instruction should contain the following information as appropriate.
   ① Details of the bank from which the collection was received including full name, postaland SWIFT addresses, telex, telephone, facsimile numbers and reference.
   ② Details of the principal including full name, postal address, and if applicable telex, telephone and facsimile numbers.
   ③ Details of the drawee including full name, postal address, or the domicile at which presentation is to be made and if applicable telex, telephone and facsimile numbers.
   ④ Details of the presenting bank, if any, including full name, postal address, and if applicable telex, telephone and facsimile numbers.
   ⑤ Amount(s) and currency(ies) to be collected.
   ⑥ List of documents enclosed and the numerical count of each document.
   ⑦-a) Terms and conditions upon which payment and/or acceptance is to be obtained.
b. 추심지시서는 다음과 같은 정보를 적절하게 포함하여야 한다.
   ① 추심을 송부한 은행의 완전한 이름, 우편 주소 및 SWIFT 주소, 텔렉스, 전화, 팩스 번호 및 참조사항을 포함한 명세
   ② 추심의뢰인의 완전한 이름, 우편주소 그리고 해당되는 경우, 텔렉스, 전화, 팩스 번호를 포함한 명세
   ③ 지급인의 완전한 이름, 우편주소 또는 제시가 행해질 주소(domicile) 및 해당되는 경우 텔렉스, 전화, 팩스 번호를 포함한 명세
   ④ 있는 경우 제시은행의 완전한 이름, 우편주소 및 해당되는 경우 텔렉스, 전화, 팩스 번호를 포함한 명세
   ⑤ 추심되는 금액과 통화
   ⑥ 동봉한 서류의 목록과 각 서류의 숫자
   ⑦-a) 지급 또는 인수가 취득되는 조건(terms and conditions)
      b) Terms of delivery of documents against :
         1) payment
         2) acceptance
         3) other terms and conditions
            It is the responsibility of the party who sends the collection instruction to ensure that the terms for the delivery of documents are clearly and unambiguously stated, otherwise

banks will not be responsible for any consequences arising thereto.

    b) 다음과 상환으로 서류의 인도 조건
      1) 지급
      2) 인수
      3) 기타 조건(other terms and conditions)
        추심지시서를 송부하는 당사자는 서류의 인도조건을 분명하고 명확하게 기술되도록 할 책임이 있으며, 그렇지 않을 경우 이로 인해 발생하는 어떠한 결과에 대해서도 은행은 책임을 지지 아니한다.

⑧ Charges to be collected, indicating whether they may be waived or not.
⑨ Interest to be collected, if applicable, indicating whether it may be waived or not, including :
  a) rate of interest
  b) interest period
  c) basis of calculation(for example 360 or 365 days in a year) as applicable.
⑩ Method of payment and form of payment advice.
⑪ Instructions in case of non-payment, non-acceptance and/or non-compliance with other instructions.
⑧ 추심될 수수료. 수수료가 포기될 수 있는지의 여부를 기재한다.
⑨ 추심될 이자. 해당되는 경우 포기될 수 있는지의 여부와 다음 사항을 포함한다.
  a) 이자율
  b) 환산기간
  c) 해당되는 경우, 계산 방법(예, 1년을 365일로 할지 아니면 360일로 할 것인지)
⑩ 지급방법과 지급통지의 형식
⑪ 지급거절, 인수거절 또는 다른 지시의 준수 거절의 경우에 대한 지시

c. ① Collection instructions should bear the complete address of the drawee or of the domicile at which the presentation is to be made. If the address is incomplete or incorrect, the collecting bank may, without any liability and responsibility on its part, endeavour to ascertain the proper address.
  ② The collecting bank will not be liable or responsible for any ensuing delay as a result of the incomplete/incorrect address.

c. ① 추심지시서에는 지급인의 완전한 주소 도는 제시가 행해져야 할 곳(domicile)의 완전한 주소. 주소가 불완전하거나 부정확한 경우에는 추심은행은 의무나 책임 없이 올바른 주소를 확인하기 위해 노력할 수 있다.
② 추심은행은 불완전하거나 부정확한 주소로 인해 발생하는 어떠한 지연에 대해서도 의무나 책임을 지지 아니한다.

FORM OF PRESENTATION 제시의 형식

Article 5. Presentation.

제5조. 제시

a. For the purposes of these Articles, <u>presentation is the procedure whereby the presenting bank makes the documents available to the drawee</u> as instructed and in accordance with local banking practice.

a. 이 규칙을 적용하는 데 있어서, 제시(presentation)라 함은 제시은행이 지시받은 대로 그리고 국내의 은행관습에 따라 서류를 지급인이 이용할 수 있도록 만드는 절차이다.

b. The collection instruction should state the <u>exact period of time</u> within which any action is to be taken by the drawee. Expressions such as "first", "prompt", "immediate", and the like should not be used in connection with presentation or with reference to any period of time within which documents have to be taken up or for any other action that is to be taken by the drawee. If such terms are used banks will disregard them.

b. 추심지시서에는 지급인이 어떠한 행동을 취하여야 할 정확한 기한을 명시하고 있어야 한다. 제시와 관련하여, 또는 지급인이 서류를 인수하여야 할 어떠한 기간 또는 행하여야 할 기타의 어떠한 행동에 대하여 "첫째"(first), "즉시"(prompt), "신속한"(immediate) 및 이와 유사한 표현들은 사용되어서는 아니 된다. 만약 그러한 용어들이 사용된 경우에는, 은행은 이를 무시하여야 한다.

c. Documents are to be presented to the drawee in the form in which they are received, except that banks are authorized to affix any necessary stamps, at the expense of the party from whom they received the collection unless otherwise instructed, and to make any necessary endorsements or place any rubber stamps or other identifying marks or symbols customary to or required for the collection operation.

c. 서류는 접수된 형태로 지급인에게 제시되어야 한다. 다만 은행은 별도의 지시가 없는 한 추심의뢰인의 비용부담으로 필요한 인지를 첨부할 수 있도록 수권되어 있는 경우, 그리고 필요한 배서를 하거나 또는 추심업무에 관례적이거나 요구되는 고무인 또는 기타 인식 표지나 부호를 표시할 수 있도록 수권되어 있는 경우에는 그러하지 아니하다.

d. For the purpose of giving effect to the instructions of the principal, the remitting bank will utilise the bank nominated by the principal as the collecting bank. In the absence of such nomination, the remitting bank will utilize any bank of its own, or another bank's choice in the country of payment or acceptance or in the country where other terms and conditions have to be complied with.

d. 추심의뢰인의 지시를 이행하기 위하여, 추심요청은행은 추심의뢰인에 의하여 지정된 은행을 추심은행으로서 이용하여야 한다. 그러한 지정이 없는 경우에는, 추심요청은행은 자신 또는 기타의 은행이 임의로 선정한 지급국가 또는 인수국가 또는 기타의 제 조건이 준수되어야 하는 국가 내에 있는 모든 은행을 이용할 수 있다.

e. The documents and collection instruction may be sent directly by the remitting bank to the collecting bank or through another bank as intermediary.

e. 서류 및 추심지시서는 추심요청은행에 의하여 추심은행 앞으로 직접 송부되거나 또는 중개은행으로서 타은행을 통하여 송부될 수 있다.

f. If the remitting bank does not nominate a specific presenting bank, the collecting bank may utilise a presenting bank of its choice.

f. 추심요청은행이 특정한 제시은행을 지정하지 아니한 경우에는, 추심은행은 자신이 임의로 선정한 제시은행을 이용할 수 있다.

Article 6. Sight/Acceptance.
제6조. 일람출급/인수

In the case of documents payable at sight the presenting bank must make presentation for payment without delay. In the case of documents payable at a tenor other than sight the presenting bank must, where acceptance is called for, make presentation for acceptance without delay, and where payment is called for, make presentation for payment not later than the appropriate maturity date.

서류가 일람출급조건인 경우에는 제시은행은 지체 없이 지급을 위한 제시를 행하여야 한다.

서류가 일람출급조건 이외의 기한부지급조건인 경우에는 제시은행은 인수가 요구되는 때에는 지체 없이 인수를 위한 제시를 행하여야 하며, 또 지급이 요구되는 때에는 적합한 만기일내에 지급을 위한 제시를 행하여야 한다.

Article 7. Release of Commercial Documents(Documents Against Acceptance(D/A) vs. Documents Against Payment(D/P)).

제7조. 상업서류의 인도(인수인도(D/A)와 지급인도(D/P)

a. Collections should not contain bills of exchange payable at a future date with instructions that commercial documents are to be delivered against payment.

a. 추심에는 상업서류가 지급 인도되어야 한다는 지시와 함께 장래의 확정일 출급조건의 환어음을 첨부하여서는 아니 된다(원칙적으로 D/P usance 사용금지).

b. If a collection contains a bill of exchange payable at a future date, the collection instruction should state whether the commercial documents are to be released to the drawee against acceptance(D/A) or against payment(D/P). In the absence of such statement commercial documents will be released only against payment and the collecting bank will not be responsible for any consequences arising out of any delay in the delivery of documents.

b. 추심에 있어서 장래의 확정일 출급조건의 환어음이 첨부되어 있는 경우에는, 추심지시서에는 상업서류가 인수인도(D/A) 또는 지급인도(D/P)의 어느 조건으로 지급인에게 인도되어야 하는지를 명시하여야 한다. 그러한 명시가 없는 경우에는 상업서류는 단지 지급인도의 조건으로만 인도되어야 하며, 또 추심은행은 서류의 인도지연으로 인하여 발생하는 모든 결과에 대하여 책임을 지지 아니한다(불가피한 경우 D/P usance 사용방법).

c. If a collection contains a bill of exchange payable at a future date and the collection instruction indicates that commercial documents are to be released against payment, documents will be released only against such payment and the collecting bank will not be responsible for any consequences arising out of any delay in the delivery of documents.

c. 추심에 있어서 장래의 확정일 출급조건의 환어음이 첨부되어 있고 또 추심지시서에는 상업서류가 지급인도의 조건으로 인도되어야 함을 명기하고 있는 경우에는, 서류는

단지 그러한 지급인도의 조건으로만 인도되어야 하며, 또 추심은행은 서류의 인도지연으로 인하여 발생하는 모든 결과에 대하여 책임을 지지 아니한다(은행의 처리방법).

> [참고] D/P usance
> D/P usance는 지정된 미래일자에 수입상으로부터 대금과 서류를 교환하는 방식이다.
> D/P usance를 D/A로 잘못 처리하여(D/A는 서류가 대금을 받기 전에 수입상에게 인도됨으로) 수입상이 대금을 지급하지 않으면 추심은행(Collecting Bank)이 책임을 져야 한다.
> ① D/P 방식은 도착하지도 않은 화물에 대해 대금을 먼저 지급하고 서류를 인도받아야 하는 매수인에게 불리
> ② D/A 방식은 외상거래를 기피하는 매도인에게 불리
> 따라서 은행이 화물이 도착할 때까지 일정기간 서류를 보관하고 있다가 화물이 도착한 후 D/P방식으로 인도하는 것을 의미한다.

* Article 8. Creation of Documents

제8조. 서류의 작성

Where the remitting bank instructs that either the collecting bank or the drawee is to create documents(bills of exchange, promissory notes, trust receipts, letters of undertaking or other documents) that were not included in the collection, the form and wording of such documents shall be provided by the remitting bank; otherwise the collecting bank shall not be liable or responsible for the form and wording of any such document provided by the collecting bank and/or the drawee.

추심요청은행이 추심은행 또는 지급인으로 하여금 추심에는 첨부되지 아니한 서류(어음, 약속어음, 신탁증권, 확약증서 또는 기타 서류)를 작성하도록 지시하는 경우에는, 그러한 서류의 형식 및 문구는 추심요청은행에 의하여 제공되어야 한다.

그렇지 아니한 경우 추심은행은 추심은행 또는 지급인에 의하여 제공된 그러한 서류의 형식 및 문구에 대하여 아무런 의무 또는 책임을 지지 아니한다.

LIABILITIES AND RESPONSIBILITIES 의무와 책임

Article 9. Good Faith and Reasonable Care
제9조. 신의성실 및 상당한 주의

Banks will act in good faith and exercise reasonable care.
은행은 신의성실에 따라 행동하고 또 상당한 주의를 다하여야 한다.

* Article 10. Documents vs.Goods/Services/Performances
제10조. 서류와 물품/서비스/채무이행

a. Goods should not be despatched directly to the address of a bank or consigned to or to the order of a bank without prior agreement on the part of that bank. Nevertheless, in the event that goods are despatched directly to the address of a bank or consigned to or to the order of a bank for release to a drawee against payment or acceptance or upon other terms and conditions without prior agreement on the part of that bank, such banks shall have no obligation to take delivery of the goods, which remain at the risk and responsibility of the party despatching the goods.

a. 물품은 당해 은행측의 사전동의 없이는 은행의 주소지로 직접 발송되거나 또는 은행이나 그 지시인에게 탁송되어서는 아니 된다. 그럼에도 불구하고 물품이 당해 은행측의 사전동의 없이 지급인에게 지급인도, 인수인도 또는 기타의 제 조건에 따라 인도하기 위하여 은행의 주소지로 직접 발송되거나 또는 은행이나 그 지시인에게 탁송된 경우에는, 그러한 은행은 물품을 인수하여야 할 아무런 의무도 부담하지 아니하며, 이것은 물품을 발송하는 당사자의 위험과 책임으로 남는다.

b. Banks have no obligation to take any action in respect of the goods to which a documentary collection relates, including storage and insurance of the goods even when specific instructions are given to do so. Banks will only take such action if, when, and to the extent that they agree to do so. Notwithstanding the provisions of sub-Article 1.c. this rule applies even in the absence of any specific advice to this effect by the collecting bank.

b. 은행은 화환추심에 관련된 물품에 관하여는 특정한 지시를 받았다 하더라도 물품의 보관 및 보험을 포함한 어떠한 행동을 취하여야 할 아무런 의무도 부담하지 아니한다. 은행은 단지 그들이 동의한 경우와 범위 내에서만 그러한 행동을 취하여야 한다. 제1

조 c항의 규정에도 불구하고 이러한 규칙은 추심은행에 의하여 이러한 취지의 특정한 통지가 없다하더라도 이에 적용된다.

c. Nevertheless, in the case that banks take action for the protection of the goods, whether instructed or not, they assume no liability or responsibility with regard to the fate and/or condition of the goods and/or for any acts and/or omissions on the part of any third parties entrusted with the custody and/or protection of the goods. However, the collecting bank must advise without delay the bank from which the collection instruction was received of any such action taken.

c. 그럼에도 불구하고, 은행이 지시를 받았는지 받지 않았는지 간에, 그 물품의 보호를 위해 조치를 취한 경우에는 그 결과 또는 물품의 상태 또는 물품의 보관 또는 보호를 위임받은 어떠한 제3자측의 어떠한 작위 또는 부작위에 관하여 어떠한 의무나 책임도 지지 아니한다. 그러나 추심은행은 취한 조치에 대하여 지체 없이 추심지시를 송부한 은행에게 통지해야 한다.

d. Any charges and/or expenses incurred by banks in connection with any action taken to protect the goods will be for the account of the party from whom they received the collection.

d. 물품을 보호하기 위하여 취해진 어떠한 조치와 관련하여 은행에게 발생한 모든 수수료 또는 비용은 그 은행에게 추심을 송부해 온 당사자의 부담으로 한다.

e. 1. Notwithstanding the provisions of sub-Article 10.a., where the goods are consigned to or to the order of the collecting bank and the drawee has honoured the collection by payment, acceptance or other terms and conditions, and the collecting bank arranges for the release of the goods, the remitting bank shall be deemed to have authorised the collecting bank to do so.
   2. Where a collecting bank on the instructions of the remitting bank or in terms of e.1. above arranges for the release of the goods, the remitting bank shall indemnify such collecting bank for all damages and expenses incurred.

e. 1. 제10조 a항의 규정에도 불구하고, 물품이 추심은행 또는 그 지시인에게 탁송되고 지급인이 지급조건, 인수조건 또는 기타의 제 조건에 의하여 추심을 지급하였고 또 추심은행이 물품의 인도를 약정하고 있는 경우에는, 추심요청은행은 추심은행에게 그렇게 하도록 수권한 것으로 보아야 한다.

2. 추심은행이 추심의뢰은행의 지시에 의거하여 또는 전항의 e 1과 관련하여 물품의 인도를 주선하는 경우에는 추심의뢰은행은 그 추심은행에게 발생한 모든 손해와 비용을 보상해야 한다.

* Article 11. Disclaimer for Acts of an Instructed Party
제11조. 피지시당사자의 행위에 관한 면책

a. Banks utilising the services of another bank or other banks for the purpose of giving effect to the instructions of the principal, do so for the account and at the risk of such principal.

a. 추심의뢰인의 지시를 이행하기 위하여 단일 또는 다수의 타은행의 서비스를 이용하는 은행은 그러한 추심의뢰인의 비용과 위험부담으로 이를 행한다.

b. Banks assume no liability or responsibility should the instructions they transmit not be carried out, even if they have themselves taken the initiative in the choice of such other bank(s).

b. 은행은 그러한 타은행의 선정에 있어서 스스로 주도권을 갖고 행하였다 하더라도, 자신이 전달한 지시가 이행되지 아니한 데 대하여 은행은 아무런 의무 또는 책임을 부담하지 아니한다.

c. A party instructing another party to perform services shall be bound by and liable to indemnify the instructed party against all obligations and responsibilities imposed by foreign laws and usages.

c. 다른 당사자에게 서비스의 이행을 지시한 당사자는 외국의 법률 및 관행에 따라 부과되는 모든 의무와 책임을 부담하여야 하며, 또 이에 대하여 피지시 당사자에게 보상하여야 한다.

* Article 12. Disclaimer on Documents Received
제12조. 접수된 서류에 관한 면책

a. Banks must determine that the documents received appear to be as listed in the collection instruction and must advise by telecommunication or, if that is not possible, by other expeditious means, without delay, the party from whom the collection instruction was received of any documents missing, or found to be other than listed. Banks have no further obligation in this respect.

a. 은행은 접수된 서류가 추심지시서상에 열거된 것과 외관상 일치하는지를 반드시 결정하여야 하며, 누락되었거나 열거된 것과 외관상 다른 서류에 대하여는 반드시 전신수단 또는 이것이 불가능한 경우에는 기타 신속한 수단으로 추심지시서를 발송해 온 당사자에게 지체 없이 통지하여야 한다. 은행은 이와 관련하여 더 이상의 의무를 지지 아니한다.

b. If the documents do not appear to be listed, the remitting bank shall be precluded from disputing the type and number of documents received by the collecting bank.

b. 서류가 열거된 것과 외관상 일치하지 아니한 경우에는, 추심요청은행은 추심은행에 의하여 접수된 서류의 종류 및 숫자에 대하여 반박할 수 없다.

c. Subject to sub-Article 5.c. and sub-Articles a. and b. above, banks will present documents as received without further examination.

c. 제5조 c항 및 상기 본조 a항 및 b항의 규정에 따라, 은행은 더 이상의 심사 없이 접수된 대로 서류를 제시하여야 한다.

* Article 13. Disclaimer on Effectiveness of Documents
제13조. 서류의 효력에 관한 면책

Banks assume no liability or responsibility for the form, sufficiency, accuracy, genuineness, falsification or legal effect of any document(s), or for the general and/or particular conditions stipulated in the document(s) or superimposed thereon ; nor do they assume any liability or responsibility for the description, quantity, weight, quality, condition, packing, delivery, value or existence of the goods represented by any document(s), or for the good faith or acts and/or omissions, solvency, performance or standing of the consignors, the carriers, the forwarders, the consignees or the insurers of the goods, or any other person whomsoever.

은행은 모든 서류의 형식, 충분성, 정확성, 진정성, 위조 또는 법적 효력에 대하여, 또는 서류상에 규정되었거나 또는 이에 추기된 일반조건 또는 특별조건에 대하여 아무런 의무 또는 책임을 부담하지 아니한다. 또한 은행은 모든 서류에 의하여 대표된 물품의 『명세, 수량, 중량, 품질, 상태, 포장, 인도, 가치 또는 존재에 대하여, 또는 물품의 송화인, 운송인, 운송주선인, 수화인 또는 보험자, 또는 기타 모든 자의 성실성 또는 작위 또는 부작위, 지급능력, 채무이행 또는 재정상태에』 대하여 아무런 의무 또는 책임을 부담하지 아니한다.

* Article 14. Disclaimer on Delays, Loss in Transit and Translation

제14조. 송달중의 지연, 분실 및 번역에 관한 면책

a. Banks assume no liability or responsibility for the consequences arising out of delay and/or loss in transit of any message(s), letter(s) or document(s), or for delay, mutilation or other error(s) arising in transmission of any telecommunication or for error(s) in translation and/or interpretation of technical terms.

a. 은행은 모든 통신, 서신 또는 서류의 송달 중에 지연 또는 분실로 인하여 발생하는 결과에 대하여, 또는 모든 전신수단의 송신 중에 발생하는 지연, 훼손 또는 기타의 오류에 대하여, 또는 전문용어의 번역 또는 해석상의 오류에 대하여 아무런 의무 또는 책임을 부담하지 아니한다.

b. Banks will not be responsible for any delays resulting from the need to obtain clarification of any instructions received.

b. 은행은 접수된 어떠한 지시의 명확성을 취득하기 위한 필요로부터 기인하는 모든 지연에 대하여 책임을 지지 아니한다.

* Article 15. Force Majeure

제15조. 불가항력

Banks assume no liability or responsibility for consequences arising out of the interruption of their business by Acts of God, riots, civil commotions, insurrections, wars, or any other causes beyond their control or by strikes or lockouts.

은행은 천재, 폭동, 소요, 반란, 전쟁 또는 기타 은행이 통제할 수 없는 원인에 의하거나, 또는 동맹파업이나 직장폐쇄에 의하여 은행업무가 중단됨으로써 발생하는 결과에 대하여 아무런 의무 또는 책임을 부담하지 아니한다.

* PAYMENT 지급

Article 16. Payment without Delay

제16조. 지체없는 지급

a. Amounts collected(less charges and/or disbursements and/or expenses where applicable) must be made available without delay to the party from whom the collection instruction was received in accordance with the terms and conditions of the collection instruction.

a. 추심된 금액은(해당되는 경우 수수료 또는 지출금 또는 비용을 공제하고) 추심지시서의 조건에 따라 추심지시서를 송부한 당사자에게 지체 없이 지급되어야 한다.

b. Notwithstanding the provisions of sub-Article 1.c. and unless otherwise agreed, the collecting bank will effect payment of the amount collected only in favour of the remitting bank.

b. 제1조 c항의 규정에도 불구하고 별도의 합의가 없는 한, 추심은행은 단지 추심요청은행 앞으로만 추심금액의 지급을 이행하여야 한다.

* Article 17. Payment in Local Currency

제17조. 내국통화로의 지급

In the case of documents payable in the currency of the country of payment(local currency), the presenting bank must, unless otherwise instructed in the collection instruction, release the documents to the drawee against payment in local currency only if such currency is immediately available for disposal in the manner specified in the collection instruction.

지급국가의 통화(내국통화)로 지급하도록 한 서류의 경우에는, 제시은행은 추심지시서에 별도의 지시가 없는 한, 내국통화가 추심지시서에 명시된 방법으로 즉시 처분할 수 있는 경우에만 현지화에 의한 지급과 상환으로 지급인에게 서류를 인도해야 한다.

Article 18. Payment in Foreign Currency

제18조. 외국통화로의 지급(외환관리국가의 사전승인필요 인정)

In the case of documents payable in a currency other than that of the country of payment(foreign currency), the presenting bank must, unless otherwise instructed in the collection instruction, release the documents to the drawee against payment in the relative foreign currency only if such foreign currency can immediately be remitted in accordance with the instructions given in the collection instruction.

지급국가의 통화 이외의 통화(외국통화)로 지급하도록 한 서류의 경우에는, 제시은행은 추심지시서에 별도의 지시가 없는 한 그러한 외국통화가 추심지시서상에 제시된 지시에 따라 즉시 송금될 수 있는 경우에만 관련된 외국통화에 의한 지급인도 조건으로 서류를 지급인에 게 인도하여야 한다.

* Article 19. Partial Payments
제19조. 분할지급

a. In respect of clean collections, partial payments may be accepted if and to the extent to which and on the conditions on which partial payments are authorised by the law in force in the place of payment. The financial document(s) will be released to the drawee only when full payment thereof has been received.

a. 무담보추심에 있어서 분할지급은 그것이 지급지의 유효한 법률에 의하여 수권된 경우에 그 수권된 범위 및 조건에 따라 허용될 수 있다. 금융서류는 그것의 지급전액이 수령되었을 경우에만 지급인에게 인도되어야 한다.

b. In respect of documentary collections, partial payments will only be accepted if specifically authorised in the collection instruction. However, unless otherwise instructed, the presenting bank will release the documents to the drawee only after full payment has been received, and the presenting bank will not be responsible for any consequences arising out of any delay in the delivery of documents.

b. 화환추심에 있어서 분할지급은 추심지시서상에 특별히 수권된 경우에 한하여 허용된다. 그러나 별도의 지시가 없는 한, 제시은행은 지급전액이 수령된 이후에만 서류를 지급인에게 인도하여야 한다. 또 제시은행은 서류의 인도지연으로 발생하는 모든 결과에 대하여 책임을 지지 아니한다.

c. In all cases partial payments will be accepted only subject to compliance with the provisions of either Article 17 or Article 18 as appropriate. Partial payment, if accepted, will be dealt with in accordance with the provisions of Article 16.

c. 모든 경우에 있어서 분할지급은 제17조 또는 제18조 중의 적절한 규정에 따라서만 허용되어야 한다. 분할지급이 허용된 경우에는, 제16조의 규정에 따라 이를 처리하여야 한다.

* INTEREST, CHARGES AND EXPENSES 이자, 수수료 및 비용

Article 20. Interest
제20조. 이자

a. If the collection instruction specifies that interest is to be collected and the drawee refuses to pay such interest, the presenting bank may deliver the document(s) against payment or acceptance or on other terms and conditions as the case may be, without collecting such interest, unless sub-Article 20.c. applies.

a. 추심지시서상에 이자는 추심되어야 함을 기재하고 있을 때 지급인이 그러한 이자의 지급을 거절한 경우에는, 제시은행은 제20조 c항의 적용을 받지 아니하는 한 그러한 이자를 추심함이 없이 경우에 따라 서류를 지급인도, 인수인도 또는 제 조건에 따라 인도할 수 있다.

b. Where such interest is to be collected, the collection instruction must bear an indication of the rate of interest, interest period and basis of calculation.

b. 그러한 이자를 추심하여야 할 경우에는, 추심지시서에는 반드시 그 이자율, 이자기간 및 환산의 기초에 대한 명시가 있어야 한다.

c. Where the collection instruction expressly states that interest may not be waived and the drawee refuses to pay such interest the presenting bank will not deliver documents and will not be responsible for any consequences arising out of any delay in the delivery of document(s). When payment of interest has been refused, the presenting bank must inform by telecommunication or, if that is not possible, by other expeditious means without delay the bank from whom the collection instruction was received.

c. 추심지시서상에 이자는 포기될 수 없음을 명시적으로 기재하고 있을 때 지급인이 그러한 이자의 지급을 거절한 경우에는, 제시은행은 서류를 인도하지 아니하여야 하며, 서류의 인도지연으로 발생하는 모든 결과에 대하여 책임을 지지 아니한다. 이자의 지급이 거절된 경우에는, 제시은행은 반드시 전신수단 또는 이것이 불가능한 경우에는 기타 신속한 수단으로 추심지시서를 송부해 온 은행에게 지체 없이 통보하여야 한다.

* Article 21. Charges and Expenses
제21조. 수수료 및 비용

a. If the collection instruction specifies that collection charges and/or expenses are to be for account of the drawee and the drawee refuses to pay them, the presenting bank may deliver the document(s) against payment or acceptance or on other terms and conditions as the case may be, without collecting charges and/or expenses, unless sub-Article 21.b. applies. Whenever collection charges and/or expenses are so waived they will be for the account of the party from whom the collection was received and may be deducted from the proceeds.

a. 추심지시서상에 추심수수료 또는 비용은 지급인이 부담하도록 기재하고 있을 때 지급인이 그것의 지급을 거절한 경우에는, 제시은행은 제21조 b항의 적용을 받지 아니하는 한, 수수료 또는 비용을 추심함이 없이 경우에 따라 서류를 지급인도, 인수인도 또는 제 조건에 따라 인도할 수 있다. 추심수수료 또는 비용이 이렇게 포기된 경우에는, 그것은 항상 추심을 송부해 온 당사자의 부담으로 하며 또 대금으로부터 공제할 수 있다.

b. Where the collection instruction expressly states that charges and/or expenses may not be waived and the drawee refuses to pay such charges and/or expenses, the presenting bank will not deliver documents and will not be responsible for any consequences arising out of any delay in the delivery of the document(s). When payment of collection charges and/or expenses has been refused the presenting bank must inform by telecommunication or if that is not possible by other expeditious means without delay the bank from whom the collection instruction was received.

b. 추심지시서상에 수수료 또는 비용은 포기될 수 없음을 명시적으로 기재하고 있을 때 지급인이 그러한 수수료 또는 비용의 지급을 거절한 경우에는, 제시은행은 서류를 인도하지 아니하여야 하며 또 서류의 인도지연으로 발생하는 모든 결과에 대하여 책임을 지지 아니한다. 추심수수료 또는 비용의 지급이 거절된 경우에는, 제시은행은 반드시 전신수단 또는 이것이 불가능한 경우에는 기타 신속한 수단으로 추심지시서를 송부해 온 은행에게 지체 없이 통보하여야 한다.

c. In all cases where in the express terms of a collection instruction or under these Rules, disbursements and/or expenses and/or collection charges are to be borne by the principal, the collecting bank(s) shall be entitled to recover promptly outlays in respect of disbursements, expenses and charges from the bank from whom the collection instruction was received, and the remitting bank shall be entitled to recover promptly from the principal any amount so paid out by it, together with its own disbursements, expenses and charges, regardless of the fate of the collection.

c. 추심지시서상의 명시적인 조건에 의하거나 이 규칙에 의하여 지출금 또는 비용 또는 추심수수료는 추심의뢰인이 부담하도록 되어 있는 모든 경우에 있어서, 추심은행은 그 지출금, 비용 및 수수료에 관련된 지출액을 추심지시서를 송부해 온 은행으로부터 즉시 회수할 권리가 있다. 그리고 추심요청은행은 추심의 결과에 관계없이 자신이 이렇게 지급한 모든 금액과 함께 자신의 지출금, 비용 및 수수료를 추심의뢰인으로부터 즉시 회수할 권리가 있다.

d. Banks reserve the right to demand payment of charges and/or expenses in advance from the party from whom the collection instruction was received to cover costs in attempting to carry out any instructions, and pending receipt of such payment, also reserve the right not to carry out such instructions.

d. 은행은 어떠한 지시의 이행을 시도하는 데 있어서의 비용을 충당하기 위하여 추심지시서를 송부해 온 당사자로부터 사전에 수수료 또는 비용의 지급을 요구할 권리를 유보하며, 또 이러한 지급을 수령할 때까지는 그러한 지시를 이행하지 아니할 권리를 유보한다.

OTHER PROVISIONS 기타규정

Article 22. Acceptance
제22조. 인수

The presenting bank is responsible for seeing that the form of the acceptance of a bill of exchange appears to be complete and correct, but is not responsible for the genuineness of any signature or for the authority of any signatory to sign the acceptance.

제시은행은 환어음의 인수의 형식이 완전하고 정확하게 나타나 있는지를 확인하여야 할 책임이 있다. 그러나 제시은행은 인수의 서명을 위한 모든 서명의 진정성이나 또는 모든 서명자의 권한에 대하여는 책임을 지지 아니한다.

Article 23. Promissory Notes and Other Instruments
제23조. 약속어음 및 기타의 증권

The presenting bank is not responsible for the genuineness of any signature or for the authority of any signatory to sign a promissory note, receipt, or other instruments.
제시은행은 약속어음, 영수증 또는 기타 증권의 서명을 위한 모든 서명의 진정성이나 또는 모든 서명자의 권한에 대하여는 책임을 지지 아니한다.

*Article 24. Protest
제24조. 거절증서

The collection instruction should give specific instructions regarding protest(or other legal process in lieu thereof), in the event of non-acceptance or non-payment.
In the absence of such specific instructions, the banks concerned with the collection have no obligation to have the document(s) protested(or subjected to other legal process in lieu thereof) for non-payment or non-acceptance.
Any charges and/or expenses incurred by banks in connection with such protest, or other legal process, will be for the account of the party from whom the collection instruction was received.
추심지시서에는 인수거절 또는 지급거절의 경우에 있어서의 거절증서(또는 이에 갈음하는 기타 법적 절차)에 관한 별도의 지시를 명기하여야 한다. 그러한 별도의 지시가 없는 경우에는, 추심에 관련된 은행은 지급거절 또는 인수거절에 대하여 서류의 거절증서를 작성하거나 (또는 이에 갈음하는 기타 법적 절차를 취하여야 할) 아무런 의무를 부담하지 아니한다. 그러한 거절증서 또는 기타 법적 절차와 관련하여 은행에게 발생한 모든 수수료 또는 비용은 추심지시서를 송부해 온 당사자의 부담으로 한다.

* Article 25. Case-of-Need
제25조. 예비지급인

If the principal nominates a representative to act as case-of-need in the event of non-acceptance and/or non-payment the collection instruction should clearly and fully indicate the powers of such case-of-need. In the absence of such indication banks will not accept any instructions from the case-of-need.

추심의뢰인이 인수거절 또는 지급거절의 경우에 대비하여 예비지급인으로서 행동할 대표자를 지명하는 경우에는, 추심지시서에는 그러한 예비지급인의 권한에 관하여 명확하고 완전한 지시가 있어야 한다. 그러한 지시가 없는 경우에는 은행은 예비지급인으로부터의 어떠한 지시에도 응하지 아니한다.

* Article 26. Advices
제26조. 통지

Collecting banks are to advise fate in accordance with the following rules :
추심은행은 다음과 같은 규칙에 따라 추심결과를 통지하여야 한다.

a. Form of Advice : All advices or information from the collecting bank to the bank from which the collection instruction was received, must bear appropriate details including, in all cases, the latter bank's reference as stated in the collection instruction.

a. 통지의 형식 : 추심은행이 추심지시서를 송부해 온 은행에게 행하는 모든 통지 또는 정보에는 항상 추심지시서상에 명기되어 있는 후자의 은행참조번호를 포함하여 적절한 세부사항이 기재되어 있어야 한다.

b. Method of advice : It shall be the responsibility of the remitting bank to instruct the collecting bank the method by which the advices detailed in c.1., c.2. and c.3. are to be given. In the absence of such instructions, the collecting bank will send the relative advices by the method of its choice at the expense of the bank from which the collection instruction was received.

b. 통지의 방법 : 추심은행에게 본 조의 제c항 1호, 2호 및 3호에 규정된 통지를 행하는 방법을 지시하는 것은 추심요청은행의 책임이다. 그러한 지시가 없는 경우에는, 추심은행은 추심지시서를 송부해 온 은행의 비용 부담으로 자신이 임의로 선정한 방법에 따라 관련 통지를 발송하여야 한다.

c. 1. Advice of Payment : The collecting bank must send without delay advice of payment to the bank from which the collection instruction was received, detailing the amount or amounts collected, charges and/or disbursements and/or expenses deducted, where appropriate, and method of disposal of the funds.
c. 1. 지급의 통지 : 추심은행은 추심지시서를 송부해 온 은행에게 반드시 추심금액, 적절한 경우 공제된 수수료 또는 지출금 또는 비용, 그리고 자금의 처분방법을 상술한 지급의 통지를 지체 없이 발송하여야 한다.

2. Advice of Acceptance : The collecting bank must send without delay advice of acceptance to the bank from which the collection instruction was received.
2. 인수의 통지 : 추심은행은 추심지시서를 송부해 온 은행에게 인수의 통지를 지체 없이 발송하여야 한다.

3. Advice of Non-Payment or Non-Acceptance : The presenting bank should endeavour to ascertain the reasons for non-payment or non-acceptance and advise accordingly, without delay, the bank from which the collection instruction was received. The presenting bank must send without delay advice of non-payment or advice of non-acceptance to the bank from which the collection instruction was received. On receipt of such advice the remitting bank must give appropriate instructions as to the further handling of the documents. If such instructions are not received by the presenting bank within 60 days after its advice of non-payment or non-acceptance, the documents may be returned to the bank from which the collection instruction was received without any further responsibility on the part of the presenting bank.
3. 지급거절 또는 인수거절의 통지 : 제시은행은 지급거절 또는 인수거절의 사유를 확인하기 위하여 노력하고 그 결과를 추심지시서를 송부한 은행에게 지체 없이 통지하여야 한다. 제시은행은 지급거절 또는 인수거절의 통지를 지체 없이 추심지시서를 송부한 은행으로 송부해야 한다. 추심의뢰은행은 그러한 통지를 수령한 때에는 향후의 서류취급에 대한 적절한 지시를 하여야 한다. 만일 그러한 지시가 지급거절 또는 인수거절을 통지한 후 60일 내에 제시은행에 의해 접수되지 않는 경우에는 서류는 제시은행측에 더 이상의 책임 없이 추심지시서를 송부한 은행으로 반송될 수 있다.

제4장 청구보증통일규칙(URDG758)

a. The Uniform Rules for Demand Guarantees("URDG") apply to any demand guarantee or counter-guarantee that expressly indicates it is subject to them. They are binding on all parties to the demand guarantee or counter-guarantee except so far as the demand guarantee or counter-guarantee modifies or excludes them.

a. 『청구보증통일규칙』(이하 "URDG"라 한다)은 URDG에 준거하기로 명시적으로 표시된 청구보증이나 구상보증에 적용된다. URDG는 청구보증이나 구상보증의 모든 당사자를 구속하되, 다만 청구보증이나 구상보증에서 이를 달리 변경하거나 배제한 범위 내에서는 그러하지 아니하다.

b. Where, at the request of a counter-guarantor, a demand guarantee is issued subject to the URDG, the counter-guarantee shall also be subject to the URDG, unless the counter-guarantee excludes the URDG. However, a demand guarantee does not become subject to the URDG merely because the counter-guarantee is subject to the URDG.

b. 구상보증인의 요청에 따라 청구보증이 URDG에 준거하도록 발행된 경우에, 구상보증에서 URDG를 배제하지 않은 한, 그 구상보증에도 URDG가 적용된다. 그러나 단지 구상보증이 URDG에 준거한다는 이유만으로 청구보증에 URDG가 적용되는 것은 아니다.

청구보증(demand guarantee)에 URDG758이 적용되면 구상보증(counter-guarantee)에도 URDG758이 적용되지만 반대로, 구상보증에 URDG758이 적용되어도 청구보증에 URDG758이 적용되는 것은 아니다.

d. Where a demand guarantee or counter-guarantee issued on or after 1 July 2010 states that it is subject to the URDG without stating whether the 1992 version or the 2010 revision is to apply or indicating the publication number, the demand guarantee or counter-guarantee shall be subject to the URDG 2010 revision.

d. 2010년 7월 1일 이후에 발행된 청구보증이나 구상보증에서 URDG에 준거하는 것으로 명시하면서 1992년판 또는 2010년판이 적용되는지를 명시하지 아니하거나 그 간행번호를 표시하지 아니한 경우에, 그 청구보증이나 구상보증에 대해서는 URDG 2010년판이 적용된다. URDG가 적용됨을 명시하고 그 간행번호를 명시하지 않은 경우 URDG 2010년판인 URDG758이 적용된다.

* Article 2 Definitions 제2조 정의

counter-guarantee means any signed undertaking, however named or described, that is given by the counter-guarantor to another party to procure the issue by that other party of a guarantee or another counter-guarantee, and that provides for payment upon the presentation of a complying demand under the counter-guarantee issued in favour of that party;

구상보증은, 그 명칭이나 표현이 어떠하든지 간에, 구상보증인이 타인으로 하여금 청구보증이나 다른 구상보증을 발행하도록 의뢰하면서 그 타인에게 행하는 서명된 확약으로서, 그 타인을 수익자로 하여 발행되고 그 구상보증상 일치하는 지급청구에 대하여 지급할 것을 규정하는 확약을 의미한다.

counter-guarantor means the party issuing a counter-guarantee, whether in favour of a guarantor or another counter-guarantor, and includes a party acting for its own account;

구상보증인은 보증인이나 다른 구상보증인을 수익자로 하여 구상보증을 발행하는 자를 의미하며, 자신의 계산으로 그렇게 하는 자를 포함한다.

demand guarantee or guarantee means any signed undertaking, however named or described, providing for payment on presentation of a complying demand;

청구보증 또는 보증은 그 명칭이나 표현이 어떠하든지 간에, 일치하는 지급청구에 대하여 지급할 것을 규정하는 서명된 확약을 의미한다.

expiry event means an event which under the terms of the guarantee results in its expiry, whether immediately or within a specified time after the event occurs, for which purpose the event is deemed to occur only :

a. when a document specified in the guarantee as indicating the occurrence of the event is presented to the guarantor, or
b. if no such document is specified in the guarantee, when the occurrence of the event becomes determinable from the guarantor's own records.

만료사건은 그 사건이 발생한 즉시 또는 그 후의 일정한 기간 내에 보증조건에 따라 보증의 만료를 초래하는 사건을 의미하며, 이러한 목적을 위한 사건은 오직 다음 각 호의 어느 하나에 해당하는 때에만 발생한 것으로 본다.

a. 그러한 사건의 발생을 표시하는, 보증상 명시된 서류가 보증인에게 제시된 때, 또는
b. 보증에서 그러한 서류가 명시되지 아니한 경우에, 보증인 자신의 기록으로부터 그러한 사건의 발생이 결정가능하게 되는 때

supporting statement means the statement referred to in either article 15 (a) or article 15 (b);
보강진술은 제15조 제a항이나 제b항 소정의 진술을 의미한다.

underlying relationship means the contract, tender conditions or other relationship between the applicant and the beneficiary on which the guarantee is based.
기초관계는 당해 보증이 기초하는 계약, 입찰조건 기타 보증신청인과 수익자 사이의 관계를 의미한다.

Article 3 Interpretation   제3조 해석

In these rules :

a. Branches of a guarantor in different countries are considered to be separate entities.
a. 동일한 보증인의 상이한 국가에 있는 지점들은 별개의 주체로 본다.

c. Any requirement for presentation of one or more originals or copies of an electronic document is satisfied by the presentation of one electronic document.
c. 하나 또는 둘 이상의 전자서류 원본 또는 사본의 제시를 요구하는 요건은 하나의 전자서류의 제시로써 충족된다.

d. When used with a date or dates to determine the start, end or duration of any period, the terms :
　ⅰ. "from", "to", "until", "till" and "between", include; and
　ⅱ. "before" and "after" exclude, the date or dates mentioned.
d. 기간의 시작일이나 종료일 또는 존속기간을 결정하는 데 일자나 일자들이 사용된 경우에,
　ⅰ. "from", "to", "until", "till" 그리고 "between"이라는 용어는 지칭된 일자나 일자들을 포함한다. 그리고
　ⅱ. "before"와 "after"라는 용어는 지칭된 일자나 일자들을 제외한다.

f. Terms such as "first class", "well-known", "qualified", "independent", "official", "competent" or "local" when used to describe the issuer of a document allow any issuer except the beneficiary or the applicant to issue that document.
f. "first class(일류)", "well-known(저명한)", "qualified(자격 있는)", "independent(독립적인)", "official(공적인)", "competent(능력 있는)" 또는 "local(현지의)"와 같은 용어들이 서류의 발행자를 표현하기 위하여 사용된 경우에는, 수익자나 보증신청인을 제외한 어떠한 자도 그 서류를 발행할 수 있다.

> [UCP와의 차이]
> - UCP 600 : 수익자를 제외한 모든 당사자가 서류발행 가능
> - URDG758 : 수익자나 보증신청인(Applicant) 이외의 모든 당사자가 서류발행 가능

* Article 4 Issue and effectiveness 제4조 발행과 효력

a. A guarantee is issued when it leaves the control of the guarantor.
b. A guarantee is irrevocable on issue even if it does not state this.
c. The beneficiary may present a demand from the time of issue of the guarantee or such later time or event as the guarantee provides.
a. 보증은 보증인의 통제를 벗어나는 때에 발행된다.
b. 보증은 발행되면 취소할 수 없으며, 이는 그러한 취지의 명시가 없는 경우에도 같다.
c. 수익자는 보증의 발행 시부터 또는 보증의 규정에 따른 그 후의 시기 또는 사건 시부터 지급청구를 제시할 수 있다.

* Article 5 Independence of guarantee and counter-guarantee
제5조 보증과 역보증의 독립성

이 규칙 5조에서는 독립성을 규정하고 있다.

a. A guarantee is by its nature independent of the underlying relationship and the application, and the guarantor is in no way concerned with or bound by such relationship.
a. 보증은 본질상 그 기초관계와 발행신청으로부터 독립되며, 보증인은 어떠한 면에서도 그러한 관계와 관련이 없고 그에 구속되지 아니한다.

b. A counter-guarantee is by its nature independent of the guarantee, the underlying relationship, the application and any other counter-guarantee to which it relates, and the counter-guarantor is in no way concerned with or bound by such relationship.
b. 구상보증은 본질상 보증, 기초관계, 발행신청 및 그와 관련된 다른 구상보증으로부터 독립되며, 구상보증인은 어떠한 면에서도 그러한 관계와 관련이 없고 그에 구속되지 아니한다.

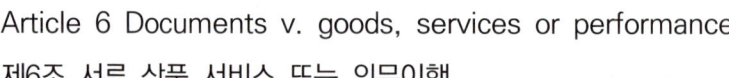

Article 6 Documents v. goods, services or performance
제6조 서류 상품 서비스 또는 의무이행

이 규칙 제6조에서는 추상성을 규정하고 있다.

<u>Guarantors deal with documents</u> and not with goods, services or performance to which the documents may relate.

보증인은 서류로 거래하는 것이며 그 서류가 관계된 물품, 서비스 또는 의무이행으로 거래하는 것이 아니다.

Article 7 Non-documentary conditions   제7조 비서류 조건

A guarantee should not contain a condition other than a date or the lapse of a period without specifying a document to indicate compliance with that condition. If the guarantee does not specify any such document and the fulfilment of the condition cannot be determined from <u>the guarantor's own records or from an index specified in the guarantee</u>, then the guarantor will deem such condition as not stated and will disregard it except for the purpose of determining whether data that may appear in a document specified in and presented under the guarantee do not conflict with data in the guarantee.

보증에는, 일자나 기간경과 이외에, 당해 조건이 준수되었음을 표시하는 서류를 명시함이 없이 어떤 조건을 포함시켜서는 아니 된다. 보증에서 그러한 서류를 명시하지 아니한 경우로서 그 조건의 충족 여부를 보증인 자신의 기록이나 보증상 명시된 지표(指標)로부터 결정할 수 없는 경우에, 보증인은 그러한 조건이 명시되지 아니한 것으로 다루고 그 조건을 무시하되, 다만 보증상 명시되어 제시된 서류에 나타나는 정보가 보증에 담긴 정보와 상충되는지 여부를 결정하기 위한 목적의 경우에는 그러하지 아니하다.

> [비서류조건]
> 특정 조건을 포함하면서 이를 확인할 수 있는 서류를 요구하지 않았을 때 이를 비서류조건(Non-documentary conditions)라 한다.
> 이러한 비서류조건은 명시되지 않은 것으로 보고 무시
> 만약 조건의 충족 여부를 보증인 자신의 기록(the guarantor's own records)이나 보증상 명시된 지표(an index specified in the guarantee)로부터 결정할 수 있는 경우 이는 비서류 조건으로 보지 않는다.

* Article 14 Presentation 제14조 제시

a. A presentation shall be made to the guarantor :
   i. at the place of issue, or such other place as is specified in the guarantee and,
   ii. on or before expiry.
a. 제시는 다음의 장소와 시기에 보증인에게 이루어져야 한다.
   i. 발행지 또는 보증상 명시된 다른 장소, 및
   ii. 만료 이전.

b. A presentation has to be complete unless it indicates that it is to be completed later. In that case, it shall be completed on or before expiry.
b. 제시는 완전하여야 하되, 다만 추후에 완결될 것임이 제시상 표시된 경우에는 그러하지 아니하다. 그러한 경우에 제시는 만료 이전에 완결되어야 한다.

c. Where the guarantee indicates that a presentation is to be made in electronic form, the guarantee should specify the ① <u>format</u>, ② <u>the system for data delivery</u> and ③ <u>the electronic address for that presentation</u>. If the guarantee does not so specify, a document may be presented in any electronic format that allows it to be authenticated or in paper form. An electronic document that cannot be authenticated is deemed not to have been presented.
c. 보증에서 전자적 형태로 제시할 것을 표시하는 경우에는, 그 보증상에 그러한 제시를 위한 ① 형식(format) ② 데이터전송시스템 및 ③ 전자주소를 명시하여야 한다. 보증에서 그러한 명시를 누락한 경우에, 서류는 인증이 가능한 어떠한 전자적 형식으로 제시되거나 종이형태로 제시될 수 있다. 인증이 불가능한 전자서류는 제시되지 아니한 것으로 본다.

e. Where the guarantee does not indicate whether a presentation is to be made in electronic or paper form, any presentation shall be made in paper form.
e. 보증에서 제시가 종이형태 또는 전자적 형태로 이루어져야 하는지를 표시하지 아니한 경우에, 제시는 종이형태로 이루어져야 한다.

f. Each presentation shall identify the guarantee under which it is made, such as by stating the guarantor's reference number for the guarantee. If it does not, the time for examination indicated in article 20 shall start on the date of identification.
f. 각 제시에서는 보증에 관한 보증인의 참조번호를 기재하는 등의 방법으로 그 제시가 이루어지는 보증을 특정하여야 한다. 그렇게 하지 아니한 경우에, 제20조 소정의 심사

기간은 그 특정일(date of identification)부터 개시된다. ISP98과 동일하게 보증을 특정해야 한다고 규정하고 있다.

> [제20조 소정의 심사기간] 서류제시일 다음날부터 5영업일(business days)

g. Except where the guarantee otherwise provides, documents issued by or on behalf of the applicant or the beneficiary, including any demand or supporting statement, shall be in the language of the guarantee. Documents issued by any other person may be in any language.

g. 보증에서 달리 규정한 경우를 제외하고, 지급청구나 보강진술을 포함하여 보증신청인이나 수익자에 의하거나 그 대리인에 의하여 발행된 서류는 보증언어로 작성되어야 한다. 여타의 자에 의하여 발행된 서류는 어떠한 언어로도 작성될 수 있다. 보증신청인(applicant) 또는 수익자(beneficiary) 또는 이들의 대리인에 의해 발행된 서류는 보증의 언어(the language of the guarantee)로 작성되어야 한다.
이 외의 자들에 의해 발행된 서류는 어떤 언어(any language)로도 발행될 수 있다.

* Article 15 Requirements for demand 제15조 지급청구 요청

a. A demand under the guarantee shall be supported by such other documents as the guarantee specifies, and in any event by a statement, by the beneficiary, indicating in what respect the applicant is in breach of its obligations under the underlying relationship. This statement may be in the demand or in a separate signed document accompanying or identifying the demand.

a. 보증상 지급청구는 그 보증에서 명시된 다른 서류에 의하여 보강되어야 하고, 어떠한 경우에도 보증신청인의 기초관계상 의무위반의 내용을 표시하는 수익자의 진술에 의하여 보강되어야 한다. 이러한 진술은 그 지급청구 내에 기재되거나 그 지급청구에 첨부되거나 그 지급청구를 특정하는 별도의 서명된 서류에 기재될 수 있다.

> 보증(혹은 구상보증)상 지급청구는 이를 보강하는 진술(Supporting statement)이 필요하다.
> 이 보강진술은 지급청구에 포함되어도 되고 별도의 서명된 서류로 작성되어도 된다.

d. Neither the demand nor the supporting statement may be dated before the date when the beneficiary is entitled to present a demand. Any other document may be dated before that date. Neither the demand, nor the supporting statement, nor any other document may be dated later than the date of its presentation.

d. 지급청구나 보강진술은 수익자가 지급청구를 제시할 권리를 갖는 일자 전의 일자로 일부(日附)되어서는 아니 된다. 그 밖의 서류는 그 전의 일자로 일부(日附)될 수 있다. 지급청구와 보강진술 및 기타 서류는 그 제시일 후의 일자로 일부(日附)되어서는 아니 된다.

> ① 지급청구(demand)나 보강진술(supporting statement)은 수익자가 지급청구권을 갖는 일자보다 앞선 일자일 수 없다.
> 수익자가 지급청구권을 가져야 지급청구서와 보강진술을 통해 지급청구를 할 수 있는데 수익자의 지급청구권이 발생되지도 않았는데 지급청구를 한다는 것은 맞지 않다.
> ② 지급청구, 보강진술 이외의 서류는 수익자가 지급청구권을 갖는 일자보다 앞선 일자이어도 상관없다.
> ③ 지급청구, 보강진술 및 기타 서류의 발행일은 제시일보다 늦을 수 없다.

* Article 17 Partial demand and multiple demands; amount of demands

a. A demand may be made for less than the full amount available("partial demand").
b. More than one demand("multiple demands") may be made.

a. 지급청구는 이용가능한 전액보다 적게 할 수 있다("일부청구").
b. 2회 이상의 지급청구는 가능하다("수차청구").

c. The expression "multiple demands prohibited" or a similar expression means that only one demand covering all or part of the amount available may be made.

c. "수차청구금지" 기타 유사한 표현은 이용가능한 금액의 전부 또는 일부를 청구하는 오직 1회의 지급청구만이 가능하다는 것을 의미한다.

d. Where the guarantee provides that only one demand may be made, and that demand is rejected, another demand can be made on or before expiry of the guarantee.

d. 보증에서 오직 1회의 지급청구만이 허용된다고 규정하는데 그 지급청구가 거절된 경우에, 그 보증이 만료되기 이전에는 새로이 다시 지급청구를 할 수 있다.

e. A demand is a non-complying demand if :
  i. it is for more than the amount available under the guarantee, or
  ii. any supporting statement or other documents required by the guarantee indicate amounts that in total are less than the amount demanded. Conversely, any supporting statement or other document indicating an amount that is more than the amount demanded does not make the demand a non-complying demand.
e. 다음의 경우에는 불일치한 지급청구가 된다.
  i. 보증상 이용가능한 금액을 초과하는 금액으로 지급청구된 경우, 또는
  ii. 보증상 요구된 보강진술 기타 서류에 표시된 총액이 지급청구된 금액보다 적은 경우. 반대로 보강진술 기타 서류에 표시된 금액이 지급청구된 금액보다 많은 것은 그 지급청구를 불일치한 것으로 만들지 아니한다.

[불일치한 지급청구]
① 보증의 금액을 초과한 지급청구
② 지급청구(서)금액 > 보강진술, 기타 서류 표시금액
반대로 지급청구(서)금액 < 보강진술, 기타 서류 표시금액의 경우 불일치한 것이 아님

* Article 18 Separateness of each demand

제18조 각 지급청구의 독립성

a. Making a demand that is not a complying demand or withdrawing a demand does not waive or otherwise prejudice the right to make another timely demand, whether or not the guarantee prohibits partial or multiple demands.
b. Payment of a demand that is not a complying demand does not waive the requirement for other demands to be complying demands.
a. 불일치한 지급청구를 하는 것이나 지급청구를 철회하는 것은 적시의 다른 지급청구를 할 권리의 포기에 해당하거나 그에 달리 영향을 주지 아니하며, 이는 보증에서 일부청구나 수차청구를 금지하고 있는지를 불문한다.
b. 불일치한 지급청구에 대한 지급은 여타의 지급청구가 일치하는 것이어야 한다는 요건의 포기가 아니다.

Article 19 Examination

a. The guarantor shall determine, on the basis of a presentation alone, whether it appears on its face to be a complying presentation.

a. 보증인은 단지 제시만을 기초로 문면상 일치하는 제시인 것으로 보이는지를 결정하여야 한다.

> [추상성의 원칙] 제시된 서류만으로 일치하는 제시 여부를 결정해야 한다.

b. Data in a document required by the guarantee shall be examined in context with that document, the guarantee and these rules. <u>Data need not be identical to, but shall not conflict with, data in that document, any other required document or the guarantee.</u>

b. 보증상 요구된 서류상의 정보는 그 서류, 보증 및 이 규칙의 취지에 따라 심사되어야 한다. <u>그러한 정보는 그 서류나 다른 필요서류 또는 보증상의 정보와 반드시 동일할 필요는 없으나 상충되어서는 아니 된다.</u>

c. If the guarantee requires presentation of a document without stipulating whether it needs to be signed, by whom it is to be issued or signed, or its data content, then:
  i. the guarantor will accept the document as presented if its content appears to <u>fulfil the function</u> of the document required by the guarantee and otherwise complies with article 19 (b), and
  ii. if the document is signed, any signature will be accepted and no indication of name or position of the signatory is necessary.

c. 보증에서 어떤 서류의 제시를 요구하면서 서류상 서명이 요구되는지 여부나 누가 발행 또는 서명하여야 하는지 여부 또는 그 서류의 내용을 명시하지 않은 경우에,
  i. 보증인은 그 서류의 내용이 보증상 요구된 서류의 <u>기능을 충족</u>하는 것으로 보이고 또한 그 밖에 제19조 제b항에 일치한다면 서류를 제시된 대로 수리한다.
  ii. 서류가 서명되었다면, 어떠한 서명도 수리되고 서명자의 명의나 지위의 표시는 필요 없다.

d. If a document that is not required by the guarantee or referred to in these rules is presented, it will be disregarded and may be returned to the presenter.

d. 보증에서 요구되지 아니하였거나 이 규칙에서 규정되지 아니한 서류가 제시된 경우에, 그 서류는 무시되고 제시인에게 반환될 수 있다.

e. The guarantor need not re-calculate a beneficiary's calculations under a formula stated or referenced in a guarantee.

e. 보증인은 보증상 명시되었거나 참조된 공식에 따른 수익자의 계산을 검산할 필요가 없다.

* Article 20 Time for examination of demand; payment

a. If a presentation of a demand does not indicate that it is to be completed later, the guarantor shall, within five business days following the day of presentation, examine that demand and determine if it is a complying demand. This period is not shortened or otherwise affected by the expiry of the guarantee on or after the date of presentation. However, if the presentation indicates that it is to be completed later, it need not be examined until it is completed.

a. 지급청구의 제시 시에 그것이 추후 완결될 것임을 표시하지 아니한 경우에, 보증인은 제시일의 다음날부터 5영업일 내에 그 지급청구를 심사하여 그것이 일치하는 지급청구인지를 결정하여야 한다. 이 기간은 제시일에 또는 그 후에 보증이 만료된다는 사실에 의하여 단축되거나 달리 영향을 받지 아니한다. 그러나 제시 시에 그 지급청구가 추후에 완결될 것이라고 표시한 경우에는, 그것이 완결될 때까지 심사할 필요가 없다.

> [심사기간]
> 제시일 다음날로부터 5영업일(만기의 임박 여부에 상관없이 5영업일 동안 심사가능)
> 만약, 요구서류 중 일부만을 제시하면서 나머지 서류는 후에 제시될 것을 표시하는 경우 나머지 서류가 도착하여 완전한 제시가 된 날을 제시일로 간주한다.

b. When the guarantor determines that a demand is complying, it shall pay.

b. 보증인은 일치하는 지급청구라고 결정하는 때에 지급하여야 한다.

c. Payment is to be made at the branch or office of the guarantor or counter-guarantor that issued the guarantee or counter-guarantee or such other place as may be indicated in that guarantee or counter-guarantee("place for payment").

c. 지급은 보증을 발행한 보증인이나 구상보증인의 지점이나 영업소 또는 보증이나 구상보증에 표시된 다른 장소(이하 "지급장소"라 한다)에서 할 수 있다.

> [지급장소]
> ① 보증을 발행한 보증인
> ② 구상보증인의 지점이나 영업소
> ③ 보증 또는 구상보증에 표시된 장소
> ③ 과 같이 보증이나 구상보증에서 지급장소를 명시한 경우 그 지급장소에 지급해야 한다.

* Article 21 Currency of payment

a. The guarantor shall pay a complying demand in <u>the currency specified in the guarantee</u>.

a. 보증인은 일치하는 지급청구에 대하여 <u>보증상 명시된 통화로</u> 지급하여야 한다.

b. If, on any date on which a payment is to be made under the guarantee:
  i. the guarantor is unable to make payment in the currency specified in the guarantee due to an impediment beyond its control; or
  ii. it is illegal under the law of the place for payment to make payment in the specified currency, <u>the guarantor shall make payment in the currency of the place for payment</u> even if the guarantee indicates that payment can only be made in the currency specified in the guarantee. The instructing party or, in the case of a counter-guarantee, the counter-guarantor, shall be bound by a payment made in such currency. <u>The guarantor or counter-guarantor may elect to be reimbursed either in the currency in which payment was made or in the currency specified in the guarantee or, as the case may be, the counter-guarantee.</u>

b. 보증상 지급되어야 하는 일자에,
  i. 보증인이 그의 통제 밖에 있는 장애로 인하여 보증상 명시된 통화로 지급하는 것이 불가능한 경우, 또는
  ii. 지급장소의 법률상 그러한 명시된 통화로 지급하는 것이 불법인 경우에, <u>보증인은 지급장소의 통화로 지급하여야 하며</u>, 이는 보증에서 오직 보증상 명시된 통화로 지급되어야 하는 것으로 표시한 경우에도 같다. 지시당사자나 구상보증에 있어서 구상보증인은 그러한 통화에 의한 지급에 구속된다. <u>보증인이나 구상보증인은 그렇게 지급이 이루어진 통화로, 또는 보증이나 구상보증(해당되는 경우)에서 명시된 통화 중 어느 하나로 상환받을 것을 선택할 수 있다.</u>
  보증인은 지급장소의 통화로 지급해야 한다.

보증에서 지급통화를 규정하고 있음에도 불구하고 지급지의 통화로 지급한 보증인은 보증상의 지급통화와 지급지의 통화 중 선택하여 상환요청할 수 있다.

c. Payment or reimbursement in the currency of the place for payment under paragraph (b) is to be made according to the applicable rate of exchange prevailing there when payment or reimbursement is due. However, if the guarantor has not paid at the time when payment is due, the beneficiary may require payment according to the applicable rate of exchange prevailing either when payment was due or at the time of actual payment.

c. 제b항에 따른 지급장소의 통화에 의한 지급 또는 상환은 그 지급 또는 상환이 이루어져야 하는 때에 그 지급장소에서 통용되는 적용 가능한 환율에 따라 이루어져야 한다. 그러나 지급이 이루어져야 하는 시점에 보증인이 지급을 하지 않는 경우에, 수익자는 지급이 이루어져야 하였던 때나 실제로 지급되는 때에 통용되는 적용 가능한 환율에 따라 지급할 것을 요구할 수 있다.

Article 22 Transmission of copies of complying demand

The guarantor shall without delay transmit a copy of the complying demand and of any related documents to the instructing party or, where applicable, to the counter-guarantor vf for transmission to the instructing party. However, neither the counter-guarantor nor the instructing party, as the case may be, may withhold payment or reimbursement pending such transmission.

보증인은 일치하는 지급청구의 사본과 그 관련서류의 사본을 지시당사자에게, 또는 해당되는 경우에는 지시당사자에게 전달하기 위하여 구상보증인에게 지체 없이 전달하여야 한다. 그러나 구상보증인이나 지시당사자(해당되는 경우)는 그러한 전달이 있을 때까지 지급이나 상환을 보류할 수 없다.

보증인은 일치하는 지급청구 및 요구 서류의 사본을 지시당사자에게 지체 없이 송부해야 한다. 하지만 지시당사자가 이 사본을 받지 못한다고 하여 지급이나 상환을 보류할 수 있는 것은 아니다.

*a. Where a complying demand includes, as an alternative, a request to extend the expiry, the guarantor may suspend payment for a period not exceeding 30 calendar days following its receipt of the demand.

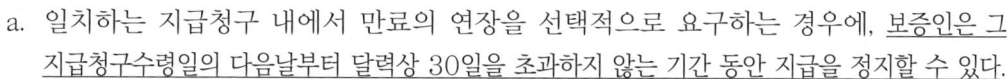

a. 일치하는 지급청구 내에서 만료의 연장을 선택적으로 요구하는 경우에, 보증인은 그 지급청구수령일의 다음날부터 달력상 30일을 초과하지 않는 기간 동안 지급을 정지할 수 있다.

b. Where, following such suspension, the guarantor makes a complying demand under the counter-guarantee that includes, as an alternative, a request to extend the expiry, the counter-guarantor may suspend payment for a period not exceeding four calendar days less than the period during which payment of the demand under the guarantee was suspended.

b. 그러한 정지 이후에, 보증인이 구상보증상 일치하는 지급청구를 하고 그 지급청구 내에서 만료의 연장을 선택적으로 요구하는 경우에, 구상보증인은 보증상 지급청구에 대한 지급이 정지된 기간에서 달력상 4일을 차감한 기간을 초과하지 않는 기간 동안 지급을 정지할 수 있다.

c. The guarantor shall without delay inform the instructing party or, in the case of a counter-guarantee, the counter-guarantor, of the period of suspension of payment under the guarantee. The counter-guarantor shall then inform the instructing party of such suspension and of any suspension of payment under the counter-guarantee.

c. 보증인은 지시당사자에게, 또는 구상보증에 있어서는 구상보증인에게, 보증상 지급정지기간을 지체 없이 통지하여야 한다. 구상보증인은 그 후 지시당사자에게 그러한 정지의 사실과 구상보증상 지급정지의 사실을 통지하여야 한다.

d. The demand for payment is deemed to be withdrawn if the period of extension requested in that demand or otherwise agreed by the party making that demand is granted within the time provided under paragraph (a) or (b) of this article. If no such period of extension is granted, the complying demand shall be paid without the need to present any further demand.

d. 지급청구에서 요구한 기간연장이나 지급청구를 하는 당사자가 달리 동의한 기간연장이 본조 제a항이나 제b항에서 규정하는 기한 내에 허여된 경우에, 그 지급청구는 철회된 것으로 본다. 그러한 기간연장이 허여되지 아니하는 경우에는, 그 일치하는 지급청구에 대하여 지급이 이루어져야 하며 더 이상의 지급청구가 제시될 필요는 없다.

> 유효기간이 연장되는 경우 지급청구는 철회된 것으로 간주한다.
> 그러나 연장 또는 지급(extend or pay)은 그 자체로 지급청구이기 때문에 유효기간이 연장되지 않는 경우 새로운 지급청구가 필요 없다.

e. The guarantor or counter-guarantor may refuse to grant any extension even if instructed to do so and shall then pay.
e. 보증인이나 구상보증인은 설령 기간연장의 지시를 받았더라도 그러한 연장의 허가 여부를 정할 수 있고, 그렇게 한 때에는 지급을 하여야 한다.

f. The guarantor or counter-guarantor shall without delay inform the party from whom it has received its instructions of its decision to extend under paragraph (d) or to pay.
f. 보증인이나 구상보증인은 제d항에 따라 연장하기로 하거나 지급하기로 한 자신의 결정을 자신에게 지시를 한 자에게 지체 없이 통지하여야 한다.

g. The guarantor and the counter-guarantor assume no liability for any payment suspended in accordance with this article.
g. 보증인과 구상보증인은 본조에 따라 정지된 지급에 대하여 어떠한 의무도 지지 아니한다.

Article 24 Non-complying demand, waiver and notice

a. When the guarantor determines that a demand under the guarantee is not a complying demand, ① it may reject that demand or, ② in its sole judgement, approach the instructing party, or in the case of a counter-guarantee, the counter-guarantor, for a waiver of the discrepancies.
a. 보증인은 보증상 지급청구가 일치하는 지급청구가 아닌 것으로 결정하는 때에는 ① 그 지급청구를 거절하거나, ② 자신의 독자적인 판단으로 하자에 대한 권리포기를 위하여 지시당사자나 구상보증의 경우에 구상보증인과 교섭할 수 있다.

d. When the guarantor rejects a demand, it shall give <u>a single notice</u> to that effect to the presenter of the demand. The notice shall state:
  i. that the guarantor is rejecting the demand, and
  ii. each discrepancy for which the guarantor rejects the demand.
d. 보증인은 지급청구를 거절하는 경우에 그 지급청구의 제시인에게 <u>한 번의 통지로써 그러한 취지를 통지</u>하여야 한다. 그 통지에서는 다음을 명시하여야 한다.
  i. 보증인은 지급청구를 거절한다는 사실, 및
  ii. 보증인이 지급청구를 거절하는 사유가 된 각 하자.

e. The notice required by paragraph (d) of this article shall be sent without delay but not later than the close of <u>the fifth business day following the day of presentation</u>.

e. 본조 제d항에서 요구되는 통지는 지체 없이 하되, <u>제시일의 다음날로부터 제5영업일 이전에 하여야 한다</u>.

f. A guarantor failing to act in accordance with paragraphs (d) or (e) of this article shall be precluded from claiming that the demand and any related documents do not constitute a complying demand.

f. 본조 제d항이나 제e항을 위반한 보증인은 지급청구 및 관련서류가 일치하는 지급청구를 이루지 아니한다고 주장할 수 없다.

g. The guarantor may at any time, after providing the notice required in paragraph (d) of this article, return any documents presented in paper form to the presenter and dispose of the electronic records in any manner that it considers appropriate without incurring any responsibility.

g. 보증인은 본조 제d항에서 요구되는 통지를 한 후에 제시인에게 언제든지 종이형태로 제시된 서류를 반환할 수 있고 전자적 기록은 자신이 적절하다고 보는 어떠한 방법으로 아무런 책임을 초래함이 없이 처분할 수 있다.

* Article 26 Force majeure

a. In this article, "force majeure" means acts of God, riots, civil commotions, insurrections, wars, acts of terrorism or any causes beyond the control of the guarantor or counter-guarantor that interrupt its business as it relates to acts of a kind subject to these rules.

a. 본조에서, "불가항력"은 천재지변, 폭동, 소요, 반란, 전쟁, 테러행위 기타 보증인이나 구상보증인의 통제 밖에 있는 사유로서 이 규칙의 적용을 받는 종류의 행위에 관계되어 그 영업을 방해하는 사유를 의미한다.

b. Should the guarantee expire at a time when presentation or payment under that guarantee is prevented by force majeure :
   ⅰ. each of the guarantee and any counter-guarantee <u>shall be extended for a period of 30 calendar days from the date on which it would otherwise have expired</u>, and the guarantor shall as soon as practicable inform the instructing party or, in the case of a counter-guarantee, the counter-guarantor, of the force majeure and the extension, and the counter-guarantor shall so inform the instructing party;
   ⅱ. the running of the time for examination under article 20 of a presentation made but not yet examined before the force majeure <u>shall be suspended until the resumption of the guarantor's business</u>; and
   ⅲ. a complying demand under the guarantee presented before the force majeure but not paid because of the force majeure shall be paid when the force majeure ceases even if that guarantee has expired, and in this situation the guarantor shall be entitled to present a demand under the counter-guarantee within 30 calendar days after cessation of the force majeure even if the counter-guarantee has expired.
b. 보증상 제시나 지급이 불가항력에 의하여 저지된 때에 보증이 만료된 경우에,
   ⅰ. 보증과 구상보증은 불가항력이 발생하지 아니하였더라도 <u>만료하였을 일자로부터 달력상 30일의 기간 동안 각각 연장</u>되고, 보증인은 실행 가능한 조기에 지시당사자 또는 구상보증에 있어서는 구상보증인에게 그러한 불가항력과 기간연장의 사실을 통지하여야 하고 구상보증인은 이를 지시당사자에게 통지하여야 한다.
   ⅱ. 제시되었으나 불가항력 전에 아직 심사되지 아니한 제시에 대한 제20조의 <u>심사기간의 진행은 보증인의 영업이 재개되는 때까지 정지된다</u>.
   ⅲ. 불가항력 전에 제시된 보증상 일치하는 지급청구에 대하여 불가항력으로 인하여 지급이 이루어지지 아니한 경우에는, 보증이 만료되었더라도 불가항력이 종료된 때에 지급을 하여야 하며, 이러한 상황의 경우에 보증인은 설령 구상보증이 만료되었더라도 불가항력의 종료 후 달력상 30일 내에 구상보증상 지급청구를 제시할 권리가 있다.

* Article 31 Indemnity for foreign laws and usages

The instructing party or, in the case of a counter-guarantee, <u>the counter-guarantor, shall indemnify the guarantor against all obligations and responsibilities imposed by foreign laws and usages, including where those foreign laws and usages impose terms into the guarantee or the counter-guarantee that override its specified terms</u>. The instructing party shall indemnify the counter-guarantor that has indemnified the guarantor under this article.

지시당사자나 구상보증에 있어서 <u>구상보증인은 외국의 법률과 관행이 보증조건이나 구상보증조건에 우선하는 조건을 부과하는 경우를 포함하여 외국의 법률과 관행에 의하여 부과되는 모든 의무와 책임에 관하여 보증인에게 보상하여야 한다</u>. 지시당사자는 본조에 따라 보증인에게 보상한 구상보증인에게 보상하여야 한다.

Article 33 Transfer of guarantee and assignment of proceeds

a. A guarantee is transferable only if it specifically states that it is "transferable", in which case it may be transferred more than once for the full amount available at the time of transfer. A counter-guarantee is not transferable.

a. 보증은 오직 "transferable"(양도가능)이라고 명시한 때에 양도될 수 있으며, 그렇게 명시된 경우에 보증은 양도 시에 이용가능한 전액으로 2회 이상 양도될 수 있다. 구상보증은 양도될 수 없다.

b. Even if a guarantee specifically states that it is transferable, the guarantor is not obliged to give effect to a request to transfer that guarantee after its issue except to the extent and in the manner expressly consented to by the guarantor.

b. 보증인은 보증에서 양도가능하다고 명시되었더라도 자신이 명시적으로 동의한 범위와 방법이 있는 경우가 아니면 그 보증의 양도요청에 따라야 할 의무가 없다.

c. A transferable guarantee means a guarantee that may be made available by the guarantor to a new beneficiary("transferee") at the request of the existing beneficiary("transferor").

c. 양도가능보증은 기존의 수익자("양도수익자")의 요청에 따라 보증인이 새로운 수익자("양수수익자")에 의하여 이용될 수 있도록 한 보증을 의미한다.

e. Unless otherwise agreed at the time of transfer, the transferor shall pay all charges incurred for the transfer.
e. 양도 시에 달리 합의되지 않았다면, 양도에 관하여 발생하는 모든 수수료는 양도수익자가 지급하여야 한다.

f. Under a transferred guarantee, a demand and any supporting statement shall be signed by the transferee. Unless the guarantee provides otherwise, the name and the signature of the transferee may be used in place of the name and signature of the transferor in any other document.
f. 양도된 보증에서, 지급청구와 보강진술은 양수수익자에 의하여 서명되어야 한다. 보증에서 달리 규정하지 아니한 경우에, 다른 모든 서류에서 양도수익자의 명의와 서명 대신에 양수수익자의 명의와 서명이 사용될 수 있다.

> [보증이 양도된 경우]
> 지급청구(Demand)와 보강진술(supporting statement)은 양수인(transferee)에 의해 서명되어야 한다.
> 기타서류는 양도인(transferor), 양수인(transferee) 중 누구의 명의와 서명도 가능하다.

* Article 34 Governing law   제34조 준거법

a. Unless otherwise provided in the guarantee, its governing law shall be that of <u>the location of the guarantor's branch or office that issued the guarantee</u>.
b. Unless otherwise provided in the counter-guarantee, its governing law shall be that of <u>the location of the counter-guarantor's branch or office that issued the counter-guarantee</u>.
a. 보증에서 달리 규정되지 아니한 경우에, 보증의 준거법은 <u>보증을 발행한 보증인의 지점 또는 영업소가 소재한 장소의 법</u>으로 한다.
b. 구상보증에서 달리 규정되지 아니한 경우에, 구상보증의 준거법은 구상보증을 발행한 <u>구상보증인의 지점 또는 영업소가 소재한 장소의 법</u>으로 한다.

Article 35 Jurisdiction

a. Unless otherwise provided in the guarantee, any dispute between the guarantor and the beneficiary relating to the guarantee shall be settled exclusively by the competent court of the country of the location of the guarantor's branch or office that issued the guarantee.

b. Unless otherwise provided in the counter-guarantee, any dispute between the counter-guarantor and the guarantor relating to the counter-guarantee shall be settled exclusively by the competent court of the country of the location of the counter-guarantor's branch or office that issued the counter-guarantee.

a. 보증에서 달리 규정되지 아니한 경우에, 보증에 관한 보증인과 수익자 사이의 분쟁은 보증을 발행한 보증인의 지점 또는 영업소가 소재한 국가의 법원의 전속관할에 의하여 해결한다.

b. 구상보증에서 달리 규정되지 아니한 경우에, 구상보증에 관한 구상보증인과 보증인 사이의 분쟁은 구상보증을 발행한 구상보증인의 지점 또는 영업소가 소재한 국가의 법원의 전속관할에 의하여 해결한다.

제5장 보증신용장통일규칙(ISP98)

1. 보증신용장(standby letters of credit)

Rule 1.01 Scope and application

(a) These Rules are intended to be applied to standby letters of credit(including performance, financial and direct pay standby letters of credit).
이 규칙(ISP98)은 보증신용장(이행, 금융, 직불보증신용장 포함)에 적용하는 것을 목적으로 한다.

> [참고] URDG758에서 다루는 청구보증(Demand Guarantee)에도 적용될 수 있다.

(b) A standby letter of credit or other similar undertaking, however named or described, whether for domestic or international use, may be made subject to these Rules by express reference to them.
보증신용장 기타 그와 유사한 확약은 그 명칭과 표현에 관계없이 또는 국내적, 국제적 용도에 관계없이 이 규칙의 적용을 명시하면 이 규칙의 적용을 받는다.

> [설명] • 보증신용장은 화환신용장(documentary credit)이나 상업신용장(commercial credit), 은행보증(bank guarantee)이라는 명칭으로 발행될 수도 있고, 아무런 표제나 제명도 없이 발행될 수도 있다.
> • 국내거래에도 적용될 수 있다.

(c) An undertaking subject to these Rules may expressly modified or exclude their application.
이 규칙의 적용을 명시적으로 변경하거나 배제할 수 있다.

Rule 1.02 Relationship to law and other Rules

(a) These Rules supplement the application law to the extent not prohibited by that law.
이 규칙은 당해 준거법에 의하여 금지되지 아니하는 범위 내에서 그 준거법을 보충한다.

> [설명] ISP98과 현지법률이 상충하는 경우에는 현지법률이 우선한다.

Rule 1.02 Relationship to law and other Rules

(b) These Rules supersede conflicting provisions in any other rules of practice to which a standby letter of credit is also made subject.
　　이 규칙은 보증신용장에 함께 적용되는 여타의 관습적 규칙상의 상충하는 규정에 우선한다.

> [설명] ISP98과 타규칙(UCP 600, URDG758 등)이 상충하는 경우 ISP98이 우선한다.

Rule 1.03 해석원칙(Interpretative principles)

These Rules shall be interpreted as mercantile usage with regard for :
(a) integrity of standbys as reliable and efficient undertaking to pay;
(b) practice and terminology of banks and businesses in day-to-day transactions;
(c) consistency within the worldwide system of banking operations and commerce; and
(d) worldwide uniformity in their interpretation and application.
　　이 규칙은 상관행으로 해석되어야 하되 다음을 고려하여야 한다.
(a) 신뢰할 수 있고 효과적인 지급확약으로서의 보증신용장의 완전성
(b) 일상거래상의 은행 및 업계의 관행과 용어
(c) 범세계적인 은행업무 및 상업시스템 내에서의 일관성
(d) 그 해석과 적용의 범세계적인 통일성

Rule 1.06 보증신용장의 성격(Nature of Standbys)

(a) A standby is an ① irrevocable, ② independent, ③ documentary, and ④ binding undertaking when issued and need not so state.
　　보증신용장은 ① 취소불능하고, ② 독립적, ③ 서류적이고, ④ 개설된 때 구속력을 갖는 확약이며, 반드시 그렇게 명시되어야 하는 것은 아니다.

> [설명] 일단 개설된 후에는 보증신용장(standby)은 그에 명시된 바에 관한 한 수익자의 요지(了知) 여부를 불문하고 취소불능하다.

2. 보증신용장(standby)의 종류

(1) 이행보증

① bid standby L/C(입찰보증신용장) : 입찰참가자의 입찰을 포기하거나 낙찰받은 후에 계약을 체결하지 않는 경우에 수익자(통상 발주자)에게 보증신용장에서 정한 금액을 지급하는 것을 내용으로 하는 신용장

② performance standby L/C(이행보증신용장) : 기초계약상의 채무자가 계약을 이행하지 않는 경우에 수익자에게 보증신용장에서 정한 금액을 지급하는 것을 내용으로 하는 신용장

③ advance payment L/C(선수금환급보증신용장) : 기초계약상의 주채무자가 계약을 불이행하는 경우에 수익자에게 이미 지급한 선수금을 환급하는 것을 내용으로 하는 신용장

④ retention standby L/C(유보금환급보증신용장) : 기성고방식의 수출거래에서 발주자는 각 기성단계별로 기성대금 중에서 일부를 시공자(constructor)의 완공불능위험에 대비하기 위하여 지급하지 않고 유보하는 바, 이에 시공사는 유보금 상당의 유보금환급보증신용장을 제출하고서 동 유보금을 받는다.

⑤ warranty standby L/C(하자보증신용장) : 건설공사에서는 발주자가 공사가 완공된 후 공사대금을 지급할 때 하자보수기간 동안에 발생할 수 있는 하자보수비용을 공제한 후 시공사에게 지급한다. 만약 계약금액의 일정비율로 정해진 하자보수비용만큼의 하자보증신용장을 제공하면 발주자는 공제한 하자보수비용을 건설업자에게 지급한다.

(2) 금융보증

① financial standby L/C : 개설의뢰인이 차입한 자금을 상환하지 못하면 개설은행이 차입금을 상환하거나 개설의뢰인의 부채계정에 지급할 것을 수익자에게 약속하는 신용장

② commercial standby L/C : 다른 방법으로 대금이 지급되지 않는 경우에 개설의뢰인의 상품·서비스대금의 지급을 보장하기 위하여 사용된다.

③ direct pay standby L/C : 개설의뢰인의 의무불이행과 연계될 수도 있고 연계되지 않을 수도 있다. 즉 직불보증신용장은 지급의 일차적인 수단(Primary means of payment)이 된다는 것을 의미하되, 계약불이행 또는 미지급과 연결될 수도 있고 안 될 수도 있다.

④ counter standby L/C : 구상보증신용장 수익자에 의한 별도의 보증신용장 발행에 대한 담보를 목적으로 발행되는 신용장이다.

* 3. 용어(Terminology)(ISP98 제1.09조, 제1.10조)

Rule 1.09 Defined terms

(a) 정의(Definitions)

"Business day" means a day on which the place of business at which the relevant act is to be performed is regularly open.
"영업일(Business day)"이라 함은 관련행위가 수행되어야 하는 장소에서 정상적으로 영업하는 날

"Banking day" means a day on which the relevant bank is regularly open at the place at which the relevant act is to be performed.
"은행영업일(Banking day)"이라 함은 관련행위를 하여야 하는 장소에서 해당 은행이 정상적으로 영업하는 날

"Demand" means, depending on the context, either a request to honour a standby ot a document that makes such request.
"청구(Demand)"는 문맥에 따라, 보증신용장에 따른 지급요구 또는 그러한 요구를 하는 서류를 의미한다.

"Drawing" means, depending on the context, either a demand presented or a demand honoured.
"지급청구(Drawing)"는 문맥에 따라, 제시된 청구 또는 지급된 청구를 의미한다.

(c) Electronic presentations
"전자기록(Electronic record)" :
 (ⅰ) 기록(a record)
    (유형의 매체(tangible medium)에 기재된 정보, 또는 전자 기타 매체에 저장되어 인식 가능한 형태(perceivable form)로 재생 가능한(retrievable) 정보)
 (ⅱ) 정보를 수령, 저장, 재전송하거나 여타의 방식으로 처리하기 위한 시스템에 전자적 수단으로 전송된 것(데이터, 텍스트, 이미지, 소리, 코드, 컴퓨터 프로그램, 소프트웨어, 데이터베이스 등)
 (ⅲ) 인증될 수 있고 또한 보증신용장조건에 일치하는지 여부의 심사가 가능한 것 (capable of being authenticated and then examined for compliance with the terms and conditions of the standby)

"인증(Authenticate)": 상업실무에서 일반적으로 인정되는 절차나 방법에 따라 다음의 사항에 관하여 전자기록을 검증하는 것(to verify an electronic record)을 의미한다.
(ⅰ) 발송자 또는 출처의 신원, 그리고(the identity of a sender or source)
(ⅱ) 정보 내용의 무결성 또는 전송 중의 오류(the integrity of or errors in the transmission of information content)

전자적 제시를 규정하거나 허용하는 보증신용장에서,
"수령(Receipt)"의 시기는 다음과 같다.
ⅰ. 전자기록이, 보증신용장에서 지정된 정보시스템에 의하여 처리 가능한 형태로 그 정보시스템에 입력된 때, 또는(an electronic record enters in a form capable of being processed by the information system designated in the standby, or)
ⅱ. 개설인이 지정하지 아니한 정보시스템으로 송부된 전자기록을 재생하는 때 (an issuer retrieves an electronic record sent to an information system other than that designated by the issuer.)

> [설명] 인증(Authenticate)은 송신자(Sender) 또는 출처(Source)의 확인 및 전송의 무결성(Integrity)에 초점을 둔다.

1.10. 불필요하거나 바람직하지 아니한 용어(Redundant or Otherwise undesirable Terms

(a) 불필요한 용어
(ⅰ) unconditional(무조건적) or abstract(추상적)
→ 단지 보증신용장상 지급의 조건은 오직 명시된 서류를 제시하는 것임을 의미
(ⅱ) absolute(절대적)
→ 단지 그 개설인의 의무가 독립적임을 의미
(ⅲ) primary(일차적)
→ 단지 그 개설인의 의무가 독립적임을 의미
(ⅳ) payable from the issue's own funds(이 보증신용장은 개설인 자신의 자금으로 지급된다)
→ 단지 그 보증신용장상의 지급이 개설의뢰인 자금의 이용 가능성에 좌우되지 아니하고 개설인 자신의 독립적 의무의 변제를 목적으로 한다는 것을 의미

(ⅴ) clean or payable on demand(이 보증신용장은 무화환이다 또는 요구불로 지급된다)
→ 단지 그 보증신용장이 지급청구서 기타 보증신용장에 명시된 서류가 제시되면 지급된다는 것을 의미

(b) 사용하지 않아야 하는 용어
"and/or" - 사용되었다면, "둘 중 하나" 또는 "둘 모두"를 의미함(if it does, it means either or both)

(c) 무시하는 용어
(ⅰ) 다음 용어는 무시한다.
"callable", "divisible", "fractionable", "indivisible", "transmissible"
(ⅱ) 그 문맥에서 의미가 부여되지 아니한다면, 다음의 용어는 무시한다.
"assignable", "evergreen", "reinstate", "revolving"

4. 개설시점 : When it leaves an issuer's control(ISP98 제2.03조)
- 보증신용장(standby)은 개설인의 지배를 벗어나는 때(when it leaves an issuer's control)에 개설되며, 이때부터 개설인은 보증신용장을 취소할 수 없게 된다(개설하면 바로 효력 발생함).
- 다만 "개설되지 아니한다(not issued)", "강제력을 갖지 아니한다(not enforceable)"고 분명히 표시한 때에는 보증신용장이 효력이 발생하지 않는다.
- 보증신용장이 "available", "operative", "effective"하지 않다는 표현은 개설인의 지배를 벗어난 때 개설되는 보증신용장의 성격에 영향을 주지 않는다.

5. "A or B", "either A or B" & "A and B"(ISP98 제1.11조 c항 ⅳ)
- "A or B" : A 또는 B, 또는 둘 다(A or B or both)
- "either A or B" : A 또는 B, 둘 다는 아님(A or B, but not both)
- "A and B" : A와 B 모두(both A and B)

6. Different person(ISP98 제2.02조)

Rule 2.02 다른 지점, 대리점, 또는 기타 사무소의 의무(Obligation of different branches, agencies, or other offices)

For the purpose of these Rules, an issuer's branch, agency, or other office acting or undertaking to act under a standby in a capacity other than as issuer is obligated in that capacity only and shall be treated as a different person.

> [설명] 개설인의 지점, 대리점, 기타 사무소도(국내지점 또는 해외지점 막론) ISP98상 타인으로 취급된다. 즉, 개설인 이외의 자격으로 행위하는 모든 자는 타인(different person)으로 간주하는 것이다.

> [비교] UCP 600 제3조 : 서로 다른 국가에 위치한 같은 은행의 지점은 다른 은행으로 간주(=동일 국가에 위치한 같은 은행의 지점은 같은 은행)

Branches of a bank in different countries are considered to be separate banks.

7. Issuer는 매입불가(ISP98 제2.01조)

Rule 2.01 수익자에 대한 개설인과 확인인의 결제의무(Undertaking to honour by issuer and any confirmer to beneficiary)

(c) An issuer acts in a timely manner if it pays at sight, accepts a draft, or undertakes a deferred payment obligation(or if it gives notice of dishonour) within the time permitted for examing the presentation and giving notice of dishonour.

(c) 개설인이 제시된 서류를 심사하고 결제거절을 통지하는 데 허용된 기간 내에 ① 즉시 지급하거나 ② 환어음을 인수하거나, ③ 연지급을 확약한 경우에(또는 결제거절을 통지한 경우에), 개설인은 적시에 이행한 것으로 본다.

> [설명] • 즉, 개설인은 매입(negotiation)할 수 없다.
> • ① 즉시지급(pay at sight), ② 환어음 인수(accepts a draft), ③ 연지급 확약(undertake a deferred payment) 이 세가지 방법은 "결제(honour)"에 해당한다.
> • 보증신용장(standby)에서 매입(negotiation)에 의한 결제를 규정한 때에는 개설인은 청구된 금액을 소구권 없이(without recourse) 즉시 지급함으로써 결제(honour)하여야 한다.

8. 조건변경(amendment)시점 : When it leaves its control(ISP98 제2.06조 b항)

(자동조건변경(automatic amendment)에 관한 규정이 없는 경우)
- 보증신용장이 개설인의 지배를 벗어나는 때(when it leaves the issuer's control)에 개설인을 구속한다.
- 보증신용장이 확인인의 지배를 벗어나는 때(when it leaves the confirmer's control)에 확인인을 구속하되, 다만 확인인이 자신은 그 조건변경에 대하여 확인하지 아니한다고 밝힌 때에는 그러하지 아니하다.

> [조건변경에 대한 수익자의 동의]
> (ISP98 제2.06 c항) 수익자가 동의하기 전까지는 조건변경은 수익자에 대하여 구속력을 갖지 않는다. 수익자는 의사표시로써 동의를 표시할 수도 있고, 조건변경된 신용장에 일치하게 제시함으로써 동의를 표시할 수 있다. 수익자의 일부동의는 조건변경의 전부거절이 된다.
> (수익자의 조건변경에 대한 동의 또는 거절 절차는 UCP 600과 동일)

9. Automatic Amendment(without amendment)(ISP98 제2.06조 a항)

Rule 2.06 When an amendment is authorized and binding

(a) If a standby expressly states that it is subject to "automatic amendment" by an increase or decrease in the amount available, an extension of the expiration date, or the like, the amendment is effective automatically without any further notification or consent beyond that expressly provided for in the standby(Such an amendment may also be referred to as becoming effective "without amendment").

(a) 보증신용장이 그 금액의 증감이나 만료일의 연기 등의 면에서 "자동조건변경"되는 것으로 보증신용장에 명시적으로 기재된 경우에, 조건변경은 보증신용장에 명시적으로 규정된 통지나 동의 이외에 더 이상의 통지나 동의가 없이 자동적으로 효력을 발생한다(그러한 조건변경은 "조건변경 없이" 효력을 발생하는 것이라고도 한다).

> [설명] 조건변경의 요건
> - 보증신용장은 취소불능하므로 당해 보증신용장에서 정하여진 방법에 의하지 않거나 그 조건변경에 의한 영향을 받는 자의 동의 없이는 변경될 수 없다.
> - 당사자의 추가적인 별도의 행위가 없이도 보증신용장에서 정하여진 방법에 의하여 미리 정해진 방법과 내용으로 조건변경이 발생하는 것을 자동조건변경(automatic amendment)이라 한다.

10. Issuer 책임지지 않는 사항 1.08

1.08 Limits to responsibilities(책임제한)

An issuer is not responsible for :
(a) performance or breach of any underlying transaction;
(b) accuracy, genuineness, or effect of any document presented under the standby;
(c) action or omission of others even if the other person is chosen by the issuer or nominated person; or
(d) observance of law or practice other than that chosen on the standby or applicable at the place of issuance.

개설인은 다음 사항에 대하여 책임지지 아니한다.
(a) 기초거래의 이행(performance) 또는 위반(breach)
(b) 보증신용장상 제시된 서류의 정확성(accuracy), 진정성(genuiness) 또는 효력(effect)
(c) 타인의 작위(action) 또는 부작위(omission), 이는 개설인이나 지정인이 그 타인을 선택하였더라도 같다.
(d) 보증신용장 내에서 지정된 법률 또는 관행이나 개설지에서 적용되는 법률 또는 관행 이외의 법률 또는 관행의 준수

* 11. 통지(ISP98 제2.05조, 제2.07조)

통지인은 보증신용장의 외견상 진정성(the apparent authenticity)과 정확성에 책임이 있다. 타인을 이용하여 보증신용장을 통지한 개설인은 그 타인을 통하여 모든 조건변경을 통지하여야 한다(UCP 600 제9조 (d)항과 동일입장).

Rule 2.05 보증신용장 또는 조건변경의 통지(Advice of standby or amendment)

(a) Unless an advice states otherwise, it signifies that :
 (i) the advisor has checked <u>the apparent authenticity</u> of the advised message in accordance with standard letter of credit practice; and
 (ii) <u>the advice accurately reflects what has been received</u>.
(b) A person who is requested to advise a standby and decides not to do so should notify the requesting party.
(a) 통지상 달리 명시되지 아니한 경우에, 그 통지는 다음을 의미한다.
 (i) 통지인은 표준보증신용장관행에 따라 그 통지문의 외관상 진정성을 검사하였다.
 (ii) 그 통지는 원래 수령된 바를 정확히 반영하고 있다.

(b) 보증신용장 통지를 요청받고서 그렇게 하지 않기로 결정한 자는 그 통지를 요청한 자에게 그러한 사실을 통보하여야 한다.

> [설명] UCP 600 제9조 (b)와 동일

Rule 2.07 조건변경의 통지경로(Routing of amendments)

(a) An issuer using another person to advise a standby must advise all amendments to that person.

(a) 타인을 이용하여 보증신용장을 통지한 개설인은 그 타인을 통하여 모든 조건변경을 통지하여야 한다.

> [설명] UCP 600 제9조 (d)와 동일

12. 보증신용장상 일치하는 제시(ISP98 제3.01조)

Rule 3.01 보증신용장상 일치하는 제시(Complying Presentation under a Standby)

A standby should indicate the ① time, ② place and location within that place, ③ person to whom, and ④ medium in which presentation should be made, if so, presentation must be so made in order to comply. To the extent that a standby does not so indicate, presentation must be made in accordance with these Rules in order to be complying.

보증신용장은 ① 제시시기, ② 제시장소와 그 장소 내의 지점(地點, location), ③ 피제시인 및 ④ 제시방식(medium)을 표시하여야 한다. 그렇게 표시된 경우에, 일치하는 제시가 되기 위해서는 그렇게 표시된 대로 제시되어야 한다. 보증신용장에서 그렇게 표시되지 아니한 한도 내에서는 이 규칙에 따라 제시되어야 일치하는 제시가 된다.

13. 일부제시 → 심사를 요하는 제시(ISP98 제3.02조)

Rule 3.02 What constitutes a presentation?

The receipt of a document required by and presented under a standby constitutes a presentation requiring examination for compliance with the terms and conditions of the standby even if not all of the required documents have been presented.

보증신용장상 요구되고 제시되는 서류의 접수(receipt)는 비록 필요서류가 모두 제시되지 아니하더라도 보증신용장조건에 일치하는지의 심사를 요하는 제시를 구성한다.

[설명] 보증신용장에서 요구한 서류 중 일부만 들어와도(요구한 서류가 모두 제출되지 않아도) 서류 심사를 시작해야 한다.

* 14. 제시장소 없는 경우(No place or No location)(ISP98 제3.04조)

Rule 3.04 Where and to whom complying presentation made?

(b) If no place of presentation to the issuer is indicated in the standby, presentation to the issuer must be <u>at the place of business from which the standby was issued</u>.

(b) 제시를 위한 개설인의 장소가 보증신용장에서 표시되지 아니한 경우에, 개설인에 대한 제시는 보증신용장을 개설한 영업소에서 하여야 한다.

Rule 3.04 Where and to whom complying presentation made?

(c) If a standby is confirmed, but <u>no place for presentation is indicated in the confirmation</u>, presentation for the purpose of obligating the confirmer(and the issuer) must be made <u>at the place of business of the confirmer from which the confirmation was issued or to the issuer</u>.
확인보증신용장에서 제시장소가 그 확인 내에서 표시되지 아니한 경우에, 확인인(및 개설인)에게 의무를 발생시키는 목적의 제시는 그 확인을 한 확인인의 영업소에서 하거나 개설인에게 하여야 한다.

[설명] 제시장소가 없는 경우(No place of presentation)
- 개설인에 대한 제시 : 보증신용장을 개설한 영업소(at the place of business from which the standby was issued)
- 확인인에 대한 제시 : 확인인의 영업소(at the place of business of the confirmer from which the confirmation was issued) 또는 개설인(to the issuer)

(d) If no location at a place of presentation is indicated(such as department, floor, room, station, mail stop, post office box, or other location), presentation may be made to :
 (ⅰ) the general postal address indicated in the standby;
 (ⅱ) any location at the place designated to receive deliveries of mail or documents; or
 (ⅲ) any person at the place of presentation actually or apparently authorized to receive it.

(d) 제시장소 내에서 그 지점(예컨대, 부서, 층수, 호실, 처소, 우편물보관실, 우편함. 기타 지점)이 표시되지 아니한 경우에 제시처(提示處)는 다음과 같다.
  (ⅰ) 보증신용장상 표시된 일반 우편주소
  (ⅱ) 우편이나 서류의 배달장소로 지정된 장소 내의 어느 지점 또는
  (ⅲ) 제시장소에서 실제로 또는 외관상 수령권한을 가진 자

15. 적시의 제시 : 영업시간 후 제시 → 다음 은행영업일에 제시된 것으로 간주(ISP98 제3.05조)

Rule 3.05 When timely presentation made?

(a) A presentation is timely if made at any time after issuance and before expiry on the expiration date.
(b) A presentation made after the close of business at the place of presentation is deemed to have been made on the next business day.
(a) 개설 이후부터 만료일에 만료되기 전까지의 제시를 적시의 제시로 한다.
(b) 제시장소에서 업무종료 후의 제시는 그 다음 영업일에 제시된 것으로 본다.

16. 보증신용장의 특정(identification of standby) : 특정할 수 없는 경우, 특정된 때 제시된 것으로 간주(ISP98 제3.03조)

Rule 3.03 Identification of standby

(a) A presentation must identify the standby under which the presentation is made.
(b) A presentation may identify the standby by stating the complete reference number of the standby and the name and location of the issuer or by attaching the original or a copy of the standby.
(c) If the issuer cannot determine from the face of a document received that it should be processed under a standby or cannot identify the standby to which it relates, presentation is deemed to have been made on the date of identification.
(a) 제시를 함에 있어서는 어느 보증신용장하에서 그 제시를 하는 것인지 해당 보증신용장을 특정하여야 한다.
(b) 보증신용장의 특정은 해당 보증신용장의 고유번호 및 개설인의 명의와 주소를 기재함으로써 혹은 당해 보증신용장의 원본 또는 사본을 첨부함으로써 할 수 있다.
(c) 개설인이 접수한 서류의 문면상 보증신용장을 특정할 수 없다면, 해당 보증신용장이 특정되는 일자에 제시된 것으로 본다.

17. 제시방식이 지시되지 아니한 경우(No medium → Paper document)(ISP98 제 3.06조 b항)

Rule 3.06 Complying medium of presentation

(b) Where no medium is indicated, to comply a document must be presented as a paper document.

(b) 제시방식이 지시되지 아니한 경우에, 일치하는 제시가 되기 위하여 서류는 종이문서로 제시되어야 한다.

18-1. 오직 Demand(지급청구서)만 제시되어야 하는 경우(ISP98 제3.06조 b항)

[설명] 지급청구서가 SWIFT나 인증된 텔렉스(tested telex), 기타 SWIFT 참가자인 수익자나 은행에 의하여 그와 유사한 인증방법을 통하여 제시되는 것은 일치하는 제시이다.
그러나 종이서류로 제시되지 아니하는 지급청구는 개설인이 그의 독자적인 재량으로(in its sole discretion) 그러한 방식의 사용을 허용하지 아니한다면 일치하는 제시로 되지 아니한다.

18-2. 아무런 필요서류 명기하지 않은 경우 → 서면의 지급청구(a documentary demand for payment)(ISP98 제4.08조)

Rule 4.08 Demand document implied

If a standby does not specify any required document, it will still be deemed to require a documentary demand for payment.
보증신용장에서 어떠한 필요서류도 명기하지 아니한 경우에도, 그 보증신용장은 서면의 지급청구를 요구하는 것으로 본다.

* 19. 각 제시의 독립성(ISP98 제3.07조)

Rule 3.07 Separateness of each presentation

(a) Making a non-complying presentation, withdrawing a presentation, or failing to make <u>any one of a number of scheduled or permitted presentations</u> does not waive or otherwise prejudice the right to make another timely presentation or a timely re-presentation whether or not the standby prohibits partial or multiple drawings or presentations.

(a) 불일치한 제시를 하거나 제시를 철회하거나 혹은 예정 또는 허용된 다수의 제시 중의 어느 하나를 하지 아니하는 것은 적시의 다른 제시나 적시의 재제시를 할 권리의 포기가 아니고 또한 그러한 권리에 영향을 주지 아니하며, 이는 그 보증신용장에서 일부 또는 수차의 청구 또는 제시를 금지하고 있는지를 불문한다.

> [비교] • UCP 600 제32조 : 할부분을 위하여 허용된 기간 내에 어음발행 또는 선적되지 아니하였다면, 그 신용장은 해당 할부분과 이후의 모든 할부분에 대하여 효력을 상실한다.
> • ISP98 제3.07조 : 해당 할부분을 청구하지 않으면 그것만 무효가 되고 이후의 보증신용장은 그대로 유효하다(각 제시의 독립성).

20. 다른 요구서류들은 보증신용장의 금액을 초과할 수 있으나 Demand는 보증신용장 금액을 초과하면 하자다(ISP98 제3.08조 e항).

Rule 3.08 Partial drawing and multiple presentations; amount of drawings

(e) <u>If a demand exceeds the amount available under the standby, the drawing is discrepant</u>. Any document other than the demand stating an amount in excess of the amount demanded is not discrepant for that reason. <u>보증신용장금액을 초과하여 지급청구(demand)된 경우에</u>, 그 지급청구는 불일치하다. 지급청구서 이외의 서류에서 청구금액보다 많은 금액을 기재한 경우에 그 서류는 그러한 사실을 이유로 불일치한 것으로 되지 아니한다.

> [설명] 지급청구서(demand)는 보증신용장금액을 초과하면 하자가 된다. 하지만 지급청구서 이외의 서류가 보증신용장금액을 초과한다고 하여 하자가 되지는 않는다.

21. 일부청구(Partial drawing), 수차청구(Multiple drawing)(ISP98 제3.08조 a, b항)

Rule 3.08 Partial drawing and multiple presentations; amount of drawings

(a) A presentation may be made for less than the full amount available("partial drawing").
(b) More than one presentation("multiple presentations") may be made.
(a) 보증신용장금액의 전액보다 적은 액수로 제시를 할 수 있다("일부청구").
(b) 두 번 이상의 제시("수차제시")를 할 수 있다.

22. 일부청구금지(Partial drawing prohibited), 수차청구금지(Multiple drawings prohibited) 하는 경우(ISP98 제3.08조 c, d항)

(c) The statement "partial drawings prohibited" or a similar expression means that <u>a presentation must be for the full amount available</u>.
(d) The statement "multiple drawings prohibited" or a similar expression means that <u>only one presentation may be made and honoured but that it may be for less than the full amount available</u>.
(c) "일부청구금지(partial drawings prohibited)" 문구 또는 그와 유사한 표현은 보증신용장금액의 전액으로 제시하여야 함을 의미한다.
(d) "수차청구금지(multiple drawings prohibited)" 문구 또는 그와 유사한 표현은 오직 일회로 제시되고 결제될 수 있으나 보증신용장금액의 전액 미만으로도 제시할 수 있음을 의미한다.

> [설명] • "partial drawings prohibited"는 오직 일회의 전부청구(신용장금액 전액의 청구)만이 허용된다는 것 의미
> • "multiple drwaings prohibited"는 오직 일회의 청구만을 허용하되 일부청구(partial drawing)도 허용하는 것을 의미

23. Extend or Pay(연장 또는 지급)(ISP98 제3.09조)

Rule 3.09 연장 또는 지급(Extend or pay)

A beneficiary's request to extend the expiration date of the standby or, alternatively, to pay the amount available under it :
(a) is a presentation demanding payment under the standby, to be examined as such in accordance with these Rules; and

(b) implies that the beneficiary :
  (ⅰ) consents to the amendment to extend the expiry date to the date requested;
  (ⅱ) requests the issuer to exercise its discretion to seek the approval of the applicant and to issue that amendment;
  (ⅲ) upon issuance of that amendment, retracts its demand for payment; and
  (ⅳ) consents to the maximum time available under these Rules for examination and notice of dishonour.

보증신용장의 만료일을 연기하든지 아니면 그 대금을 지급할 것을 요구하는 수익자의 청구는
(a) 보증신용장상 지급을 청구하는 제시이며, 이 규칙에 따라 제시로서 심사되어야 한다. 그리고
(b) 다음을 의미한다.
  (ⅰ) 수익자는 그렇게 요구된 일자까지 만료일을 연기하기로 조건변경하는 데 동의한다.
  (ⅱ) 수익자는 개설인으로 하여금 그의 재량으로 개설의뢰인으로부터 승인을 구하고 그에 따라 보증신용장을 조건변경할 것을 개설인에게 요구한다.
  (ⅲ) 수익자는 조건변경이 있음과 동시에 자신의 지급청구를 철회한다. 그리고
  (ⅳ) 수익자는 심사 및 결제거절통지에 관하여 이 규칙상 허용되는 최대기간에 동의한다.

[설명] "Extend or pay"란 수익자가 보증신용장의 유효기일 연장을 요청하면서, 유효기일이 연장되지 않으면 보증신용장대금을 지급할 것을 청구하는 것이다.
개설인이 유효기일을 연장하면 수익자의 지급청구는 철회된다. 수익자의 청구가 일치하는 제시이고 개설인이 유효기일을 연장하지 않았다면, 개설인은 수익자에게 보증신용장금액을 지급하여야 한다.
- 심사기간 : 최대 7일간의 은행영업일 누린다.
- 개설인의 재량(its discretion) : 개설인은 그의 재량에 따라 선택부 지급청구(Extend or pay)를 ISP98상의 제시로 취급하여 그에 대하여 심사를 할 수 있고, 이 때 보증신용장의 유효기간을 연장하도록 조건변경을 구하기 위하여 개설의뢰인과 접촉할 필요가 없다.

24. 대체제시장소(ISP98 제3.14조)

제시일이 30일 미만으로 남은 때 대체제시장소 지정 경우 : 최종제시기일부터 30일(calendar days) 연장 ※ 30일 이상 남은 경우 연장 안 됨. 하지만 제시는 대체장소에 이루어져야 한다.

최종제시일 자동연장

Rule 3.14 Closure on a business day and authorization of another reasonable place for presentation

(a) If on the last business day for presentation the place for presentation stated in a standby is <u>for any reason</u> closed and presentation is not timely made because of the closure, then the last day for presentation is automatically extended to the day occurring <u>thirty calendar days after the place for presentation re-opens for business</u>, unless the standby otherwise provides.

(a) 제시를 위한 최종영업일에 보증신용장에 명시된 제시장소에서 <u>어떠한 이유로(for any reason)</u> 휴무이고 이 때문에 적시에 제시되지 아니한 경우에, 보증신용장에서 달리 규정하지 아니한다면, <u>최종제시일은 자동적으로 그 제시장소에서 영업이 재개된 지 달력상 30일 후의 일자로 연기된다.</u>

원래는 정상적으로 영업하는 것으로 예정되어 있는 어느 일자에 "어떠한 이유(for any reason)" 때문일 수 있으며, 그 이유가 반드시 불가항력이어야 하는 것은 아니다.

합리적인 대체제시장소 지정

(b) Upon or in anticipation of closure of the place of presentation, an issuer may authorize another reasonable place for presentation in the standby or in a communication received by the beneficiary. If it does so, then
 (i) presentation must be made at that reasonable place; and
 (ii) if the communication is received fewer than thirty calendar days before the last day for presentation and for that reason presentation is not timely made, the last day for presentation is automatically extended to the day occurring thirty calendar days after the last day for presentation.

(b) 제시장소가 폐쇄되거나 휴무일 것임이 예상되는 경우에, 개설인은 보증신용장에서 또는 수익자에 대한 통신으로 합리적인 대체제시장소를 지정할 수 있다. 개설인이 그렇게 한 경우에,
 (i) 그러한 합리적인 대체장소에서 제시되어야 한다. 그리고
 (ii) 최종제시일이 달력상 30일 미만으로 남은 때에 통신을 수령하여 적시에 제시할 수 없는 경우에, 최종제시일은 자동적으로 그 최종제시일 후 달력상 30일이 되는 일자로 연기된다.

최종제시일이 달력상 30일이 채 남지 않은 상태에서 수익자가 대체장소통지를 수령하여 이 때문에 제시를 하지 못하는 경우에, 최종제시일은 보증신용장 소정의 최종제시일로부터 달력상 30일간 연장된다. 예컨대, 6월 30일이 최종제시일일 경우로서 6월 4일에 통지를 수령한 경우에, 최종제시일은 7월 30일로 연장된다. 하지만 30일 이상 남은 경우 최종제시일은 연장되지 않는다(최종제시일이 연장되지 않아도 제시는 반드시 대체장소에서 이루어져야 한다).

25. 요구되지 않은 서류 : 무시, 반환 또는 송부(with other document presented) (ISP98 제4.02조)

Rule 4.02 Non-examination of extraneous documents

Documents presented which are not required by the standby need not be examined and, in any event, shall be disregarded for purposes of determining compliance of the presentation. They may without responsibility be returned to the presenter or passed on with the other documents presented.

보증신용장에서 요구되지 않음에도 제시된 서류는 심사할 필요가 없고, 일치하는 제시인지를 결정할 때 어떠한 경우에도 무시되어야 한다. 그러한 서류는 아무런 책임 없이 제시인에게 반환되거나 제시된 여타 서류와 함께 전달될 수 있다.

26. 비서류조건(Non-ducumentary terms or conditions)(ISP98 제4.11조)

(ISP98 제4.11조 a항) 보증신용장상의 비서류적 조건은 무시되어야 한다.
무시되지 않는 비서류적 조건(비서류조건으로 취급하지 않는 조건)
ISP98에서는 "개설인 자신의 기록으로부터 또는 개설인의 통상적 업무 내에서 그 충족 여부를 결정할 수 없는 조건"에 한하여 비서류적 조건으로 무시된다.

Rule 4.11 Non-documentary terms or conditions

(c) Determinations from the issuer's own records or within the issuer's normal operations include determinations of :
  (ⅰ) when, where, and how documents are presented or otherwise delivered to the issuer;
  (ⅱ) when, where, and how communications affecting the standby are sent or received by the issuer, beneficiary, or any nominated person;
  (ⅲ) amounts transferred into or out of accounts with the issuer; and

(ⅳ) amounts determinable from a published index(e.g. if a standby provides for determining amounts of interest accruing according to published interest rates).
(c) 개설인 자신의 기록으로부터 또는 개설인의 통상적 업무 내에서 결정한다는 것은 다음의 사항에 관하여 결정하는 것을 포함한다.
(ⅰ) 서류가 언제, 어디서, 어떻게 개설인에게 제시 기타 인도되었는가
(ⅱ) 보증신용장에 영향을 주는 통신이 언제, 어디서, 어떻게 개설인, 수익자 또는 지정인에 의하여 발송 또는 수령되었는가
(ⅲ) 개설인이 보유하는 계좌에 입출금된 금액
(ⅳ) 공표된 지수로부터 결정될 수 있는 금액(예컨대, 보증신용장이 공표된 이자율에 따라 이자액을 결정하도록 규정하는 경우·)

> (ⅰ)의 예 : 보증신용장의 유효기간 내지 만료일에 관한 명시는 비서류적 조건이 아님
> (ⅱ)의 예 : 개설의뢰인이나 수익자 또는 제3자로 하여금 다른 보증신용장 원본을 개설은행이나 지정은행에 예치시키도록 하는 것은 비서류적 조건이 아님

* 27. about, approximately, circa(ISP98 제3.08조 f항)

Rule 3.08

(f) Use of "approximately", "about", "circa", or a similar word permits a tolerance not to exceed 10 per cent more or 10 per cent less of the amount to which such word refers.
(f) "approximately", "about", "circa" 이와 유사한 문구가 사용된 경우에, 이는 그러한 문구가 가리키는 금액의 10%의 과부족을 허용하는 것으로 한다.

28. 제시접수통지의 불요(ISP98 제3.10조)

Rule 3.10 No notice of receipt of presentation

An issuer is not required to notify the applicant of receipt of a presentation under the standby.
개설인은 보증신용장에 따른 제시접수의 사실을 개설의뢰인에게 통지할 필요가 없다.

URDG758 제16조와 비교

URDG 제16조 Information about Demand

The Guarantor shall without delay inform the instruction party or, where applicable, the counter-guarantor of any demand under the Guarantee and of any request, as an alternative, to extend the expiry of the guarantee.

제16조 지급청구에 관한 통지

보증인은 지체 없이 지시당사자에게 또는 경우에 따라 구상보증인에게 보증상 지급청구가 이루어진 사실과 보증상 지급 또는 만료연장이 선택적으로 요청된 사실을 통지하여야 한다.

> [설명] ISP98에서는 제시접수의 사실을 개설의뢰인에게 통지할 필요가 없다고 규정하고 있으나 URDG758에서는 개설의뢰인에게 통지하여야 한다고 규정하고 있다.

29. 만료일이 비영업일 경우(Expiration Date on a Non-Business Day)(ISP98 제3.13조)

보증신용장에서 명시된 최종제시일이 제시처로 요구된 개설인이나 지정인의 영업일이 아닌 경우에, 거기서 그 다음의 최초의 영업일에 행하여진 제시는 적시의 제시로 본다.

30. 서류 상호불일치여부 심사 - 요구되지 않음(ISP98 제4.03조).

※ 각 서류가 보증신용장조건과 일치하는지에 한하여 심사하면 족하다.

Rule 4.03 Examination for inconsistency

An issuer or nominated person is required to examine documents for inconsistency with each other only to the extent provided in the standby.

개설인이나 지정인은 오직 보증신용장에서 규정된 범위 내에서만 서류 상호 간의 불일치 여부를 심사하여야 한다.

> [설명] 보증신용장에서는 각 서류가 보증신용장조건과 일치하는지에 한하여 심사하면 충분하고, 서류 상호 간 불일치 여부의 심사는 요구되지 않는다. 하지만 UCP 600의 경우 각 서류와 신용장간 불일치뿐만 아니라 각 서류 간의 불일치 여부도 심사해야 한다.

31. 서류의 언어(ISP98 제4.04조)

Rule 4.04 Language of documents

The language of all documents issued by the beneficiary is to be that of the standby.
수익자가 발행하는 모든 서류는 보증신용장의 언어로 작성되어야 한다.

> [비교] ISP98에서는 수익자 발행 서류는 신용장 언어로 작성되어야 하나(~ is to be ~), 제3자가 발행한 서류는 신용장 언어를 사용하지 않아도 된다.
> ISBP821에서는 수익자 발행 서류는 신용장과 같은 언어가 되어야 한다고 기대된다(Under international standard banking practice, it is expected that documents issued by the beneficiary will be in the language of the credit.).

32. 서류의 발행인(ISP98 제4.05조)

Rule 4.05 Issuer of documents

Any required document must be issued by the beneficiary unless the standby indicates that the document is to be issued by a third person or the document is of a type that standard standby practice requires to be issued by a third person.
필요서류는 수익자가 발행하여야 하나, 보증신용장에서 제3자가 발행한 서류이어야 한다고 표시하고 있거나 표준보증신용장관행상 제3자가 발행하는 유형의 서류인 때에는 그러하지 아니하다.

*33. 서류상 요구되는 서명(ISP98 제4.07조)

Rule 4.07 Required signature on a document

(a) A required document need not be signed unless the standby indicates that the document must be signed or the document is of a type that standard standby practice requires be signed.
필요서류는 반드시 서명되어야 하는 것은 아니되, 다만 보증신용장에서 서명된 서류이어야 한다고 표시하고 있거나 그 서류가 표준보증신용장관행상 서명이 요구되는 유형의 서류인 때에는 그러하지 아니하다.

(c) Unless a standby specifies :
 (ⅰ) the name of a person who must sign a document, any signature or authentication will be regarded as a complying signature.
 (ⅱ) the status of a person who must sign, no indication of status is necessary.

(c) 보증신용장에서,
  (ⅰ) 서류에 서명하여야 하는 자의 명의를 명기하지 아니한 경우에, 어떠한 서명이나 인증도 일치하는 서명으로 본다.
  (ⅱ) 서류에 서명하여야 하는 자의 신분을 명기하지 아니한 경우에, 신분을 표시할 필요가 없다.

> [설명] 보증신용장에서 서명자의 신분을 명기하지 않은 경우에, 그 신분은 표시될 필요가 없다. 그러나 보증신용장에서 서명자의 신분이 표시될 것을 요구한 경우에는, 그에 따라야 한다.

34. 개설인이나 확인인이 인수 또는 합병된 경우의 상호(ISP98 제4.14조)

Rule 4.14 Name of acquired or merged issuer or confirmer

If the issuer or confirmer is reorganized, merged, or changes its name, any required reference by name to the issuer or confirmer in the documents presented may be to it or its successor.
개설인이나 확인인이 재조직되거나, 합병되거나, 그 상호를 변경하는 경우에, 제시된 서류상의 개설인 또는 확인인의 명칭은 그의 원래의 명칭이나 그 승계인의 명칭으로 표시될 수 있다.

35. 서류의 원본, 사본 및 부수(ISP98 제4.15조)

Rule 4.15 Original, copy, and multiple documents

(a) A presented document must be an original.
(a) 제시된 서류는 원본이어야 한다.

Rule 4.15 Original, copy, and multiple documents

(e) If multiples of the same document are requested, only one must be an original unless :
  (ⅰ) "duplicate originals" or "multiple originals" are requested in which case all must be originals; or
  (ⅱ) "two copies", "two-fold", or the like are requested in which case either originals or copies may be presented.

동일한 서류의 복수의 부수(部數)가 요구된 경우에, 최소한 1부는 원본이어야 한다. 그러나
(ⅰ) "duplicate originals" 또는 "multiple originals"가 요구되면 모든 서류가 원본이어야 한다.
(ⅱ) "two copies", "two-fold" 등이 요구되면 모두 원본이나 모두 사본으로 제시될 수 있다.

지급청구(Demand for payment), 진술서 최소요구내용(ISP98 제4.16조, 제4.17조)

지급청구(Demand for payment)(ISP98 제4.16조)

1. 반드시 수익자의 진술서 기타 필요서류와 분리된 별개의 것이어야 하는 것은 아니다. (need not be separate from the beneficiary's statement or other required document.)
2. 별도의 지급청구서(seperate demand)가 요구되는 경우, 그 지급청구서는 다음을 포함하여야 한다.
   (ⅰ) 개설인 또는 지정인에 대한 수익자의 지급청구(a demand for payment from the beneficiary directed to the issuer or nominated person)
   (ⅱ) 지급청구서의 발행일 표시(a date indicating when the demand was issued)
   (ⅲ) 청구금액(the amount demanded) 및
   (ⅳ) 수익자의 서명(the beneficiary's signature)
3. 지급청구(demand)는 환어음(draft) 또는 기타 지급을 구하는 지시, 명령 또는 요구의 형태일 수 있다. 보증신용장에서 "환어음"의 제시를 요구하는 경우에, 보증신용장에서 달리 명시하지 아니한다면 환어음은 반드시 유통 가능한 형식(negotiable form)일 필요가 없다.
(ISP98 제4.16조 c항) A demand may be in the form of a draft or other instruction, order, or request to pay. If a standby requires presentation of a "draft" or "bill of exchange", that draft or bill of exchange need not be in negotiable form unless the standby so states.

채무불이행, 기타 청구사유에 관한 진술서(Statement of default or other drawing event)(ISP98 제4.17조)

보증신용장에서 요구되는 내용을 명기하지 아니한 경우에, 다음을 모두 포함해야 한다.
(a) 보증신용장에서 기술한 청구사유가 발생하였기 때문에 지급을 하여야 한다는 취지의 표시 (a representation to the effect that payment is due because a drawing event described in the standby has occurred)
(b) 그 서류의 발행일의 표시(a date indicating when it was issued) 및
(c) 수익자의 서명(the beneficiary's signature)

적시의 결제거절통지(ISP98 제5.01조)

Rule 5.01 Timely notice of dishonour

(a) Notice of dishonour must be given within a time after presentation of documents which is not unreasonable.
 (ⅰ) Notice given within three business days is deemed to be not unreasonable and beyond seven business days is deemed to be unreasonable.
 (ⅱ) Whether the time within which notice is given is unreasonable does not depend upon an imminent deadline for presentation.
 (ⅲ) The time for calculating when notice of dishonour must be given begins on the business day following the business day of presentation.(ⅳ) Unless a standby otherwise expressly states a shortened time within which notice of dishonour must be given, the issuer has no obligation to accelerate its examination of a presentation.

(a) 결제거절의 통지는 서류제시 후 불합리하지 아니한 기간 내에 하여야 한다.
 (ⅰ) <u>3영업일 이내의 통지는 불합리하지 아니한 것으로 보고, 7영업일 후의 통지는 불합리한 것으로 본다.</u> ★★
 (ⅱ) 통지에 소요된 기간이 불합리한지 여부는 제시시한의 임박 여부에 좌우되지 아니한다.
 (ⅲ) 결제거절 통지기간은 영업일인 제시일의 다음 영업일부터 기산한다.
 (ⅳ) 보증신용장에서 결제거절 통지기간의 단축을 달리 명시적으로 명기하지 아니한 경우에, 개설인은 제시에 대한 심사를 가속할 의무가 없다.

> [설명] 제시일의 다음 영업일로부터 3영업일 이내의 통지는 "합리적(not unreasonable)"
> 제시일의 다음 영업일로부터 4~7영업일의 기간이 소요되는 경우 "불합리하지 아니한 기간"
> 제시일의 다음 영업일로부터 7영업일 후의 통지는 "불합리한 것(unreasonable)"
> 즉, 제시일 다음 영업일로부터 최대 7영업일간 심사기간을 가질 수 있다.
> 최종제시일이 임박하여도 제시일 다음 영업일로부터 최대 7영업일을 사용할 수 있다.

> [ISP98 제5.01조 b항]
> 가능한 한, 결제거절통지(a notice of dishonour)는 원격통신의 방법으로(by telecommunication) 하여야 하고, 그것이 가능하지 아니한 경우에는, 신속한 통지가 가능한 다른 방법(by another available which allows for prompt notice)으로 하여야 한다.
> 허용된 통지기간 내에 결제거절통지가 도달한 경우에는, 신속한 방법으로 통지된 것으로 본다.

거절사유명시(ISP98 제5.02조)

※ 서류의 행방 언급할 필요 없음

Rule 5.02 Statement of grounds for dishonour

A notice of dishonour shall state all discrepancies upon which dishonour is based.
결제거절통지에서는 결제거절의 근거가 된 모든 불일치사유를 명시하여야 한다.

> [비교] ISP98에서는 불일치사유 개요약술(또는 약식기재) 가능하다. 서류의 행방에 대한 언급 필요 없음
> UCP 600에서는 하자 통보 시, ① 은행이 신용장에서 결제/매입 거절하였다는 사실, ② 각각의 하자 사항(구체적), ③ 서류처분지시(서류의 행방)를 반드시 나타내야 한다.

실효 만료통지 불필요(ISP98 제5.04조)

Rule 5.04 Notice of expiry

Failure to give notice that a presentation was made after the expiration date does not preclude dishonour for that reason.
제시가 만료일 후에 이루어진 사실을 통지하지 않았더라도 만료를 이유로 하는 결제거절은 금지되지 아니한다.

> [설명] 결제거절을 통지할 때 보증신용장의 만료(expiry)의 사실은 통지의 필요적 대상이 아니다.

서류보류기간(ISP98 제5.06조 c항 iv)
(제시인의 요청에 따른 개설인의 개설의뢰인에 대한 하자용인 요청을 하는 경우)

Rule 5.06 Issuer request for applicant waiver upon request of presenter

(c) if the documents are forwarded or if a waiver is sought :
   (iv) the issuer must hold the documents until it receives a response from the applicant or is requested by the presenter to return the documents, and if the issuer receives no such response or request within ten business days of its notice of dishonour, it may return the documents to the presenter.
   결제거절통지를 수령한 후에, 제시인이 제시된 서류를 개설인에게 전달하도록 요청하거나 개설인으로 하여금 개설의뢰인으로부터 하자용인을 구하도록 요청하는 경우에 :
(c) 서류가 전달되거나 하자용인을 구하는 경우에,
   (iv) 개설인은 개설의뢰인으로부터 답변을 수령하거나 제시인의 서류반환요구가 있을 때까지 서류를 보관하여야 하되, 개설의뢰인이 결제거절통지 후 10영업일 이내에 그러한 개설의뢰인의 답변이나 제시인의 요구를 받지 못하는 경우에, 개설인은 제시인에게 서류를 반환할 수 있다.

> [비교] ISP98에서는 결제거절통지 후 10영업일 이내
>   UCP 600에서는 서류 반환에 관한 기간의 언급이 없음

개설의뢰인의 반대통지(Applicant notice of objection)(ISP98 제5.09조)
Rule 5.09 Applicant notice of objection

(a) An applicant must timely object to an issuer's honour of a noncomplying presentation by giving timely notice by prompt means.
(b) An applicant acts timely if it objects to discrepancies by sending a notice to the issuer stating the discrepancies on which the objection is based within a time after the applicant's receipt of the documents which is not unreasonable.
(c) Failure to give a timely notice of objection by prompt means precludes assertion by the applicant against the issuer of any discrepancy or other matter apparent on the face of the documents received by the applicant, but does not preclude assertion of that objection to any different presentation under the same or a different standby.

(a) 개설의뢰인은 신속한 방법으로 적시에 통지함으로써 불일치한 제시에 대한 개설인의 결제에 대하여 반대하여야 한다.
(b) 개설의뢰인이 서류를 수령한 후 불합리하지 아니한 기간 내에 반대의 근거로 삼는 불일치사유를 명시하여 개설인에게 통지함으로써 반대한 경우에, 개설의뢰인은 적시에 반대한 것이 된다.
(c) 신속한 방법으로 적시에 반대를 통지하지 아니한 개설의뢰인은 개설인에 대하여 자신이 수령한 서류의 문면상 나타난 어떠한 불일치사유 또는 기타 문제를 주장할 수 없게 되나, 동일한 보증신용장이나 다른 보증신용장상의 다른 제시에 대하여 그러한 주장을 하는 것까지 금지되는 것은 아니다.

> [설명] 7영업일 후의 반대통지는 적시통지가 아니며, 적시통지를 하지 못한 개설의뢰인은 그러한 사실을 이유로 거절하지 못한다.

지급청구권양도(Transfer of drawing rights)(ISP98 제6.01조)

Rule 6.01 Request to transfer drawing rights

Where a beneficiary requests that an issuer or nominated person honour a drawing from another person as if that person were the beneficiary, these Rules on transfer of drawing rights("transfer") apply.

> [지급청구권양도요청]
> 수익자가 개설인이나 지정인에게 제3자의 지급청구에 대하여 그 제3자가 수익자인 것과 같이 결제할 것을 요청하는 경우에, 지급청구권의 양도("지급청구권양도")에 관한 이 규칙이 적용된다.

구 분	내 용
지급청구권양도 (transfer of drawing right ; "transfer")	수익자가 자신의 지급청구권을 제3자(양수수익자)에게 양도하는 것
대금채권양도 (assignment of proceeds)	지급청구권을 양도하는 것이 아닌 대금채권양도는 단순히 대금채권을 양도하는 것(대금을 받을 수 있는 권리의 양도)

지급청구권양도의 요건(ISP98 제6.02조)

※ UCP 600과 차이점 비교

Rule 6.02 When drawing rights are transferable

(a) A standby is not transferable unless it so states.
(b) A standby that states that it is transferable without further provision means that drawing rights :
  (ⅰ) may be transferred in their entirety more than once;
  (ⅱ) may not be partially transferred; and
  (ⅲ) may not be transferred unless the issuer(including the confirmer) or another person specifically nominated in the standby agrees to and effects the transfer requested by the beneficiary.

(a) 보증신용장은 양도가능하다고 명시되지 않는다면 양도될 수 없다.
(b) 양도가능하다고 명시하면서 더 이상 달리 명시하지 않는다면 보증신용장은 다음을 의미한다. 지급청구권은 :
  (ⅰ) 그 전부가 2회 이상 양도될 수 있다.
  (ⅱ) 일부양도는 할 수 없다. 그리고
  (ⅲ) 개설인(확인인 포함)이나 보증신용장에 특정된 지정인이 수익자의 양도요청에 동의하고 그 양도를 실행하지 않는다면 양도되지 아니한다.

> [설명] • UCP 600 : 단지 1회의 양도만을 허용하고 재양도 금지, 일부양도(partial transfer)를 허용
> • ISP98 : 2회 이상의 전액양도 허용, 일부양도 허용하지 않음

필요서류에 대한 양도의 효력(Effect of transfer on required documents)(ISP98 제6.04조)

Rule 6.04 Effect of transfer on required documents

Where there has been a transfer of drawing rights in their entirety :
(a) a draft or demand must be signed by the transferee beneficiary; and
(b) the name of the transferee beneficiary may be used in place of the name of the transferor beneficiary in any other required document.

지급청구권 전부가 양도된 경우에,
(a) 환어음이나 청구서는 양수수익자에 의하여 서명되어야 한다. 그리고
(b) 기타 모든 필요서류에서 양도수익자의 명의 대신에 양수수익자의 명의가 사용될 수 있다.

복수의 청구에 의한 이중지급 방지(Conflicting claims to proceeds)(ISP98 제6.09조)

Rule 6.09 Conflicting claims to proceeds

If there are conflicting claims to proceeds, then payment to an acknowledged assignee may be suspended pending resolution of the conflict.

대금채권에 관하여 상충되는 복수의 권리행사가 있는 경우에, 승인된 양수인에 대한 지급은 그 문제가 해결될 때까지 정지될 수 있다.

취소불능보증신용장의 취소 또는 종료의 요건(When an irrevocable standby is cancelled or terminated)(ISP98 제7.01조)

Rule 7.01 When an irrevocable standby is cancelled or terminated

A beneficiary's rights under a standby may not be cancelled without its consent. Consent may be evidenced in writing or by an action such as return of the original standby in a manner which implies that the beneficiary consents to cancellation. A beneficiary's consent to cancellation is irrevocable when communicated to the issuer.

보증신용장상 수익자의 권리는 그의 동의가 없이는 취소되지 아니한다. 동의는 이를 서면으로 하거나 보증신용장 원본의 반환과 같이 취소에 대한 수익자의 동의를 나타내는 행위를 하는 방법으로 할 수 있다. 취소에 대한 수익자의 동의가 개설인에게 통지된 때에는 이를 철회할 수 없다.

> [설명] 수익자가 취소에 동의한 후에 계속하여 그 원본을 보유하고 있더라도 그 원본 보증신용장은 효력이 없다.

상환청구권(Right to Reimbursement)(ISP98 제8.01조)

Rule 8.01 Right to reimbursement

(a) Where payment is made against a complying presentation in accordance with these Rules, reimbursement must be made by :
  (ⅰ) an applicant to an issuer requested to issue a standby; and
  (ⅱ) an issuer to a person nominated to honour or otherwise give value.

(b) An applicant must indemnify the issuer against all claims, obligations, and responsibilities(including attorney's fees) arising out of :
   (ⅰ) the imposing of law or practice other than that chosen in the standby or applicable at the place of issuance;
   (ⅱ) the fraud, forgery, or illegal action of others; or
   (ⅲ) the issuer's performance of the obligations of a confirmer that wrongfully dishonours a confirmation.
(c) This Rules supplements any applicable agreements, course of dealing, practice, custom or usage providing for reimbursement or indemnification on lesser or other grounds.

(a) 일치하는 제시에 대하여 이 규칙에 따라 지급이 이루어진 경우에,
   (ⅰ) 개설의뢰인은 요청을 받아 보증신용장을 개설한 개설인에게 상환하여야 한다.
   (ⅱ) 개설인은 지정을 받아 결제하거나 기타의 방법으로 급부한 지정인에게 상환하여야 한다.
(b) 개설의뢰인은 다음 각 호에 따라 발생하는 모든 권리주장·의무·책임(법률대리인 비용 포함)에 관하여 개설인에게 보상하여야 한다.
   (ⅰ) 보증신용장상 선택되었거나 개설지에서 적용되는 법률·관행 이외의 법률 또는 관행
   (ⅱ) 타인의 사기, 위조 또는 불법행위
   (ⅲ) 확인인이 확인에 반하여 결제를 부당하게 불이행함에 따른 개설인에 의한 확인인의 의무의 이행
(c) 본조는 보다 완화된 근거나 다른 근거에 기초한 상환이나 보상을 인정하는 관련 합의나 거래과정, 관례, 관습 또는 관행을 보충한다.

은행간 상환(Bank-to-Bank Reimbursement)(ISP98 제8.04조)

Rule 8.04 Bank-to-bank reimbursement

Any instruction or authourization to obtain reimbursement from another bank is subject to the International Chanmber of Commerce standard rules for bank-to-bank reimbursements.

다른 은행으로부터 상환받도록 하는 지시나 수권에 대해서는 은행간 상환에 관한 국제상업회의소의 표준규칙이 적용된다.

> [설명] 은행간 상환에 관한 국제상업회의소의 표준규칙 : URR725
> 은행간 상환에 관한 지시나 수권에는 URR725가 자동 적용된다.

기간(Timing)(ISP98 제9장)

Rule 9.01 Duration of standby

A standby must :
(a) contain an expiry date; or
(b) permit the issuer to terminate the standby upon reasonable prior notice or payment.

보증신용장에서는 반드시
(a) 만료일을 명시하거나, 또는
(b) 개설인이 합리적인 사전통지나 지급으로써 보증신용장을 종료하는 것을 허용하여야 한다.

Rule 9.02 Effect of expiration on nominated person

The right of a nominated person that acts within the scope of its nomination are not affected by the subsequent expiry of the standby.

지정인에 대한 만료의 효력
지정의 범위 내에서 행위하는 지정인의 권리는 그 후의 보증신용장의 만료에 의하여 영향을 받지 않는다.

> [설명] 보증신용장 만료 전에 지정인에 의한 결제나 매입이 있었다면 그 후 개설인은 보증신용장 만료를 이유로 결제를 거절할 수 없다.

Rule 9.03 Calculation of time

(a) A period of time within an action must be taken under these Rules begins to run on the first business day following the business day when the action could have been undertaken at the place where the action should have been taken.
(b) An extension period starts on the calendar day following the stated expiry date even if either day falls on a day when the issuer is closed.

기간계산
(a) 이 규칙상 행위를 하여야 하는 기간은 그 행위를 하였어야 하는 장소에서 그 행위를 할 수 있었던 영업일의 다음 최초의 영업일부터 개시된다.
(b) 연장기간은 명시된 만료일의 달력상 익일에 개시되며, 이는 전자나 후자의 일자가 개설인의 휴무일이더라도 같다.

> [설명] (b)항에서 '달력상 익일'이 비영업일이더라도 해당일로부터 연장기간이 개시된다.

Rule 9.04 Time of day of expiration

If no time of day is stated for expiration, it occurs at the close of business at the place of presentation.
만료시간이 명시되지 아니한 경우에, 그 만료시간은 제시장소의 업무 종료 시로 한다.

Rules 9.05 Retention of Standby

Retention of the original standby does not preserve any rights under the standby after the right to demand payment ceases.
보증신용장 원본을 보유하더라도 지급청구권이 소멸한 후에는 보증신용장상의 어떠한 권리도 존속하지 아니한다.

공동개설(Syndication) / 참가(Participation)(ISP98 제10장)

Rule 10.01 공동개설(Syndication)

If a standby with more than one issuer does not state to whom presentation may be made, presentation may be made to any issuer with binding effect on all issuers.
개설인이 둘 이상인 보증신용장에서 누구에게 제시할 수 있는지를 명시하지 아니한 경우에, 어느 개설인에게 제시하더라도 그 제시는 모든 개설인에 대하여 효력이 있다.

> [공동개설(Syndication)]
> 공동개설은 보증신용장상 개설인의 부담을 줄이기 위해 복수의 개설인이 공동으로 보증신용장을 개설하고 각 공동개설인은 자신이 부담하기로 한 범위에 대해 의무를 부담한다.
> 수익자는 복수의 공동개설인 누구에게나 제시할 수 있다.

Rule 10.02 Participation

(a) Unless otherwise agreed between an applicant and an issuer, the issuer may sell participations in the issuer's rights against the applicant and any presenter and may disclose relevant applicant information in confidence to potential participants.

(b) An issuer's sale of participations does not affect the obligations of the issuer under the standby or create any rights or obligations between the beneficiary and any participant.

(a) 개설의뢰인과 개설인 사이에 달리 합의되지 아니한 경우에, 개설인은 개설의뢰인과 제시인에 대한 자신의 권리의 일부(참가지분)를 매각할 수 있고, 예상참가인에게 신임을 기초로 개설의뢰인의 관련 정보를 공개할 수 있다.

(b) 어느 개설인의 참가지분의 매각은 보증신용장상 그 개설인의 의무에 영향을 주거나 수익자와 참가인 사이에 권리의무를 발생시키지 아니한다.

[설명] 참가(Participation)
개설인이 수익자에 대해 단독으로 의무를 부담하지만 타인에게 참가지분을 매각하는 방식으로 위험을 줄이는 방식이다. 참가자는 개설의뢰인의 신용도를 파악해야 참가 여부를 결정할 수 있기 때문에 신임을 기초로 개설의뢰인의 정보를 참가자에게 공개할 수 있도록 규정한다. 하지만 참가자와 수익자 간에는 어떠한 의무도 발생하지 않는다.

[비교] • Syndication(공동개설)
　　　　 - 각 공동개설인이 수익자에 대하여 각기 의무를 부담한다.
　　　　 - 보증신용장에서 명시되어 있지 않으면, 어느 공동개설인에게도 제시할 수 있다.
　　　 • Participation(참가)
　　　　 - 오직 1인의 보증인이 수익자에 대하여 의무를 부담한다.
　　　　 - 수익자는 개설인에게만 지급을 청구할 수 있다.

제6장 국제표준은행관행(ISBP821)

International Standard Banking Practice(ISBP821)

- ISBP는 International Standard Banking Practice의 약칭으로 신용장 서류심사를 위한 국제표준은행관행임
- 국제상업회의소(ICC : International Chamber of commerce)가 발간한 국제표준은행관행 책자이다.
- 최신버전 : "ISBP Publication No821"
- 2023년 7월 개정
- 전적 고려사항
  - 신용장통일규칙과 함께 적용해야 한다.
  - 신용장통일규칙이 어떻게 해석되어야 하는지를 강조한다.
  - 신용장 조건은 기초계약과 독립적이다.
  - 기초거래 당사자들은 기초계약의 내용이 신용장과 조건변경에 정확히 반영되어 있는지 신용장 조건을 준수할 수 있는지를 검토해야 한다.
  - 개설의뢰인은 신용장 또는 조건변경의 지시를 명확하게 하지 않은 경우에 발생하는 위험을 부담한다.
  - 개설의뢰인과 개설은행이 숙지하고 있어야 하는 신용장통일규칙 조항
  - 개설의뢰인이 발행, 서명하거나 부서한 서류의 제시를 요구해서는 안 된다.
- 서류에 나타난 정정과 변경
  - 환어음을 제외하고 수익자가 발행한 서류에 나타난 정정과 변경은 인증(authentication)될 필요가 없다.
  - 수익자 이외의 당사자가 발행하거나 공증한 서류는 인증(authentication)되어야 한다.
  - 복수 이상의 당사자에 의해 공증된 서류는 최소한 한 당사자 이상에 의한 인증이 필요하다.
  - 사본 서류에 나타난 정정과 변경은 인증할 필요가 없다.
  - 서류에 나타난 정정과 변경이 복수인 경우 모두 인증되어야 한다.
    - 동일 서류에서 글자체나 글자크기가 상이한 것이 정보의 정정을 의미하는 것은 아니다.
    - 인쇄된 문서에 육필을 사용한 것이 정보의 정정을 의미하는 것은 아니다.
- 서류의 발행일
  - 환어음은 발행일을 표시해야 한다.
  - 운송서류 : 발행일 또는 선적일(shipment date)을 표시해야 한다.
  - 보험서류 : 발행일 또는 보험 효력일을 표시해야 한다.
- 신용장에서 서류에 발행일의 기재를 요구하는 경우
  - 발행일을 표시하거나
  - 다른 서류에 기재된 일자를 참조하라고 표시하거나,
  - 신용장에서 요구한 사건일을 기재하면 된다.

- 분석증명서(certificate of analysis), 검사증명서(inspection certificate) 또는 소독증명서(fumigation certificate)의 발행일은 선적일 이후의 일자이어도 된다.
  - 선적 전 증명서를 요구하는 경우 충족조건
    - 발행일이 선적일 이전이거나
    - 선적 전에 사건이 발생했다는 내용 또는
    - 선적 전에 사건이 발생했다는 제목
- 신용장통일규칙(UCP 600)에서 규정하지 않은 운송에 관련한 서류
  - 인도지시서(Delivery Order)
  - 운송주선인 화물수취증(Forwarder's Certificate of Receipt)
  - 운송주선인 선적증명서(Forwarder's Certificate of Shipment)
  - 운송주선인 운송증명서(Forwarder's Certificate of Transport)
  - 본선수취증(Mate's Receipt)
- UCP 600 14조 d항에 의해서만 서류심사를 해야 한다.
  - 신용장 유효기일 이내에만 서류를 제시하면 된다.
  - 신용장에 명시된 제시기일은 무시된다. / 제시기일의 조건을 구체적으로 요구해야 한다.

■ 일자(Dates)

1. 환어음·운송서류 및 보험서류

   비록, 신용장에서 명시적인 요구사항이 없더라도, 환어음(drafts), 운송서류(transport documents) 및 보험서류(insurance documents)에는 일자를 표시하여야 한다.

2. 검사증명서 등

   분석증명서(certificate of analysis), 검사증명서(inspection certificate) 또는 훈증증명서(fumigation certificate)와 같은 서류는 선적일 이후의 일자로 발행이 가능하다. 다만 신용장에서 선적 전에 일어나는 사건을 증빙하는 서류(예 선적 전 검사증명서)는 그 서류는 제목이나 내용으로, 그러한 사실(즉, 검사)이 선적일 이전이나 선적일에 있었다는 것을 표시하여야 한다.

3. 발행일의 결정

   발행일을 표시하고 그보다 나중일자의 서명일을 표시하는 서류는 서명일에 발행된 것으로 본다.

   UCP 600이 적용되지 않는 운송서류(Documents for which UCP 600 Transport Article do not Apply) 인도명세서(Delivery Note), 인도지시서(Delivery Order), 운송주선인 화물수취증(Forwarder's Certificate of Receipt), 운송주선인 선적증명서(Forwarder's Certificate of Shipment), 운송주선인 운송증명서(Forwarder's Certificate of Transport), 운송주선인 화물수취증(Forwarder's Cargo Receipt)과 본선수취증(Mate's Receipt)은 운송계약을 반영하는 것이 아니며 UCP 600 19조 내지 25조까지에 정의되는 운송서류가 아니다. 이러한 서류들은 신용장에서 명시적으로 명시하는 한도 내에서만 심사되어야 하고, 그러한 명시가 없다면 UCP 600 14조 f항에 따라 심사되어야 한다.

■ ISBP821의 일반원칙

약어의 사용 가능	Ind – Industry 또는 Industries kgs 또는 kos – kilograms
"Red/Black/Blue"의 의미	사선부호 ' / '는 문맥에 따라 'and'나 'or' 등 여러 가지 의미로 사용될 수 있다.
서류의 발행일	• 환어음은 발행일을 표시해야 한다. • 운송서류 : 발행일 또는 선적일(shipment date)을 표시해야 한다. • 보험서류 : 발행일 또는 보험 효력일을 표시해야 한다.
신용장에서 서류에 발행일의 기재를 요구하는 경우	• 발행일을 표시하거나 • 다른 서류에 기재된 일자를 참조하라고 표시하거나, • 신용장에서 요구한 사건일을 기재하면 된다. 분석증명서(certificate of analysis), 검사증명서(inspection certificate) 또는 소독증명서(fumigation certificate)의 발행일은 선적일 이후의 일자이어도 된다.
certificate, certification, declaration or statement	신용장에서 요구하지 않아도 서명이 필요하다. • 발행일을 표시해야 하는 것은 아니다. 별도의 서명 또는 일자가 필요한 것은 아니다(서류의 발행인과 동일한 경우). UCP 14조 d항 신용장, 서류 그 자체 그리고 국제표준은행관행의 문맥에 따라 읽을 때의 서류상의 정보(data)는 그 서류나 다른 적시된 서류 또는 신용장상의 정보와 반드시 일치될 필요는 없으나, 그들에 저촉되어서는 안 된다.
선적 전 증명서를 요구하는 경우 충족조건	• 발행일이 선적일 이전이거나 • 선적 전에 사건이 발생했다는 내용 또는 • 선적 전에 사건이 발생했다는 제목 – "not later than 2 days after"의 의미 기간을 나타내며 최종일만을 제한한다.

		- "at least 2 days before"의 의미 - 사실(event)보다 늦어도 2일전까지 어떤 것이 발생해야 한다는 것을 나타내나, 얼마나 빨리 발생하느냐에 대해서는 제한이 없다. - 기간을 사용할 때 사용하는 "within"의 의미 해당일을 제외한다. - 일자나 사건과 함께 사용하는 "within"의 의미 해당일을 포함한다. - 만기산정을 위한 "from"과 "after"의 의미 해당된 일자를 제외하고 산정한다. - 제시기간을 산정하기 위한 "from"과 "after"의 의미 해당된 일자를 제외하고 산정한다. - 서류에 나타난 칸(box), 항목(field)이나 공간(space) 서류에 칸(box), 항목 또는 공간이 있다고 반드시 그러한 칸, 항목, 또는 공간이 작성되어야 하는 것은 아니다.
	44E : port of loading : "Hamburg, Rotterdam, Antwerp"의 의미	제시된 선하증권의 선적항 란에는 오직 Hamburg만을 또는 오직 Rotterdam만 등이 기재되어도 되고 다른 어떠한 조합으로 기재되어도 된다.
	신용장통일규칙(UCP 600)에서 규정하지 않은 운송에 관련한 서류	• 인도지시서(Delivery Order) • 운송주선인 화물수취증(Forwarder's Certificate of Receipt) • 운송주선인 선적증명서(Forwarder's Certificate of Shipment) • 운송주선인 운송증명서(Forwarder's Certificate of Transport) • 본선수취증(Mate's Receipt) UCP 600 14조 d항에 의해서만 서류심사를 해야 한다./ 신용장 유효기일 이내에만 서류를 제시하면 된다/ 제시기일의 조건을 구체적으로 요구해야 한다./ 신용장에 명시된 제시기일은 무시된다.
	서류에 나타난 정정과 변경	• 환어음을 제외하고 수익자가 발행한 서류에 나타난 정정과 변경은 인증(authentication)될 필요가 없다. • 수익자 이외의 당사자가 발행하거나 공증한 서류는 인증(authentication)되어야 한다. • 복수 이상의 당사자에 의해 공증된 서류는 최소한 한 당사자 이상에 의한 인증이 필요하다. • 사본 서류에 나타난 정정과 변경은 인증할 필요가 없다. • 서류에 나타난 정정과 변경이 복수인 경우 모두 인증되어야 한다. [인증(authentication)의 방법] 1. 정정 또는 변경을 한 당사자의 명칭이 있어야 한다. 2. 인증한 당사자의 정식서명 또는 약식서명이 있어야 한다. 　동일 서류에서 글자체나 글자크기가 상이한 것이 정보의 정정을 의미하는 것은 아니다. • 인쇄된 문서에 육필을 사용한 것이 정보의 정정을 의미하는 것은 아니다.

■ **UCP 600에서 정의하지 않는 표현(Expression not Defined in UCP 600)**

1. **선적서류(shipping documents)**

   환어음, 전송보고서 그리고 서류의 발송을 증빙하는 특송영수증, 우편영수증 및 우편증명서를 제외한 신용장에서 요구하는 모든 서류를 의미한다.

2. **stale document acceptable**

   이는 신용장의 유효기일 이전에 제시되는 것을 전제로 서류가 선적일 후 달력상 21일 후에도 제시될 수 있다는 의미이다. 이는 또한 신용장에서 제시기간을 "기간경과서류 수리가능"이라는 조건과 함께 명시한 경우에도 적용된다.

3. **third party document acceptable**

   이는 환어음을 제외하고, 신용장이나 UCP 600에서 발행인이 명기되지 않은 모든 서류는 수익자 이외의 기명된 자연인이나 실체에 의하여 발행될 수 있음을 의미한다.
   (1. 상업송장 - 18조/2. 운송서류 - 14조 L항 / 3. 보험서류 - 28조)

4. **third party documents not acceptable**

   신용장에서 "제3자 서류 수리불가(third party documents acceptable)"에 대한 용어의 정의 없이 "제3자 서류 수리불가(third party documents acceptable)"의 용어를 사용하였다면 이 의미는 어떠한 의미도 부여하지 않으며 무시되는 조건이다.

5. **exporting country**

   수익자가 소재하는 국가 혹은 상품의 원산지 국가 또는 운송인이 수탁한 국가나 선적 또는 발송이 이루어진 국가를 의미한다.

6. **shipping company**

   이는 운송서류와 관련한 증명서나 표명서의 발행인과 관련하여 사용된 경우에, 운송인이나 선장, 용선계약부 선하증권이 제시된다면 선장, 선박소유자 또는 용선자 또는 그러한 각각의 자의 대리인으로 확인되는 자 중의 어느 하나를 의미하며, 이 때 그 자가 제시된 서류를 발행 또는 서명하였는지 여부는 불문한다.

7. **document acceptable as presented**

   이는 서류가 신용장의 유효기일 내에 제시되고 청구금액이 신용장에서 허용되는 금액 이내라는 전제하에 신용장에 명시된 서류 중의 어느 하나 또는 둘 이상의 서류가 제시되어도 무방하다는 의미이다. 서류는 당해 신용장이나 UCP 600하에서 일치 여부의 결정을 위하여 심사되지 아니한다.

■ 오자나 오타(Misspellings or Typing errors)

오자나 오타는, 단어나 문장상의 의미에 영향을 미치지 않는다면 서류를 하자로 간주하지 않는다. 예를 들어 상품명세에서 machine 대신에 mashine, fountain pen 대신에 fountan pen, model 대신에 modle을 사용한다고 해서 서류를 하자로 만들지는 않는다. 그러나 model 321 대신에 model 123라고 명세를 표시한다면 오타로 간주되지 않고 하자가 된다.

■ 원본과 사본(Original and Copies)

1. 원본의 표시

서류가 원본 1부를 초과해서 발행되는 경우에 "Original", "Duplicate", "Triplicate", "First Original", "Second Original" 등으로 표시될 수 있다. 이들 중 어떤 것도 서류가 원본이 아니라고 결격화시키지는 못한다.

2. 원본의 부수

제시되어야 하는 원본의 부수는 적어도 신용장이나 UCP 600에서 요구되는 부수이거나 만약 서류 자체가 몇 부의 원본이 발행되었는지를 표시하는 경우는 서류에 표시된 부수가 제시되어야 한다. 다만 신용장에서 원본 운송서류의 전통보다 적은 부수(예컨대, 선하증권 원본 3통 중의 2통)을 제시하도록 요구하면서 나머지 원본의 처리에 관하여 어떠한 지시도 하지 않은 경우에, 3통의 원본 선하증권 모두를 제시할 수 있다.

3. 원본 또는 사본의 제시

(1) "Invoice", "One Invoice" 또는 "Invoice in 1copy"은 송장 원본 1부를 요구하는 것으로 해석

(2) "Invoice in 4 copies" 은 최소 원본 1부와 나머지 숫자만큼의 송장 사본을 제시함으로써 충족

(3) "photocopy of invoice" 혹은 "copy of invoice"의 제시를 요구한다면 이는 사진복사본이나 사본 1부 또는 만약 금지되지 않았다면 송장 원본 1부의 제시로 충족

(4) "photocopy of a signed invoice"의 제시를 요구한다면, 이는 외관상 서명된 송장 원본의 사진복사본 또는 사본 1부의 제시에 의하거나 만약 금지되어 있지 않다면 서명된 원본 송장의 제시에 의하여 충족된다.

(5) 신용장에서 복수로 발행된 운송서류 원본 전통을 요구하지 않고 일부의 원본 운송서류의 제출만을 요구하면서 잔여 원본 운송서류에 대한 어떠한 처분 지시를 하지 않은 경우 발행된 원본 전통의 운송서류의 제시는 수리된다("2/3 original bills of lading").

(6) • "Invoice", "One Invoice" 또는 "Invoice in 1 copy" : 원본 송장 1부를 제시하는 조건이다.
- "Invoice in 4 copies" 또는 " Invoice in 4 folds" : 최소 원본 송장 1부와 나머지 송장은 사본을 제시해도 되는 조건이다.
- "photocopy of invoice" 또는 "copy of invoice" : 사본의 송장을 요구하는 조건이다.
- "photocopy of a signed invoice" : 서명이 된 원본송장의 사본을 제시하라는 조건이다. 신용장에서 금지하지 않았다면 서명된 원본 송장도 수리된다.

4. 원본제시 금지

원본이 사본 대신 수리되지 않는 경우는, 신용장에 "photocopy on invoice-original document not acceptable in lieu of "photocopy"와 같은 표현으로 원본을 금지시켜야 한다. 신용장에서 운송서류 사본을 요구하고, 그 운송서류의 원본에 대한 처분지시를 표시하는 경우, 원본서류는 수리되지 않는다.

5. 서명

원본서류는 신용장이나 당해 서류 자체 또는 UCP 600에 의하여 요구되는 경우에 서명되어야 한다. 서류의 사본은 서명되거나 일부가 될 필요가 없다.
- 서류는 자필, 팩시밀리서명, 천공서명, 스탬프, 상징 또는 그 외 인증된 기계적 또는 전자적 방법으로 서명될 수 있다.
- 회사의 레터헤드 용지에 서명하는 것은, 그 회사의 명칭을 서명 옆에 반복할 필요 없이 그 회사의 서명으로 간주된다.
- 신용장에서 지시한 당사자의 지점을 대신하여 서명하는 것은 신용장에서 지정한 당사자가 서명한 것으로 간주한다.
- 서류에 서명을 위한 칸(box)이나 공간이 있다고 반드시 그러한 칸이나 공간에 서명이 있어야 하는 것은 아니다.

서류 자체에서 서류의 유효성을 위해 서명을 요구하는 경우는 반드시 서류에서 요구하는 당사자에 의해 서명되어야 한다.

6. 서류의 제목
- 서류의 제목은 없어도 된다.
- 신용장에서 요구한 유사한 제목으로 표시되어도 된다.
- 신용장에서 요구한 서류의 제 기능을 충족해야 한다.

■ 비서류적 조건(non-documentary condition)
- 비서류적 조건은 서류에 의해 입증되지 않아도 된다.
- 비서류적 조건이라 하더라도 신용장에 요구한 서류의 정보와 저촉해서는 안 된다.

■ 서명(Signatures)

1. 서명의 부재

어떤 서류에 서명을 위한 칸(box)이나 공간이 있다고 하여 필연적으로 그 칸이나 공간이 서명되어야 한다는 것을 의미하지는 않는다. 다만 문면상 서류가 서류자체의 유효성을 위해 서명을 요구하는 경우에 있어서는 반드시 서명되어야 한다.

2. 서명의 방법

서명은 자필일 필요는 없다. 팩스서명, 천공서명, 스탬프,(도장같은) 상징물이나 전자식 혹은 기계식 확인수단으로도 충분하다. 그러나 서명된 서류의 사본(photocopy)은 서명된 원본서류로서의 자격이 없으며, 팩스기기를 통해 전송된 서명도 원본서명 요건이 결여된다.

■ 어음기한(Tenor)

어음기한은 신용장조건과 일치하여야 한다.

1. 만기일의 산정

만약 환어음이 일람불이나 일람 후 정기출급 이외의 기한으로 발행되었다면, 환어음 자체에 있는 자료로서 만기일을 산정할 수 있어야 한다.

2. 만기일의 산정방법

환어음에 있는 자료로 만기일을 산정할 수 있는 예로, 신용장에서 어음 만기일이 "60 days after the bill of lading date"인 어음을 요구하였고, 선하증권 일자가 2016년 7월 12일이었다면, 어음기한은 환어음에 다음과 같은 방식 중 하나로 표시될 수 있다.

(1) 60 days after bill of lading date 12 july 2016
(2) 60 days after 12 july 2016
(3) "60 days after bill of lading date" 및 환어음 앞면 어느 곳에 "bill of lading date 12 july 2016"
(4) 선하증권과 일자와 동일한 일자로 발행된 환어음에 "60 days date"
(5) 10 september 2016(선하증권 익일부터 60일이 되는 날)

3. 일자의 기준
(1) 선하증권 발행일과 본선적재일이 상이하면 본선적재일이 선하증권 일자가 된다.
(2) 하나의 선하증권에 복수의 본선적재부기가 있는 경우 가장 빠른 일자를 만기일 산정에 사용한다.
(3) 하나의 환어음에 대해 복수의 선하증권이 제시되었다면, 가장 늦은 선하증권 일자가 만기일을 산정하는 데 사용된다.

■ 환어음의 만기(Maturity Date)

환어음은 신용장에서 요구된 대로 작성되어야 한다.
• 환어음 자체로 만기를 산정할 수 있어야 한다.
• 환어음은 수익자가 발행해야 한다.
• 문자금액 기준으로 심사한다.
"at 60 days sight"로 발행된 환어음의 경우, 만기일은 다음과 같이 결정된다.
(1) 일치하는 서류의 경우 또는 지급은행(drawee bank)이 거절통지를 하지 않았다면, 만기일은 지급은행에서 서류를 접수한 다음날로부터 60일 후가 된다.
(2) 개설은행이 아닌 지급은행이 하자 통보를 안 후 승인을 한 불일치하는 서류의 경우, 개설 은행의 서류수리통지일의 다음 날로부터 60일이 되는 일자가 만기일이다. 또한 지급은행이 개설은행이고 또한 거절통지를 하였다면, 개설은행이 개설의뢰인의 권리포기를 수락한 날의 다음날로부터 60일이 되는 일자가 만기일이다.
(3) 지급은행은 제시인에게 만기일을 통지하거나 확인해주어야 한다.

■ 하인(shipping marks)

• 서류에 기재되는 하인의 정보는 신용장이나 다른 서류에 나타나는 하인의 정보와 동일 순서일 필요는 없다.
• 신용장에 기재된 하인의 정보와 서류에 추가적으로 기재된 하인의 정보는 수리된다.
• 다른 서류에 기재된 하인의 정보를 보다 상세하게 표시한 다른 서류의 하인의 정보는 서로 저촉하는 것이 아니다.

■ 송장(Invoice)

[일반원칙]
(1) 송장의 제목
- 송장은 제목이 없어도 된다.
- "commercial invoice", "customs invoice", "tax invoice", "final invoice" 또는 "consular invoice"의 제목을 사용해도 된다.
- "provisional invoice"과 "pro-forma invoice"의 제목은 수리되지 않는다.
- 신용장에서 상업송장(commercial invoice)의 제시를 요구하는 경우 세금 목적(for tax)을 위한 송장(invoice)이라는 제목도 수리된다.

(2) 송장의 발행자
- 송장은 수익자에 의해 발행한 것으로 보여야 한다.
- 명의가 변경된 수익자의 이름으로 작성해도 된다. 단, 이전의 이름을 표시해야 한다.

(3) 송장의 명세와 기타 사항
- 송장은 신용장에 없는 선지급 또는 할인을 표시해도 된다.
- 신용장에 표시된 정형거래조건(INCOTERMS)을 표시해야 한다.
- 송장은 발행일 또는 서명이 필요 없다.
- 총수량과 총무게 등은 신용장 또는 신용장에서 요구된 다른 서류들과 저촉되어서는 안 된다.
- 송장은 초과선적을 표시해서는 안 된다(UCP 600 30조 b항 제외).
- 송장은 신용장에서 요구되지 않은 물품 또는 신용장에서 요구되는 물품이라도 신용장에서 허용하지 않으면 무료 물품, 견본을 표시해서는 안 된다.
- 신용장 조건을 모두 충족하는 경우 5% 이하의 감액 청구는 가능하다.

(4) 송장의 명세와 기타 사항
- 송장은 신용장의 명세를 기재해야 한다.
- 실제 선적된 명세를 기재해야 한다. 신용상에 명시된 전체 명세와 실제 선적된 명세를 기재해도 된다.
- 물품의 등급이나 본질을 변경하는 추가 정보는 수리되지 않는다.
- 신용장에서 기재된 경우 수량, 단가 등을 기재해야 한다.
- 신용장에서 요구하였다면 선지급, 할인 등을 표시해야 한다.
- 신용장 통화로 작성하여야 한다.

1. 송장의 정의(Definition of Invoice)

   추가적 정의없이 "송장(invoice)"을 요구하는 신용장에서는 어떤 종류의 송장[상업송장(commercial invoice), 세관송장(customs invoice), 세금송장(tax invoice), 최종송장(final invoice), 영사송장(consular invoice) 등]이 제시되더라도 충족된다. 그러나 "일시적(provisional)", "견적(pro-forma)"이나 이와 유사하게 식별되는 송장은 수리되지 않는다. 신용장에서 상업송장(commercial invoice)을 요구하는 경우, "송장(invoice)"으로 제목이 된 서류는 수리 가능하다.

2. 송장기재금지 사항

   송장에서는 신용장에 명시되지 않은 선지급이나 할인 등에 따른 공제가 표시될 수 있다.

3. 서명 불필요

   송장은 서명되거나 일부될 필요가 없다.

4. 할부청구와 할부선적
   - 신용장에서 요구한 할부청구 또는 할부선적을 이행하지 않으면 신용장 이용이 중지된다.
   - 할부선적 기간 내의 분할선적은 가능하다.
   - 최종선적일만을 명시한 조건은 할부선적 요구조건이 아니다.

5. 선하증권의 요건
   - 운송서류의 명칭과 상관없이 해상운송만을 요구하는 경우 신용장통일규칙(UCP 600) 20조가 적용된다.
   - 용선계약 당사자(charter party)의 어떠한 표시도 수리되지 않는다.
   - 선하증권은 운송인의 명칭을 표시해야 한다.
   - 선하증권은 운송인, 선장 또는 그들의 기명대리인에 의해 서명되어야 한다.
   - 운송인의 지점이 서명한 것은 운송인이 서명한 것으로 인정된다.
   - 신용장의 선적항(port of loading) 또는 양륙항(port of discharge)에 나타난 국가와 지리적 범위
     - 선적항을 표시함에 있어 신용장에 명시된 국가명은 기재하지 않아도 된다.
     - 양륙항을 표시함에 있어 신용장에 명시된 국가명은 기재하지 않아도 된다.
   - 분할선적(Partial shipment)
     - 복수의 선박에 동일일자에 출발하여 동일목적지에 도착하여도 분할선적이다.

- 분할선적을 금지한 신용장 조건에서 동일 선박명, 동일 여정지 그리고 동일 목적지를 보여주는 복수의 선하증권이 제시되는 경우 서류제시기일을 산정하는 데 기준이 되는 일자는 가장 늦은 선적일이 된다.
- 분할선적을 허용한 신용장 조건에서 선적일자가 다른 복수의 선하증권이 제시된 경우 가장 빠른 선적일이 서류제시기일을 산정하는 기준이 된다. 각각의 선적일은 신용장에 명시된 최종선적일 이전이어야 한다.

■ 항공운송서류(Air Transport Documents)
- 운송서류의 명칭과 상관없이 공항 간 운송만을 커버하는 운송서류를 요구하는 경우 신용장통일규칙(UCP 600) 23조가 적용된다.
- 운송인의 명칭을 표시해야 한다.
- 운송인 명칭을 표시함에 있어 IATA code를 사용해서는 안 된다(예 British Airways instead of BA).
- 운송인 또는 운송인의 기명대리인이 서명해야 한다.
- 운송인의 지점이 서명한 것은 운송인이 서명한 것으로 인정한다.
- 항공운송서류는 운송을 위하여 물품을 수탁하였다는 것을 표시해야 한다.
- 출발공항을 표시함에 있어 신용장에 명시된 국가명은 기재하지 않아도 된다.
- 도착공항을 표시함에 있어 신용장에 명시된 국가명은 기재하지 않아도 된다.
- 공항명을 표시함에 있어 IATA codes를 사용해도 된다.
- 항공운송서류의 발행일이 선적일이 된다.
- 실제 선적일을 별도의 부기로 표기하는 경우 별도의 일자가 선적일이 된다(Dispatched on).
- 별도의 선적일에 대한 부기 없이 항공운송서류에 있는 운송에 관한 정보는 선적일을 결정하는 데 어떠한 영향도 주지 않는다.
- 신용장에서 항공운송서류 전통(full set of AWB)의 제시를 요구하는 경우 선적인(original for shipper)을 위한 원본 또는 송하인(original for consignor)을 위한 원본의 제시는 수리된다.
- 환적이란 신용장에서 요구한 운송구간에서 하나의 항공기에서 다른 항공기로 재적재하는 것을 의미한다.

■ 보험서류와 부보(Insurance Document and Coverage)

1. 보험서류

- 보험증권(Insurance Policy), 포괄보험상의 보험증명서(Insurance Certificate) 또는 확정통지서(Insurance Declaration)와 같은 보험서류의 제시를 요구하는 경우 신용장통일규칙(UCP 600) 28조가 적용된다.
- 보험서류에 원본이 복수로 발행되었다는 표시가 있는 경우 발행된 원본 전부가 제시되어야 한다.
- 보험서류는 보험청구를 위한 만료일을 표시해서는 안 된다.
- 보험서류는 보험효력이 선적일보다 늦게 발효된다고 표시해서는 안 된다.
- 보험서류의 발행일이 선적일보다 늦은 경우에는 보험의 효력이 선적일 이전에 발행된다는 것을 명확히 표시해야 한다.
- 보험서류는 보험회사, 보험인수인 또는 그들의 대리인 또는 수탁인(proxy)에 의해 발행되고 서명되어야 한다.
- 보험서류에 보험회사, 피보험자 또는 기명된 당사자에 의한 부서(countersign)를 요구하는 경우 해당 당사자에 의해 부서되어야 한다.
- 복수의 보험자에 의해 부보되는 보험서류는 모든 공동의 보험자를 대리하는 대리자 또는 대표 보험자에 의해 서명되어야 한다.
- 신용장에서 부보비율에 대한 조건이 없는 경우 신용장 통화로 신용장통일규칙(UCP 600) 28조(f)(ii)에 규정하는 금액 중 최소 110% 이상으로 부보되어야 한다.
- 부보금액은 소수점 둘째 자리까지만 기재해도 된다.
- 보험서류는 소손해면책(franchise) 또는 소율면책비율(excess)이 적용됨을 표시할 수 있다.
- 보험서류에는 신용장에서 요구한 부보를 명시해야 한다.
- 신용장에서 특정 보험조건을 요구하는 경우에도 보험서류에는 배제 문구를 표시해도 된다.
- 신용장에서 All Risk를 요구하는 경우 ICC(A) 또는 항공운송인 경우 ICC(Air) 조건의 보험서류는 수리된다.

■ 원산지증명서(Certificate of Origin)

1. 기본요구조건(Basic Requirement)

   신용장에서 원산지증명서의 제시를 요구하는 경우에, 이는 송장상의 물품에 관련되고 그 원산지를 증명하는 것으로 보이는 서명된 서류의 제시에 의하여 충족된다. 신용장에서 일반특혜관세제도양식(SGP Form)과 같은 특정한 형식의 원산지증명서의 제시를 요구하는 경우, 그와 같은 특정한 형식의 서류가 제시되어야 한다.

2. 원산지증명서의 발행자(Issuer of Certificates of Origin)

   원산지증명서는 신용장에 명시된 당사자에 의해서 발행되어야 한다. 그러나 만약 신용장이 수익자, 수출상 또는 제조업자가 발행하는 원산지증명서를 요구하였다면 상공회의소, 세관 등에서 발행한 서류가 각 경우에 따라 수익자, 수출상 또는 제조업자를 명확히 표시하였다면 수리된다. 만약 신용장이 누가 원산지증명서를 발행해야 하는지 명시하지 않았다면 수익자 포함 어떠한 당사자에 의해서 발행된 서류도 수리된다.

3. 원산지증명서의 내용(Contents of Certificates of Origin)

(1) 당사자의 표기원칙

   만일 표시되어 있다면, 수하인 정보는 운송서류의 수하인 정보와 저촉되어서는 안 된다. 그러나 만일 신용장이 운송서류가 수하인을 "지시식", "선적인 지시식", "개설은행 지시식", "개설은행 기명식"으로 발행될 것을 요구하였다면 원산지증명서는 신용장상의 개설의뢰인 또는 여기에 기명된 다른 당사자를 수하인으로 보여줄 수 있다. 만일 신용장이 양도되었다면 제1수익자가 수하인으로 표시되어도 수리된다.

(2) 3자 표기 가능

   원산지 증명서는 신용장의 수익자 또는 운송서류의 선적인 이외의 당사자로 송하인 또는 수출자를 표기할 수 있다.

2025 외환전문역 II종 3주 완성 문제집

부록 3

실전모의고사

제1회 실전모의고사
제2회 실전모의고사

제1회 실전모의고사

01 다음은 무역거래의 정의에 대한 설명이다. 가장 바르지 못한 것은?
① 물품에는 '대외무역법 시행령에서 정하는 특정의 용역'을 포함한다.
② '대외무역법 시행령에서 정하는 특정의 용역'으로는 회계 및 세무 관련 서비스업, 컴퓨터시스템 설계 및 자문업 등이 있다.
③ '소프트웨어' 라 함은 부호, 문자, 음성, 음향, 이미지, 영상 등을 디지털방식으로 제작하거나 처리한 자료 또는 정보 등으로서 산업통상자원부장관이 정하여 고시하는 것을 말한다.
④ 산업통상자원부장관이 정하여 고시하는 것'이란 영상물(영화, 게임, 만화, 캐릭터 등). 음향, 음성물, 전자서적, 데이터베이스 등을 말한다.

02 다음 수출입에 대한 설명이다. 가장 바르지 못한 것은?
① '수출'이라 함은 매매, 교환, 임대차, 사용대차, 증여 등을 원인으로 국내에서 외국으로 물품이 이동하는 것을 말하며, 유상으로 제공한 것만 해당한다.
② 거주자가 비거주자로부터 산업통상자원부장관이 정하여 고시하는 방법으로 대외무역법 시행령 제3조에 해당하는 특정의 용역을 제공받는 것은 수입에 포함된다.
③ 거주자(외국환거래법 제3조 제1항 제14호)가 비거주자에게 특정의 용역을 제공하는 것은 수출에 포함된다.
④ 유상으로 외국에서 외국으로부터 물품을 인수하는 것은 수입에 포함된다.

03 무역의 제도적인 지원 및 혜택에 해당되지 않는 것은?
① 무역금융의 지원(한국은행 총액한도대출 관련 무역금융 취급 세칙 및 취급절차)
② 부가가치세의 영세율 적용
③ 무역보험제도의 운용(외국환거래법)
④ 수출용원재료에 대한 관세 등의 환급

04 수출절차의 흐름에 대한 설명이다. 가장 바르지 못한 것은?
  ① 무역거래조건이 FAS, FOB 등과 같이 수출상이 보험에 부보하여야 하는 경우에는 적절한 보험회사를 선택하여야 한다.
  ② 우리나라의 경우 무역거래자는 자유화되어 있다.
  ③ 수입상은 자신의 거래은행에 수출상을 수익자로 하는 신용장의 개설을 의뢰하게 된다.
  ④ 수출입공고는 산업통상자원부장관이 정해놓은 수출입 금지 및 제한품목을 말한다.

05 품질결정 방법에 대한 설명이다. 가장 바르지 못한 것은?
  ① 농산물 같은 경우 정확하게 똑같은 것을 만들 수 없기 때문에 '표준품매매(Sales by Standard)'를 이용한다.
  ② 농산물과 같은 1차산품의 매매에 이용이 되는 표준품매매조건은 평균중등품질조건이다.
  ③ 상품의 규격, 구조, 성능 등을 미리 상대방에게 전달하고, 목적 상품이 이러한 명세서에 일치할 것을 조건으로 거래하는 것을 상표매매라고 한다.
  ④ 목재, 냉동어류 등과 같이 견본이용이 곤란하고 그 내부의 품질을 외관상으로 알 수 없는 거래에 이용되는 방법으로 매도인이 인도한 물품이 목적지에서 판매적격성을 지닌 것임을 보증하는 조건을 판매적격품질조건이라고 한다.

06 수량단위에 대한 해설에 대한 설명이다. 가장 바르지 못한 것은?
  ① Great Gross는 144Dozen이고 1,728Pieces이다.
  ② 석유 및 주류 등과 같은 액체의 부피를 환산하는 단위로 BBL(Barrel)을 사용한다.
  ③ TEU는 twenty feet equivalent unit를 말한다.
  ④ Pallet(PLT)는 판지를 이용하여 만든 화물 포장용 상자(Box)를 말한다.

07 해상손해의 형태에 대한 설명이다. 가장 바르지 못한 것은?
① 해상손해 중 피보험이익 일부의 멸실이 된 경우를 분손이라고 한다.
② 분손 가운데 공동해손이 아닌 손해자가 단독으로 부담하여야 하는 성질의 손해를 단독해손(PA)이라고 한다.
③ 위험목적물이 회복 가망이 없거나, 회복이 가능하더라도 보험목적물을 구조하기 위한 비용과 구조 후의 수리비용이 보험목적물의 가액을 초과하는 경우 피보험자가 보험목적물에 대한 모든 권리를 보험자에게 이전하는 것을 이전(移傳)이라고 한다.
④ 해상위험 발생 시 공동의 이익을 위하여 선장이 취한 조치로 말미암아 발생한 손해를 공동해손(GA)이라고 한다.

08 Incoterms❷ 2020의 무역거래조건 중 EXW의 특징이 아닌 것은?
① 매도인은 물품 적재의무가 없다.
② 매도인이 물품을 적재하는 경우 매수인의 위험과 비용으로 한다.
③ 매도인의 위험과 비용부담이 가장 가벼운 조건이다.
④ 매도인은 수출통관 절차를 진행한다.

09 Incoterms❷ 2020의 무역거래조건 중 FCA의 특징이 아닌 것은?
① 해상운송 또는 내수로 운송 시에만 사용이 가능하다.
② 운송비 및 보험료는 매수인이 부담한다.
③ "운송인인도"는 매도인이 물품을 자신의 영업구 내 또는 기타 지정장소에서 매수인이 지정한 운송인이나 제3자에게 인도하는 것을 의미한다.
④ 물품의 수출통관은 매도인이 하여야 한다.

10 인코텀즈(INCOTERMS) 2020의 거래규칙에 대한 다음 연결 중 옳지 않은 것은?
① FOB, CFR, CIF 규칙 모두 위험의 분기점이 동일하다.
② EXW, DDP - 수출입업자 중 어느 한쪽이 수출입통관업무를 모두 담당하는 규칙
③ DAP, DPU, FAS, CIF - 물품 납품장소로 항구를 약정하는 규칙
④ CIF, CFR - 서류에 의한 상징적 인도라는 특징을 갖는 규칙

11 대외무역법 및 관련 규정에 의하여 산업통상자원부장관이 물품 등의 수출 또는 수입이 원활히 이루어질 수 있도록 거래형태를 인정할 수 있는 것("특정거래 형태의 수출입 인정")에 해당하지 않는 것은?

① 대외무역법에서 규정된 수출 또는 수입의 제한을 회피할 우려가 있는 거래
② 산업 보호에 지장을 초래할 우려가 있는 거래
③ 외국에서 외국으로 물품등의 이동이 있고, 그 대금의 지급이나 영수(領收)가 국내에서 이루어지는 거래로서 대금 결제 상황의 확인이 곤란하다고 인정되는 거래
④ 정부의 기밀을 누설하거나 첩보활동에 사용되는 물품에 대한 거래

12 다음 중 연계무역의 종류에 해당하지 않는 것은?

① 물물교환
② 구상무역
③ 대응구매
④ 제품구매

13 '특정거래형태의 수출입'의 중계무역에 대한 설명이다. 가장 바르지 못한 것을 고르시오?

① 수출할 것을 목적으로 물품 등을 수입하여, 이를 보세구역 또는 자유무역지역 등 이외의 국내로 반입하지 않고, 가공하지 않은 원형 그대로 다시 수출하는 방식의 거래를 말한다.
② Master L/C상의 수익자와 B/L상의 선적인이 동일하지 않게 되는데 이것을 실무적으로 'Third Party B/L'이라고 부른다.
③ 우리나라를 경유하지 않는 채 곧바로 제3국으로 인도되는 경우는 물론, 물품의 인수·인도가 모두 해외의 동일국 내에서 발생하는 경우에도 중계무역으로 인정한다.
④ 수출물품의 조달을 위하여 Master L/C를 견질로 별도의 수입신용장을 개설하는 방법을 Thomas L/C라고 한다.

14 무역거래의 결제방법에 대한 설명이다. 가장 바르지 못한 것은?

① 수출상이 물품을 선적하고 선적서류 원본을 수입상에게 송부하면, 수입상은 기본 매매계약서상의 결제조건에 따라 선적일을 기준으로 일정기간이 경과한 후(또는 일정기일)에 수출상이 지정한 Account로 대금을 송금하여 결제하는 방식의 거래를 OA(Open Account)라고 한다.
② OA 거래에 있어 수출상은 그 대금결제를 오로지 수입상의 신용에만 전적으로 의존하게 되므로, 대금회수와 관련한 불확실성을 면할 수 없게 된다.
③ 수출상이 수입상에게 물품을 송부한 후에 수입상을 지급인으로 하는 환어음과 계약서에 명시된 각종 선적서류를 갖춘 후, 거래은행을 통하여 이를 추심함으로써 그 대금을 회수하는 방식의 거래를 추심방식이라고 한다.
④ 선적서류의 인도와 동시에 대금의 결제가 이루어지기는 하지만, 특정의 기간이 경과한 후에 서류를 제시하기로 하는 형태의 추심결제방식을 D/P라고 한다.

15 다음 팩터링 및 포페이팅에 관한 설명으로 옳지 않은 것은?

① 국제 팩터링이란 국제 팩터링 기구에 가입한 회원(팩터)의 신용을 바탕으로 이루어지는 무신용장 방식의 거래이다.
② 국제 팩터링에 의하면 수출상은 신용장 방식과는 달리 서류 작성에 대한 과도한 부담 없이 간편하게 실무를 처리할 수 있다.
③ 포페이팅은 현금을 대가로 채권을 포기 또는 양도한다는 의미로서, 포페이터는 소구권 행사를 조건으로 채권을 매입한다.
④ 포페이터는 대게 제 3자가 발행하는 화환신용장, 보증신용장, 청구보증, 은행 지급보증, 수출보증 등을 담보로 활용하거나 또는 어음에 추가하는 aval을 담보로 활용한다.

16 외국환거래규정에 대한 설명으로 가장 바르지 못한 것은?

① 현행 외국환거래법에서는 '대외채권회수의무'를 외환위기 등의 비상시에 발동할 수 있는 세이프가드 성격의 조치로 전환하였다.
② 거주자가 수출입, 용역거래, 자본거래 등 대외거래를 함에 있어서 계정의 대기 또는 차기에 의하여 결제하는 등 비거주자에 대한 채권 또는 채무를 비거주자에 대한 채무 또는 채권으로 상계를 하고자 하는 경우에는 외국환은행의 장에게 신고하거나, 상계처리 후 1개월 이내에 외국환은행의 장에게 사후 보고를 하여야 한다.
③ 거주자 또는 비거주가 미화 1만불 이하의 지급수단등을 수입하는 경우 신고를 요하지 아니 한다.
④ 본지사 간이 아닌 수출거래로서 계약 건당 미화 5만불을 초과하는 수출대금을 물품의 선적 전 1년을 초과하여 수령하고자 하는 경우에는 외국환은행의 장에게 신고하여야 한다.

17 신용장에 대한 설명으로 가장 바르지 못한 것은?

① 제시된 모든 서류는 신용장의 조건과 문면상으로 일치(Compliance)하여야 한다. 그러나 그 일치의 정도는 자료(Data Content)가 동일(Identical)할 것을 요구하는 것은 아니다.
② 제시된 서류 중 신용장에서 요구되지 않는 서류는 심사할 필요가 없으며 이는 무시할 수 있다.
③ '비서류적 조건(Non-documentary Conditions)'이란 제시되어야 할 서류(Documents)는 명시하지 않은 채, 어떠한 행위만을 준수하도록 요구하고 있는 신용장의 조건(Condition)을 말한다.
④ 제시되었으나 신용장에서 요구되지 아니한 서류는 상당일치 원칙의 입장에서 심사된다.

18 다양한 신용장에 대한 설명이다. 바르지 못한 것은 어느 것인가?
① '인수신용장'은 환어음의 인수은행과 그 만기일의 산정을 위한 어음기한(Tenor)이 지정되어 있으며 기한부환어음의 발행을 요구한다.
② 신용장 금액의 전부 또는 일부에 대하여 상품의 선적 전에 미리 환어음을 발행할 수 있도록 허용함으로써, 수익자가 그 대금을 선지급받을 수 있도록 약정하고 있는 신용장을 선대신용장이라고 한다.
③ 일정 기간이 경과할 때마다 자동적으로 동액의 신용장금액이 갱신되도록 하는 방식의 특수한 신용장을 갱신가능신용장이라고 한다.
④ 해당 기간에 이행되지 않은 미선적분에 대해서는 자동적으로 취소되도록 함으로써 그 미사용 잔액을 차기로 이월하여 사용할 수 없도록 제한하는 신용장을 '비누적적 회전신용장(Non-Cumulative Revolving Credit)'이라고 한다.

19 신용장개설신청서의 심사 시 유의사항이 아닌 것은?
① 신용장의 이용방법이 어느 것이냐에 따라서 대금상환지시방법 및 지급확약문언의 내용 등 신용장의 개설요령이 달라진다.
② 신용장은 개설은행과 개설의뢰인 간의 신용장개설약정에 의한 한도금액 범위 내에서 개설된다.
③ 어음의 만기를 표시하는 방법에는 일람출급, 일람후정기출급, 일자후정기출급, 확정일출급 등의 방식이 있다.
④ 송하인을 반드시 개설은행으로 지정하여야 한다.

20 일람출급신용장의 개설에 대한 설명이다. 바르지 못한 것은 어느 것인가?
① 매입제한신용장의 경우에는 'Negotiation under this credit is restricted to the XXX bank' 등으로 표시한다.
② 지급신용장의 경우에는 어음에 관한 별도의 내용 없이, 서류가 제시되면 바로 지급하겠다는 문언을 기재한다.
③ 발행일자의 표시는 오해의 소지를 없애기 위하여 월 표시는 문자로 하여야 하며 발행장소는 도시명(또는 국가명)을 기입한다.
④ 자유매입신용장은 서류의 제시를 위한 유효기일과 그 제시장소를 명시하여야 한다.

21 선적서류 인도업무에 대한 일반적인 내용이다. 설명으로 바르지 못한 것은?

① 서류상의 정보(Data)는 신용장의 내용과 충돌(Conflict)하지 않아야 함은 물론 서류 내의 제 정보 간에도 충돌(Conflict)하지 않아야 하며, 제시된 다른 서류상의 정보와도 충돌(Conflict)하지 않아야 한다.
② 은행은 서류를 심사하여 'Complying Presentation'인지를 판단하고 서류접수 익일로부터 최장 5영업일(Five Banking Days)간의 기간을 갖는다.
③ '일치하는 제시(Complying Presentation)'인지의 여부는 서류의 형식, 충분성, 정확성, 진정성, 위조 여부, 법적 효력 등을 파악하여 오류가 발생하지 않도록 심사하여야 한다.
④ 선적서류를 개설의뢰인에게 인도하는 일련의 업무를 '선적서류인도(delivery of shipping documents)'라고 한다.

22 다음은 신용장에 의한 선적서류 인도에 관한 것이다. 설명이 바르지 못한 것은?

① 개설은행이 선적서류를 송부받은 후 개설의뢰인에게 서류의 내도 사실을 통보하고 인도하는 일련의 업무를 "선적서류인도(delivery of shipping document)"라고 한다.
② 개설의뢰인이 수입화물을 인도 받기 위해서는 선박회사에 선하증권 원본 등을 제시하여야 하는데, 수입화물이 이미 도착하였음에도 불구하고 개설은행에 선적서류가 내도되지 않은 경우, '수입화물선취보증서'를 통하여 화물을 수취할 수 있다.
③ 항공화물의 경우 AWB상의 수하인이 개설은행으로 되어 있는 경우 개설의뢰인이 항공화물을 수령하기 위하여 "항공화물운송장에의한 수입화물인도승락서"를 발급한다.
④ 수입화물대도(Trust Receipt)란 개설은행이 수입대금의 결제를 위하여 결제 전에 화물의 소유권과 처분권을 개설의뢰인에게 사전 양도하는 것을 말한다.

23 무역거래의 인수(Acceptance)에 관한 설명이다. 설명이 바르지 못한 것은?

① 'Overseas Banker's Usance' 신용장하에서는 제3의 은행이 지급인(인수인)이 되며, 'Domestic Banker's Usance' 신용장하에서는 개설은행이 어음의 지급인(인수인)이 된다.
② 상환은행으로 하여금 매입은행 등의 상환청구요청에 대하여 그 대금을 지급하라는 개설은행의 지시서를 "개설은행 인수 확약서"라고 한다.
③ 일자후정기출급의 경우 어음지급인의 인수일과 관계없이 만기일이 확정되며, 지정일자의 다음날이 환어음 만기의 기산일이 된다.
④ 은행 간 신용장 대금상환에 관한 통일규칙을 'URR 725'이라고 부른다.

24 D/P, D/A 방식에 의한 수입방식에 대한 설명 중 바르지 못한 것은?

① D/P, D/A 거래는 매매계약서에 근거한 거래이므로 은행의 지급에 대한 보증이 없다.
② D/P, D/A 거래는 '추심에 관한 통일규칙(URC 522 : Uniform Rules for Collections, ICC Publication No. 522)'이 적용된다.
③ D/P, D/A의 분류 중 명시가 없는 경우에는 D/A인 것으로 간주하여 처리한다.
④ 추심서류의 제시를 받아야 할 자, 즉 환어음의 지급인이 되는 수입상을 지급인(Drawee)이라고 한다.

25 보증신용장에 대한 설명 중 바르지 못한 것은?

① 보증신용장은 '스탠바이신용장통일규칙(ISP 98 : International Standby Practice 1998, ICC Publication No. 590)'을 따른다.
② 청구보증(DG)은 보증신용장과 동일한 성질을 지니고 있다.
③ 보증서는 원인계약과의 부종성이 강하여 보증신용장과는 달리 독립·추상성을 인정받지 못하는 것이 일반적이다.
④ 계약에 의해 미리 정해진 방법대로 대금이 지급되지 않았을 때를 대비하여, 당해 상품 또는 서비스의 대금지급을 2차적으로 보장할 목적으로 사용되는 보증신용장을 구상보증신용장이고 한다.

26 신용장의 통지에 대한 설명 중 바르지 못한 것은?
① '개설은행', '확인은행(확인신용장의 경우)', '수익자' 전원의 합의가 있어야만 신용장의 조건변경이 가능하다.
② '개설은행', '확인은행(확인신용장의 경우)', '수익자' 전원의 합의가 있는 경우 동일한 조건변경통지서에 대한 부분적인 수락도 가능하다.
③ 신용장을 통지하지 않기로 결정한 경우, 통지은행은 그러한 뜻을 지체 없이 개설은행으로 통보해 주어야 한다.
④ 조건변경되는 경우에 개설은행은 그러한 조건변경서의 발급시점부터 이를 임의로 취소하지 못한다.

27 다음은 신용장에 대한 설명이다. 가장 바르지 못한 것은?
① 조건변경서에 확인을 추가하거나 하지 않고는 확인은행의 권한에 속한다.
② 개설은행으로부터 신용장을 확인하도록 요청 또는 수권을 받았으나, 동 은행과의 환거래계약관계나 기타 거래상황을 감안하여 확인을 추가하지 않기로 결정한 경우에는 즉시 개설은행에 이 사실을 통보하여야 한다.
③ 확인은행이 원신용장에 확인을 추가하였다면 반드시 조건변경서에도 확인을 하여야 한다.
④ 확인은행은 '일치하는 제시'에 대하여 결제 또는 매입을 하고 그 서류를 확인은행에 송부한 다른 지정은행에 대하여 신용장 대금을 상환할 의무를 부담한다.

28 신용장의 심사에 대한 설명이다. 가장 바르지 못한 것은?
① 신용장거래에 있어서 모든 당사자는 서류에 의하여 거래하는 것이지, 그러한 서류와 관련된 물품, 서비스 또는 기타 의무이행을 취급하는 것이 아니다.
② 신용장에서 요구하는 모든 서류를 신용장조건에 일치하게 제시하여야만 신용장에 부여된 권리를 주장할 수 있다.
③ 매입은행은 원칙적으로 독립·추상적인 보호를 받지 못한다.
④ 개설의뢰인이 발행 또는 부서하여야 하는 서류를 요구하는 신용장은 아닌가 등의 '독소조항(Poison Clause)'의 내포 여부를 심사하여야 한다.

29 신용장 조건의 해석에 대한 설명이다. 가장 바르지 못한 것은?

① '지정신용장'이나 '매입제한신용장'은 당해 지정은행의 창구가 곧 서류의 제시장소가 되며, 모든 은행에서 매입에 의한 방법으로 이용이 가능한 '자유매입신용장'의 경우에는 그 모든 은행이 곧 서류의 제시장소이다.
② 통상적인 은행의 휴무 즉 불가항력적 사유 이외의 사유로 은행이 영업을 하지 않는 경우, 그 휴업일에 이은 최초 영업일까지 당해 신용장의 유효기일이 자동 연장된다.
③ 운송서류의 원본을 한 통 이상 제시하도록 요구하는 신용장에는 '선적일 이후의 특정기간'을 명시하여야 한다.
④ 두 가지 이상의 서로 다른 운송방법을 포괄하는 운송서류(복합운송서류)로 표시되어 있는 경우에는 그 표기일자를 유효일자로 보고, 그러한 표시가 없는 경우에는 당해 운송서류의 발행일(Date of Issuance)을 선적일자로 본다.

30 신용장 금액 및 수량의 과부족 및 일자에 대한 해석에 대한 설명이다. 가장 바르지 못한 것은?

① 어떠한 행위의 기한(예: 선적 등)과 관련하여 'On or about' 등의 용어가 사용된 경우에, 이는 명시된 일자의 전 5일부터 후 5일 사이 즉, 총 11일 이내에 그러한 행위가 발생되어야 하는 것으로 해석한다.
② 'To', 'Till', 'Until', 'From', 'Between'은 명시된 일자를 포함한다.
③ 만기(Maturity)를 정하기 위하여 'from'과 'after'라는 용어가 사용된 경우에는 명시된 일자를 포함하는 것으로 해석한다.
④ 월을 삼분하는 용어로는 'Beginning(상순)', 'Middle(중순)', 'End(하순)'가 있다.

31 다음은 무역거래의 선적에 대한 설명이다. 가장 바르지 못한 것은?
① 신용장상에 환적에 대한 언급이 없는 경우 환적을 금지하는 것으로 해석하는 것이 원칙이다.
② 할부선적의 경우 신용장상의 'Installment Schedule'과 일치하여야 하며, 만일 어느 한 기간의 할부선적을 이행하지 못하면 당해 할부부분을 포함하여 그 이후의 모든 잔여 할부분에 신용장은 무효가 된다.
③ 신용장상에 분할선적에 관한 별도의 언급이 없으면 분할선적 금지된다.
④ 선적기일의 연장은 신용장의 조건변경을 통한 명시적인 지시에 의해서만 가능하며, 비록 선적기일이 통상적인 은행의 휴무일에 해당한다 하더라도 유효기일과는 달리 그 다음 첫 영업일까지 자동 연장되지 않는다.

32 다음은 환어음에 대한 설명이다. 가장 바르지 못한 것은?
① 일람후정기출급은 어음을 인수한 그 익일로부터 OO일째 되는 날이 만기일이 된다.
② 보통 개설은행이나 개설은행으로부터 지급·연지급·인수를 수권받은 은행 또는 상환은행으로 지정된 은행이 수취인(Payee)에 해당된다.
③ 일람후정기출급은 제시된 서류상에 하자가 없는 경우이거나 또는 하자가 있음에도 불구하고 하자통보(Notice of Refusal)를 이행하지 않은 경우 개설은행(지급은행)이 서류를 접수한 그 익일로부터 OO일째 되는 날이 만기일이 된다.
④ '확정일출급'은 특정일자가 만기일이 된다.

33 선하증권은 외관상 아무런 하자사항이 없는 양호한 화물이 본선 상에 선적되었음을 나타내는 "shipped on board in apparent good order and condition"라는 표현이 있어야만 완전한 선하증권이라는 의미의 선하증권을 무엇이라고 하는가?
① Clean B/L   ② Foul B/L
③ Letter of Indemnity(L/I)   ④ Charter Party B/L

34 다양한 선하증권에 대한 설명이다. 바르지 못한 설명은 어느 것인가?

① 선하증권의 뒷면에 기재되는 상세한 운송약관이 생략된 채, 그 일부 또는 전부에 대하여 다른 서류를 참조하도록 표시하고 있는 B/L을 Short Form B/L (Blank back B/L; 약식선하증권)라고 한다.
② 선하증권상에 기재되어 있는 'Shipper(선적인)' 또는 'Consignor(송하인)'가 신용장상의 'Beneficiary(수익자)'가 아닌 제3자로 기재되어 있는 B/L을 Third Party B/L (제3자 선하증권)라고 한다.
③ '물품이 갑판에 적재될 수도 있다(Goods may be Loaded on deck)'라고 표시한 운송서류는 수리가 불가능하다.
④ 신용장거래에 있어 B/L의 'Surrender'를 허용하게 되면 개설은행 및 매입은행 등은 화물에 대한 양도담보권을 확보할 수 없게 되므로, 신용장 거래에서는 원칙적으로 이를 허용하지 않고 있다.

35 다음 수출입 실적과 관련한 대외무역법령의 기술 내용 중에서 가장 거리가 먼 것은?

① 수출실적은 수출통관액(FOB금액), 입금액, 가득액과 내국신용장, 그리고 구매확인서를 이용하여 수출에 제공하는 외화획득용 원료·기재의 국내 공급액을 말한다.
② 수입실적의 인정시점은 수입신고 수리일이며, 외국인수수입과 용역 또는 전자적 형태의 무체물의 수입인 경우에는 지급일이다.
③ 내국신용장 또는 구매확인서에 의한 국내 물품공급 실적은 한국무역협회에서 발급한 수출입확인서에 의하여 수출실적으로 인정된다.
④ 중계무역에 의한 수출 인정금액은 수출금액(FOB가격)에서 수입금액(CIF가격)을 공제한 가득액이다.

36 As defined by UCP 600, Which of following statements is not correct?
① Confirming bank means the bank that adds its confirmation to a credit upon the issuing bank's authorization or request.
② Nominated bank means the bank with which the credit is available or any bank in the case of a credit available with any bank.
③ Issuing bank means the bank the issues a credit at the request of an applicant or on its own behalf.
④ Complying presentation means either the delivery of documents under a credit to the issuing bank or nominated bank or the documents so delivered.

37 Under UCP 600, Which of following statements is not correct?
① The expression "on or about" or similar will be interpreted as a stipulation that an event is to occur during a period of five calendar days before until five calendar days after the specified date, both start and end dates included.
② Terms such as "first class", "well known", "qualified", "independent", "official", "competent" or "local" used to describe the issuer of a document allow any issuer except the beneficiary to issue that document.
③ The words "to", "until", "till", "from" and "between" when used to determine a maturity date exclude the date mentioned.
④ A credit is irrevocable even if there is no indication to that effect.

38 Shipment in the "second half of a July" of a month means?
① 7/1~7/15
② 7/16~7/31
③ 7/15~7/30
④ 7/15~7/25

39 Under UCP 600, Which of following statements is not correct?

① A credit must state the bank with which it is available or whether it is available with any bank.
② A credit available with a nominated bank is not available with the issuing bank.
③ A credit must state whether it is available by sight payment, deferred payment, acceptance or negotiation.
④ A credit must not be issued available by a draft drawn on the applicant.

40 Documents under a credit issued on August 15th were presented on August 30th. Documents are not in compliance if they are dated:?

① July 1st
② August 30th
③ August 31th
④ August 29th

41 Which of the following parties can sign an insurance document?

A. the insurance company
B. an underwriter
C. agent of the insurance company or underwriter
D. by proxies

① A, B
② A, B. C
③ A, C, D
④ All of the above

42 Under UCP 600, Which of following statements is not correct?

① A credit available with a nominated bank is also available with the issuing bank.
② A credit must state whether it is available by sight payment, deferred payment, acceptance or negotiation.
③ A credit must not be issued available by a draft drawn on the applicant.
④ A credit may not state an expiry date for presentation. If it may not state an expiry date for presentation, an expiry date stated for honour or negotiation will be deemed to be an expiry date for presentation.

43 Under UCP 600, Which of following statements is not correct?

① Partial acceptance of an amendment is allowed and will not be deemed to be notification of rejection of the amendment.
② A provision in an amendment to the effect that the amendment shall enter into force unless rejected by the beneficiary within a certain time shall be disregarded.
③ An authenticated teletransmission of a credit or amendment will be deemed to be the operative credit or amendment, and any subsequent mail confirmation shall be disregarded.
④ If a nominated bank is not the confirming bank, an authorization to honour or negotiate does not impose any obligation on that nominated bank to honour or negotiate, except when expressly agreed to by that nominated bank and so communicated to the beneficiary.

44 Under UCP 600, Which of following statements is not correct?

① A document may be dated prior to the issuance date of the credit, but must not be dated later than its date of presentation.
② When the addresses of the beneficiary and the applicant appear in any stipulated document, they need not be the same as those stated in the credit or in any other stipulated, but must be within the same country as the respective addresses mentioned in the credit.
③ The shipper or consignor of the goods indicated on any document should be the beneficiary of the credit.
④ In documents other than the commercial invoice, the description of the goods, services or performance, if stated, may be in general terms not conflicting with their description in the credit.

45 Under UCP 600, Which of following statements is correct?

① A commercial invoice must appear to have been issued by the applicant.
② A commercial invoice must be made out in the name of the beneficiary.
③ A commercial invoice must be made out in the same currency as the credit.
④ A commercial invoice need be signed.

46 On 08 JULY 2016 an irrevocable documentary credit for USD 200,000 is confirmed. On 17 JULY 2016 the confirming bank receives an amendment cancelling the documentary credit which it advises to the beneficiary. As at 25 JULY 2016, what is the liability of both banks?

번호		
①	Issuing and confirming bank > USD 220,000	
②	Issuing bank > USD 0.00	Confirming bank > USD 200,000
③	Issuing bank > USD 200,000	Confirming bank > USD 220.000
④	Issuing and confirming bank > USD 200,000	

47 If confirming bank receives non-complying documents, to when should the confirming bank notify rejection of documents?

① within 3 banking days following the day of receipt.
② within 7 calender days following the day of receipt.
③ within 5 banking days following the day of receipt.
④ no time limit

48 Under the credit that gives the expiry date 15 August, 20xx but does not stipulate that period for presentation of document, the beneficiary is going to present the documents including copy of bill of lading dated 2 August, 20xx. Until when should the beneficiary present the documents? (2, 9, 16, 23, 30 August 20xx is on sunday)

① 17 August, 20xx
② 15 August, 20xx
③ 23 August, 20xx
④ 2 August, 20xx

49 Under UCP 600, Which of following statements is not correct?

① A requirement in the credit for insurance coverage to be for a percentage of the value of the goods, of the invoice value or similar is deemed to be the maximum amount of coverage required.
② An insurance policy is acceptable in lieu of an insurance certificate or a declaration under an open cover.
③ The date of the insurance document must be no later than the date of shipment, unless it appears from the insurance document that the cover is effective from a date not later than the date of shipment.
④ The insurance document must indicate the amount of insurance coverage and be in the same currency as the credit.

50 Under UCP 600, Which of following statements is not correct?

① The words "about" or "approximately" used in connection with the amount of the credit or the quantity or the unit price stated in the credit are to be construed as allowing a tolerance not to exceed 10% more or 10% less than the amount, the quantity or the unit price to which they refer.

② A tolerance not to exceed 5% more or 5% less than the quantity of the goods is allowed, provided the credit does not state the quantity in terms of a stipulated number of packing units or individual items and the total amount of the drawings does not exceed the amount of the credit.

③ Partial drawings or shipments are not allowed.

④ A presentation consisting of more than one courier receipt, post receipt or certificate of posting will not be regarded as a partial shipment if the courier receipts, post receipts or certificates of posting appear to have been stamped or signed by the same courier or postal service at the same place and date and for the same destination.

51 Given the facts of the credit, which date would you expect to see in field 44C-Latest Date of Shipment

> 47A Additional Conditions
> GOODS MUST BE INSPECTED ON OR ABOUT 4 JUNE 20XX IN ORDER THAT GOODS MAY BE SHIPPED BY THE FIRST HALF OF JUNE

① JUNE 1 ② JUNE 5
③ JUNE 10 ④ JUNE 15

52 Under URR725, which of the following statements is not correct?

① "Issuing bank" means the bank that has issued a credit and the reimbursement authorization under that credit.
② "Reimbursing bank" means the bank instructed or authorized to provide reimbursement pursuant to a reimbursement authorization issued by the issuing bank.
③ "Claiming Bank" means a bank that honours or negotiates a credit and presents a reimbursement claim to the reimbursing bank.
④ "Reimbursement Claim" means a request for reimbursement from the claiming bank to the issuing bank.

53 Under URR725, which of the following statements is not correct?

① A reimbursement undertaking cannot be amended or cancelled without the agreement of the claiming bank.
② A reimbursing bank is irrevocably bound as of the time it issues the reimbursement undertaking amendment.
③ A claiming bank must communicate its acceptance or rejection of a reimbursement undertaking amendment to the reimbursing bank.
④ The claiming bank's claim for reimbursement must be in the form of a mail confirmation, unless specifically prohibited by the reimbursement authorization, or an original letter.

54 Under URC522, which of the following statements is not correct?

① "Documentary collection" means collection of Financial documents accompanied by commercial documents.
② "Clean collection" means collection of Commercial documents not accompanied by financial documents.
③ Banks will not examine documents in order to obtain instructions.
④ All documents sent for collection must be accompanied by a collection instruction indicating that the collection is subject to URC 522 and giving complete and precise instructions.

55 Under URDG758, which of the following statements is correct?

① When used with a date or dates to determine the start, end or duration of any period, the terms "from", "to", "until", "till" and "between", exclude.
② When used with a date or dates to determine the start, end or duration of any period, the terms "before" and "after" include, the date or dates mentioned.
③ A guarantee is revocable on issue even if it does not state this.
④ A guarantee is issued when it leaves the control of the guarantor.

56 Under Interpretative principles, which of the following statements shall be not interpreted as mercantile usage with regard for?

① Integrity of standbys as reliable and efficient undertaking to pay.
② Practice and terminology of banks and businesses in day-to-day transactions.
③ Consistency within the worldwide system of banking operations and commerce.
④ The application law.

57 Under UCP 600, Which of following statements is not correct?

① A bank will not accept a transport document including the word of "Contents leaking"
② A bank will not accept a transport document including the word of "Second-hand packaging materials used"
③ A bank will not accept a transport document including the word of "Packaging soiled by contents"
④ A bank will not accept a transport document including the word of "Packaging contaminated"

58 Under UCP 600, Which of following statements is not correct?

① A road, rail or inland waterway transport document must appear to indicate receipt of the goods by signature, stamp or notation by the carrier or a named agent for or on behalf of the carrier.
② If a rail transport document does not identify the carrier, any signature or stamp of the railway company will be accepted as evidence of the document being signed by the carrier.
③ A road transport document must appear to be the original for consignor or shipper or bear no marking indicating for whom the document has been prepared.
④ A rail transport document marked "duplicate" will be not accepted as an original.

59 Which of the following document is not deemed to be transport document?

① Forwarder's cargo receipt   ② Bill of lading
③ Air Way bill   ④ Sea way bill

60 What is the missing word(s) into the spaces provided.

> If a teletransmission states "( )" (or words of similar effect), or states that the mail confirmation is to be the operative credit or amendment, then the teletransmission will not be deemed to be the operative credit or amendment.
> The issuing bank must then issue the operative credit or amendment without delay in terms not inconsistent with the teletransmission.

① full details to follow
② operative credit or amendment
③ amendment ("pre - advice")
④ An authenticated teletransmission of a credit

61 무역금융 융자대상에서 제외되는 경우가 아닌 것은?
① 외화획득용 원료, 물품 등 구매확인서에 의하여 수출용 완제품 또는 원자재를 공급하는 경우
② 무역어음을 할인받는 경우
③ 한국수출입은행의 수출자금대출(인도 전 금융)을 수혜한 경우
④ 중계무역방식에 의한 수출

62 내국신용장에 대한 설명으로 바르지 못한 것은?
① 무역금융 취급대상 수출실적이 있거나 외국으로부터 수출신용장 등을 받은 국내 수출업자가 수출물품을 제조, 가공하는 데 소용되는 원자재 또는 수출용 완제품을 국내에서 원활하게 조달하기 위하여 융자대상 수출실적 또는 원수출신용장 등을 근거로 하여 원자재 또는 수출용 완제품의 국내공급업자를 수익자로 하여 개설되는 신용장이다.
② 내국신용장상의 물품공급을 완료한 수익자는 발행신청인으로부터 원칙적으로 5일 이내에 물품수령증명서를 발급받은 후 판매대금추심지시서(이하 '내국신용장 어음 등'이라 한다)를 발행, 매입은행을 통한 매입 또는 추심으로 물품공급대전을 회수한다.
③ 부가가치세 영세율 적용이 가능하다.
④ 수출신용장(Master L/C)과는 달리 국제간 무역거래에는 사용할 수 없다.

63 내국신용장의 특징이 아닌 것은?
① 내국신용장 개설신청인은 원수출신용장 등을 근거로 하여 수평적으로 다수의 내국신용장을 개설할 수 있으나 물품의 제조, 가공, 유통과정이 여러 단계인 경우에는 단계별 발행이 아닌 마지막 단계에서 발행해야 한다.
② 국제무역거래에서 통용되고 있는 신용장과 마찬가지로 물품대금 회수를 위한 일람출급환어음이 발행되며 동 환어음의 매입 또는 추심을 통하여 대금이 결제되고 있다.
③ 내국신용장은 어음대금을 개설신청인이 자체자금으로 결제하는 '일람불 내국신용장'과 개설은행이 융자하여 결제하는 '기한부 내국신용장'으로 이원화되어 운용되고 있다.
④ 내국신용장은 국내업체 간에 통용되는 신용장이므로 원화금액을 기준으로 결제되어야 한다.

64 구매확인서의 특징이 아닌 것은?

① 발행(발급)기관은 외국환은행 또는 전자무역기반사업자이다.
② 관련법규는 대외무역관리규정(산업통상부)를 따른다.
③ 구매확인서는 내국신용장과 같이 무역금융 융자가 가능하다.
④ 거래대상물품은 수출용 원자재, 완제품만이 거래대상물품으로 제한된다.

65 내국신용장과 구매확인서의 가장 큰 차이점은 무엇인가?

① 은행의 지급보증
② 공급실적의 무역금융 융자가능 여부
③ 공급실적의 수출실적 인정 여부
④ 개설(발급)비용의 발생 여부

66 내국신용장의 조건에 대한 설명이다. 가장 바르지 못한 것은?

① 양도가 불가능한 취소불능 신용장이어야 한다.
② 유효기일은 물품의 인도기일에 최장 10일은 가산한 기일 이내이어야 하지만 원수출신용장 등을 근거로 하여 개설되는 내국신용장의 유효기일은 원수출신용장 등의 선적 또는 인도기일 이전이어야 한다.
③ 내국신용장의 금액은 물품대금 전액으로 한다.
④ 판매대금추심지시서 등의 형식은 발행신청인을 지급인으로 하고, 발행은행을 지급장소로 하는 기한부출급식이어야 한다.

67 환어음의 법적 기재사항이 아닌 것은?

① 어음번호
② 지급지
③ 만기의 표시
④ 지급을 받을 자 또는 지급을 받을 자를 지시할 자의 명칭

68 외화대출 위험관리에 대한 설명이다. 다음 중 옳지 않은 것은 어느 것인가?

① 외화대출은 환위험 및 금리위험 등 외화대출 고유의 리스크 특성을 지니고 있으며 이러한 특성이 차주의 재무구조, 수익구조 및 미래 현금흐름 등에 영향을 미칠 수 있다.
② 환율이 상승하여, 원화로 환산한 외화대출의 원금이 증가하면 담보로 제공된 부동산, 유가증권, 예금 등 담보물의 담보여력의 부족으로 차주는 추가 담보물을 보충하거나 담보 부족액만큼 대출금을 상환하여야 한다.
③ 변동금리 외화대출의 기준금리가 상승할 경우 대출 기간 중 금리 변동 주기마다 외화대출의 대출금리가 상승하며, 이 경우 환율이 변동하지 않더라도 외화대출의 이자가 증가한다.
④ 환율이 상승하면 환율이 상승한 비율만큼 원화로 환산한 외화대출의 원금 및 이자가 감소한다.

69 Standby L/C와 Commercial Credit 차이점에 대한 설명이다. 가장 바르지 못한 것은?

① 상업신용장(Commercial Credit)은 일반적으로 선하증권 등 선적서류를 요구하지만, 보증신용장은 수익자(beneficiary)가 개설의뢰인(applicant)이 기초계약성 채무를 불이행 또는 상환하지 아니하였다는 사실을 증명하는 서류(청구사유진술서: Statement of drawing right)를 요구한다.
② 상업신용장은 주로 계약이행보증, 선수금환급보증 등 이행성 보증뿐만 아니라 금융보증 등 다양한 용도로 개설되지만, 보증신용장은 물품의 거래에 한정하여 개설된다.
③ 상업신용장은 계약의 이행에 대하여 지급할 목적으로 개설되지만, 보증신용장은 주로 계약의 불이행에 대하여 지급할 목적으로 개설된다.
④ 상업신용자은 수익자가 상당일치의 원칙에 따라 신용장조건과 일치하는 서류를 제시하는 경우에 신용장대금을 지급하는 조건부 지급확약인 반면에, 보증신용장은 수익자가 기초계약상 채무불이행에 따른 불이행진술서 등을 제시하면 무조건으로 지급하는 것이 일반적이다.

70 일반보증, 연대보증 중 일반보증에만 적용되는 성질은 어느 것인가?
① 주채무 부존재 및 소멸의 항변권
② 최고, 검색의 항변권
③ 주채무자의 상계권에 근거한 항변권
④ 주채무자의 취소권, 해지권에 근거한 항변권

71 Demand Guarantee(청구보증)에서 이행성 보증으로 사용되지 않는 것은?
① Bid Guarantee(입찰보증)
② Payment Guarantee(지급보증)
③ Performance Guarantee(계약이행보증)
④ Retention Guarantee(유보금환급보증)

72 금융보증에 대한 설명이다. 가장 바르지 못한 것은?
① Standby L/C 및 Demand Guarantee의 적용규칙에는 신용장통일규칙(UCP 600), 보증신용장통일규칙(ISP98), 청구보증통일규칙(URDG758) 등이 있다.
② 상업보증신용장은 매수인의 대금지급의무를 보증한다는 점에서 상업신용장(Commercial Credit)과 가장 유사한 기능을 수행한다.
③ 직불보증신용장(Direct Pay Standby L/C)은 채무불이행이 발생한 경우에만 채무를 지급할 것을 약정한 신용장이다.
④ 보증금액이 큰 경우 한 개의 은행으로는 위험부담이 크기 때문에 위험부담을 분산시키기 위하여 보증서 발행에 여러 은행이 참가하는 것을 Syndicated Guarantee라고 한다.

73 ISP98, UCP 600 및 URDG758의 비교에 대한 설명이다. 가장 바르지 못한 것은?

① UCP 600은 제1수익자가 제2수익자 앞으로 양도하는 것만 허용되고 제2수익자가 다시 제3수익자 앞으로 양도하는 것은 허용되지 않는다.
② ISP98(제6.02조), URDG(제33조)는 양도횟수에는 제한이 없다.
③ UCP 600 서류심사기간은 서류접수 다음 영업일부터 최장 5영업일이다.
④ URDG758은 할부지급청구에 대한 규정이 있다.

74 ISP98 서류가 비합리적인 경우 서류심사기간은 제시일의 다음 영업일부터 최장 몇 영업일까지인가?

① 최장 3영업일
② 최장 4영업일
③ 최장 5영업일
④ 최장 7영업일

75 보증금의 지급거절 통지에 대한 설명이다. 가장 바르지 못한 것은?

① 보증서 발행 후 대지급한 때는 지급은 소멸하지만 보증의 효력은 남아 있다.
② 법원의 지급금지가처분명령(injunction)에 의한 경우 보증금의 지급거절이 가능하다.
③ 유효기일 이후의 지급청구의 경우는 보증금의 지급거절이 가능하다.
④ 보증채무를 이행하였거나 보증기일까지 청구가 없는 경우 대외지급보증계정을 정리한다.

76 외화지급보증 보증기간 / 만기일에 대한 설명이다. 가장 바르지 못한 것은?

① 별도의 만기일 없이, 수익자로부터 보증신청인이 의무를 다하였다는 통지를 받을 때까지 보증서가 유효한 조건은 주채무자에게 불리한 조항이다.
② 보증서 만기일이 보증문언에 확정되어 있지 않고 『근거 계약서상에 조건(warranty period) 지어진 일장+7일』로 기재되어 있으며, 은행의 연장 여부에 관계없이 수익자와 보증신청인의 합의에 의해서 동 기간만큼 연장 가능한 조건은 은행에게 불리한 조건으로 기재 시 유의해야 한다.
③ 보증문언상 정확한 만기일자가 기재되지 않은 경우는 채무자에게 유리한 조건이다.
④ 보증서 만기일자가 3개월씩 자동으로 연장되는 조건은 은행에게 불리한 조건으로 기재 시 유의해야 한다.

77 외환회계의 특징에 대한 설명이다. 가장 바르지 못한 것은?

① 외환회계가 은행회계의 한 부분이고 외화계정과목은 일반 재무제표에 환산되어 공표될 대상이므로 외화 및 원화대차대조표의 계정과목은 원화 대차대조표의 계정과목에 쉽게 연결·환산될 수 있어야 하며 일관성을 유지하여야 한다.
② 외화대차대조표는 계정과목 배열에 있어 기본적으로 은행회계와 마찬가지로 상대적 유동성배열법을 적용한다.
③ 회계처리상 어떤 거래의 결제가 이루어질 때까지 과도기적으로 처리할 수 있는 경과계정(Tunnel Account)과 결제를 위해 외국환거래가 최종적으로 귀착되는 결제계정(Settlement Account)을 갖게 된다.
④ 외환회계에서는 일반회계와 같이 외화대차대조표 및 손익계산서 등 여타 재무제표를 요구하고 있다.

78 외국환은행이 해외 환거래은행에 개설한 자행명의의 계정을 무엇이라고 하는가?

① 경과계정　　　　　　　　② 결제계정
③ 난외계정　　　　　　　　④ 당방계정

79 외환회계의 부채계정에 대한 설명이다. 가장 바르지 못한 것은?

① 외화수입보증금은 외국환은행이 고객의 대외거래와 관련하여 예치받은 담보금 및 보증금을 처리하는 계정으로 대내외화부채에 해당한다. 일반적으로 외국환은행에서는 수입보증금이라고도 한다.
② 부채란 과거의 거래나 사건의 결과로 미래에 특정기업이 채권자에게 자산이나 용역 등으로 상환해야 할 의무이다.
③ 외국환은행의 본점 및 지점 간(해외지점 포함) 또는 지점 상호 간의 외화표시 대차관계를 제 계정과목에 구애됨이 없이 상계결제하기 위한 계정을 외화본지점이라고 한다.
④ 콜머니(Call money)는 부채계정의 콜론(Call loan)에 대응하는 자산계정이며 콜자금을 공급자 입장에서 본 것이다.

80 Shipper's Usance의 수입물품선취보증(L/G) 발행 시 계정과목은 어느 것인가?
① 내국수입유산스
② 미확정외화지급보증
③ 확정외화지급보증
④ 수입신용장발행

실전모의고사 제2회

01 다음의 무역거래 형태 중 '대외무역법 시행령에서 정하는 특정의 용역'에 해당하지 않는 것은?
① 컴퓨터시스템 설계 및 자문업
② 경영 상담업
③ 회계 및 세무 관련 서비스업
④ 부호, 문자, 음성, 음향, 이미지, 영상 등을 디지털방식으로 제작

02 다음 수출에 대한 설명이다. 가장 바르지 못한 것은?
① 우리나라의 선박으로 외국에서 채취한 광물 또는 포획한 수산물을 외국에 매도하는 것은 수출에 포함되지 않는다.
② 거주자(외국환거래법 제3조 제1항 제14호)가 비거주자에게 특정의 용역을 제공하는 것은 수출에 포함된다.
③ 유상으로 외국에서 외국으로 물품을 인도(delivery)하는 것으로서 산업통상자원부장관이 정하여 고시하는 기준에 해당하는 것은 수출에 포함된다.
④ 거주자가 비거주자에게 전자적 형태의 무체물을 전송하는 것은 수출에 포함된다.

03 다음 설명 중 가장 바르지 못한 것은?
① 무역거래조건이 CIF, CIP 등과 같이 수출상이 보험에 부보하여야 하는 경우에는 적절한 보험회사를 선택하여 수출물품의 선적일 이전까지 '적하보험'에 부보하여야 한다.
② 수출(입)신고는 EDI 방식에 의한 전자 신고를 원칙으로 한다.
③ 수출통관이란 수출하고자 하는 물품을 세관에 신고한 후, 필요한 심사 및 검사를 거쳐 '수출신고필증'을 교부받아 물품을 선박에 적재하기까지의 일련의 절차를 말한다.
④ 매입한 수출환어음 및 관계선적서류는 개설은행으로 송부되며, 매입은행은 지급은행으로부터 그 대금을 회수하게 된다.

04 국제매매계약의 성격이 아닌 것은?
① 유상계약 ② 요식계약
③ 합의계약 ④ 쌍무계약

05 품질결정 방법에 대한 설명이다. 가장 바르지 못한 것은?
① 검사매매에 사용되는 무역방식은 보세창고도거래(Bonded Warehouse Transaction : BWT) 또는 대금교환도거래(Cash On Delivery : COD)가 있다.
② 명세서매매(Sales by Specification)는 설명매매 또는 기술매매(Sales by Description)라고도 한다.
③ 농수산물의 경우 가장 적절 품질 결정 방법은 견본매매이다.
④ 견본매매를 이용할 수 없는 선박, 철도차량, 발전기 등의 경우에는 명세서매매를 이용하는 것이 적합하다.

06 수량단위에 대한 해설에 대한 설명이다. 가장 바르지 못한 것은?
① 포장물의 중량을 공제한 순수 중량을 대금 계산의 기준으로 삼는 조건을 '순중량 조건(Net Weight Term)'이라고 한다.
② 야드법에 의한 부피의 단위 CFT(Cubic Feet, ft^3)이다.
③ Carton(CTN)는 판지를 이용하여 만든 화물 포장용 상자(Box)를 말한다.
④ 'Net Weight'란 포장한 상태에서의 '총중량'을 말한다.

07 무역거래의 결제조건 중 송금 (Remittance)방식의 특징이 아닌 것은 어느 것인가?
① 송금방식은 본·지사 간의 거래 또는 기타 상당한 신뢰도가 쌓인 당사자 간의 거래에 이용가능하다.
② 수입상이 계약물품을 수령하기 전·후 또는 동시에 송금환을 이용하여 수출상에게 대금을 송금하여 결제하는 방식이다.
③ 사전송금의 경우 계약물품이 도착하지 않을 수 있기 때문에 매도인이 모든 위험을 부담한다.
④ 대금결제를 위한 복잡한 절차가 필요 없는 가장 단순한 방식이기 때문에 비교적 빈번하게 이용된다.

08 인코텀즈(INCOTERMS) 2020의 거래조건에 대한 다음 설명 중 옳지 않은 것은?
① 매도인(수출상)은 적출지에서 매수인(수입상)이 지정한 운송인에게 물품을 인도하며, 목적지까지의 주운송비는 지급하지 않는 조건은 Group F이다.
② 컨테이너에 적재되는 물품의 인도장소는 터미널이 되는 것이 전형적이기 때문에 FCA보다는 FAS 또는 FOB가, CPT보다는 CFR, CIP보다는 CIF규칙이 적합하다.
③ EXW 조건이 매도인에 대한 최소한의 의무인 반면 DDP는 매도인의 위험 및 비용 부담이 가장 무거운 거래조건이다.
④ 해상 및 내수로 운송에만 사용되는 조건은 FAS, FOB, CFR, CIF이다.

09 인코텀즈(INCOTERMS) 2020 무역거래조건에서 매도인(수출상)의 위험부담이 적출지(수출지)에서 종료되는 조건은 어느 것인가?
① CFR
② DAP
③ DDP
④ DPU

10 Incoterms 2020의 무역거래조건 중 FOB의 특징이 아닌 것은?
① 매도인이 물품의 수출통관 절차를 마친 후, 지정된 선적항에서, 매수인이 지명한 선박의 본선상(On board the vessel)에 물품을 인도함으로써 그 의무를 완수하게 되는 거래조건이다.
② 해상운송 또는 내수로 운송 시에만 가능하다.
③ 물품이 컨테이너에 적입되어 운송되는 경우에, 매도인은 대개 본선의 선상(on board the vessel)이 아닌 컨테이너 터미널(CY, CFS)에서 운송인에게 화물을 인도될 때 주로 이용된다.
④ FOB에서 매도인은 해당되는 경우에 물품의 수출통관을 하여야 한다. 그러나 매도인은 물품을 수입통관하거나 수입관세를 부담하거나 수입통관절차를 수행할 의무가 없다.

11 수출과 수입이 상호 연계되어 이루어지는 방식의 무역거래를 말하며, 물물교환(Barter Trade), 구상무역(Compensation Trade), 대응구매(Counter Purchase), 제품환매(Buy Back) 등의 형태가 있는 '특정거래형태의 수출입'은 무엇인가?

① 중계무역
② 연계무역
③ 위탁가공무역
④ BWT 방식 수출입

12 '특정거래형태의 수출입'의 중계무역에 대한 설명이다. 가장 바르지 못한 것은?

① 산업통상자원부장관에게 '특정거래인정신고' '특정거래형태의 수출입 인정을 받아야 하는 경우도 있다.
② Back-to-Back L/C에 의한 방식이란 수출물품의 조달을 위하여 Master L/C를 견질로 별도의 수입신용장을 개설하는 방법을 말한다.
③ 우리나라를 경유하지 않는 채 곧바로 제3국으로 인도되는 경우는 물론, 물품의 인수 인도가 모두 해외의 동일국 내에서 발생하는 경우에도 중계무역으로 인정한다.
④ 수출상과 수입상의 어느 한쪽이 상대방에게 알려지지 않게 할 목적(특히 수입상에게 수출상의 신분을 노출시키지 않을 목적)으로 중계국에서 B/L을 변경·재발급하는 경우도 있는데, 이렇게 변경이 가능한 B/L을 'Third Party B/L'이라고 부른다.

13 무역거래의 결제방법에 대한 설명이다. 가장 바르지 못한 것은?

① 환어음의 인수(Acceptance)를 조건으로 선적서류(Documents)를 인도하는 형태의 '기한부' 거래로서, 선적서류 인도 시 수입상은 인수의 의사만 표시하고 실제의 대금지급은 일정기간 후에 발생하게 되는 추심방식을 D/A라고 한다.
② 일람후정기출급(After Sight) 어음의 경우에는 인수일자를 함께 기재하여야 한다.
③ 추심은행은 인수된 어음을 중요증서에 준하여 만기일까지 별도 보관하여야 하며, 만기에 결제가 이루어지지 않는 경우에는 이를 추심의뢰은행으로 반송하여야 한다.
④ 수출상이 물품을 선적하고 선적서류 원본을 수입상에게 송부하면, 수입상은 기본매매계약서상의 결제조건에 따라 선적일을 기준으로 일정기간이 경과한 후(또는 일정기일)에 수출상이 지정한 Account로 대금을 송금하여 결제하는 방식의 거래로 '선적통지조건의 기한부 사후송금 결제방식'을 European D/P라고 한다.

14 외국환거래규정에 대한 설명으로 가장 바르지 못한 것은?

① 거주자와 비거주자 간에 부동산 이외의 물품 임대차 계약을 체결하는 경우로서, 계약 건당 금액이 미화 3천만불 이하인 경우 외국환은행의 장에게 신고하여야 한다.
② 다국적 기업의 상계센터를 통하여 상계하거나 다수의 당사자의 채권 또는 채무를 상계하고자 하는 경우에는 한국은행총재에게 신고하여야 한다.
③ 본·지사 간, 미화 5만불 상당액을 초과하는 수출대금을 물품의 선적일 이전에 사전 수령 하고자 하는 경우 외국환은행의 장에게 신고하여야 한다.
④ 미화 3천만불 초과 임대차계약은 한국은행총재신고사항이다.

15 신용장에 대한 설명으로 가장 바르지 못한 것은?

① 신용장의 내용에 저촉되지 않는 한, 정보의 질을 높이는 추가기재는 하자로 보지 않는다.
② 단순 오탈자, 즉 machine을 mashine으로 작성한 경우나 fountain pen을 fountan pen 등으로 작성한 것은 하자로 간주되지 않는 일반적인 사항이다.
③ 신용장에는 당해 신용장이 취소가능한 것인지 또는 취소불능한 것인지를 표시해 주어야 한다.
④ 신용장(Payment L/C)의 조건에 일치하는 서류의 제시에 대하여 그 대금을 지급하도록 수권된 은행을 확인은행이라고 한다.

16 다양한 신용장에 대한 설명이다. 바르지 못한 것은 어느 것인가?

① 양도은행에 의하여 제2수익자가 원신용장의 수익자로부터 양도받은 신용장은 '양도신용장(Transferred Credit)'이라고 부른다.
② 신용장의 양도는 양도금액에 따라 '전액양도'와 '분할양도'로 구분할 수 있다.
③ 중계무역과 관련하여 사용되는 '견질신용장'의 의미와 연계무역과 관련하여 사용되는 '동시개설 신용장'의 의미를 동시에 가지고 있는 신용장은 에스크로 신용자이다.
④ 최초 개설한 신용장이 일정한 조건하에 자동적으로 갱신되어 사용될 수 있도록 약정하는 신용장을 회전신용장이라고 한다.

17 신용장개설신청서의 심사 시 유의사항이 아닌 것은?

① 상품명세는 매매계약서상의 명세와 일치하여야 하며, 상품명세를 구성하는 물품명, 수량, 단가, 원산지, 무역거래조건 등이 모두 완전·정확하게 명시되어야 한다.
② 선적기일(The Latest Date for Shipment)에는 선적을 완료하여야 하는 최종일자를 표시하며, 선적기일이 표시되어 있지 않으면 제시기일이 선적기일이 된다.
③ 서류제시기간(Period for Presentation)이란 신용장이 한 통 이상의 운송서류 원본을 요구하는 경우에는 반드시 이를 명시해야 한다.
④ 신용장의 권리를 양도가 가능하도록 개설하고자 하는 경우에는 'transferable'이라는 용어를 사용하여야 한다.

18 일람출급신용장의 개설에 대한 설명이다. 바르지 못한 것은 어느 것인가?

① 서류제시기간의 명시가 없는 경우에는 선적 후 10일 이내에 제시되어야 하는 것으로 본다.
② 신용장의 유효기일(Expiry Date) 또는 최종제시일(Last Day for Presentation)이 UCP 600 제36조에 언급된 사유 이외의 사유로 인한 은행 휴무일(공휴일 등)에 해당할 경우, 당해 유효기일 또는 최종제시일은 그 다음 첫 은행영업일까지 자동적으로 연장된다.
③ 은행은 유효기일이나 서류제시기간을 경과하여 제시된 서류를 수리하지 않는다.
④ 신용장의 유효기일은 선적 후 서류의 작성을 위한 여유기간을 감안하여 최종선적일의 약 10일 뒤 정도로 설정하는 것이 일반적인 관례이다.

19 신용장의 조건변경 시 유의사항에 대한 설명이다. 바르지 못한 것은 어느 것인가?

① 무역거래조건이 F그룹이나 CFR, CPT에서 CIF, CIP 등으로 변경되는 경우에는 보험서류의 명세와 보험조건을 추가적으로 명시해 주어야 한다.
② 상환베이스(Reimbursement Base)로 개설된 신용장의 금액을 변경하고자 하는 경우 상환은행 앞으로도 즉시 상환수권서의 변경내용을 통보해 주어야 한다.
③ 조건변경은 하나의 동일한 조건변경에 대한 부분적인 수락도 가능하다.
④ "적기일의 연장 시"에는 "유효기일의 연장"도 필요하지 않은지의 여부에 대하여 검토하여야 한다.

20 선적서류 인도업무에 대한 일반적인 내용이다. 설명으로 바르지 못한 것은?

① 서류의 진정성, 위·변조, 법적 효력과 관련한 은행의 면책조항은 무조건적인 것이다. 이것은 신용장 거래의 약자인 은행을 보호하기 위한 제도이다.
② 신용장대금은 원화 또는 외화로 결제할 수 있으며, 원화로 결제하는 경우에는 결제 당시의 '전신환매도율'이 적용된다.
③ 개설의뢰인은 개설은행에 서류가 도착한 다음 영업일로부터 '5은행영업일' 이내에 수입대금을 결제하거나 또는 기한부환어음의 인수의사를 표시하여야 한다.
④ 신용장에 명시되지 않은 일반적인 사항은 "UCP 600(신용장통일규칙)" 및 'ISBP 821(국제표준은행관습)'에 따라 심사하여야 한다.

21 다음 신용장의 양도에 대한 설명 중 바르지 못한 것은?

① 신용장은 수익자 이외의 제3자가 이용할 수 있는데, 제3자가 이를 이용할 수 있도록 하기 위하여 양도(transfer)를 허용한 신용장이 양도가능신용장(transferable letter of credit)이다.
② 분할선적 또는 분할청구가 허용된 경우, 신용장은 두 사람 이상의 제2수익자에게 분할 양도 될 수 있으며, 양도된 신용장은 제3수익자에게 양도될 수 있다.
③ 신용장은 양도시에 원신용장의 조건이 그대로 양도되는 것이 원칙이나, 신용장 금액 및 단가 감액, 유효기일 / 서류제시기간 / 선적기일 등의 단축 등은 허용된다.
④ 신용장 양도에 소요되는 제 비용은 원칙적으로 제1수익자의 부담이며, 양도은행은 이러한 비용을 지급받을 때 까지 양도요청에 응하지 않을 수 있다.

22 무역거래의 인수(Acceptance)에 관한 설명이다. 설명이 바르지 못한 것은?

① 인수(Acceptance)란 기한부 환어음의 지급인(Drawee)이 만기일에 그 대금을 정히 지급할 것임을 약속하는 행위를 말한다.
② 개설의뢰인이 어음의 지급인(인수인)이 되는 것이 인수이다.
③ 상환확약서(Reimbursement Undertaking)란 개설은행의 수권 또는 요청에 따라 상환은행이 상환수권서에 지정된 상환청구은행(매입은행 등) 앞으로 발행하는 것이다.
④ 환어음의 기한과 관련하여 'From'과 'After'는 동일한 의미이다. 이 경우 해당 일자를 제외하고 그 다음날로부터 만기를 산정한다.

23 D/P, D/A 방식에 의한 수입방식에 대한 설명 중 바르지 못한 것은?

① 세계무역시장이 경쟁의 격화로 판매자시장에서 구매자시장으로 전환됨에 따라 수출상이 대금결제상의 불리함을 감수하고 D/P, D/A 거래를 하는 경우가 있다.
② 서류를 송부받아 지급인에게 제시하는 은행을 상환은행이라고 한다.
③ 추심에 관한 제 조건을 나열한 서류를 추심지시서(Collection Instruction)라고 한다.
④ 은행은 원본서류와 부본서류 중에서 일찍 도착하는 선적서류에 의해 물품을 인도하게 된다. 이러한 경우 은행은 나중에 도착한 서류가 중복적으로 처리되지 않도록 주의하여야 한다.

24 보증신용장에 대한 설명 중 바르지 못한 것은?

① 보증신용장의 개설은행은 신용장의 조건과 문면상 일치하는 서류의 제시에 대하여 원인계약과는 관계없이 그 대금을 지급하여야 하는 1차적이고 독립적인 채무를 부담한다.
② 보증신용장은 원인계약과의 부종성이 강하여 보증서와는 달리 독립·추상성을 인정받지 못하는 것이 일반적이다.
③ '청구보증(Demand Guarantee)'은 일반보증과는 달리 주채무자의 채무불이행 시 보충적으로 2차적 책임을 지는 것이 아니고, 주채무자와는 독립된 1차적 책임을 부담하는 보증을 말한다.
④ 개설의뢰인이 수익자로부터 받은 선수금에 대하여 그 계약의 이행을 보장하고, 또한 계약 불이행 시의 선수금 반환을 보장할 목적으로 사용되는 보증신용장을 선수금 보증신용장이라고 한다.

25 신용장의 통지에 대한 설명 중 바르지 못한 것은?

① '신용장의 통지(Advice)'란 수입지의 개설은행이 발행하여 송부해 온 신용장을 수출지의 은행(통지은행)이 수익자에게 그 내도사실을 알리고 이를 교부하는 일련의 행위를 말한다.
② '신용장의 통지(Advice)'란 신용장의 진위성에 대한 객관적인 확인 절차를 말한다.
③ 개설은행으로부터 조건변경의 통보가 있는 때에는 이를 즉시 수익자에게 통지한다.
④ 신용장을 통지하지 않기로 결정한 경우, 통지은행은 그러한 뜻을 지체 없이 확인 은행 및 지급은행으로 통보해 주어야 함

26 다음은 신용장에 대한 설명이다. 가장 바르지 못한 것은?

① 확인의 종류에는 일람지급(Sight Payment)확인, 연지급(Deferred Payment)확인, 인수(Acceptance)확인, 매입(Negotiation)확인 등이 있다.
② 확인은 개설은행의 요청 또는 수권에 의하여 이루어지며, 확인을 요청받은 은행은 확인을 추가할 수도 있고 추가하지 않을 수도 있다.
③ 개설은행의 그러한 확약에 추가하여 다시 일람지급·연지급·인수·매입을 확약하는 것을 인수라고 한다.
④ 조건변경서에 확인을 추가하지 않은 경우에도 원신용장에 대한 확인은 그대로 유효하다.

27 신용장의 심사에 대한 설명이다. 가장 바르지 못한 것은?

① 신용장은 반드시 서류의 제시를 위한 '유효기일' 및 '제시장소'를 명시해야 한다.
② 지급·인수·매입을 위하여 신용장에 명시된 서류를 제시하여야 하는 최종일자를 말하며, 이는 지정은행에 의하여 지급·인수·매입이 이루어져야 하는 최종시한을 제시기일이라고 한다.
③ 신용장거래에 있어서 모든 당사자는 서류에 의하여 거래하는 것이지, 그러한 서류와 관련된 물품, 서비스 또는 기타 의무이행을 취급하는 것이 아니다.
④ 신용장은 그 성질상 매매계약이나 또는 기타의 계약에 근거를 두고 있다 하더라도 이들 계약과는 별개의 독립된 거래이다.

28 신용장 조건의 해석에 대한 설명이다. 가장 바르지 못한 것은?

① 유효기일(Expiry Date)'이란 지급·인수·매입을 위하여 신용장에 명시된 서류를 제시하여야 하는 최종일자를 말하며, 이는 지정은행에 의하여 지급·인수·매입이 이루어져야 하는 최종시한을 의미하는 것이 아니다.
② 통상적인 은행의 휴무, 즉 불가항력적 사유 이외의 사유로 은행이 영업을 하지 않는 경우 그 휴업일에 이은 최초 영업일까지 당해 신용장의 유효기일이 자동 연장된다.
③ 서류제시기일의 산정과 관련하여 'From'이라는 용어가 사용된 경우에 이는 'After'와 동일한 의미로 해석하며, 해당일자를 포함하여 기일을 산정한다.
④ 서류 제시기간의 최종일(Last Day for Presentation)이 은행의 통상적인 휴무일에 해당하는 경우, 그 휴무일에 이은 최초 영업일까지 당해 서류의 최종제시일이 자동 연장된다.

29 신용장 금액 및 수량의 과부족 및 일자에 대한 해석에 대한 설명이다. 가장 바르지 못한 것은?

① 'Before', 'After'는 명시된 일자를 제외한다.
② 만기(Maturity)를 정하기 위하여 'from'과 'after'라는 용어가 사용된 경우에는 명시된 일자를 제외하는 것으로 해석한다.
③ 비록 신용장상에 별도의 과부족 허용조항이 명시되어 있지 않다 하더라도 상품수량에 대한 5% 범위 이내의 과부족(More or Less)은 허용되는 것으로 본다.
④ 'To', 'Till', 'Until', 'From', 'Between'는 명시된 일자는 제외한다.

30 다음은 무역거래의 선적에 대한 설명이다. 가장 바르지 못한 것은?

① 분할선적이란 신용장에서 요구하는 화물을 두 개 이상의 단위로 나누어 서로 다른 운송수단에 적재하거나 또는 서로 다른 항해일정에 따라 2회 이상으로 분할하여 선적하는 것을 말한다.
② 신용장상의 'Installment Schedule'과 일치하여야 하며 만일 어느 한 기간의 할부선적을 이행하지 못하면 당해 할부부분을 포함하여 그 이후의 모든 잔여 할부부분에 신용장은 무효가 되므로 유의하여야 한다.
③ 신용장 통일규칙에 의하면 운송서류상에 'The carrier reserves the right to tranship(운송인이 환적할 권리를 갖고 있음)'이라고 기재되어 있는 조항은 이를 무시할 수 있도록 규정하고 있다.
④ 신용장상에 환적에 대한 언급이 없는 경우 환적이 허용되는 것으로 간주한다.

31 다음은 환어음에 대한 설명이다. 가장 바르지 못한 것은?

① 환어음이란, 채권자인 어음의 발행인(Drawer)이 채무자인 지급인(Drawee)에 대하여 어음상에 기재된 금액을 일정 기일(만기)에 일정한 장소(지급지)에서 어음상의 권리자(Payee) 또는 그 소지인(피배서인)에게 무조건으로 지급하여 줄 것을 위탁하는 요식 유가증권이다.
② 신용장에서 환어음을 요구하지 않는 경우에는 이를 발행하지 않는다.
③ 발행인(Drawer)은 보통 수출상(수익자)이다.
④ 신용장에 명시된 통화로 발행하여야 하며, 어음상에 기재된 숫자금액(Amount in Figures)과 문자금액(Amount in Words)이 일치하지 않을 경우 문자금액을 어음상의 금액으로 본다.

32 선적일 다음날로부터 21일을 초과하여 제시된 B/L을 무엇이라고 하는가?

① Stale B/L (제시지연선하증권)
② Foul B/L (Defective B/L, Dirty B/L; 고장부선하증권)
③ Short Form B/L (Blank back B/L; 약식선하증권)
④ Switch B/L (변경가능선하증권)

33 다양한 선하증권에 대한 설명이다. 바르지 못한 설명은 어느 것인가?

① 화물이 선창이 아닌 갑판 위에 적재되었거나 또는 적재될 것이라는 표시가 있는 B/L을 On Deck Shipment B/L (갑판적재선하증권)라고 한다.
② Freight Forwarder가 여러 화주들로부터 'LCL Cargo(Less than Container Load Cargo)'를 모아 이를 하나로 묶어 선적하는 경우에, Actual Carrier가 그들 Freight Forwarder 앞으로 발행하는 B/L을 'Groupage B/L' 또는 'Master B/L(원선하증권)'이라 부른다.
③ 당해 B/L의 유가증권적인 성질 및 유통가능성이 소멸되었음을 증거할 목적으로 특별히 'Surrendered'라는 문구의 스탬프를 날인하고 교부한 'Non-Negotiable B/L'을 Surrendered B/L(권리포기선하증권)라고 한다.
④ Stale B/L(제시지연선하증권)는 신용장에서 선하증권 요구 시 자동수리가 인정되는 서류이다.

34 무역거래 시 보험서류(Insurance Documents)에 대한 설명이다. 틀린 것은?

① 보험서류의 종류(Form)에는 Insurance Policy(보험증권), Insurance Certificate(보험증명서), Insurance Declaration(보험확인서) 등이 있다.
② 신용장에서 '보험증권(Insurance Policy)'을 요구한 경우에는 반드시 '보험증권(Insurance Policy)'이 제시되어야 한다.
③ 보험금액은 반드시 신용장과 동일한 통화로 표시한다.
④ 보험금액은 반드시 신용장에 명시된 부보비율과 같아야 한다.

35 수출입실적의 인정범위, 인정금액 및 인정시점 등에 관한 다음 설명 중 잘못된 것은?

① 수입실적 인정금액은 수입통관액(CIF가격)이고, 동 금액의 인정시점은 각각 수입신고수리일이다.
② 산업통상부장관이 지정하는 생산자의 수출물품 포장용 골판지 상자의 공급도 수출실적으로 인정된다.
③ 중계무역에 의한 수출의 경우 수출실적은 수출금액에서 수입금액을 공제한 가득액으로 인정한다.
④ 수출입 사실 확인서 발급은 전자적 무체물의 경우는 한국소프트웨어산업협회에만 신청하고, 해운업 및 관광사업을 포함한 용역의 경우에는 한국무역협회에 신청하여야 한다.

36 Under UCP 600, which of the following Honour means is not included?

① by sight payment
② by deferred payment
③ by negotiation
④ by acceptance

37 Under UCP 600, Which of following statements is not correct?

① The terms "beginning", "middle" and "end" of a month shall be construed respectively as the 1st to the 10th, the 11th to the 20th and the 21st to the last day of the month, all dates inclusive.
② Unless required to be used in a document, words such as "first class", "well known", "qualified", "independent", "official", "competent" or "local" will be disregarded.
③ A credit by its nature is a separate transaction from the sale or other contract on which it may be based.
④ Where applicable, words in the singular include the plural and in the plural include the singular.

38 Which is not suitable under a credit available with issuing bank, of following types of Credit?

① Negotiation L/C
② Deferred payment L/C
③ Acceptance L/C
④ Payment L/C

39 Under UCP 600, Which of following statements is not correct?

① A confirming bank is irrevocably bound to honour or negotiate as of the time it adds its confirmation to the credit.
② The issuing bank must negotiate, without recourse, if the credit is available by negotiation with the confirming bank.
③ A confirming bank undertakes to reimburse another nominated bank that has honoured or negotiated a complying presentation and forwarded the documents to the confirming bank.
④ An issuing bank is irrevocably bound to honour as of the time it issues the credit.

40 Credit requires copies of a document, which of the following are acceptable?

① carbon copies   ② written
③ photocopies   ④ originals

41 Under UCP 600 of Article 3. Interpretations, Which of following statements is not correct?

① A credit is irrevocable even if there is no indication to that effect.
② A document may be signed by handwriting, facsimile signature, perforated signature, stamp, symbol or any other mechanical or electronic method of authentication.
③ The words "from" and "after" when used to determine a maturity date include the date mentioned.
④ Terms such as "first class", "well known", "qualified", "independent", "official", "competent" or "local" used to describe the issuer of a document allow any issuer except the beneficiary to issue that document.

42 Under UCP 600, Which of following statements is not correct?

① An negotiating bank undertaking to reimburse a nominated bank that has honoured or negotiated a complying presentation and forwarded the documents to the issuing bank.
② An issuing bank's undertaking to reimburse a nominated bank is independent of the issuing bank's undertaking to the beneficiary.
③ A confirming bank undertakes to reimburse another nominated bank that has honoured or negotiated a complying presentation and forwarded the documents to the confirming bank.
④ A confirming bank is irrevocably bound to honour or negotiate as of the time it adds its confirmation to the credit

43 Under UCP 600, Which of following statements is not correct?

① A nominates bank must provide a reimbursing bank with a reimbursement authorization that conforms with the availability stated in the credit. The reimbursement authorization should not be subject to an expiry date.
② A claiming bank shall not be required to supply a reimbursing bank with a certificate of compliance with the terms and conditions of the credit.

③ An issuing bank will be responsible for any loss of interest, together with any expenses incurred, if reimbursement is not provided on first demand by a reimbursing bank in accordance with the terms and conditions of the credit.
④ An issuing bank is not relieved of any of its obligations to provide reimbursement if reimbursement is not made by a reimbursing bank on first demand.

44 Of the following types of credit, which is not suitable under a credit available with issuing bank?

① Payment L/C
② Acceptance L/C
③ Deferred payment L/C
④ Negotiation L/C

45 Under UCP 600, Which of following statements is not correct?

① A transport document covering at least two different modes of transport (multimodal or combined transport document), however named, must appear to indicate the name of the carrier and be signed by the owner or a named agent for or on behalf of the owner.
② Any signature by an agent must indicate whether the agent has signed for or on behalf of the carrier or for or on behalf of the master.
③ The date of issuance of the transport document will be deemed to be the date of dispatch, taking in charge or shipped on board, and the date of shipment.
④ A transport document may indicate that the goods will or may be transhipped provided that the entire carriage is covered by one and the same transport document.

46 On 08 JULY 2016 an irrevocable documentary credit for USD 150,000 is confirmed. On 17 JULY 2016 the confirming bank receives an amendment cancelling the documentary credit which it advises to the beneficiary. As at 25 JULY 2016, what is the liability of both banks?

번호		
①	Issuing and confirming bank > USD 165,000	
②	Issuing bank > USD 0.00	Confirming bank > USD 150,000
③	Issuing bank > USD 150,000	Confirming bank > USD 165.000
④	Issuing and confirming bank> USD 150,000	

47 If confirming bank receives non-complying documents, to when should the confirming bank notify rejection of documents?

① no time limit
② within 7 calender days following the day of receipt.
③ within 3 banking days following the day of receipt.
④ within 5 banking days following the day of receipt.

48 A requirement in a credit for insurance certificate that gives credit amount USD 10,000 and Trade Term CIF LA is satisfied by presentation of :

① cover note of USD 10,000
② cover note for USD 12,000
③ Insurance policy for USD 11,000
④ Insurance certificate for USD 10,000

49 Under UCP 600, Which of following statements is not correct?

① A credit or amendment should stipulate that the advising to a beneficiary is conditional upon the receipt by the advising bank or second advising bank of its charges.
② The applicant shall be bound by and liable to indemnify a bank against all obligations and responsibilities imposed by foreign laws and usages.
③ A bank utilizing the services of another bank for the purpose of giving effect to the instructions of the applicant does so for the account and at the risk of the applicant.
④ An issuing bank or advising bank assumes no liability or responsibility should the instructions it transmits to another bank not be carried out, even if it has taken the initiative in the choice of that other bank.

50 Given the facts of the credit, which date would you expect to see in field 44C-Latest Date of Shipment

> 47A Additional Conditions
> GOODS MUST BE INSPECTED ON OR ABOUT 7 AUGUST 20XX IN ORDER THAT GOODS MAY BE SHIPPED BY THE MIDDLE OF AUGUST

① AUGUST 1
② AUGUST 5
③ AUGUST 10
④ AUGUST 20

51 Under UCP 600, Which of following statements is not correct?

① The percentage for which insurance cover must be effected may not be increased to provide the amount of cover stipulated in the credit or these articles.
② If a credit is transferred to more than one second beneficiary, rejection of an amendment by one or more second beneficiary does not invalidate the acceptance by any other second beneficiary, with respect to which the transferred credit will be amended accordingly.
③ Any request for transfer must indicate if and under what conditions amendments may be advised to the second beneficiary.
④ If the name of the applicant is specifically required by the credit to appear in any document other than the invoice, such requirement must be reflected in the transferred credit.

52 You are the beneficiary of the credit. The credit contains a condition stating that the beneficiary must fax the shipment details to the applicant after shipment. The credit does not contain shipment should be effected by EPASS shipping line, how can you comply with this condition?

① You must call the applicant to find out their EPASS shipping line.
② You can disregard this condition.
③ You must obtain an amendment to the credit to include details of the document that you are to present evidencing that you have sent the shipment details by EPASS shipping line.
④ Do not know.

53 How does UCP 600 interpret a branch of a bank in a different country?

① as a separate bank　　② as a different bank
③ as another bank　　　④ as the same bank

54 Under UCP 600, Which of following statements is not correct?

① A credit can neither be amended nor cancelled without the agreement of the issuing bank, the confirming bank, if any, and the beneficiary.
② An issuing bank is irrevocably bound by an amendment as of the time it issues the amendment.
③ A bank that advises an amendment should inform the bank from which it received the amendment of any notification of acceptance or rejection.
④ Partial acceptance of an amendment is available with allowed if the issuing bank, the confirming bank, and the beneficiary should inform.

55 When the charter party bill of lading is required by the credit, which of the following statements is correct under UCP 600?

① A bank must examine charter party contracts, if they are required to be presented by the terms of the credit.
② The charterer can not sign the charter party bill of lading.
③ The port of discharge may not also be shown as a range of ports or a geographical area, as stated in the credit.
④ If the bill of lading indicates that it is to be used with charter parties, it is regarded as the charter party bill of lading.

56 Under URR725, which of the following statements is not correct?

① In case of cancellation of the reimbursement authorization prior to expiry of the credit, the issuing bank must provide the nominated bank or the advising bank with new reimbursement instructions.
② A reimbursing bank is irrevocably bound to honour a reimbursement claim as of the time it issues the reimbursement undertaking.
③ An irrevocable reimbursement authorization cannot be amended or cancelled without the agreement of the issuing bank.
④ An issuing bank that has issued its irrevocable reimbursement authorization amendment shall be irrevocably bound as of the time of its advice of the irrevocable reimbursement authorization amendment.

57 Under URR725, which of the following statements is not correct?

① When a reimbursing bank has not issued a reimbursement undertaking and a reimbursement is due on a future date, the reimbursement claim must specify the predetermined reimbursement date.

② Unless otherwise expressly agreed to by the reimbursing bank and the claiming bank, a reimbursing bank will effect reimbursement under a reimbursement claim only to the claiming bank.

③ An issuing bank can, upon receipt of documents, give a new reimbursement authorization or additional instructions unless they constitute an amendment to, or a cancellation of, an existing reimbursement authorization.

④ The issuing bank shall be bound by and liable to indemnify the reimbursing bank against all obligations and responsibilities imposed by foreign laws and usages.

58 Under the URC522, which of the following party is not party concerned to collection?

① remitting bank
② colleting bank
③ drawee
④ principal

59 Under URDG758, which of the following statements is not correct?

① A guarantee is transferable only if it specifically states that it is "transferable", in which case it may be transferred more than once for the full amount available at the time of transfer.

② A counter-guarantee is transferable.

③ Unless otherwise agreed at the time of transfer, the transferor shall pay all charges incurred for the transfer.

④ Under a transferred guarantee, a demand and any supporting statement shall be signed by the transferee.

60 Under ISP98, a beneficiary's request to extend or pay implies the following except:

① consents to suspend payment for a period not exceeding 30 calendar days following its receipt of the demand for payment.
② requests the issuer to exercise its discretion to seek the approval of the applicant and to issue that amendment.
③ upon iconsents to the amendment to extend the expiry date to the date requested. ssuance of that amendment, retracts its demand for payment.
④ upon issuance of that amendment, retracts its demand for payment.

61 무역금융의 융자대상 중 외화 또는 원화표시 물품공급계약서에 의하여 물품, 건설 및 용역을 수출하거나 국내 공급하고자 하는 자에 해당하지 않는 경우는?

① 정부, 지방자치단체 또는 정부투자기관이 외국으로부터 받은 차관자금에 의한 국제경쟁 입찰에 의하여 국내에서 유상으로 물품, 건설 및 용역을 공급하기 위하여 체결된 계약서에 의해 융자받는 자
② 외국정부, 외국공공기관 또는 국제기구와 체결된 물품, 건설 및 용역공급계약서에 의해 융자받는 자
③ '중소기업협동조합법'에서 정하는 중소기업협동조합 또는 사업협동조합이 중소기업협동조합 공동사업자금을 융자받는 자
④ 선박건조공급(개조공급 포함) 및 '대외무역법'이 정한 산업설비의 수출을 위한 계약서에 의해 융자받는 자

62 무역금융의 융자대상 수출실적에 대한 설명이다. 가장 바르지 못한 것은?

① 무역금융에 있어 수출실적이라 함은 융자대상 수출실적을 의미한다.
② 직수출실적도 융자대상 수출실적에 포함된다.
③ 유상으로 거래되는 수출
④ 무역금융의 '융자대상 수출실적'은 특정업체의 자금종류별 융자한도를 결정할 뿐이며, 실적기준금융의 경우에는 수출신용장 등을 감안하여 과거 융자대상 수출실적을 산정해야 한다.

63 무역금융의 융자금 종류에 대한 설명이다. 가장 바르지 못한 것은?

① 완제품구매자금 무역금융의 경우 국내에서 생산된 수출용 완제품을 내국신용장에 의하여 구매하는 데 소요되는 자금으로, 융자대상금액 기준은 내국신용장어음의 외화금액으로 하되 내국신용장어음의 금액이 원화로만 표시되어 있는 경우에는 동 금액으로 한다.
② 생산자금 무역금융의 경우 국내에서 수출용 완제품 또는 원자재를 제조, 가공 개발하거나 용역을 수출하는 데 소요되는 자금으로, 신용장금액(FOB)에서 소요원자재액을 합산하여 계산한다.
③ 무역금융의 융자대상 자금은 그 용도에 따라 생산자금, 원자재자금 및 완제품 구매자금의 세 가지가 있다.
④ 수출용 수입원자재를 해외로부터 일람출급 조건으로(at sight) 직접 수입하는 경우 원자재자금 무역금융방식으로 융자를 할 수 있다.

64 무역금융에 대한 설명으로 바르지 못한 것은?

① 위탁가공무역의 무역금융에서 위탁가공무역에 소요되는 국산원자재를 구매하여 가공하지 않고 무상으로 수출한 실적도 융자대상 수출실적으로 인정한다. 또한 동 수출실적을 근거로 생산자금 및 포괄금융을 수혜받을 수 있다.
② 원자재자금 중 수입결제는 선적서류 접수 익영업일로부터 5영업일 이내, 내국신용장 어음결제는 지급제시된 날로부터 3영업일 이내에 취급하여야 한다.
③ 위탁가공무역이란 가공임을 지급하는 조건으로 외국에서 가공할 원료의 전부 또는 일부를 거래상대방에게 수출하거나 외국에서 조달하여 이를 가공한 후 가공물품 등을 수입하거나 외국으로 인도하는 수출입을 말한다.
④ 당해 업체가 위탁가공무역에 소요되는 국산원자재를 직접 제조, 가공(내국신용장에 의한 위탁가공분 포함)하여 무상으로 수출한 실적을 융자대상 수출실적으로 인정하여 생산자금, 원자재자금 및 포괄금융을 취급할 수 있다.

65 내국신용장에 대한 설명으로 바르지 못한 것은?

① 무역금융 취급대상 수출실적이 있거나 외국으로부터 수출신용장 등을 받은 국내 수출업자가 수출물품을 제조·가공하는 데 소요되는 원자재 또는 수출용 완제품을 국내에서 원활하게 조달하기 위하여 융자대상 수출실적 또는 원수출신용장 등을 근거로 하여 원자재 또는 수출용 완제품의 국내공급업자를 수익자로 하여 개설되는 신용장이다.
② 부가가치세 영세율 적용이 가능하다.
③ 내국신용장에 의하여 수출용 원자재 또는 수출용 완제품을 구매하는 업체는 동 원자재자금 및 완제품 구매자금을 대출받을 수 있다.
④ 수출신용장(Master L/C)과는 마찬가지로 국제간 무역거래에도 사용할 수 있다.

66 내국신용장과 구매확인서의 가장 큰 차이점은 무엇인가?

① 부가가치세 영세율 적용 및 관세환급 가능 여부
② 은행의 지급보증
③ 공급실적의 수출실적 인정 여부
④ 공급실적의 무역금융 융자가능 여부

67 내국신용장의 조건에 대한 설명이다. 가장 바르지 못한 것은?

① 양도가 가능한 취소가능 신용장이어도 상관없다.
② 유효기일은 물품의 인도기일에 최장 10일은 가산한 기일 이내이어야 하지만 원수출신용장 등을 근거로 하여 개설되는 내국신용장의 유효기일은 원수출신용장 등의 선적 또는 인도기일 이전이어야 한다.
③ 내국신용장의 금액은 물품대금 전액으로 한다.
④ 판매대금추심지시서 등의 형식은 발행신청인을 지급인으로 하고, 발행은행을 지급장소로 하는 일람출급식이어야 한다.

68 환어음의 법적 기재사항에 해당하는 것은?

① 어음번호
② 파훼문구
③ 대가수취문구
④ 지급을 받을 자 또는 지급을 받을 자를 지시할 자의 명칭

69 무역보험공사의 보험증권 담보취득에 대한 설명 중 옳지 않은 것은 다음 중 어느 것인가?

① 수입보험(금융기관용)은 수입대상 품목을 철, 동, 아연, 주석, 니켈, 석탄, 원유 등 주요 자원, 시설재 및 첨단제품 등으로 한정하고 있다.
② 해외사업금융보험은 국내기업이 설립한 해외현지법인이 공장설립 등 시설자금을 조달하는 경우에 사용된다.
③ 해외직접투자와 관련된 보험증권은 해외사업금융보험과 해외투자보험으로 구분된다.
④ 해외투자보험(투자금융)은 해외 현지법인의 운전자금 뿐만 아니라 시설자금으로도 활용이 가능하다.

70 은행지급보증의 발행 형태는?

① 내국신용장(Local Credit)
② 양도불능 신용장(Nontransferable Credit)
③ 회전신용장(Revolving L/C)
④ 보증신용장(Standby L/C)

71 Standby L/C와 Commercial Credit 차이점에 대한 설명이다. 가장 바르지 못한 것은?

① 상업신용장(Commercial Credit)은 일반적으로 선하증권 등 선적서류를 요구하지만, 보증신용장은 수익자(beneficiary)가 개설의뢰인(applicant)이 기초계약상 채무를 불이행 또는 상환하지 아니하였다는 사실을 증명하는 서류(청구사유진술서 : Statement of drawing right)를 요구한다.
② 상업신용장은 주로 물품의 거래에 한정하여 개설되지만, 보증신용장은 계약이행보증, 선수금환급보증 등 이행성 보증뿐만 아니라 금융보증 등 다양한 용도로 개설된다.
③ 상업신용장은 계약의 불이행에 대하여 지급할 목적으로 개설되지만, 보증신용장은 주로 계약의 이행에 대하여 지급할 목적으로 개설된다.
④ 상업신용장은 수익자가 상당일치의 원칙에 따라 신용장조건과 일치하는 서류를 제시하는 경우에 신용장대금을 지급하는 조건부 지급확약인 반면에, 보증신용장은 수익자가 기초계약상 채무불이행에 따른 불이행진술서 등을 제시하면 무조건으로 지급하는 것이 일반적이다.

72 금융보증에 대한 설명이다. 가장 바르지 못한 것은?

① 상업보증신용장은 상업신용장에 비하여 거래절차에 있어서 편리성이 있다.
② 상업신용장은 상업보증신용장보다 더 강한 지급확약기능이 있어 수입상으로부터의 대금회수불능위험을 제거할 수 있다.
③ 외국의 경우 지방공공단체에 의하여 지방채 등의 발행 시에 이용되는 보증신용장은 직불보증신용장(Direct Pay Standby L/C)이다.
④ 개설의뢰인의 보험 또는 재보험 의무를 보장하기 위하여 사용되는 신용장은 보험보증신용장(Insurance Standby L/C)이다.

73 URDG758 서류심사기간은 서류접수 다음 영업일부터 최장 몇 영업일까지인가?

① 최장 3영업일
② 최장 4영업일
③ 최장 5영업일
④ 최장 7영업일

74 기타외화지급보증계정 중 수출관련 선수금 환급보증서를 발행한 경우 수출선수금 수령일, Standby L/C 및 기타 보증서를 발행한 경우 올바른 회계처리 방법은?

① 난외계정 > 기타외화보증 > 확정외화지급보증 > 기타외화지급보증
② 난외계정 > 기타외화지급보증 > 기타외화보증 > 확정외화지급보증
③ 확정외화지급보증 > 난외계정 > 기타외화보증 > 기타외화지급보증
④ 난외계정 > 확정외화지급보증 > 기타외화보증 > 기타외화지급보증

75 보증금의 지급거절 통지에 대한 설명이다. 가장 바르지 못한 것은?

① 보증채무는 주채무의 상환이 확인된 때 소멸 처리한다.
② 외화지급보증서의 경우 보증기일 익일에 소멸 처리하되, 이행청구기간이 별도로 있는 경우에는 동 기간을 가산한 기일 익일에 소멸 처리한다.
③ 지급청구서만을 요구한 경우에 보장진술서(Supporting Statement)를 제시하지 않았다고 해서 지급거절이 가능한 것은 아니다.
④ 수익자의 권리남용에 의한 지급청구 및 신의성실의 원칙에 반하는 악의적인 청구에 대하여 보증신청은 지급의무가 있는 보증은행을 상대로 하여 수익자에 대한 지급금지가처분을 신청할 수 있다.

76 외화지급보증에 따른 위험관리에 대한 설명이다. 가장 바르지 못한 것은?

① 수출보증보험 등은 정식담보로 인정하지 않고 있다.
② 보증신청인에 대한 위험으로는 신용위험(Credit Risk), 계약위험(Contract Risk), 공동시공의 위험(Risk for Co-contract) 등이 있다.
③ 청구보증(Demand Guarantee)은 일치하는 지급청구가 있으면 무조건 지급할 것을 약정하는 서명된 확약을 의미한다.
④ 조건부 지급보증(Conditional Guarantee)은 국제규칙을 청구보증통일규칙(URDG758)이 아닌 일반보증통일규칙(Uniform Rules for Contract Bonds, Publication No.524: 약칭 URCB524) 등을 적용한다.

77 외환회계의 자산계정으로서 외국환은행이 자행이 개설한 기한부 수입신용장의 조건에 따라 발행된 수입환어음을 수입업자 대신 직접 결제하거나 다른 은행에 결제를 위탁하여 발생한 수입업자에 대한 신용공여를 일컫는 자산계정 항목은 무엇인가?
① 외화예치금(Due from Bank in Foreign Currency)
② 외화콜론
③ 내국수입유산스
④ 매입외환(Bills Bought)

78 외환회계의 부채계정에 대한 설명이다. 가장 바르지 못한 것은?
① 외화예금의 수입으로 발생한 외화부채를 처리하는 계정으로 예금의 수입은 대변에, 인출은 차변에 기입한다.
② 외국환은행이 고객의 의뢰에 의하여 대외송금을 취결하거나 타은행이 발행한 여행자수표(Traveller's check)를 수탁판매하는 경우 고객으로부터 받은 송금대금 또는 여행자수표 대금이 외국에서 실제 지급되거나 위탁은행에 동 대금을 결제하는 날까지는 상당한 차이가 발생되므로 이 기간 중의 대외채무를 잠정적으로 처리하는 경과계정을 미지급외환이라고 한다.
③ 외국환 업무의 취급과정에서 발생하는 일시적인 예수금 성격의 미결제 정리자금이나 특수거래에 따른 예금계좌를 가지고 있지 않은 고객으로부터 일시적 예수금 등 기타예금과목으로 처리할 수 없는 예수금을 처리하는 계정을 외화별단예금이라고 한다.
④ 부채란 과거의 거래나 사건의 결과로 미래에 특정기업이 채권자에게 자산이나 용역 등으로 상환해야 할 의무이다.

79 외환회계의 난외계정에 대한 설명이다. 가장 바르지 못한 것은?
① 재무제표 본문(난내)에 표시되지 않는 회계정보 중 은행의 우발적인 채무관계, 재무제표 작성상의 중요한 원칙이나 방법 등 재무제표 이용자에게 유익하고 의미 있는 정보는 주석을 통하여 제공된다.
② 난외계정에 표시되는 사항은 통상 부외거래(Off - balance Sheet Transaction)라 칭한다.
③ 주채무가 확정되지 않은 우발채무는 미확정지급보증으로 난외계정으로 표시한다.
④ 금융기관은 주석사항 중 특히 금융기관의 재무상태를 이해하는 데 필요한 사항을 대차대조표의 주석계정에 별도로 표시하도록 하고 있다.

80 Banker's Usance의 인수 시 계정과목은 어느 것인가?
① 내국수입유산스
② 미확정외화지급보증
③ 확정외화지급보증
④ 수입신용장발행

정답 및 해설 제1회

01 ① 물품과 '대외무역법 시행령에서 정하는 특징의 용역'은 분리하여 관리하고 있다.

02 ① 유무상을 불문한다.

03 ③ 무역보험제도의 운용은 무역보험법에서 규정하고 있다.

04 ① 무역거래조건의 CIF, CIP 규정이 보험을 부보해야 한다.

05 ③ 명세서매매(Sales by Specification)라고 한다.

06 ④ Carton(CTN)을 말한다.

07 ③ 위부(委付 Abandonment)라고 한다.

08 ④ 매도인은 물품의 적재, 통관, 운송인의 선정 등에 관한 어떠한 책임도 지지 않는다.

09 ① 복합운송을 포함하여 모든 운송방식에 사용할 수 있다.

10 ③ DAP, DPU 조건은 모든 운송수단에서 사용할 수 있다.

11 ④ ④의 경우는 일반적인 수출입 형태에 포함된다.

12 ④ 미화 5만불 상당액 초과의 경우 수출입인정을 받아야 한다.

13 ④ Back-to-Back L/C라고 한다.

14 ④ D/P USANCE(기한부 D/P)라고 한다.

15 ③ 포페이팅은 소구권을 행사하지 않는 조건으로 채권을 매입한다.

16 ④ ④에 해당될 경우, 한국은행총재에게 신고하여야 하며, 불가피한 사유로 인정되는 경우에는 1년을 초과한 날로부터 3월 이내에 사후신고를 할 수 있다.

17 ④ 제출된 서류 상호 간의 정보(Data)가 충돌(Conflict)하는 경우에는 무시한다.

18 ③ 회전신용장에 대한 설명이다.

19 ④ 수하인으로 개설은행을 지정하여야 한다.

20 ④ 지정신용장의 경우가 해당이 된다.

21 ③ '일치하는 제시(Complying Presentation)' 인지의 여부는 서류에 의해서만 심사하여야 한다.

22 ④ 수입화물대도는 개설은행이 수입화물에 대한 소유권을 유지하면서, 개설의뢰인이 수입대금을 결제하기 전에 미리 화물을 처분할 수 있도록 허용하는 제도를 말한다.

23 ② 상환수권서(Reimbursement Authorization)라고 한다.

24 ③ D/P인 것으로 간주하여 처리한다.

25 ④ Commercial Standby(상업보증)에 대한 설명이다.

26 ② 하나의 동일한 조건변경통지서에 대한 부분적인 수락은 허용하지 않는다.

27 ③ 확인은행이 원신용장에 확인을 추가하였다는 이유로 조건변경서에도 반드시 확인을 하여야 하는 것은 아니다.

28 ③ 매입은행의 경우 신용장조건에 일치하는 서류를 매입하였을 때 개설은행으로부터 독립·추상적인 보호를 받는다.

29 ④ 서로 다른 운송방법을 포괄하는 운송서류(복합운송서류) 표시되어 있는 경우에는 그 표기일자를 선적일자로 본다.

30 ③ 명시된 일자를 제외하는 것으로 해석한다.

31 ③ 신용장상에 분할선적에 관한 별도의 언급이 없으면 분할선적이 허용되는 것으로 간주한다.

32 ② 지급인(Drawee)에 해당된다.

33 ① Clean B/L이라고 한다.
   [참고] 1. Clean B/L : 화물을 본선 상에 선적할 때 화물의 상태가 외관상 양호하고 수량 등이 일치하여 선하증권의 비고(Remark)란에 아무런 표시가 없는 선하증권을 무사고 또는 무고장 선하증권이라 한다. 선하증권은 외관상 아무런 하자사항이 없는 양호한 화물이 본선 상에 선적되었음을 나타내는 "shipped on board in apparent good order and condition"라는 표현이 있어야만 완전한 선하증권이 된다.
   2. Foul B/L : 만약 포장상태가 불완전하거나 수량이 부족할 경우에는 선하증권상에 이에 관한 내용이 기재된다. 예를 들어 재래식 화물을 선적할 때는 "5 cases loose strap", "5 cartons short" 등과 같은 단서조항이 기재되는데 이런 선하증권을 사고부 선하증권이라 한다.
   3. Letter of Indemnity(L/I) : 이렇게 포장의 불비 또는 수량의 부족 등으로 인해 발행된 고장부 선하증권은 유통도 되지 못할 뿐더러 신용장거래에서 은행이 수리를 거절하게 된다. 따라서 수출업자는 선박회사에 대해 이와 관련된 모든 책임을 부담하겠다는 약속이 기재된 각서를 제시하고 무사고선하증권을 발급받을 수 있는데 이러한 각서를 "파손화물보상장"이라 한다. L/I는 송하인과 선사 사이에서만 효력이 있으며 수하인과는 아무런 효력을 발생시키지 않는다.

34 ③ 화물이 선창이 아닌 갑판 위에 적재되었거나 또는 적재될 것이라는 표시가 있는 B/L은 수리가 되지 않지만 '물품이 갑판에 적재될 수도 있다(Goods may be Loaded on deck)'라고 표시한 운송서류는 수리가 가능하다.

35 ③ 수출실적 중 유일하게 한국무역협회장이 발급하는 경우는 유상으로 수출한 경우와 외국으로 다시는 국내에 재반입이 하지 않는 조건으로 수출되는 기계류에 의해서만 발급이 가능하며, 나머지는 모두 외국환은행장이 발행하는 것이 원칙이다.

36 ④ 제시에 대한 설명으로 발행은행 또는 지정은행에게 신용장에 의한 서류인도 또는 그와 같이 인도된 서류를 말한다.

37 ③ 선적기간을 정하기 위하여 "to", "until", "till", "from" 그리고 "between"이라는 단어가 사용된 경우 이는 (기간에) 명시된 일자 혹은 일자들을 포함하고, "before"와 "after"라는 단어는 명시된 일자를 제외한다.

38 ② 7/16일부터 7/31일까지 기간을 말한다.

39 ② 지정은행에서 사용가능한 신용장은 개설은행에서도 사용가능하다.

40 ③ 서류는 신용장의 발행일자보다 이전의 일자가 기재될 수 있으나, 그 서류의 제시일보다 늦은 일자가 기재되어서는 아니 된다.

41 ④ 보험서류 발행 및 서명권자는 보험회사(insurance company), 보험인수업자(underwriter), 그들의 대리인(their agents), 그들의 수탁인(their proxy)이다.

42 ④ 신용장은 제시를 위한 유효기일을 명기하여야 한다. 인수, 지급 또는 매입을 위하여 명기된 유효기일은 제시를 위한 유효기일로 본다.

43 ① 조건변경의 부분승낙은 허용되지 아니하며 조건변경의 거절통고로 본다.

44 ③ 모든 서류상에 표시된 물품의 송화인 또는 탁송인은 신용장의 수익자일 필요는 없다. 선적인, 송화인, 수익자는 각각 다른 사람일 수도 있다.

45 ③ 상업송장은 신용장과 동일한 통화로 작성되어야 한다.

46 ④ 개설은행과 확인은행 모두 200,000불의 지급 의무가 있다.

47 ③ 불일치서류의 경우에는 수령일자 다음날부터 5일 이내에 거절 의사를 통보해야 한다.

48 ① 신용장 선적서류에 제시기간이 미기재된 경우 선적서류 제시기간은 선적일 다음날부터 21일이다. 또한 신용장의 제시기간과 함께 유효기간을 충족해야 한다. 만약 유효기일이 토요일 또는 일요일인 경우 다음 은행영업일까지로 한다.

49 ① 보험담보가 물품가액 또는 송장가액 등의 비율이어야 한다는 신용장상의 요건은 요구되는 최소담보금액으로 본다.

50 ③ 분할청구 또는 분할선적은 허용된다.

51 ④ first half of July : 7/1 ~ 7/15

52 ④ "상환청구"는 청구은행이 상환은행에게 하는 대금상환요청을 의미한다.

53 ④ 상환수권에서 명시적으로 금지하고 있는 경우를 제외하고 전신 또는 원본 서신의 형식으로 하여야 한다.

54 ② 설명은 "화환추심"(documentary collection)에 대한 설명이다.

55 ④ ① "from", "to", "until", "till" 그리고 "between"이라는 용어는 지칭된 일자나 일자들을 포함한다.
② "before"와 "after"라는 용어는 지칭된 일자나 일자들을 제외한다.
③ 보증은 발행되면 취소할 수 없으며, 이는 그러한 취지의 명시가 없는 경우에도 같다.

56 ④ 현행 준거법은 고려하지 않아도 된다.

57 ② 중고 포장재 사용은 운송서류를 고장부로 만들지 않는 문구이다.

58 ④ "duplicate"라고 표시된 도로운송서류는 원본으로 수리된다.

59 ① 'Forwarder's cargo receipt'은 UCP 600에서 말하는 운송서류가 아니다. 참고로 19조에서 25조까지 다뤄지고 있는 서류만이 운송서류로 인정한다.

60 ① full details to follow "상세한 사항은 추후 통지함"

61 ① 외화획득용 원료, 물품 등 구매확인서에 의하여 수출용 완제품 또는 원자재를 공급하는 경우는 무역금융이 가능하다.

62 ② 10일 이내에 회수한다.

63 ① 물품의 제조, 가공, 유통과정이 여러 단계인 경우에는 각 단계별로 순차적으로 내국신용장의 개설이 가능하다.

64 ④ 외화획득용 원료, 시설기재, 제품, 용역, 전자적 형태의 무체물이 모두 포함된다.

65 ① 내국신용장만 은행의 지급보증이 수반된다.

66 ④ 발행은행을 지급장소로 하는 일람출급식이어야 한다.

67 ① 어음번호는 임의 기재사항이다.

68 ④ 환율이 상승하면 환율이 상승한 비율만큼 원화로 환산한 외화대출의 원금 및 이자가 증가한다.

69 ② 상업신용장은 계약의 이행에 대하여 지급할 목적으로 개설되지만, 보증신용장은 주로 계약의 불이행에 대하여 지급할 목적으로 개설된다.

70 ② 최고, 검색의 항변권만이 일반보증에 적용된다.

71 ② Payment Guarantee(지급보증)은 금융보증에 사용된다.

72 ③ 직불보증신용장(Direct Pay Standby L/C)은 채무불이행 발생 여부와 관계없이 근거제약에 따른 지급기일이 도래하는 경우 지급할 것을 약정한 신용장이다.

73 ④ URDG758: 할부지급청구에 대한 규정이 없다.

74 ④ 최장 7영업일이다.

75 ① 보증채무는 주채무의 상환이 확인된 때 소멸 처리한다(지급, 보증 모두 소멸함).

76 ① 별도의 만기일 없이, 수익자로부터 보증신청인이 의무를 다하였다는 통지를 받을 때까지 보증서가 유효한 조건은 은행에게 불리한 조건이다.

77 ④ 외환회계에서는 일반회계와는 달리 외화대차대조표 이외의 손익계산서 등 여타 재무제표를 요구하고 있지 않는다.

78 ④ 당방계정이라고 한다.

79 ④ 반대로 설명한 것으로 콜머니(Call money)는 자산계정의 콜론(Call loan)에 대응하는 부채계정이며 콜자금을 수요자 입장에서 본 것이다.

80 ③ 확정외화지급보증으로 처리한다.

제2회 정답 및 해설

01 ④ "부호, 문자, 음성, 음향, 이미지, 영상 등을 디지털방식으로 제작"은 전자적 형태의 무체물에 해당된다.

02 ① 수출에 포함된다.

03 ④ 개설은행으로부터 대금을 회수하게 된다.

04 ② 국제매매계약은 서면에 의할 필요는 없고 구두계약도 인정하는 불요식계약이다.

05 ③ 표준품매매가 적합하다.

06 ④ 'Gross Weight'란 포장한 상태에서의 '총중량'을 말한다.

07 ③ 매수인이 모든 위험을 부담한다.

08 ② 모두 반대로 설명했다. FAS 또는 FOB보다는 FCA가, CFR보다는 CPT, CIF보다는 CIP규칙이 적합하다.

09 ① CFR는 매도인(수출상)의 위험부담이 적출지(수출지)에서 종료되는 조건이다.

10 ③ 이 경우에는 FCA조건을 이용해야 한다.

11 ② 연계무역이라고 한다.

12 ④ 'Switch B/L'이라고 부른다.

13 ④ OA(Open Account)라고 한다.

14 ③ 한국은행총재에게 '신고'하여야 한다.

15 ④ 지급은행(Paying Bank)이라고 한다.

16 ③ 백투백 신용장이다.

17 ② 선적기일이 표시되어 있지 않으면 유효기일이 선적기일이 된다.

18 ① 21일 이내에 제시되어야 한다.

19 ③ 조건변경은 전체적으로 동의 또는 거절되어야 하며, 하나의 동일한 조건변경에 대한 부분적인 수락은 허용되지 않는다.

20 ① 은행의 면책조항은 무조건적인 것이 아니며, 사전에 서류가 위·변조되었다는 것을 알았거나 또는 쉽게 알 수 있었음에도 불구하고 상당한 주의를 기울여 심사하지 않음으로써 발견하지 못한 경우에는 면책되지 않는다는 점을 유의하여야 한다.

21 ② 분할선적 또는 분할청구가 허용된 경우 두 사람 이상의 제2수익자에게 분할양도 될 수 있으나 제3수익자에게는 양도될 수 없다.

22 ② 개설의뢰인은 어음의 지급인(인수인)이 될 수 없다.

23 ② 제시은행(Presenting Bank)이라고 한다.

24 ② 반대로 설명하였다. 보증신용장과는 달리 독립·추상성을 인정받지 못하는 것이 일반적이다.

25 ④ 신용장을 통지하지 않기로 결정한 경우에는 개설은행에 통지해야 한다.

26 ③ 개설은행의 그러한 확약에 추가하여 다시 일람지급·연지급·인수·매입을 확약하는 것을 '확인(Confirmation)'이라고 한다.

27 ② '유효기일(Expiry Date)'에 대한 설명이다.

28 ③ 해당일자를 제외하고 그 다음날로부터 기일을 산정한다.

29 ④ 'To', 'Till', 'Until', 'From', 'Between'은 명시된 일자를 포함한 것으로 해석한다.

30 ④ 환적을 금지하는 것으로 해석하는 것이 원칙이다.

31 ④ 어음상에 기재된 숫자금액(Amount in Figures)과 문자금액(Amount in Words)이 반드시 일치해야 한다.

32 ① Stale B/L(제시지연선하증권)이라고 한다.

33 ④ 신용장에서 선하증권 요구 시 자동수리가 인정되지 않는 서류이다.

34 ④ 보험금액은 반드시 신용장에 명시된 부보비율 이상이어야 한다.

35 ④ 수입실적은 우리나라는 CIF가격을 기준으로 한다. 하지만 전자무역이나 용역인 경우는 지급액을 기준으로 하고 이런 경우 수입실적의 인정일은 지급일을 기준으로 한다. 단, 관세법은 WTO관세평가협약을 기준으로 하고 있기 때문에 수입실적도 FOB가 기준이 되기 때문에 운임 및 비용이 가산세에 포함되는 것이다. 전자무역인 경우 한국 무역협회장과 한국 소프트웨어산업협회의 장이 모두 인정하고 있다.

36 ③ 매입은 결제에 포함되지 않는다.

37 ② 서류의 발행자를 표현하기 위하여 사용되는 "first class(일류)", "well known(저명한)", "qualified(자격 있는)", "independent(독립적인)", "official(공적인)", "competent(능력 있는)", 또는 "현지의(local)"라는 용어는 수익자를 제외하고 해당 서류를 발행하는 모든 서류 발행자가 사용할 수 있다.

38 ① 개설은행은 매입할 수 없으므로 매입신용장을 발행해서는 안 된다.

39 ② 개설은행은 매입을 할 수 없다.

40 ④ 신용장이 서류의 사본의 제시를 요구하는 경우, 원본 또는 사본의 제시는 허용된다.

41 ③ 만기(주로 여기서 만기는 결제일의 만기)를 정하기 위하여 "from"과 "after"라는 단어가 사용된 경우에는 명시된 일자를 제외한다.

42 ① 개설은행은 일치하는 제시에 대하여 지정은행이 결제(honour) 또는 매입을 하고, 그 서류를 개설은행에 송부한 지정은행에 대하여 신용장 대금을 상환할 의무를 부담한다.

43 ① 개설은행은 신용장에 명시된 이용가능성에 일치되게 상환수권을 상환은행에 반드시 주어야 한다.

44 ④ 개설은행의 경우 매입방식으로 개설이 불가능하다.

45 ① The owner는 운송서류의 서명권자가 아니다.

46 ④ 개설은행과 확인은행 모두 150,000불의 지급 의무가 있다.

47 ④ 불일치서류의 경우에는 수령일자 다음날부터 5일 이내에 거절 의사를 통보해야 한다.

48 ③ 보험부보비율에서 수리가능한 보험서류의 종류에서 신용장에 보험부보비율이 미기재된 경우 신용장 금액의 110%를 보험금액으로 보험계약을 체결해야 한다. 보험서류로 보험증명서를 요구하는 경우 보험증권을 제시해도 되지만, 보험증권을 요구한 경우에는 반드시 보험증권을 제시해야 한다.

49 ① 신용장 또는 조건변경은 수익자에 대한 통지가 통지은행 또는 제2통지은행이 자신의 비용을 수령하는 조건으로 한다고 규정하여서는 아니 된다.

50 ④ "middle of August" : 8/11 ~ 8/20

51 ① 보험커버비율은 신용장 또는 이 규칙에 따라 명시된 부보금액을 제공하기 위하여 증가될 수 있다.

52 ② 선적명세를 팩스로 송부할 것을 요구하는 것은 비서류조건이므로 무시할 수 있다.

53 ① 다른 국가에 있는 어떠한 은행의 지점은 독립된 은행으로 본다.

54 ④ 조건변경의 부분승낙은 허용되지 아니하며 조건변경의 거절통고로 본다.

55 ④ 용선계약이 적용될 예정이라는 명시가 있으면 용선계약부 선하증권으로 간주된다. 용선자도 용선계약부 선하증권의 서명권자이다. 선적항은 실제 선적항명이 선하증권에 표시되어야 한다.
신용장에서 용선계약서의 제시를 요구하더라도 용선계약서는 심사하지 않아야 한다.

56 ③ 취소불능 상환수권은 상환은행의 동의 없이 조건변경 또는 취소될 수 없다.

57 ③ ③ 기존 상환수권에 대한 조건변경 또는 취소를 하는 경우를 제외하고 개설은행은 서류 접수 후 새로운 상환수권이나 추가 지시를 하면 안 된다.
④ 개설은행은 외국법과 관습에 따른 모든 의무와 책임에 대하여 상환은행에게 구속되고 보상할 책임이 있다.
[비교] UCP 600은 개설의뢰인(Applicant)이 외국법과 관습에 보상의무가 있다.

58 ③ 환어음에서 지급인은 추심거래 당사자가 아니다.

59 ② 구상보증은 양도될 수 없다.

60 ① ①번 설명은 URDG758 23조의 내용이며, ISP98에서의 최대기간은 7영업일이다.
consents to the maximum time available under these Rules for examination and notice of dishonour.

61 ③ '중소기업협동조합법'에서 정하는 중소기업협동조합 또는 사업협동조합이 중소기업협동조합 공동사업자금을 융자받는 자는 무역금융 제외대상이다.

62 ④ 무역금융의 '융자대상 수출실적'은 특정업체의 자금종류별 융자한도를 결정할 뿐만 아니라, 실적기준금융의 경우에는 수출신용장 등의 보유와 관계없이 과거 융자대상 수출실적만으로도 융자가 취급될 수 있다.

63 ② 가공하거나 개발하는 데 소요되는 자금으로 신용장금액(FOB)에서 소요원자재액을 차감한다.

64 ① 수출실적을 근거로 생산자금 및 포괄금융은 수혜받을 수 없으며 원자재자금만 가능하다.

65 ④ 국제간 무역거래에는 사용할 수 없다.

66 ② 내국신용장만 은행의 지급보증이 수반된다.

67 ① 양도가 불가능한 취소불능 신용장이어야 한다.

68 ④ 지급을 받을 자 또는 지급을 받을 자를 지시할 자의 명칭만이 법적 기재사항이고, 나머지는 임의기재사항임

69 ④ 해외투자보험(투자금융)은 해외 현지법인의 운전자금은 활용이 불가능하다.

70 ④ Standby L/C(보증신용장)또는 Bank Guarantee(은행보증) 형태로 발행된다.

71 ③ 보증신용장은 계약의 불이행에 대하여 지급할 목적으로 개설되지만, 상업신용장은 주로 계약의 이행에 대하여 지급할 목적으로 개설된다.

72 ② 상업보증신용장은 수출상에게 상업신용장보다 더 강한 지급확약기능이 있어 수입상으로부터의 대금회수불능위험을 제거할 수 있다.

73 ③ 최장 5영업일이다.

74 ④ 난외계정 > 확정외화지급보증 > 기타외화보증 > 기타외화지급보증 순이다.

75 ③ 보장진술서(Supporting Statement)를 제시하지 않은 경우 등에 대해서는 지급거절이 가능하다.

76 ① 이 보험증권을 정식담보로 인정하고 있다.

77 ③ 내국수입유산스라고 한다.

78 ② 매도외환에 대한 설명이다.

79 ④ 대차대조표의 난외계정에 별도로 표시하도록 하고 있다.

80 ① 내국수입유산스로 처리한다.

|저|자|소|개|

박성현

▶ 약력
- 전) 신한은행 여의도 PB센터
- 전) 이즈메이커 감사 / 전략기획팀
- 전) 에듀스탁, FP칼리지, CFP 강사
- 현) 이패스코리아 AFPK, CFP, 외환전문역 Ⅰ, Ⅱ종 전임강사

안준호

▶ 약력
- 관세법인 태영 인천공항지사 대표 관세사
- 인천세관 공익관세사
- 관세청 YES FTA 전문교육 강사
- 전) 무역협회/관세청 FTA 컨설턴트
- 전) 이패스동남고시 관세사 무역실무 강사
- 전) 이패스동남고시 관세사 관세법 강사
- 전) 이패스동남고시 관세사 대외무역법/외국환거래법 강사
- 전) EBS 국제무역사 2급 강사
- 전) 와우패스 국제무역사 2급 강사
- 이패스코리아 외환전문역 2종 강사
- 이패스코리아 원산지관리사 강사
- 이패스코리아 보세사 강사
- 이패스관세사 관세법 강사
- 웰페이스학원 무역실무 강사
- 평택대학교 외부강사(FTA 통상의 이해, 원산지 관리실무)

2025 외환전문역 Ⅱ종 3주 완성 문제집

개정판 1쇄 인쇄 | 2025년 6월 24일
개정판 1쇄 발행 | 2025년 7월 8일

지 은 이 박성현, 안준호
발 행 인 이재남
발 행 처 이패스코리아
  서울시 영등포구 경인로 775 에이스하이테크시티 2동 10층
  전　화 1600 - 0522
  팩　스 02 - 6345 - 6701
  홈페이지 www.epasskorea.com
  이 메 일 edu@epasskorea.com
등 록 번 호 제318-2003-000119호(2003년 10월 15일)

※잘못된 책은 교환해드립니다.